"十二五"普通高等教育规划教材·经管系列

主　编/苗雨君
副主编/李亚民　邵仲岩
参　编/毕颜杰　仲维维　齐庆祝

管理学

——原理·方法·实践·案例

（第3版）

Management

清华大学出版社
北　京

内 容 简 介

本书围绕着一条主线展开，即“基础—职能—发展”，每章在内容体系安排上按照“章前导读—理论与方法—复习思考题—实践训练—素质拓展—案例分析—管理游戏—管理故事”的顺序进行写作。本书对管理知识的介绍以管理过程学派的思想为基础，在介绍管理基本概念、原理和方法、管理与环境等内容的基础上，以计划、组织、领导、控制和创新五大职能为核心，以管理思想的演变和管理的热点问题为管理发展内容，展开对管理的主要原理、方法的学习与实践。本书编写分为基础篇、职能篇和发展篇，从体例安排到内容设置，从知识点的归纳到教学方法的运用，都进行了大胆探索和尝试。本书第 1 版获得了齐齐哈尔大学重点教材立项资助和齐齐哈尔大学优秀教材称号，被评为齐齐哈尔市第十二届哲学社会科学优秀科研成果奖二等奖和黑龙江省管理学会优秀科研成果（教材类）一等奖。

本书适合作为高等学校经济管理类各专业的专业基础课教材，也可作为研究生和企业岗位培训的教科书。

图书在版编目（CIP）数据

管理学：原理・方法・实践・案例/苗雨君主编．—3 版．—北京：清华大学出版社，2017
“十二五”普通高等教育规划教材・经管系列
ISBN 978-7-302-48160-7

Ⅰ. ① 管…　Ⅱ. ①苗…　Ⅲ. ① 管理学-高等学校-教材　Ⅳ. ①C93

中国版本图书馆 CIP 数据核字（2017）第 205753 号

责任编辑： 杜春杰
封面设计： 康飞龙
版式设计： 刘艳庆
责任校对： 何士如
责任印制： 李红英

出版发行： 清华大学出版社
网　　址： http://www.tup.com.cn，http://www.wqbook.com
地　　址： 北京清华大学学研大厦 A 座　　**邮　　编：** 100084
社 总 机： 010-62770175　　**邮　　购：** 010-62786544
投稿与读者服务： 010-62776969，c-service@tup.tsinghua.edu.cn
质量反馈： 010-62772015，zhiliang@tup.tsinghua.edu.cn
印 装 者： 清华大学印刷厂
经　　销： 全国新华书店
开　　本： 185mm×230mm　　**印　　张：** 28　　**字　　数：** 649 千字
版　　次： 2009 年 9 月第 1 版　2017 年 9 月第 3 版　　**印　　次：** 2017 年 9 月第 1 次印刷
印　　数： 1～4500
定　　价： 49.80 元

产品编号：077020-01

第 3 版前言

作为管理学科中基础理论课的“管理学”教材的编写者，我们对国内外管理学教材进行了广泛深入的调研，在消化、吸收的基础上，进行了《管理学》教材的编写，2009 年出版了第 1 版，2012 年出版了第 2 版。本次《管理学（第 3 版）》教材编写的指导思想是：理论结合实际，博采众长为我所用，充分吸收国内外管理学实际的有用经验和最新的研究成果，力图有所创新，形成一部适合应用型教学的管理学教材。

《管理学（第 1 版）》教材在 2009 年出版后，获得了齐齐哈尔大学重点教材立项资助、校级精品课配套教材，先后获得齐齐哈尔大学优秀教材称号，齐齐哈尔市第十二届哲学社会科学优秀科研成果奖二等奖和黑龙江省管理学会优秀科研成果（教材类）一等奖等。《管理学（第 2 版）》对编写体系中的“章前导读—理论与方法—实践训练—素质拓展—案例分析—管理游戏”也进行了修订，增加了复习思考题和管理故事的内容。理论内容上增加了企业制度与创业管理、战略管理、人力资源管理、跨文化管理和管理中的热点问题的较新研究内容。一些章节也做了不同程度的修改与补充，使教材不仅能够体现出管理学的最新研究成果，而且使其更加适用于实践能力和创新精神培养，满足应用型人才培养的需要。《管理学（第 3 版）》是在第 2 版基础上，结合使用中存在的问题进行修订，在本次修订中将管理学新的知识点、相关案例及较新的研究成果体现出来，增加了管理基本原理与方法、危机管理与控制，删减了企业制度与创业管理章节内容，补充和修改决策与计划、组织、领导、控制和创新职能相关理论内容，更换了大部分案例分析。

本书编写分为三篇：基础篇、职能篇和发展篇。基础篇包括管理管理者管理学、管理基本原理与方法、管理与环境三部分内容；职能篇包括决策与计划、组织、领导与激励、控制和创新五部分内容；发展篇包括管理思想的演进和管理中的热点问题两部分内容。本书围绕着一条主线展开，即“基础—职能—发展”，每章在内容体系安排上按照“章前导读—理论与方法—复习思考题—实践训练—素质拓展—案例分析—管理游戏—管理故事”的顺序进行写作。本书适合作为高等学校经济管理类各专业的专业基础课教材，也可作为研究生和企业岗位培训的教科书。教学使用的电子教案、教学配套课件和习题案例集请向编者（miaoyujun@163.com）索取。

本书由苗雨君担任主编，李亚民、邵仲岩担任副主编，毕颜杰、仲维维、齐庆祝参编。全书框架由苗雨君设计，并总纂、统稿。苗雨君（齐齐哈尔大学）编写了第一章、第二章、第四章、第六章和第八章及前言和开篇语；李亚民（东北农业大学）编写了第三章；邵仲岩（齐齐哈尔大学）编写了第五章；毕颜杰（黑龙江大学）编写了第七章；仲维维（东北林业大学）编写了第九章；齐庆祝（天津工业大学）编写了第十章。编者引用了不少书籍和网上资料，在此向原作者表示感谢！本书的编写得到了有关学校领导和学者、教授的大力支持，并引用了有关作者的部分资料，在此一并表示谢意。

本书意欲为我国经济管理类本科生管理学教材的编写与探索尽微薄之力，由于时间仓促和水平有限，疏漏和不足甚至是错误在所难免。希望广大教师、读者不吝批评，多提宝贵意见，以便日后充实与完善。

编　者

2017年5月

第 2 版前言

作为管理学科一门基础理论课的“管理学”教材的编写，在十多年前即进行了酝酿。在“十一五”期间，我们对国内外管理学教材进行了广泛深入的调研，特别注重收集、分析当时国内外管理学新版教材和论著，在消化、吸收的基础上，结合我国的管理实践经验，进行了管理学教材的编写。管理学教材编写的指导思想是：理论结合实际，博采众长为我所用，充分吸收国内外管理实际的有用经验和最新的研究成果，在理论上和框架结构上力图有所突破，有所创新，以形成一部以讨论现实企业管理共性问题为主的管理学教材。

本书第 1 版在 2009 年出版后，先后获得了齐齐哈尔大学重点教材立项资助和黑龙江省管理学会优秀科研成果（教材类）一等奖等，更是得到了各校师生们的使用和关爱，这是对我们作者的最大激励。随着国内外经济环境的变化，国内外学术界和企业界在管理理论与实践上又有了变革和创新，齐齐哈尔大学师生们近些年来在管理及其创新方面作了不少深入研究，所以我们深感迫切需要对原教材进行修订。在本次修订力图将管理学新的知识点、相关案例以及最新的研究成果体现出来，使教材不仅能够体现出管理学的最新研究成果，而且使其更加适用于实践能力和创新精神培养，满足应用型人才培养的需要。与第一版相比增加企业制度与创业管理、战略管理、人力资源管理、跨文化管理和管理中的热点问题等较新内容，一些章节也作了不同程度的修改与补充，以期能更全面适应 21 世纪管理发展的现状和趋势。另外，第 2 版对编写体系中的“章前导读—理论与方法—实践训练—素质拓展—案例分析—管理游戏”也进行了修订，增加复习思考题和管理故事等内容。

本书编写分为三篇：基础篇、职能篇和发展篇。基础篇包括管理管理者管理学、企业制度与创业管理、管理与环境三部分内容；职能篇包括决策与计划、组织、领导、控制和创新五部分内容；发展篇包括管理思想的演进和管理中的热点问题两部分内容。本书围绕着一条主线展开，即“基础—职能—发展”，每章在内容体系安排上按照“章前导读—理论与方法—复习思考题—实践训练—素质拓展—案例分析—管理游戏—管理故事”的顺序进行写作。本书适合作为高等学校经济管理类各专业的专业基础课教材，也可作为研究生和企业岗位培训的教科书。教学使用的电子教案、教学配套课件和习题案例集请向编者（miaoyujun@163.com）索取。

本书由苗雨君、李亚民担任主编，邵仲岩、赵卓担任副主编，毕颜杰、仲维维、齐庆祝参编。全书框架由苗雨君、李亚民设计，并总纂、统稿。苗雨君（齐齐哈尔大学）编写了第一章、第四章和第八章；李亚民（东北农业大学）编写了第二章、前言和开篇语；邵仲岩（齐齐哈尔大学）编写了第三章和第五章；赵卓（广东商学院）编写了第六章；毕颜杰（黑龙江大学）编写了第七章；仲维维（东北林业大学）编写了第九章；齐庆祝（天津工业大学）编写了第十章；全书由盛秋生教授主审，编者对盛秋生教授审阅全部书稿和提供的帮助表示感谢！编者引用了不少书籍和网上资料，在此向原作者表示感谢！本书的编写，得到了有关学校领导和学者、教授的大力支持，并引用了有关作者的部分资料，在此一并表示谢意。

本书意欲为我国经济管理类本科生管理学教材的编写与探索尽微薄之力，但由于时间仓促和水平有限，疏漏和不足甚至是错误在所难免。希望广大教师、读者不吝批评，多提宝贵意见，以便日后充实与完善。

编　者

2012年10月

第1版前言

“管理学”是经济管理类专业的一门专业基础课程，也是一门入门课程。但遗憾的是，管理学从教和学来说，都让老师和学生感到棘手。所有的管理者一生都在以这种或那种方式进行管理的实践，而当有效的管理理论被充分研究并整理出来后，实践它们却再次成为难题。本书对管理知识的介绍以目前普遍被人们接受的管理过程学派的思想为基础，在介绍管理基本概念、基本原理和方法、管理与环境的基础上，以决策与计划、组织、领导、控制和创新五大职能为核心，以管理思想的演变和管理的热点问题为管理实践内容，展开对管理的主要原理、方法的学习与实践。每章附有实训项目，通过练习和游戏，做到寓教于乐，引导学生思考其中蕴涵的管理思想和管理方法，目的是让学生在学习时能够感受到管理理论的趣味性和可操作性。

本书编写分为三篇：基础篇、职能篇和实践篇。基础篇包括管理与管理学、管理基本原理与方法、管理与环境三部分内容；职能篇包括决策与计划、组织、领导、控制和创新五部分内容；实践篇包括管理思想的演变和管理中的热点问题两部分内容。本书围绕着一条主线展开，即“基础—职能—实践”，每章在内容体系安排上按照“章前导读—理论与方法—实践训练—素质拓展—案例分析—管理游戏”进行写作。通过本书的学习，培养学生既具有比较扎实的理论功底和良好的发展后劲，又具有较强的实践技能、团队精神和创新能力。本书从体例安排到内容设置，从知识点的归纳到教法的运用，都进行了大胆探索和尝试。本书构思新颖，实用性强，具有一定的知识性、实践性和趣味性。本书适合作为经济管理类专业本科教材，也可作为研究生和企业岗位培训的教科书。教学使用的电子教案、教学配套课件和习题案例集请向编者（miaoyujun@163.com）索取。

本书由苗雨君、赖胜才担任主编，邵仲岩、赵卓担任副主编，仲维维、毕颜杰、梁敏参编。全书框架由苗雨君、赖胜才设计，并总纂、统稿。苗雨君（齐齐哈尔大学）编写了第一章、第四章和第八章；赖胜才（黑龙江工程学院）编写了第六章、前言和开篇语；邵仲岩（齐齐哈尔大学）编写了第三章和第五章；赵卓（广东商学院）编写了第十章；仲维维（东北林业大学）编写了第二章；毕颜杰（黑龙江大学）编写了第七章；梁敏（齐齐哈尔大学）编写了第九章；全书由盛秋生教授主审，编者对盛秋生教授审阅全部书稿和提供的帮助表示感谢！编者引用了不少书籍和网上资料，在此向原作者表示感谢！本书的编写，得到了有关学校领导和学者、教授的大力支持，并引用了有关作者的部分资料，在此一并表示谢意。

本书意欲为我国经济管理类本科生管理学教材的编写与探索尽微薄之力，但由于时仓促间和水平有限，疏漏和不足甚至是错误在所难免。希望广大教师、读者多提宝贵意见，以便日后充实与完善。

编　者

2009年9月于齐齐哈尔

目　　录

第一篇　基础篇

第二篇　职能篇

第三篇　发展篇

第一篇

基础篇

开篇语

有人说，“管理”高深莫测。其实，“管理”并非深奥无比、难以理解，也并非只存在于领导或管理人员当中。它无所不在，我们每个人都在自觉或不自觉地进行着管理。美国的管理学家彼得·德鲁克说：“管理，从根本意义上讲，意味着用智慧代替鲁莽，用知识代替习惯和传统，用合作代替强制。”

管理，不仅仅是一门科学、一项工作，它更是人类生存的一个本领。一个人如果不具备基本的管理本领，那么他的事业注定一无所成，他的生活注定杂乱无章，何谈抱负、何谈理想，又有什么美好未来和幸福人生可言？英国大学者罗素曾说：“如果你不会管理，你的生命将是一团糟。”有人说，管理既是成功的要素，也是失败的根源。

第一章　管理 管理者 管理学

章前导读

“管理”的注解

“管理”（management）这个词是极难理解的，首先，它是美国特有的一个词，很难译成其他语言，甚至难于译成英国英语。它表明一种职能，但同时又指承担这种职能的人，它表明一种社会地位和阶层，但同时也指一门学科和一种研究领域。

但是，即使在美国的用法中，管理这个词作为一种术语也是不妥当的。因为，工商企业以外的其他一些机构通常并不叫管理（management）和经理（manager）。大学中叫校长，医院中叫院长，军队中叫司令官，其他机构叫主管等。

但是，所有这些机构都有着共同的管理职能、共同的管理任务、共同的管理工作，这些机构都需要管理。在所有这些机构中，管理都是有效的、能动的器官。

资料来源：[美]彼得·德鲁克. 管理——任务、责任、实践[M]. 北京：中国社会科学出版社，1987:16.

授 人 以 渔

从前，有一个老渔翁在河边钓鱼，旁边有个小孩看他钓鱼。老渔翁技术纯熟，一上午的时间就钓到满篓的鱼。老渔翁看小孩很可爱，要把整篓的鱼送给他。可小孩却摇摇头。老渔翁诧异地问：“我送鱼给你，你为什么不要呢？”小孩说：“我要你手中的钓竿。”老渔翁问：“你要钓竿干吗？”小孩说：“一篓的鱼，我三天就吃完了，要是我有钓竿，就可以自己钓鱼，一辈子也吃不完。”老渔翁笑着说：“光有钓竿也不行，还得学会钓鱼的技术。”最后，老渔翁为孩子的理想和诚恳所感动，不但赠予小孩钓竿，还将钓鱼的技术倾囊相授，小孩这才道谢而去。

管理启示：做人的道理也是这样。不能光靠人家的施舍，那样将会永远没有出息。有眼光的人不但吃鱼，更要学会钓鱼，学会自己把握自己的命运。理想和愿望固然美好，但成功更需要脚踏实地、坚韧不拔的实际行动。而要马到成功，除了要拥有过人的本事、胆识和计谋，还要成为过人的“渔夫”，才能成为时代的强者。这就是要渔而不只是要鱼的道理所在。不授鱼，而授予“渔”，说明只有掌握了管理理论和技巧，企业和管理者才会受用不尽。

资料来源：黄国庆，巢莹莹. 管理学概论[M]. 北京：清华大学出版社，2010.

第一节　管 理 概 述

管理是伴随着集体劳动产生的，而且随着社会分工和社会化大生产的发展，管理的重要性日益突出。这种集体劳动就是在现代社会中随处可见的组织活动，也就是说，管理工作与组织活动是密不可分的。也正是因为有了管理的差异，才使得不同组织的绩效有着天壤之别。

一、管理的概念及性质

（一）管理的概念

管理活动自古即有，但什么是“管理”，从不同的角度出发，可以有不同的理解。从字面上看，管是主其事，理是治其事，管理是管辖、治理、控制的意思。但是，这种字面的解释是不可能严格地表达出管理本身所具有的完整含义的。关于管理的定义，至今仍未得到公认和统一。许多中外学者对管理做出了不同的解释，其中较有代表性的解释如下。

（1）古希腊谚语认为管理是“胡萝卜加大棒”。“胡萝卜加大棒”是激励方式中的一种，这种暗喻是指管理的中心工作是运用奖励和惩罚两种手段以诱发人们所要求的行为。它来源于一则古老的故事——“要使驴子前进，就在它前面放一个胡萝卜，或者用一根棒子在后面赶它”。激励对发挥人的最大潜能具有重要的作用，在组织管理中，实施惩罚的威胁或者给予奖励的引诱（胡萝卜加大棒），是组织鼓励员工执行自己意图时最常用的方法。

（2）科学管理创始人、美国的费雷德里克·泰勒认为管理就是“确切地知道你要别人干些什么，并注意用最好最经济的方法去干”。根据泰勒的观点，管理者应该头脑清晰，在脑海中有完整的计划和方法，然后明确地分配工作，并教授大家好的工作方法，通过集体努力去实现工作目标。

（3）现代经营管理之父、法国的亨利·法约尔认为管理就是实行计划、组织、指挥、协调和控制。计划，就是为探索未来制定行动计划；组织，就是建立企业的物质和社会的双重结构；指挥，就是使其人员发挥作用；协调，就是连接、联合、调和所有的活动及力量；控制，就是注意是否一切都按已制定的规章和下达的命令进行。“管理”同其他基本职能一样，是一种分配于领导人与整个组织成员之间的职能。

（4）决策理论学派的主要代表人物赫伯特·西蒙认为管理就是决策。决策贯穿管理的全过程，决策是管理的核心。西蒙指出组织中经理人员的重要职能就是做决策。他认为，任何作业开始之前都要先做决策，制定计划就是决策，组织、领导和控制也都离不开决策。决策贯穿于管理的全过程和管理的所有方面，任何组织都离不开对目标的选择，任何工作都必须经过一系列的比较、评价、拍板后才能开始。如果决策错了，那么执行得越好，所造成的损失就越大。所以，“管理就是决策”的说法才真正反映了管理的真谛。

（5）美国著名管理学家哈罗德·孔茨把管理看作是一种“技术”，管理是一种在正式组织团体中通过别人并同别人一道完成工作任务的技能；在正式组织团体中创造一种环境，使人们能为达到团体目标，互相协作地完成工作的技能，一种消除完成工作障碍的技能，是有效地实现目标最大化的技巧。简单地说，“管理就是设计一种良好环境，使人在群体里高效率地完成既定目标”。

（6）美国著名管理学家彼得•德鲁克认为，“管理就是谋取剩余”，这主要是强调管理的作用。所谓“剩余”就是产出大于投入的部分。他认为，任何管理活动都是为了一个目的，就是要使产出大于投入。

（7）罗宾斯认为：管理是一个协调活动的过程，以便能够有效率和有效果地同别人一起或通过别人实现组织的目标。他认为效率是指以尽可能少的投入获得尽可能多的产出；效果是指所从事的工作和活动有助于组织达到其目标。管理当局既要正确地做事，又要做正确的事。

我国的一些学者也提出了自己的观点。

（1）徐国华等指出，管理是通过计划、组织、控制、激励和领导等环节来协调人力、物力和财力资源，以期更好地达成组织目标的过程。它包括三层含义：一是管理有计划、组织、控制、激励和领导五种职能；二是所要达到的目的，即通过采取上述措施来协调人力、物力和财力资源；三是通过协调人力、物力和财力资源来更好地达成组织的目标。

（2）周三多教授认为：管理是社会组织中为了实现预期目标，以人为中心进行的协调活动。

（3）杨文士教授认为：一定组织中的管理者，通过实施计划、组织、人员配备、指导与领导、控制等职能来协调他人的活动，使他人同自己一起实现既定目标的活动过程。

（4）芮明杰教授认为：管理是对组织的有限资源进行有效整合，以达成组织既定目标与责任的动态创造性活动。

（5）邢以群教授认为：管理是一个由计划、组织、领导、控制等职能组成的系统过程，是人们综合运用人力资源和其他资源以有效地实现目标的过程。

管理定义的多样化，既反映了人们研究立场、方法、角度的不同，也反映了管理科学的不成熟性。为了反映管理的本质，学者博采众长，形成了现代管理学中的管理概念，即管理是依据事物发展的客观规律，通过计划、组织、领导、控制和创新等职能，综合运用人力资源和其他资源，以有效地实现目标的过程。

（二）管理的性质

管理是管理者为有效地达到组织目标，对组织资源和组织活动有意识、有组织、不断地进行的协调活动。管理作为一种特殊的实践活动，具有自己独特的性质。

1. 管理的两重性

管理的性质是两重的，这是马克思主义管理理论的主要内容，是研究资本主义管理科学，建立社会主义管理科学的理论基础和基本出发点。马克思认为，任何社会的管理都具有两重属性——自然属性和社会属性。“指挥劳动”是同生产力直接相联系的，是由共同劳动的社会化性质产生的，是进行社会化大生产的一般要求和组织劳动协作过程的必要条件，它体现了管理的自然属性。“监督劳动”是同生产关系直接相联系的，是由共同劳动所采取的社会结合方式的性质产生的，是维护社会生产关系和实现社会生产目的的重要手段，它体现了管理的社会属性。管理的两重性是相互联系、相互制约的。一方面，管理的自然属性不可能孤立存在，它总是在一定的社会形式、社会生产关系条件下发挥作用；同时，管理的社会属性也不可能脱离管理的自然属性而存在，否则，管理的社会属性就会成为没有内容的形式。另一方面，管理的两重性又是相互制约的。管理的自然属性要求具有一定的“社会属性”的组织形式和生产关系与其相适应；同样，管理的社会属性也必然对管理的科学技术等方面发生影响或制约作用。马克思关于管理两重性的理论，是指导人们认识和掌握管理的特点和规律，实现管理任务的有力武器。

2．管理的科学性与艺术性

管理的科学性是管理作为一个活动过程，其间存在着一系列基本客观规律。人们经过无数次的失败和成功，通过从实践中收集、归纳、检测数据，提出假设，验证假设，从中抽象总结出一系列反映管理活动过程中客观规律的管理理论和一般方法。人们用这些理论和方法来指导自己的管理实践，又以管理活动的结果来衡量管理过程中所使用的理论和方法是否正确，是否行之有效，从而使管理的科学理论和方法在实践中得到不断地验证和丰富。因此，说“管理是一门科学”，是指它以反映管理客观规律的管理理论和方法为指导，有一套分析问题、解决问题的科学的方法论。

管理的艺术性指在掌握一定理论和方法的基础上，灵活运用这些知识和技能的技巧和诀窍。管理的艺术性就是强调其实践性，没有实践则无所谓艺术。这就是说，仅凭停留在书本上的管理理论或背诵原理和公式来进行管理活动，是不能保证其成功的。主管人员必须在管理实践中发挥积极性、主动性和创造性，因地制宜地将管理知识与具体管理活动相结合，才能进行有效地管理。所以，管理的艺术性，就是强调管理活动除了要掌握一定的理论和方法外，还要有灵活运用这些知识和技能的技巧和诀窍。

二、管理活动的基本要素

管理活动得以实现必须包括以下四个基本要素。

1．管理的主体——管理者

管理者是计划、组织、领导、控制人员、财务和信息资源分配，帮助实现组织目标的人，管理者类型很多，包括部门经理、产品经理、各部门的负责人等，他们的共同点在于都对某一群体的整体工作业绩负责，这个群体有着共同的目标并在完成目标的过程中共同分享某些资源。

2．管理的客体——管理对象

管理对象是管理者施加影响并作用的人和事。企业的管理对象是其内在各种经营要素，如人、财、物、信息、时间、技术等组成的动态系统。

3．管理的手段——管理职能

管理职能是在一定技术经济条件下，在管理活动中反复出现并带有共性的管理活动的理论概括。管理职能也叫管理功能，是管理者对管理对象发生作用和影响的手段。

4．管理的目标

管理的目标是管理主体借助于管理手段而达到的预期目的，它是管理活动的出发点和归宿。严格地说，管理是为了实现组织目标而进行的，是促使组织有效地利用资源而达成组织目标的行为。

三、管理的分类

对管理进行分类，是为了从外延上了解管理。管理从不同角度来划分有不同的类别。

（一）按管理的特征（方式）划分

1．硬性指令型的开环管理

这是一定历史时期形成的管理类型，其特征是由上至下单方向、不容置辩的命令，这种管理类型简称为开环管理（见图1-1）或V型管理（见图1-2）。

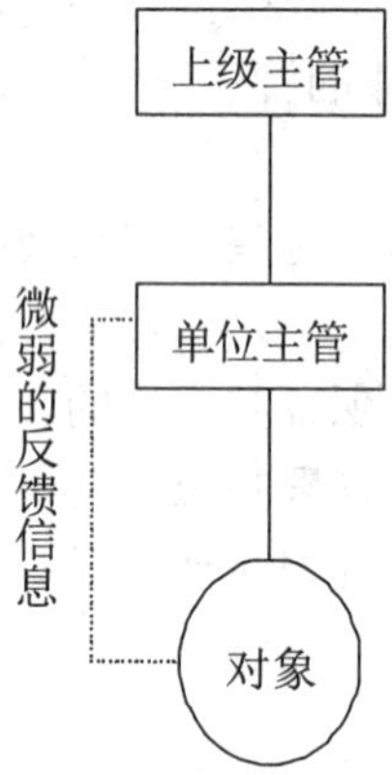

图1-1　开环管理模式

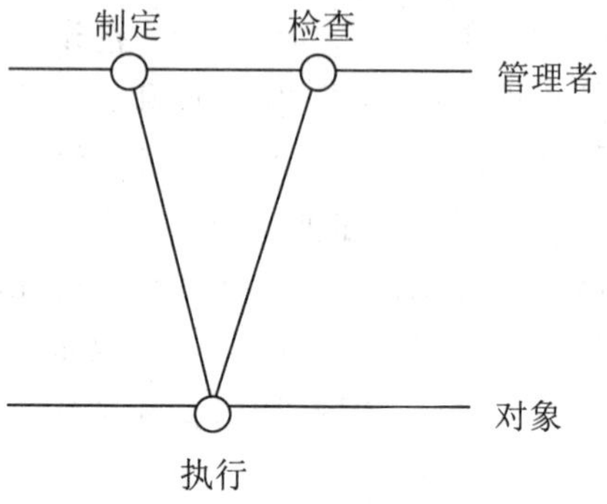

图1-2　V型管理模式

2．反馈信息型的闭环管理

这是近代发展起来的新管理类型，强调管理者与管理对象都参与管理，其特征是由上至下，再由下至上构成一个封闭的信息回路，循环往复，重视管理对象的反馈信息，随时调整指令，简称闭环管理（见图1-3）或M型管理（见图1-4）。

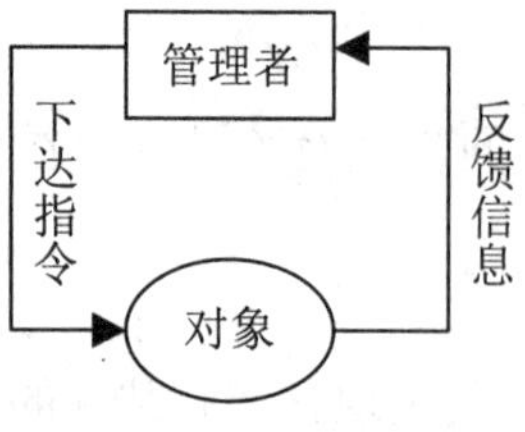

图1-3　闭环管理模式

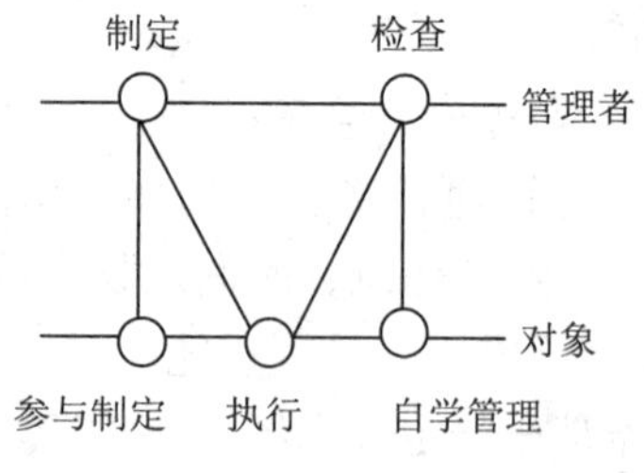

图1-4　M型管理模式

（二）按管理的职能划分

按管理的职能划分，管理有计划、组织、指挥、协调、控制、领导、激励、沟通、创新等职能。对管理的职能，早期的管理理论一般认为，管理有计划、执行和控制三大基本职能。法国的法约尔认为，管理有五大职能：计划、组织、指挥、协调和控制。美国的古利克提出，管理有七项职能，即计划、组织、人事、指挥、协调、报告和预算。管理的基本职能包括计划、组织、领导、控制和创新，如图 1-5 所示。

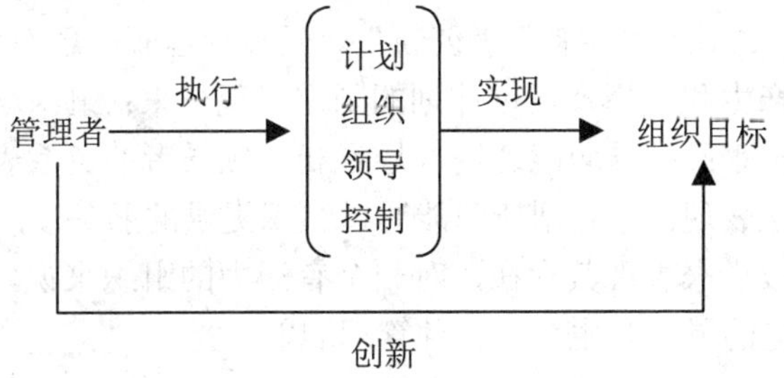

图 1-5 管理基本职能

（三）按管理的层次划分

按管理的层次划分，管理有高层管理、中层管理和基层管理。不同管理人员在行使管理基本职能时的侧重点不同，如图 1-6 所示。一般而言，高层管理人员花在组织和控制工作上的时间要比基层管理人员多，而基层管理人员花在领导工作上的时间要比高层管理人员多。

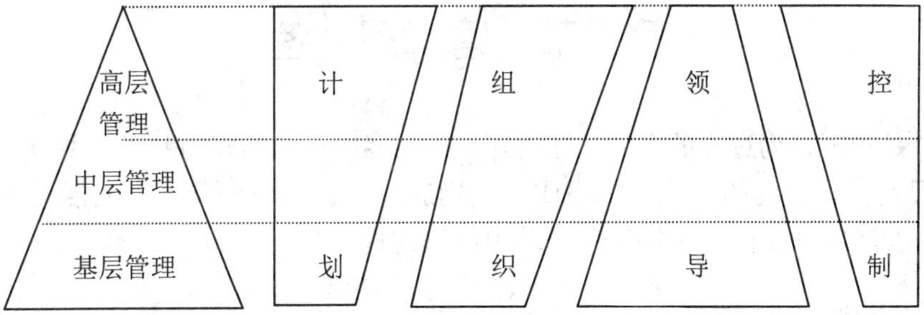

图 1-6 管理者的层次分类与管理职能

（四）按不同的历史阶段划分

按不同的历史阶段划分，管理分为：古代管理、传统管理、科学管理及现代管理。

四、管理的职能

在“管理的职能”问题上，学者们的分歧不亚于他们在“管理的定义”问题上的分歧。

在20世纪初，法国工业家法约尔（Fayol，1916）在其著作《工业管理与一般管理》中写道，所有管理者都行使着五种管理职能：计划、组织、指挥、协调和控制。到20世纪50年代中期，美国加州大学洛杉矶分校两位教授孔茨和奥唐内尔（Koontz and O'Donnell，1955）在《管理学》教科书中，把管理的职能划分为五种：计划、组织、人员配备、指导和控制。大多数当今流行的教科书仍是按照这一体系编写的，只不过在这些教科书中，管理职能一般被压缩为四种：计划、组织、领导和控制。

本书依据管理职能来编排结构，第二篇“职能篇”依次介绍了五种管理职能——“决策与计划”“组织”“领导”“控制”“创新”。五种管理职能各有自己独特的表现形式：决策职能通过方案的产生和选择及通过计划的制定表现出来；组织职能通过组织结构的设计和人员的配备表现出来；领导职能通过领导者和被领导者的关系表现出来；控制职能通过对偏差的识别和纠正表现出来；创新职能通过组织提供的服务或产品的更新和完善及其他管理职能的变革和改进来表现其存在，对一个有活力的组织来说，创新无处不在、无时不在，是各项管理职能的灵魂和生命。各种管理职能不是孤立的，它们的相互关系可以通过图1-7表示。

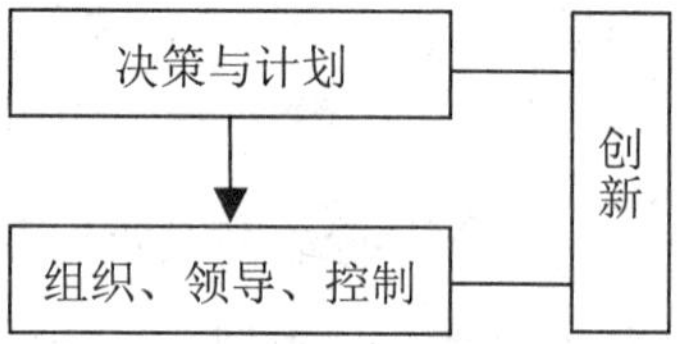

图1-7 各种管理职能的相互关系

对图1-7可作如下理解：

（1）决策是计划的前提，计划是决策的逻辑延续。管理者在行使其他管理职能的过程中，总会面临决策和计划的问题，决策和计划是其他管理职能的依据。

（2）组织、领导和控制旨在保证决策的顺利实施。

（3）创新贯穿于各种管理职能和各个组织层次之中。

第二节 管 理 者

管理者是管理行为过程的主体，管理者一般由拥有相应的权力和责任并具有一定管理能力从事现实管理活动的人或人群组成，他们通过协调和监督其他人的活动达到组织目标。管理者及其管理技能在组织管理活动中起决定性作用。

一、管理者的概念与分类

（一）管理者的概念

传统观点认为：管理者是“对其他人的工作负有责任的人”，或是指在一个组织中主要从事指挥别人工作的人员。管理者是指在组织中指挥他人完成具体任务的人，如企业的厂长，学校里的系主任、校长，机关中的科长、处长、局长，公司的经理等。他们虽然有时也做一些具体的事务性工作，但其主要职责是指挥下属工作。

著名管理学家彼得·德鲁克对管理者的定义：在确定一个组织中谁是负有管理责任的人时，最首要的标志并不是谁有权命令别人，管理人员的责任在于贡献、职能，而不是权力，这就是之所以为管理人员的明确标志。从内涵上看，它强调的核心问题是责任，即对组织做出贡献的责任。从概念的外延上看，做出决策能够影响组织的成果的专业人员被列入了管理者范畴。

（二）管理者的分类

1．按管理者在组织中所处的地位划分

按管理者在组织中所处的地位，管理者可分为：高层管理者、中层管理者和基层管理者。

（1）高层管理者。如学校的校长，医院的院长，机关行政首脑，公司总经理等。高层管理者对组织负有全面的责任，主要侧重于决定有关组织的大政方针，沟通组织与外界的交往联系。高层管理者很少从事具体的事务性工作，而把主要精力和时间放在组织全局性或战略性问题的考虑上。

（2）中层管理者。如工厂里的车间主任，学校里的系主任，机关里的处长等。中层管理者的主要职责是贯彻高层管理者所制定的大政方针，指挥基层管理者的活动。他们的主要管理对象是基层管理者。

（3）基层管理者。如工厂里的班组长，运动队里的教练或学校里的教研室主任，机关里的科长、股长等。他们领导下属直接进行生产、训练、完成教学任务、开展业务活动。基层管理者的主要职责是直接指挥和监督现场作业人员，保证完成上级下达的各项计划和指令。基层管理者是组织中最下层的管理者，他们主要关心的是具体任务的完成。

2．按管理者在组织中所起的作用划分

根据管理者在组织中所起的作用的不同，管理者可分为以下几类。

（1）业务管理者。对组织目标的实现负有直接责任，负责计划、组织和控制组织内的日常业务活动的开展。

（2）财务管理者。任何一个组织的运转都离不开资金的有效运作，财务管理者主要从事与资金的筹措、预算、核算和投资、使用等有关活动的管理。

（3）人事管理者。主要从事人力资源管理，如对人员的招聘、选择、培训和使用、评估、奖惩等工作的管理。

（4）行政管理者。主要负责后勤保障工作。任何组织都少不了行政管理人员和行政工作人员，没有他们，其他专业管理人员和操作者就难以专心致志地工作。

（5）其他管理者。由于各类组织的目标、任务相差甚远，很难按管理者的作用统一分类。

3．按管理者的职责任务划分

按管理者的职责任务划分，管理者又可分为决策指挥者、职能管理者和决策参谋人员等。

二、管理者的角色与职责

（一）管理者的角色

亨利·明茨伯格（Henry Mintzberg）研究发现，管理者扮演着十种角色，这十种角色可被归为三大类：人际角色、信息角色和决策角色，如图1-8所示。

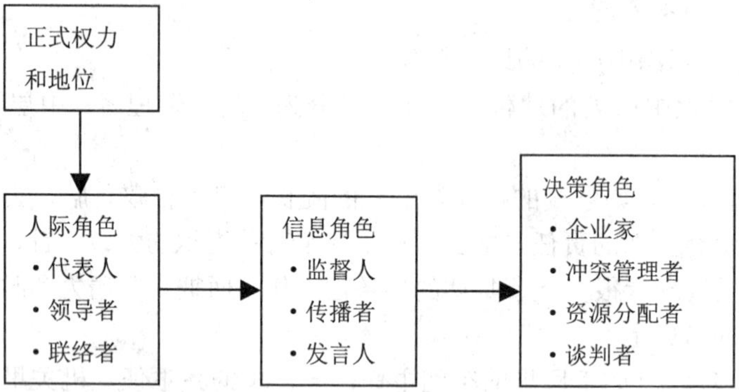

图1-8 管理者的角色

1．人际角色

人际角色归因于管理者的正式权力。管理者所扮演的三种人际角色是代表人角色、领导者角色和联络者角色。

作为所在单位的领导，管理者必须行使一些具有礼仪性质的职责。例如，管理者有时必须参加社会活动，如出席社区的集会或宴请重要客户等。这时，管理者扮演着代表人的角色。由于管理者直接对所在单位的成败负责，他们必须在单位内扮演领导者角色。这时，管理者和员工一起工作并通过员工的努力来确保目标的实现。管理者还必须扮演联络者角色。没有联络，管理者就无法与别人一起工作，也无法与外界建立联系。

2．信息角色

在信息角色中，管理者负责确保和其一起工作的人能够得到足够的信息。管理职责的性质决定了管理者既是其所在单位的信息传递中心，也是别的单位的信息传递渠道。管理者必须扮演的一种信息角色是监督者角色，监督的目的是获取信息。管理者可通过各种方式获取一些有用的信息，如通过密切关注组织自身状况以及外部环境的变化，通过接触下属，利用个人关系网等方式来获取信息。这些信息有助于管理者识别潜在的机会和威胁。

作为传播者，管理者把监督获取的大量信息分配出去，传递给有关员工。管理者有时也因特殊目的而隐藏特定的信息。

管理者的最后一种信息角色是发言人角色。管理者必须把信息传递给外界，例如，必须向董事和股东说明组织的财务状况和战略方向，必须向消费者保证组织在切实履行社会义务，以及必须让政府官员对组织遵守法律的良好表现感到满意。

3．决策角色

在决策角色中，管理者处理信息并得出结论。管理者负责做出决策，并分配资源以保证决策方案的实施。

管理者所扮演的第一种决策角色是企业家角色。作为企业家，管理者对发现的机会进行投资，如开发新产品、提供新服务或发明新工艺等。

管理者所扮演的第二种决策角色是冲突管理者。一个组织无论被管理得多么好，它在运行的过程中总会遇到冲突或问题。管理者必须善于处理冲突和解决问题，如平息客户的怒气，同不合作的供应商进行谈判，或者调解员工之间的争端等。

管理者所扮演的第三种决策角色是资源分配者。作为资源分配者，管理者决定组织资源用于哪些项目。尽管我们一想起资源，就会想起财务资源或设备，但这里的组织资源还包括其他类型的重要资源。例如，当管理者选择把时间花在某个项目上时，他实际上是在分配时间给这一种资源。除时间以外，信息也是一种重要资源。管理者是否在信息获取上为他人提供便利，通常决定着项目的成败。

管理者所扮演的最后一种决策角色是谈判者角色。管理者把大量的时间花在谈判上，谈判对象包括员工、供应商、客户和其他组织。无论是何种类型的组织，其管理者为确保组织目标的实现都必然要进行谈判工作。

（二）管理者的职责

作为一个管理者，能将自己的思想行为和事业紧紧结合在一起，在员工中产生巨大的凝聚力，使自己的事业取得成功，是一个管理者的重要职责。作为一个管理者，首先应该抓大事，而不应“事必躬亲”。毛泽东同志曾说过，管理者的责任，归结起来，主要是“出主意、用干部”两件事。一切计划、决策、指示都属于出主意一类；一切选才、用人都属于用干部一类。概括地讲，作为一个管理者应抓好以下几项工作。

1．目标规划和科学决策

“凡事预则立，不预则废”，可见计划、决策是工作成败的关键。现代管理者不是封建时代的官僚，而应成为为人民造福的“公仆”，应当对本公司的发展前景有一张清晰的蓝图，对本公司的长远发展方向、中期和近期的奋斗目标了如指掌，并对实现这些目标的途径和步骤做出明确具体的规划，这是作为现代管理者的第一件大事。

科学决策，就是管理者运用科学的思维方法，对准备行动的若干方案进行选择，以达到最优目标。当前，社会分工越来越细，每一个决策的失误，都会带来很大损失，作为一个管理者应该经常提醒自己决策是否具有科学性。

2．制定规范和组织协调

建立合理而有效的组织机构，制定各种全局性的管理制度，协调好内部各种人员的关系，保证目标规划的实现，是管理者的又一项重要工作。现代管理者不能只强调个人的作用，不能仅靠个人的威信、关系和经验来治理公司，还应靠制定各种规章制度，靠各种经济责任制的落实，靠科学的管理方法。只有这样，才能更好地调动每个员工的积极性。

协调是谋求大家行动上的步调一致，沟通则是求得思想上的共同了解，没有恰当的协调和有效的沟通，再好的计划也不能付诸实施。因此，作为一个管理者，必须注意做好组织的协调和沟通，使整个公司或部门形成一个坚强的集体，而我们的各级管理就好比是一个乐队的指挥，一个高明的指挥，要能够在不干扰整体演奏的情况下，及时、巧妙地对某些乐器加以指挥和调整。

3．选才用人和放权

任何一个管理者的思想、意图都需要下属去贯彻执行，管理者不一定处处比自己的下属高明，然而，其工作要想收到事半功倍的效果，就必须善于选才用人。古今中外但凡有远见者都很注重举贤、用贤和育贤。古人云：己无智，而能用人之智，不愧为智也。己无才，而能用人之才，不愧为才也。唯己无用，而又不能用人，乃真无用者矣。同样，金无足赤，人无完人。世界上很难找到全才，只能找到适合某一项工作的人才。俗话说，弯木适做犁，直木宜做梁。也就是说，管理者要用人的长处。

放权是管理的一项重要职责，作为一个管理者应按照下级的管理范围逐级放权。这样不仅可以使管理者减轻管理的负担，放开手脚抓大事，而且把权分给下属，人尽其才，各司其职，既提高了管理效能，又调动了下属的积极性。同时，作为一个管理者还要把培养自己的接班人作为一项重要任务努力去完成。在日本，一些企业甚至明文规定，在没有培养出足以代替你的合格接班人以前，就不得晋升。在这一点上，也值得我国企业的管理者们借鉴。管理者应当形成一种习惯，从上任的第一天起，就应当努力地去发现和培养自己的接班人。

三、管理技能与管理艺术

（一）管理技能

美国管理学专家卡特兹（Robert L. Katz）认为，管理者应具有三种基本的管理技能：技术技能、人际技能和概念技能。技术技能是指熟悉和精通某种特定专业领域的知识，诸如工程、计算机科学、财务、会计或制造等。对于基层管理者来说，这些技能是重要的，因为他们直接处理雇员所从事的工作。人际技能是指成功地与别人打交道并与别人沟通的能力，这种技能对于各个层次的管理者来说都是必备的。概念技能是指管理者对复杂情况进行抽象和概念化的技能。对于高层管理者来说，概念技能是非常重要的，因为他们要负责的计划、决策等都需要有对各事物间关系的理解能力。处于较低层次的管理人员，主要需要的是技术技能与人际技能，因为他们最接近现场作业，技术技能格外重要。对于中层管理者来说，对人际技能和概念技能的需要相对更多。图1-9为各种层次的管理人员所需要的管理技术比例。

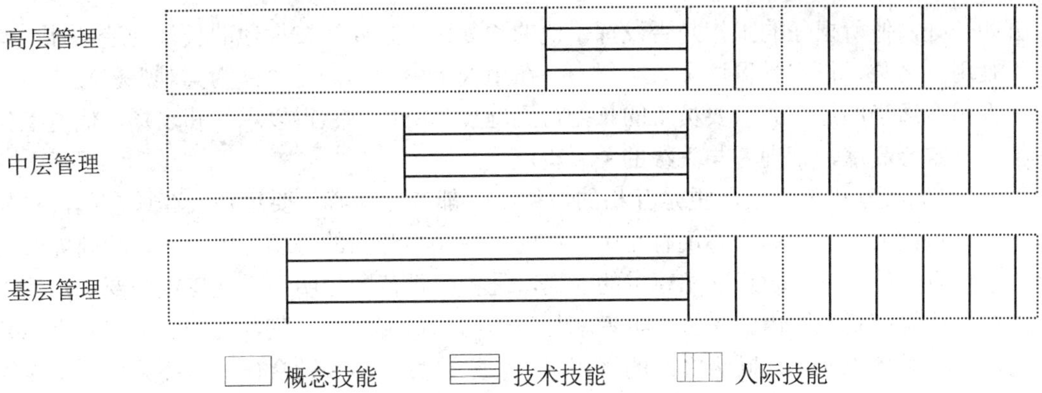

图 1-9　各种层次的管理人员所需要的管理技能比例

（二）管理艺术

管理既是一门科学，也是一门艺术。正如英国 J. C. 丹耶所说："管理是以最有效的方法去完成企业各项工作的艺术和科学。"这就是说，一方面管理具有一定的理论体系，力图揭示现代管理过程的客观规律性；另一方面它又是面向实际、面向管理者的实践性很强的艺术，是以管理知识和经验为基础，富有创造性的管理技巧的综合。

1．管理艺术的概念

科学是以逻辑思维的一般形式来表达的，而艺术则以形象思维的具体形式来表达。作为现代管理者，无论他处于什么层次，只有既懂得管理的科学性，又熟练掌握管理的艺术性，才能将管理工作做好。给管理艺术下个定义，可以这样表述：所谓管理艺术，是指管理活动中的一种高超的手段和方法，它是在长期的管理实践中总结出来的、建立在一定的素养、才能、知识、经验基础上的有创造性的管理技巧，也就是那些非程序化、模式化的行为。管理技巧不是千篇一律的，而是丰富多彩、千姿百态的。将不同管理者的生动活泼、内容丰富的管理技巧加以归纳，就构成了一般的管理艺术。

2．现代管理者应当掌握的管理艺术

美国迪克·卡尔森说："管理技巧是所有技巧中最大的一种技巧。"现代管理者应该掌握的管理艺术很多，但重点应掌握好三个方面的艺术，即对人、对事、对时间的管理艺术。

（1）对人的管理艺术

对人的领导和管理，是管理者工作的主题，现代管理理论提出了以人为中心的管理观点，是因为管人是一项最困难、最复杂、最细致的工作，它需要管理者有高超的艺术。作为一个管理者，对人的管理艺术的关键是：对下级，主要在于调动他们的积极性和主动性；对同级，主要争取得到他们对工作的配合和默契；对上级，主要是取得他们的领导和支持。怎样才能处理好这"一线三点"的关系呢？

① 对下级要用人之长。作为管理者必须详细了解和掌握自己的下属（或被管理者）

有哪些长处，他所担任的工作是否发挥了他的长处，并且要为发挥他的长处创造条件。假如不是用人之长，肯定觉得这个人不得力。在用人上最忌讳的是“勉为其难”，应该将适应的人用在适当的地方。只要员工的长处得到施展，所作贡献得以承认和表扬，他的工作热情就一定会高涨，管理者与下级的关系也就更加融洽。

② 对同级互相尊重。尊重是互相的，每个人都有自尊心，要想别人尊重自己，首先要学会尊重别人。互相尊重不仅有益于工作的交往、相互间的协调，也为和谐相处提供心理、感情方面的基础。同级互相尊重的前提，是各职责范围分明，相互尊重的要点是不干预或代行同级职责范围内的事情。再者就是工作的积极配合和默契，为实现企业的目标共同努力。必须指出的是，同级之间的互相尊重，主要目的是互助合作，和睦共处，不能因此而搞拉帮结派等不正之风，倘若如此管理工作肯定会失败。

③ 上级要严于律己。管理者中除身居最高职位者外，都具有管理者和被管理者的双重身份，他们都有下级，也都有上级。要做好工作就要正确掌握下级的性格特点，一般来说，上级对下级要求的基本点，在于得心应手，他们要求自己的下级能认真体会和贯彻他的意图，能为他出谋划策，提出多方面的意见，有困难的时候与他携手共渡难关，但并不等于盲从和同流合污，所以处处要严于律己。

④ 在企业中建立和谐的人际关系。在管理工作过程中，最困难的是团结人、教育人的管理艺术，它集中表现为调解纠纷、解决冲突和处理人与人之间的矛盾，关键在于找到各方都可以接受调解的尺度，不强加于人，不激化矛盾。创造一个良好和谐的人际关系环境，使上下级同心协力形成凝聚力和向心力是管理者取得管理成功的重要条件之一。

（2）对事的管理艺术

管理者每天除管人外还要理事，特别是高级管理者要处理的事务十分复杂，可以说是“上至方针政策，下至草纸垃圾”。假如不注意掌握一些处理事务的基本方法，那么只会事倍功半。日本管理理论专家提出，“有时间”应作为管理者善于处理事务的楷模之一。那么，管理者应该掌握哪些处理事务的基本技巧呢？

① 抓住主要矛盾。现代化社会大生产条件下，各种组织的管理都必须高度专业化，这样才能适应客观的要求。因此，任何组织和任何层次的管理者，都必须把自己的注意力放在发现本组织、本层次管理活动的主要矛盾和矛盾的主要方面。国际上公认的科学法则是“帕累托法则”，又称“80/20 法则”。创立这一法则的社会经济学家帕累托认为：事物 80%的价值集中于 20%的组成部分中。如人的十个手指中，利用率最高的只有两个，即拇指和食指。按照巴特莱法则，一个人如果将所有的精力集中在 20%的重要事情上，就会出现 80%的效率；一个企业如果办十件事，不妨从中选出两件最重要的事来办，办好了，就意味着收到 80%的效果。所以说，抓住主要矛盾就等于找到带动整个链条前进的中心环节，抓住主要矛盾，其他矛盾也就迎刃而解。

② 抓住两头带中间。事物的发展总是不平衡的，任何组织类型和任何组织层次在同一时期，总是处在不同的发展水平，总有先进、中间、落后，管理者就应把力量着重放在

抓两头上。抓先进的一头，就是抓先进经验的推广，使先进的起典型示范作用，把它作为大家学习的榜样；抓后进的一头，就是促使后进向先进转化，注意总结出规律性的经验，只要抓好两头，中间也就带上去了。对人的管理也是如此，表扬先进积极分子，团结普通中间分子，推动争取后进分子，就能收到良好的管理效果。

③ 学会“弹钢琴”。大家知道，钢琴是乐器之王，要演奏出优美动听的乐曲，需要有很高超的技巧，要求十个手指的动作十分协调，如果不掌握弹琴的技巧，十个手指同时按下去，或左右手配合不好，就会弹出杂乱无章的噪声，使人反感。在管理工作中，学会和运用“弹钢琴”的方法，就是对各种事务的处理要分轻重缓急，恰当统筹安排。把“弹钢琴”的艺术应用于管理过程，包含两层意思：一是要善于处理中心工作和其他工作之间的关系，即既要抓住工作的中心环节，也要兼顾其他各项工作；二是要注意组织管理中各个因素之间的有机配合、平衡协调，使其形成浑然一体的管理机器，产生和谐而有节奏的旋律。要把组织管理中的各种因素巧妙结合，在规范化、制度化、科学化的组织结构中，注入具有能动性、灵活性、创造性的人员、作风和技巧因素，使比较机械的管理过程更富有弹性和活力。

（3）对时间的管理艺术

时间是最特殊的资源。时间的供给，丝毫没有弹性。同时，它更是一种损失的“物资”，根本无法储存。昨天的时间过去了，永远不再回来。所以，时间永远是最短缺的。

管理活动总是在一定的时间内进行的，抓住时机并有效地利用时间，才能提高管理的成效。每个人的时间都是有限的，时间对于管理者最为宝贵，不会管理时间，就不能管理好企业。训练有素的管理者，应该掌握管理时间的艺术，成就来自科学地安排时间，充分提高单位时间的利用率和效率，管理者应将自己的精力百分之百地用于做那些应该做的工作，不做那些无效的可以由下级去完成的工作。

管理者对时间运用的艺术在于如何分割、集中、巧于应付。现代管理者为了有效地利用时间，可以把自己的时间分割、集中，但在不可控制的时间里，一定要经常与他人接触、谈话、沟通情况，不这样做，就会成为一个独断专行的人，成为一个什么事都不去办的人。在巧于应对上，懂得管理时间艺术的人，应该是：不唯我独尊，不驳斥他人的建议，欢迎来自任何人的批评；能与下属打成一片，下属也愿意并能够找到他；专门开辟时间去应对他人，并努力创造“广开言路”的氛围；善于聆听他人的建议，并不给人以敷衍和匆忙的印象；身影常出现在企业的关键部门，关注和指点下属，并充分地讲述为什么要求这样做，使下属建立信心和增加干劲及对上司产生敬意。懂得管理时间艺术的人，懂得用尽可能少的人办尽可能多的事。

四、管理者的素质及其培养

（一）管理者应具备的素质

管理者应具备什么样的素质，一直是管理学家们关注的重点之一。“科学管理之父”

泰勒曾具体说明一位“全面”的工长应具备的九种品质，法约尔也从身体、智力、道德、知识、经验等方面提出了作为一名管理者应具备的素质。

1．品德

品德体现了一个人的世界观、人生观、价值观、道德观和法制观念，持续有力地指导着他对现实的态度和行为方式。作为一名管理者，应具有强烈的管理意愿和良好的精神素质。

（1）有强烈的管理意愿和责任感。如果一个人缺乏为他人工作承担责任、缺乏激励他人取得更大成绩的愿望，那么他就不可能学会管理。所以，管理者首先要有强烈的管理意愿。管理意愿是决定一个人能否学会并运用管理基本技能的主要因素。现代行为科学研究认为，缺乏管理意愿的人是不可能敢作敢为的，因此也就不可能在管理的阶梯上捷足先登。只有树立起一定的理想，有强烈的事业心和责任感，人才会有干劲，勇挑重担，渴望在管理岗位上有所作为，有所贡献。

（2）良好的精神素质。由于管理工作的特殊性，作为一名管理者，除了要有强烈的管理意愿外，还要有良好的精神素质，即要具有创新精神、实干精神、合作精神和奉献精神。面对着复杂多变的管理环境，管理人员要有创新精神，勇于开发新产品、开拓新市场、引进新技术、起用新人、采用新的管理方式，要敢于冒风险，没有承受风险的心理素质，是不适合从事管理工作的；在组织发展过程中，往往会遇到各种意想不到的困难，会遇到强大的竞争对手，甚至遭受挫折和失败，这就要求管理者具有百折不挠的拼搏精神和吃苦耐劳的实干精神；管理者的工作依赖于他人的努力程度，因此他要有与人合作共事的精神，善于团结群众、依靠群众；同时管理者要有一种服务于社会、造福于人民的奉献精神，对事业执着追求，愿意为此牺牲个人利益。

2．知识

知识是提高管理水平和管理艺术的基础与源泉。管理工作要求管理者掌握专业知识，同时，由于管理是一门综合性科学，涉及的学科知识很广。一般来说，管理者应掌握以下几方面的知识。

（1）政治、法律方面的知识。掌握所在国家执政党的路线、方针、政策，国家的有关法令、条例和规定，才能把握组织发展方向。

（2）经济学和管理学知识。了解当今管理理论的发展情况，掌握基本的管理理论与方法，才能按经济规律办事。

（3）心理学、社会学方面的知识。善于协调人与人之间的关系，才能调动员工的积极性。

（4）工程技术方面的知识。如计算机及其应用、本行业科研及技术发展情况等。无论管理什么行业，都得有本专业的基础知识。

3．实际能力

所谓能力，是指管理者把各种管理理论与业务知识应用于实践、进行具体管理、解决实际问题的本领。能力与知识是相互联系、互相依赖的，基本理论和专业知识的不断积累与丰富，有助于潜能的开发与实际才能的提高，而实际能力的增长与发展，又能促进管理者对基本理论知识的学习、消化和具体运用。

管理者应具备的基本能力，管理学家们提出了各种观点。现在许多学者认为管理者应具备的能力和素质主要有：创新能力、沟通能力、团队精神、观察能力、人际交往能力、组织管理能力、语言表达能力等。

（二）管理者素质的培养

管理者如何才能获得上述能力，提高自己的管理技能呢？基本的途径有两条，一是通过教育获得，二是通过实践锻炼。

许多成功管理者的经历都证明，一个管理者要获得管理上的成功，接受正规的管理教育是极为必要的。近年来，我国的管理学院如雨后春笋般涌现，管理专业吸引了越来越多的学生。即使是获得了管理学学士或硕士学位，许多有眼光的管理人员也并没有就此感到已经学到头了。许多在职的高级管理人员现在仍不定期地回到学校学习，第一线的管理人员也经常利用业余时间进修有关管理的课程，许多大型企事业单位内部设有专门培训管理人员的培训中心，对管理者的继续教育，投入了大量的资金。

实践是提高管理技能最有效的方法。一个人即使把管理的理论、原则、方法背得滚瓜烂熟，也不一定能成为一个成功的管理者。要想成为一个成功的管理者，就必须通过实践，只有在实践中自己才会碰到一个管理者每天会碰到的各种问题、压力和各种严峻的考验。实践可进一步深化书本知识，促使管理者对管理问题作深入的探索。经常参加社会实践活动，可以在实践中受教育、长才干、做贡献，提高管理者的综合素质。

第三节 管 理 学

管理学是一门系统地研究管理活动的基本规律和一般方法的科学。管理是人类不可缺少的重要活动，随着未来社会共同劳动的规模日益扩大，劳动分工协作更加精细，社会化大生产日趋复杂，管理就更加重要了。在人类经历了农业革命、工业革命这样两个文明浪潮以后，以全新技术为主要特征的“第三次浪潮”不久就会冲击到我们的身边，可以预测，全新的技术，高速度的发展必将需要一套更科学的管理，以使新的技术、新的能源、新的材料充分发挥它们的作用。比起过去和现在，未来的管理在未来社会中将处于更加重要的地位。

一、管理学的内容及特点

（一）管理学的内容

（1）着重从历史的方面研究管理实践、思想、理论的形成、演变、发展，知古鉴今。

（2）着重从管理者出发研究管理过程，主要有：

① 管理活动中有哪些职能；

② 执行这些职能涉及组织中的哪些要素；

③ 在执行各项职能中应遵循哪些原理，采用哪些方法、程序、技术；

④ 执行职能过程中会遇到哪些障碍、阻力；

⑤ 如何克服这些障碍、阻力。

（3）着重从管理变革出发研究管理创新，探索未来管理的主旋律。创新管理，是指为适应科学技术、经营环境的急剧变化，不断进行战略创新、制度创新、组织创新、观念创新和市场创新，把创新渗透于整个管理过程之中。

（二）管理学的特点

1．一般性

管理学作为一般管理学，它区别于“宏观管理学”和“微观管理学”。它是研究所有管理活动中的共性原理的基础理论学科，无论是“宏观管理”还是“微观管理”，都需要管理学的原理作为基础来加以学习和研究。管理学是各门具体的或专门的管理学科的共同基础。

2．多学科性或综合性

管理学的综合性表现为：在内容上，它需要从社会生活的各个领域、各个方面及各种不同类型组织的管理活动中概括和抽象出对各门具体管理学科都具有普遍指导意义的管理思想、原理和方法；在方法上，它需要综合运用现代社会科学、自然科学和技术科学的成果，来研究管理活动过程中普遍存在的基本规律和一般方法。管理活动是很复杂的活动，影响这一活动的因素是多种多样的。

搞好管理工作，必须考虑到组织内部和组织外部的多种错综复杂的因素，利用经济学、数学、管理经济学、工程技术学、心理学、生理学、仿真学、行为科学等学科的研究成果和运筹学、系统工程、信息论、控制论、电子计算机等最新成就，对管理进行定性的描述和定量的预测，从中研究出行之有效的管理理论，并用以指导管理的实际工作。所以从管理学与许多学科的相互关系来看，可以说，管理学是一门交叉学科或边缘学科，但从它又要综合利用上述多种学科的成果才能发挥自己的作用来看，它又是一门综合性的学科。

3．历史性

任何一种理论都是实践和历史的产物，管理学尤其如此。管理学是对前人管理实践、经验和管理思想、理论的总结、扬弃和发展。割断历史，不了解管理历史发展和前人对管理经验的理论总结，不进行历史考察，就很难理解建立管理学的依据。

4．实用性或实践性

管理学是为管理者提供从事管理的有用的理论、原则和方法的实用性学科。管理的实践性表现为它具有可行性，而它的可行性标准是通过经济效益和社会效益来加以衡量的。因此，管理学又是一门实用学科，只有把管理理论同管理实践相结合，才能真正发挥这门学科的作用。

二、管理学的研究对象及方法

（一）管理学的研究对象

管理学是系统研究管理活动的基本规律和一般方法的科学，是一门综合性的交叉学科。如果按照科斯的定义，那么管理学就应该以这么一个规定性的管理作为研究对象。这样，管理学的研究范围就应该是两大方面：组织本身包括的动力学机制、组织的构造及运行等；组织内依靠行政机制运作的各种管理方式方法，包括对资源配置的整体性系统方法和针对局部问题的各种职能性方法。

管理学是一门从管理实践中形成和发展起来的，系统地研究管理活动及其基本规律和一般方法的科学。它是由一系列的管理职能、管理原理、管理原则、管理方法、管理制度等组成的科学体系。由于管理活动总是在一定的社会生产方式下进行的，因此管理学研究对象的范围涉及社会的生产力、生产关系和上层建筑三个方面：一是生产力方面。主要研究如何合理配置组织中的人、财、物，使各生产要素充分发挥作用的问题；研究如何根据组织目标，社会需求，合理使用各种资源，以求得最佳经济效益与社会效益的问题。二是生产关系方面。主要研究如何处理组织内部人与人之间的相互关系问题；研究如何完善组织机构与各种管理体制的问题，从而最大限度地调动各方面的积极性和创造性，为实现组织目标服务。三是上层建筑。主要研究如何使组织内部环境与组织外部环境相适应的问题；研究如何使组织的意识形态（价值观、理念等）、规章制度与社会的政治、法律、道德等上层建筑保持一致的问题，从而维持正常的生产关系，促进生产力的发展。

（二）管理学的研究方法

由于学习管理学是提高管理水平的一条重要途径，而学好管理学对于管理实践又有着重要意义，那么如何学习管理学、怎样学好管理学是学习者普遍关注的问题。这里介绍几种学习管理学的具体方法，供学习者参考与借鉴。

1. 案例分析法

案例分析法是通过对现实中发生的典型管理事例进行整理并展开系统分析，从中把握不同情况下处理管理问题的不同手段和方法，以掌握管理理论，提高管理技能的一种方法。案例分析中所用的都是典型的案例，具有典型性、生动性、具体性，因而能够调动学习者的学习积极性，引导学习者独立思考，不失为一种好的学习方法。

2. 比较研究法

比较研究法是通过对不同管理理论或管理方法异同点的研究，总结其优劣以借鉴或归纳出具有普遍指导意义的管理规律的方法。例如，对不同社会制度或不同管理体制下的管理加以比较研究；对不同历史条件下、不同生产力水平下的管理加以比较研究；对不同文化背景、不同文化水平条件下的管理加以比较研究等。

3．历史研究法

历史研究法是对前人的管理实践、管理思想和管理理论予以总结概括，从中找出带有规律性的东西，实现古为今用的方法。这种研究方法运用的结果最终构成了人类管理思想产生与发展的历史。因此，通过研究管理思想产生与发展的历史，是一种学习管理学的好方法。

4．定量分析法

定量分析法是运用自然科学知识尤其是数学知识，把握管理活动与管理现象内在的数量关系，寻求其数量规律，解决管理问题的方法。任何事物都兼有质与量的规定性，管理也不例外。对管理问题进行定量分析，既是管理实践的客观要求，又是管理走向科学化的必经之路。

复习思考题

1．何谓管理？管理活动的基本要素有哪些？

2．你能给管理下一个定义吗？这一定义对实际工作有什么指导意义？

3．管理有哪些职能？给出各项管理职能的定义，并举例说明。

4．简述管理类型及管理的两重性。

5．明茨伯格对管理者的工作角色是如何分析的？

6．一个有效的管理者需要扮演哪些角色？需要具备哪些技能？

7．简述概念技能、人际技能和技术技能的概念，分别举例说明。

8．不同层次的管理者在应具备的技能上有何侧重？请举例说明。

9．谈谈如何正确理解管理既是一门科学又是一门艺术。在实践工作中如何运用这一基本原理？

10．何谓管理艺术？现代管理者应掌握哪些方面的管理艺术？

11．管理者应具备的哪些方面的素质？如何培养管理者的素质和能力？

12．管理学的内容及特点有哪些？管理学的研究对象及方法有哪些？

实践训练

实践训练一　访问某一个工商企业或一位管理者

[实训项目]

通过访问某一个企业或一位管理者，培养学生关注企业，了解企业和学习管理学的兴趣，提高参加社会实践活动的主动性、积极性和创造性。

[实训内容]

1．要求学生了解该企业的某一基本业务职能，如计划管理、生产管理、技术管理、营销管理、物资设备管理、财务管理、行政管理、人事管理、后勤管理等。

2．向管理者了解他的职位、工作职能、胜任该职务所必需的管理技能的情况，企业管理者应该具有哪些方面的素质和能力。

[实训组织]

1．把全班同学分成两大组，第一组学生访问企业，第二组访问某位管理者。

2．第一组学生以 5～7 人为一个小组，分别走访某一个工商企业。

3．第二组学生以 3～5 人为一个小组，分别走访某一位管理者。

[实训考核]

1．要求每位学生写出访问报告或小结。

2．要求学生填写实训报告。其内容包括：（1）实训项目；（2）实训目的；（3）实训内容；（4）本人承担任务及完成情况；（5）实训小结。

3．教师评阅后写出实训评语，实训小组或全班交流。

实践训练二　调查与访问——管理者的职责与技能

[实训项目]

访谈一位你认为成功的管理者，了解他（她）的职位、工作职责，特别是胜任该职务的知识基础、管理素质与技能，以及目前工作中所面临的严峻挑战。

[实训目标]

1．使学生结合实际，加深对管理职能的感性认识与理解。

2．初步培养认知与自觉养成现代管理者素质的能力。

3．初步认识管理者所处的环境和面临的挑战。

[实训内容与要求]

与同学一起参观本课程实训基地企业，学生自愿组成小组，每组 5～7 人。在调查访问之前，每组需根据课程所学知识，经过讨论制定调查访问的主题，并把具体步骤和主要问题计划好，具体可参考下列问题。

1．企业中主要有哪些管理工作，属于哪种管理层次？

2．这些管理工作的职责和权利分别是什么？

3．做好这些管理工作多需要哪些知识基础和技能？如何培养？

[实训成果与检测]

调查访问结束后，组织一次课堂讨论。讨论需澄清下列问题，教师根据各小组表现进行评估打分。

1．所调查企业的管理工作分类表。

2．所调查企业的管理者素质分析书面报告，1 000 字左右。

3．所调查企业面临的管理挑战，如调查者是一名管理者应如何应对，课堂口头评述 3 分钟左右。

以上问题均以小组为单位进行，各小组在讨论的基础上，每个同学把自己调查访问所得重要的信息如照片、文字材料、影音资料等制作成宣传册展出，之后交老师存档。

素质拓展

素质拓展一　自我心理突破——跨越难堪

[拓展目标]

1．培养在众人面前敢于讲话的能力。

2．克服心理障碍，增强自信和勇气。

3．培养管理者的基本人际技能。

[拓展形式]

1．必须是在众多陌生人面前作宣讲或表演。

2．既可以以小组为单位，每组6～10人，由学生推荐的组长主持，也可以全班集中进行，但每个人都必须当着陌生人公开宣讲。

3．以自我推销、产品推销、“我心目中的管理者”演讲等为主题进行训练。

[拓展要求]

1．要明确目标与要求，所选行为既要有积极意义，又确实令自己难堪，并要当众进行。

2．注重思想发动，可先组织研讨，让同学深切认识到心理训练的必要性。通过潜能开发等形式首先实现认识上的突破，使同学产生强烈的参与欲望。

3．协助班级主持人或组长搞好策划和设计，训练一定要注重实效，切实可行。

4．要指导学生认真实施，并注意能够实行有效考核。教师与主持者一定要注意现场氛围的营造，使每一个同学都能够产生强烈的参与、表现冲动，以克服畏惧、怯场心理，真正实现自我突破。

[成果与检测]

1．每个人写出训练的简要报告，包括活动名称、时间、地点、主题、发言提纲、活动效果等。

2．组长对每个同学的表现进行评议，并分析成功与不足，或者小组内部互评综合得分。

3．各组派代表发言，分别对其他各组评分，并指出成功与不足。

素质拓展二　管理者的分类和技能分析与调查

[拓展目标]

熟悉管理者的基本分类；熟悉管理者的技能要求；理解不同层次管理者的技能要求的差异性分析。

[拓展形式]

1．中小企业实地调查与访问。

2．网上搜集资料进行分析。

[拓展要求]

1．要求搜集和分析该企业管理者的分类，并分别分析高层、中层、基层管理者的技能要求有何不同；分析综合管理者、职能管理者的职位表现形式有何区别。

2．建议分组进行，真正走访实地中小企业进行具体分析。

3．走访之前首先要学会与人沟通的基本技能。

4．每组组长首先要搞好走访企业的调查与活动的策划，做好组内成员的分工。

[成果与检测]

1．每组提交一份调查报告，对管理者的分类和技能进行详细分析。

2．每份报告应包含：调查方式，调查的企业名称、经营范围、企业类型、企业法律形式，调查的管理者职位及其技能要求等。

3．组长对每个同学的表现进行评议，并分析成功与不足，或者小组内部互评综合得分。

4．各组派代表发言，各组分别对其他各组评分，并指出成功与不足。

案例分析

升任公司总裁后的思考

郭宁最近被所在的生产机电产品的公司聘为总裁。在准备接任此职位的前一天晚上，他浮想联翩，回忆起他在该公司工作20多年的情况。

他在大学时学的是工业管理，大学毕业后就到该公司工作，最初担任液压装配单位的助理监督。当时他感到不知道如何工作，因为自己对液压装配所知甚少，在管理工作上也没有实际经验，几乎每天都手忙脚乱。可是他非常好学，一方面仔细参阅该单位所订的工作手册，努力学习有关的技术知识；另一方面总监也对他主动指点。所以，他渐渐摆脱了困境，胜任了工作。经过半年多时间的努力，他已有能力独担液压装配的总监工作。可是，当时公司没有提升他为总监，而是直接提升他为装配部经理，负责包括液压装配在内的四个装配单位的领导工作。

在他当助理监督时，主要关心的是每日的作业管理，技术性很强。而当他担任装配部经理时，他发现自己不能只关心当天的装配工作状况，还得做出此后数周乃至数月的规划，完成许多报告和参加许多会议，他没有多少时间去从事他过去喜欢的技术工作。当上装配部经理不久，他就发现原有的装配工作手册已基本过时，因为公司已安装了许多新的设备，引入了一些新的技术，这令他花了整整一年时间去修订工作手册，使之切合实际。在修订手册过程中，他发现要让装配工作与整个公司的生产作业协调起来是需要很多讲究的。他还主动到几个工厂去访问，学到了许多新的工作方法，也把这些吸收到修订的工作手册中去。由于该公司的生产工艺频繁发生变化，工作手册也不得不经常修订，郭宁对此都完成得很出色。工作了几年后，他不但自己学会了这些工作，而且还学会如何把这些工作交给助手去做，教他们如何做好，这样，他可以腾出更多时间用于规划工作和帮助他的下属工作得更好，以及花更多的时间去参加会议、批阅报告和完成自己向上级的工作汇报。

当他担任装配部经理 6 年之后，正好该公司负责规划工作的副总裁辞职应聘于其他公司，郭宁便主动申请担任这一职务。在同另外 5 名竞争者较量之后，郭宁被正式提升为规划工作副总裁。他自信拥有担任这一新职位的能力，但由于此高级职务工作的复杂性，使他在刚接任时碰到了不少麻烦。例如，他感到很难预测 1 年之后的产品需求情况。可是一个新工厂的开工，乃至一个新产品的投入生产，一般都需要在数年前做出准备。而且，在新的岗位上他还要不断处理市场营销、财务、人事、生产等部门之间的协调，这些他过去都不熟悉。他在新岗位上越来越感到：越是职位上升，越难于仅仅按标准的工作程序去进行工作。但是，他还是渐渐适应了，做出了成绩，以后又被提升为负责生产工作的副总裁，而这一职位通常是由该公司资历最深的、辈分最高的副总裁担任的。到了现在，郭宁又被提升为总裁。他知道，一个人当上公司最高主管职位之时，应该自信自己有处理可能出现的任何情况的才能，但他也明白自己尚未达到这样的水平。因此，他不禁想到自己明天就要上任了，今后数月的情况会怎么样，他不免为此而担忧！

（资料来源：徐国良，王进. 企业管理案例精选精析[M]. 北京：中国社会科学出版社，2006.）

[思考与讨论]

1. 郭宁担任助理监督、装配部经理、规划工作副总裁和总裁这四个职务，其管理职责各有何不同？能概括其变化的趋势吗？请结合基层、中层、高层管理者的职能进行分析。

2. 你认为郭宁要成功地胜任公司总裁的工作，哪些管理技能是最重要的？你觉得他具有这些技能吗？试加以分析。

3．如果你是郭宁，你认为当上公司总裁后自己应该补上哪些欠缺才能使公司取得更好的绩效？

[训练目标]

1．增强对不同管理层素质与技能要求的感性认识。

2．加强自身素质与技能的训练与培养。

[组织实施建议]

1．建议在组织关于管理主体教学时安排此案例分析。

2．在课下准备，可安排1～2课时集中讨论。

3．每个人认真阅读分析案例，并查找有关资料。

4．每人写出发言提纲。

5．以班级为单位组织讨论。

[分析思路与重点]

1. 本案例分析的重点是正确认识不同层次管理者的素质与技能要求的差异性，主要运用管理技能理论进行分析。

2．从层次管理者管理技能理论分析郭宁担任不同管理职务所履行职责的差异，并概括出其变化趋势。

3. 同样运用不同管理层次所需技能的差异来分析郭宁担任总裁所需的最主要管理技能。至于郭宁是否具备这种素质与技能，可以有不同观点。你既可以说他具备，也可以说他不具备。关键是能够引用案例所提供的郭宁的简历与实际工作状态，有理有据地加以说明。

4．为提高公司绩效，给郭宁提出建议时，既要运用管理者素质与技能理论分析，又要引用你搜集到的其他理论进行分析研究，以丰富你的建议。

[成果与检测]

1．每个人的发言提纲可作为一次作业，评定成绩。

2．教师与同学根据班级讨论中的表现评定成绩。

管理游戏

禅宗的公案（一杯茶）

[游戏目的]

帮助学生开阔思路以接受新的知识，培养学生的创新素质。

[所需的材料]

茶杯、茶碟、咖啡（也可以是茶或水）、用来接溢出来的水的托盘。

步骤：

1. 在发言开始时，把下面这个故事讲给参考者听。这是一段禅宗的公案，是一个流传了几个世纪之久的意味深长的人生故事。

日本高僧南院法师接待了一位来研究禅宗的大学教授。闲谈片刻后，南院法师随即上茶招待客人。他把客人的杯子斟满后，还继续向茶杯里倒茶。教授盯着溢出来的茶水，终于忍不住了，叫道：“杯子太满了，再也装不进去茶了。”

南院法师说：“你就像这杯茶一样，头脑里装满了自己的判断、见解和推测。如果你不倒空你的杯子，我怎么向你揭示禅的真谛呢？”

2．替代游戏。等到有一位自认为无所不知的参与者站出来说，他以前听过你要讲的内容时，再开始讲这个故事。把它当作一则寓言，供所有人进行反思（这需要高超的技巧，还可能要冒得罪至少一个人的风险）。

3．不是把故事叙述出来，而是把道具摆出来，然后请一位助手（另一位发言者或一位参与者）帮你演出。如果表演到位的话，这种意料之外的真实感会对与参与者产生巨大影响。

[讨论题]

1．这与你的发言有什么关系？

2．谁有过与禅师类似的经历？谁有过与教授类似的经历？感觉如何？

3．在这些角色中突出体现了哪些基本观念？

管理故事

蘑菇管理

蘑菇管理是许多组织对待初出茅庐者的一种管理方法，初学者被置于阴暗的角落（不受重视的部门，或打杂跑腿的工作），浇上一头大粪（无端的批评、指责、代人受过），任其自生自灭（得不到必要的指导和提携）。相信很多人都有这样一段“蘑菇”的经历，但这不一定是什么坏事，尤其是当一切都刚刚开始的时候，当上几天“蘑菇”，能够消除我们很多不切实际的幻想，让我们更加接近现实，看问题也更加实际，而对一个组织而言，一般对新进的人员都是一视同仁，从起薪到工作都不会有大的差别。无论你是多么优秀的人才，在刚开始的时候都只能从最简单的事情做起，“蘑菇”的经历对于成长中的年轻人来说，就像蚕茧，是羽化前必须经历的一步。所以，如何高效率地走过生命中的这一段，从中尽可能吸取经验，成熟起来，并树立良好的值得信赖的个人形象，是每个刚入社会的年轻人必须面对的课题。

第二章 管理基本原理与方法

章前导读

管理的任务

现代人类的目标和抱负，需要前所未有的努力合作才能实现。我们之所以能改造贫民区，治理污染，给予个人自我表现的机会，提高生活水平和实现社会及个人的许多目标，全依赖于联合行动。如果个人，甚至一个群体，只想实现自给（生产他们自己所需的食物、衣着和住房），那么充其量也只能勉强维持生存。

但当人们在各种企业中联合起来，共同经营他们的资源，同众多的人或企业相互交换他们的产品时，他们就掌握了走向共同富裕繁荣的方法。

管理的任务就是使这种合作努力得以顺利进行，这就需要管理人员把人力、机器和资金这样一些未经组织的资源转变为一个卓有实用价值的企业。

资料来源：[美]W.H. 纽曼， C.E. 小萨默. 管理过程——概念、行为和实践[M]. 北京：中国社会科学出版社，1995:5.

我是陈阿土

陈阿土是台湾的农民，从来没有出过远门。攒了半辈子的钱，终于参加一个旅游团到某国旅游。国外的一切都是非常新鲜的，关键是，陈阿土参加的是豪华团，一个人住一个标准间。这让他新奇不已。早晨，服务生来敲门送早餐时大声说道：“GOODMORNING SIR！”陈阿土愣住了。这是什么意思呢？在自己的家乡，一般陌生的人见面都会问：“您贵姓？”于是陈阿土大声叫道：“我叫陈阿土！”如是这般，连着三天，都是那个服务生来敲门，每天都大声说：“GOODMORNING SIR！”而陈阿土亦大声回道：“我叫陈阿土！”但他非常的生气。这个服务生也太笨了，天天问自己叫什么，告诉他又记不住，很烦的。终于他忍不住去问导游，“GOODMORNING SIR”是什么意思，导游告诉了他，天啊！！真是丢脸死了。陈阿土反复练习“GOODMORNING SIR”这个词，以便能体面地应对服务生。又一天的早晨，服务生照常来敲门，门一开陈阿土就大声叫道：“GOODMORNING SIR！”与此同时，服务生叫的是：“我是陈阿土！”

这个故事告诉我们，人与人交往，常常是意志力与意志力的较量。不是你影响他，就是他影响你，而我们要想成功，一定要培养自己的影响力，只有影响力大的人才可以成为最强者。

第一节 管理基本原理

原理是指某种客观事物的实质及其运动的基本规律。管理原理是对管理工作的实质内容进行科学分析总结而形成的基本真理，它是现实管理现象的抽象，是对各项管理制度和管理方法的高度综合与概括，因而对一切管理活动具有普遍的指导意义。

一、研究管理原理的意义

管理原理是现实管理现象的一种抽象，是大量管理实践经验的升华，它指导一切管理行为，即对于做好管理工作有着普遍的指导意义。

1. 掌握管理原理有助于提高管理工作的科学性

掌握管理原理有助于提高管理工作的科学性，避免盲目性。管理原理是不可违背的管理的基本规律。实践反复证明，凡是遵循这些原理的管理，都是成功的管理。反之，都有失败的记录。例如，我国有很多企业存在管理混乱，职工的积极性不能充分发挥，企业经济效益很差，甚至大量亏损的情况。处理这种后果，其原因虽然复杂，但认真分析一下，都是与违背管理原理分不开的。认识并学会运用管理原理之后，管理工作就有了指南，建立管理组织、进行管理决策、制定规章制度等就有了科学依据。

2. 研究管理原理有助于掌握管理的基本规律

管理工作虽然错综复杂、千变万化，但万变不离其宗，各类管理工作都具有共同的基本规律，管理者只要掌握了这些基本规律，面对任何纷繁杂乱的局面都可胸有成竹，管理得井井有条。这也就是许多成熟的管理者在各种迥然不同的管理岗位上都能取得成功的原因。在现实生活中，许多管理者是通过自己的管理实践，经历漫长的积累过程，才一点一点逐渐领悟到管理的基本规律。管理原理是在前人实践经验的基础上，经过系统的深入的研究上升为理性的认识。因此，通过学习管理原理，能加快人们掌握管理基本规律的速度，使人们更快地形成自己的管理哲学，以应付瞬息万变的世界。

3. 掌握管理原理有助于迅速找到解决管理问题的途径和手段

例如，依据组织的实际情况，建立科学合理的管理制度、方式与方法，使管理行为制度化、规范化，使管理的许多常规性工作有章可循，有规可依。这样，领导者就可从事务堆中摆脱出来，集中精力进行对例外事项的管理；即使领导者更换，系统运作仍可照常顺利进行。

总之，研究管理原理，完善并掌握管理原理是为了指导一切管理行为，它有助于强化管理工作，提高管理工作的效率与效益，充分发挥组织的功能。

二、管理的基本原理

（一）系统原理

任何社会组织都是由人、物、信息组成的系统，任何管理都是对系统的管理，没有系统，也就没有管理。系统原理不仅为认识管理的本质和方法提供了新的视角，而且它所提供的观点和方法广泛渗透到人本原理、责任原理和效益原理之中，从某种程度上来说，在管理原理的有机体系中起着统率的作用。

1．系统与管理系统

系统是指由若干相互联系、相互作用的部分组成，在一定环境中具有特定功能的有机整体。就其本质来说，系统是“过程的复合体”。在自然界和人类社会中，一切事物都是以系统的形式存在的，任何事物都可以看作是一个系统。例如，人的呼吸系统，生态系统，复杂的工程技术系统，如汽车、火箭及其生产系统等，以及行政系统、经济系统、教育系统等。

管理系统是指由管理者、管理对象等若干个相互联系，相互作用的要素和子系统，按照管理整体目标结合而成的有机整体。对管理系统的概念，应从以下几个方面理解：

第一，管理系统是整体的，发挥着整体功能，管理系统中，任何一个子系统都必须是为实现管理的整体功效和目标而服务的。

第二，管理系统是由若干要素或子系统构成的，各个要素或子系统之间是相互联系、相互依存的。

第三，管理系统在结构上是分层次，系统内可划分为若干个子系的统，而管理系统又从属于更大的社会系统。

管理系统的整体是由相对独立的不同部分组成的，因此我们可以按人、财、物、信息、时间等划分，也可以根据管理的职能或部门设置来划分，要看到组成管理系统整体的各个组成部分，而且更重要的是，要从系统的观念出发，整体地观察、分析和解决管理问题。管理系统一般主要由以下要素构成。

（1）管理目标。管理目标是管理整体功能的集中体现，是管理系统建立与运行的出发点，也是管理系统正常运行的管理效果，管理系统必须围绕管理目标正常运行，管理者所有的管理行为都是为了实现管理目标。

（2）管理者。管理者是主体，是管理系统中最核心、最关键的要素，管理系统中的许多活动和行为都要靠管理者去实施，管理者是整个管理系统的统帅者，是发挥管理系统整体功效、实现管理目标的关键力量。

（3）管理对象。管理对象是管理者为实现管理目标，通过管理行为作用其上的客体。管理对象包括各类社会组织及其构成要素与职能活动，资源或要素是构成组织的基本单位，其动态组合与运行构成了职能活动，资源与活动又共同构成了完整的组织及其行为。资源、活动、组织是具有不同形态的，它们都受管理行为的作用，共同影响管理成效和目标的实现。

（4）管理环境。管理环境是指存在于社会组织内部与外部的影响管理实施和管理功效的各种因素的总和，任何管理活动都存在于管理环境之中，必须受管理环境的影响，反过来又会对管理环境起到反作用，所以管理环境也是管理系统的组成部分。

（5）管理方法。管理方法是管理者为实现组织目标，组织和协调管理要素的工作方式、途径或手段。管理方法是实施管理行为的途径或手段，对管理功效及目标实现具有直接的意义，所以，管理方法是管理系统的重要因素。

2．系统原理要点

（1）整体性原理。整体性原理指系统要素之间相互关系及要素与系统之间的关系以整体为主进行协调，局部服从整体，使整体效果为最优。实际上就是从整体着眼，部分着手，统筹考虑，各方协调，达到整体的最优化。

从系统目的的整体性来说，局部与整体存在着复杂的联系和交叉效应。大多数情况下，局部与整体是一致的。对局部有利的对整体也是有利的，对整体有利的对局部也是有利的。但有时，局部认为是有利的事，从整体上来看并不一定就是有利的，甚至是有害的。有时，局部的利越大，整体的弊反而越多。因此，当局部和整体发生矛盾时，局部利益必须服从整体利益。

从系统功能的整体性来说，系统的功能不等于要素功能的简单相加，而是往往大于各个部分功能的总和，即“整体大于各个孤立部分的总和”。这里的“大于”，不是指数量上大，而是指在各部分组成一个系统后，产生了总体的功能，即系统的功能。这种总体功能的产生是一种质变，它的功能大大超过了各个部分功能的总和。因此，系统要素的功能必须服从系统整体的功能，否则，就要削弱整体功能，从而也就失去了系统功能的作用。

（2）动态性原理。系统作为一个运动着的有机体，其稳定状态是相对的，运动状态则是绝对的。系统不仅作为一个功能实体而存在，而且作为一种运动而存在。系统内部的联系就是一种运动，系统与环境的相互作用也是一种运动。系统的功能是时间的函数，因为不论是系统要素的状态和功能，还是环境的状态或联系的状态都是在变化的，运动是系统的生命。例如，企业是社会经济系统中的子系统，它为了适应外部社会经济系统的需要，必须不断地完善和改变自己的功能，而企业内部各子系统的功能及其相互关系也必须随之相应地发展变化。企业系统就是在这种不断变化的动态过程中生存和发展，因此，企业的产品结构、工艺过程、生产组织、管理机构、规章制度、经营方针、管理方法等都具有很强的时限性。掌握系统动态原理、研究系统的动态规律，可以使我们预见系统的发展趋势，树立起超前观念，减少偏差，掌握主动，使系统向期望的目标顺利发展。

（3）开放性原理。封闭系统因受热力学第二定律作用，其熵将逐渐增大，活力逐步减少。严格地说，完全封闭系统是不能存在的。实际上，不存在一个与外部环境完全没有物质、能量、信息交换的系统。任何有机系统都是耗散结构系统。系统与外界不断交流物质、能量和信息，才能维持其生命，并且只有当系统从外部获得的能量大于系统内部消耗散失的能量时，系统才能克服熵而不断发展壮大。所以，对外开放是系统的生命。例如，工业企业系统必须通过投入和产出与外部社会进行交流，从而获取盈利，盈利则是企业生存发展的必要条件。在管理工作中，任何试图把本系统封闭起来与外界隔绝的做法，都只会导致失败。明智的管理者应当从开放性原理出发，充分估计到外部对本系统的种种影响，努力从开放中扩大本系统从外部吸入的物质、能量和信息。

（4）综合性原理。所谓综合，就是把系统的各部分各方面和各种因素联系起来，考察其中的共同性和规律性。任何一个系统都可以看作是由许多要素为特定的目的而组成的综合体，如世界、社会、国家、企业、学校、医院以及大型工程项目，几乎都是非常复杂的综合体。

系统的综合性原理包括的含义，一方面是系统目标的多样性与综合性。系统最优化目标的确定，是靠从各种复杂的甚至对立的因素中综合的结果。由于大系统涉及一系列的复杂因素，如果对这些因素在分析的基础上能够综合得好，系统目标确定得恰当，各种关系能够协调一致，就能大大发挥系统的效益。反之，如果综合得不好，不适当地忽略了其中的某一个目标或因素，有时会造成极为严重的后果。如环境污染，就是一个易被忽略的目标和因素，忽视它甚至会引起工程的报废。综合性原理的另一方面是系统实施方案选择的多样性与综合性，就是说同一问题可以有不同的处理方案，为了达到同样一个目标，有各种各样的途径与方法。方案的多样性要求我们必须进行综合研究，选出满意方案。系统的综合性原理的又一重要方面是由综合而创造，现在一切重大尖端科学技术，无不具有高度的综合性，世界上没有什么新的东西不是通过综合而得到的，如阿波罗飞船登月舱上的每件东西都是原来已有的，而把它们综合在一起形成的登月舱却是前所未有的。量的综合导致质的飞跃，产生了新的事物，综合的对象越多，范围越广，所作的创造也就越大。正因为任何复杂的系统都是由许多子系统和单元综合而成的，因此，任何复杂的系统又都是可以分解的。系统整体可能看上去十分复杂不可战胜，但如果将其分解到每个子系统和单元，就可能变得简单而容易解决。所以，管理者既要学会把许多普普通通的东西综合为新的构思、新的产品、创造出新的系统，又要善于把复杂的系统分解为最简单的单元去解决。

（5）环境适应性原理。系统不是孤立存在的，它要与周围事物发生各种联系。这些与系统发生联系的周围事物的全体，就是系统的环境，环境也是一个更高级的大系统。如果系统与环境进行物质、能量和信息的交流，能够保持最佳适应状态，则说明这是一个有活力的理想系统。否则，一个不能适应环境的系统则是无生命力的。系统对环境的适应并不都是被动的，也有能动的，那就是改善环境。环境可以施加作用和影响于系统，系统也可施加作用和影响于环境。如构成社会系统的人类具有改造环境的能力，没有条件可以创造条件，没有良好的环境可以改造环境。这种能动地适应和改造环境的可能性，受到一定时期人类掌握科学技术知识和经济力量的限制。作为管理者，既要有勇气看到能动地改变环境的可能，又要冷静地看到自己的局限，这样才能实事求是地做出科学的决策。

3．系统原理的具体应用——整分合原则

系统原理对管理活动的最基本要求，就是要从整体出发，制定管理系统的目标，根据科学的分解，明确各子系统的目标，进而在合理分工的基础上进行总体的组织综合，从而保证管理目标的顺利实现。这种对系统的整体把握、科学分解、组织综合的要求，就是整分合原则。

简单地说，整分合原则是指为了实现管理目标，在整体规划下明确分工，进而在分工基础上再进行有效的综合。其中，整体是前提，分工是关键，综合是保障。

整分合原则在具体操作中，一般要经过三个阶段：

第一阶段，把握整体目标，即在对系统本身的环境分析的基础上，从系统整体的角度设计和确定系统的总体目标；

第二阶段，系统分解，即在整体目标指导下，对计划、任务分解，对系统内各部门及个人的职责与任务进行分配；

第三阶段，综合协调，即在系统内按照系统内在的联系把各部门、各环节有效地结合起来，协调它们之间的关系，整合力量，促进系统整体目标的实现。

（二）人本原理

人本管理是企业管理中最重要的管理，是企业管理之本，人本管理就是要求企业管理必须以人为中心，以做好人的工作为根本。其重要性在于它是提高企业知识生产力的重要条件。企业的知识生产力指企业利用其知识资源创造财富的能力，是适应企业国际化经营的基本管理方式，是建立企业中人与其他要素良好关系的必要条件，是企业持续发展的基石。所以，探讨企业人本管理创新对企业管理具有重要的现实指导意义。

1．人本管理的特点

管理的人本性是指在管理过程中以人为中心，把调动人的积极性放在首位。现代管理思想把人的因素放在第一位，重视处理人与人的关系，强调人的自觉性和自我实现精神，主张以人及人的积极性、主动性、创造性为管理的核心和动力。为了实现管理目标，一切管理工作必须以提高人的素质、调动人的积极性、主动性和创造性，做好人的工作为根本。

“以人为本”的管理，指在企业管理过程中以人为出发点和中心，围绕着激发和调动人的主动性、积极性、创造性展开的，以实现人与企业共同发展的一系列管理活动。其具有下列几个特点：

（1）以人为本的管理主要是指在企业管理过程中以人为出发点和中心的指导思想；

（2）以人为本的管理活动围绕着激发和调动人的主动性、积极性和创造性来展开；

（3）以人为本的管理致力于人与企业的共同发展。

2．人本管理的主要内容

以人为本的管理的基本思想就是人是管理中最基本的要素，人是能动的，与环境有一种交互作用：创造良好的环境可以促进人的发展和企业的发展；个人目标与企业目标是可以协调的，将企业变成一个学习型组织，可以使员工实现自己的目标，在此过程中，企业进一步了解员工使企业目标更能体现员工利益和员工目标；以人为本的管理要以人的全面发展为核心，人的发展是企业发展和社会发展的前提。

以人为本管理的基本原则有：

（1）重视人的需要；

（2）激励员工为主；

（3）培养员工；

（4）组织设计以人为中心。

3．人本原理

管理活动首先是人的活动，这种活动的主体是人，活动的客体也包括人，就社会生产的角度来看，这种活动的目的是满足人的需要。因此，我们应当明确管理活动以人为本的原则，即人本原理。

管理的人本原理是指管理者在管理活动中充分重视人的作用，尊重人、理解人，并通过满足人的需要来调动人的积极性、主动性和创造性。对这个原则的理解可以从以下几个角度入手。

（1）人本原理是对人的本质属性认识的深化。以人为本的管理原则是管理学家通过总结人类管理实践经验而提出的指导管理活动的基本原则，它的形成经过了漫长的认识过程。在管理学的整个发展过程中，“人”始终是一个最基本的概念。任何一种管理理论，都是依赖对人的一定看法而提出来的，各种管理理论的区别大都可以归结为对人理解的不同。以20世纪30年代梅奥等人的“霍桑实验”为界，对人的属性的认识可以划分两个历史阶段：一个是视人为“物”的阶段；另一个是以“人”为中心的阶段。关于人性理论的探索和研究，为人本原则的形成奠定了坚实的基础。例如，美国心理学家谢恩在归纳前人理论的基础上提出了人性的四种假设，即“经济人”“社会人”“自我实现人”和“复杂人”的假设。“经济人”假设认为，人的一切行为都是为了最大限度地满足自己的私利，人都要争取自己的经济利益；“社会人”假设认为，人们在工作中得到的物质利益，对于调动人们的积极性，只发挥次要作用，更重要的是在工作中与周围的人友好相处，良好的人际关系对于调动人的工作积极性是决定性的因素；“自我实现人”假设认为，人都要发挥自己的潜力，表现自己的才能，只有人的潜力充分表现出来了，人才会感到最大的满足；“复杂人”假设则认为，人是复杂的，人的需要也是复杂的，不仅人与人不同，而且一个人在不同时间、不同地点、不同的环境下也是不一样的。根据“复杂人”的假设，提出了一种新的管理理论，称之为权变理论，由于该理论不同于X理论，也不同于Y理论，所以把它称为超Y理论，超Y理论就是“以人为中心”管理思想的具体体现。

（2）树立“以人为中心”的管理思想，是做好管理工作的根本保证。管理过程中的各种客观因素及各个环节，都需要由人来控制，管理职能活动的有效发挥，管理目标的最终实现，都要由人来完成。离开了人的活动，管理活动就无从谈起。

（3）充分发挥人的主观能动性的主要途径就是重视人的需要。这里所讲的“人的需要”指的是绝大多数成员的需要，是由管理系统中全体成员的基本和共同的利益所决定的。对此，我们应该摒弃一种错误的观念，即认为以人为本就是以“少数人”为本、甚至以某个人为本，这种观念与人本原理是相违背的。

（4）在管理工作中坚持人本原理的关键是充分发挥人的主观能动性。人的主观能动性是人类积极、主动地探索和改造客观世界的动力源泉，在管理系统的所有要素之中，只有人具有这种主观能动性，主动性强，而其他要素都是被动的，由人来支配和操纵的。但是，人的主观能动性经常处于潜在状态，由于受到许多因素的限制，因此，如何创造条件，充分调动人的能动性，使人们能够积极地、主动地从事到管理活动中去，就成为管理工作者的中心任务。

世界上一切科学技术的进步、一切物质财富的创造、一切社会生产力的发展、一切社会经济系统的运行，都离不开人的服务、人的劳动与人的管理。人本原理就是以人为中心的管理思想，这是管理理论发展到20世纪末的主要特点。

人本原理主要包括下述主要观点：职工是企业的主体；职工参与是有效管理的关键；使人性得到最完美的发展是现代管理的核心；服务于人是管理的根本目的。

4．现代管理的核心是使人性得到最完美的发展

人之初，性本善还是性本恶？这个问题已经争论了许多个世纪。这个争论，不论在中外古代的伦理思想中，还是在现代管理学的研究中，都得到了不同程度的反映。这两种相互对立的观点都可在社会生活中找到支持或反对的论据与事例。这个事实本身就表明，世界上并不存在绝对善或恶的人性。人性是受后天环境影响而形成的，因而也是可以塑造和改变的。

不同的时代，人性都不可避免地打上历史的烙印。在封建社会，超经济的人身依附成为人性中最普遍的现象。君臣之间、官民之间、夫妇之间、父子之间、地主农民之间、师徒之间等，几乎无不以人身依附作为建立正常关系的准则，并且以是否完全遵守这一准则作为评价人性是否完美的标准。一切管理也都是建立在一方完全无条件服从另一方的基础之上的。资本主义社会彻底摧毁了这种封建的人身依附关系，建立了以人的利己本性为基础的商品经济关系。资本家拥有资本，劳动者拥有自己的劳动力，人们都是“平等”的“商品”所有者，都是为了利己的目的通过市场进行“自由”的交换和买卖，相互讨价还价，然后成交、签订协议。因而“利己”和“守信”就成为资本主义条件下人际关系的基本准则，并以能否遵守这一准则作为评价人性是否正常、完美的标准。一切管理活动也都建立在这一准则之上。

事实上，任何管理者都会在管理过程中影响下属人性的发展。同时，管理者行为本身又是管理者人性的反映。只有管理者的人性达到比较完美的境界，才能使企业职工的人性得到完美的发展，而职工队伍的状况又是企业成功的关键。社会主义精神文明建设实质上是社会主义人性的塑造。这绝不是靠喋喋不休的说教能够完成的，而是要靠管理的实践。在实施每一项管理措施、制度、办法时，不仅要看到实施取得的经济效果，同时要考虑对人精神状态的影响，要分析它们是促使职工的精神状态更加健康，人性更加完美，还是起相反的作用。

综上所述，尊重人、依靠人、发展人、为了人是人本原理管理思想的基本内容和特点。

5．人本原理的具体应用——民主管理

传统的管理是一种“以任务为中心”“以事为中心”的管理，运用经济刺激的手段和集权制的管理方式，或者把两者结合起来调动人的积极性，建立重奖重罚的管理体制。这种管理模式是把人作为一种“工具”看待的，它把员工排除在管理主体之外。

然而，人本原理强调“以人为中心”，它是一种充分尊重人的价值的管理，它要求管理者与被管理者之间的关系建立在平等信任的基础上。因此，在管理方式上往往表现为广

泛的民主参与，即实行民主管理。这种民主的管理，能够使每一位组织成员树立起较强的主人翁意识，增强他们的责任感，这样，就从根本上促进了他们的积极性、创造性和智慧的充分发挥。

在现代社会，民主管理真正重视管理系统中人的作用，鼓励组织成员广泛参与管理，这样就把发挥领导者的作用同鼓励被领导者的积极参与结合了起来。所以，这是一种正确、有效的管理方式，无论对哪类组织的管理来说，这都是一种应当倡导的制度。

民主的管理方式，就是在管理中遇事经常与下属商量，鼓励他们参与管理，具体的做法是：第一，让员工通过正规的渠道，对社会、对本组织的活动目标、计划、管理人员的任免等提出合理化的建议，参与高层决策；第二，通过自己的代表或群众组织（如工会等），直接参与管理工作；第三，对社会及本组织的活动进行广泛的监督，同时监督管理机构和管理者的工作。这也就是对管理者进行的管理，因而员工成了管理管理者的主体。为了保证这种管理方式成为一种经常性的活动，并具有实质性的意义，民主管理应当成为一种制度。在公共管理中，它是一种政治制度，而在经济管理中，它则是一种企业制度。

任何管理都离不开必要的监督机制，在这方面，民主管理为我们提供了一种监督方法，但是，民主参与管理并不意味管理者权力和责任的“放纵”，不是说谁想干什么就干什么，在民主管理中，被管理者进入了管理者队伍，就意味着接受更多的责任和义务，受到更多的限制和制约。管理系统无论是大是小，都是一个由人组合起来的有机整体，其中包含着等级结构，作为一个整体，它必然要对其成员的行为进行某种形式的调节和限制。民主管理无非是打破了从上到下的单向的逐层管理，在管理系统的每一个层次都保证上下左右的相互监督、相互限制。

（三）效益原理

1. 效益的概念与分类

（1）效益的概念

任何组织的管理都是为了取得更好的效益，效益的高低直接影响着组织的生存和发展。效益是管理的永恒主题。那什么叫效益？效益、效果与效率有什么样的关系？

效益是指有效产出与投入之间的一种比例关系，是一种有益的效果，具体地说，它反映了人们的投入与所带来的利益之间的关系。在管理学中，效果、效率和效益都是对投入与产出之间关系的评价，效果是指单位时间经过转换而产出的有用成果，效果的概念侧重于主观的方面，强调合乎目的的程度；效率是指单位时间内所取得的效果的数量，反映了劳动时间的利用状况，效率的概念侧重于客观的方面的评价；效益则要求从主观与客观两个方面的统一中来进行判断，当效益的评价发生在造成这种结果的系统之内，它是指效果与效率的统一；当站在这一系统之外做出效益的评价时，所强调的则是这一结果的外部积极影响。

（2）效益的分类

一般地，效益可以分为经济效益和社会效益。经济效益是指人们在社会经济活动中所取得的收益性成果，它是通过提高经济活动的效果而得到的实际经济利益。这也就是说，是以最小代价，创造出最大价值，获得最佳经济效果。它是对管理的经济目标实现程度从数量方面进行评价的依据。例如，对于企业来说，不仅要求它的产品质量高，品种数量多，而且要适销对路，适合社会需要；不仅要能为企业员工解决工资待遇低等实际问题，而且也要使国家和消费者都获得实际利益；不仅能为企业自身增加利润，而且能够满足社会和消费者的需要。所谓社会效益，是指劳动所产生的成果对社会产生的有用的和积极的影响程度和做出的贡献。这种效益与经济效益的关系是矛盾统一的：一方面，经济效益好，社会效益也好；反之，经济效益差，社会效益也不好。另一方面，二者之间的关系又是矛盾的，有时候，经济效益好，社会效益并不好。

经济效益和社会效益之间既有联系，又有区别。经济效益是社会效益的基础，社会效益是促进经济效益提高的重要条件。它们的主要区别是经济效益较社会效益直接、明显，容易计算，而要衡量计算社会效益就较困难。管理实践中，坚持两种效益的统一观点，确立科学的效益观，把长远和眼前、局部和全局的效益统一于经济和社会效益的协调统一之中。现代管理工作在处理经济效益与社会效益的关系上，应该是统筹兼顾，最大限度地追求经济效益与社会效益的同步增长，既反对单纯追求经济效益而不顾社会效益的倾向，也反对片面讲求社会效益而不讲经济效益的做法。当经济效益与社会效益发生矛盾时，应当从全局出发协调两者的关系，但是基本的原则是要让经济效益服从社会效益。

2．影响管理效益的因素

一切管理都努力提高效益，但并不是一切管理都是有效益的。因为管理在使分散的人、财、物结合在一起并形成一个整体的时候，可以产生出积极效应，也可能产生出消极效应。搞清影响管理效益的因素，对于实现管理目标具有十分重要的意义。管理的效益取决于以下因素。

（1）取决于管理者

管理者是管理主体，在管理活动中居于主导地位，起核心作用。管理者的思想观念、行为方式对管理效益的影响是十分明显的。这是因为，管理者的思想观念在管理活动中往往表现为管理的指导思想，这种指导思想又会支配管理行动，表现出特定的管理行为方式。管理者的思想观念、行为方式对管理效益的影响，是通过计划、组织、人员配备、领导和控制等职能和环节而实现的。

（2）管理对象

管理的效益指标往往要通过管理对象才能实现，因此，管理对象也是影响管理效益的重要因素。现代管理的对象是由人、财、物、时间、空间、信息等要素组成一个有机体系，其中，人是最重要的。尽管财、物、时间、信息的组合对提高管理效益有着不可忽视的作用，但这种作用只有通过人的活动才能实现。人的素质水平、工作责任心、主观能动性发挥的程度，往往决定着其他管理对象作用的发挥程度。一般地讲，人的素质水平低，经济发展只能采取粗放型增长方式实现，其效益是比较低下的；人的素质水平高，加之其他相应的财、物、信息等条件，经济发展才可以采取集约型或知识密集型的增长方式来实现，这种增长方式的效益就要高得多。

（3）管理环境

效益是通过有效的管理活动来实现的，而管理活动又是在外部客观环境的影响下进行的，因此，管理环境也是影响管理效益的一个重要因素。影响管理效益的环境因素有：政治环境、经济环境、科学技术环境和社会心理环境。政治环境是指一个国家的政治形势、法律制度、路线、方针、政策以及国际局势。经济环境则是指管理组织之外经济发展状况，如市场、资本、银行信贷、国家经济形势等，这些因素通过价值规律等方面的作用影响现代管理的效益。科技环境是指管理组织外部科学技术发展状况、科技信息等，这些因素通过影响劳动生产率来影响现代管理的效益。社会心理环境是指管理组织外部的各种社会心理现象，主要包括社会规范、社会舆论、道德、时尚、从众心理等，这些因素是通过管理组织的精神文化、人际关系以及组织成员的心理行为影响管理效益的。

3．效益的评价

效益的评价可由不同主体（如首长、群众、专家、市场等）从多个不同角度去进行，因此没有一个绝对的标准。不同的评价标准和方法，得出的结论也会不同，甚至相反。有效的管理首先要求对效益的评价尽可能公正和客观，因为评价的结果直接影响组织对效益的追求和获得，结果越是公正和客观，组织对效益追求的积极性就越高，动力也越大，客观上产生的效益也就越多。一般来说，首长评价有一定的权威性，全局性掌握得较好，其结果对组织的影响也较大，但可能不够细致和具体；群众评价，一般比较公正和客观，但可能要花费较多的时间和费用，才能获得最后的评价结果；专家评价一般比较细致、技术性强，但可能只注重直接效益而忽视间接效益；市场评价，其结果与市场发育程度有很大的关系，越是成熟、规范的市场，其评价结果就越客观公正，越是发育不成熟或行为扭曲的市场的评价结果就越不客观，不公正甚至具有很强的欺骗性；市场评价体现的主要是经济效益。显然，不同的评价都有它自身的长处和不足，应配合运用，以求获得客观公正的评价结果。

追求效益要学会自觉地运用客观规律。例如，必须学会运用价值规律，随时掌握市场情况，制定灵活的经营方针，灵敏地适应复杂多变的竞争环境，满足社会需求。只有这样才能够获得好的效益。

4．效益原理的内容及要求

（1）效益原理的内容

在管理中，重视效益，追求效益，以最小的消耗和代价获取最佳的经济效益和社会效益，追求管理的整体效益和长期效益，这就是管理的效益原则的基本要求。在社会主义市场经济条件下，管理者必须把树立正确的效益观念作为管理工作的前提，这就要求管理者自觉地克服一切忽视效益的管理思想和方式，把追求效益作为管理活动的准则。

（2）效益原理应用时应注意的问题

① 要注意管理效益与组织经营战略的协调。在现代化管理中，采用先进的科学方法

和手段，建立合理的管理机构和规章制度无疑是必要的，但更重要的是一个管理系统的经营战略，这是带有全局性的问题。实际上，管理只解决如何“正确地做事”，战略才告诉我们怎样“做正确的事”。如果企业经营战略错了，局部的东西再好，但产品不适销对路，质量再好，价格再低，也毫无意义。管理效益总是与战略联系在一起的。

② 追求局部效益必须与追求全局效益协调一致。全局效益是一个比局部效益更为重要的问题。如果全局效益很差，局部效益的提高就难以持久。当然，局部效益也是全局效益的基础，没有局部效益的提高，全局效益的提高也是难以实现的。局部效益与全局效益是统一的，有时又是矛盾的。因此，当局部效益与全局效益发生冲突时，管理者必须把全局效益放在首位，做到局部服从全局。

③ 在实际工作中，管理效益的直接形态是通过经济效益而得到表现的。这是因为由于管理系统是一个人造系统，它是通过管理主体的劳动所形成的按一定顺序排列的多方面多层次的有机系统。尽管其中有纷繁复杂的因素相交织，但每一种因素均通过管理主体的劳动而活化，并对整个管理运动产生着影响。综合评价管理效益，当然必须首先从管理主体的劳动效益及所创造的价值来考虑。

④ 确立管理活动的效益观。管理活动要以提高效益为核心。追求效益的不断提高，应该成为管理活动的中心和一切管理工作的出发点。要克服传统体制下“以生产为中心”的管理思想，因为这种管理思想必然导致片面追求产值、盲目增加产量的倾向，从而可能造成产品大量积压、效益普遍低下的状况。

⑤ 管理应追求长期稳定的高效益。企业每时每刻都处于激烈的竞争中，如果只满足于眼前的效益，而不以新品种、高质量、低成本迎接新的挑战，企业就会随时有落伍甚至被淘汰的危险。所以，企业经营者必须有远见卓识的创新精神，不能只追求当前效益，不惜竭泽而渔、寅吃卯粮，不保持必要的储备，不及时维护修理设备，不进行必要的技术改造，这样必然损害企业长期效益。只有不断增强企业发展的后劲，积极进行企业的技术改造、技术开发、产品开发和人才开发，才能保证企业有长期稳定的高效益。

遵循效益原理，要学会自觉地运用客观规律。例如，必须学会运用价值规律，随时掌握市场情况，制定灵活的经营方针，灵敏地适应复杂多变的竞争环境，满足社会需求。

5. 效益原理的应用——效率管理

效率管理是通过分析组织及组织的流程，对组织的效率进行规定、分析和评估，提高组织的效率，从而有效地实现组织目标的活动。它强调要以一切可行的效率标准来统一人们的思想，指导人们的行动，把效率作为管理活动的宗旨，放在工作的中心位置，这是效率管理的精髓所在。效率管理要求组织根据具体问题的性质和特点，选择适当管理方法以解决组织的效率问题，有利于提高效率的一切方法都在效率管理关心的范围之中。例如，为了提高原材料的利用效率，可以通过提高成品率、改进产品质量、改进产品设计等方法来实现；为了提高人员的效率，可以采用民主管理等方法来鼓励、激励他们等。

（1）效率管理的特点

① 效率管理的目的是追求高效益

管理作为一种特殊的社会活动，总是在一定的目的指导下进行的。效率管理是有其目的的，它的目的是追求高效益。效率管理正是通过追求效益来实现其管理目的的，设法用最短的时间完成最多的工作，用最小的投入获得最大的收益。

在管理中，对实际管理效果的评判取决于评判的标准，正确的管理效果标准应该能够反映出管理的本质，只有确定了正确的管理效果评判标准，才能在管理的过程中对管理效果做出正确评价，及时纠偏，确保管理行为产生积极的管理效果。管理的本质是提高效率，效率管理以效率为标准对组织的管理效果进行分析，通过和竞争对手进行比较，来判别组织资源的利用率，在和竞争对手的成本、产量和利润的对比中，寻找差距，查明原因，完善管理，通过追求效率达到提高效益的目的。

而效率管理是以追求效率为起点，以考核组织目的的实现为终结，是一种重视过程的管理方法。效率管理通过优化管理过程来实现优化组织效益的目的。

② 以组织效率为中心的全面管理

效率管理是以效率为中心。效率问题是管理活动的出发点和归宿，管理的核心问题就是要提高效率。因此，必须紧紧地把握效率这个管理的核心问题，以提高效率为管理的目的。但效率存在于组织和管理活动的过程中，浅层次地谈效率的问题，对管理是没有多大益处的，必须根据当时情况作具体分析。

从普遍的意义上看，效率是与一定的人、一定的管理对象和一定的工作手段联结在一起的。换句话说，效率是相对于一定的组织而言的。很难设想一个人浮于事、机构混乱、责任不清、赏罚不明、缺乏系统的组织会有什么效率可谈，对于一个管理者来说，只有不断提高组织效率，才能提高组织的管理水平，推进组织的不断发展。

组织效率的提高，要对组织进行全面管理，它包含以下三层意思。

第一，要从组织流程的全过程考虑效率管理，如企业中产品设计、产品试制、原材料采购、产品储备、产品生产和销售等各个方面都要进行管理。这种管理表现为全过程的效率管理。

第二，全员的管理，即组织中的所有人员都要参加效率管理，从组织的最高领导到管理部门，再到每个组织成员都要加入到效率管理之中。这种效率管理表现为全员性的效率管理。

第三，所有要素的管理，即组织中的所有要素，包括物资、设备、仪器、材料、工资、折旧费、其他支出等都要加以管理。这种效率管理表现为全要素的效率管理。

③ 强调动态性

效率管理是过程管理，它不仅仅把管理工作的重心放在最终的目标上，而且把管理工作的重心放在整个管理过程中。效率管理同时也是动态的管理，管理者时时监控管理的过程，管理者通过研究组织的流程，重视、强调研究组织过程中如组织、指挥、监督、调节的管理，甚至包括组织成员进行的基本操作或动作，以及每个成员所使用的工具。一旦发现管理过程中任一环节出现偏差，就能及时发现偏差并迅速报告上级，以便上级能及时采取措施加以纠正，这样就需要在管理的过程中动态地解决管理问题，对企业和组织进行动态管理。这种管理由于重心前移，加强事先控制，因此有利于避免管理工作的重大失误。

（2）提高效率的途径

人是管理中最活跃、最能动、最积极的因素，组织活力的源泉在于脑力和体力劳动者的积极性、能动性和创造性。所以，管理的首要任务是对人的管理，通过对人的组织、指导和调节，充分调动人的主动性、积极性和创造性，做到人尽其才。提高人的效率，需要通过建立相关的组织与人事制度来明确个人责任。管理者只有使组织机构的每个岗位都有非常明确的责任，并通过制度把组织成员的行为纳入有利于实现组织目标的工作轨道上来，才能使整个组织有效地运行起来。

现代管理要求任何组织都不能再通过高消耗来带动组织的发展，而应当把降低成本作为挖掘组织发展潜力的基本途径。在管理系统中除人之外还存在一些物质成分，如物资、设备、资金、技术、信息等。管理好、使用好资金、物资设备和设施，是提高管理效益、降低管理成本的重要途径，科学的管理和合理的使用物资资源将会最大限度地提高效益。

（3）效率的标准

使用效率管理的方法，首先要在组织中建立正确的效率标准。设计效率的标准是效率管理的重要组成部分。标准可能有许多种类，可以用货币单位来表示，如销售额、成本、投资费用或利润等，也可以用非货币形式来说明，如产量、工时、速度或废品量等，还可用可考核的定性要求来表示。其中最为理想的是可考核的目标。设计效率标准的方法一般如下。

第一，可以用本组织或其他同类组织过去资料的分析为基础来确立现在的效率标准。这种方法简单易行，但是过去的一些数据很难说明现在的情况，尤其在组织的工作条件和技术水平发生很大的变化时。例如，使用现在的机器，就不能按几十年前的数据去制定标准。

第二，可以凭借主观经验进行判断确立标准。在许多情况下，有些工作标准本身就无法数量化。例如人的积极性，组织对社会活动的贡献等。在这种情况下，就只能以过去的经验为基础进行判断，以确立工作标准。在采用这种方法时，管理人员的经验非常重要，工作标准是否符合实际情况主要取决于他们的经验，主观性较强。

第三，用测量分析的方法。在对具体工作所做的客观测量基础上进行分析，设计出每个工作人员的工作量。对每个工作人员工作量的研究可以运用时间动作分析方法，这种方法最初是由泰勒倡导的，此后，又被广泛地应用于各类组织，确定各种工作的标准。当然，运用此法还要考虑到影响测量结果的多种因素，例如工作的难度、工作人员的技巧、努力程度、工作条件等。

（4）效率管理的步骤

效率管理的管理过程一般都要经过：

① 调查分析组织状况，进行效率对比，确定效率标准；

② 拟订、评价并抉择方案；

③ 组织实施方案；

④ 考察方案执行情况，并修订方案；

⑤ 组织实施新方案，监督并反馈。

上述的各个步骤是相互依赖的，前一个步骤是后一个步骤得以实现的前提，后一个步骤是前一个步骤的目的和结果。管理者在进行某一步骤的工作时，必须以前一个步骤为基础，并为后一个步骤的进行创造条件，这样才能使整个管理活动有效地进行。

（四）能级原理

在现代管理活动中，根据不同的能级，建立层次分明的组织机构，安排与职位能级相适应的人去担负管理任务，给予不同的权力与报偿，形成完整的、有层次的、尽责尽才的管理能级，从而保证管理最大能量的发挥，这就是管理的能级原理。

1．能级与能级管理

（1）能级原理的含义

“能级”是现代物理学中最重要的概念之一，能是做功的本领，能量有大有小，把能量按大小排列，犹如梯级，就叫“能级”，意指做功能量的级别。它给予管理学以深刻的启示：在一个管理系统中，机构、人员、制度、方法等都有能量，能量大小不同，在管理中发挥的功能和作用也不同。相对稳定的管理系统并不是由其机构、人员、制度、方法等要素均匀构成的，而是具有不同层次、不同能级的复杂系统，在该系统中，每一个部分根据本身能量的大小而处于不同的地位，发挥着不同的功能和作用，从而使管理得以有规律地进行，以获得最佳的管理效率和效益。

（2）管理能级的类型

管理是一种综合性的创造活动，在管理组织系统中，必须根据组织的情况建立合理的组织结构，将具有不同素质、能力和专长的人进行科学的组合，才能产生最大的效应。能级管理实际上就是设计合理的组织结构，然后进行量才用人、层次用人的过程。

管理能级在管理系统中主要分为组织能级和个人能级。组织能级是指组织的分级管理，即依据工作的性质、特点、涉及的范围及对组织绩效的影响度等因素进行的组织分工，如组织可以分为三个层次：战略决策层、计划执行层和作业监督层，也就是通常所说的高层、中层和基层。管理层次与管理职位的高低取决于该层次、该职位实际的工作状况与工作要求。一般来讲，职权越大，对下级的控制面越广，所作决策和决定的影响力就越大，其管理层次与职位就越高；周围环境对其工作的限定性因素越少，所受监督越小，工作的自由度越大，要求独当一面的能力就越强，承担的责任就越大，其管理层次与职位就越高；工作内容越复杂，处理的非常规性问题越多，该业务要求的创造力、变革力就越强，其管理层次与职位就越高；工作方法越复杂化、知识层面越多样化、影响力越广泛，其管理层次与职位就越高。人的能力的差异有能力水平上的差异，有能力类型上的差异，也有能力发展早晚上的差异。因此，不同的人就会对不同的工作有着不同的适应性。那么，在人才的使用上，必须根据不同的管理系统对人才能级的要求而选用具有相应能级的人才，量才施用，人尽其才。适于配置高层担任宏观管理人才，要求精通领导管理艺术，常称为“管理大师”；适于配置中层担任中观管理人才，要求“领导管理科学”的“管理专家”；适于配置基层担任微观领导人才，则要求是偏重于掌握“行为管理科学”的管理人才。

2．能级原理应用时应注意的问题

（1）组织能级与人才能级在动态中相对应

岗位不同，能级不同，每个人也有不同的才能。同时，管理环境和管理任务是动态的，人的能力是在变化的，所处的能级也就会有所变化。现代化管理必须使相应才能的人处于相应能级的岗位，使人尽其才，各尽所能。要通过每个能级的实践、发展，锻炼和检验人们的才能，使之各得其位。人的才能通过学习和实践锻炼得到不断提高，或者年迈力衰，知识老化，才能有所降低。此时，就需要按才能的变化更换不同能级的岗位，实现能级的动态对应。只有这样才可以发挥最佳的管理效能。

（2）管理能级与权力、利益相对应

要提高管理系统的效率，必须使系统的各个不同的能级与不同的权力、物质利益和荣誉相对应，即不同能级应授予不同的权力和责任，给予不同的利益，使系统中处于不同能级上的管理者都能在其位、谋其政、行其权、尽其责、取其酬、获其荣，充分调动他们的积极性，发挥每个人的作用。

（3）能级的确定必须保证组织结构的稳定性

在管理系统中一方面应根据组织结构内部各层次、各部门对管理释放能量的大小确定它们在系统中的地位；另一方面各层次、各部门和各岗位之间人员应保持一定比例。个别环节能量过大或过小，都会影响结构的稳定性和效率。

就某个具体的个人而言，也许他的专业、才能、特长随着工作的不断变化与更新，从基层升到中层，再从中层提拔到高层，都能适应新的职位、新的要求。然而，在人才的宏观管理上，却必须通过科学的工作分析和人才分析把人才配置到最适合他的层次与岗位上。同时，还要通过组织、人事制度的改革，保证不同层次上的优秀人才都能得到重用。

（五）动态原理

1．动态原理的概念

管理活动是动态的，时刻都在不断地运动着、变化着，由此要求管理方法必须随机应变。管理工作实质上就是针对管理对象运动变化的情况而实施动态管理的过程。管理的动态原理有两方面的含义：一是管理组织系统内部原有的结构、功能、运行状态，随着内部各要素及内部其他条件的变化而适时调整和变化的动态规律；二是管理组织作为更大系统的子系统，具有随着大系统的变化而变化的动态规律。因此，动态原理受到内外两方面条件的制约。

2. 动态原理的基本特征

（1）有序性。动态原理的有序性特征，是动态原理发挥有效作用的前提保证。管理组织的动态性活动不是混乱无序，而是按照一定的规律有序地运行的。

（2）适应性。这是动态原理的主要特征。管理组织系统是一个动态系统，受到系统内外环境的影响和制约。分析研究内外环境的变化，努力适应其变化的要求，是动态管理的核心。正确运用动态原理的适应性特征，可以帮助管理系统走出无法持续保持系统高效地运转困境，增强管理系统的应变能力和适应能力。

3. 动态原理的体现——弹性原则

（1）弹性原则的含义

由于管理系统的要素及管理环境都具有复杂多变的特点，人们的认识往往不能百分之百地把握它们，而且人本身又是不断变动的因素，常常存在力所不及和顾此失彼的现象。所以，管理必须遵循弹性原则，必须留有余地，把握其伸缩性，注重随时调节。

弹性是一定程度上的自由调整、发挥的空间。所谓弹性管理原则，是管理的原则性和灵活性的统一，即通过一定的管理手段，使管理对象在一定条件的约束下，具有一定的自我调整、自我选择、自我管理的余地和适应环境变化的余地，以实现动态管理的目的。弹性管理原则最突出的特征就是“留有余地”。弹性管理可以使组织系统内的各环节在一定余地内自我调整、自我管理以加强整体配合，也可以使组织系统整体能随外界环境的改变而在一定余地内自我调整以具有适应性。

（2）弹性原则的分类

管理弹性一般分为局部弹性和整体弹性两类。第一，局部弹性就是任何管理必须在一系列重要的关键管理环节中保持可以调节的弹性；第二，整体弹性是指整个管理系统具有适应环境变化的应变能力或适应性，即具有整体可塑性。

局部弹性是整体弹性的基础，整体弹性是局部弹性的综合。需要指出的是，整体弹性的这种综合性并非所有局部弹性的简单相加，整体弹性的功能远远大于局部弹性之和，形成一种整体“新质”。同时，必须正确区分两种性质的弹性即被动弹性和主动弹性。被动弹性的根本特点是“被动应付”，其针对诸如计划指标过低，费用预算夸大，人浮于事，规章制度不健全，对整个管理系统采取应付态度，墨守成规地维持现状，不善于发挥人、财、物的潜能等。主动弹性则着眼于遇事“积极主动”，最大限度地开发管理要素的潜力，摒弃管理资源的浪费现象，使整个管理系统具有灵活应变的特性。这是弹性原则正确应用的体现。

（3）正确应用弹性原则的几点要求

① 增强整体弹性。提高局部弹性，就是为了增强整体弹性。有了整体弹性，就有了实现系统整体目标的保证。对系统整体弹性的增强，既可以通过加强局部弹性来实现，也可以直接从整体角度入手来解决管理弹性问题。

② 倡导“主动弹性”思想。真正有效的管理追求的是主动弹性。只有持主动弹性的思想，在系统内建立全面科学的应变体系，才能带给管理系统真正的生命力。“被动弹性”思想是一种逃避现实、不思进取的思想，它既不利于管理系统本身应变能力的真正提高，同时，由于被动弹性是以低效益和高成本为代价的，因而也不利于管理系统未来的发展，使管理系统缺乏应有的发展后劲。所以，提倡“主动弹性”思想，杜绝“被动弹性”思想，把被动思想转变为主动思想，是正确应用弹性原则的客观要求。

③ 着重提高关键环节的局部弹性。“抓重点”是正确应用弹性原则的另一要求，抓住重点的前提是关键因素或关键环节的确定。关键因素与关键环节的主要特征有：对组织整体目标的实现举足轻重；同时又是薄弱环节；不确定性大；控制的难度大。因此，提高关键环节的局部弹性，应从几方面入手：

第一，加强对关键环节未来发展变动的科学预测。

第二，根据预测，建立各种科学有效的防范措施。

第三，密切注意势态的发展。发现问题，及时采取相应措施，真正实现局部弹性。

（4）弹性原则的具体应用

① 弹性管理在财务工作中的应用

财务管理面对的是复杂的内外环境，内外部环境的不确定性给了弹性管理以发挥作用的空间。

第一，弹性应用于财务管理的计划工作中。计划工作特别强调“留有余地”。弹性计划应具有两个特征：一是计划各要素特别是实施措施要具有一定的灵活性，以利于在执行计划时各要素能自行调整、补充、配合、完善；二是整个计划要具有应变能力，例如财务管理中的预算管理，弹性原则要求，市场变化了，弹性销售计划就应随市场变化而自行调节，这样就扩大了预算的使用范围，有利于对生产经营活动进行跟踪、分析。在一定限度内，计划的弹性越大，由未来意外事件引起大损失的危险性就越小。

第二，弹性原则应用于企业的投资决策，尤其是长期高风险决策。传统的净现值理论有其理论上的盲目性和局限性，其设定必须在特定时间点上做出投资决策，但此一决策时间点上的机会成本却很大，而且忽视了延后决策选择方式，使企业暴露在极高的风险下，而导致净现值计算上的误差，使投资决策产生错误。如果等到更多资讯和机会出现后，再做出投资决策，使投资决策具有弹性，就可以创造更有利的投资机会。

第三，弹性原则应用于财务管理的控制中。控制是保证各项活动符合计划要求的一项管理工作。如果要使控制工作在计划出现失常或预见不到的变动情况下保持有效性的话，或者在日常管理中使管理者、员工等按照符合企业根本利益的原则进行工作，所设计的控制系统就要有灵活性，这种灵活性即是控制的弹性原则。从某种意义上说，现在的薪酬和绩效评价体系也是一种弹性控制。弹性工资、股票期权激励为员工的努力工作提供了弹性空间，激励他们与企业目标一致，控制他们违反规定的行为，因为如果违反，他们就会失去高工资和股票。

第四，弹性原则应用于企业的资本结构中。理论和实践都从不同角度上证明了并没有最佳资本结构，对于大多数企业，最佳资本结构有一个大致范围，也即资本结构的弹性空间。众所周知，企业融资主要是通过金融市场进行的，金融市场因受各种因素影响，会引起不同种类融资成本和融资风险发生变动，如市场利率、汇率、贴现率变动等。如果企业融资缺乏弹性，被固定在几种融资上，那么，融资成本和融资风险也将增大。所以，保持资本结构弹性是财务运作的必要前提。现实中有的企业倾向于做大做强，其中一个重要原因就是大企业有巨大的资产担保，投资、融资可选择方式多，这是资本结构的规模弹性；有的企业乐于发行可转换证券，因为可转换证券给企业提供了一条调整资本结构的渠道，这是资本结构的转换弹性。

② 弹性原则在企业经营管理中的应用

老子曰："曲则全，枉则直。洼则盈，敝则新。长则得，多则惑。"意思就是说：处理事情，能弯曲则能保全，能委屈则能伸张；低地洼则将转为平满，物破旧则将转为崭新；人对于财物，少量拥有就会最终一直得到，贪多占有就将迷惑而失去方向。对于企业经营管理来说，必须遵循弹性原则，使动态经营管理具有一定的伸缩余地，使经济运行能在一定余地内变化，还要抓住主要矛盾，从而制定出具体方案。在实施方案的过程中，必须留有余地，以弥补对次要因素的考虑不周。随着现代经济的发展，社会多样化趋势日益明显，客观上要求企业经营管理时具有弹性，只有这样才能适应变化的目标市场需求。

③ 弹性原则在企业组织结构中的应用

随着社会的发展，管理从固定的组织系统向富有弹性的组织系统发展，这是社会管理发展的又一个重要趋势。过去在组织管理中，建立起一套完整的组织系统，长期固定不变，显得僵硬。但现在，由于社会环境的不断变化，要求组织机构应该趋于灵活而富有弹性，以求信息畅通并敏捷行动，具有很强的环境适应能力。为了简化发号施令和相互沟通的渠道，组织管理者将缩小机构，减少层次。在企业各下属机构变小的同时，将赋予它们更大的自主权，实行经营权和管理权下放。这既有利于发挥下属人员的专长和创造精神，又有利于使企业领导把主要精力集中在高层战略决策问题上。

20世纪80年代初，日本和美国的一些管理学者对日美几家著名企业的组织机构进行比较后指出，美国企业规模过大，组织机构过于复杂，企业内部各部门之间划分很细，部门间沟通少，管理集权程度高，灵活性差。而日本企业的组织结构相对简单，部门之间的横向联系多，各部门在经营上有很大的灵活性，许多企业可以根据生产和经营的需要，及时扩大或收缩某些业务部门，以适应现代化生产。这种组织具有较强的应变能力，机动灵活而不僵化，形式多种多样，有较高的工作效率，这种富有弹性的组织就是柔性组织。随着信息技术不断进步，网络经济不断发展，组织机构必然会越来趋于随意性和多样化，相应的组织管理，也必将日趋柔性化。

第二节　管理基本方法

管理方法是在管理活动中实现管理功能，顺利实现管理目标的基本保证。管理方法是管理理论的具体化和实际化，任何一种管理理论都会提出一套独特的管理方法。因而，管理学的发展，也使具体的管理活动不断推陈出新，出现了各种各样的管理方法。管理方法多种多样因管理对象和管理主体的不同、管理范围和管理环境的差异而有所区别。这里所讲的管理方法，是指最一般的、最基本的管理方法，是一切具体的管理方法中的共性因素。在具体的管理活动中，必须遵循这些基本方法。

一、管理方法论

管理原理必须通过管理方法才能在管理实践中发挥作用。管理方法是管理理论、原理的自然延伸和具体化、实际化，是管理原理指导管理活动的必要中介和桥梁，是实现管理目标的途径和手段，它的作用是一切管理理论、原理本身所无法代替的。

（一）管理方法的含义与分类

1．管理方法的含义

管理方法是指管理者为了有效实现组织目标，科学地协调管理要素的工作方式或手段。管理方法是实施管理行为的途径是实现目标的手段和桥梁，对管理系统功能的发挥和组织目标的实现具有非常重要的意义。

2．管理方法的分类

管理方法按照不同的标准可以分为许多种类。

第一，按照管理对象，可以划分为人事管理方法、物资管理方法、资金管理方法、信息管理方法和技术管理方法等；

第二，按照管理方法的应用范围，可以划分为经济管理方法、政治管理方法、文化教育管理方法和军事管理方法等；

第三，按照管理方法所运用技术的特性，可以划分为管理的“软方法”和“硬方法”，前者是指主要靠管理者主观判断能力的方法，后者主要指靠计算机数学模型的数理方法，所以又分别称为定性管理方法和定量管理方法；

第四，按照管理方法适用的普遍程度，可以分为一般管理方法和具体管理方法，一般管理方法常见的有经济方法、法律方法、行政方法和社会心理学方法等；

第五，按照管理环境，可以划分为宏观管理方法和微观管理方法。

（二）管理哲学

各种管理方法之间的相互联系形成管理方法体系，而作为管理方法体系前提的是管理方法论，即管理哲学问题。

管理哲学就是关于管理世界观和方法论，管理主客体矛盾运动规律的科学。一切管理学说和管理活动都必须接受一定的管理哲学的指导。管理哲学贯穿于整个管理学说和管理活动的全过程，一般地说，任何管理理论和方法总是与一定的哲学思想相联系的。任何管理者也总是自觉或不自觉地在一定的思想观点和方法指导下工作的。管理哲学主要由以下几个方面构成。

1．管理辩证法

管理活动所涉及的诸多要素之间处于相互联系、相互作用的过程之中，这些联系、作用形成管理活动的特定本质和管理活动的运动，引发管理活动的变化，产生管理活动的功能。这就是管理活动的联系观、运动观、变化观、发展观。用任何孤立的、静止的、片面的、僵化的观点去看待管理活动，都是违背管理活动的客观规律的，其结果必然使管理效益受损。

2．管理认识论

管理思想和理论来源于管理实践。只要勇于实践、勤于探索，任何管理客体内在的奥秘终究是可以被认识的。管理思想和理论形成以后，反过来又能动地指导管理实践，并接受管理实践的检验。实践是检验管理思想、理论的唯一标准。人们对管理的认识过程，由于主客体条件的限制，总要经历由实践到认识、由认识到实践的多次反复才能完成。管理认识运动的这种反复性和无限性，表现为一个由低级向高级发展的波浪式的前进运动。管理实践在永不停止地发展，管理思想、理论也随之而不断深入和完善。唯物辩证的管理认识论，既是唯一科学的管理认识路线，也是唯一科学的管理工作方法。违背了这条认识路线，就是主观主义、官僚主义、形式主义等脱离实际的东西，就必然导致管理的失败。

3．管理的科学价值观

现代化管理思想是以现代管理科学理论发展为基础的。现代管理科学理论发展的水平直接制约着现代化管理思想的完善和成熟程度。人们社会实践活动的经验和知识总结，总是通过抽象、概括和规范化，使之形成一定的科学理论形态。它比直观的经验更为精确、更符合逻辑规范。因此，管理科学的发展不但直接依赖于人们的社会实践，更依赖现代科学技术理论的发展。管理科学发展的历史表明，现代科学的系统论、控制论、信息论、耗散结构论、协同论、突变论、数学中的概率、网络技术和电子计算机技术等，均渗透于管理理论和实践活动之中，有的甚至成为管理学本身的一个重要组成部分。同时，心理学、语言学、社会学、逻辑学、美学、艺术和战略学等也日益进入管理科学领域，构成了当代管理理论体系的框架和主要内容。现代化管理的本身就是当代科学技术在管理中的综合和应用。充分重视科学对管理的渗透，自觉地应用当代最新科技成果来提高管理水平，懂得科学技术发展对管理现代化的价值，经常不断地从各类科学技术发展的最新成就和动态中吸取营养，是管理的科学价值观的具体体现。

4．管理文化

管理活动主要是对人的组织和协调，而不仅仅是物化要素的组织和协调。集体活动中人与人之间的联结和维系，不仅要依靠管理的制度、规章和守则，而且在相当程度上要借助人们的某种集体意识。这种集体意识既是管理文化的主要内容之一，也是管理文化的作用结果。管理文化是指将一个组织的全体人员结合在一起的行为方式和标准，它代表该组织的目标、信念、哲学伦理及价值观，是管理精神世界中最核心、最本质的成分。管理活动是以人类本身一定程度的文化发展总和为存在基础的，而管理又对文化的发展有着极大的推动作用，脱离管理的文化发展及脱离文化的管理发展都是不可能的。文化是管理活动的客观基础，是管理主体的精神之魂，是管理科学生存的土壤。管理本身就是文化的延伸和具体的发展形态。整个人类管理发展史证明了文化是管理科学和管理实践生存与发展的生命之源。

二、管理的基本方法

（一）管理的行政方法

1．行政方法的概念与实质

行政方法是指依靠行政组织的权威，运用命令、规定、指示条例等行政手段，按照行政系统和层次，以权威和服从为前提，直接指挥下属工作的管理方法。

行政方法的实质是通过行政组织中的职务和职位来进行管理。它特别强调职责、职权、职位，而并非个人的能力或特权。任何部门、单位总要建立起若干行政机构来进行管理，它们都有着严格的职责和权限范围。上级指挥下级，完全是由于高一级的职位所决定的，而下级服从上级是对上级所拥有的管理权限的服从。

2．行政方法的特点与作用

行政方法实际上就是行使政治权威，它的主要特点如下。

（1）权威性。行政方法所依托的基础是管理机关和管理者的权威。管理者权威越高，所发出的指令被接受率就越高。提高各级领导的权威，是运用行政方法进行管理的前提，也是提高行政方法有效性的基础。管理者必须努力以自己优良的品质、卓越的才能去增强管理权威，而不能仅仅依靠职位带来的权力来强化权威。

（2）强制性。行政权力机构和管理者所发出的命令、指示、规定等，对管理对象具有程度不同的强制性。行政方法就是通过这种强制性来达到指挥与控制管理活动过程的目的。但是，行政强制与法律强制是有区别的：法律的强制性是通过国家机器和司法机构来执行的，只准许人们可以做什么和不可以做什么，而行政的强制性是要求人们在行动的目标上服从统一的意志，它在行动的原则上高度统一，但允许人们在方法上灵活多样。

（3）垂直性。行政方法是通过行政系统、行政层次来实施管理活动的，基本上属于纵向垂直管理。行政指令一般都是自上而下，通过纵向直线下达的。下级组织和领导人只接受一个上级的领导和指挥，对横向传来的指令基本上是不理睬的。因此，行政方法的运用必须坚持纵向的自上而下，切忌通过横向传达指令。

（4）具体性。相对于其他方法而言，行政方法比较具体。行政指令的内容和对象是具体的，而且在实施过程中的具体方法上也因对象、目的和时间的变化而变化。所以，任何行政指令往往是在某一特定的时间内对某一特定对象起作用，具有明确的指向性和一定的时效性。

（5）无偿性。运用行政方法进行管理，上级组织对下级组织的人、财、物等的调动和使用不讲等价交换的原则。一切根据行政管理的需要，不考虑价值补偿问题。

（6）稳定性。行政方法总是对特定组织行政系统范围内适用的管理方法。由于行政系统一般都具有严密的组织机构、统一的目标、统一的行动，以及强有力的调节和控制，对于外部因素的干扰具有较强的抵抗作用，所以，运用行政方法进行管理可以使组织具有较高的稳定性。

由于行政方法具有以上特点，使用时就会产生一些独特的作用。

（1）行政方法的运用有利于组织内部统一目标，统一意志，统一行动，能够迅速有力地贯彻上级的方针和政策，对全局活动实行有效的控制。尤其是对于需要高度集中和适当保密的领域，更具有独特作用。

（2）行政方法是实施其他各种管理方法的必要手段。在管理活动中，经济方法、法律方法、教育方法、技术方法要发挥作用，必须经由行政系统的中介，才能具体地组织与贯彻实施。

（3）行政方法可以强化管理作用，便于发挥管理职能，使全局、各部门和各单位密切配合，前后衔接，并不断调整它们之间的进度和相互关系。

（4）行政方法便于处理特殊问题。行政方法时效性强，能及时针对具体问题发出命令和指示，可以快刀斩乱麻，较好地处理特殊问题和管理活动中出现的新情况。

3．行政方法的正确运用

行政方法是实现管理功能的一个重要手段，但只有正确运用，不断克服其局限性，才能发挥它应有的作用。

（1）管理者必须充分认识行政方法的本质是服务。服务是行政的根本目的，这是由管理的实质、生产的社会化及社会主义公有制所决定的。行政不以服务为目的，必然导致官僚主义、以权谋私、玩忽职守等行为，而没有行政方法的有效管理，同样达不到服务的目的。就企业管理的行政方法来说，服务是为基层、为生产和科研第一线、为全体职工服务。

（2）行政方法的管理效果为领导者水平所制约。因为它更多的是人治，而不是法治。管理效果基本上取决于领导者的指挥艺术和心理，取决于领导者和执行者的知识、能力。所以，行政方法的运用对领导者各方面的素质提出了很高的要求。

（3）信息在运用行政方法过程中是至关重要的。首先，领导者驾驭全局、统一指挥，必须及时获取组织内外部有用的信息，才能做出正确决策，避免指挥失误。其次，上级要把行政命令、规定或指示迅速而准确地下达，还要把收集到的各种反馈信息和预测信息发送给下级领导层，供下级决策时使用。总之，行政方法要求有一个灵敏、有效的信息传输系统。

（4）行政方法的运用由于借助了职位的权力，因此，对行政下属来说有较强的约束力，较少遇到下属的抵制，这种特点可能使上级在使用行政方法时忽视下属的经济利益要求，从而容易助长那种无偿支付、无偿调拨、无偿供应的供给制管理作风，不利于充分调动各方面的积极性，从而可能导致动力不足，产生消极后果。所以，不可单纯依靠行政方法，要在客观规律的基础上，把行政方法和管理的其他方法、特别是经济方法有机地结合起来。

（二）管理的经济方法

1．经济方法的内容

经济方法是根据客观经济规律，运用各种经济手段，调节各种不同经济利益之间的关系，以获取较高的经济效益与社会效益的管理方法。这里所说的各种经济手段，主要包括价格、税收、信贷、工资、利润、奖金、罚款及经济合同等。不同的经济手段在不同的领域中，可发挥各自不同的作用。

（1）价格。在存在着商品货币关系的社会里，价格是计量和评价劳动的社会标准。价格的高、低、涨、落，会直接影响生产企业和消费者的经济利益，从而影响他们的生产和消费行为。价格是否合理，是社会经济活动得以良性循环的一个十分重要的条件。国家运用价格这一杠杆来调节生产与供求，调整一部分国民收入的分配，促进企业加强经济核算，从而提高经营管理水平。就企业和外部的关系而言，企业要在价格政策规定的范围内，根据市场供需情况正确地制定本企业产品的价格，运用好浮动价格和季节差价、批零差价、地区差价、购销差价、质量差价等经济杠杆，增强企业竞争能力，改善企业经营地位，争取获得最大的经济效益。

（2）税收。税收是国家取得经济收入的重要来源，也是国家管理社会经济生活的重要手段之一。国家根据宏观控制的需要，合理制定不同的税种和税率，来调节生产和流通，调节一部分企业的利润水平，控制消费基金的过快增长，使社会经济的内部结构、发展趋势、活动规模等趋于合理。

（3）信贷。信贷是银行等金融机构存款、贷款等信用活动的总称。信贷是最为灵活、有效的经济杠杆。银行信用活动以吸收存款和储蓄形式，集中社会闲散资金；同时，按照社会经济发展的需要，以贷款形式发放给生产经营单位，满足其生产周转和扩大流通的需要，达到管理协调社会经济活动的目的。其具体手段主要有：贷与不贷、多贷与少贷及差别利率。

（4）利润。在商品经济条件下，利润是反映经济组织、经济效益的综合指标。利用利润杠杆来进行管理，从宏观上来说，国家通过一定的经济责任制形式，使企业的经济责任、经济权限和经济利益紧密结合。企业完成承包的经济任务，就可以得到更多的留利用于发展生产和改善职工的生活福利。反之，如果完不成经济承包任务，则要相应地减少留利；从企业内部来说，在实行事业部制的企业里，要给作为利润中心的各事业部下达利润计划，在不实行事业部制的企业里，为了加强对下属单位生产经济效益的控制，也有模拟事业部制的办法，给各生产单位下达利润指标的。在这两种情况下，都要根据利润指标的完成情况决定各个单位的奖金和生产发展基金总额。所以，利润也是企业经济效益同职工的经济利益挂钩的一个重要指标，利用这种挂钩，可以促进企业劳动者从关心个人利益的角度更多地关心企业的经营及其成果。

（5）工资。在社会主义制度下，工资是实现按劳分配原则的一种劳动报酬形式。这一经济手段直接涉及企业和劳动者个人的物质利益，正确使用它，对于调动企业的经营积极性和职工个人的劳动积极性，有着直接的促进作用。职工工资应该与企业经济效益挂钩，应该与职工个人贡献挂钩。根据按劳分配原则，应当按照职工每个时期实际劳动的数量和质量，联系企业的经济效益来支付职工的工资。由于各个劳动者的劳动能力和劳动态度差别很大，而且同一个人在不同时期也会有很大的变化，因此，绝不应使大家都在同一水平上吃“大锅饭”。由于不同企业的生产技术特点和劳动组织特点不同，反映职工劳动贡献的方法不同，所以各个企业应采用适合本企业特点和各类人员劳动特点的工资形式，如计时工资、计件工资、浮动工资、结构工资等。

（6）奖金与罚款。奖金是根据职工对企业所作额外贡献的大小，用货币形式付给职工的奖赏。奖金的项目和条件应能表达企业领导者对职工行为的期望，应能对职工的行动方向和努力目标具有引导作用。所以，奖金的名目不宜过多，以免分散目标；奖金的数额不宜过小，以提高奖励的效价；奖金取得的条件不宜过严或过宽，以保证必要的期望值；奖金发放还要密切联系企业或部门的经济效益，同样的超额劳动，在不同效益的企业里奖金数量可能不同。这样，奖金才能起到调动职工积极性的作用。奖金如果平均分配，成为一种变相的福利，就会完全失去其奖励作用。罚款是对职工违反规章制度，给企业群体造成危害的行为所进行的经济惩罚。它可以制约或收敛某些人的不轨行为，迫使人们努力完成劳动或工作定额。但是，罚款的名目和数额要适当，不能滥用。要防止用罚款代替管理工作、代替思想工作的倾向，以免招致职工的不满和反对。鼓励与惩罚最重要的是严明，该奖即奖，当罚则罚，鼓励正气，祛除邪气。只有这样，才能使奖金与罚款真正成为有效的管理手段。

2．经济方法的特点

管理的经济方法的实质是围绕着物质利益，运用各种经济手段正确处理好国家、集体与劳动者个人三者之间的经济关系，最大限度地调动各方面的积极性、主动性、创造性和责任感，促进经济的发展与社会的进步。与其他方法相比较，经济方法具有下面一些特点。

（1）利益性。经济方法是通过利益机制引导被管理者去追求某种利益，间接影响被管理者行为的一种管理方法。

（2）关联性。经济方法的使用范围很广，不但各种经济手段之间的关联错综复杂，影响面宽，而且每一种经济手段的变化都会影响到社会多方面经济关系的连锁反应。有时，它不仅会影响当前，而且会波及长远，产生一些难以预料的后果。

（3）灵活性。一方面，经济方法针对不同的管理对象（如企业、职工个人），可以采用不同的手段；另一方面，对于同一管理对象，在不同情况下，可以采用不同方式来进行管理，以适应形势的发展，例如，税收的增减可分别鼓励与限制某一产业的发展，增减的幅度越大，作用越明显。

（4）平等性。经济方法承认被管理的组织或个人在获取自己的经济利益上是平等的。社会按照统一的价值尺度来计算和分配经济成果，各种经济手段的运用对于相同情况的被管理者起同样的效力，不允许有特殊。

3．经济方法的正确应用

经济方法与其他方法一样，必须正确运用才能充分发挥其价值。

（1）要注意将经济方法和教育等方法有机结合起来。人们除了物质需要以外，还有更多的精神和社会方面的需要。在现代生产力迅速发展的条件下，物质利益的刺激作用将逐步缩小，人们更需要接受教育，以提高知识水平和思想修养。再者，如果单纯运用经济方法，易导致讨价还价、“一切向钱看”的不良倾向，易助长本位主义、个人主义思想。所以，也必须结合教育方法，搞好精神文明建设。

（2）要注意经济方法的综合运用和不断完善。既要发挥各种经济杠杆各自的作用，更要重视整体上的协调配合。如果忽视综合运用，孤立地运用单一杠杆，往往不能取得预期的效果。例如，价格杠杆对生产和消费同时有方向相反的调节作用。提高价格可以促进生产，却抑制消费。在经济生活中有些产品具有特殊的性质（如农业用生产资料），国家既要鼓励生产，又要鼓励消费，以促进农业生产和技术进步。因而，仅凭单一的价格杠杆就难以奏效，必须综合运用一组杠杆。此外，随着改革开放的深入，要不断完善各种经济手段和杠杆，使之趋于合理，以适应经济发展的需要。

（三）管理的法律方法

1．法律方法的内容与实质

法律，是由国家制定或认可的，体现统治阶级意志，以国家强制力保证实施的行为规则的总和。法律方法是指国家根据广大人民群众的根本利益，通过各种法律、法令、条例和司法、仲裁工作，调整社会经济的总体活动和各企业、单位在微观活动中所发生的各种关系，以保证和促进社会经济发展的管理方法。

法律方法的内容，不仅包括建立和健全各种法规，而且包括相应的司法工作和仲裁工作。这两个方面相辅相成、缺一不可：若只有法规而缺乏司法和仲裁，就会使法规流于形式，无法发挥效力；法规不健全，司法和仲裁工作则无所依从，造成混乱。

司法工作是由国家的司法机关按照法律和法规解决各种纠纷和审理案件的执法活动。司法机构“以法律为准绳，以事实为依据”，通过司法制裁，强制执行法规，停止违法活动，恢复正常秩序，并给予当事人一定惩罚，达到维护法律尊严、教育人民的目的。司法制裁分为经济制裁和刑事制裁两类。经济制裁包括强制执行付给违约金和罚款，停止和排除妨害，返还原物，赔偿损失等。刑事制裁是对直接责任人员因违反刑法、危害社会而采取的处罚，包括管制、拘役、有期徒刑、无期徒刑和死刑以及罚金、剥夺政治权利和没收财产等附加刑罚。

仲裁即公断，如果组织之间发生纠纷，经过协商仍不能达成协议，就可由仲裁人或仲裁机构居中作出判断和裁决。就仲裁的性质而言，它是一种行政性活动，不是司法活动。因此，裁决不被当事人执行时，仲裁机关不能强制执行，只能由人民法院强制执行。

经济仲裁分为经济合同仲裁和涉外仲裁两类。经济合同仲裁是指国家规定的仲裁机关对经济合同纠纷案件依法进行调解、做出裁决的活动。涉外仲裁是指我国涉外仲裁机构根据当事人之间签订的仲裁协议，基于当事人的仲裁申请，按照有关仲裁法律和仲裁规则，对其经济争议进行审理并做出裁决，从而解决争议的一种制度。根据我国法律的规定，我国的涉外仲裁机构有对外经济贸易仲裁委员会和海事仲裁委员会，它们都是全国性的、常设的仲裁机构。涉外仲裁委员会的裁决是终局裁决，双方当事人都不可以向人民法院或其他机关提出变更的要求，当事人应当依照裁决所规定的期限自动执行。如果逾期不执行，一方当事人可向我国有管辖权的人民法院申请依法强制执行，即我国涉外仲裁机构所作的裁决对于当事人双方都有约束力，必须执行。

法律方法的实质是实现经济上占统治地位的阶级的意志，并维护他们的利益，代表他们对社会经济、政治、文化活动实行强制性的、统一的管理。在社会主义条件下，法律方法要反映广大人民的利益，反映社会发展的客观规律，调动和促进各个企业、单位和群众的积极性、创造性，使社会主义事业在改革开放中不断发展壮大。

2．法律方法的特点与作用

法律方法主要有下列特点。

（1）严肃性。法律和法规的制定必须严格地按照法律规定的程序和规定进行。一旦制定和颁布出来后，就具有相对的稳定性。法律和法规不可因人而异，滥加修改，必须保持它的严肃性。司法工作更是严肃的行为，它必须通过严格的执法活动来维护法律的尊严。

（2）规范性。法律和法规是所有组织和个人行动的统一准则，对他们具有同等的约束力。法律和法规都是用极严格的语言，准确阐明一定的含义，并且只允许对它做出一种意义解释。法律与法规之间不允许互相冲突，法规应服从法律，法律应服从宪法。

（3）强制性。法律、法规一经制定就要强制执行，各个企业、单位以至每个公民都必须毫无例外地遵守。否则，要受到国家强制力量的惩处。

法律方法的运用，对于建立和健全科学的管理制度和管理方法，有着十分重要的作用。

（1）保证必要的管理秩序。管理系统内外部存在着各种社会经济关系，只有通过法律方法才能公正、合理、有效地加以调整，及时排除各种不利因素的影响；保证社会经济秩序的正常运行，为管理活动提供良好的外部环境。

（2）调节管理因素之间的关系。根据对象的不同特点和所给任务的不同性质，规定不同管理因素在整个管理活动中各自应尽的义务和应起的作用。这是管理的法律方法所具有的一定的自动调节功能。

（3）使管理活动纳入规范化、制度化轨道。法律方法的运用，有助于使符合客观规律、行之有效的管理制度和管理方法用法律的形式规范化、条文化、固定化，使人们有章可循。严格执行这些制度和方法，管理系统便能自动有效运转，这样既可保证管效理率又可节约管理者精力。

3．法律方法的正确运用

法律方法从本质上讲是通过上层建筑的力量来影响和改变社会活动的方法。这里就有双重作用问题，既可以起促进作用，也可以起阻碍作用。如果各项法律和法规的制定和颁布符合客观规律的要求，就会促进社会、经济的发展；反之，也可能成为社会、经济发展的严重障碍。法律方法由于缺少灵活性和弹性，易使管理僵化，而且有时会不利于基层单位发挥其主动性和创造性。

在管理活动中，各种法规要综合运用、相互配合，因为任何组织的关系都是复杂的、多方面的。就企业管理而言，法律方法不仅要求企业掌握和运用企业法以及与企业生产经营活动直接相关的经济法律，而且也要掌握和运用民法赋予的权利和义务。企业成为法人，一方面其权利地位受到法律保护，可以自觉地抵制和克服当前改革中出现的各种“乱摊派”“多方向企业伸手”等不正之风；另一方面企业的义务和责任也严格化了。这样，就要求企业进行整顿和加强内部的经济责任，建立和健全各种条例和规章制度，克服瞎指挥、不负责任的现象。企业财产关系不仅要通过民法加以调整，由于法人企业的每个职工又都是公民，从管理人本原理出发，要依靠每个职工、调动他们的主动性和创造性，也需要掌握和运用民法。只有法律方法和管理的其他方法综合使用，才能达到最有效的管理目标。

（四）管理的教育方法

1．教育方法的实质和任务

教育是按照一定的目的、要求对受教育者从德、智、体诸方面施加影响的一种有计划的活动。管理的人本原理认为，管理活动中人的因素第一，管理最重要的任务是提高人的素质，充分调动人的积极性、创造性。而人的素质是在社会实践和教育中逐步发展、成熟起来的，通过教育，不断提高人的政治思想素质、文化知识素质、专业水平素质，是管理工作的主要任务。现代社会科学技术的迅猛发展导致了人的知识更新速度的加快。因此，全面提高人的素质，对组织成员不断进行培养教育，就必然成为管理者管理活动的一项重要内容。

教育是管理的基本方法之一，社会主义教育的方法是劳动群众自我完善和发展的一种有计划的活动，是加强社会主义精神文明建设的客观需要。社会主义教育的方法，其根本任务，是适应和满足社会主义建设事业的需要，培养有理想、有道德、有文化、有纪律的劳动者，提高人的思想道德素质和科学文化素质。

2．教育的主要内容

既然教育的目的是提高人的素质，教育的内容也就涉及与人的素质完善有关的各方面。

（1）人生观及道德教育。要教育职工遵守社会公德及职业道德，钻研业务，忠于职守。

（2）爱国主义和集体主义教育。进行爱国主义教育，要引导人们正确认识我们国家的历史和现状，特别是近百年来中国人民为谋求民族解放而英勇斗争的历史；进行集体主义教育，要着重引导干部群众正确处理国家、集体、个人之间的利益关系。在集体生活中发扬团结、友爱互助精神、热爱集体、关心集体。

（3）民主、法制、纪律教育。社会主义企业必须实行高度民主的管理，确立员工的主人翁责任感。所以，必须在坚持党的领导的基础上，改革和完善企业领导制度和职工参加企业民主管理的制度，进一步扩大社会主义民主。

社会主义民主与法制、纪律是不可分割的。社会主义企业只有在扩大社会主义民主的同时，大力加强社会主义法制，加强劳动纪律和工作纪律，才能规范和约束人们的行动，制裁和打击各种不法行为，保证社会主义企业生产经营活动的正常进行，才能使职工的根本利益得到保障。

（4）科学文化教育。科学技术是第一生产力，普及和提高科学文化知识是提高职工思想道德觉悟水平的重要条件，也是企业进行生产经营活动的重要条件。在当今新技术革命浪潮中，科学技术越来越成为推动企业生产发展、提高企业竞争能力的重要力量。

当前我国企业职工的科学文化素质还不高，在掌握现代科学技术和现代化的生产设备方面还存在不少困难，这对企业的产品质量和劳动生产率产生重大的影响。应当从战略的高度下大决心、花大力量进行智力投资，有计划有组织地开展科学文化教育，根据工作的需要，对各类人员逐步进行系统培训和职业训练，提高职工队伍的业务素质，使他们尽快适应现代化生产的要求。

（5）企业文化建设。企业文化是企业员工在较长时期的生产经营实践中逐步形成的共有价值观、信念、行为准则及具有相应特色的行为方式、物质表现的总称。它是企业员工内在的思想观念与外在的行为方式和物质表现的统一，要通过企业文化建设来创造促进职工素质不断完善的精神环境。

在企业文化建设的指导思想上，必须突出管理的人本原理，坚持“以人为本”的指导原则。企业文化的主体是企业员工，企业员工是物质财富和精神财富的创造者，坚持把人作为第一因素，把尊重人、关心人、理解人、培养人、合理使用人、全方位地提高企业员工的素质，作为企业文化建设的主要内容。采用教育、启发、诱导、吸引、熏陶和激励等多种方式来培养员工的命运共同感，工作责任感，事业开拓感和集体荣誉感，在员工中形成正确的价值观念，道德规范和行为准则，促使每个人都能把其内在潜力和创造力最大限度地发挥出来。一个具有独特而优秀企业文化的企业，必然充满生机和活力。

3．教育的方式

根据教育的内容和教育的对象可采取灵活多样的教育方式。我国企业在长期进行的思想政治工作中积累了丰富的经验，近年来行为科学在我国企业中的应用和发展，又给教育方法增添了新的经验，教育方式正在发生着深刻的变化。人们普遍认识到，对于思想性质的问题，必须采取讨论的方法、说理的方法、批评和自我批评的方法进行疏导，而不应依靠粗暴的训斥、压制和简单的惩罚来解决问题。对于传授知识和技能方面的教育，也不宜全部采用以讲授为中心的教育方法，因为在讲授方式中，受教育者处于被动状态，接受知识的效率并不高，所以应当减少讲授方式，而较多地采用有目的、有指导的小组讨论、现场实习和体验学习等方法，让受教育者按他们自己创造的学习方法去学习，这样，会取得更好的效果。国内外许多企业在这种新的教育思想指导下创造了多种行之有效的教育方式，包括案例分析法、业务演习法、事件过程分析法、角色扮演法、敏感性训练等，都取得了较好的效果，可供各企业选择采用。总之，教育的方式应灵活方便、讲求实效。

（五）管理的社会心理学方法

1. 社会心理学方法的含义与形式

社会心理学方法是一种运用社会心理学知识通过说服教育的方式把管理意志传达给被管理者，以求得到被管理者的响应和配合的管理方法。这种管理方法在运用中反映了管理者旨在提高人的素质的目的，在表现方式上，管理者极力通过对管理系统目标、政策、法令的宣传和理想、道德的教育，以及其他精神奖励，去提高人们的认识，改变人们的思想，使人们建立起与管理系统一致的价值观念，自觉地为实现管理系统的目标而努力。例如，日本松下电器公司把培养“松下精神”作为管理的基本内容，要求每一个职工都必须每天学习“松下纲领”“松下信条”“松下七大精神”等。

在管理活动中，运用思想教育手段是最为灵活的工作方法，它需要针对不同的对象，根据不同的情况采取不同的形式。但是，有些形式是最经常使用的，如做报告、讨论、谈心、家访、典型示范、劳动竞赛，以及形象教育、感化教育、对比教育等。不过，采取不同的形式，社会心理学方法会表现出不同的效应。管理者应当善于从实际出发，把握好时机，灵活运用这一方法的具体形式，以求获得最佳效应。

2. 社会心理学方法的特征

社会心理学方法运用到管理活动中，就我国而言，实质上就企业的思想政治教育，这种方法的主要特征如下。

（1）科学性。这种方法是以真理为依据的，它的目的就是要使人们认识和接受对组织目标有着价值意义的真理，宣传工作的功能无非是使组织全体成员的价值取向趋于一致起，然而，只有真理才具有把全体组织成员的价值取向凝聚化的功能。所以，管理者要尊重客观规律，从实际出发，切忌主观说教。

（2）启发性。这种方法是非强制性的，它主要靠启发人们的觉悟，促使人们自觉地采取符合组织目标的行动。当然，运用这种方法开展工作会形成某种组织气氛和舆论压力，这是一种内在的、无形的强制力，而不是行政方法和法律方法所表现的那种外在的、形式上的强制性。

（3）艺术性。社会心理学方法形式多样，不拘一格，因人、因事、因时、因地而宜。

思想教育工作内容上的科学性必须与形式上的艺术性结合在一起，如果只有科学的内容，不重视形式上的艺术性，思想教育工作也不能达到预期效果。

（4）长期性。由于人们的观念、理想、愿望的形成需要较长的时间，同时又处于不断变化之中，因而需要在长期的管理过程中不断地进行激励、教育和引导，这种方法产生的管理效果绝不是一朝一夕就能完成的，也不会是一劳永逸的。所以，运用心理学方法是一个常抓不懈的工作。

3．社会心理学方法的正确运用

社会心理学方法的运用是很复杂的，对于管理者来说，灵活地运用该方法，需要从以下几个方面着手。

（1）坚持思想教育，以理服人。社会心理学方法是用来解决组织成员的思想问题和认识问题，而这些问题的解决必须采用说服教育的方法，摆事实、讲道理，以理服人。因为，在思想教育中，如果讲不出一定的道理，其对象就不会从思想上接受管理者的看法和主张。所以，管理者在动员组织成员完成某项任务、从事某项工作时，都要先讲出一个道理来，都必须做到以理服人。要因人施教，针对不同的对象和不同的思想问题，确定不同的内容，提出不同的要求，采取不同的方式和方法。为了做到这一点，管理者要善于仔细观察人，深入地了解人，实事求是地对待人，切切实实地在掌握情况、弄清事实、摸准问题等方面下功夫。只有这样，才能打开人们的心灵。

（2）关心下属，以情感人。社会心理学方法的效果往往在情感上可以得到充分发挥，而对下属的关怀体贴，又是进行思想教育的感情基础。所以，管理者在运用时，要把理与情结合起来，只讲理，会使人感到夸夸其谈，只有当理融于情中，被管理者才会乐意接受。理与情的结合取决于被管理者对管理者的信任度，管理者在培养这种信任的过程中，只有主动地与下属接近，也就是我们常讲的深入员工之中，关心员工的实际困难，帮助他们排忧解难，尊重、信任和热爱员工，才会获得他们的信任。

（3）不断研究和探索心理学。管理的艺术是以管理科学知识为基础的，在运用心理学方法时，管理者需要借助科学的理论和方法，其中心理学方法可以认识人的一般心理过程和人的心理活动规律，对做好管理工作有着重要的指导意义。因而，管理者需要学习心理学，了解人们的心理，掌握人们的个性特征，根据每个人的不同情况而赋予管理不同的内容。

实践训练

管理原则分析

[实训项目]

管理原则分析。

[实训目标]

1．增强对现代管理原则的感性认识。

2．培养对组织管理思想的分析能力。

[实训内容]

1．从网上、报纸、杂志中搜集一个简短的有关我国企业管理的案例或资料。

2．运用本章所学的管理原则，分析案例中企业的管理思想。

[实训要求]

1．每人写成简要书面分析报告。

2．在班级组织一次交流与讨论。

3．由教师根据分析报告与讨论表现评估打分，两项成绩共同构成学生的实训成绩。

素质拓展

商 铺 投 资

据《房地产时报》记载：来自宁波的陈老板很有些理财天赋，尤其擅长投资品种的有效组合。这些年，无论股市、债券买卖、分红型保险市场，还是服装、皮包生意场，他都积极投入，收入颇丰，但最让陈老板满意的还是两年前的那次商铺投资。如今，他逢人还时不时地给些建议，“投资商铺能发财。无论是经营还是投资，关键是能否盘活和有效利用资金”。

2000 年 3 月，城隍庙福源商厦正式揭牌开张。陈老板看准了底楼的三套铺面，只可惜手头资金未回笼，一时愁眉不展。后来经人指点，他到农行南市支行申请了个人商铺贷款。首付 40%之后，办理了 72 万元 5 年期的贷款。精明的老板是仔细核算过的，一年期以上的商铺贷款，以按月等额还款来清付，5 年内每月还款 13 929.84 元，每月每套铺面的租金为 7 000 元，拿租金收入还贷，每月还有盈余。对陈老板而言，最困难的是开始的两年，出租收入情况还不理想，还款压力比较大。不过，他的商铺地段较好，城隍庙有旺盛的人气，不久陈老板的铺位成了抢手货，租金还一直上涨。

杜先生是某法国香水的总代理。在不缺钱的情况下，他投资商铺，也选择了贷款方式。杜老板透露了他投资商铺的小门道，“2001 年 1 月，我贷款买了一间商铺，当时办理的是一年期的贷款。虽然那时我有能力全额买下它，但还是选择了商铺贷款。一来可利用手头余钱投资别的项目，比如我抓住了 B 股开放的大机遇，赚了一笔。二来办理一年期的贷款，时间上容易把握。50 万元贷款利随本清，一年利息也就 2.8 万元不到。后来利息下降，50 万元一年贷款少还了 2 700 元”。

商场如战场，并非每个投资人都是成功者。在温州成功经营鹿茸和人参等名贵药材的李先生却在上海栽了跟头。当初，得知福源商厦二楼要开辟药材经营专区的消息，李先生立马贷款买了一个 8 平方米 60 万元的商铺。可没想到，上海市民似乎对这些名贵药材不感兴趣，关注“品牌效应”的上海人更相信老字号、大商场，对李先生的低价真药并不信任，经营没有收益，但每月的贷款必须交付，最后李先生的投资完全失败了。

（资料来源：单凤儒．管理学基础实训教程[M]．北京：高等教育出版社，2005.）

[拓展目标]

1．增强对投资与筹资的感性认识。

2．学会简单的投资成本—效益分析方法。

3．培养财务管理的初步能力。

[拓展形式]

分析以下问题：

1. 陈老板和杜先生投资取得成功的经验是什么？
2. 李先生投资失败的原因是什么？
3. 运用所学知识，概括一下他们成功与失败的经验教训。

[拓展要求]

1. 建议在讲完财务管理之后安排此案例分析。
2. 在课下准备，可安排1～2课时集中讨论。
3. 每个人认真阅读分析案例，并搜集有关资料。
4. 由模拟公司组织小组讨论。
5. 每人写出发言提纲。
6. 以班级为单位组织讨论。

[成果与检测]

1. 每组提交一份调查报告，对管理者的分类和技能进行详细分析。
2. 每份报告应包含调查方式、调查的企业名称、控制类型、控制方法、控制效果等。
3. 组长对每个同学的表现进行评议，并分析成功与不足，或者小组内部互评综合得分。
4. 各组派代表发言，分别对其他各组评分，并指出成功与不足。

案例分析

案例一　人为本、争第一、零起点

广西玉柴机器集团公司，是国内最大的内燃机制造基地。它的前身是广西玉林柴油机厂，1984 年，2 000 人的工厂，1 000 台柴油机的产量，年利税 96 万元，是当时玉柴的“历史最高水平”，当时在国内同行中排名第 173 位。

1985 年，玉柴出炉了玉柴人称之为“灵魂”的玉柴精神：“顽强进取、刻意求实、竭诚服务、致力文明”。年实现了 3 010 台的生产计划，完成了玉柴历史上的一次大跳跃。

当年年底，玉柴“跳”过了“在国内拿第一”的目标，直接提出要“跻身国际内燃机强手之林”。伴随着目标追求，诞生了危机哲学：零起点！后来 1994 年公司在纽约上市，美国的投资银行、律师事务所在撰写募股说明书时，问及玉柴的管理哲学，董事长王建明回答了 9 个字：“人为本、争第一、零起点”。

1985 年玉柴突破 3 000 台大关时，告诫自己“零起点”；10 年后，玉柴在中国内燃机行业的主要经济技术指标排名终于跃居第一位时，仍然提“零起点”；进入新世纪，2002 年玉柴已经月生产 2 万台发动机，还是告诫自己“零起点”。当视质量为生命的玉柴实现了柴油机可靠性运行目标达到 3 万千米不出故障时，是“零起点”；达到 10 万千米不出故障时，是“零起点”；达到国际标准 30 万千米不出故障时，还是“零起点”。这段玉柴称为“三级跳”。于是，2002 年玉柴正式提出：5 年内，玉柴要打入国际前 4 强，闯进半决赛！要想争第一，就永远是“零起点”！

永远零起点的玉柴需要不寻常的人才。玉柴的育人方针是：为每一个岗位的发展创造机会，为每一个层级的攀登创造条件。玉柴的用人方针是：尊重、爱护、发挥、发展。

尊重员工的主体利益，玉柴的人本思想体现为：“人本方针”，侧重的是育人、用人；“人本保障”，侧重的是对责任的公正分配。具体落实在干部“十字”要求（民主、开朗、顽强、竭诚、约束）和干部的“六项基本功”。

“干部的六项基本功”：（1）要对职工说清楚要求——目标机制；（2）要使绝大多数职工愿意达到要求——民主机制；（3）要使每一个岗位的职工懂得如何达到要求——教育机制；（4）使每一个岗位的职工能够达到要求——投入机制；（5）使每一个岗位的职工必须达到要求——责任分配机制；（6）集思广益、反复检讨、周而复始、完善要求——反馈机制。

今天玉柴已经成为中国最大的内燃机生产基地，在世界上其内燃机生产能力在世界上排第二位。

（资料来源：管理人网，http://www.manaren.com/）

[思考与讨论]

1. 在玉柴的管理中体现出哪些原理？
2. 结合案例谈谈你对人本原理和责任原理的理解。

案例二 西安杨森的人性化管理

西安杨森制药有限公司成立于 1985 年 10 月。合资中方以陕西省医药工业公司为代表，外方为美国强生公司的成员比利时杨森制药有限公司。总投资 1.9 亿元人民币，注册资本比例为外方占 52%，中方占 48%，合资期限 50 年。

一、严格管理，注重激励

合资企业的工人和中层管理人员是由几家中方合资单位提供的。起初，他们在管理意识上比较涣散，不适应严格的生产要求。有鉴于此，合资企业在管理上严格遵循杨森公司的标准，制定了严格的劳动纪律，使员工逐步适应新的管理模式。

通过调查研究发现，在中国员工尤其是较高层次的员工中，价值取向表现为对高报酬和工作成功的双重追求。优厚的待遇是西安杨森吸引和招聘人才的重要手段，而不断丰富的工作意义，增加工作的挑战性和成功的机会则是公司善于使用人才的关键所在。在创建初期，公司主要依靠销售代表的个人能力，四处撒网孤军奋战，对员工采用的是个人激励。从“人员—职位—组织”匹配原则出发，选用那些具有冒险精神、勇于探索、争强好胜又认同企业哲学对企业负责的人作为企业的销售代表，主要是医药大学应届毕业生和已有若干年工作经验的医药代表。此时，西安杨森大力宣传以“鹰”为代表形象的企业文化，“鹰是强壮的，鹰是果敢的，鹰是敢于向山巅和天空挑战的，他们总是敢于伸出自己的颈项独立作战。在我们的队伍中，鼓励出头鸟，并且不仅要做出头鸟，还要做搏击长空的雄鹰。作为企业，我们要成为全世界优秀公司中的雄鹰”。

二、注重团队建设

在 1996 年年底的销售会议中，集中学习并讨论了“雁的启示”：“……当每只雁展翅高飞时，也为后面的队友提供了‘向上之风’。由于组成 V 字队形，可以增加雁群 71%的飞行范围”。

“当某只雁离队时，它立即感到孤独飞行的困难和阻力。它会立即飞回队伍，善用前面同伴提供的‘向上之风’继续前进”。

三、充满人情味的工作环境

每当逢年过节，总裁即使在外出差、休假，也不会忘记邮寄贺卡，捎给员工一份祝福。在员工过生日的时候，总会得到公司领导的问候。员工生病休息，部门负责人甚至总裁都会亲自前去看望，或写信问候。员工结婚或生小孩，公司都会把这视为自己家庭的喜事而给予热烈祝贺，公司还曾举办过集体婚礼。公司的有些活动，还邀请员工家属参加，一起分享大家庭的快乐。主办的内部刊物名字就叫《我们的家》，以此作为沟通信息、联络感情、相互关怀的桥梁。

经过公司的中外方高层领导之间几年的磨合，终于形成共识：职工个人待业、就业、退休保险、人身保险由公司承担，由部门专门负责；员工的医疗费用可以全部报销。在住房上，他们借鉴新加坡的做法，并结合中国房改政策，员工每月按工资支出25%，公司相应支出35%，建立职工购房基金。

四、加强爱国主义的传统教育

1996年11月22日，西安杨森的90多名高级管理人员和销售骨干，与来自中央和地方新闻单位的记者及中国扶贫基金会的代表一起由江西省宁冈县茅坪镇向井冈山市所在地的茨坪镇挺进，“进行30.8千米的‘96西安杨森领导健康新长征’”活动。他们每走3.08千米，就拿出308元人民币捐献给井冈山地区的人民，除此以外个人也进行了捐赠。公司还向井冈山地区的人民医院赠送了价值10万元的药品。

1996年冬天的早晨，北京天安门广场上出现了一支身穿“我爱中国”红蓝色大衣的30多人的队伍，中国人、外国人都有，连续许多天进行长跑，然后观看庄严肃穆的升国旗仪式，高唱国歌。这是西安杨森爱国主义教育的又一部分。

前任美籍总裁罗健瑞说：“我们重视爱国主义教育，使员工具备吃苦耐劳的精神，使我们企业更有凝聚力。因为很难想象，一个不热爱祖国的人怎能热爱公司？而且我也爱中国!”

（资料来源：代凯军. 管理案例博士评点：中外企业管理案例比较分析[M]. 北京：中华工商联合出版社，2000: 331－335.）

[思考与讨论]

1. 西安杨森的管理实践中用到了哪些管理方法？
2. 失去员工认同的经营理念会成功得到贯彻吗？
3. 你认为在企业管理中应该如何正确运用教育方法？

管理游戏

记 忆 力

你对自己的记忆力有信心吗？有没有因为忘了不该忘的事而造成不必要的麻烦？其实，好记性不完全是天生的，利用有效的记忆方法，你一样可以记得更牢。

目标：利用有效的方法记忆一长串名字或事物

时间：15 分钟 人数：10～20 人

过程：

1. 通过关联法来学习，认识大多数事物。这项练习会提供一个简单快速记忆十个关键字的方法。为简便起见，以教室作为联系物。

2. 先给教室的每堵墙和每个角落指定一个数字。1、3、5、7 为角落，2、4、6、8 为墙，地板为9，天花板是 10。讲师和学员一起一遍遍复习数字的指向。如“这堵墙是几？”直到学员准确记住 10 个数字的指向。

3. 给每个数字指定一个具体事物（如下）。

（1）（角落）洗衣机；（2）（墙）炸弹；（3）（角落）公司职员；（4）（墙）药；（5）（角落）钱；（6）（墙）青蛙；（7）（角落）小汽车；（8）（墙）运货车；（9）（地板）头发；（10）（天花板）瓦片。

4．为了快速有效地记住每个指定的具体事物，非常有必要赋予每个事物一个不寻常的、傻乎乎的，甚至是过分夸张的视觉效果。

例如：（1）“一台很大的，足足有 10 米高的洗衣机。它正在洗衣服，弄得到处是水。”而学员必须去想象这个情景。

（2）“假象那堵墙坍塌了下来，因为有一枚炸弹爆炸了。”

（3）“看！一个 2 米高的公司职员戴着一顶可笑的白帽子，从那个角落朝我们笔直走了过来。”就这样，赋予每个数字和事物以视觉效果。

5．当学员通过这个方法有效记住 10 个相互之间毫无关联的事物后，讲师总结：“把记忆方法收入你的记忆库中。下次当你要回想起那 10 个关键字时，就想想你在这个房间每堵墙，每个角落，天花板和地板上所看到的那些傻乎乎的夸张景象。记住，你设想的东西越有趣，你以后越能轻易地回想起来。”

管理故事

五岁的汉克和爸爸妈妈哥哥一起到森林干活，突然间下起雨来，可是他们只带了一个雨披。

爸爸将雨披给了妈妈，妈妈给了哥哥，哥哥又给了汉克。

汉克问道：“为什么爸爸给了妈妈，妈妈给了哥哥，哥哥又给了我呢？”

爸爸回答道：“因为爸爸比妈妈强大，妈妈比哥哥强大，哥哥又比你强大呀。我们都会保护比较弱小的人。”

汉克左右看了看，跑过去将雨披撑开来挡在了一朵风雨中飘摇的娇弱小花上面。

这个故事告诉我们，真正的强者不一定是多有力，或者多有钱，而是他对别人多有帮助。

第三章　管理与环境

章前导读

文化与行为：关于招聘的故事

日本、美国、德国、中国的几家公司分别要招聘 10 名员工，经过一段时间的严格考试、面试，都分别有 10 名员工从 1 000 多名应聘者中脱颖而出。发榜这一天，日本的水原、美国的汤姆、德国的肖恩和中国的李山分别都发现自己名落孙山。他们都感到万分悲痛，回到家后都不约而同地选择了自杀这条下策来平衡心中的不快。幸好被家人发现，他们才没有死成。正在此时，从招聘公司分别传来好消息：他们的成绩原本名列前茅，计算机出错，才导致他们都榜上无名，公司表示歉意并决定录用他们。

水原、汤姆、肖恩、李山面对落榜、上榜，从大悲到大喜的变化，会如何做？

日本的水原：消息传来，他及全家大喜过望。不久，公司又传来消息：不准备录用他。原因很简单："这点小小的挫折都经受不了，将来怎能干大事？"

水原很快从悲痛中走出来，先办了一个小的制作所，以后发展为综合商社，最终将没有录用他的那家公司收购了。

塞翁失马，焉知非福？

美国的汤姆：正当他及全家大喜过望时，美国许多州的知名律师接二连三地涌向汤姆家，千方百计地鼓动汤姆到法院告这家公司，让公司支付"精神赔偿费"，并自告奋勇地充当其辩护律师。最后，汤姆也选择了这条道路，并获得了赔偿。他用赔偿费也办了一个公司。

法制社会，依法行事。

德国的肖恩：重新录用的消息传来，肖恩大喜过望。但他的父母坚决反对肖恩到这家公司上班。理由很简单，这家公司在这样的小问题上都出错，可见其管理不怎么样。到这样的公司上班，哪有什么前途可言？

肖恩又到别的公司应聘，最后成为出色的企业家。

以小见大，言之有理。

中国的李山：消息传来，李山及全家大喜过望。他的父母还制作了锦旗、买了鲜花，专门到公司感谢老板，说："您大恩大德，救了我们的儿子。要不然他下岗在家，成天无所事事，说不定今后会生出什么是非来。我们全家永远记得您的恩情。"

李山到公司上班，最后成为一个合格的打工仔。

逆来顺受，温良恭俭让。

道德的起源

把 5 只猴子关在一个笼子里，上头有一串香蕉，实验人员装了一个自动装置，一旦侦测到有猴子要去拿香蕉，马上就会有水喷向笼子，而这 5 只猴子都会一身湿。

首先，有只猴子想去拿香蕉，当然，结果就是每只猴子都被淋湿了。之后每只猴子在几次的尝试后，发现莫不如此。于是，猴子们达成一个共识：不要去拿香蕉，以避免被水喷到。

后来，实验人员把其中的一只猴子释放，换进去一只新猴子A。

猴子A看到香蕉，马上想要去拿。结果，被其他4只猴子揍了一顿。因为其他4只猴子认为，猴子A会害它们被水淋到，所以制止它去拿香蕉，猴子A尝试了几次，被打得满头包，依然没有拿到香蕉。当然，这5只猴子就没有被水淋湿。

后来，实验人员再把一只旧猴子释放，换上另外一只新猴子B。

猴子B看到香蕉，也是迫不及待地要去拿。当然，一如刚才所发生的情形，其他4只猴子揍了猴子B一顿，猴子A打得特别用力。猴子B试了几次总是被打得很惨，只好作罢。

后来，慢慢地一只一只地，所有的旧猴子都换成新猴子了，大家都不敢去动香蕉。但是，它们都不知道为什么，只知道去动香蕉会被其他猴子揍。

这就是道德的起源。

第一节 管理环境及其分析

任何组织都是在一定环境中从事活动的，环境的特点及其变化必然会影响组织活动的方向、内容及方式的选择。根据系统组织理论，管理者所在的组织是一个开放的系统，管理者的活动必然要受到组织内外部各种因素的影响，这就要求管理者认真对待这些因素，了解自己所处的环境，并设法适应或改变这种环境。

一、管理环境的含义及其分类

管理环境，是指存在于一个组织内部和外部的影响组织业绩的各种力量和条件因素的总和。在这里，环境不仅包括组织外部环境，也包括组织内部环境。对于管理者而言，为了提高管理效率，达成其管理目的，不仅要了解像政治、经济、文化和需求、竞争等组织外部环境因素，而且要掌握员工的价值观、组织所拥有的资源等组织内部情况，据此才有可能做出正确的决策。管理环境如图3-1所示。

根据各种因素对组织业绩影响程度的不同，组织外部环境又可分为一般环境因素和任务环境因素。一般环境（宏观环境）因素是指可能对这个组织的活动产生影响，但其影响的相关性却不清楚的各种因素，一般包括经济、文化、政治、法律和科学技术等因素。相对于一般环境而言，管理者一般更注重于对任务环境（微观环境）的研究与分析。所谓任务环境，是指对某一具体组织的组织目标的实现有直接影响的外部因素。比较典型的，一个组织的任务环境包括资源供应者、竞争者、服务对象（顾客）、政府管理部门及社会上的各种利益代表组织。

管理环境除了一般环境和任务环境以外，还包括组织内部环境。组织内部环境一般包括组织文化（组织内部气氛）和组织经营条件（组织实力）两大部分。组织文化是处于一定经济社会文化背景下的组织，在长期的发展过程中逐步生成和发展起来的日趋稳定的独特的价值观，以及以此为核心而形成的行为规范、道德准则、群体意识、风俗习惯等。组织经营条件是指组织所拥有的各种资源的数量和质量情况，包括人员素质、资金实力、科研力量、信誉等。这些因素不仅与外部环境因素一样，将影响一个组织目标的制定和实现，而且还将直接影响该组织管理者的管理行为。

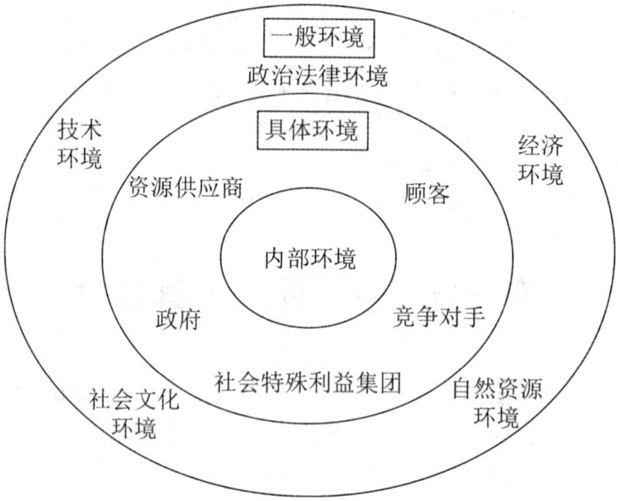

图 3-1　管理环境

二、管理环境的构成

一般地说，外部世界存在的一切均会或多或少地对组织活动产生一定影响，因而都在外部环境研究的对象范围之内。对企业经营活动有着直接而且重要影响的因素，可能来源于不同的层面。下面就按照环境因素是对所有相关组织都产生影响还是仅对特定组织具有影响而区分为一般环境因素和特殊环境因素。

（一）管理的一般环境因素

一般环境也就是组织活动所处的大环境，主要由政治法律、社会文化、经济、技术、自然等因素构成。一般环境对处在该环境中的所有相关组织都要产生影响，且这种影响通常不会因组织使命不同而有太大差异。

1．政治和法律环境

政治和法律环境泛指一个国家的社会制度，执政党的性质，政府的方针、政策，以及国家制定的有关法令、法规等。不同的国家有着不同的社会制度，不同的社会制度对组织活动有着不同的限制和要求。即使是社会制度没有发生变化的同一个国家，在不同的时期，由于执政党的不同，其政府的基本路线、方针、政策倾向及其对组织活动的影响也是不断变化的。对于这些变化，组织是可以也必须进行分析研究的。另外，随着社会法律体系的建立和完善，组织必须了解与其活动相关的法制系统及其运行状态。通过政治和法律环境研究，组织可以明确其所在的国家和政府目前禁止组织干什么，允许组织干什么以及鼓励组织干什么，以便使组织活动符合社会利益并受到有关方面的保护和支持。

2．经济环境

对于作为经济组织的企业来说，经济环境是影响其经营活动的尤为重要的因素。对经济环境，可以从宏观和微观两个方面加以分析。

（1）宏观经济环境。主要指国民收入、国民生产总值及其变化情况，以及通过这些指标能够反映的国民经济发展水平和发展速度。宏观经济的发展和繁荣显然会为企业等经济组织的生存和发展提供有利机会，而萧条、衰退的形势则可能给所有经济组织带来生存的困难。

（2）微观经济环境。主要指企业所在地区或所服务市场区域的消费者收入水平、消费偏好、储蓄情况和就业程度等因素。这些因素直接决定着企业目前及未来的市场规模。假定其他条件不变，一个地区的就业越充分，收入水平越高，那么该地区的购买能力就越强，对某种活动及其产品的需求就越大。除了直接的产品生产经营活动外，一个地区经济收入水平对经济组织的其他活动也有重要影响。如在温饱没有解决之前，居民就很难自觉主动地去关心环保问题，组织的环保行为就相对受到忽略。

3．社会和文化环境

社会和文化环境包括一个国家或地区的人口数量及其增长趋势，居民受教育的程度和文化水平，以及宗教信仰、风俗习惯、审美观念、价值观念等。一般来讲，一个国家或地区的人口多，一方面意味着劳动力资源丰富、总体市场规模大，这些为企业开展经营活动和促进经济发展提供了有利的条件，但另一方面也有可能因居民受教育水平难以大幅度提高，劳动者的总体素质比较低，从而构成经济发展的障碍。人口的素质及其文化观念，对组织活动绩效水平有着重要的影响。如居民受教育程度会影响劳动力的技能和心理需求层次，以及作为消费者的基本行为特点；宗教信仰和风俗习惯会禁止或抵制某些活动的进行；审美观念会左右人们对组织活动方式及成果的态度与偏好；价值观念则不仅影响着社会成员对组织存在理由和目标的认识，而且还影响到该社会中各类机构的基本组织文化类型和变化趋向，以及商业行为的伦理、道德、习惯和作风等。

4．技术环境

技术环境对组织活动过程和成果的影响不容忽视。就企业来说，其生产经营过程可以说是由一定的劳动者借助一定的物质条件来生产和销售一定的产品及服务的过程。

首先，从组织作业活动过程来看，无论何类组织开展何种作业活动，都需要利用一定的物质手段。学校的教学辅助手段，医院的医疗设施，企业的生产设备和经营设施，这些活动过程所需要技术的先进性程度，受到整个社会总体科技水平的影响和制约。社会科技的进步会促进组织活动过程物质条件的改善和技术水平的先进化、现代化，从而使利用这些物质条件和技术进行活动的组织取得更高的效率。

其次，从组织活动成果来看，不同的产品（或服务）代表着不同的技术水平，对劳动者和劳动条件有着不同的技术要求。技术进步了，企业现有产品就可能被采用了新技术的竞争产品取代。产品更新换代后，企业现有的生产设施和工艺方法可能显得落后，生产作业人员的操作技能和知识结构可能不再符合要求，生产所用的原材料可能需要作相应的更新。因此，整个社会产品技术的进步方向是影响企业生产经营活动的重要因素。

再次，从组织活动的管理方面来看，现代信息和通信技术的发展使管理手段、方法乃至管理思想和管理模式发生了重大变化。现在，电子计算机不仅在各项专业管理工作中得到应用，而且使各方面管理系统实现了集成化和一体化，乃至在企业与外部关系上出现了网络化联结，改善了组织内外整体管理的水平。信息技术手段对管理及各项经济和社会活动的影响是如此深刻而宽广，以至人们普遍将当今的社会称为“信息社会”。信息化推动了企业经营领域的拓宽和经营方式的多样化，也使企业管理的模式不断推陈出新。

最后，企业除了要考察与企业所处领域的活动直接相关的产品和过程技术及信息技术的发展变化以外，还应及时了解国家对科技开发的投资和支持重点、该领域的技术发展动态和研究开发费用总额、技术转移和技术商品化速度以及专利及其保护情况等技术环境因素。

5. 自然环境

中国人做事向来重视“天时”“地利”“人和”。如果说“天时”更多地取决于国家政策，“地利”则主要与地理位置、气候条件及资源状况等自然因素相关。

地理位置是制约组织活动特别是企业经营活动的一个重要因素。企业选址是否靠近原料产地或产品销售市场，也会影响到资源获取的难易和交通运输的成本。从利用国家政策的角度讲，当国家在经济发展的某个时期对某些地区采取倾斜政策时，地理位置对企业活动的影响是相当明显的。

气候条件及其变化的影响也不容忽视，比如，气候趋暖或趋寒会影响空调生产厂家的生产或服装行业的销售，而四季如春、气候温和则会鼓励人们更多地远足郊外，从而为与旅行或郊游等有关产品的制造和劳务经营活动提供良好机会。

资源状况与地理位置也有一定的联系。资源特别是稀缺资源的蕴藏状况，不仅是一个国家或地区经济发展的基础，而且为所在地区经济组织开展活动提供了机会。如果没有蕴藏丰富的石油资源，中东国家就难以在沙漠中运营出许多高效益的石油公司。我国农村地区不少乡镇企业，在初期也正是靠优越的地理位置和开采资源而逐渐积累资金求得发展的。资源分布影响着一个国家或地区工业的布局和结构，并决定着在不同地区从事不同产业活动的企业的经营命运和特点。

（二）具体组织的特殊环境因素

组织不仅存在于一般环境之中，而且作为具有特定使命和任务的机构，又是在特殊领域内开展活动的。如果说一般环境对只要作为机构存在的各类组织均会产生相似的影响，那么，与具体使命和任务相关的特殊环境则会对特定的组织产生某种特殊性的影响。所以，特殊环境通常也被称作组织的任务环境。

组织的任务环境通常由如下几方面要素构成。

（1）供应商。所谓供应商，泛指组织活动所需各类资源和服务的供应者。例如，对企业来讲，供应商主要包括为企业提供原材料、设备、工具、能源及土地和房地产的各类供应商，为企业提供资本金和信贷资金的股东、银行、保险公司、福利基金会及其他类似的组织，以及在劳动力市场上为企业提供人力资源的个体和中介机构等。另外，为企业生产经营过程提供各种劳务和服务的机构，如货物运输、设备修理、员工培训、环卫清洁及保安等服务机构，也都构成企业的供应商。可以说，商品经济越是发达，企业的供应商队伍就越庞大。

（2）顾客。所谓顾客，是指组织产品或服务的购买者，主要包括所有出于直接使用目的而购买，以及为再加工或再销售目的而购买本组织产品或服务的个体和组织。在商业发达的社会中，企业的产品尤其是消费品，通常需要经过多个中间环节才能到达最终使用者手中，这样，不仅消费该产品的最终使用者是企业的顾客，而且产品在离开生产企业之后所经历的各环节的销售商，也都是该企业的顾客，即中间顾客。

（3）竞争对手。这里的竞争对手是指与本组织存在资源和市场争夺关系的其他同类组织。企业的竞争对手包括现有生产和销售与本企业相同产品或服务的企业、潜在的进入者及替代品制造厂商等。

（4）政府机构及特殊利益团体。政府机构作为社会经济管理者，对企业的经营行为需要从全社会利益角度进行必要的调节和控制。而工会、妇联、消费者协会、绿色和平组织、新闻传播媒介等各种特殊利益代表团体和反映公众利益要求的团体，也会对企业经营行为产生某种影响和制约，这些都是企业经营过程中不容忽视的环境因素。

三、管理环境特征的分析

企业面对其赖以生存和发展的环境，要解决的第一个问题便是要分析这种环境的性质、特点和变化趋势，以便制定出正确合理的决策。下面主要从不确定性、成长性、竞争性和合作性角度分析企业管理环境的特征。

（一）环境的不确定性

外部环境的不确定性程度对企业经营有着重大影响。依据企业所面临环境的复杂性（指环境构成要素的类别与数量）和动态性（指环境的变化速度及这种变化的可观察和可预见程度）这两项标准，可以将组织环境划分为如下四种不确定性情形。

（1）低不确定性，即简单和稳定的环境。组织环境中的构成要素相对较少，而且这些要素不发生变化或仅有缓慢地变化。在这种复杂性和动态性都比较低的环境中，企业经营就面临低的不确定性。

（2）较低不确定性，即复杂和稳定的环境。随着组织所面临环境要素的增加，环境的不确定性程度会相应升高。大量的不同质要素的存在，无疑使企业的经营管理工作复杂化。如果环境各构成要素能基本保持不变或变化缓慢，处于这种复杂但相对稳定状态中的环境通常只有中等偏低的不确定性。

（3）较高不确定性，即简单和动态的环境。有些组织所面临的环境复杂性并不高，但因为环境中某些要素发生动荡的或难以预见的变化，从而使环境的不确定性明显升高。

（4）高不确定性，即复杂和动态的环境。当组织面临许多不同质的环境要素，而且经常有某些要素发生重大变化，且这种变化很难加以预料时，这种环境的不确定性程度最高，对组织管理者的挑战最大。

环境的不确定性，一方面要求管理者能积极地适应环境，寻求和把握组织生存和发展的机会，避开环境可能造成的威胁；另一方面，组织也不能只是被动地适应环境，还必须主动地选择环境，改变甚至创造适合组织发展的新环境。

（二）所在行业的成长性

企业生命周期是指企业从建立开始，到成长、成熟、衰退直至死亡的过程。国内外理论研究和实证研究均表明，所有企业都表现出生命体的行为及其特征，正常企业都会经历一个建立、成长、成熟、衰退和死亡的过程。企业处于生命周期的不同阶段，表现出不同的行为特征，在企业经营的各个方面，要求确定不同的管理策略和管理重点。如对于刚刚建立的企业，在财务上主要表现为各种生产要素投入对资金的需求，其管理重点主要是资金的筹集，以筹集到的足够资金保证企业所需各种资源的及时投入；对于成长期的企业，通常是其产品或服务已获得市场接受，顾客不断上门。在生产上其管理重点主要是要保证产品生产供应的及时性和不断提高产品的生产服务质量，以满足客户对产品的需求，不断扩大产品（服务）的市场份额；对于成熟期的企业，企业经营比较稳定，资金实力比较雄厚，其管理重点主要是要不断挖掘潜在的市场需求，重视各种资源的重组和创新，开发新的生产服务领域，培育企业新的经济增长点。如果忽视对企业生命周期各阶段的研究，忽视企业外部环境和内部条件的变化，在管理上不采取相应的对策，就会改变企业的生命历程，有可能使企业过早地进入衰退期。

为了表明企业的生命过程及其形态变化，我们可以用企业生命周期模型来描述企业生命过程的一般规律。借鉴前人研究的成果，我们以企业投入的资源为纵坐标，以时间为横坐标，通过图形来表明企业的生命周期，如图3-2所示。

企业处于生命周期不同的阶段，其资源配置形态不同，表现出不同的行为与特征。对于逐步投资完全新建的企业，企业的资源构成基本上是随着企业建设资金的投入而形成的有形资源，在投资建设没有进行生产经营活动之前，企业处于孕育期，还不能称为企业，从注册登记进行生产经营活动开始，企业进入初生期。这时企业的资源配置主要是以物质资源为核心，无论企业的经营起点多高，企业都是处于初生期。对于一次性投资（孕育期很短）的新建企业（如重组企业、合并企业、购入企业等），从经营上来说，是一个新企业的诞生，这样诞生的企业在资源配置上若还是以有形资源为核心，即体现企业价值的几乎都是有形资源的价值，企业仍处于初生期。但如果企业的资源构成并不是完全以有形资源为核心，这时企业并不一定处于初生期，从时间上来看，应是原有企业生命的延伸，企业处于生命周期的哪一阶段，需对其资源构成进行考查后加以确定。企业的初生期主要表现为资源配置单一、结构不合理、生产能力小、各种契约关系简单、企业缺少市场知名度、销售额小、资金紧缺。在这一时期，企业生产经营上的任何差错，都可能直接威胁到企业的生存，直接使企业进入衰退期（如图 3-2 中虚线 A 所示）。随着企业资源（主要是无形资源）的不断增多，企业形成一定的生产销售能力。进入成长期，企业的有形资源已具有一定规模，但同时企业人力资源、技术、工艺、品牌、商誉等无形资源急剧增加，其增加的速度远远大于有形资源增加的速度。企业的产品（服务）已打入市场，受到客户的认可，市场需求旺盛，具有一定的市场发展前景。此时企业迅速扩大生产能力，企业资源的投入不断增多，规模不断扩大，企业的生产经营及各种契约关系越来越复杂。企业初生期形成的管理模式、运营机制、管理方法以及管理手段已难以适应企业资源快速发展的要求。在这一时期，由于市场的诱惑，管理者很容易盲目扩大生产规模和涉足过多的业务，造成企业失控，使企业进入衰退期（如图 3-2 中虚线 B 所示）。在成熟期时，企业资源投入达到一定规模后保持相对稳定水平，人力资源以及各种无形资源在企业的资源配置中占有相当的份额，其数值也趋于稳定，企业资源结构趋于科学合理。企业的主要业务已经稳定下来，市场份额相对稳定。经过前几个阶段的发展历程，企业积累了比较丰富的管理经验，企业管理比较正规。由于企业的成功经营，企业的管理者容易产生骄傲情绪，滋长惰性，更多凭经验按条条办事，更注重保持企业的业绩，忽视学习和创新，容易出现生产和管理“老化”。随着市场竞争的加剧、先进的生产技术、生产工艺、生产设备和替代产品不断涌现，企业市场份额逐步下降，利润下降，企业的资源不断减少，企业步入衰退期。若不予以创新变革，随着企业有效资源的不断减少，企业将消亡。

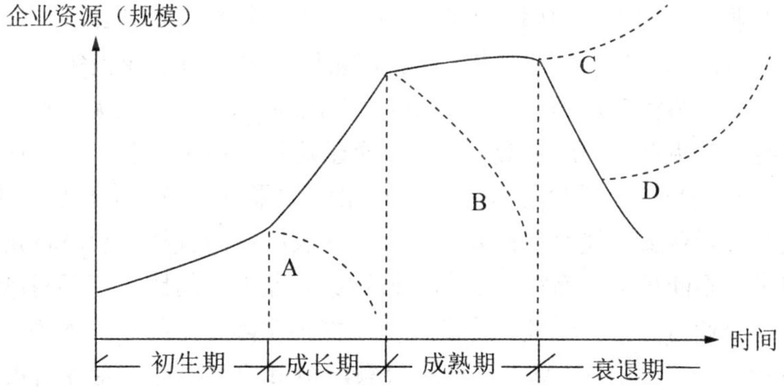

图 3-2　企业生命周期

（三）环境的竞争性

行业环境的竞争性直接影响着企业的获利能力。竞争战略之父迈克尔·波特认为，影响行业竞争结构及竞争强度的主要因素包括行业内现有竞争对手、潜在的进入者、替代品、供应商和顾客（产品购买者）这五种竞争力量，如图3-3所示。

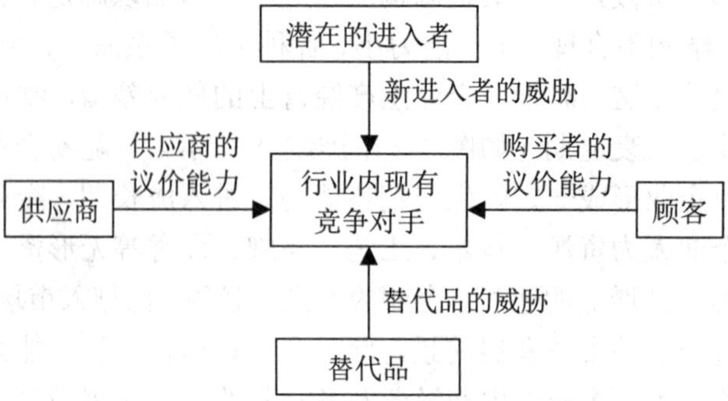

图3-3 影响行业竞争性的五种力量

1．现有竞争对手

企业面对的市场通常是一个竞争性市场，也即从事某种产品制造和销售活动的企业通常不止一家。在多家企业同时生产相同或相似产品的情况下，相互间必然会因为争夺顾客而形成激烈的市场竞争。对行业内现有竞争对手的研究主要包括以下内容。

（1）行业内竞争的基本情况。竞争对手的数量有多少？分布在什么地方？它们在哪些市场上活动？各自的规模、资金、技术力量如何？其中哪些对自己的威胁特别大？基本情况研究的目的是要在众多的同种产品的生产厂家中找出主要竞争对手。

（2）主要竞争对手的实力。找出了行业内现有的主要竞争对手后，还要研究这些对手的竞争实力主要来源于哪些方面，什么因素使其对本企业构成了威胁。只有深入地了解竞争对手的竞争实力，企业才有可能在知己知彼中制定出有效的对策。

判断一个企业竞争实力的强弱，可以从以下三个指标加以衡量：

① 相对于行业平均水平的销售增长率。销售增长率是指企业当年销售额与上年相比的增长幅度。在企业销售政策和顾客购买行为等因素基本上没有太大变化的情况下，销售增长率为正值时，说明企业的用户数在增加。至于这种增加是否意味着企业竞争实力在增强，还要看整个行业甚至整个国民经济的增长情况。如果企业当年销售额比上年有所增加，但增加的幅度小于行业或国民经济的发展速度，就表明：在有利的经济背景下企业所处行业的市场总容量在不断扩大，而扩大的部分被这家企业占领的比重在相对减少，大部分的新市场是被其他企业占领了，因此，企业的竞争能力实际是下降了，而不是提高了。

② 市场占有率。市场占有率亦称市场份额，指市场总容量中企业所占有的份额。市场占有率是一个用百分比来表示的相对指标，其数值等于在某一特定产品市场上一个企业所销出产品的数量与该类产品的总销售量的比值。市场占有率是一个针对现有竞争对手间实力横向对比的指标，它直接反映着一个企业的竞争实力状况。

③ 产品获利能力。这是反映企业竞争能力能否持续的支持性指标，可用利润额和销

售利润率来表示。这里，利润额就是销售收入与成本的差额。销售利润率等于利润额与销售收入的比值。市场占有率只能反映企业目前与竞争对手相比的竞争实力，并未告诉我们这种实力能否维持下去，因为它只表明了企业在市场上销售产品的数量是相对较多还是相对较少，而没有反映销售这些数量的产品是否给企业带来了足够的利润。

（3）竞争对手的发展方向。竞争对手的发展方向，包括产品开发动向与市场拓展或转移动向等。要收集有关资料，分析竞争对手可能开发哪些新产品、新市场以及是否退出现有的经营领域或地域，从而帮助本企业事先做出筹划，以便在竞争中取得主动权。通常来说，在研究竞争对手的发展动向时需要分析所在行业退出的难易程度，即退出壁垒的高低。

下列因素可能妨碍企业退出某种产品的生产经营：

① 资产的专用性。如果厂房、机器设备等资产具有较强的专用性，则其清算价值很低，企业既难用现有资产转向其他产品生产，也难以通过资产转让收回投资。

② 退出成本高。某种产品停止生产，意味着原来生产线工人的重新安置。这种重新安置需要付出一定的费用。

③ 心理因素。特定产品可能是由企业的某位现任领导人组织开发成功的，曾在历史上对该领导人的升迁产生过重要影响，因此该领导人可能对其怀有深厚的感情，即使已无市场前景，可能也难以割舍。那些曾经作为企业成功标志的产品要中止生产，对全体员工可能带来更大的心理影响，因此，人们在决定让其退出市场时可能会犹豫不决。

④ 政府和社会的限制。某种产品的生产中止，某种经营业务不再进行，不仅对企业有直接影响，可能还会引起失业增多，影响所在地区的社会安定和经济发展，因而可能遭到来自社区政府或群众团体的反对或限制。

2．潜在竞争对手

任何一种产品的生产经营，只要有利可图，都可能招来新的进入者。这些新进入的企业既可能给行业经营注入新的活力，促进市场的竞争和发展，也势必给现有厂家造成压力，威胁它们的市场地位。新厂家进入特定行业的可能性大小，取决于以下两个方面。

（1）现有企业可能做出的反应。原有企业对新进入者可能采取的具有力度的反击措施，会迫使那些欲加入某产品生产行列的厂家对其决策做出更慎重的考虑，从而减少行业潜在竞争者的数量。

（2）由行业特点决定进入的难易程度。比如规模经济因素带来的低成本优势，产品内在差别化特性的难以模仿或由知名商标或广告宣传等塑造的产品在消费者心目中的牢固地位，现有厂家相对于新进入者所具有的先入者优势（亦称“在位”优势，如对产品专利的拥有，对特殊技能劳动力或特种原材料供应以及销售渠道的控制等），这些都可能构筑起进入壁垒，阻碍新厂家加入该行业的经营中。

3．替代品

市场上的顾客所以购买一个企业生产的产品或服务，主要是因为它具有能满足人们某种需要的使用价值或功能。也就是说，企业向市场提供的实际不是某种具体的产品或服务，而是一种抽象的使用价值，也即这些产品或服务所具有的功能。不同的产品，其外观形状、物理特性可能不同，但完全可能具备相同的功能。比如，自行车、摩托车、汽车、轮船、火车、飞机，它们是一些外观形状、内部结构及物理性能等都有很大差异的产品，但它们都具有能够帮助人们在地球上两点之间移动的功能。具有相同功能或使用价值的不同种类的产品，因为它们能够满足消费者的同种需要，所以被称为“替代品”。生产替代品的企业，在市场上就可能相互间形成竞争。因此，行业环境分析还应包括对生产替代品企业的分析。

对替代品生产厂家的分析主要包括两方面内容：

（1）确定哪些产品可以替代本企业提供的产品。

（2）判断哪些类型的替代品可能对本行业和本企业的经营造成威胁，这项工作比较复杂。

可见，替代产品实际上是通过规定某个行业内企业可能获利的最高限价来限制该行业的经营行为和潜在收益。由于替代品的存在，即使行业内只存在少数生产企业，表面上几乎垄断了行业市场，也不能随心所欲地制定价格。

4．顾客

这里是从购买该行业产品或服务的用户方面来研究行业环境。作为市场上的买方，用户在两个方面影响着行业内企业的经营：其一，用户对产品或服务的总需求决定着行业的市场潜力，从而影响行业内所有企业的发展边界；其二，不同用户的讨价还价能力会影响到提供这种产品或服务的企业的获利状况。前者属于市场需求潜力研究的内容，后者则是有关用户讨价还价能力的研究。

（1）需求潜力的研究。包括以下三方面内容：

① 总需求研究。主要分析市场容量有多大？总需求中有支付能力的需求有多大？暂时没有支付能力的潜在需求又有多少？

② 需求结构研究。主要考虑需求的类别和构成情况如何？用户属于何种类型，是机关团体，还是个人？主要分布在哪些地区？各地区比重如何？

③ 用户购买力研究。主要分析用户的购买力水平如何？购买力是怎样变化的？有哪些因素影响购买力的变化？这些因素本身可能发生什么变化？通过分析相关影响因素的变化，可以预测用户购买力的变化，从而预测市场需求的变化。

（2）用户讨价还价能力的研究。考察用户是否具有与产品生产企业进行价格谈判即讨价还价的能力。用户讨价还价能力的高低主要取决于下列因素：

① 用户购买量的大小。一般地说，用户的购买量越大，其价格谈判能力就越强。特别是当该用户的购买量占企业总销售量的比重较大，而且该用户也意识到自己是企业的主要客户时，他就可能拥有较强的价格谈判能力。

② 企业产品的性质。如果企业提供的是一种无差异的标准化产品，用户会相信自己

可以很方便地找到其他供货渠道，这样在购买中就会要求优惠的采购价格。

③ 企业产品在用户产品形成中的重要性。如果企业所提供的产品是用户所加工制造产品的主要构成部分，或对用户产品质量或功能的形成有重大影响，那么用户对价格的敏感性会相对降低，因为这时用户更关注的不是购买品的价格，而是其质量及可靠性。反之，如果企业所提供的产品在用户产品形成中没有重要影响，则用户在采购时就会努力寻求价格优惠。

④ 用户后向一体化的可能性。如果用户对企业提供的产品具备潜在的“自制”能力，那么，用户就可能利用自己可能向“后向一体化”发展的压力来迫使供应者降低售价。所谓“后向一体化”，指的是沿产业链上游的纵向一体化，也就是指制造业企业将其经营范围扩展到原材料、半成品或零部件的生产，或者商业企业进入到产品制造的领域。

5．供应商

企业生产经营所需的生产要素通常要从外部获取，这样，提供这些生产要素的经济组织就对企业具有两方面的影响：① 这些经济组织能否根据企业要求按时、按量、按质提供企业生产经营所需要的生产要素，这影响着企业生产经营规模的维护和扩大。② 这些经济组织提供货物时所要求的价格在相当程度上决定着企业生产成本的高低，从而影响着企业的获利水平。因而，有关生产要素供应者的研究也就包括两个方面内容：供应商的供货能力或企业寻找其他供货渠道的可能性；供应商的讨价能力。这两个方面是相互联系的。综合起来看，需要分析以下因素。

（1）供应商所处行业的集中程度。如果该原料业是由一家或少数几家集中控制，也即行业集中度比较高，与此对应，如果购买此种原料的客户数量众多且力量分散，那么，该原料供应商就拥有较强的价格谈判甚至单方面定价的能力。

（2）企业是否有其他供货渠道。企业如果长期仅从单一渠道进货，则其生产和发展必然在较高程度上受制于该供应商（不过，后面我们即会分析到，企业与供应商之间的战略联盟是另外的情形）。如果货源广泛，则受到的影响会减弱。为此，需要分析企业与其他供应商建立关系的可能性，以便分散进货，或者在必要时启用后备进货渠道，从而遏制供应商提价风险。

（3）寻找替代品的可能性。如果原料行业集中程度比较高，分散进货的可能性也较小，企业则应考虑寻找替代原料。但如果替代品不易找到，则供应商会拥有强大的价格谈判能力。

（4）企业后向一体化或供应商前向一体化的可能性。如果供应商垄断控制了供货渠道，替代品又不存在，而企业对这种货物的需求量很大，这时应考虑内部自制，即“后向一体化”的可能性。如果企业不具有后向一体化的能力，那么，供应商就对其经营和获利构成一种竞争和威胁。相似地，如果重要原材料的供应商具有向产业链下游发展的可能性，即供应商有前向一体化的意向和能力，那么它的讨价能力和威慑力会增强，企业就处于相对不利的地位。

（四）环境的合作性

企业与同类产品生产者即通常所说的竞争对手之间，以及企业与资源供应者和产品购买者之间，并不一定都是竞争、对立的，也可以是合作、互惠或双赢的关系。这意味着，同一组织在不同的时期和不同的条件下，可能是企业的竞争者，也可能成为企业的合作者或同盟者。竞争关系与合作关系在现实中往往相互并存而且相互转化。比如，美国的福特汽车公司、德国的大众汽车公司、日本的日产汽车公司，它们一度都视对方为竞争对手。曾几何时，福特与大众已经联手在南美洲合作生产小轿车，日产公司也与福特公司联合在美国生产汽车。所以，组织在识别和分析竞争者的同时，也要对同盟者进行分析。

从企业经营的角度，可将同盟者区分为全面合作的同盟者和某事、某方面合作的同盟者，战略同盟者与一般同盟者，以及直接同盟者与间接同盟者、长期同盟者与短期同盟者，现实同盟者与潜在同盟者等。同盟或联盟缔结的方式，可以是基于产权关系的，也可以是非产权关系的。而且，不仅企业与企业之间可以结成同盟，企业与科研院校、政府部门等也可以在某一共同利益的联系下结成联盟。联盟成功的重要条件是，同盟者与本企业应具有利害相关性和优劣势互补的特性。随着内外部环境条件的变化，企业与同盟者的关系会具有可变性和复杂性。企业应该看到，同盟者可能转变成为竞争对手，而竞争对手也有可能变为同盟者，本企业的同盟者可能同时也是竞争对手的同盟者。这些情况表明，企业对各种类型同盟者的状况、发展趋势及特点应该进行系统、全面和动态的研究。

第二节　环境的管理

环境对管理有着重大的影响，外部环境决定了一个组织可以做什么和不可以做什么，它一方面限制了管理者的行动自由，另一方面又扩大了他们寻求外来资源与支持的机会。内部环境决定了该组织中的管理者能够做什么以及可以怎么做、做到何种程度等；在内外部环境允许的范围内，管理者才能有所作为。因此，管理者的工作成效通常取决于他们对环境的了解、认识和掌握的程度，取决于他们能否正确、及时和迅速做出反应。为此，任何一个组织的管理者都必须学会如何管理其环境。

一、组织与环境的关系

1．环境是决定组织生存的先决条件

环境是组织生存的土壤，它既为组织活动提供条件，同时也必然对组织的活动起制约作用，组织必须根据环境能提供什么要素，以及环境需要组织提供什么，来决定自己能为社会做些什么。组织只有适应并设法满足环境的要求，才能生存和发展。不能满足消费需求的产品和服务，或资源没有充分保障的组织，注定是要被环境淘汰的。任何组织要想求得长期生存和发展，就必须主动了解认识掌握环境，找准适合自己的位置，并根据环境的变化，不断调整经营领域和内部组织结构，寻求和把握组织生存发展的机会。

2．组织可以影响和改变环境

组织与环境的关系，不是组织对环境做出单方面的适应性反应，组织对环境也具有积极的反作用。主要表现为：组织主动地了解环境状况，获得及时准确的环境信息；通过调整自己的目标，避开对自己不利的环境，选择适合自己发展的环境；通过自己的力量控制环境的状况和变化，使之适应自己的活动和发展，而无须改变自身的目标和结构；可以通过自己的积极活动创造和开拓新的环境，并主动地改造自身，建立组织与环境新的相互作用关系。组织不断要适应环境，而且还要反作用于外部环境，通过影响，甚至改变外部环境，为自身创造和选择一个良好的外部环境。从长远的观点看，组织仍然可以通过自身的活动改变自身所处的一般环境，使之更有利于组织的生存和发展。

二、环境分析方法

计划、目标、决策、战略都是在一定的环境条件下制定的，因而组织在制定计划时面临的内外部环境分析是计划的前提和基础。有什么样的环境，就有什么样的计划。离开了环境分析，就难于制定出科学、合理的计划。进行环境分析，包括外部环境分析和内部环境分析两大类。外部环境分析包括一般环境分析和行业环境分析；内部环境分析主要是企业资源条件分析。企业与企业宏观环境构成要素的相互作用关系如图 3-4 所示。

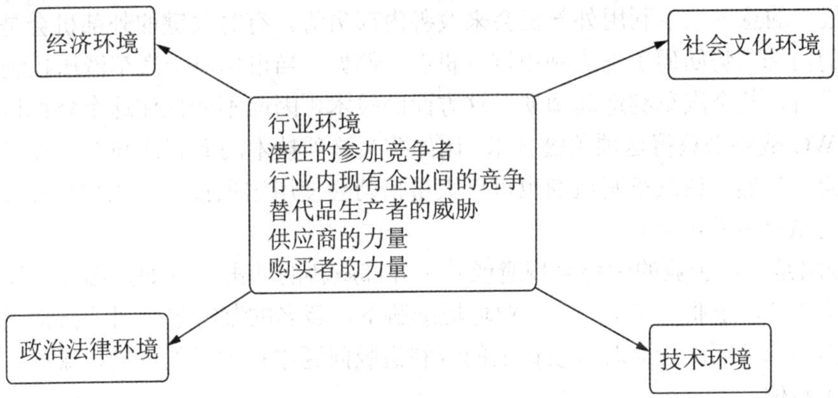

图 3-4　企业的宏观环境

（一）SWOT 法

SWOT 分析，就是帮助决策者在企业内部的优势（Strengths）和劣势（Weaknesses）以及外部环境中的机会（Opportunities）和威胁（Threats）的动态综合分析中，确定相应的生存和发展战略的一种有用而简单的决策分析方法。

1．SWOT 分析思路

SWOT 分析基本思路：第一步是通过对内部环境条件的分析，明确企业所具有的优势与劣势；第二步是通过对企业所处的外部环境的分析，发现当前或将来可能出现的机会与威胁。SWOT矩阵的展开如图3-5所示。

内部条件 / 外部环境	内部优势 ·内部优势A ·内部优势B ·内部优势C	内部劣势 ·内部劣势A ·内部劣势B ·内部劣势C
外部机会 ·外部机会A ·外部机会B ·外部机会C	SO战略 战略意图：利用优势，抓住机会	WO战略 战略意图：利用机会，克服劣势
外部威胁 ·外部威胁A ·外部威胁B ·外部威胁C	ST战略 战略意图：利用优势，规避威胁	WT战略 战略意图：最小化劣势并规避威胁

图3-5　SWOT矩阵的展开

2．制定四种战略

SWOT矩阵分析，制定四种战略：SO战略（优势——机会战略）、WO战略（劣势——机会战略）、ST战略（优势——威胁战略）和WT战略（弱势——威胁战略）。

WO战略的意图在于利用外部机会来改善内部劣势。有时关键的外部机会是存在的，但是企业的内部劣势妨碍了它去利用这些机会。例如，当市场对于汽车液压控制技术的需求大大提升时，某个汽车制造商却缺乏这方面的技术，因此不能抓住这个外部机会。企业可以通过WO战略来获得这项关键技术，比如购买这项技术的专利或与有该技术的公司结为战略联盟。当然，该汽车制造商也可以大量招聘会使用这项技术的工程师和技术工人，这同样也是WO战略的体现。

ST战略是运用企业的优势来规避或减少外部威胁的冲击。例如，芯片设计的盗版问题常常困扰着IT企业。在这样的行业环境威胁下，著名的莱特尔公司就常常运用它优秀的法律部门和律师团队针对芯片设计上的专利盗版问题进行大量的诉讼，保护其在芯片设计上的领先地位。

WT战略则是一种防御性战略，用来规避外部威胁和内部劣势带来的不利影响。如果一个企业面临着很多的外部威胁和内部劣势，它就的确处于一个极为不稳定的位置。实际上，很多这样的企业就要竭力求生、兼并、紧缩、破产或清算。

通过环境研究，认识到外界在变化过程中可能对组织的存在造成什么样的威胁或提供什么样的发展机会，同时根据组织自身在资源拥有和利用能力上有何优势和劣势，依此两方面的结合点，就可以制定出指导企业生存和发展方向的战略方案，如图3-6所示。

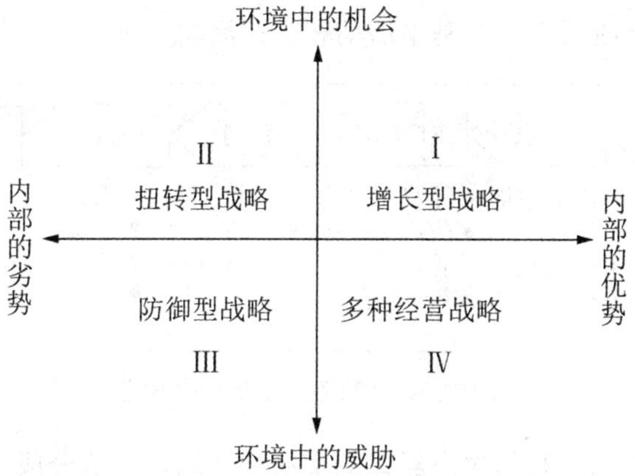

图 3-6 SWOT 分析图示例

第Ⅰ类型企业，具有良好的外部机会和有利的内部条件，可以采取增长型战略（如开发市场、增加产量等）来充分掌握环境提供的发展良机。

第Ⅱ类型企业，虽然面临良好的外部机会，但是受到内部劣势的限制，因此可采取扭转型战略，设法清除内部不利的条件，以便尽快形成利用环境机会的能力。

第Ⅲ类型企业，内部存在劣势，外部面临巨大威胁，可以采用防御型战略，设法避开威胁和消除劣势。

第Ⅳ类型企业，具有强大的内部实力，但外部环境存在威胁，宜采用多种经营战略，一方面使自己的优势得到更充分利用，另一方面也使经营的风险得以分散。

在完成 SWOT 分析，企业所具有或面临的优势和劣势、机会和威胁都已确定后，管理人员就可以开始计划的工作过程，确定企业的目标，制定企业的战略与计划。

（二）价值链分析法

价值链分析法主要针对企业内部环境进行分析，这需要收集企业的管理、营销、财务、生产作业、人力资源、研发，以及计算机信息系统运行等方面的信息，从中分析企业的优势和劣势。价值链分析法是根据企业活动的连续过程来分析企业的能力。

1．价值链的含义

价值链又称增值链，是指企业创造价值的一系列经常活动所组成的链条。价值链分析是从企业内部条件出发，把企业经营活动的价值创造、成本构成同企业自身竞争能力相结合，与竞争对手经营活动相比较，从而发现企业目前及潜在优势与劣势的分析方法。它是指导企业战略制定与实施活动的有力分析工具。图 3-7 说明了一个典型的制造企业的价值链过程。

2．价值活动的构成

价值链是由一系列生产经营活动构成的，主要包括两类：一类是基本活动，主要有采购、生产、储运、营销、服务等功能或活动；另一类是支援活动，主要有技术开发、人力资源管理、财务等功能或活动（含基本活动和支援活动）领域与环节。

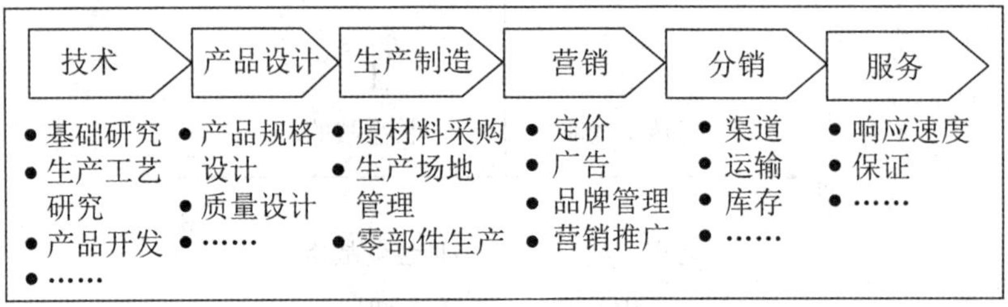

图3-7　典型制造业企业的价值链

主体活动（基本活动）是指生产经营的实质性活动，一般分成原料供应、生产加工、成品储运、市场营销和售后服务五种活动。这些活动与商品实体的加工流转直接相关，是企业基本的价值增值活动，又称基本活动。每一种活动又可以根据具体的行业和企业的战略再进一步细分为若干项活动。

（1）原料供应是指与产品投入有关的进货、仓储和分配等活动，如原材料的装卸、入库、盘存、运输及退货等。

（2）生产加工是指将投入转化成最终产品的活动，如机加工、装配、包装、设备维修、检测等。

（3）成品储运是指与产品的集中、存储、转移给客户有关的活动，包括产成品的收集、入库、保管、客户订单处理、送货等活动。

（4）市场营销是指与促进和引导购买者购买企业产品有关的活动，如广告、定价、促销、市场调查、分销商支持和管理等。

（5）售后服务是指与为保持或提高产品价值有关的活动，如安装、调试、修理、使用人员培训、零部件供应等。

支持活动（辅助活动）是指以支持主体活动而且内部之间又相互支持的活动，包括企业投入的采购管理、技术开发、人力资源管理和企业基础结构。企业的基础职能活动支持整个价值链的运行，而不分别与每项主体活动发生直接的关系。

（1）采购管理是指获取各种资源输入主体活动的过程，而不是输入资源本身。在企业的许多部门都会发生采购活动管理。改进采购管理活动，对提高采购物的质量和降低费用有着重要意义。

（2）技术开发是指可以改进价值活动的一系列技术活动，既包括生产技术，也包括非生产技术。企业的每项生产经营活动都包含着不同性质、开发程度和应用范围的技术，因此技术开发活动不仅与最终产品直接相关，而且支持企业的全部活动，成为反映企业竞争实力的重要标志。

（3）人力资源管理是指企业的员工招聘、雇用、培训、考核、激励等各项管理活动。这些活动支持着企业中每项主体活动和支持活动，以及这个价值链。在任何一个企业中，都可以通过人力资源管理在员工的素质、技能和动力方面及聘用和培训方面的作用来影响竞争优势。

（4）企业的基础结构是指与企业总体管理相关的活动，包括企业计划、财务、质量管理、组织结构、控制系统、文化建设等活动。

3．价值链分析的基本原理

企业每项生产经营活动都是其为顾客创造价值的经济活动，那么，企业所有的互不相同但又有相互关联的价值创造活动叠加在一起，便构成了一个链条，创造的价值如果超过了成本，就能盈利；如果超过竞争对手所创造的价值，就会拥有更多的竞争优势。总之，企业是通过此竞争对手更廉价或更出色地开展价值创造活动来获得竞争优势的。

价值链分析是从企业内部条件出发，把企业经常性活动的价值创造、成本构成同企业自身的竞争能力相结合，与竞争对手经常性活动相比较，从而发现企业目前及潜在优势与劣势的分析方法，是指导企业战略计划制定与实施所用的有力分析工具。

对价值链进行分析时，既可以对每一项价值活动进行分析，也可以对各项价值活动之间的联系进行分析。为了诊断和分析竞争优势与劣势，企业有必要根据价值链的一般模型，构造具有企业自己特色的价值链。

在进行系统的价值链分析的基础上，发掘企业的竞争优势，就要采取正确的竞争战略，不断增强企业的竞争优势，构建企业竞争优势的战略主要有三个：成本领先战略、产品差异化战略和目标集聚战略。

波特认为企业每项生产经营活动都是其为顾客创造价值的经济活动，那么，企业所有的互不相同但又相互关联的价值创造活动叠加在一起，便构成了创造价值的一个动态过程，即价值链。企业所创造的价值如果超过其成本，就能盈利；如果超过竞争对手所创造的价值，就会拥有更多的竞争优势。企业是通过比竞争对手更廉价或更出色地开展价值创造活动来获得竞争优势的。

（三）生命周期法

生命周期法由亚瑟·利特尔咨询公司提出。该方法以两个参数来确定公司中各个经营单位所处的位置：行业成熟度和战略竞争地位（如图 3-8 所示）。以行业成熟度为横坐标，竞争地位为纵坐标。按照亚瑟·利特尔咨询公司的建议，有四种战略选择，即发展类、选择性发展类、抽资转向或恢复类及放弃类。

生命周期法认为，任何行业根据所表现的特征，都可划分成下列四个阶段：孕育阶段、发展阶段、成熟阶段和衰退阶段。在划分行业成熟度时，一般考虑下列因素：增长率、增长潜力、产品线范围、竞争者数目、市场占有率分布状况、市场占有率的稳定性、顾客稳定性、进入行业的难易程度、技术等。每一阶段的行业在上述因素上所呈现的特点列于表 3-1 中，根据这些特征可对所在行业的成熟度做出判断。

确定一个经营单位的战略竞争地位需要一定的定性判断，这种判断一般基于多项指标，如产品线宽度、市场占有率、市场占有率的变动及技术的改变等。应用生命周期法，一个经营单位的战略竞争地位可划分成：主导地位、强劲地位、有利地位、可维持地位和软弱地位五种类型。每种地位的特点分述如下。

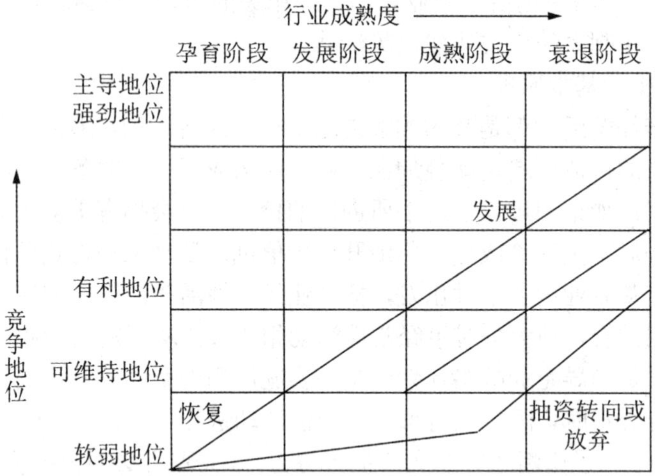

图 3-8 生命周期矩阵

表 3-1 行业成熟度各阶段的特点

因 素	孕育阶段	发展阶段	成熟阶段	衰退阶段
增长率	较国民生产总值增长更快	高于国民生产总值	等于或低于国民生产总值	增长为零或负增长
增长潜力	消费者基本不满意或产品只相对不知晓	消费者部分满意或产品相对不知晓	消费者一般满意或产品被知晓	消费者满意或产品早已知晓
产品范围	窄；很少品种	宽；多样化	宽；标准化	窄；如果行业分散的话则较少
竞争者数目	竞争无统一规则；数量通常增加	最多，后开始减少	稳定或下降	最少
市场占有率分布	无统一规律；通常很分散	逐渐地（或快速地）集中	稳定	集中化或很分散
市场占有率稳定性	不稳定	逐渐地稳定	基本稳定	非常稳定
顾客稳定性	不稳定	逐渐稳定	稳定	非常稳定
进入行业的难易	容易	比较困难	非常困难	无吸引力
技术	快速发展；已知技术很少	变化中	已知晓；容易获取	已知晓；容易获取

（1）主导地位：能够控制竞争者的行为；具有较广的战略选择，且战略能独立于竞争者而做出。

（2）强劲地位：能够遵循自己的战略和政策，而不会危及长期的地位。

（3）有利地位：可能具有一定的战略优势；有能够保持其长期地位的好机会。

（4）可维持地位：具有证明其运营可继续存在的满意的经营绩效；通常以忍耐来抵御最重要的竞争对手；有能够维持其长期地位的一般机会。

（5）软弱地位：令人不满意的经营绩效，但有改进的可能；可能具备较好地位的特点，但有主要的弱点；短期内能够生存，但想要长期生存下去则必须改进其地位。

三、组织环境的管理

1．组织环境的定位

要管理环境，首先就必须了解组织所处的环境。那么，怎样衡量环境的不同呢？可采用著名组织理论家汤姆森（J.D. Thomson）所提出的方法，即用环境的变化程度和环境的复杂程度来反映。

根据环境的变化程度，可将组织环境分为动态环境和稳定环境两类：形成环境的各种因素变化大，为动态环境，变化小则为稳定环境。稳定的环境可能是一个没有新的竞争者，现有的竞争对手也没有技术上的创新，没有什么公众对组织施加压力的环境。在改革开放之前，我国的大多数企业处于稳定的环境之中，而到20世纪80年代中期以后，企业所处的环境变化程度大大增加，企业开始步入动态环境。与环境的不确定性密切相关的是环境的复杂性，环境的复杂程度与组织环境的组成因素的多少及组织已拥有的对其环境影响因素的了解程度有关。根据环境的复杂程度，组织环境可分为复杂环境和简单环境。

由环境的变化程度和环境的复杂程度，可形成四种典型的组织环境，如表3-2所示。

表3-2　组织环境分类

<table>
<tr><th colspan="2" rowspan="2">环境状态</th><th colspan="2">变化程度</th></tr>
<tr><th>稳　定</th><th>动　态</th></tr>
<tr><td rowspan="2">复杂程度</td><td>简单</td><td>状态1：稳定、简单的环境
环境影响因素较少，环境因素容易了解</td><td>状态2：动态、简单的环境
环境影响因素较少，但在不断变化之中，环境因素比较容易掌握</td></tr>
<tr><td>复杂</td><td>状态3：稳定、复杂的环境
环境影响因素多，但环境因素基本保持不变，掌握环境因素较难</td><td>状态4：动态、复杂的环境
环境影响因素多，且处于不断变化之中，掌握环境因素困难</td></tr>
</table>

状态1：相对稳定和简单的环境。这种环境中的组织会处于相对稳定的状态。在这种环境下，管理者对内部可采用强有力的组织结构形式，通过计划、纪律、规章制度及标准化生产等来管理。一般的日用品生产企业大都处于此种环境。

状态2：动荡而简单的环境。这种环境中的组织一般都处于相对缓和的不稳定状态之中。面临这种环境的组织一般都采用调整内部组织管理的方法来适应变化中的环境。纪律和规章制度仍占主要地位，但也可能在其他方面，如市场销售方面采取强有力的措施，以对付快速变化中的市场形势。唱片公司等多属于这一环境中的组织，它们面临的竞争对手不多，材料供应商也只有固定的几个，销售渠道单一，涉及的政府管理部门也有限。但尽管环境影响因素不多，它却面临着技术或市场需求的迅速变化。

状态3：相对稳定但极为复杂的环境。一般来说，处于这种环境中的组织为了适应复杂的环境都采用分权的形式，强调根据不同的资源条件来组织各自的活动。不管怎样，它们都必须面对众多的竞争对手、资源供应者、政府部门和特殊利益代表组织，并做出管理上的相应改变。汽车制造企业基本上处于这种环境之中。

状态4：动荡而复杂的环境。一般环境和任务环境因素的相互作用有时会形成极度动荡而复杂的环境。面对这样的环境，管理者就必须更加强调组织内部各方面及时有效的相互联络，并采用权力分散下放和各自相对独立决策的经营方式。一般而言，电器制造公司、高新技术企业面临的就是技术飞速发展、市场需求变化迅速、竞争对手对抗剧烈的动荡而复杂的环境。

2．组织环境的管理

一般而言，除了某些实力雄厚的特大型组织，能够对改变其环境施加一定影响外，大多数组织对于改变其外部环境是无能为力的，因而常常是环境主宰着组织而不是相反。但这并不是说管理者对外部环境的影响就无能为力了，管理环境是困难的，但又是可能的。说它困难，是因为环境的组成因素是多变的、复杂的，环境的变化有时是不以主观意志为转移的，对组织的影响与作用有时是不可抗拒的；说它可能，是因为不论环境是自然的还是社会的，都有一定的规律可循；组织与环境都是自然的产物，它们相辅相成、相互影响。管理者可以而且应该学会如何管理环境。

（1）组织进行环境管理的一般步骤

首先，管理者要了解环境因素的变化情况。由于环境的客观性、多变性、复杂性，管理者要随时随地利用各种渠道与方法去认识、了解、掌握环境，认真地研究其变化的规律，预测环境变化的趋势及其可能对组织产生的影响。一般而言，了解、认识和掌握外部环境因素的变化是比较困难的，这就要求管理者花大量的精力收集各种信息，掌握第一手资料，从中了解在众多的因素中，哪些是对组织有利的，哪些会影响组织目标的实现。

其次，在了解和掌握各种环境因素的基础上，对其进行分析研究，确定各环境因素对组织有什么影响，有多大影响等。环境在不断地发生变化，研究工作也需要保持连续性。

最后，管理者在对环境因素进行了一定的分析之后，要对各种环境因素的影响做出相应的反应。充分利用环境对组织有利的方面，并努力使其继续朝着这个方向发展；对于环境中不利于组织发展的因素，组织一方面可通过组织内部的改革使组织与环境相适应，另一方面可努力通过组织的行为去影响环境，使其朝着有利于组织的方向转化。

（2）对不同的环境因素采用不同的管理方法

外部环境因素根据其对组织影响的直接性程度，分为一般环境因素和任务环境因素，相应地，在管理上也应采取两种不同的方法。一般环境不是管理者可以影响的，更不是管理者所能够改变的。对于一般环境因素，主要是如何主动适应它。对任务环境，管理者是可以而且应该通过努力加以管理的，如当商品房销售竞争日趋激烈时，可通过提高企业知名度，使银行放心贷款、顾客放心购买等。在微观环境上管理者是可以主动改变自己，变被动为主动。

一般地，管理上常采用的用以减少环境压力的措施有：

① 广告。广告可建立名牌忠诚，减少易变的服务对象的影响，以及减少因竞争对手推出的新产品或新服务的影响。当一批顾客相信某公司的产品比其他公司的产品好时，该公司就拥有了一批稳定的顾客，并增加了该公司对其产品价格、经销商的决策选择余地，也增强了其与其他公司的竞争能力。

② 联合。所谓联合，是指一个组织与其他组织为某一共同的目的而团结起来，包括合资、建立联合体等。当竞争对手很强时，可以与其他组织联合起来对付呢？管理人员还可用联合的方法控制其主要供应商以确保资源的稳定供应。

③ 舆论。当组织受到其他组织威胁或危害时，管理人员常采用舆论的力量来对抗这些威胁。例如，当有关部门对企业乱摊派，主管部门随意撤换企业领导、强行改变企业性质时，管理者就常借助于舆论的力量来改变其不利的地位。

④ 制定战略。在稳定的环境中，组织可根据事先对环境变化趋势的分析和预测，提前做好应变准备。在动态环境中，管理者主要是通过保持策略的灵活性来对付复杂多变的环境。例如，采用多样化经营策略以减少市场风险，采用提留风险基金的方式来应付资金的一时短缺等。

四、组织文化

组织文化研究热潮兴起于美日经济的比较研究。日本虽然是第二次世界大战的战败国，但是到20世纪80年代，其国民生产总值已占世界第二位，并成为最大外汇储备国，为一个超级经济大国，呈现超欧赶美之势。与此同时，日本产品大量进入美国市场，日本资金也开始大批进入美国，设立工厂，收购银行，购买政府和企业债券、股票。这引起美国政府、企业界的反思。美国在分析了日美企业的区别之后，得出的结论是，日本企业效率高的原因最终归结到了管理问题。日本企业比较普遍地注意塑造有利于生产发展的企业文化。从此，企业文化研究的热潮一发不可收拾。

（一）组织文化的含义与结构

1．组织文化的含义与特点

何为组织文化？组织文化是处于一定经济社会文化背景下的组织，在长期的发展过程中逐步形成和发展起来的日趋稳定的、独特的价值观，以及以此为核心而形成的行为规范、道德准则、群体意识、风俗习惯等。从这个定义中可以看到，组织文化实际上是指组织的共同观念系统，是一种存在于组织成员之中的共同理解，因此，组织中不同背景和地位的人在描述其组织文化时基本上用的是相同的语言。在每一个组织中，有各种不断发展的价值观、仪式、规章、习惯，这些观念一旦为全体员工所接受，就变成了组织的共同观念，亦即成为组织文化的一部分。而组织文化一旦形成，就会在很大程度上对管理者的思维和决策施加影响。

那么，如何来描述一个组织的文化呢？到目前为止，尚没有一种确定的表述组织文化的方法。但根据以前的研究，我们可以通过对一个组织在以下几方面所达到的程度的分析来描述组织文化：

（1）控制的程度：规章制度的多少，或用于监督和控制员工行为的指导原则的多少。

（2）导向性：组织建立明确的目标和业绩要求的程度。

（3）管理者与员工之间的关系：管理者给下属以帮助和支持的程度。

（4）对员工的基本看法：信任员工或不信任员工，或予以员工责任、自由和独立的程度。

（5）风险容忍度：鼓励员工开拓、创新和承担风险的程度。

（6）纷争容忍度：允许员工自由发表不同意见和公开批评的程度。

（7）沟通的模式：组织信息传递是否受正式的权力线的限制。

（8）协作意识：鼓励组织中的团体协调一致工作的程度。

（9）整体意识：组织成员把组织作为一个整体而不是把他们特定的工作小群体作为整体的程度。

（10）奖励的指向：奖励基于员工的业绩而不是感觉、好恶的程度。

描述组织文化可从组织哲学、组织目标、民主意识、道德观念、规章制度、团体意识等方面来描述。组织文化是整个社会文化的重要组成部分，既有社会文化和民族文化的共同属性，也有自己的不同特点。

（1）客观性。组织文化是组织在其所处的一定的经济、社会、文化合力作用下，在长期的发展过程中逐步生产和发展起来的。一个组织的文化反映了组织创始人的使命和价值观，创始人通过对组织应该是怎么样的规划或设想导致了早期组织文化的形成。组织文化的产生和存在是不以人们的意志为转移的。只要是一个组织，在组织中就必然会形成组织文化，不管人们是否意识到，组织文化总是存在着，并发挥着或正或负、或大或小的作用，成功的组织有优秀的组织文化，失败的组织有不良的组织文化。

（2）个异性。每个组织由于其使命不同，所拥有的资源和所处的环境不同，相应地，其组织文化也不同，即任何组织的组织文化都有其鲜明的个性。例如，一家企业的厂训是：“努力学习，像一所学校；步调一致，像一支部队；互相帮助，像一个家庭。”而生产同类产品的另一家厂的宗旨可能是“向员工提供有意义的工作，改善员工的工作生活环境，实现与工作成果相称的劳动报酬和福利待遇”。

（3）可塑性。组织文化的形成，虽然受到组织传统因素的影响，但也受到现实的管理环境和管理过程的影响。而且，只要充分发挥能动性、创造性，积极倡导新的行为准则、组织精神、道德和作风，就能够对传统的精神因素择优汰劣，从而形成新的组织文化。

（4）综合性。组织文化包括了价值观念、经营准则、道德规范、传统作风等精神因素。这些因素不是单独地在组织内发挥作用，而是经过综合的系统分析、加工，使其融合成为一个有机的整体，形成整体的文化氛围。

（5）民族性。民族是指人们在历史上形成的有共同语言、共同区域、共同经济生活及表现于共同文化上的共同心理素质的稳定共同体。每一个民族都有其独特的民族文化，任何组织都是存在于某一区域内的，他们必然要受到所在地区民族文化的影响，相应地，其组织文化也必然带有地域性、民族性和时代性。

（6）稳定性。组织文化需要经过较长的时间才能形成，但一旦形成，就具有稳定性，就像人的个性较难随时间改变一样，组织文化的改变也是十分困难的。美国通用电器公司在 20 世纪 30 年代就被认为是一个没有人情味、正规、保守的公司，到 80 年代它基本上还是这样。

2．组织文化的构成

人们一般认为组织文化分为三部分：精神文化部分、制度文化部分和物质文化部分。我们认为组织文化的结构应包括物质文化、行为文化、制度文化和精神文化四部分，如图 3-9 所示。

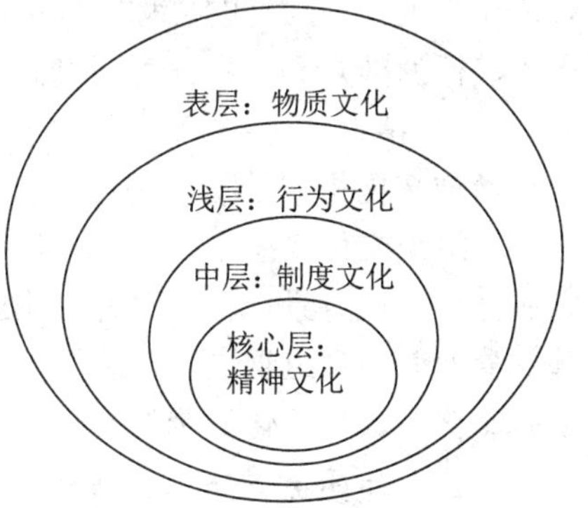

图 3-9　组织文化结构示意图

（1）物质文化层

物质文化层也叫组织文化的表层，是由企业全体员工创造的能够从表面体现出来的产品和物质设施设备等构成的表层文化。它主要包括生产的产品和提供的服务，组织环境，厂容厂貌，厂旗厂歌等。

① 产品和服务。企业生产的产品和提供的服务是企业生产经营的最终成果，它是企业物质文化的首要内容。产品文化包含有：产品的整体形象、产品的质量文化、产品设计中的文化因素。

② 组织环境和组织容貌。组织环境和组织容貌是组织物质文化的重要组成部分。组织环境主要是指各种物质设施、厂房建筑及职工的生活娱乐设施。组织容貌是文化的表征，是体现组织个性化的标志。它包括组织的名称、标志、空间结构、布局、厂歌等。

（2）行为文化层

行为文化层是指组织成员在生产、生活、学习、娱乐过程中产生的文化现象。它包括组织经营、宣传教育、人际交往的活动、文娱体育活动中产生的文化现象。它是组织精神和价值观在人的行为上的折射。从成员结构上看，企业行为文化主要包括领导者行为、模范人物行为、组织成员行为等。

① 领导者行为。领导者是组织的灵魂，组织文化主要是由领导者设计的，它深深烙上了领导者的个性、志趣情操、精神状态、思维方式和目标追求。领导者行为决定了组织

文化的健康与优化的程度，决定了组织成员对企业组织的信心程度，也决定了组织的发展。有什么样的领导者，就有什么样的组织和什么样的组织文化。领导者是组织文化的设计者、倡导者、推动者、发扬者，也是“组织文化的旗手”。

② 模范人物行为。在具有优秀文化的组织中，最受人尊重的是那些集中体现了组织价值观的模范人物。这些模范人物使组织价值观“人格化”，他们是组织成员学习的榜样，其行为常常被组织成员作为仿效的行为规范。

③ 组织成员行为。组织成员是组织的主体，组织成员的群体行为决定组织整体的精神风貌和组织文明的程度。因此，组织成员群体行为的塑造是组织文化建设的重要组成部分。

（3）制度文化层

制度文化层居于组织文化系统的中层，是具有本组织文化特色的各种规章制度、道德规范和职工行为准则的总称，包括领导体制、组织结构、规定与纪律及生产经营中的交往方式、行为准则等，也称为一种强制性文化。

（4）精神文化层

精神文化相对于物质文化、行为文化和制度文化来说，它是一种更深层次的文化现象。在整个组织文化系统中，它处于核心地位。组织精神文化，是指在组织发展过程中，受一定的社会文化背景、意识形态影响而长期形成的一种组织精神和价值观念。它包括组织精神、管理哲学、组织道德、组织价值观念、组织风貌等内容，是组织意识形态的总和，是物质文化、行为文化、制度文化的升华，并决定着组织文化的表层、浅层和中层。

（二）组织文化的类型与功能

1．组织文化的类型

目前，根据不同的标准，对组织文化有着不同的分类方法，其中，最常见的分类方法有以下两种。

（1）按照组织文化的内在特征，可以将组织文化划分为四种类型：学院型、俱乐部型、棒球队型和堡垒型。

① 学院型。学院型组织是为那些想全面掌握每一种新工作的人而准备的地方。在这里他们能不断地成长、进步。这种组织喜欢雇佣年轻的大学毕业生，并为他们提供大量的专门培训，然后指导他们在特定的职能领域内从事各种专业化工作。例如 IBM 公司、可口可乐公司、宝洁公司等。

② 俱乐部型。俱乐部型公司非常重视忠诚感和承诺。在俱乐部型组织中，资历是关键因素，年龄和经验都至关重要。与学院型组织相反，它们把管理人员培养成通才。例如联合包裹服务公司、德尔塔航空公司、贝尔公司、政府机构和军队等。

③ 棒球队型。棒球队型这种组织鼓励冒险和革新。招聘时，从各种年龄和经验层次的人中寻求有才能的人。薪酬制度以员工绩效水平为标准。由于这种组织对工作出色的员工给予巨额奖酬，员工一般都拼命工作。在会计、法律、投资银行、咨询公司、广告机构、

软件开发、生物研究领域中，这种组织类型比较常见。

④ 堡垒型。棒球队型公司重视创造发明，而堡垒型公司则着眼于公司的生存。这类公司以前多数是学院型、俱乐部型或棒球队型的，但在困难时期衰落了，现在尽力来保证企业的生存。这类公司工作安全保障不足，但对于喜欢流动性和挑战的人来说，具有一定的吸引力。例如大型零售店、林业产品公司、天然气探测公司等。

（2）按照地域可分为日、美、中组织文化

① 日本组织文化。日本是由单一民族组成的国家，自然环境险恶，自然资源有限，所以日本人重视协作和技术的作用，习惯比较稳定的生活，不喜欢外出冒险，崇尚“团结”“忠诚”等思想，强调“家族主义”。日建立以“忠”为核心，提出忠、礼、勇、险、信，来取代中国的仁、义、理、智、信和以“仁”为中心的社会文化意识，从而使日本民族成为具有强大民族凝聚力的“大和”民族。日式组织文化的精髓就是以“和”“同”“忠”等传统价值观念为核心的企业理念。重视“和为贵”，可以上下同心协力，形成万众一心应付各种艰巨工作的力量。“和”的精神要求在企业组织中形成人际关系的亲密感、依赖感、信任感及和谐气氛。凡事忍让、尊重他人存在的价值，彼此和睦相处。

② 美国组织文化。美国是一个移民国家，地域辽阔，资源丰富，经济实力和科技水平世界领先。美国一直倡导个人能力主导一切的准则，信奉个人能力主义和创新精神，与日本的家族主义相比，美国人则更推崇“个人主义”，更强调按能力分配，更乐于以结果来评定工作的好坏。然而，正如美国快餐一样，在管理中美国人喜欢直来直去，重实际重效率、乐于创新、敢于竞争，体现在价值观上，就是推崇“能力至上”，奉行个人主义和实用主义的价值观念。

③ 中国组织文化。中国的传统文化博大精深，有着源远流长的历史传统。儒家思想对中华民族精神的形成产生了重要影响。孔子提倡刚健有为的进取精神重视个人对家庭、国家和民族的责任义务；以立德、立功、立言“三不朽”学说作为理想人格的标准；以对社会、国家贡献的大小来衡量一个人价值的高低。注重感情投资，德育教化。

“修身、齐家、治国、平天下”，强调群体力量，强调领导者以身作则的榜样力量，优点是强调和谐、稳定与团体意识，这对于避免团体间尖锐的矛盾冲突，更好地分配与利用有限的资源具有重大的作用。然而，其缺点也是显而易见的，首先，该模式注重“人治”，而非“法治”；其次，该模式提倡“平均主义”和“好人主义”，忽视了企业成员中实际上存在着好、中、差三部分人这一事实；最后，该模式片面信奉“仁者爱人”观念，在客观上助长了许多非正式组织的成立，这些非正式组织干扰了企业正式组织的有效运转，甚至使正式组织的管理处于混乱。

2．组织文化的功能

（1）导向功能

组织文化的导向功能主要是从两方面来发挥的：一是直接引导成员的性格，心理和行为；二是通过整体的价值认同来引导组织成员。后者是更为重要的一方面。良好的组织文化使成员潜移默化地接受本组织共同的价值观。一种强势文化可以长期引导组织成员为实现组织目标而自觉地努力奋斗，有如汽车的方向盘。

（2）凝聚功能

组织文化正是以种种潜移默化的方式，来沟通人们的思想感情，融合人们的理想、信念、作风和情操，培养和激发人们的群体意识。在特定的文化氛围之下，组织成员通过自己切身的感受，树立对本职工作的自豪感和使命感，对本组织的认同感和归属感，把自己的思想、感情、行为和整个组织联系起来，从而使组织产生一种强大的向心力和凝聚力，发挥出巨大的整体效应。

（3）激励功能

所谓激励，就是通过外部刺激，使个体产生出一种情绪高昂、奋发进取的力量。在良好的组织文化氛围中，每个人的贡献都会及时受到肯定，而不会被埋没。这样，成员就时时受到鼓舞，处处感到满意，有了极大的荣誉感和责任心，自觉地为取得更大的成功而努力。

（4）约束功能

组织文化带来了无形的、非正式的、许多不成文的行为准则，人人自觉接受文化的规范和约束，心甘情愿地依照价值观的指导进行自我管理和自我控制，这种自我管理在很大程度上弥补了单纯的规范带来的不足与偏颇。

（5）辐射功能

组织文化是一种热力强大的辐射源，不仅只在组织内发挥作用，对组织成员产生影响，而且还对社会产生影响。因为组织成员要与外界交往，组织的形象就会以综合的形式把自身丰富的文化内涵昭示于众。所有这些都必将产生热力辐射般的作用，把自身的能量辐射到周围。

（6）稳定功能

组织文化是组织稳定发展的良药。由于组织文化具有相对稳定性和连续性，一经建立，则进入了整个组织生活和成员的内心深处，持续而稳定地发挥作用。即使企业出现重大的人事变动，企业照样稳健前进，经久不衰。例如，日本的松下电器公司，松下幸之助本人虽已逝世，但松下的企业精神仍然发挥作用，并未因松下本人的逝世而受到影响。

文化的功能具有整合性，上述企业文化的六大功能，在实际中并不是单独地表现出来的，而是整体发挥作用。

（三）组织文化对管理的影响

组织文化对管理者的行为有重大的影响，当组织文化形成并得到加强时，它会到处蔓延并影响管理者所做的一切，通过左右管理者的知觉、思想和感觉影响管理者的决策，进而影响整个管理。表3-3列举了组织文化对管理四大职能方面的影响。

表 3-3　组织文化对管理职能的影响

计划： 计划可以包含的风险程度 决策的重点是长期的还是短期的	组织： 授权给下级管理的程度 设计工作时对员工自由的考虑 规范化程度的大小
领导： 运用什么激励技术 采用怎么样的领导方式 是否要消除环节不一致	控制： 采用何种控制方式 业绩评估时注重于什么标准 超过预算时应有怎样的反映

组织文化之所以能对管理者产生重大影响，是因为它建立了在这个组织中，管理者可以做什么和不可以做什么的规范。组织文化对管理者的约束也没有通过书面规定或口头约定那样直截了当，但它们确实存在并影响着管理者的决策。

（四）组织文化的管理

1．组织文化的建立

组织文化的合适与否对组织的生存发展有着重大的影响，不适合的组织文化会影响组织目标的实现。例如，组织内部成员若没有一种共同的使命感，没有一种团结向上的精神，这个组织就会变成一盘散沙。因此，管理者对内部环境的管理，首先是要加强对组织成员的教育，倡导良好的组织文化的形成。

组织文化是组织内的管理人员及其全体员工，以已有的思想（传统文化、现代观念）为基础，通过组织内部一定时期的实践、加工而逐步形成的。高层管理者在组织文化的形成过程中负有不可推卸的责任，高层管理者要有意识地去引导良好的组织文化的形成。应倡导企业精神，以良好的企业精神来激励员工；确定组织长远目标，使员工围绕目标开展工作；建立一整套规章制度，以规范员工的行为；处事客观，使组织内部形成民主的气氛；关心和体贴下属，使员工团结一致，产生向心力；以身作则，在组织中树立榜样，以榜样的力量感召员工。

2．组织文化的改变

组织文化需要很长的时间才能形成，但一旦形成后，又趋向于稳定不变。一个强势的组织文化，由于得到了员工们的普遍认同，要改变它会非常困难。因此，当一个既定的组织文化，随着时间的推移而变得不再适合组织甚至会成为组织发展的障碍时，从短期而言，管理者几乎很少可以改变它。那么，哪些“有利条件”可以推进组织文化的改变呢？根据实践，在下列情况下，组织文化最有可能发生变化。

（1）发生戏剧性的危机。危机可以是由于地位突然下降所造成的伤害，或对现有文化的怀疑等所形成的打击。例如，一个令人吃惊的金融挫折，主要顾客的离散，由竞争者带来的重大技术突破。危机可使人对习惯了的东西进行反思，从而促进已有文化的改变。

（2）领导层发生变动。新的高层领导，可能会带来一套新的价值观念，而且由于他们常被看作是具有改变危机能力的人，因而其观念相对来说也易被员工接受。领导层包括组织的主要领导，但也可能需要包括所有的中层管理人员。

（3）组织成立不久且规模较小。组织成立的时间越短，组织文化越不稳固。同样地，当组织规模较小时，管理人员也更容易与员工沟通以建立新的价值观念。

（4）组织文化较薄弱。组织文化渗透得越广，组织成员对组织文化的认同率就越高，组织文化就越难改变。相反，弱势的组织文化则为管理者改变组织文化提供了便利。

需要注意的是，即使这些条件存在，也不能确保组织文化能被改变，而且，任何重大的改变都要花较长的时间才能实现。

第三节　管理伦理与社会责任

管理者在组织中从事的管理工作受到组织的内部因素和外部竞争环境的影响，而组织在社会中生存和发展，也必然受到整个社会、行业、社区的法律、规范、文化、习俗等众多因素的影响，当组织的管理者、组织的目标与这些影响因素及其利益发生冲突时，管理的伦理和社会责任问题就产生了。

一、管理伦理

（一）管理伦理及管理伦理问题

1．管理伦理概念

伦理（Ethics）是指判定行为是非、对错的原则和行为规范。“伦”是指人、群体、社会、自然之间的利益关系，包括人与他人的关系，人与群体的关系，人与社会的关系，人与自然的关系，群体与群体的关系，群体与社会的关系，群体与自然的关系，社会与社会的关系，社会与自然的关系等。“理”即道理、规则和原则。“伦”与“理”合起来就是处理人、群体、社会、自然之间利益关系的行为规范。管理伦理（Business Ethics），也称商业伦理，劳拉·纳什（Laura Nash）将其定义为：“研究如何将个人道德规范运用到商业企业的行为和目标之中。它不是单一的道德标准，而是研究企业如何影响代表企业的个人针对特定问题的立场。”纳什提出商业伦理处理管理决策的三个基本问题：（1）选择应该遵循什么法律并决定是否遵守这些法律；（2）在主流法律外的经济社会问题之间进行选择；（3）在自己利益和公司利益的优先性之间进行选择。

2．管理伦理问题

管理的伦理问题，也称管理的道德问题，集中表现在管理者实际工作中所面临的道德困境，在这种困境中管理者经常会面临一些组织利益、相关群体利益与自身利益的两难选择，如要不要受贿，是否应该欺骗等。美国学者戴维·J. 弗里切把管理的伦理问题总结为五大类，即贿赂、胁迫、欺骗、偷窃和不公平歧视。这五类问题基本包括了管理者们所提到的大部分棘手的、应当受到谴责的不合伦理的商业行为。

（1）贿赂是通过购买影响力而操纵别人。贿赂被定义为：“提供、给予、接受或要求有价值之物，以达到影响官员履行公共或法律职责时所做行为的目的。”有价值之物可以是现金或其他资产，也可以是交易完成后的回扣。贿赂使受贿人与其所在的组织之间产生利益冲突，受贿人对其所在的组织有一种受托义务，而贿赂产生的个人利益很可能与组织利益冲突。最常见的贿赂目的是增加销售、进入新市场、改变或规避公共政策。

（2）胁迫是指用暴力或威胁控制他人。它的定义是：“用武力、武器或威吓进行强制、限制、威胁，可以是实际地、直接地或明确地，诸如用武力强迫他人做违背其意愿的事，也可以是暗示地、合法地或推定地，诸如一方受另 ·方压力的制约去做依其本意不会做的事。”强制力常常是一方威胁要使用其对不利一方的控制权。胁迫包括威胁某人要阻碍其提升，让其丧失工作，或在行业中投票反对他，还可能是迫使某人做违背其个人信念的行为。使用胁迫的目的是让某人做违背其意愿的行为。

（3）欺骗是通过误导来操纵他人或某个公司。欺骗是指：“欺骗性的行为，以虚假的语言或行动蓄意误导，明知故犯地做虚假的关于现在或过去的报道或描述。”这种不诚实行为是违反商业伦理的最常见形式。欺骗包括对研究数据或会计数据进行歪曲或做假，做误导性广告，以及不真实地描述产品。它的表现还有篡改花销报告，剽窃其他产品的性能鉴定证书，以及不真实地描述财务状况。欺骗的范围从可能不产生危害或产生极小危害的小谎言到产生严重经济危害或人身伤害（包括死亡）的大的欺骗性阴谋。

（4）偷窃就是拿走不属于自己的东西。约瑟夫·诺兰（Joseph Nolan）和杰奎琳·诺兰黑利（Jacqueline Nolan-Haley）把它定义为：“盗窃的行为，即在未经主人同意的情况下取得其财产。”偷窃同样包括了许多种违反伦理的行为。财产可以是有形的或是抽象的，偷窃也包括在内部交易中把内部信息当作自己的来使用，以及制造假冒伪劣产品和价格欺诈，还包括使用一个公司的专有信息达到另一个公司的目的，这些信息可能是通过在未经许可的情况下使用该公司的计算机或程序而获得的。价格串通构成偷窃，因为串通价格比正常价格高，因此买方要为商品交换付出多于实际需要的钱。在签订和履行合同的时候做假也构成偷窃，因为被侵害方在未予同意的情况下就失去了有价物品。

（5）不公平歧视的定义是：“不平等待遇，或因种族、年龄、性别、国籍或信仰等而拒绝给予某人通常的权利，或在受优待者和不受优待者之间难以找到合理区别的情况下，不能平等地对待所有人。”我们这里指的是“不公平”的歧视，要与基于大多数人公认的相关标准的“区别对待”相区分。人们是按其资格被雇用的，报酬的多少反映了他们对组织的相对贡献。不公平歧视是指根据不恰当的标准区别对待一个人或一部分人，关键的问题是使用的标准是否与工作或职责的要求相对应。

戴维·J. 弗里切（David J. Fritzsche）以表 3-4 来分析上述不道德情形在宏观上产生的“恶”影响。

表 3-4　不合伦理的行为对企业的影响

行　　为	对决策者的影响	行为可能产生的结果
贿赂	不劳而获的个人收益 改变决策的选择	成本增加 产品/服务质量下降
胁迫	害怕迫害 改变决策的选择	成本增加 产品/服务质量下降
欺骗	改变决策的选择	满意度降低
偷窃	丢失资源	成本增加或产品/服务消失
不公平歧视	购买较差的服务 卖价低于市场价	成本增加、需求减少假象

资料来源：[美] 戴维·J. 弗里切. 商业伦理学[M]. 北京：机械工业出版社，1999：21.

（二）四种伦理观

有关企业伦理的四种观点包括功利观、权利观、公正理论观和社会契约整合理论。

1．功利观

伦理的功利观（utilitarian view of ethics）是指完全按照结果或后果制定伦理决策。功利观是通过考察如何为绝大多数人提供最大的利益，这种量化的方法来制定伦理决策。按照功利观的观点，一个管理者可以认为，解雇20%的工人是合理的，因为这将增加工厂的利润，提高留下的80%雇员的工作保障，并使股东获得最佳收益。功利主义鼓励效率和生产力，并符合利润最大化目标。但是，功利主义会造成一些利益相关者的权利被忽视。

2．权利观

伦理的权利观（rights view of ethics）是关注于尊重和保护个人自由和特权的观点，包括隐私权、思想自由、言论自由、生命与安全及法律规定的各种权利。这应当包括当雇员告发他们的雇主违法时，应当保护雇员言论自由的权利。权利观积极的一面是它在保护个人的基本权利，但它在组织中也有消极的一面：它能够造成一种关注保护个人权利胜过把工作做好的工作气氛，而阻碍生产力和效率的提高。

3．公正理论观

伦理的公正理论观（theory of justice view of ethics）是要求管理者公平和公正地贯彻和加强规则，并在此过程中遵守所有的法律法规。管理者可能会运用公正观理论来决定给那些在技能、绩效或职责处于相似水平的员工支付同等级别的薪水，其决策的基础并不是性别、个性、种族或个人爱好等。实行公正标准也会有得有失，它保护了那些可能缺少代表或无权的利益相关者的利益，但它也会助长一种使雇员降低风险承诺、创新和生产率的权利意识。

4．社会契约整合理论

伦理的社会契约整合理论（integrative social contracts theory）认为应当根据实证因素（是什么）和规范因素（应当是什么）制定伦理决策，其基础是两种“契约”的整合：允许企业处理并确定可接受的基本规则的社会一般契约，以及处理社区成员之间可接受的行为方式的一种更为具体的契约。社会契约不是一种正式的书面合约，它是一种关于行为准则的非正式协议，这些行为规范是从人群或社会共有的目标、观念和态度中产生的。社会契约理论的基本要素列在图 3-10 中。

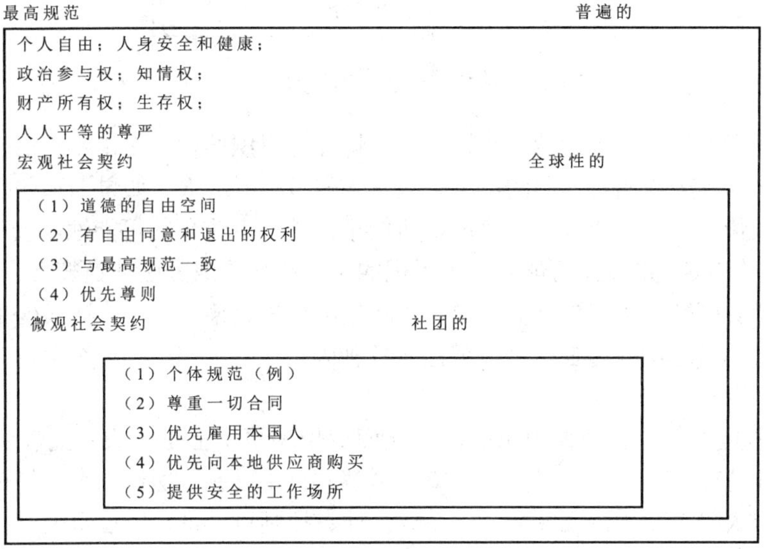

图 3-10 综合社会契约理论

资料来源：[美] 戴维 • J. 弗里切．商业伦理学[M]．北京：机械工业出版社，1999：44．本文引用时略有改动。

最高规范是普遍的，因此它是对所有商业行为提出的要求。宏观社会契约作用于全球范围，它提供微观社会契约得以发展的特定条件。微观社会契约是宏观社会契约提供的自由空间中发展出的指导商业行为的特殊社会契约。因此，伦理准则可以是依特定社会要求而专门制定的。强调个人权利、社会公正和社区标准的趋势意味着管理者需要以非功利标准为基础的道德准则。这对当今的管理者是一个实实在在的挑战，因为依据这些标准制定决策要比依据效率和利润等功利标准制定决策含有更多的模糊性，结果自然是管理者日益发现自己正在道德困境中艰难行进。

（三）影响管理伦理的因素

管理者的行为反映了一定的道德水平，也是企业管理伦理的基本构成要素，其行为是否符合本组织和社会的伦理规范，直接影响着企业的经营业绩。那么哪些因素会影响管理者和组织在道德困境中的决策呢？

管理者在面临道德困境时，即面临前文所提的贿赂、胁迫、欺骗、偷窃、不公平歧视等问题的两难选择时，最后做出的决策是受到个人特征、组织规范与组织特征和道德问题本身三个因素综合影响的，如图 3-11 所示。

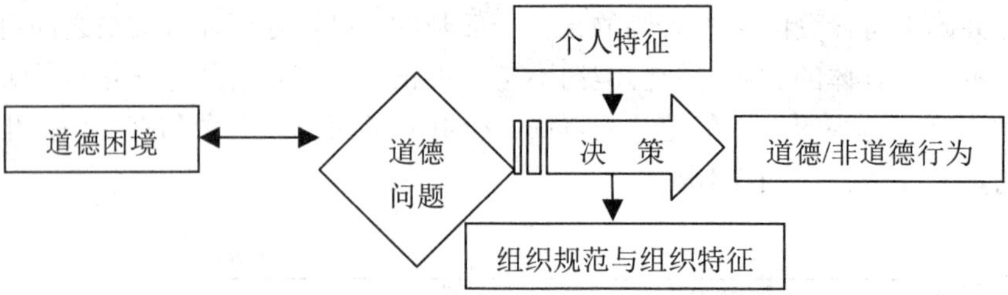

图 3-11　影响道德或非道德行为的因素及过程

一个管理者的行为合乎道德与否，是个人特征与组织结构、文化和道德问题强度这些变量的调节之间复杂地相互作用的结果。缺乏强烈道德感的人，如果为那些反对非道德行为的规则、政策、职务说明或强文化准则所约束，那么做错事的可能性就会小很多。

相反，非常有道德的人，可能被一个组织的结构和允许或鼓励非道德行为的文化腐蚀。此外，管理者更可能对道德强度很高的问题制定出合乎道德的决策。让我们更进一步来考察一下那些影响管理者行为是否合乎道德的各种因素。

1．个人特征

经营管理是由个人和团体做出的，因此商业伦理事实上是组成商业界的每个人的伦理。于是商业伦理的讨论就是对商业决策者伦理的讨论。弗里切认为个人伦理是受一系列因素，包括个人价值观、自我实力、环境依赖性、控制点、伦理发展水平等影响的。这里主要介绍个人价值观和首先发展阶段两个方面对管理者伦理决策的影响。

（1）价值观

道德水准是通过决策者解决环境中出现的商业问题的行为揭示的，这些行为源自对产生问题的环境条件的态度。决策者的个人价值观体系是其个人态度的基础，因此，价值观是行为的先导，这样一来价值观就成为伦理决策的关键。“价值观是一种观念，在这种观念的基础上人们按照偏好行事”。罗基奇认为价值观是一种约定俗成的观念。因此，伦理价值观是一种关于是非的约定俗成的观念。价值观的依据可以是一些规则，或依据法规的观念，还可以是预计的结果或目的。价值观作用于管理者的决策行为时，受到三种个人特征的影响，它们是自我实力、环境依赖性和控制点。

（2）道德发展阶段

劳伦斯·科尔伯格（Lawrence Kohlberg）在对美国的男孩子进行了 20 年研究中提出了道德发展的六个阶段，如表 3-5 所示。

表 3-5　科尔伯格的道德发展阶段学说

层次一：前传统的
第一阶段——有形后果决定行为正确与否。正确的行为是为了避免惩罚
第二阶段——满足个人需要的就是正确的。正确的行为是为了满足自我的需要

续表

层次二：传统的 第三阶段——得到他人同意的就是正确的。正确的行为是为了让他人认为自己是个好人 第四阶段——合法的就是正确的。正确的行为是为了遵守法律和权威
层次三：后传统的 第五阶段——尊重个人权利和社会契约的就是正确的。正确的行为是为了遵守社会契约 第六阶段——普遍原则决定什么是正确的。正确的行为符合公正原则、公平原则和普遍人权原则

资料来源：1981 年纽约 Harper & Row 公司出版的《道德发展哲学》（The Philosophy of Moral Development），作者劳伦斯·科尔伯格．本文转引自[美]戴维·J. 弗里切．商业伦理学[M]．北京：机械工业出版社，1999：91.

个人的道德按照这个阶段顺序地发展，很少有人能达到最高的两个阶段。科尔伯格认为，对小孩子来说，正确的行为是由外部法规和标准决定的，随着孩子的成熟，对正确行为的指导逐渐发展为内部控制。科尔伯格将伦理发展阶段分为三个层次——前传统的、传统的和后传统的，每个层次包括两个阶段。表 3-2 显示了每一阶段决定正确伦理行为的标准都不同。科尔伯格的道德发展阶段理论为正确的道德行为提供了理论基础。如上所示，这一理论基础从以自我为中心转变为以团体为中心，进而变为原则性的。从哲学角度看，以原则性为理论基础是最佳的。但是，六个阶段都为道德行为提供了理论基础。于是易于得出这样的观点：处于较高道德发展阶段的人比处于较低道德发展阶段的人更易于做出符合伦理的决策。

2．道德问题

把管理者或组织带入道德困境的问题本身也会对道德行为决策产生极大影响。一些组织或管理者对商业活动中的回扣、贿赂认为是可以接受的或是默许的，而对制造伪劣产品，特别是假药是深恶痛绝的；同样是造假，有些管理者和组织认为盗版光碟、虚假广告并没那么严重。这些例子描述了影响一个管理者道德行为的第三方面的因素：道德问题本身的强度。根据罗宾斯教授的归纳和总结，与决定问题强度有关的六个特征是：危害的严重性、对不道德的舆论、危害的可能性、后果的直接性、与受害者的接近程度以及影响的集中性。这些因素决定了道德问题对个人的重要程度，如图 3-12 所示。

根据这些原则，受到伤害的人越多，认为该行为是不可取的舆论越强，该行为将要造成危害的可能性越大，人们越是能够直接地感到行为后果，观察者感觉与受害者越接近，该行为对受害者的影响越集中，问题强度就越大。当一个道德问题很重要时，也就是说，问题的强度比较大时，我们就更有理由期望管理者采取道德的行为。

3．组织特征

不同的组织本身对其管理者的道德行为决策也会产生巨大影响，如组织的目标、规章的制定、行为规范、部门结构、道德风气等，这里把这些因素主要归纳为结构变量和组织文化两个方面。

（1）结构变量

组织的结构设计有助于形成管理者的道德行为。有些结构提供了强有力的指导，而另一些结构却只是给管理者制造困惑。结构设计如果能够使模糊性和不确定性最小，并不断提醒管理者什么是道德的，就更有可能促进道德行为。正式的规章制度可以减少模糊性，职务说明和明文规定的道德准则这类正式的指导可以促进行为的一致性。研究不断表明，上级的行为对个人在道德或不道德行为的抉择上具有最强有力的影响，人们注视着管理当局在做什么，并以此作为什么是可接受的和期望于他们的行为标准。不同的结构在时间、竞争、成本及施加给雇员的类似压力上也是不同的，压力越大，管理者就越有可能在道德标准上妥协。

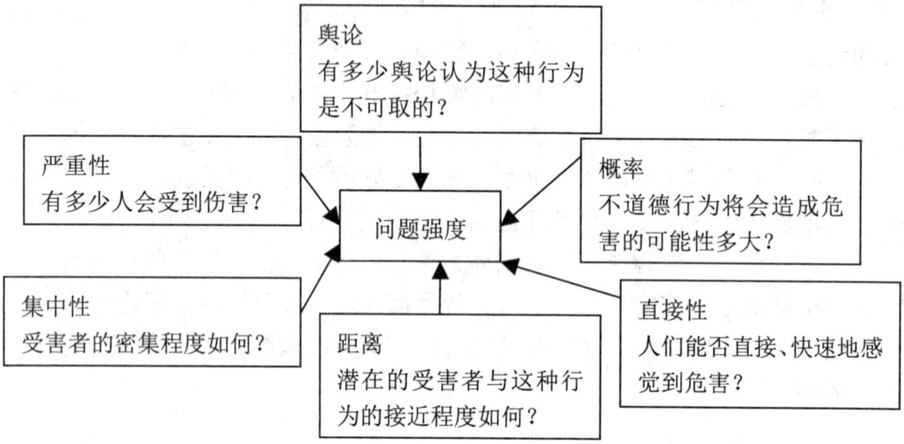

图3-12　问题强度的决定因素

（2）组织文化

组织文化的内容和力量也会影响道德行为。最有可能形成高道德标准的组织文化，是一种高风险承受力、高度控制，并对冲突高度宽容的文化。处在这种文化中的管理者，将被鼓励进取和创新，将意识到不道德的行为会被揭露，并对他们认为不现实的或不理想的期望自由地提出公开挑战。强文化比弱文化对管理者的影响更大。如果文化的力量很强并且支持高道德标准，它会对管理者在道德和非道德行为之间的决策产生非常强烈和积极的影响。而在一种弱的文化环境中，管理者更可能依赖于工作群体和部门准则作为行为指南。开放性质和民主性质的文化会将权利和责任授予在组织低层的人员，这增加了低层决策者参与非伦理决策行为的机会。但是，如果公司文化中的共同价值观反对在伦理方面可疑的行为，这种机会就减少了。相反，较专制并且伦理价值观较放任的文化会导致道德水平低下的行为。

（四）改善道德行为

1．雇员甄选

假设个人处于不同的道德发展阶段并拥有不同的个人价值体系和个性，一个组织的雇员甄选过程——面试、测验、背景考察等应当用来剔除那些在道德上不符合要求的求职者。

甄选过程应被视为了解个人道德发展水平、个人价值观、自我强度和控制中心的一个机会，但这并非易事。即使在最好的情况下，是非标准存在很大问题的人也可能被录用。但是，如果适当加强其他方面的控制，由此产生的问题并不严重。

2．道德准则、决策规则的制定

对雇员来说，可能会对道德是非问题产生迷惑。道德准则是表明一个组织期望雇员遵守的基本价值观和道德规则的正式文件，是减少迷惑的一种流行做法。例如，《财富》500强企业中，有将近95%的公司都有自己的行为准则。从全球范围来看，道德准则日益流行起来，对22个国家的企业组织进行的一项调查发现，78%的企业已经正式颁布了自己的道德标准和道德准则。但这些道德准则能发挥怎样的作用呢？事实上，它们并不总是能够有效地鼓励组织中的道德行为。对美国企业雇员及道德准则的一项调查发现，其中75%的雇员在过去12个月中曾经目睹过不道德的或违法的行为，包括销售欺诈、不安全的工作条件、性骚扰、利益冲突以及破坏环境的行为。这是否意味着不应当建立道德准则呢？答案是否定的。

3．高层管理的领导

道德准则要求高层管理者以身作则。这是因为正是高层管理者建立了文化基调，在言行上，他们是表率，而且他们所做的可能比所说的更为重要。例如，如果高层管理者将公司的资源作为己用，扩大他们的费用支出，给予朋友优待，他们等于向全体雇员暗示这些行为是可以接受的。高层管理者还可通过他们的奖惩行为来建立文化基调。选择谁或什么事作为提薪奖励或者晋升的对象，将向雇员传递强有力的信息。提升一个通过不正当方式取得重大成果的经理，将向其他人表明哪些不正当行为是可取的。当错误的行为被揭露时，那些希望强调道德行为的管理者必须惩罚做错事的人，并公布事实真相，让组织中每个人看到结果。这就传递了一条信息，即做错事就要付出代价，行为不道德不是雇员的利益所在。

4．工作目标和绩效评估

雇员应该有明确的和现实的目标。如果对雇员的要求是不现实的，即使是明确的目标也能引起道德问题。在不现实的目标压力下，即使讲道德的雇员也会持“不择手段”的态度。当目标是清楚的、现实的，它会减少雇员的迷惑并使之受到激励而不是惩罚。通常绩效评估中的一个关键问题是个人能否实现其工作目标，但我们应当谨记，当绩效评估只关注经济目标时，结果就会使手段合理化。如果一个组织希望雇员保持高的道德标准，它就必须在其绩效评估过程中包括这方面的内容。例如，管理者的年度评价中不仅应当包括目标的实现程度，还应逐点评估他的决策符合公司道德准则的程度。

5．道德培训

越来越多的组织正在设立研讨会、专题讨论会和类似的道德培训项目来鼓励道德行为。

道德研究人员估计，超过40%的美国公司提供了某种类型的道德培训。但对这些培训项目并非没有争议，主要的争议是围绕着是否能够真正教授道德而进行的。例如，批评者强调，由于人们在年轻时就形成了自己的价值体系，教授道德的努力是无意义的，而支持者却指出，价值观可以经过童年后的学习获得，此外，他们引用的一些证据表明，教授解决道德问题的方法能使道德行为产生实质性的差别。这种培训提高了个人道德发展水平，即使没有取得任何结果，这种道德培训也增强了对经营道德问题的意识。道德培训可以带来很多好处，它们可以灌输组织的行为标准；成为那些希望雇员在制定决策时考虑道德问题的高层管理者的一个有力工具；可以阐明什么行为是可以接受的，什么是不可以接受的；最后，当雇员在讨论他们共同关心的问题时，可以确信并不是只有自己遇到了道德困境，这种强化能够在他们必须采取令人不快但合乎道德的立场时，增强他们的自信。

6．独立的社会审计和正式的保护机制

一种重要的制止不道德行为的因素是害怕被抓住的心理。按照组织的道德准则评价决策和管理行为相对独立的社会审计提高了发现非道德行为的可能性。这种审计可以是一种常规性评价，就像财务审计一样定期实施，或是在没有预先通知的情况下随机抽查。一个有效的道德评价计划或许应同时包括这两种方式。为了保证诚实正直，审计员应对公司的董事会负责，并直接将审计结果呈交给董事会，这就赋予了审计员一种权力，并能减少那些被审计的组织对审计员施加报复的机会。我们最后建议组织提供正式的机制，以保护那些处于道德困境的雇员能按照自己的判断行事而不必担心受到惩戒。组织可以采取道德咨询员的方式，当雇员面对道德困境时，能够向咨询员寻求指导。道德咨询员的角色就是一块共鸣板，一个让雇员开口唠叨自己的道德问题及其起因并发表意见的渠道。当各种选择明确后，咨询员可以扮演促成“正确”选择的倡议者的角色。还有些组织任命了道德官员，由他们设计、指导和修改组织所需的道德计划。此外，组织可以设立一个专门的申诉程序，使雇员能够放心地利用它。

二、企业的社会责任

前文探讨了管理者在面临道德困境时，其道德和非道德行为的判断、决策及其影响因素，以及改善组织及其员工道德行为的途径。这些研究主要从微观层次中管理者与组织的利益相关者的角度来分析组织的管理伦理问题。这里将从宏观层次中组织与社会的角度来介绍管理伦理问题，这就是企业的社会责任。

（一）什么是社会责任

社会责任（social responsibility）并不是新概念。1953年，霍华德·R. 鲍恩（Howard R. Bowen）的《企业家的社会责任》一书的出版，大大推动了有关社会责任的讨论。鲍恩提出了企业应考虑其决策的社会含义。对社会责任的定义目前尚没有完全一致的看法。从调查来看，68%的管理人员都同意下述定义：“企业的社会责任就是要认真地考虑公司的行动措施对社会的影响。”约瑟夫·M. 麦克格尔（Joseph M. McGuire）认为：“企业社会责任概念意味着企业不仅仅有经济和法律义务，而且还对社会负有超过这些义务的某些责任。”斯蒂芬·P. 罗宾斯（Stephen P. Robbins）把社会责任定义为企业追求有利于社会长远目标的一种义务，它超越了法律和经济所要求的义务。上述定义都认为社会责任是指组织在遵守法律规范和谋求利润的基础上，主动追求和承担有利于整个社会和谐发展的相关责任。

从企业发展的角度来考察，一个企业的健康发展一般会经历这样四个层次，承担四种相应的责任。

（1）必须承担应有的法律责任。

（2）必须在法律许可的范围内，在追求正义、公平、公正的基础上，为其利益相关者寻求财富或价值的最大化，也就是要承担它的经济责任。

（3）企业必须履行自己的伦理责任，即管理伦理责任。

（4）企业还必须为自己确立更长远、更宏大的目标，为人类的进步、社会的发展、生活质量的改善贡献它的一分力量，亦即承担社会责任。这里的社会责任是指狭义的社会责任。

将社会责任与社会义务加以比较，将会使我们更好地理解这一概念。社会义务（Social Obligation）是指一个企业承担其经济的和法律的责任的义务。守法谋利是法律所要求的最低程度，也是企业经济上的基本要求。若只是以社会义务作为对自己的要求，那么企业在追求社会目标时将仅限于有利于其经济目标的程度。这种做法认为企业唯一的社会责任就是对股东的责任。一个具有较高伦理水平和有社会责任感的组织从事有助于改善社会的事情，绝不只限于法律要求必须做的或经济上有利的事情，它之所以如此做是因为这些事情是应做的、正确的或是合乎道德的。

与管理伦理和社会义务联系起来，企业发展的四个层次可以概括为三个阶段，如图 3-13 所示。

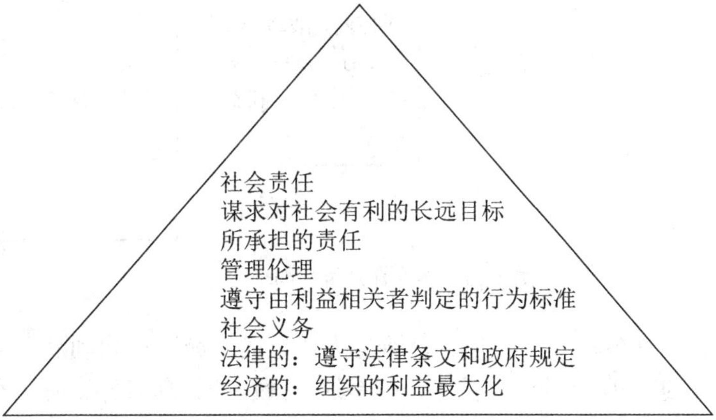

图 3-13　社会责任、管理伦理和社会义务

前两个层次构成社会义务阶段，第三个层次构成管理伦理阶段，第四个层次构成社会

责任阶段。三个阶段是紧密联系的，一个企业只有获得了发展的基础，才有更多的能力捐助社会，承担更多的社会责任；反过来，一个贡献社会、具有良好声誉的企业，它建立的良好的公共关系，为它赢得合同、树立品牌、增强盈利能力又起到了促进作用。当然，这三个阶段之间并没有严格的界限。正如前文所述，这样相对于社会义务和管理伦理的社会责任，只是狭义的社会责任，其承担社会责任的对象是组织以外整个社会中的非直接利益相关者。而广义的社会责任则可以认为，承担社会责任的对象包括企业内部的股东、员工；企业外部的顾客、竞争对手、供应商、合作伙伴及这个社会中的更加广阔的社会群体。我们可以从下文社会责任的扩张模型中进一步认识广义的社会责任的内涵。

（二）企业社会责任的内容

企业应当承担多少及何种类型的社会责任呢？我们可以通过一个组织社会责任的扩展模型和企业社会责任的内容来回答这个问题。

1．企业社会责任的扩展模型

在追求社会目标方面，所做的一切取决于认为对其负有责任的人，即利益相关者。企业在不同发展层次和阶段需要对其负有责任的对象是不一样的，随着企业往更高层次发展，其所需负有责任的对象越来越多，承担的社会责任也就越来越广泛，如图3-14所示。

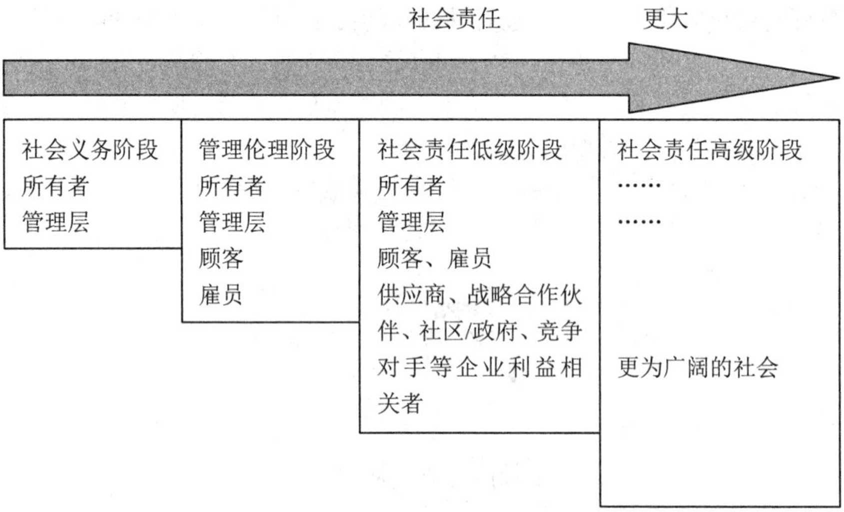

图3-14　企业社会责任的扩展模型

（1）处于社会义务阶段的管理者，将努力通过成本最小化和利润最大化来提高股东的利益。虽然必须遵守所有的法律法规，但是这一阶段的管理者并未感到有义务满足其他社会需要。这与弗里德曼的社会责任古典观是一致的。

（2）在管理伦理阶段，管理者将承认他们对顾客和雇员的责任，致力于为顾客提供良好的产品和服务，并集中注意力于人力资源管理，因为他们希望招聘、保留和激励优秀的员工。这一阶段的管理者将承担提高产品和服务的质量、安全性、环保性等，以及改善工作条件、扩大雇员权力、增加工作保障等方面的责任。

（3）在社会责任低级阶段，管理者将社会责任扩展到具体环境中的其他利益相关者，即供应商、战略合作伙伴、社区政府、竞争对手等。这一阶段的管理者的社会责任目标包括合理的价格、公平竞争、良好的供应商关系、社区服务以及类似的举措。他们的哲学就是，只有通过满足具体环境中其他各种构成的需要，才能实现他们对股东的责任。

（4）最后，社会责任高级阶段同社会责任的严格意义上的社会经济定义一致。在这一阶段，管理者感到他们对社会整体都负有责任。他们经营的事业被看作公众财产，他们对提高公众利益负有责任。承担这样的责任意味着管理者积极促进社会公正、保护环境、支持社会活动和文化活动。即使这样的活动对利润产生消极的影响，他们的态度也不改变。

2．企业社会责任的内容

目前人们所接受的企业社会责任的具体内容十分广泛，可大致概括为以下几方面。

（1）对顾客的责任。

对顾客责任的具体内容：

① 深入调查并千方百计地满足顾客的需求；

② 广告要真实；

③ 交货要及时；

④ 价格要合理；

⑤ 产品使用要方便、经济、安全；

⑥ 产品包装不应引起环境污染；

⑦ 实行质量保证制度；

⑧ 提供周到的售后服务。

（2）对供应者。

具体内容：

① 恪守信誉；

② 严格执行合同。

（3）对竞争者。

具体内容：公平竞争。

（4）对政府、社区。

具体内容：

① 执行国家的法令、法规；

② 照章纳税；

③ 保护环境；

④ 提供就业机会；

⑤ 支持社区建设。

（5）对所有者的责任。

具体内容：

① 提高投资收益率；

② 提高市场占有率；

③ 股票升值。

（6）对员工的责任。

具体内容：

① 公平的就业、上岗、报酬、调动、晋升机会；

② 安全、卫生的工作条件；

③ 丰富的文化、娱乐活动；

④ 参与管理、全员管理；

⑤ 教育、培训；

⑥ 利润分享。

（7）在解决社会问题方面。

具体内容：

① 救济无家可归人员；

② 安置残疾人就业；

③ 资助失学儿童重返校园；

④ 在高校设立奖学金；

⑤ 支援边穷地区发展经济；

⑥ 帮助老人；

⑦ 资助文化、教育、体育事业。

（三）赞成和反对社会责任的争论

关于企业是否应该承担社会责任，大多数观点都偏于极端。一端是古典的或纯粹经济学的观点，认为管理当局唯一的社会责任便是利润最大化，称之为古典观：另一端则是社会经济学的立场，主张管理当局的责任远不止于创造利润，还包括保护和增进社会福利，称之为社会经济观。

1．关于社会责任的两种对立观点

（1）古典观

密尔顿•弗里德曼（Milton Friedman）于1970年9月13日在《纽约时报杂志》（New York Times Magazine）上发表了题为《企业的社会责任就是增加利润》的文章，文中对企业的社会责任提出了鲜明的观点。密尔顿•弗里德曼认为，企业有且只有一种社会责任，即在游戏规则（公开的、自由的、没有诡计与欺诈的竞争）范围内，为增加利润而运用资源、开展活动，主张管理当局唯一的社会责任就是利润最大化。他还主张不管何时当管理者自作主张将组织资源用于“社会利益”时，都是在增加经营成本，这些成本只能要么通过高价转嫁给消费者，要么降低股息回报由股东所吸收。必须指出，弗里德曼并不是说组织不应当承担社会责任，他支持组织承担社会责任，但这种责任仅限于为股东实现组织利润的最大化。

（2）社会经济观

社会经济观认为管理当局的社会责任不只是创造利润，还包括保护和增进社会福利。

这一立场是基于社会对企业的期望已经发生了变化这样一种信念。这一观点的代表人物是阿基·B. 卡罗（Archie B. Canoll）。他认为，企业社会责任概念之所以受到重视是对社会环境的日益关注和社会契约变化的结果。企业社会责任是社会在一定时期对企业提出的经济、法律、道德和慈善期望。公司并非只是对股东负责的独立实体，它们还要对社会负责，社会通过各种法律法规认可了公司的建立并通过购买产品和服务对其提供支持。此外，社会经济观的支持者认为，企业组织不仅仅是经济机构。社会接受甚至鼓励企业参与社会的、政治的和法律的事务。

2．赞成和反对社会责任的争论

进一步考察企业是否应该承担社会责任这一争论的内容有助于我们的判断和选择。归纳众多学者的研究，赞成和反对企业承担社会责任的主要理由可简示在图 3-15 中。

赞成的观点

企业宗旨
- 提供产品或服务
- 增进社会福利
- 具有竞争力
- 合乎法律和伦理
- 自身的生存与发展

市场机制及其缺陷
- 不完全竞争
- 存在外部效应
- 价格信号失真

法律的局限性
- 法律所要规范的行为有限
- 法律只能惩恶，不能劝善
- 立法滞后
- 法律有漏洞
- 实施上有难度

⇔

反对的观点

企业宗旨
- 违反利润最大化原则
- 追求社会目标淡化了企业的基本使命，即经济的生产率

成本
- 许多社会责任都不能够补偿其成本，必须有人为此买单

权利与责任
- 企业已经有了大量的权力
- 追逐社会目标将会使它们的权力更大
- 缺乏明确的责任，企业与社会行动之间没有直接的联系

技能
- 企业领导者缺乏处理社会问题的必要技能

图 3-15　赞成和反对企业承担社会责任的理由

圣加·L. 霍姆斯曾就履行企业社会责任后的可能结果询问了美国 560 家企业的高层管理者，结果如表 3-6 所示。

表 3-6　履行企业社会责任后的可能结果

积极的结果	百　分　比	消极的结果	百　分　比
企业信誉改善	97.4	短期获利率下降	59.7
社会制度得到强化	89.0	消费者承担的价格提高	41.4
经济制度得到强化	74.3	管理绩效评价标准有冲突	27.2
雇员的工作满足感增加	72.3	对股东不利	24.1
避免政府干预	63.7	生产率下降	18.8
高级管理者的工作满足感增加	62.8	长期获利能力降低	13.1
企业生存的机会增多	60.7	政府干预增加	11.0
有利于吸引更好的管理人才	55.5	经济制度削弱	7.9
长期获利能力增强	52.9	社会制度削弱	3.7
留住和吸引顾客	38.2		
投资者喜欢对社会负责的公司	36.6		
短期获利能力增强	15.2		

资料来源：陈炳富，周祖城．管理伦理[M]．天津：天津人民出版社，1996：22-23.

上述调查结果表明，在西方管理者对承担企业社会责任的态度比较积极，多数人认为履行社会责任能产生许多正面的结果，而反面结果较少。可见，履行企业社会责任已得到了比较普遍的认同。其实，企业社会责任是企业为所处社会的全面和长远利益而必须关心、全力履行的责任和义务，是企业对社会的生存和发展在道义方面的积极参与。

复习思考题

1. 简述管理环境的概念及构成。
2. 对一个企业而言，一般环境和任务环境哪一个更重要？为什么？
3. 从不确定性、成长性、竞争性和合作性角度分析企业管理环境的特征。
4. 学校中一家小型超市的任务环境是什么？它如何治理该店经理的管理活动？
5. 要管理环境，就必须首先了解组织所处的环境，怎样衡量环境的不同呢？
6. 举例说明，哪些组织受环境的影响大，哪些组织受环境的影响小？
7. 图示并说明影响行业竞争性的五种力量。
8. 何谓组织文化？组织文化的功能及作用有哪些？
9. 组织文化的特征是什么？试描述你所在组织的文化特征。
10. 分别描述一个强文化和弱文化的组织，讲明它们如何影响组织的管理决策。
11. 当一个组织状况不佳时，上级常用更换领导的方法，为什么？这种方法总能有效吗？
12. 简述如何进行组织文化的管理。
13. 简述企业承担社会责任的类型，并举例说明。
14. 影响管理道德的因素有哪些？提高管理道德的主要措施有哪些？

实践训练

模拟公司的组织文化建设

[实训项目]

模拟公司的组织文化建设。

[实训目标]

培养学生初步分析与建设组织文化的能力。

[实训内容]

1．把班级学生分成小组，每个小组 7～10 人，要求每组成立一家模拟公司。

2．每个小组结合自己本公司的实际，明确应树立哪些先进的管理理念。

3．对本公司的文化建设提出各种设想，并制定建设方案。

4．在课堂上组织一次小组之间的交流，每个公司推荐一名成员谈公司的文化建设方案。

[实训要求]

1．每个公司提交一份本公司的文化建设方案。

2．由教师对各公司所交材料与交流中的表现进行评估打分，也可以由教师和学生共同评价。

素质拓展

企业环境分析

[拓展项目]

企业环境分析。

[拓展目标]

1．培养分析外部环境的能力。

2．培养分析内部环境的能力。

[拓展内容与要求]

利用课余时间实地调查一家企业或搜集一家企业的系统资料。例如，根据某公司的各种资料信息，策划一个营销专题活动。各模拟公司围绕着如何以本公司形象、宣传推销主导产品为主题分别策划一个营销专题活动，每个模拟公司起草一份计划书，可参照以下步骤进行。

1．分析该公司所处的环境。这既包括企业的内部环境，也包括企业的外部环境；既要考虑企业的现实环境，也要考虑企业的未来环境。从而确定该公司主要产品的优势、劣势、机遇和威胁，为下一步确定模拟公司的营销专题活动可行性目标提供依据。

2．制定目标。详细制定此次策划活动的目标，包括初期目标和最终目标。

3．设计与抉择方案。为实现目标，要合理配置人、财、物等资源，选择正确的实施途径与方法，制定系统的计划方案。

4．编制计划。要依据计划目标与所确定的最优方案，按照计划要素与工作要求，编制计划书。

5．计划的实施与反馈。计划付诸实施，管理的计划职能并未结束。为了保证计划的有效执行，要对计划进行跟踪反馈，及时检查计划执行情况，分析计划执行中存在的问题，并对计划执行结果进行总结。

[拓展成果与检测]

1．每个人都要提供一份企业外部环境和内部环境的简要报告。

2．由教师对学生的两个报告评定分数。

3．每个模拟公司分别写出计划书交给教师审阅评估，此环节非常重要，如果学生所做计划书毫无新意或可行性极差，教师应要求学生重新制定。

案例分析

案例一　腾讯公司战略环境分析

一、背景介绍：历史、愿景及使命

1. 历史：中国最早的互联网即时通信软件开发商

腾讯公司成立于1998年11月，是中国最早也是目前中国市场上最大的互联网即时通信软件开发商。1999年2月，腾讯公司正式推出第一个即时通信软件——“腾讯QQ”。经过数年发展，于2004年6月在香港上市。

腾讯公司主要产品有IM软件、网络游戏、门户网站及相关增值产品。2013年9月16日，腾讯旗下搜搜的通用搜索、问问和百科团队以及 QQ 输入法团队与搜狗原有团队融合，共同组建新的搜狗团队。2015年6月11日，中国石油与腾讯公司签署战略合作协议。2015年6月17日，深圳市政府与腾讯公司签署战略合作协议。2015年7月12日，腾讯和华强公布“腾讯华强双百亿创客计划”。2015年9月11日，腾讯宣布成立企鹅影业。9月14日，腾讯正式推出车联开放平台。2015年9月16日，腾讯在北京召开2015腾讯·金融合作伙伴高峰论坛。2015年9月18日，江西鹰潭携手腾讯合力打造“互联网+智慧鹰潭”。2015年9月，财富中文版发布2015年“最受赞赏的中国公司”排行榜，腾讯排名第六。

用互联网的先进技术提升人类的生活品质是腾讯公司的使命。腾讯的发展深刻地影响和改变着数以亿计网民的沟通方式和生活习惯，它为用户提供了一个巨大的便捷沟通平台，在人们生活中实践着各种生活功能、社会服务功能及商务应用功能；并正以前所未有的速度改变着人们的生活方式，创造着更广阔的互联网应用前景。

2. 愿景：成为最受尊敬的互联网企业

企业的方向：在全球互联网行业、全球华人社区不断强化腾讯的影响力，保持综合实力在全球前三名。

实现企业方向的方式：通过成熟有效的营销、管理机制，实现企业健康、持续的利益增长，给予股东丰厚的回报；与所有合作伙伴一起成长，分享成长的价值；不忘关爱社会、回馈社会，以身作则，推动互联网行业的健康发展。

3. 使命：通过互联网服务提升人类生活品质

经营的主线：腾讯以高品质的内容、人性化的方式，向用户提供可靠、丰富的互联网产品和服务；腾讯的产品和服务向水和电一样源源不断融入人们的生活，丰富人们的精神世界和物质世界；通过持续关注并积极探索新的用户需求、提供创新的业务来持续提高用户的生活品质。

经营目的：腾讯通过互联网的服务，让人们的生活更加便捷和丰富，从而促进社会的和谐进步。

二、腾讯的四项关键战略要素分析

（一）腾讯环境分析

1．网络游戏的一般环境分析——PEST

政治环境：现在我国社会稳定，人民生活水平提高，但是对于网络游戏虚拟物品的立法保护不够完善，导致部分玩家利益受损。国家对网络游戏仍持扶持的态度，迫于整个社会的压力，还是对网络游戏进行了规范性的尝试。

经济环境：我国大力扶持 IT 行业，网络游戏因此顺势而发展。由于盗版的猖獗导致单机游戏厂商损失巨大，因为网络游戏几乎不存在盗版问题，很多厂商转向网络游戏的开发运营。

社会文化：随着生活水平的提高，网吧、宽带的普及，人们追求新鲜的娱乐方式；人口基数大也有利于网络游戏开拓市场。

技术环境：硬件上，网络传输及大型服务器的开发，为网络游戏产生提供了硬件支持；电脑价格的降低、网吧的盛行，使得网络游戏广泛流行；单机游戏的技术积累，配合网络技术发展，导致了网络游戏的诞生。

2. 网络游戏的产业环境分析——波特五力模型

（1）现有企业竞争强度分析

网络游戏作为近十年来的一种新兴产业，吸引了大量的投资和技术，同时使得同一价值环节上的竞争对手数量较多，几家比较大的网络公司力量对比差距很小，在共同的产业活动规律性的支配下，各企业在获取资源的能力、为了争夺市场所支配的资源量、可能采取的竞争方式、能够利用的产业协作体系、设置企业对市场的影响力和影响方式等方面都是相近的。

（2）新进入企业的潜在进入分析

在资本量要求方面，投资几百万或上千万，都可以研发游戏，都可以代理到游戏。任何有意向的企业找些制作过游戏的团队，都可以推出一款网游，然而在宣传的时候又都是中国第一的姿态，这造成整个行业鱼龙混杂。

所以该行业的进入障碍小，产品差异性小，易被模仿，所以新进入企业的潜在进入威胁较大。

（3）供应商分析

对于网络游戏来说，其供应源主要来自三个方面：设备供应商、网络供应商、人才市场及网络游戏的开发商。在网络游戏行业中，设备排除一般行政资源外主要是指用以存储数据的服务器。各服务器供应商之间竞争激烈，国外服务器供应商为了进入市场，以低价格来与本地服务器供应商抢夺市场份额。网络供应商虽然被电信、网通垄断，但是作为一种公共资源，他们难以借此在价格上对其消费者进行威胁。网络游戏开发商对于网络游戏运营商来说是最大的威胁。大多数的网络游戏运营商都只是从网络游戏开发商那获得了代理权，很少有自主开发，自主运营的，并且也不可能完全买断一个游戏，因此，一旦和一个网络游戏开发商签订了协议代理其产品，那么在之后的日子里就会不可避免地只能和其一直合作，而没有选择的余地，除非运营商自己放弃这个项目，所以说，网络游戏开发商的力量是强大的，也因此构成了供应商方面最大的威胁。

（4）买方分析

我国的市场容量大，在网用户也在逐年增加，为我国网络游戏的发展提供了庞大的参与群体。人民生活水平提高，因而支付能力快速增长，并且潜在需求量大，网络游戏用户占据互联网用户的比例增加。

（5）替代产品分析

网络游戏之间的替代现状是各类游戏（包括益智休闲、竞速、战斗等类别）在各自的同类产品中某一款或少数几款占据绝对优势，其他同类产品几乎无法产生威胁。此外，网络游戏总有其生命周期，只有不断创新发展，才能长盛不衰。因此，网络游戏的替代效应有限，每种游戏总有其固定的用户群，一般大多数用户群不容易改变观念转投到另一种游戏。

（二）腾讯公司的战略环境的SWOT分析

1. 优势

（1）拥有的海量的注册用户和用户资料；

（2）QQ品牌对其用户的强有力影响和QQ用户的强黏性；

（3）有全面且比较成功的产品线；

（4）拥有优秀的研发团队；

（5）具有呈火速的互联网服务经验；

（6）具有充沛的现金流和优秀的财务报表，其股市形势好；

（7）战略合作伙伴众多。

2. 弱势

（1）业务体制繁多导致公司不能兼顾到所有业务的发展；

（2）用户的增长导致腾讯的定位越来越模糊；

（3）与基础运营商分成的局面到于腾讯公司在互联网自主权方面的网络劣势；

3. 机会

（1）信息科技能量呈级数成长导致了中国互联网信息业快速发展；

（2）国内企业与国际竞争对手比具有本土化的成本优势、语言优势与行为习惯优势；

（3）国际竞争对手积极寻找与国内企业的战略合作或进行风险投资；

4. 威胁

（1）互联网竞争的升级，互联网竞争不仅仅是宣传的竞争，更重要的是如何满足用户需求的竞争；

（2）网民的本质是善变的，他们将选择服务更好的企业；

（3）投资变化，风头扶持起越来越多的竞争对手，从各个方面对腾讯造成威胁。

三、公司战略选择

1. 产品开发战略——产品扩张战略

产品扩张战略就是对企业现有核心竞争力的扩展，腾讯在这方面利用其在市场方面的优势开发新产品。腾讯在通信软件上的优势使得其有了庞大的用户群，如何增强这些用户的娱乐体验，增加其对腾讯QQ的黏度，网络游戏是必不可少的一个项目。腾讯利用其在休闲游戏、棋牌游戏上的知识，扩展到大型角色扮演游戏及其他中心竞技游戏上，并取得了一定的成绩。

2. 产品竞争战略

（1）产品差别化战略

腾讯首先在棋牌游戏及休闲游戏上积累了经验及人气，然后推出了QQ幻想、QQ音速、QQ三国等大中型网络多角色游戏。在差别方面，除了游戏类型的差别外，腾讯的网络游戏最大的区别在于其"Q文化"的一贯性。腾讯致力于让其QQ用户享受到独有的高质量的娱乐生活，腾讯的网络游戏都与QQ对接起来，形成了多项资源的整合，也形成了QQ区别于其他网络游戏的"Q文化"。这一切，都使得腾讯的网络游戏成为真正属于QQ用户、适合QQ用户的网络游戏。

（2）价格战略

随着市场上更多新游戏的发布，许多公司采用了按时免费道具收费的模式，对于腾讯的小型休闲游戏有一定的影响。腾讯为此降低小型休闲游戏的商业化程度，并加强了游戏道具安全性管理，在吸引了一批免费玩家的同时，也影响了道具的销售。在大型游戏方面，QQ采用了低收费的战略，而且玩家账号充值后可以在所有大区服务器畅游，这与九城的《魔兽世界》"一号一充值一区"的做法形成了鲜明的对比，这也是腾讯吸引QQ用户游戏的一个手段。下降的价格是腾讯为推动市场进化的成本。

（3）时间战略

腾讯采用的是快追随战略。在棋牌游戏方面，联众早在2001年就成为中国第一大休闲棋牌游戏运营商。腾讯则是在2003年8月推出QQ游戏，其他游戏则是其后推出，此时中国网络游戏行业已经进入快速发展期，呈现一片繁荣景象。腾讯是在市场明确后才进入的。而现在，腾讯已经当之无愧坐上了国内休闲游戏的第一把交椅。

QQ游戏一推出，有着很明显模仿联众的痕迹，但是联众没有腾讯的巨大用户群，所以面对相似的产品，大量的玩家从联众流失到QQ游戏。通过模仿及独特的优势，QQ最终获得了成功。

（资料来源：百度文库 wenku.baidu.com/）

[思考与讨论]

1. 腾讯公司是如何根据市场实际环境来设计企业发展战略的?

2. 腾讯公司是如何进行环境管理分析的?

案例二 南京冠生园事件

1. 良心的“霉变”

通过央视2001年9月3日的节目，观众有幸看到以下画面：卖不出去的月饼拉回厂里，刮皮去馅、搅拌、炒制入库冷藏，来年重新出库解冻搅拌，再送上月饼生产线……

年年出炉新月饼，周而复始陈馅料。在月饼生产企业（特别是中小企业）中，这是个公开的秘密。据从事质监工作的人后来说，对厂家的此等下作之事早就见怪不怪，央视的报道还能让他感受震惊，无非是此回的坑人者竟是南京冠生园。

冠生园是一家百年老号，素以童叟无欺、货真价实作为经商的理念。其原本所生产的各类食品、糕点不但享誉中华，而且在整个东南亚、日、韩等国都很有口碑。

南京广东路的一条小巷里，冠生园厂区已经是人去楼空。小巷居民也是一声叹息：“效益好的时候，提货的车一辆接一辆。如今，说败也就这么败了……”

曝光之后，不只是月饼，其他产品如元宵、糕点等也销不动了。 南京冠生园向法院提出破产申请的理由是“经营不善，管理混乱，资不抵债”。

使用陈年馅做月饼的隐情被揭露后，冠生园受到巨大的市场冲击。工商部门进厂调查，卫生防疫部门再三检测，“南冠”月饼在全国范围内被撤柜。南京分布最广的连锁商业零售企业——苏果超市的营销人士介绍说，虽然撤柜后商家又接到通知说“南冠”的月饼陈馅在菌群卫生指标方面均为合格，可以恢复面市，但当时顾客一听说是“南冠”的产品，避之唯恐不及。

2. “南京冠生园事件”事件对月饼市场的影响

“南京冠生园事件”影响了6成多消费者2001年购买月饼的意愿；有14%的消费者表示今年不会买月饼。这是中国社会调查事务所进行的一次问卷调查透露的信息。并有学者提出，要警惕短视的商业行为对中国传统节日文化的负面影响。

“应景调查”表明，31%的消费者表示，听说“南京冠生园事件”后十分气愤。他们认为相关月饼厂家实在是太可恶了，应当受到法律的严惩；40%的消费者认为政府应当规范月饼市场；25%的消费者表示，这种事时下太多了，对他们来说无所谓，大不了以后不买月饼就是了。

现在月饼在中国人心目中的地位已经发生了变化。调查表明，近5%的消费者不再认为“月饼是中秋节不可分割的一部分”。表示“今年不会买月饼”的人群中，有一半的人想找一些新的方式去过节。任何对传统文化的破坏，恢复起来就艰难。

附：冠生园资料

- 冠生园品牌创始人是1918年到上海经商的广东人冼冠生，最早经营粤式茶食、蜜饯、糖果。1934年，其品牌月饼即聘影后胡蝶为形象代言人，打出广告词“唯中国有此明星，唯冠生园有此月饼”，产品一时名倾大江南北。
- 1925年前后，上海冠生园在天津、汉口、杭州、南京、重庆、昆明、贵阳、成都开设分店，在武汉、重庆投资设厂。其南京分店即是现“南京冠生园”前身。
- 1956年，冠生园进行公私合营。冼氏控股的冠生园股份有限公司解体，上海总部“一分为三”，各地分店企业都隶属地方，与上海冠生园再无关系。
- 目前，重庆、南京等近十家冠生园均有冼冠生的历史痕迹。在上海也有工业冠生园和商业冠生园之分，1996年在上海市经委支持下，上海工业冠生园与商业冠生园合并，实现上海冠生园字号的统一，成立冠生园（集团）有限公司。但在全国范围，仍有多家冠生园未统一字号。
- 合资之前，南京冠生园因大幅亏损面临倒闭。成立中外合资南京冠生园食品有限公司后第二年转亏为盈，利润连年递增，累计上缴利税1 560万元，由小型企业发展为南京市政府核定的240家大中型企业之一。
- 2001年9月3日，中央电视台报道“南京冠生园大量使用霉变及退回馅料生产月饼”的消息，举国震惊。当年，各地冠以“冠生园”的企业更深受连累，减产量均在50%以上。其中，上海冠生园所受影响最大。
- 2002年春节刚过，南京冠生园食品有限公司向南京市中级人民法院申请破产。

（资料来源：新华网）

[思考与讨论]

1. 如何看待管理伦理在企业发展中的作用？
2. 如何理解企业不符合伦理的行为可能造成的危害？

管理游戏

价值观大拍卖

[游戏目的]

协助学生澄清自己的价值观；协助学生了解自己的个性对行动力的影响。

[游戏步骤]

1. 游戏前教师先制作“价值观项目表”（如附录），并将这些项目另书写于墙报纸上。

2. 教师发给每位学生一张“价值观项目表”及一张A4影印纸。

（1）教师请学生将A4影印纸做成总金额为10 000元的纸钞，面额为5 000元、2 000元、1 000元及500元（亦可为其他面值，只是单位越小，所花时间越多），张数不限，但总金额须为10 000元。

（2）请学生预想：若10 000元代表人的一生之所有时间及精力，他会花多少钱来买“价值观项目表”的那些项目？教师可给予五分钟，让学生于“价值观项目表”上进行估算。

3. 教师的身份转成银行，担任拍卖的工作（拍卖工作亦可让学生轮流担任）。

（1）教师说明拍卖规则（如可不可向银行借款或可不可以将买到的“物品”转卖等）。

（2）进行拍卖。

4．心得分享与讨论。

（1）拍卖完毕可让学生分组讨论，或与班级里的同学分享自己在此活动中的心得。

（2）教师说明价值观对个人的发展与人际关系有极大的影响。因此，认清自己的价值观，可增强自己对人、事的辨别与决策能力。此活动亦可看到个人是属于敏锐果断、眼明手快或是优柔寡断、犹疑不决的个性。

教师带领讨论方向：

1．你是否买到自己认为最重要的价值观项目？

（1）如果是，买到时的心情如何？

（2）如果不是，则因何故没有买到？没有买到的心情如何？

（3）你最想买的项目是什么？其背后隐含的价值观为何？为什么它对你而言那么重要？

2．有些人都没有买到，为什么？

3．参与拍卖活动时，你的心态如何？

（1）你所买的项目是否都是自己喜欢的？还是在赌气或不得已的情况下买的？

（2）在拍卖的过程中，你的心情是紧张的？兴奋的？……

（附录一）项目　优先级　预估价格　成交价格

附录：价值观项目表

1．使世上的人对待他人正如个人所希望的方式。

2．有一百万给世界上需要的人。

3．有机会成为你所希望的那一科最好的学生。

4．有一年可以尽量做个人爱做的事。

5．有一年做全世界最聪明的人。

6．有一粒使人说实话的药丸。

7．有机会完全自主。

8．有一屋子的钱。

9．有机会当总统。

10．被班上每个人喜爱。

11．在世界上最美的地方有座房子。

12．有机会成为世界上最吸引人的人。

13．有机会健康地活一百岁。

14．有颗药丸可以解决你担心的问题。

15．有座藏有你喜爱的书的图书馆。

管理故事

有两个相互竞争的企业老板希望通过野炊休闲的方式来讨论两家公司是否合并的问题，在讨论过程中，双方各不相让，都坚信能战胜对手。

突然森林中跑出来一个大黑熊，此时一个老板急忙打开旅行包，拿出一双运动鞋穿上；另一位老板迷惑不解地问："难道你穿上运动鞋就能跑得过大黑熊吗？"

这位老板回答说："我不用跑过大黑熊，我只要跑过你就行了。"

第二篇

职 能 篇

开篇语

管理是一个过程，通过它，大量互无关系的资源得以结合成为一个实现既定目标的总体。

——【美】弗里蒙特·E. 卡斯特

管理，就是实行计划、组织、指挥、协调和控制。计划，就是为探索未来制定行动计划；组织，就是建立企业的物质和社会的双重结构；指挥，就是使其人员发挥作用；协调，就是连接、联合、调和所有的活动及力量；控制，就是注意是否一切都按已制定的规章和下达的命令进行。因此可以理解，“管理”既不是一种独有的特权，也不是企业经理或企业领导人的个人责任，它同别的基本职能一样，是一种分配于领导人与整个组织成员之间的职能。

——【法】亨利·法约尔

第四章　决策与计划

章前导读

拍头决策应杜绝

《梦溪笔谈》记载：海州知府孙冕很有经济头脑，他听说发运司准备在海州设置三个盐场，便坚决反对，并提出了许多理由。后来发运使亲自来海州谈盐场设置之事，还是被孙冕顶了回去。当地百姓拦住孙冕的轿子，向他诉说设置盐场的好处，孙冕解释道："你们不懂得作长远打算。官家买盐虽然能获得眼前的利益，但如果盐太多卖不出去，三十年后就会自食恶果了。"然而，孙冕的警告并没有引起人们的重视。他离任后，海州很快就建起了三个盐场，几十年后，当地刑事案件上升，流寇盗贼、徭役赋税等都比过去大大增多。由于运输、销售不通畅，囤积的盐日益增加，盐场亏损负债很多，许多人都破了产。这时，百姓才开始明白，在这里建盐场确实是个祸患。

启示：（1）一时的利益显而易见，人们往往趋利而不考虑后果。这种现象，古今皆然。看到什么行当赚钱，就一窝蜂而上，结果捷足先登者也许能获利，步人后尘者往往自食恶果。这样的例子可以说是数不胜数。作为一个企业的经营者，在制定一个经营决策的时候，一定要综合考虑各方面的因素，而不能被一时的利益蒙蔽了眼睛。（2）一个团队的领导一定要学会发挥集体的力量，特别是做事关企业命运决策的时候，万万不可因头脑一时发热，拍拍脑袋就制定个错误决策而毁掉自己经营一生的成果。因此，决策时拍脑袋，指挥时拍胸脯，失误时拍大腿，追查时拍屁股。这种"四拍"型领导需要反思了。

选　择

有三个人要被关进监狱三年，监狱长允许他们每人提一个要求。美国人爱抽雪茄，要了三箱雪茄。法国人最浪漫，要一个美丽的女子相伴。而犹太人说，他要一部与外界沟通的电话。三年过后，第一个冲出来的是美国人，嘴里鼻孔里塞满了雪茄，大喊道："给我火，给我火！"原来他忘了要火了。接着出来的是法国人。只见他手里抱着一个小孩子，美丽女子手里牵着一个小孩子，肚子里还怀着第三个。最后出来的是犹太人，他紧紧握住监狱长的手说："这三年来我每天与外界联系，我的生意不但没有停顿，反而增长了200%，为了表示感谢，我送你一辆劳斯莱斯！"

这个故事告诉我们，什么样的选择决定什么样的生活。今天的生活是由三年前我们的选择决定的，而今天我们的抉择将决定我们三年后的生活。我们要选择接触最新的信息，了解最新的趋势，从而更好地创造自己的将来。

第一节　决策的一般原理

决策是管理工作的基本要素之一。有人曾对高层管理者做过一项调查，要他们回答三个问题："你每天花时间最多的是哪些方面？""你认为你每天最重要的事情是什么？""你在履行你的职责时感到最困难的工作是什么？"结果，绝大多数人的答案只有两个字："决策。"决策是管理的核心，可以认为，整个管理过程都是围绕着决策的制定和实施而展开的。

一、决策概念及特征

1．决策的基本概念

"决策"一词通常有名词和动词两种含义。从名词角度来理解，所谓决策（decisions），就是指人们做出的决定、选择或抉择。从这个概念推演开来，动词意义上的决策（decision-making）很容易被理解为人们在不同方案中所进行的抉择。在管理学研究中，决策是作为"决策制定过程"来理解的，而不仅仅指选择方案即做出决定、抉择的那一时刻的行为。

科学决策，是指为实现某一目标，从若干个准备行动的方案中，选择一个满意的合理的方案而进行分析判断的活动过程，简单说，决策就是选择决定行动目标和行动方案的活动。决策的概念包括以下两层含义：第一，决策是一种自觉的有目标的活动。决策是为了解决某个问题，为达到一定目标而采取的决断行为。第二，决策是一个过程。不能把决策仅仅理解为"瞬间"做出的决定，而应把它理解成一个过程。决策总是决策者先经过调查预测确定行动目标，然后围绕目标制定若干方案，再经过比较分析，最后做出最优方案的抉择。所以，决策是由决策者一系列相互关联行为所构成的过程。

2．决策的特点

概括地说，组织中进行的决策具有下述几个主要特点。

（1）目标性。任何决策都必须根据一定的目标来做出。目标是组织在未来特定时限内完成任务所预期要达到的水平。没有目标，人们就难以拟定未来的活动方案，评价和比较这些方案也就没有了标准，对未来活动效果的检查更失去了依据。

（2）可行性。组织决策的目的是指导组织未来的活动。组织的任何活动都需要利用一定资源。缺少必要的人力、物力和技术条件的支持，理论上非常完善的决策方案也只会是空中楼阁。因此，决策方案的拟定和选择，不仅要考察采取某种行动的必要性，而且要注意实施条件的限制。组织决策应该在外部环境与内部条件结合研究和寻求动态平衡的基础上来制定。

（3）选择性。决策的实质是选择，或者说"从中择一"。没有选择就没有决策。而要能有所选择，就必须提供可以相互替代的多种方案。事实上，为了实现相同的目标，组织总是可以从事多种不同的活动。这些活动在资源需求、可能结果及风险程度等方面均有所不同。因此，组织决策时不仅要具有选择的可能，即提出多种备选方案，而且还要有选择的依据，即提供选择的标准和准则。从本质上说，决策目标与决策方案两者都是经由"选择"而确定的。

（4）满意性。选择组织活动的方案，通常根据的是满意化准则，而不是最优化准则。最优决策往往只是理论上的幻想，因为它要求：① 决策者了解与组织活动有关的全部信息；② 决策者能正确地辨识全部信息的有用性，了解其价值，并能据此制定出没有疏漏的行动方案；③ 决策者能够准确地计算每个方案在未来的执行结果；④ 决策者对组织在某段时间内所要达到的结果具有一致而明确的认识。

（5）过程性。决策是一个过程，而非瞬间行动。决策的过程性特点可以从两个方面去考察：首先，组织决策不是一项决策，而是一系列决策的综合。只有当这一系列的具体决策已经制定，相互协调，并与组织目标相一致时，才能认为组织的决策已经形成。其次，这一系列决策中的每一项决策，其本身就是一个包含了许多工作、由众多人员参与的过程，从决策目标的确定，到决策方案的拟定、评价和选择，再到决策方案执行结果的评价，这些诸多步骤构成了一项完整的决策。决策不是指作出选择或抉择的那一瞬间，而是一个“全过程”的概念。决策过程实际上是包括了许多步骤的工作。

（6）动态性。决策的动态性，首先，与其过程性相联系，决策不仅是一个过程，而且是一个不断循环的过程。作为过程，决策是动态的，没有真正的起点，也没有真正的终点。其次，决策的主要目的之一是使组织的活动适应外部环境的变化，然而，外部环境是在不断发生变化的，决策者必须不断监视和研究这些变化，从中找到组织可以利用的机会，并在必要时作出新的决策，以及时调整组织的活动，从而更好地实现组织与环境的动态平衡。

二、计划与决策

计划与决策是何关系？两者中谁的内容更为宽泛，或者说哪一个概念是被另一个包含的？管理理论研究中对这些问题有着不同的认识。

有人认为，计划是一个更为宽泛的概念：作为管理的首要工作，计划是一个包括环境分析、目标确定、方案选择的过程，决策只是这一过程中某一阶段的工作内容。比如，法约尔认为，计划是管理的一个基本部分，包括预测未来并在此基础上对未来的行动予以安排。西斯克认为，“计划工作在管理职能中处于首位”，是“评价有关信息资料、预估未来可能的发展、拟定行动方案的建议说明”的过程，决策是这个过程中的一项活动，是在“两个或两个以上的可选方案中作选择”。而以西蒙为代表的决策理论学派则强调，管理就是决策。决策是包括情报活动、设计活动、抉择活动和审查活动等一系列活动的过程；决策是管理的核心，贯穿于整个管理过程。因此，决策不仅包括计划，而且包含整个管理，甚至就是管理本身。

决策与计划是两个既相互区别、又相互联系的概念。说它们是相互区别的，是因为这两项工作需要解决的问题不同。决策是对组织活动方向、内容及方式的选择。我们从“管理的首要工作”这个意义来把握决策的内涵。任何组织在任何时期为了表现其社会存在，必须从事某种社会需要的活动。在从事这项活动之前，组织当然必须首先对活动的方向和方式进行选择。计划则是对组织内部不同部门和不同成员在一定时期内的行动任务的具体安排，它详细规定了不同部门和成员在该时期内从事的活动的具体内容和要求。

计划与决策又是相互联系的，这是因为：（1）决策是计划的前提，计划是决策的逻辑延续。决策为计划的任务安排提供了依据，计划则为决策所选择的目标活动的实施提供了组织保证。（2）在实际工作中，决策与计划是相互渗透的，有时甚至是不可分割地交织在一起的。决策制定过程中，不论是对内部能力优势或劣势的分析，还是在方案选择时对各方案执行效果或要求的评价，实际上都已经开始孕育着决策的实施计划。反过来，计划的编制过程，既是决策的组织落实过程，也是对决策更为详细的检查和修订的过程。决策无法落实或决策选择的活动中某些任务无法安排，必然导致对决策一定程度的调整。

三、决策的类型

决策的种类很多，并且有许多的划分方法，常见的划分方法有以下几种。

（1）按照决策问题的重要程度，可以把决策划分为战略性决策、管理性决策和业务性决策。

① 战略性决策。影响管理全局，对营销活动整个系统在较长时期内起实质性作用的一些有关企业全局性，长期性的管理方向和方针等方面的重大问题的决策。例如，管理目标，产品开发，技术更新改造等。

② 管理性决策。实现战略性决策过程中的具体战术性决策，即实现战略性决策的比较短期的具体的决策。重点解决如何组织企业内部力量提高管理效能的问题，如设备更新的选择，新产品定价等。

③ 业务性决策。日常管理业务中，为实现某一局部目标而作出的决策，又称作业决策，是企业为了提高管理效率和生产效率，更好地执行管理性决策，在日常活动中对日常业务活动进行的安排，如作业计划的制定，库存控制定额的制定等。

（2）按决策者在企业中的地位，可以分为高层决策、中层决策和基层决策。

高层决策是指企业最高领导人所做的决策，它所解决的问题通常是全局性的及与外界环境有密切联系的重大问题。一般来说，中层决策多是管理性决策。基层决策是指企业基层管理人员所做的决策，这类决策多是指业务性决策，主要是解决作业中的问题。

（3）按决策问题是否重复出现，可分为程序化决策和非程序化决策。

程序化决策是指对生产经营活动中经常重复出现的问题所做的决策，如订货，制订生产作业计划等。由于这类决策将决策过程标准化，因而被称为程序化决策。

非程序化决策是指对生产经营管理中不经常发生的总是所做的决策，如新产品开发、企业转产、多种经营等。这类决策一般都非常重要，但又没有一套常规处理办法和程序，又称为非常规决策。

（4）按决策问题所处的条件不同，可以分为确定型决策、风险型决策和不确定型决策。

确定型决策是指各种可行方案所需要的条件已经完全确定情况下的决策。这种决策比较容易做，只要比较各个方案所能达到的结果，从中择优选取即可。

风险型决策是各种可行方案所需要的条件大部分是已知的，但每一方案的执行都会面临几种不同的状态，各种状态的出现都有一定的概率是可以预测到的，决策时存在着风险，因而称为风险型决策。

不确定型决策是指各种可行方案出现哪种环境状态是未知的，并且其出现概率也是不可预测的或只能靠主观概率判断做决策。

（5）按决策主体不同，决策可以分为个体决策与群体决策。

个体决策的决策者是单个人，所以也称为个人决策。群体决策的决策者可以是几个人，一群人甚至扩大到整个组织的所有成员。从广义上说，当决策全过程的活动涉及两个或两个以上的人时，不论这人是一般性地参与决策，还是真正在做出决策，这时的决策就是一种群体决策。但狭义上的群体决策，仅局限于若干人参加“抉择”活动的情形。在现代组织中，由于经营环境的日益复杂多变和组织成员素质的普遍提高，群体决策方式较之个体决策方式已越来越受到重视，但群体决策方式是否能广泛推广和应用并取得预期的效果，实际上与组织文化特征有密切的关系。

（6）根据决策者是基于经验还是基于科学分析做出决策，可以将决策方法分为经验决策和科学决策。

所谓经验决策，是指决策者主要根据其个人或群体的阅历、知识、智慧、洞察力和直觉判断等人的素质因素而做出决策。古往今来，纵然有许多成功事例是借助于一般经验决策取得的，但这种决策方法的主要缺陷表现为：决策优劣过于依赖决策者的个人因素，组织兴衰成败都与少数决策者紧密相连，“其人存，则其政举，其人亡，则其政息”。在决策问题越来越复杂、越来越不确定，决策影响越来越深远和广大的今天，单纯凭个人经验办事已经很不适用，于是科学决策法便应运而生。

所谓科学决策，是指以科学预测、科学思考和科学计算为根据来做出决策。美国耗资300多亿美元的“阿波罗”登月计划的成功，就是运用科学决策的范例。科学决策离不开定量分析方法的开发和应用，但过分追求决策问题的数学化、模型化、计算机化这些“硬”的决策技术，将使科学决策走向“死胡同”。在决策问题存在不确定性的条件下，依靠“软”专家的直觉判断和定性分析，可能比定量方法更有助于形成正确的决策。

（7）按决策解决问题的性质，可以将决策分成初始决策与追踪决策。

初始决策是指组织对从事某种活动或从事该种活动的方案所进行的初次选择；追踪决策则是在初始决策的基础上对组织活动方向、内容或方式的重新调整。如果说初始决策是在对组织内外环境的某种认识基础上做出的，追踪决策则是由于这种环境条件发生了变化，或者是由于组织对环境特点的认识发生了变化而引起的。显然，组织中的大部分决策都属于追踪决策。

与初始决策相比，追踪决策具有如下特征：

① 回溯分析。初始决策是在分析当时条件与预测未来的基础上制定的，而追踪决策

则是在原来方案已经实施但发现环境条件有了重大变化或与原先的认识有重大差异的情况下进行的。因此，追踪决策必须从回溯分析开始。回溯分析，就是对初始决策的形成机制与环境条件进行客观分析，列出需要改变决策的原因，以便有针对性地采取调整措施。

② 非零起点。初始决策是在有关活动尚未进行从而对内外环境没有产生任何影响的前提下进行的。追踪决策则不然，它所面临的条件与对象都已经不是处于初始状态，而是随着初始决策的实施受到了某种程度的改造、干扰和影响。

③ 双重优化。初始决策是在已知的备选方案中择优，而追踪决策则需要双重优化，也就是说，追踪决策所选的方案，不仅要优于初始决策（因为只有在原来的基础上有所改善，追踪决策才有意义），而且要在能够改善初始决策实施效果的各种可行方案中，选择最优或最满意的决策方案。

四、决策中的理性和有界限性

1．决策理性

传统上，大多数管理人员都倾向于认为自己是理性的决策者。许多专家学者也极力主张管理者在进行决策时应当做到尽可能理性。传统的决策模式认为，管理者在决策时都在依据理性和逻辑，且总是从组织的最佳利益出发的。要达到这种理性的要求，必须满足以下几个条件。

（1）决策者对于决策所面临的状况和决策问题具有完全的信息。

（2）决策者有能力找出实现目标的所有可能的备选方案。

（3）决策者能够有效地排除各种不确定因素从而实现确定条件下的决策。

（4）决策者总是能够按照理性和逻辑对决策方案的各个方面进行评估。

（5）决策者具有始终不渝地通过选择最佳方案来获取最佳结果的愿望或决心。

如果所有的决策都能满足上述这些条件，尽可能按照逻辑和理性的方法进行，则人们决策的成功率肯定会高很多。但现实中影响决策的因素是如此之多，真正遵循理性原则的决策者的人数很难令人乐观。另一方面，有些决策尽管只不过是直觉和经验的产物，但往往也能取得相当不错的效果。

2．有界理性与满足

现实中的决策很少是按照理性和逻辑进行的，赫伯特·西蒙是最早认识到这一点的学者之一。后来，西蒙因其在决策研究方面的出色贡献而荣获了诺贝尔经济学奖。

西蒙等主张，决策者只具有不完全和不完整的信息，并受到有界性的限制，在决策时倾向于满足或满意。这里的有界理性（bounded rationality）是指决策者通常要受到各种各样的限制，这些限制因素包括决策者的价值观、思维习惯、技能、习惯、不完全的信息和知识、组织中的各种因素等，因而其所能做到的理性是有限或有界的。即使人们在主观上希望自己是一个理性的决策者，但客观上其理性也是有限度的。

满足或满意是西蒙等人所提出来的另一个重要的概念。在实际决策时，人们并不会为了得到一个最好的方案而一直苦苦追求下去，决策者在获得一个符合某些最低或最起码标准的方案之后，往往就会停下来而不再进一步去寻找更好的方案。例如，一个企业的副总经理受命为新工厂寻找厂址，他可能在找到第一个大致符合交通条件、相关设施条件和价格方面基本要求的场所后，就会决定下来。尽管进一步寻找也许还会找到条件更好的地点。导致这种满足和满意产生的原因有很多，如决策者不愿多花时间，决策者不具备评估许多方案的能力，其他方面的主观因素和个人的考虑，等等。

正是因为存在着不完全的信息、有限的理性和决策者的满足，所以管理者做出的决策并不一定会像传统模式所假设的那样确实能够与组织的利益相一致。正如上面所举的选择厂址的例子一样，该副总经理可能在做了最大的努力之后，找到了一个符合各方面要求的最佳厂址，但也可能只因为是自己的故乡或是自己希望将来能在那里生活而选定了某个地方。

与传统的决策者模式相对照，西蒙所提出的模式对决策活动作了完全不同的描述，但两者都有助于我们加深对决策活动的理解。传统模式可以说是一个指导性的模式，告诉我们在决策时如何才能做到尽可能地符合理性和逻辑性。而西蒙的模式则是一个实证的或说明性的模式，它有助于我们更好地理解人们在决策中的偏向和局限性。

五、影响决策的主要因素

组织中的决策受到各种因素的影响，这些因素主要包括决策中的环境因素、组织自身的因素、决策问题的性质及决策主体的因素等。

1．环境因素

（1）政治因素

组织中的政治行为是指通过获得、强化或使用权力以实现某种期望结果的活动。政治力量是影响管理者的决策行为的重要因素之一。组织的政治行为中的结盟行为，对于决策的影响尤其不可忽略。结盟是指个人或群体之间为了实现某种共同目的而联合起来向董事会施压以做出对自己有利的决策。

组织中的结盟行为既有有利的一面，也有有害的一面。高明的管理者有时能够利用结盟行为以促进组织目标的实现，有时精心制定的战略和决策也会因结盟行为而毁于一旦。管理者必须懂得如何利用结盟，如何把握其影响及如何避免其有害的一面。

（2）市场结构

如果组织面对的是垄断程度较高的市场，则其决策重点通常在于：如何改善生产条件，如何扩大生产规模，如何降低生产成本等。垄断程度高容易使组织形成以生产为导向的经营思想。如果组织面对的是竞争程度较高的市场，则其决策重点通常在于：如何密切关注竞争对手的动向，如何针对竞争对手的行为做出快速反应，如何才能不断向市场推出新产品，如何完善营销网络等。激烈的市场竞争使组织形成以市场为导向的经营思想。

（3）环境的稳定性

一般来说，在环境比较稳定的情况下，组织过去针对同类问题所作的决策具有较高的参考价值，因为过去决策时所面临的环境与现时差不多。有时，今天的决策仅是简单地重复昨天的决策。这种情况下的决策一般由组织的中低层管理者进行。

而在环境剧烈变化的情况下，组织所要做出的决策通常是紧迫的，否则可能被环境淘汰；同事过去的决策的借鉴意义也不大，因为已经时过境迁。为了更快地适应环境，组织可能需要对经营活动的方向、内容与形式进行及时的调整。这种情况下的决策一般由组织的高层管理者进行。

2．组织自身的因素

（1）组织文化

在保守型组织文化中生存的人们受这种文化的影响倾向于维持现状，他们害怕变化，更害怕失败。对任何带来变化的行动方案会产生抵触情绪，并以实际行动抵制。在这种文化氛围中，如果决策者想坚持实施一项可能给组织成员带来较大变化的行动方案，就必须首先用于破除旧有的文化，建立一种欢迎变化的文化，而这往往具有一定难度。而在进取型组织文化中生存的人们欢迎变化，勇于创新，宽容地对待失败。在这样的组织中，容易进入决策者视野的是给组织带来变革的行动方案。有时候，他们进行决策的目的就是制造变化。此外，组织文化是否具有伦理精神也会对决策产生影响。具有伦理精神的组织文化会引导决策者采取符合伦理的行动方案，而没有伦理精神的组织文化可能会导致决策者为了达到目的而不择手段。

（2）组织的信息化程度

信息化程度对决策的影响主要体现在其对决策效率的影响上。信息化程度较高的组织拥有较先进的信息技术，可以快速获取质量较高的信息；另外，在这样的组织中，决策者通常掌握着较先进的决策手段。高质量的信息与先进的决策手段便于决策者快速做出较高质量的决策。不仅如此，在高度信息化的组织中，决策者的意图容易被人理解，决策者也较容易从他人那里获取反馈，使决策方案能根据组织的实际情况进行调整从而得到很好的实施。

（3）组织对环境的应变模式

通常，对一个组织而言，其对环境的应变是有规律可循的。随着时间的推移，组织对环境的应变方式趋于稳定，形成组织对环境特有的应变模式。这种模式指导着组织今后在面对环境变化时如何思考问题，如何选择行动方案等，特别是在创立该模式的组织最高领导尚未更换时，其制约作用更大。

3．决策问题的性质

（1）问题的紧迫性

如果决策涉及的问题对组织来说非常紧迫，急需处理，则这样的决策被称为时间敏感型决策。对于此类决策，快速行动要比如何行动更重要，也就是说，对决策速度的要求高于对决策质量的要求。战场上军事指挥官的决策多属于此类。组织在发生重大安全事故、面临稍纵即逝的重大机会及在生死存亡的紧急关头所面临的决策也属于此类。需要说明的是，时间敏感型决策在组织中不常出现，但每次出现都给组织带来重大影响。

相反，如果决策涉及的问题对组织来说不紧迫，组织有足够时间从容应对，则这样的决策可被称为知识敏感型决策，因为在时间宽裕的情况下对决策质量的要求必然提高，而高质量的决策依赖于决策者掌握足够的知识。组织中的大多数决策属于此类。对决策者而言，为了争取足够的时间以便做出高质量的决策，需要未雨绸缪，尽可能在问题出现之前就将其列为决策的对象，而不是等问题出现之后再匆忙做决策，也就是将时间敏感型决策转化为知识敏感型决策。

（2）问题的重要性

问题的重要性对决策的影响是多方面的：重要的问题可能引起高层领导的重视，有些重要问题甚至必须由高层领导亲自决策，从而保证决策得到更多力量的支持；越重要的问题越有可能由群体决策；越重要的问题越需要决策者慎重决策，越需要决策者避开各类决策陷阱。

4．决策主体的因素

（1）直觉和执着

直觉是人们不经有意识地考虑而形成的对于某种事物的信念或认识。管理者有时会根据感觉或预感做出决策。很多情况下这种感觉或预感并不是毫无道理的，而是以在类似环境下长期进行决策的经验和实践为证据的。直觉在某些情况下可以帮助管理者不必经过完整的理性决策的步骤而迅速做出决策。但是，管理者在决策时绝对不应过度地依赖自己的直觉，尤其是那些并不具备多少经验的管理者。习惯于用“我觉得如何”来代替理性和逻辑的思维，结局是不言而喻的。

执着则是指人们对自己的决策所选定方案的特别的偏爱，甚至当实践已经证明这个方案不妥当或不正确时，仍然要坚持下去而不愿及时回头。这种执着感使得人们不能面对现实，感情压倒了理智，往往是损失已经到了不可能弥补的程度才醒悟过来。管理者应当了解这种现象，避免受其所害。

（2）对待风险的倾向

人们对于风险的态度在很大程度上影响着决策。对于风险的态度因人而异，有的人天生酷爱冒险，凡事喜欢赌一把，而有的人则生性小心翼翼，万事只求保平安。同一个人也会因为所面对的问题不同，在组织中位置的高低，所面临风险的大小及其他一些因素而表现出不同的风险态度。

（3）伦理观

个人的伦理观决定着人们的行为取向。伦理观是人们判断对错的尺度，也是人们做出选择的指南。正如上面所讨论的各种因素一样，伦理观也从各个不同的方面影响着人们的决策行为。

此外，组织所处的环境、组织的文化、过去所作出的决策及时间对于决策问题的重要程度等因素都不同程度地影响着管理者的决策。

第二节　决策的过程与方法

诺贝尔经济学奖获得者西蒙指出，“管理就是决策”，决策贯穿于管理过程的始终。决策在管理中的重要地位在计划职能中得到了最好的体现。决策不是一次性的静态过程，而是一个循环往复的动态过程。

一、决策的原则和标准

1．决策的满意原则

企业要想合理地进行决策，必须遵循一定的原则。决策遵循的是满意原则，而不是最优原则。对决策者来说，要想使决策达到最优，必须具备以下条件，缺一不可：

（1）容易获得与决策有关的全部信息；

（2）真实了解全部信息的价值所在，并据此拟定出所有可能的方案；

（3）准确预测每个方案在未来的执行结果。

但现实中，上述这些条件往往得不到满足。具体来说原因有以下几个：

（1）组织内外的很多因素都会对组织的运行产生不同程度的影响，但决策者很难收集到反映这些因素的一切信息。

（2）对于收集到的有限信息，决策者的利用能力也是有限的，从而决策者只能拟定数量有限的方案。

（3）任何方案都要在未来实施，而未来是不确定的。人们对未来的认识和影响十分有限，从而决策时所预测的未来状况可能与实际的未来状况不一致。

现实中的上述状况决定了决策者难以做出最优决策，只能做出相对满意的决策。

2．决策的依据和标准

管理者在决策时离不开信息，信息的数量和质量直接影响决策水平。这要求管理者在决策之前及决策过程中尽可能地通过多种渠道收集信息作为决策的依据，但这并不是说管理者要不计成本地收集各方面的信息。管理者在决定收集什么样的信息、收集多少信息及从何处收集信息等问题时，要进行成本——收益分析，只有在收集的信息所带来的收益超过为此而付出的成本时，才应该收集该信息。

（1）泰勒的“最优”标准

在 19 世纪 50 年代以前，决策处于弗雷德里克·泰勒的科学管理时代。基于“经济人”的假设，从经济的角度来看待决策问题，决策的目的在于为组织获取最大的经济利益，决策者是完全理性的，从而形成了决策的“最优”标准。“最优”标准下，理性决策模式、科学决策模式、规范决策模式、古典模型、经济模型等称谓含义等同。该理论认为，决策者是完全理性的，决策者能够做出“最优”选择，追求效用最大。“最优”标准下理性决策必须具备的条件有：

① 决策者能够得到所需要的全部详细的决策信息；

② 决策者能够了解所有人的社会价值取向；

③ 决策者能够找到所有的决策方案；

④ 决策者能够准确地预测各种备选方案可能产生的后果；

⑤ 决策者能够正确地选择最有效的决策方案；

⑥ 决策者进行决策的目的始终都是使本组织获取最大的经济利益。

“最优”标准下理性决策模式的基本内容有：

① 决策者面临的是一个既定的问题，这个问题同其他问题相区别，或至少同其他问题比较而言是重要的；

② 引导决策者做出决定的各种目的、价值或各种目标是明确的，并且可以按它们的重要性依次排序；

③ 决策者将所有可能解决问题的方案全部一一列举出来，以供选择；

④ 决策者运用一系列的科学方法对每一个决策方案进行评估，并预测出执行该方案后可能产生的后果；

⑤ 决策者将每一个备选方案进行一一对比，并按优劣排出先后顺序；

⑥ 决策者正确地选择最大限度地实现预定目的、价值或目标的那个方案。

（2）西蒙的“满意”标准

1978年诺贝尔经济学奖获得者，美国卡内基——梅隆大学计算机科学与心理学教授赫伯特·西蒙提出有限理性决策模式，对经济组织内的决策程序进行了开创性的研究。西蒙的“满意”标准模型又称有限性模型、西蒙最满意模型。基于“有限理性”的假设，西蒙提出了决策的满意原则，以代替最佳决策，是一个比较现实的决策模型。

西蒙的“满意”标准主要内容有：

① 人的理性是完全理性和完全非理性之间的一种有限理性。在高度不确定和极其复杂的现实决策环境中，人的知识、想象力和计算力是有限的。

② 决策者在识别和发现问题中，容易把问题的部分信息当作认知对象，而在对未来的情况做出判断时，直觉的运用往往多于逻辑分析方法的运用。

③ 由于受决策时间和可利用资源的限制，决策者即使充分了解和掌握有关决策环境的信息，也只能做到尽量了解各种备选方案，而不可能做到全部了解，决策者选择的理性是相对的。

④ 在风险型决策中，与经济利益的考虑相比，决策者对待风险的态度对决策起着更为重要的作用。一般而言，决策者往往厌恶风险，倾向于接受风险比较小的方案。

⑤ 决策者在决策中往往只求满意的结果，而不愿费力寻求最佳方案，主要因为决策

者的个人能力有限，往往满足于已知的备择方案而缺乏继续研究的积极性以及寻求最佳方案的时间，且经济成本太大。

（3）孔茨的“合理性”标准

美国著名管理学家哈罗德·孔茨教授提出了决策的“合理性”标准。在管理工作中有效地制定决策一定要合理，以合理的方式做事或选择的决策者力图实现只有通过行动才能达到的某种目标。实际上，通过分析组织自身的条件与复杂多变的环境之间的关系，决策者必须清楚地了解备选方案，在现有的环境和限制条件下能够达到目标。决策者还必须根据既定目标，具备分析和评估备选方案的信息和能力。此外，决策者必须有通过选出最有效地满足实现目标的方案，达到最佳解决问题的愿望。

在管理工作中很少做到完全合理，其原因在于：首先，没有一个人能做出影响过去的决策，决策一定是针对未来而做出的，而未来几乎肯定会牵涉许多不确定因素；其次，很难识别所有可能用来实现目标的备选方案，在制定决策过程中牵涉要做从前未曾做过的事情的机会时就更是这样了。此外，在多数情况下，不是所有的备选方案都能够加以分析，即使利用现有的最新分析技术和电子计算机也不能分析所有备选方案。

（4）效率标准

效率是指单位时间内所取得效果的数量，反映了劳动时间的利用状况，与效益有一定的联系，而效益是有效产出与投入之间的一种比例关系。效益是组织管理的根本目的，而效率是实现效益的有效途径。企业生存与发展的必要条件就是能够利用有限的资源生产出更多的产品或服务，而在竞争激烈的环境中时间作为一种特殊的资源也是稀缺的，因而效率是体现一个组织竞争能力的重要指标之一。在当今世界，消费者的需求特征发生了根本性变化，基于时间竞争的消费者个性化需求是未来的变化趋势之一，因而企业必须在最短的时间里高效率地向社会提供优质产品或服务才能获得更多的利润、取得竞争优势。组织决策必须追求高效率，这是组织管理对决策的基本要求。

二、决策的过程

决策是个“全过程”，决策过程包括以下阶段的工作。

1．研究环境，发现问题

决策是为了解决一定的问题而制定的，没有发现组织运行中存在的问题，就没有必要制定新的决策来使组织活动做出调整和改变。因此，决策者首先要研究组织的现状，发现存在的问题。所谓问题，是应有状况与实际状况之间的差距。有差距，就表明组织存在某种问题，需要做出决策来予以解决。这里，差距或问题，可以是消极的，即组织被迫要去应对的，如来自外界不可预料事件的一次威胁，或者组织内部出现的一个故障或麻烦；但更重要的，需要组织通过新的决策去处理的“问题”还常常应该从积极的意义上去理解，如组织内部条件改善后要力求把握的发展机会，或者外部环境中出现的有利于组织的变化。面对这些积极的或消极的问题，决策者不能等闲视之，不闻不问，而应该能够及时发现问题，采取对策。

2．确定决策目标

分析了改变组织活动的必要性以后，还要研究针对所存在的问题而将要采取的措施需要符合哪些要求，必须达到何种效果。这也就是说，决策者要明确决策的目标。

明确决策目标，不仅为方案的制定和选择提供了依据，而且为决策的实施和控制、为组织资源的分配和各种力量的协调提供了标准。明确决策目标，要注意几方面要求：（1）提出目标的最低和理想水平；（2）明确多元目标间的关系；（3）限定目标的正负面效果；（4）保持目标的可操作性。不论是明确组织必须达到的最低目标还是希望实现的理想目标，也不论是确定组织的总体目标还是各职能部门的分目标，都必须符合三个特征：可以计量或衡量；规定有时间期限；可确定责任者。只有符合这些基本特征，所制定的目标才可以作为决策和行动的依据。

3．拟定各种行动方案

决策需要进行正确的选择，这就必须提供多种备选方案。可以认为，在决策过程中，拟定可替代的方案要比从既定方案中进行选择更为重要。如果备选方案的制定存有缺陷，那么，决策就很难达到优化或满意化。数量不止一个的可行方案的拟定，奠定了选择或抉择的基础，所以，它们常被称作“备选”方案。

备选或替代方案产生的过程，可大致分为以下步骤：首先，在研究环境和发现不平衡的基础上，根据组织的宗旨、使命、任务和消除不平衡的目标，提出改变的初步设想；其次，对提出的各种改进设想加以集中、整理和归类，形成内容比较具体的若干个可以考虑的初步方案；最后，对这些初步方案进行筛选。修改和补充以后，对留下的可行方案做进一步完善处理，并预计其执行的各种结果，如此便形成了有一定数量的可替代的决策方案。可供选择的替代方案数量越多，被选方案的相对满意程度就越高，决策质量就越有保障。为此，在拟定备选方案阶段，组织要广泛发动群众，充分利用组织内外的专家，发动他们献计献策，以产生尽可能多的改变设想和形成尽可能多的备选方案。

4．比较和选择方案

在实际决策工作中，方案的拟定、比较和选择往往交织在一起，因为方案的拟定不是一次性完成，而是需要渐进地、不断地加以补充和完善。某一个较好的方案通常都是在与其他方案的比较中，在受到其他方案的启发下形成的。这个过程说明了决策步骤的不可分割性。决策者要进行选择，首先要了解各种方案的优点和缺点。为此，需要对不同方案进行评价和比较。比较评价的主要内容有以下几个方面：

（1）方案实施所需的条件是否已经具备，建立和利用这些条件需要组织付出何种成本；

（2）方案实施能给组织带来何种长期和短期的利益；

（3）方案实施中可能遇到的风险及活动失败的可能性。根据上述方面的比较，就可辨别出各方案的差异和相对优劣。在此基础上进行决策时，要从能产生综合优势的角度来选择方案，并且要准备好环境发生预料中的变化时可以启用的备用方案。制定备用方案的目的，是对可预测到的未来变化准备充分的必要措施，以避免临时仓促应变可能造成的混乱。

在方案比较和选择过程中，决策者及决策的组织者要注意处理好下述几个方面的问题：（1）要统筹兼顾。不仅要注意决策方案中各项活动之间的协调，而且要尽可能保持组织与外部结合方式的连续性，要充分利用组织现有的结构和人员条件，为实现新的目标服务。（2）要注意反对意见。决策的组织者要充分注意方案评价和选择过程中的反对意见，因为反对意见不仅可以帮助人们从更广泛的角度去考虑问题，使所制定的方案更加完善，而且可以提醒大家去防范一些可能会出现的弊病。（3）要有决断的魄力。任何方案都有其支持者和反对者。赞同方案的人都可以列出一大堆的理由来说明该方案的优势。在众说纷纭的情况下，决策者要在充分听取各种意见的基础上，根据自己对组织任务的理解和对形势的判断来做出果敢的决断。议而不决，拖延时间，常会使组织失去采取行动的最好时机。决策者要能妥善地掌握“议”与“断”的度，该“议”时不要独裁专断，该“断”时切忌迟疑不决，优柔寡断。

5．执行方案

将所选择的方案付诸实施是决策过程中至关重要的一步。方案一旦选定以后，组织应该着手制定实施方案的具体措施和步骤。通常而言，决策方案执行过程应做好以下工作：

（1）制定相应的具体措施，保证方案的正确执行；

（2）确保有关决策方案的各项内容为参与实施的人充分接受和彻底了解；

（3）运用目标管理方法，把决策目标层层分解，落实到每一个执行单位和个人；

（4）建立重要工作的报告制度，以便随时了解方案进展情况，及时调整行动。

6．检查处理

一项复杂的决策方案的执行通常需要较长的时间，在这段时间中情况可能会发生变化，所以，必须通过定期的检查评价，及时掌握决策执行的情况，将有关信息反馈到决策机构，以便采取措施进行处理。决策者跟踪决策实施情况，取得各种反馈信息的目的，一方面是为了及时地采取措施，纠正行动与既定目标的偏离，以保证既定目标的实现；另一方面，对客观条件发生重大变化而导致原决策目标确实难以实现的，则要进一步寻找问题，确定新的决策目标，重新制定可行的决策方案并进行评估和选择。

以上步骤表明，决策是一个有一定顺序的、条理化的过程，而不是在瞬间选定某一方案的单纯的决断。确实，如果所有可能的方案都已被设计好，决策者的工作便是从这些备选方案中挑选方案。但事实上，决策者需要做大量的调查、研究和分析预测工作，然后确定目标，找出各种可行的方案，并进行方案的评价、权衡和选择，最后将选定的方案付诸执行。这些步骤结合起来便组成了一个完整的决策过程。

三、决策及其方法

计划过程本质上是企业经营决策制定和落实的过程。前一节述及的有关管理决策的一般原理同样适用于计划工作过程。不过，鉴于决策在计划工作中的地位尤为突出，本节进一步结合企业经营战略和战术计划的制定过程来介绍经营决策的实质。

（一）企业经营决策的内容和过程

人们在行动之前要对未来做系统化的计划和安排，组织也不例外。下面就以企业这一经济组织的活动作为计划工作的对象，来具体考察企业经营决策的内容和过程。如图 4-1 所示，企业经营决策的内容和过程主要涉及组织宗旨、远景目标和战略方案及支持这些的具体目标和战术方案等内容。

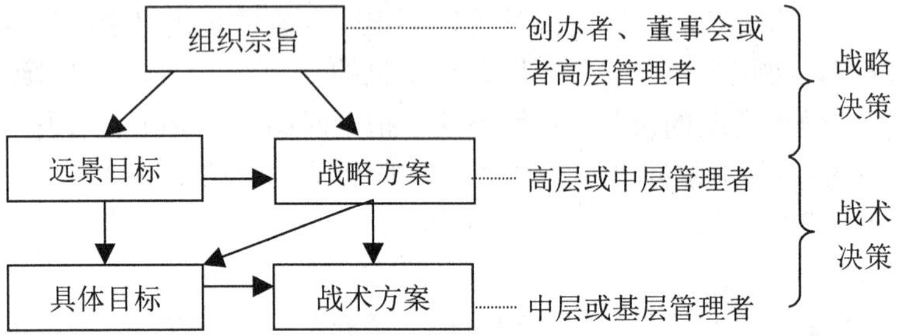

图 4-1　企业经营战略和战术决策的内容

1．组织的宗旨

任何组织都有其特定的宗旨。宗旨规定了组织生存的目的和使命，这种目的和使命反映社会对该组织的基本要求。对于旨在为社会提供有经济价值的产品或服务而开展经营活动的企业组织来说，有关宗旨的决策主要包括以下两个方面。

（1）经营理念。经营理念亦称经营哲学，它为企业的经营活动规定了价值观、信念和指导原则。例如，企业在经营过程中是应该“利润至上”，还是要兼顾社会责任；“义”与“利”的关系应该遵循什么样的原则来处理等。企业经营哲学的确定，一方面取决于企业创办者的意图，另一方面也与整个社会的商业伦理有关。

（2）使命或经营范围。即规定这家企业究竟从事的是什么事业，经营业务的范围多大。一般而言，在企业创设之初或在内外条件变化使企业有必要改变或拓宽经营领域时，合理界定企业使命具有重要的意义。

2．组织的远景目标和战略方案

远景目标指明企业的经营方向，是企业活动要实现或达到的目的地。远景目标应该描述一个企业及其经营活动的主要方面在未来一段较长期间（通常为 5 年或更长时间）内所要达到的状态。好的远景目标至少能经受住两种检验：一是适用性检验，二是可行性检验。适用性是指所提出的目标能满足企业的主要支持者，包括顾客、股东、员工及其他利益相关者的需要。可行性则指所提出的目标是该企业有能力实现的，或者说在合理的战略方案下能够实现的。所谓战略，是指企业为实现其宗旨和目标而确定的组织行动方向和资源配置纲要。合理的战略应能够使组织获得最有利的竞争优势，并使这种优势能够在一定时期保持下去。因此，战略方案的制定通常需要包括如下内容：企业准备进入或发展、撤出或减退及维持现状的产品市场领域各有哪些；存在于这些经营领域间的协同作用主要在哪里，企业的核心竞争力是什么；各经营领域具有什么样的竞争优势并需采用什么样的策略来竞争；为形成和保持所设定的竞争地位，企业应该如何妥善配置有限的资源，使其发挥出最大的效力等。总之，战略决策是对所有可能影响到组织总体和长期发展方向的有关事项的决策，它需要决策者用一系列综合分析和归纳提炼的方法来加以制定。

3．组织的具体目标和战术方案

具体目标是对组织目标的更精确的甚至量化的描述。具体目标需要根据组织的总目标和战略方案来制定，这样企业就形成了由多层次目标构成的目标网络或目标体系。为了实现这样的目标，制定了各部门相应采取的行动，支持具体目标实现的行动方案，就是通常所说的“战术”。企业经营决策的基本过程如图 4-2 所示。

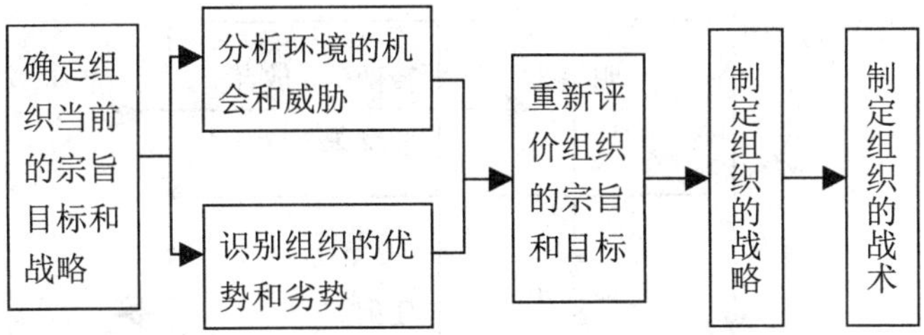

图 4-2　企业经营决策的基本过程

战术应该是对战略方案的支持和体现，因此，战术的制定必须服从和服务于战略实施的需要。战术方案的工具性或手段性，决定了任何战术都不可能脱离战略来制定。更明确地说，战术往往是从既定的战略中演绎出来的。如果说战略的制定是一个分析归纳过程，此间需要广泛收集企业内外的各方面情况，提出企业生存发展的基本问题，并根据对问题的理解而对可选择的方案进行检验和完善，然后确定出合适的战略，那么，依据战略来制定战术则更多的是一个推理演绎过程，也就是从所需达到的结果出发，确定必要的步骤、日程安排和涉及的费用。战术制定过程的这种演绎性，实际上与战术作为落实战略和目标的工具的特有性质相联系。

（二）企业经营决策中常见的几种方法

为了保证组织制定出来的各项决策尽可能正确、有效，必须运用科学的决策方法。按经营决策的内容将企业经营决策的方法区分为两类：一类是选择组织活动方向和内容的决策方法；另一类是选择在既定方向下从事一定活动的不同行动方案的决策方法。

1．确定活动方向和内容的决策方法

这类方法旨在帮助决策者根据企业自身和外部环境的特点，为整个企业或企业中的某个部门确定其经营活动的基本方向和内容。常用的方法是经营业务组合分析法。这是由美国波士顿咨询公司为大企业确定和平衡其各项经营业务发展方向和资源分配而提出的战略决策方法。在确定各经营业务发展方向的时候，企业应综合考虑到该项经营业务的市场增长情况及企业在该市场上的相对竞争地位。相对竞争地位是通过企业在该项业务经营中所拥有的市场占有率与该市场上最大的竞争对手的市场占有率的比值（即相对市场份额）来表示的，它决定了企业在该项业务经营中获得现金回笼的能力及速度，较高的市场占有率可以带来较大的销售量和销售利润额，从而能使企业得到较多的现金流量。而该项业务的市场增长情况则反映该项业务所属市场的吸引力，它主要用该市场领域最近两年平均的销售增长率来表示，并且将平均市场销售增长率在10%以上的划定为高增长业务，10%以下的则为低增长业务。

根据市场增长率和企业相对竞争地位这两项标准，可以把企业所有的经营业务区分为四种类型，如图4-3所示。

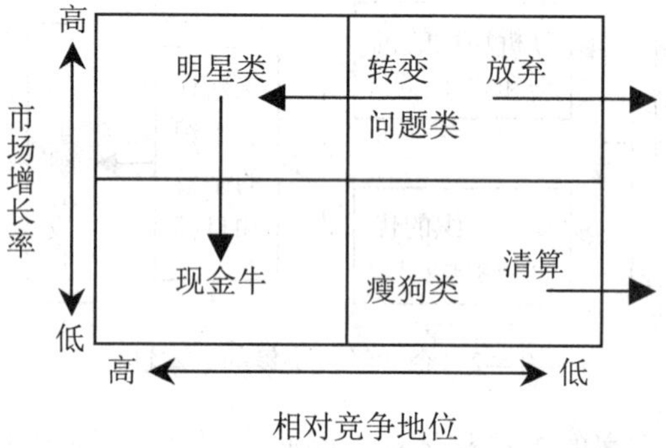

图4-3　波士顿矩阵——经营业务组合分析图

（1）“现金牛”业务。该类经营业务的特点是：企业拥有较高的市场占有率，相对竞争地位强，能从经营中获得高额利润和高额现金回笼，但该项业务的市场增长率低，前景并不好，因而不宜投入很多资金盲目追求发展，而应该将其当前市场份额的维护和增加作为经营的主要方向，其目的是使“现金牛”类业务成为企业发展其他业务的重要资金来源。对于已衰退的“现金牛”业务，采取收缩的策略。

（2）“明星”业务。这类经营业务的市场增长率和企业相对竞争地位都较高，将来能给企业带来较高的利润，但同时也需企业增加投资，以便跟上总体市场的增长速度，巩固和提高其市场占有率。因而，“明星”业务的基本特点是，无论其所回笼的现金，还是所需要的现金投入，数量都非常大，两者相抵后的现金流可能出现零或者负值状态。

（3）“问题”业务。这类经营业务的市场增长率较高，但企业目前拥有的市场占有率相对较低，其原因很可能是企业刚进入该项相当有前途的经营领域。由于高增长速度要求大量的资金投入，但是较低的市场占有率又只能带来很少量的现金回笼。因此，企业需要将由其他渠道获得的大量现金投入到该项“问题”业务中，使其尽快扩大生产经营规模，提高市场份额。采取这种策略的目的，就是使“问题”业务尽快转变成“明星”业务。

但是，如果决策者认为某些刚开发的业务并不可能转成为“明星”业务，应及时采取放弃策略，因为这类业务如果勉强维持下去，企业可能要投入相当的资金，其投资量甚至还会超过这些业务所带来的现金量，这样，企业就很容易出现现金的短缺。

（4）“瘦狗”业务。这是指市场销售增长率比较低，而企业在该市场上也不拥有相对有利的竞争地位的经营业务。由于销售前景和市场份额都比较小，经营这类业务只能给企业带来极微小甚至负值的利润。对这种不景气的“瘦狗”类经营业务，企业应及时采取缩小规模或清算、放弃的策略。

经营业务组合分析法可以判断企业经营中存在的主要问题及未来的发展方向和发展战略。比较理想的经营业务组合情况应该是：企业有较多的“明星”类和“现金牛”类业务，同时有一定数量的“问题”类业务和极少量的“瘦狗”类业务，这样企业在当前和未来都可以取得比较好的现金流量平衡。不然，如果产生现金的业务少，而需要投资的业务过多，企业发展就易陷入现金不足的状况中；或者相反，企业目前并不拥有需要重点投入资金予以发展的前景业务，则企业就面临发展潜力不足的战略性问题。

根据企业现有所经营业务各自的特性和总体组合的情况，决策者可根据以下两条来确定经营和发展的战略：把“现金牛”类业务作为企业近期利润和资金的主要来源来加以保护，但不作为重点投资的对象；本着有选择和集中地运用企业有限资源的原则，将资金重点投放到将来有希望的“明星”或“问题”类上，并根据情况有选择地抛弃“瘦狗”类业务和无望的“问题”类业务。如果企业对经营的业务不加区分，采取一刀切的办法，规定同样的目标，按相同的比例分配资金，结果往往是对“现金牛”和“瘦狗”类业务投入了过多的资金，而对企业未来生存发展真正依靠的“明星”和“问题”类业务则投资不足。这样的决策是没有战略眼光的。

2．有关行动方案选择的分析评价方法

确定了企业经营活动的方向和内容后，决策者还必须对组织在既定方向下从事一定活动的不同行动方案做出选择。根据这种确定性程度的差异，人们开发出了评价具有不同确定性程度的行动方案的具体决策方法。一般来讲，分析、评价和选择决策方案的方法主要有确定型、风险型和非确定型三类。

（1）确定型决策的方案选择法

量本利分析，也称为保本分析或盈亏平衡分析，是通过分析产品成本、销售量和销售利润这三个变量之间的关系，掌握盈亏变化的临界点（即保本点），从而定出能产生最大利润的经营方案。

企业利润是销售收入扣除成本以后的剩余额，其中，销售收入是产品销售数量与销售单价的乘积，产品成本（指包括工厂成本和销售费用在内的总生产成本）包括固定成本和变动成本两部分。所谓变动成本，是指随着产量的增加或减少而相应提高或降低的费用；固定成本则指在一定时期、一定范围内不随产量增减而变化的费用。当然，“固定”与“变动”只是相对的概念。量本利分析法中所指的“固定成本”都只是从短期和从费用总额的角度来理解。而如果从单位产品成本角度来看，单位变动费用则是相对固定的，在一段时间内不会因产量大小而变化；相反，单位固定费用则会随产品数量的增加而呈递减趋势。图 4-4 描述了特定时期企业利润、销售收入、生产成本和产品销售量间的线性变化关系。

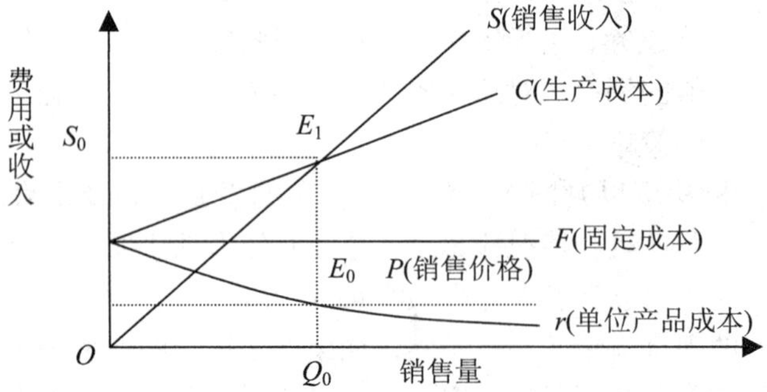

图 4-4　量本利分析图

有以下两种方法可以帮助管理者确定企业的保本收入和保本产量水平。

① 图上作业法。也就是根据已知的成本和价格资料，绘制如图 4-4 所示的量本利关系图，图中总收入曲线 S 与总成本曲线 C 的相交点 E_1，或单位成本曲线，与单位价格曲线 P 的交点 E_0，即表示企业经营的盈亏平衡点，与 E_1、E_0 相对应的产量 Q_0 就是保本产量，与 E_1 相对应的销售收入 S_0 则为保本收入。

② 公式计算法。这是利用数学公式来计算出保本产量和保本收入的方法。也即，根据前面分析的量、本、利变量间的关系，我们有以下公式：

销售收入＝产量×单位

生产成本＝固定费用＋变动费用

＝固定费用＋产量×单位产品变动费用

据此，我们可以求出用相应的符号表示的盈亏平衡点，计算公式如下：

$$Q_0 \times P = F + Q_0 \times C_V \tag{4-1}$$

其中：C 是单位产品变动费用。

整理式（4-1），可得：

$$Q_0 = \frac{F}{P - C_V} \tag{4-2}$$

式（4-2）为计算保本产量的基本公式。

由于保本收入等于保本产量与销售价格的乘积，因此，式（4-2）的两边同乘以 P，即可得到计算保本收入的基本公式如下：

$$Q_0 \times P = \frac{F}{P - C_V} \times P \tag{4-3}$$

整理上式，可得：

$$S_0 = \frac{F}{1-\frac{C_V}{P}} \tag{4-4}$$

式（4-2）中的 $P\text{-}C_V$ 表示企业每生产单位产品所得到的销售收入在扣除变动费用后的剩余，称为边际贡献；式（4-4）中的 $1\text{-}C_V/P$ 表示单位销售收入可以帮助企业补偿固定费用或实现企业利润的系数，称为边际贡献率。如果边际贡献或边际贡献率大于零，则表示企业生产这种产品除了可以收回变动费用外，还有一部分收入可用以补偿已支付的固定费用。因此，产品单价即使可能低于成本，但只要大于变动费用，企业生产该产品仍是有好处的。

经营安全率是反映企业经营状况的一个重要指标，经营安全率越高，说明该企业经营状态越佳，一般可根据表 4-1 中的数值判定经营安全状态。

表 4-1　经营安全率数值

经营安全率	40%	30%～40%	20%～30%	10%～20%	10%以下
经营安全检查状态	安全	较安全	不太好	要注意	危险

提高经营安全率有以下三种措施。

第一，畅销时可增加产量；

第二，提高价格，增加收益；

第三，降低变动成本，减少固定成本。

（2）风险型决策的方案选择法

风险型决策是指方案实施可能会出现几种不同的情况（自然状态），每种情况下的后果（即效益）是可以确定的，但不可确定的是最终将出现哪一种情况。犹如天气有晴、雨、阴等几种状态，哪种状态将最终出现，谁也无法事先做出肯定的判断，所以就面临决策的不确定性。不过，如果人们基于历史的数据或以前的经验可以推断出各种自然状态出现的可能性（即概率）的话，那么这种决策就成为风险型决策。在风险型决策下，人们计算出的各方案在未来的经济效果只能是考虑到各自然状态出现的概率的期望收益，该数值与这一方案在未来的实际收益情况并不会相等。因此，据此选定决策方案就不免伴随着一定的风险。

风险型决策的方案评价方法有很多，这里我们主要介绍决策树和决策表两种计算法。

① 决策树法。这是一种以树形图来辅助进行各方案期望收益的计算和比较的决策方法，其基本形状如图 4-5 所示。

举个简单的例子（这里不考虑货币的时间价值），某公司为满足市场对某种新产品的需求，拟规划建设新厂。预计市场对这种新产品的需求量比较大，但也存在销路差的可能性。公司有两种可行的扩大生产规模方案：一个是新建一个大厂，预计需投资 30 万元，销路好时可获利 100 万元，销路不好时亏损 20 万元；另一个是新建一个小厂，需投资 20

万元，销路好时可获利40万元，销路不好仍可获利30万元。假设市场预测结果显示，此种新产品销路好的概率为0.7，销路不好的概率为0.3。根据这些情况，下面用决策树法说明如何选择最佳的方案。

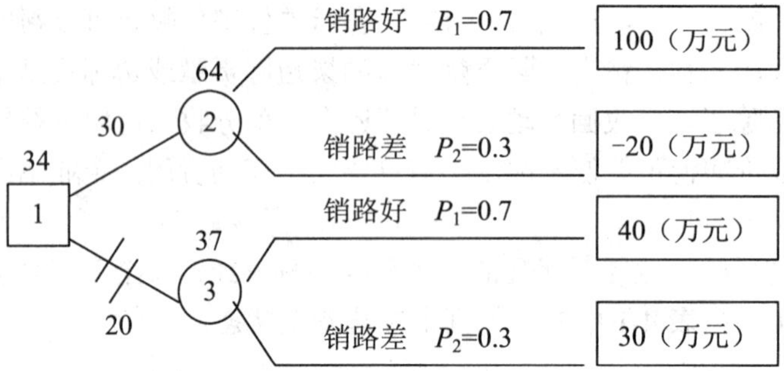

图4-5 决策树示意图

图4-5中，方框表示决策点，由决策点引出的若干条一级树枝称为方案枝，它表示该项决策中可供选择的几种备选方案，分别以带有编号的圆形结点②和结点③等来表示；由各圆形结点进一步向右边引出的枝条称为方案的状态枝，每一状态出现的概率可标在每条直线的上方，直线的右端可标出该状态下方案执行所带来的损益值。

用决策树的方法比较和评价不同方案的经济效果，需要进行以下几个步骤的工作。

第一，根据决策备选方案的数目和对未来环境状态的了解，绘出决策树图形。

第二，计算各个方案的期望收益值，这首先是计算方案各状态枝的期望值，即用方案在各种自然状态下的损益值去分别乘以各自然状态出现的概率（P_1、P_2），然后将各状态枝的期望收益值累加，求出每个方案的期望收益值（可将该数值标记在相应方案的圆形结点上方）。

在上例中第一方案的期望收益 $100\times0.7+(-20)\times0.3=64$（万元）

第二方案的期望收益 $40\times0.7+30\times0.3=37$（万元）

第三，将每个方案的期望收益值减去该方案实施所需要的投资额（该数额标记在相应的方案枝下方），比较余值后就可以选出经济效果最佳的方案。

在上例中第一方案预期的净收益 $64-30=34$（万元）

第二方案预期的净收益 $37-20=17$（万元）

比较两者，可看出应选择第一方案（在决策树图中，未被选中的方案以被“剪断”的符号来表示）。

② 决策表法。这种方法实际上与决策树法原理相似，只是表示的方式有所不同。仍以前述例子来说明，其决策表如表4-2所示。

表 4-2 决策表　　单位：万元

方案的自然状态		损益值	概率	期望收益	投资额	净收益
方案一	销路好	100	0.7	64	30	34
	销路差	−20	0.3			
方案二	销路好	40	0.7	37	20	17
	销路差	30	0.3			

实际上，风险型决策方案的选择并不能只看期望收益值的大小，还必须同时兼顾方案的风险度，即各状态下的收益值与期望收益的偏离程度。在预期收益值相当的情况下，预期收益偏离程度越小，也即风险度越低的方案，应该越是可取的。

（3）不确定型决策的方案选择法

不确定型决策，就是指决策者所要解决的问题有若干个决策方案，同时决策问题所遇到的各种自然状态发生的概率无法预测。按决策标准可分为五种：乐观准则、悲观准则、乐观系数法、最小后悔值法和等可能性法。

① 乐观准则（赫威斯决策准则）。乐观准则，也称大中取大法，就是决策者对客观自然状态抱乐观的态度，它的决策程序是：首先从各方案中把最大的效益值挑选出来，然后在这些最大效益值中再挑选一个最大的效益值作为决策的最优方案。

② 悲观准则（瓦尔德决策准则）。悲观准则，也称小中取大法，就是决策者从最坏的自然状态出发，首先从各方案中把最小的收益值挑选出来，然后在这些最小的效益值中再挑选出一个较大的效益值作为最优方案。

③ 乐观系数法（折中决策法）。乐观系数法，是介于上述两个准则之间的一个准则，把自然状态出现的概率变成人为地估计一种可能性，即乐观系数。乐观准则和悲观准则是分别按照最好最坏结果进行决策，因此有一定的缺点：除了最大或最小的损益外，其余均不考虑，而且极端行事，有片面性。乐观系数法，就是决策者对自然状态的估计既不那么乐观，也不那么悲观，在乐观和悲观这两个极端之间用一个系数来折中求得平衡，这样就可算出每一方案折中的期望效益值，然后在这些折中的期望效益值中再挑选出一个最大期望效益值作为决策最优方案。乐观系数法，首先是决策者根据历史数据的分析和经验判断的办法确定一个乐观系数，用 α 表示，α 的取值介于 0 和 1 之间，即 $0\leqslant\alpha\leqslant1$，当决策者对未来自然状态的估计比较乐观时，可取 $\alpha>0.5$，当决策者对未来的估计比较悲观时，可取 $\alpha<0.5$。各方案折中期望值可用下式计算：折中期望值$=\alpha$（最大效益值）+1（$1-\alpha$）最小效益值，这种方法的特点是：首先采用一个折中标准（即乐观系数），计算各方案的现实估计值，然后从中选择一个最大值，作为最优方案。

④ 最小后悔值法（萨凡奇决策准则）。最小后悔值法，也称最大最小后悔值法或最小遗憾决策法，这一方法就是首先找出各个方案的最大后悔值，然后在这些最大后悔值中再挑选出最小的后悔值作为决策的最优方案。在决策过程中，当某一种自然状态可能出现时，决策者要选择收益最大的方案，如果决策者由于决策失误未选取这一方案，而选用了

其他方案，因而会感到后悔和遗憾当初未选择最大效益值方案，为了避免将来遗憾太大，因而采用从最大后悔值中取最小的后悔值作为决策标准。决策失误，造成损失的价值，称为后悔值。所谓后悔值，就是指在某一自然状态条件下，最大效益值与其他方案效益值之差。它的决策程序：一是计算出不同自然状态下的最大收益值；二是计算出不同自然状态下的各种方案后悔值；三是挑选出不同方案的最大后悔值；四是从最大后悔值中挑选最小后悔值，并把最小后悔值对应的方案，作为最优方案。

⑤ 等可能性法（拉普拉斯法）。等可能性法，又称机会均等准则，就是决策者在决策过程中没有充分的根据肯定哪一种自然状态会有较大机会出现或不出现，就假定各种自然状态发生的概率相等，然后计算各个方案的损益期望值，再以最大收益期望值或最小损失期望值为决策标准进行决策。

第三节　目标的制定和运用技巧

目标是一个组织的各项管理活动所追求的，是组织或个人期望的成果，也是组织或个人努力奋斗的结果。目标为所有的管理决策指明了方向，并且作为标准可用来衡量实际的绩效，正是由于这些原因，目标成为计划的基础。如果一个组织长期不能实现自己的目标，就会逐渐丧失自己存在的价值。

一、目标管理

（一）目标的性质

目标是根据企业的宗旨而提出的企业在一定时期内要达到的预期成果。从管理学的角度看，企业目标具有独特的属性。因此在制定目标时，必须注意这些特性，主要体现在以下几个方面。

1. 目标的层次性

组织的目标从大的方面来讲，有三个层次：

第一层次的目标，是环境对组织的要求，即社会环境强加于组织的目标。

第二个层次的目标，是企业或组织作为自身生存或发展的目标。企业从自身的角度，确定自己的目标，追求利润的最大化应该是在市场经济条件下所有企业的目标，但在表现方式上形形色色，有的表现为唯利是图，有的表现为有利可图，即有所为有所不为。

第三个层次的目标是企业成员的目标，如股东、员工追求收入的最大化或工作的稳定性、荣誉感等。

2. 目标的多重性

在市场经济条件下，似乎所有的组织都有一个单一目标，那么这个目标对于企业是创造利润，但对于非营利组织则是提供高效率的服务。但是更深入地分析，所有组织的目标都是多重的。如工商企业除了追求利润外，还追求增加市场份额和满足雇员的福利；教堂除了提供一条“通过忏悔进入天堂的路”，也帮助所在社区内的贫困阶层，并作为社会成员聚会的场所。因此，没有一种单一的衡量尺度能够有效地评价一个组织是否成功地履行了它的使命。

表 4-3 中的 10 种目标是受到最高评价的目标，这是一项对美国 80 家最大公司的研究成果，每家公司设定的目标数量为 1～10 个，平均为 5～6 个，除了利润率指标外，其他目标既可适用于工商企业，也可以适用于非营利组织，这些目标如下。

表 4-3 企业的 10 种目标

目 标 类 型	承认目标的程度
（1）利润率（利润的绝对额或投资报酬率）	89%
（2）增长（销售额、雇员数量方面的增长）	82%
（3）市场份额（本企业的销售额与行业全部销售额之比）	66%
（4）社会责任（包括帮助治理污染、消除歧视、缓解就业压力）	65%
（5）雇员的福利（关心员工的满意程度和他们工作生活的质量）	62%
（6）产品质量和服务（生产优质的产品和服务）	62%
（7）研究与开发（成功地创造出新产品和新的工艺流程）	54%
（8）多元化（识别和进入新市场的能力）	51%
（9）效率（以最低的成本将输入转换为输出的能力）	50%
（10）财务的稳定性（财务指标的绩效、避免不稳定的波动）	48%

3．目标的时间性

目标都是有时间跨度的，根据其跨度的大小，分为短期目标、中期目标、长期目标。短期、中期、长期的区分也是相对而言的。一般情况下，短期是指时间跨度在 1 年以内，长期在 5 年以上，中期介于二者之间。

4．目标的可考核性

目标的可考核性是指所定的目标必须明确，不能模棱两可和含含糊糊。如果目标不具有可考核性，也就失去了目标的作用，进而计划的作用也大大降低了。一般来说，目标有定性目标和定量目标。定性目标不好把握，在日常生活中，常常表现出模糊的一面。比如“我们一定要把工作做好”这个目标，就比较模糊，因为做到什么程度才算好，很难客观地确定，因此在工作中制定定性目标，一定要明确而且必须给出可考核的指标。

5．真实的目标与宣称的目标

宣称的目标是指一个组织对其目标的官方陈述，是使公众相信该组织打算做什么，通常可以从组织的章程、年度报告、公共关系报告或管理者的公开声明中找到，然而宣称的目标和真实的目标经常是互相冲突的。比如经常在电视、报纸的广告中可以看到某些公司的目标，如“以更大的责任和团队力量响应全球竞争的要求”或“让我们做得更好”或“我们一直在努力”等，这些陈述充其量不过是一种模糊的和带有公共关系技巧的目标陈述，而不是真正体现组织到底追求什么、有实际意义的指导方针。

（二）目标的作用

目标规定了每个人在特定时期内要完成的具体任务，从而使整个组织的工作能在特定的时刻充分地融合成一体。没有明确的目标，整个组织就会成为一盘散沙，管理也必然是杂乱的、随意的。因此，组织目标是组织存在的前提，是组织开展各项工作的基础，也是管理者和组织中一切成员的行动指南，在管理中起着重要的作用。

1. 目标是组织进行计划和决策的基本依据

在一个组织中，管理者要有效配置资源，首先必须明确组织的目标。只有明确了组织的目标，才能确定为了实现目标必须开展什么工作、各项工作需要配置何种资源、各配置多少等，因此，目标是计划的基础。同时，在管理工作中，管理者时常面临各种问题的决策。在决策过程中，管理者只有对组织目标有清晰的了解，才能判断该问题是否需要解决、应该解决到何种程度、应该选择怎样的方案、应该怎么做才是组织行动的正确方向。目标不清，就无从判断和决策。

2. 目标是组织内部分工和协调的准则

组织目标的实现有赖于全体员工的共同努力，而一个组织的组织结构如何设置，成员之间如何分工，大家应该往哪个方向努力，都必须在确立了组织目标之后才能明确。为了维护组织的稳定，减少相互间的冲突和矛盾，加强协作，组织成员往往需要了解其他成员的工作。但事实上，由于人数众多和工作内容的差异，在组织中这种相互了解存在着较大的困难。组织目标提供了组织成员间相互了解的途径。因为组织中各种人员的工作都是以实现组织目标为基础的，只要了解了组织的目标体系，就可以了解组织中其他成员的工作内容及其各项工作的重要程度，从而有助于搞好相互之间的协作和配合，减少工作中的冲突和矛盾。

3. 目标达成度是业绩考核的基本依据

效率和效益相比，效益是第一位的。要改进和提高组织的效率，就必须搞清组织的目标是什么，并沿着这个方向努力，使有限的资源最大限度地发挥作用。组织成员的努力是否符合组织目标，是确认其工作是否有效率的前提，不符合或违反组织目标的努力是无效的，甚至是有害的。一般来说，对组织成员的业绩考核，也是根据其行为结果对组织目标实现程度的贡献来进行，因此，组织目标也是组织中进行绩效考核的基本依据。

4. 目标是激发员工工作热情的重要激励手段

为了调动组织成员的工作积极性，管理者常采用物质刺激的方式。而事实上，能够真正激发员工内在工作热情的是能够吸引人的目标。如果管理者能够提出一个全体员工为之振奋的目标，并树立其信心，不仅能够减少眼前物质刺激的压力，而且可以使员工在工作中努力克服可能遇到的各种困难，致力于最终目标的实现。

二、传统的目标制定方法

目标的传统作用是组织的最高管理者施加影响和控制的一种方式。设定目标的传统方法是目标由组织的最高管理层设定，然后层层分解，落实到组织的各个层次上。这是一种单向的过程，由上级给下级规定目标，如图 4-6 所示。

这种传统的方式要想有效发挥目标应有的作用要建立在一个假设前提下：最高管理者最了解应当设立什么目标，因为只有他能够纵观组织的全貌。这种传统的设定目标的方法在实际的运作中却体现出了很大程度的不可操作性和不准确性。比如，体现在最高管理者采用泛泛的语言定义组织的目标，如“获取足够的利润”或“取得市场领导地位”，这些模糊性的目标在转化为具体目标的过程中，不得不经过组织的层层过滤，在每一层上，管理者都必须加上一些可操作性的含义。然而这种可操作性的获得或明确性的获得是靠每一级管理者的理解甚至是偏见对目标进行解释，其结果是目标在自上而下的分解过程中，丧失了它的清晰性和一致性。

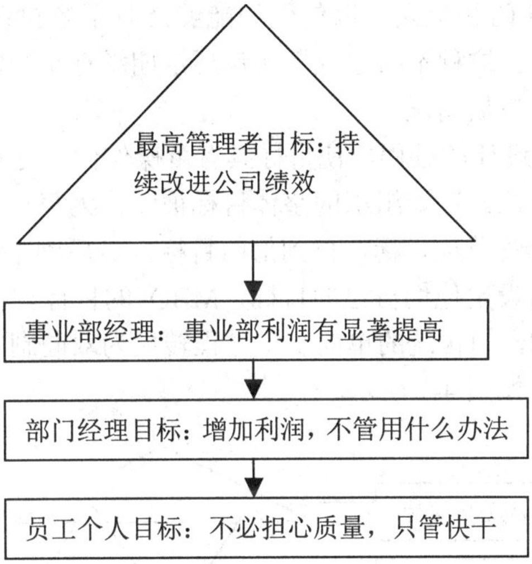

图 4-6　层层过滤的目标分解

三、目标管理原理及运用

美国管理学家德鲁克 1954 年在其《管理的实践》一书中正式提出了目标管理（Management By Objectives，MBO）。目标管理的吸引力在于为企业提供了一种将组织的整体目标转换为组织单位和每个成员目标的有效方式，从而对员工的工作成果有明确的目标作为考核标准，使评价和奖励员工做到更客观、更合理，因此可以大大激励员工为完成组织目标而努力。目标管理特别适用于对主管人员的管理，所以又被称为“管理中的管理”。

1．MBO 的主要思想

MBO 有四个共同的要素，它们分别是：明确目标、参与决策、规定期限和反馈绩效。

（1）明确目标。这是指 MBO 中的目标应当简明扼要。如果仅仅说希望降低成本、改善服务或提高质量，这种目标是不恰当的，这些期望必须转换成定量的目标，从而可以进行准确度量和评价。例如，制定诸如降低成本 8%、提高质量使退货率低于销售额的 0.5%、改进服务保证所有的电话订单在收到后 24 小时内得到处理、在电话铃声响过三声之前必须拿起电话等明确的目标。

（2）参与决策。MBO 中的目标不是像传统的目标设定那样完全由上级设定并分派给下级，而是用参与的方式决定目标，即上级和下级共同参与目标的选择和确定，并且对如何实现目标达成一致意见。

（3）规定期限。每一个目标的完成都有一个简单明确的时间期限，如 3 个月、6 个月或一年。

（4）反馈绩效。MBO 计划的最后一个要素是绩效的反馈。MBO 寻求不断地将实现目标的进展情况反馈给部门和个人，以便他们能够及时了解自己行动的成果与目标的差距，从而调整自己的行动。这种不断地反馈还包括定期举行正式的评估会议。在会上，上下级之间共同回顾和检查进展情况。

MBO 通过一种专门设计的过程，使目标具有可操作性，这种过程是一级接一级地将目标分解到组织的各个单位，比如组织的整体目标被转换为每一级组织单位的具体目标，就是从整体组织目标到经营单位目标，再到部门目标，最后到个人目标。MBO 是由每一层单位的管理者分别参与设定他们自己的目标，MBO 的目标转化过程既是“自上而下”的，又是“自下而上”的，由传统的单向制定过程转换为双向制定目标的过程，最终结果是一个目标的层级结构，如图 4-7 所示。

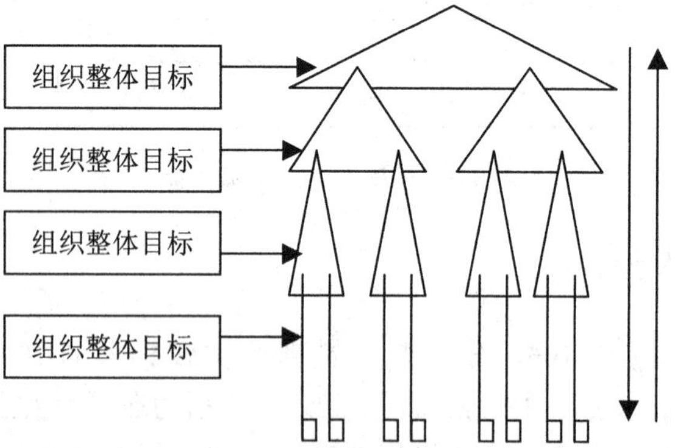

图 4-7　MBO 的目标设定

因此，每个人对他所在单位成果的贡献都很明确，如果所有的人都实现了他们各自的目标，则他们所在单位的目标也将达到，而组织整体目标的实现也就成为现实。

2．目标管理的特点

通过上述目标管理的要点和过程的分析，目标管理有以下几个方面的特点。

（1）以个人为导向，重视人的主动性和创造性。

在 MBO 中的目标是上下级共同参与制定的，那么这个目标就是充分考虑了自己各方面能力的前提下得出的。因此在实施过程中，每个员工会积极地实现自己参与设定的目标来体现他的价值所在，变监督型管理为自我控制型管理。

（2）促使权力下放，强调责权利的三者统一。

MBO 中的目标都是可考核的目标，因而在操作上促使上级下放权力。因为要完成明确的任务，必须相应地拥有完成目标所需要的资源、收益权力和承担相应责任。有关部门和个人不再只是做工作、执行任务、等待指导和决策，他们实际上都是有明确目标的个人。

（3）注重成果第一。

在传统管理中，由于没有一套清晰的可考核标准，所以评价员工的表现，除了看他的工作表现外，更重要的是根据上级的印象、上级本人的思想及员工和上级的关系等定性因素来评价，往往不能公正、合理地评价一个员工的工作成果。而在目标管理中，由于有了一套完善地目标考核体系，能够按员工的实际贡献大小如实客观地评价一个人，从而做到赏罚分明，让下级心服口服。而且在管理上可以降低主管人员的工作量，考核只是看目标的完成程度，而不管员工实际工作态度、工作表现等。

（4）目标管理是让所有员工参与管理的一种方式。

主要体现在目标的制定上，是上下级协同制定，并共同研究实现目标可能的行动方案，从而形成一个“目标—手段”链（见图 4-8），即自上而下的层层展开和自下而上的层层保证。

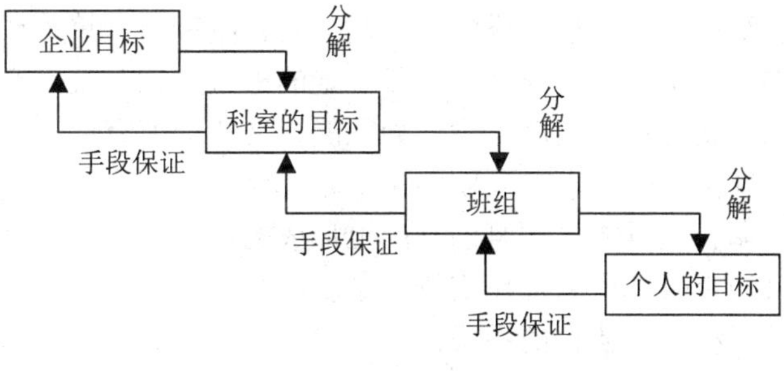

图 4-8　目标管理中的目标链

3．MBO 的步骤

MBO 的基本步骤：

（1）制定组织的整体目标和战略；

（2）在隶属的经营单位和部门之间分配主要目标；

（3）各单位的管理者和他们的上级一起设定本部门的具体目标；
（4）部门的所有成员参与设定自己的具体目标；
（5）管理者与下级共同商定如何实现目标的行动计划；
（6）实施行动计划；
（7）定期检查实现目标的进展情况，并把情况及时向有关单位和个人进行反馈；
（8）根据绩效奖励各部门和个人，它将保证和促进目标的成功实现。

第四节　计划的种类及计划的制定

计划过程是决策的组织落实过程。计划通过将企业在一定时期内的任务分解给企业的每个部门、环节和个人，从而不仅为这些部门、环节和个人在该时期的工作提供了具体的依据，而且为决策目标的实现提供了切实保证。

一、计划的含义和作用

计划是关于组织未来的蓝图，是对组织在未来一段时间内的目标和实现目标途径的策划与安排。如同个人在工作和生活中时常制定计划一样，组织活动也需要有计划并且要在计划的指导下有条不紊地进行。如果没有计划，组织活动就经常会出现混乱和低效率。

1．计划的含义

所谓计划，就是为了实现既定的目标，对未来行动进行规划、安排及组织实施的一系列管理活动的总称。一般地，人们在名词和动词两种意义上使用着“计划”一词。从动词方面看，计划是指对各种组织目标的分析、制定和调整，以及对组织实现这些目标的各种可行方案设计的一系列相关联的行为、行动或活动。从名词方面看，计划就是指上述计划行动的结果，包括组织使命和目标的说明，以及战略、政策、预算等计划方案。

计划职能是为实现一定目标而科学预计和制定的未来行动方案。换言之，计划就是一个组织要做什么和怎么做的行动指南。对计划职能含义的理解有以下几点：

第一，计划是管理工作的一项首要职能；

第二，计划是在调查、分析、预测的基础上形成的；

第三，是对未来一定时期内的工作安排，是现实与未来目标间的一座桥梁；

第四，计划也是一种管理协调的手段；

第五，用“5W2H”来描述计划工作的任务和内容。

2．计划工作的基本特征

计划工作的基本特征可以概括为五个主要方面：目的性、首位性、普遍性、效率性和创新性。

（1）目的性

计划工作是为实现组织目标服务，任何组织都是通过有意识地合作，来完成群体的目标而得以生存的。计划工作旨在有效地达到某种目标。

（2）首位性

由于计划、组织、人员配备、领导和控制等方面的活动，都是为了支持实现组织的目标，管理过程中的其他职能都只有在计划工作确定了目标以后才能进行。因此，计划工作是管理活动的桥梁，是组织、领导、人员配备和控制等管理活动的基础，计划职能在管理职能中居首要地位。

例如，对于一个是否要建立新工厂的计划研究工作，如果得出的结论是新厂建设在经济上不合理，所以也就没有筹建、组织、领导和控制一个新厂的必要了。图 4-9 概略地描述了这种相互关系。

（3）普遍性

虽然各级管理人员的职责和权限各有不同，但是他们在工作中都有计划指导，计划工作在各级管理人员的工作中是普遍存在的。

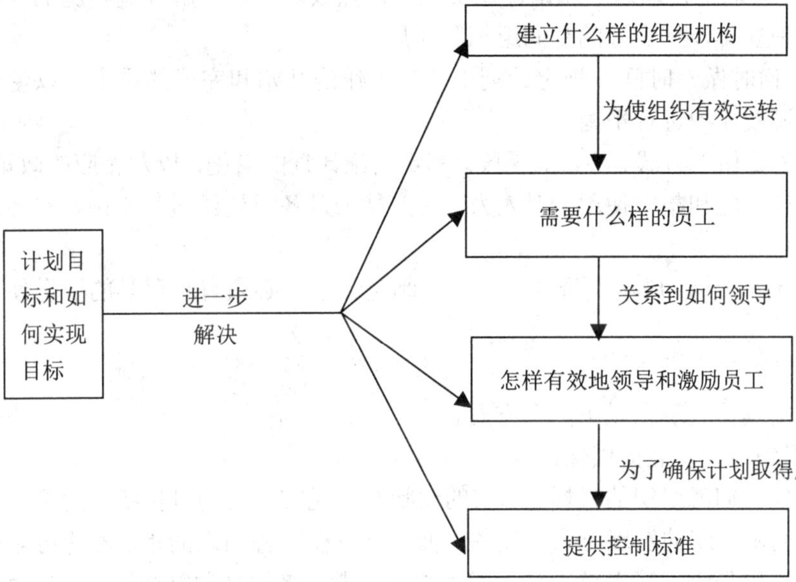

图 4-9 计划工作领先于其他管理职能

（4）效率性

计划工作要追求效率。计划的效率是指对组织目标所做贡献扣除制定和执行计划所需要的费用后的总额。一个计划能够达到目标，如果在计划的实现过程中付出了太高或是不必要的代价，那么这个计划的效率就是很低的。因此，在制定计划时，要时时考虑计划的效率，不但要考虑经济方面的利益，而且还要考虑非经济方面的利益和损耗。

（5）创新性

计划工作是针对需要解决的新问题和可能发生的新变化、新机会而做出决定，因而它是一个创新过程。计划工作实际上是对管理活动的一种设计，正如一种新产品的成功在于创新一样，成功的计划也依赖于创新。

3．计划工作的内容

计划工作的内容主要包括以下几个方面：

What——为什么？目标与内容。要明确组织的使命、战略、目标，以及行动计划的具体任务和要求，明确一个时期的中心任务和工作重点。

Why——为什么做？原因。要论证组织的使命、战略、目标和行动计划的可能性和可行性，也就是要提供制定计划的依据。

Who——谁去做？人员。计划不仅要明确规定目标、任务、地点和进度，还应规定由哪个部门、哪个人负责。例如，开发一种新产品，要经过市场调查、产品设计、样品试制、小批量试制和正式投产几个阶段。在计划中应明确规定每个阶段由哪个部门参加、哪个人具体负责、哪些部门协助配合，各阶段的接口处由哪些部门和哪些人员参加鉴定和审核等。

Where——何地做？地点。规定计划实施的地点或场所，了解计划实施的环境条件和限制，以便合理安排计划实施的空间组织和布局。

When——何时做？时间。规定计划中各项工作的开始和完成的进度，以便进行有效的控制和对资源及能力进行平衡。

How——怎么做？方式、方法、手段。制定实施计划的措施，以及相应的政策和规则，对资源进行合理分配和集中使用，对人力、生产能力及各类资源进行平衡，对各派生计划进行综合平衡。

How much——多少成本？资金、费用。制定计划，必须有较科学的资金使用、分配方案。

4．计划的作用

计划的作用具体表现在以下四个方面。

（1）为组织稳定发展提供保证

计划工作使人们就组织的目标、当前的现状及由现实过渡到目标状态的途径做出事先的安排，由此明确组织的发展方向，使各方面行动获得一种明确的指示和指导。同时，计划工作的开展迫使各级主管人员花时间和精力去思考未来的种种复杂情况，从而使环境中发生的变化有可能在多方面系统思考和预测中被事先估计到，这样组织就能事先做出应变的准备，由此提高组织的适应能力并降低经营中的可能风险。

（2）明确组织成员行动的方向和方式

组织的活动通常是由数量众多的成员在不同的时间、空间里进行的。为了使不同成员在不同时空进行的活动能够相互支持、彼此协调，以便为组织总体目标的实现做出共同的、一致的贡献，他们所从事的活动就必须事先得到明确的安排和部署。计划通过将组织活动在时间和空间上进行合理的分解，规定组织的不同部门在不同时间应从事的各种活动，从而使各方面的人员获得明确的工作指示和指导。另外，计划的编制也同时为组织成员的工作分工和协作配合提供了基本依据，从而使各方面的行动得到了规范和约束，促进了组织活动的落实和协调。

（3）为有效筹集和合理配置资源提供依据

组织活动进行的目的是对一定的资源进行加工和转换。为了使组织的目标活动以尽可能低的成本顺利地进行，必须在规定的时间提供组织活动开展所需要的规定数量的各种资源。资源的提供如果不及时或数量不足、规格不符合要求，可能会导致组织活动发生中断，而数量过多，则会导致资源的积压、浪费和活动成本上升。计划可促进组织对所需要的资源做出事先、全面的安排，从而使需要资源的有关方面明确何时需要何等数量的何种资源，这样组织资源的筹措和供应也就有了计划性。

（4）为检查、考核和控制组织活动奠定基础

不同组织成员由于素质和能力的不同，对组织任务和要求的理解也可能有别；组织在不同环节的活动能力可能并不是平衡、衔接的；组织整体及组织的各个部分在活动中所面对的环境特点与事先的预计也可能不完全吻合。这些原因就使组织各部分在决策实施中的活动与目标的要求不完全相符，甚至可能出现较大的偏差。这种偏差，如果不能及时发现并针对原因采取纠正措施，则会导致组织决策执行的局部或全部失败，从而危及组织的生存和发展。计划的编制为及时对照标准检查实际活动情况提供了客观的依据，从而也就为及时发现和纠正偏差奠定了可靠的基础。

二、计划的种类

计划的种类很多，可以按不同方式进行分类。不同的分类方法有助于我们全面地了解计划的各种类型。一般较为普遍的是按照计划的表现形式、管理层次、时间跨度、计划的约束力、计划的对象和企业职能来分类。

1．按照计划的表现形式分类

按计划内容的表现形式，可将计划分为宗旨、目标、战略、政策、规则、程序、规划和预算等内容。组织中不同层次的计划类型，执行计划通常有如图 4-10 所示的层次体系和表现形式。

（1）宗旨（Mission）。各种有组织的活动，都具有或至少应该有目的或宗旨。这种目的或宗旨是社会对该组织的基本要求，反映的是组织存在的社会价值。

（2）目标（Objective）。目标是在宗旨指导下提出的，它具体规定了组织及其各个部门的经营管理活动在一定时期要达到的具体成果。目标不仅仅是计划工作的终点，而且也是组织工作、人员配备、领导以及控制等活动所要达到的结果。

（3）战略（Strategy）。战略是指组织面对激烈变化、严峻挑战的市场环境，为求得长期生存和不断发展而进行的总体性谋划，是指对确立组织的长期目标，如何采取行动，分配必需的资源，以达到目标。

（4）政策（Policy）。政策是指在决策或处理问题时指导及沟通思想活动的方针和一

般规定。政策指明了组织活动的方向和范围，鼓励什么和限制什么，以保证行动同目标一致，并有助于目标的实现。

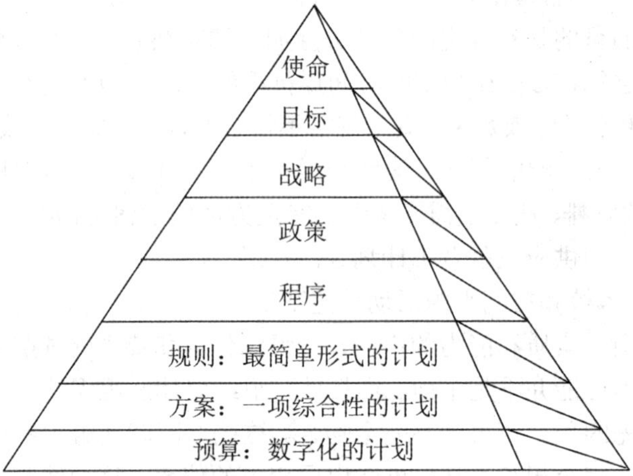

图 4-10　执行计划的层次体系与表现形式

（5）程序（Procedure）。它规定了如何处理那些重复发生的问题的方法、步骤。程序就是办事手续，是对所要进行的行动规定时间顺序，是行动的指南。因此，程序是详细列出必须完成某类活动的准确方式。

（6）规则（Rule）。规则是对在具体场合和具体情况下，允许或不允许采取某种特定行动的规定。规则也是一种计划。规则常常容易与政策和程序相混淆，应特别注意区分。规则不像程序，因为规则指导行动，而不说明时间顺序，可以把程序看作是一系列规则的总和。政策的目的是要指导决策，并给管理人员留有酌情处理的余地。虽然规则有时也起指导作用，但是在运用规则中，没有自行处理的权利。

（7）规划（Programs）。规划是综合性的计划，它是为实现既定方针所需要的目标、政策、程序、规则、任务分配、执行步骤、使用资源及其他要素的复合体。因此，规划工作的各个部分的彼此协调需要系统的思考方法。

（8）预算（Budget）。预算作为一种计划，是一份用数字表示预期结果的报表。预算又被称为"数字化"的计划。例如，财务收支预算，可称为"利润计划"或"财务收支计划"。一个预算计划可以促使上级主管对预算的现金流动、开支、收入等内容进行数字上的整理。预算也是一种控制手段，又因为预算是采用数字形式，所以它使计划工作更细致、更精确。有关预算的详细情况将在本书控制职能中详细讨论。

2．按照管理层次来划分

按照制定计划的组织在管理系统中所处的层次，可以分为高层计划、中层计划和低层计划。

高层计划是由高层领导机构制定并下达到整个组织执行和负责检查的计划。一般是总体性的，是整个组织的战略构思和长时期的行动纲领。一般具有构思宏大、眼光深远、认识超前等特点，同时也较为抽象和稳定。

中层计划是中层管理机构制定、下达或颁布到有关基层执行并负责检查的计划。从属于高层计划，并指导低层计划。

低层计划是基层机构制定、颁布和负责检查的计划。一般是执行性计划，低层计划的制定必须以高层、中层计划的要求为依据，保证高层、中层计划目标的实现。低层计划具有构思细微，认识实在的特点，一般较为具体和易变。

高层、中层、低层计划是相对而言的，后者一般是前者分解的结果，前者则是后者的纲领和综合。较低层级的计划是较高层级计划的落实和保证。

3．按照时间跨度来划分

按照计划规划时间的长短，可分为长期计划、中期计划和短期计划。长期、中期和短期计划是根据计划跨越的时间间隔长短来划分的。长期计划描绘了组织在一段较长时期（通常为 3 年或 5 年以上）的发展蓝图，它规定在这段较长的时间内组织及组织的各部分从事活动应该达到什么样的状态和目标。通常地，战略计划就是一种长期的计划，但长期计划并不一定都是战略计划。无论是战略计划还是一般的长期计划，长远目标的实现都需要组织及组织的各个部门通过未来不同时段的具体活动去实现，中期和短期计划便是为此而制定的，它们详细规定了组织总体和各部分在目前到未来的各个时间间隔相对较短的时段内（如中期计划通常涵盖 1～3 年的时间，短期计划的时段则通常仅为一年、半年乃至更短的时间）所应该从事的各种活动及从事该种活动所应达到的水平和所应采取的行动方案，以便为组织成员提供具体明确的行动依据。

4．按照计划的约束力来划分

按照计划对执行者的约束力，可分为指令性计划和指导性计划。指令性计划是由上级部门下达的具有执行约束力的计划。它具有强制性、权威性、行政性和间接市场性的特点。指导性计划是由上级主管部门下达的起导向作用的计划，具有参考性、灵活性和调节性的特点。

5．按照计划的对象来划分

按照计划的对象可以分为综合计划、局部计划和项目计划。综合计划是指具有多个目标和多方面内容的计划。局部计划是指限于指定范围内的计划，它是在综合计划的基础上制定的，是综合计划的一个子计划。与综合计划相比较而言，局部计划涉及的对象比较单一，计划的内容专一性强。项目计划是为完成某一特定任务而制定的计划，内容专业性较强，目标比较明确。项目计划既可以包括在局部计划之中，又可以单独设立。作为局部计划的一个组成部分，项目计划是局部计划的进一步分解和落实；作为单独设立的项目计划又往往与综合计划相关。

6．按照企业职能分类

计划还可以按企业职能进行分类。例如，我们可以将某个企业的经营计划按企业职能分为新产品开发计划、供应计划、生产计划、销售计划、财务计划、人力资源计划、设备维修计划、安全计划、后勤保障计划等。由此看来，这些职能计划通常就是企业相应的职能部门编制和执行的计划。一般来说，按职能分类的计划体系与组织中按职能划分管理部门的组织结构体系相对应。

三、计划工作的基本原理

计划工作的基本原理主要有限定因素原理、许诺原理、灵活性原理、改变航道原理，掌握这些基本原理，有利于更好地做计划工作。

1．限定因素原理

限定因素原理就是分析找出妨碍实现目标的瓶颈因素，然后有针对性地改变这些因素，就可以影响组织目标的实现程度。所以，这个原理也可以称为木桶原理，其含义是一个木桶能盛多少水，取决于桶壁上最短的那块木板条。这条原理告诉我们制定计划时，必须找出影响计划目标实现的主要因素或战略因素，从而有针对性地采取得力措施。比如，我们建立现代企业制度，存在着很多障碍，但是随着改革的深入，发现政企不分、国有企业“老板”缺位是企业改革的短木板。

2．许诺原理

任何一项计划都是对完成各项工作所做出的许诺。因而许诺越大，实现许诺的时间越长，实现许诺的可能性就越小。这一原理涉及计划期限问题。许诺原理的意思是，长期计划的编制不是为未来决策而做的，而是为今天的决策对未来效果而做的计划。换句话讲，决策是一种承诺，在通常情况下，这种承诺是资金、行动方向或声誉方面所承担的义务。因此，决策是计划的核心。计划是要在做出了决策后才真正落实。

3．灵活性原理

计划必须具有灵活性，即当出现意外情况时，有能力做出改变而不必花费太大的代价。我们在前面讲过，计划在理论上并不降低灵活性，但并不表明计划本身具有灵活性，就是说这个原理要求我们是一个理性的制定者。在制定计划时，一定要通过对外部环境可能出现的各种变化和内部环境可能出现的各种变化做出预测，因而体现为计划应该具有弹性，核心是制定计划要留有余地，当然留有余地是相对而言的，战略计划应该大一些，战术计划应该小一些。

4．改变航道原理

这个原理与灵活性原理不同，灵活性原理使计划本身具有适应性，适应外部环境的变化，而改变航道原理是使计划执行过程中具有应变能力，就像航海家一样，必须经常核对航线，一旦碰到障碍就可绕道而行；比如，某一计划有几套方案同时备选，环境在向预期的那样发生时，执行一套方案，出现第一种意外时，应该执行第二种方案，出现第二种意外时，执行第三种方案等。就像航海家一样，必须经常核对航线，遇到障碍就可绕道而行。

四、计划工作程序

计划过程是决策的组织落实过程。计划通过将企业在一定时期内的任务分解给企业的每个部门、环节和个人，从而不仅为这些部门、环节和个人在该时期的工作提供了具体的依据，而且为决策目标的实现提供了切实保证。

组织的计划过程是一个复杂的过程，是计划目标的制订和组织实现的过程。具体而言，计划工作包括以下六个步骤（见图 4-11）。

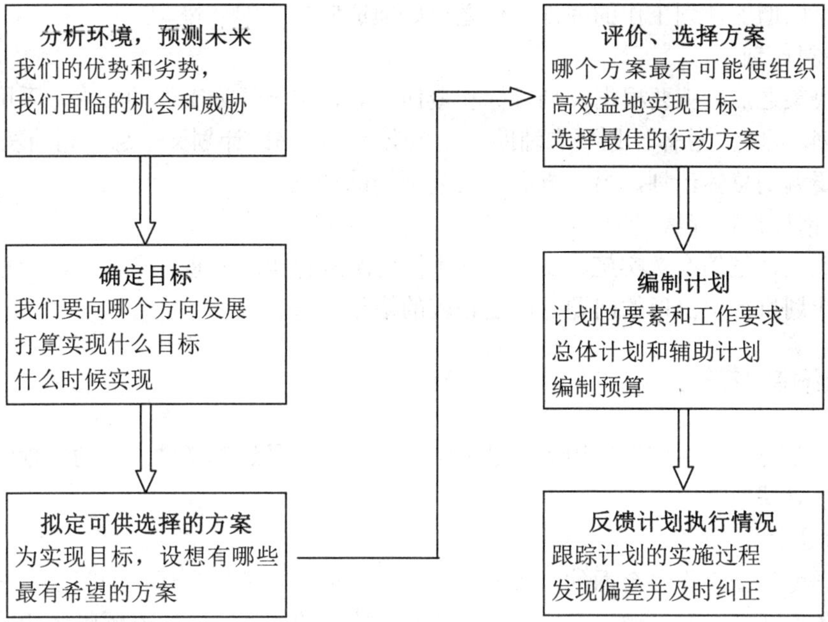

图 4-11　计划工作的程序

1．分析环境，预测未来

运用科学的分析方法（如 SWOT 分析）对组织环境进行综合分析，找到组织自身的优势和劣势、外部环境的机会和威胁。在此基础上，才能确定组织所要达到的目标。

2．确定目标

组织要在环境分析的基础上制定组织目标，计划工作的目标是指企业在一定时期内所要达到的效果。它指明所要做的工作有哪些，重点放在哪里，以及通过战略、政策、程序、规划和预算等各种计划形式所要完成的是什么任务。

3．拟定可供选择的方案

确定目标之后，就要拟定各种可行的计划方案供评价和选择。这一步是一个创新过程，因为一个计划往往有几个可供选择的方案。拟订方案时，不是找可供选择的方案，而是减少可供选择方案的数量，以便可以对最有希望的方案进行分析。当然，方案不是越多越好；拟定可行性方案应做到既不重复又不遗漏，拟定若干个比较有利于预期目标实现的可行性方案，借助教学方法和计算机进行选优，排除希望最小的方案。

4．评价、选择方案

计划工作的第三步是评价备选方案并选择最佳方案，这是计划的关键一步，也即决策。本步骤是根据环境分析和组织目标来权衡各种因素，对各个方案进行评价，比较各个方案的利弊的前提下选择最合适的方案。有时候，可供选择方案的分析和评估表明两个或两个以上的方案都是合适的，管理者应在确定首选方案的同时，把其他几个方案作为后备的方案，这样可以增加计划工作的弹性，使之更好地适应未来的环境。

5．编制计划

做出决策之后，就要根据计划目标和最佳方案，按照计划工作的要求，采用科学的方法编制计划。因为，总体计划要靠辅助计划来支持，而辅助计划又是总计划的基础。所以，一方面，要编制总体计划，另一方面，要编制辅助计划。

6．反馈计划执行情况

为了保证计划的有效实施，要对计划执行情况进行跟踪检查，及时反馈计划的实施情况，分析计划执行中出现的问题并做出相应的措施。

五、计划编制方法

以下主要介绍一些广泛应用的计划编制方法，它们是运筹学法、滚动计划法、网络计划技术和预算法。

1．运筹学法

运筹学是计划工作最全面的分析方法之一，是现代管理科学理论的基础，它研究在一定的物质条件（人、财、物）下，为了达到一定的目的，如何统筹兼顾整体活动所有各个环节之间的关系，为选择最好的方法提供量化依据，以便能为最经济、最有效地使用人、财、物做出综合性的合理安排，取得最好的效果。所以说，运筹学又是一种分析、实验和定量的科学计划方法。在计划工作中应用运筹学的一般程序，主要有以下步骤：第一，确立问题的数学模型。首先界定问题，确定描述问题的主要变量和问题的约束条件，其次根据问题的性质选择采用哪一类运筹学方法，为使问题简化和突出主要因素，做出必要的假定，最后将问题描述为一定的数学模型。第二，规定一个目标函数，作为各种可能的行动方案进行比较的尺度。第三，确定数学模型中各参量的具体数值。第四，求解模型，找出使目标函数达到最大或最小值的最优解。通常需要编制计算机程序进行辅助运算。这种方法也有其不足之处，例如，数学模型必须满足一定的条件，答案往往失去实际应用价值。另外，所得到的最优解是附加了各种假定条件的“最优解”。

2．滚动计划法

滚动计划法是一种动态编制计划的方法，它不像静态那样，等计划全部执行完了之后再重新编制下一个时期的计划，而是在每次编制或调整计划时，均将计划按时间顺序向前推进一个计划期，即向前滚动一次。滚动计划法是根据计划执行情况和客观环境的变化定期修订计划，使计划不断向前移动的方法。滚动计划法的突出优点为：第一，滚动计划法把执行期分为几个阶段，不断修订计划，相对来说缩短了计划时期，加大了准确性，保证了计划的指导作用，提高了计划执行的质量，使计划更具有现实性和可行性。第二，滚动计划大大增加了计划的弹性，提高了组织的应变能力。第三，滚动计划法协调了不同计划执行阶段间的关系，保证了计划的前后衔接，使计划既具有阶段性又具有连续性。图 4-12 表明了滚动式计划法的基本原理。

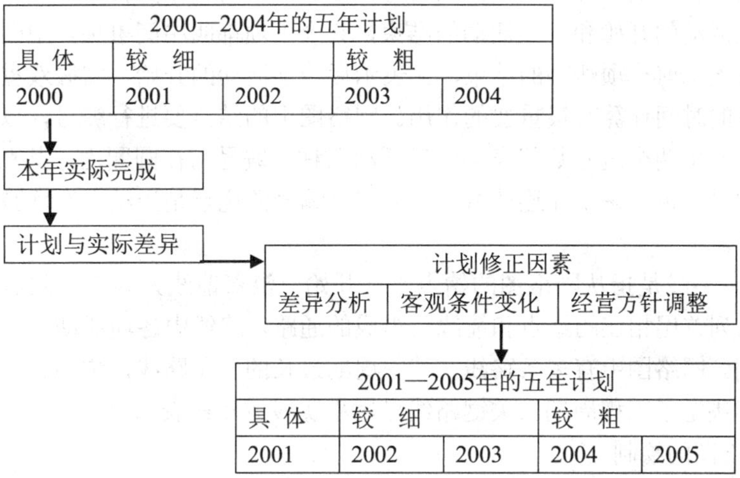

图 4-12 滚动式计划法的基本原理

可见，滚动式计划法能够根据变化了的环境及时调整和修正组织计划，体现了计划的动态适应性，而且它可使中长期计划与年度计划紧密衔接。

采用滚动式计划法编制年度计划时，一般将计划期向前推进一个季度，计划年度中第一季度的任务比较具体，到第一季度末，编制第二季度的计划时，要根据第一季度计划的执行结果和客观情况的变化及经营方针的调整，对原先制定的年度计划做相应的调整，并在此基础上将计划期向前推进一个季度。采用滚动式计划法编制月度计划，一般可将计划期向前推进十天，这样，就可以省去每月月末预计、月初修改计划等工作，有利于提高计划的准确性。

3．网络计划技术

网络计划技术是一种运用网络图的形式来组织项目和进行计划管理的一种科学的现代计划方法。

（1）网络图的组成

网络图由活动、事项和路线二部分组成。

① 活动。活动（作业或工序）是指一项工作或一道工序。活动内容可多可少。在网络图中，活动用一条箭线“→”表示，箭线上方标明活动名称，下方标明该项活动的所需时间，箭尾表示该项活动的开始，箭头表示该项活动的结束。但箭线长短与活动消耗时间长短无关。网络图中还要引用一种虚活动，所谓虚活动是指作业时间为零的一种活动，以虚箭线表示。它不消耗资源和时间，其作用是把前后工序连接起来，表明它们之间的逻辑关系，指明活动的前进方向。

② 事项。事项（节点、网点、时点），是指某一项活动的开始或结束，事项一般用圆圈表示。圆圈是两条或两条以上箭线的交点，所以事项又称结点或网点，事项不消耗资源和时间，它只表示活动开始和结束的符号。网络图中有一个始点事项和一个终点事项，它们表示一项活动的开始和一项活动的结束，其余事项都叫中间事项。中间事项的含义是双重的，它既表示前一项活动的结束，又表示后一项活动的开始，掌握双重事项的双重含义，对于网络的时间计算有很重要的作用。网络图中的结点要进行编号，以便识别，检查和进行计算，并用两个编号数代表某一项活动名称。编号写在圆圈内，其顺序由小到大，可采用连续编号，也可采用非连续编号。非连续编号的优点是当结点有增减变化时，不致打乱全部编号。

③ 路线。路线是指从网络图的始点事项开始，沿着箭线方向连续到达网络终点事项为止，由一系列首尾相连的结点和箭线所组成的通路。路线中各项活动作业时间之和就是该路线的周期。网络图中有多条路线，其中周期最长的一条路线，称为关键路线。关键路线的延续时间决定了工程周期。关键路线可用粗实线或双线表示。

（2）网络图的绘制

网络图是网络计划技术的基础，掌握好网络图的绘制技术是应用好网络计划技术的关键。

① 绘制网络图的步骤

第一，划分作业项目。即对项目活动任务分解，把任务分解为许多小的作业或工序，划分的粗细程度可根据情况而定。

第二，分析和确定作业之间的逻辑关系。即分析各项作业之间工艺要求和组织条件，确定作业之间的先后顺序。网络图中的逻辑关系依据作业之间的先后顺序有两种形式表示，一种是紧前作业形式，另一种是紧后作业形式。

第三，确定各项作业时间，最后汇总，开列作业明细表。作业时间的确定，通常有两种方法。一种是单一时间估计法。即对各项活动的作业时间，仅确定一个时间值。这种方法适用不可知因素较少、有类似项目的工时资料可供借鉴的情况。另一种是三点估计法。在没有肯定可靠的工时资料时，只能用估计时间来确定。三点估计法就是对活动的作业时间预估三个时间值（即最乐观时间、最保守时间和最可能时间），然后求出可能完成的平均值。其计算公式为：

$$T_{均}=(a+b+4m)\div 6 \qquad (4-5)$$

式中：$T_{均}$——平均作业时间；

a——最乐观时间；

b——最保守时间；

m——最可能时间。

第四，作图并给结点编号。有了作业清单和各项活动之间的逻辑关系，就可绘制网络图。网络图应能正确反映出整个工程的各项活动及活动之间的相互关系。根据作业清单中各项活动的逻辑关系绘制网络图时，可以从始点开始画，也可以从终点开始画。但一般说来，逻辑关系如果表示的是紧后关系，则从始点开始画比较方便，如果表示的是紧前关系，则从终点开始画比较方便。

② 绘制网络图的规则

不允许出现封闭的循环路线，网络图是有向图，从左向右前进，不能有回路。

箭线的首尾都必须有结点，不能从一条箭线的中间引出另一条箭线来。

进入某一个结点的箭线可以有很多条，但相邻两结点间只能有一条箭线。如果在两个相邻结点间有几项平行进行的活动，应增设结点，并利用虚箭线表明作业之间的相互关系。

结点编号不能重复使用。

在网络图上，除始点和终点外，其他所有事项前后都要用箭线连接起来，不允许没有紧前作业或没有紧后作业的中间事项（即不允许图中有缺口）。

现以某项计划为例，该项计划的作业明细表如表 4-4 所示。根据表中资料绘制的网络图如图 4-13 所示。

表 4-4 某项计划作业明细表

作业代号	紧后工序	作业时间（天）
A	D	3
B	EG	2
C	F	4
D	G	5
E	H	7
F	H	8
G	—	8
H	—	6

（3）计算网络时间和确定关键路线

网络计划技术的核心是找出关键路线，为此，需要分别计算作业的最早开始时间、最迟开始时间、最早结束时间、最迟结束时间及作业总时差这五个时间参数，其计算方法如下。

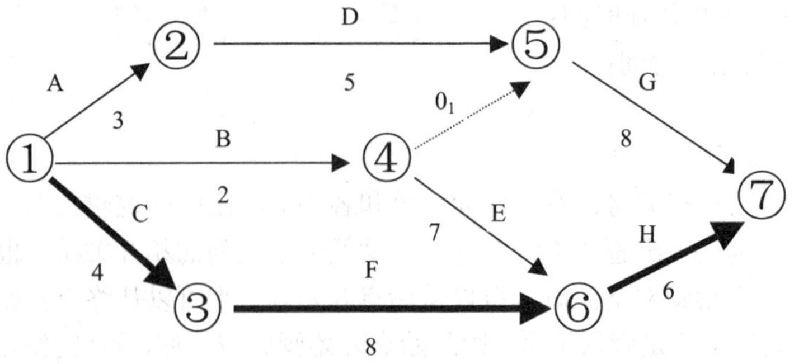

图 4-13　网络图

① 作业的最早开始时间 $ES(i, j)$

一项作业必须等到它的紧前作业完成之后才能开工，在此之前是不具备开工条件的，这个时间称为作业的最早开始时间，用 $ES(i, j)$表示。其中 i，j 是该项作业的编号。计算作业的 $ES(i, j)$是按照从始点到终点顺推。各项作业的最早开始时间的计算结果，标在上图中的各个“□”型符号中。计算过程中可能遇到的两种情况：

从始点开始的作业的最早开始时间为 0，即 $ES(i, j)=0$。

网络中任一作业的最早开始时间，等于它的紧前作业的最早开始时间加上该紧前作业的作业时间之和，若紧前作业有多个，取时间之和中最大的一个，即：

$$ES(i, j)=\max\{ES(h, i)+t(h, i)\} \qquad (i, j=1, 2, 3, \cdots, n) \tag{4-6}$$

式中：$ES(h, i)$——紧前作业的最早开始时间；

$t(h, i)$——紧前作业的作业时间。

② 作业的最早结束时间 $EF(i, j)$

一项作业的最早结束时间就是它的最早开始时间加上该作业的作业时间。即：

$$EF(i, j)=ES(i, j)+ (i, j) \qquad (i, j=1, 2, \cdots, n) \tag{4-7}$$

③ 作业的最迟结束时间 $LF(i, j)$

一项作业的最迟结束时间是指截止到这个时间为止，工作必须全部完成，否则就要影响它紧后的各个作业的按时开始。用符号 $LF(i, j)$ 表示，其计算顺序是从终点向始点倒推。计算过程中也可能遇到两种情况：

与终点相接的作业的最迟结束时间等于这些作业的最早结束时间中最大的一个，即：

$$LF(i, n)=\max\{EF(i, n)\} \tag{4-8}$$

网络中任一作业的最迟结束时间，等于它的紧后作业的最迟结束时间减去该紧后作业的作业时间所得的差，若紧后作业有多个，则取时间之差中最小的一个，即：

$$LF(i, j)=\min\{LF(j, k)-t(j, k)\} \qquad (i, j=1, 2, \cdots, n-1) \tag{4-9}$$

其中：对 K 求最小。各项作业的最迟结束时间的计算结果，标在网络图中各个“Δ”形符号中。

④ 作业的最迟开始时间 $LS(i, j)$

为了不影响其紧后作业的按时开始，每项作业应有一个最迟开始时间，用 $LS(i, j)$ 表示。它可以通过将作业的最迟结束时间减去该工作的作业时间求得。即：

$$LS(i, j)=LF(i, j)-t(i, j) \quad (i, j=1, 2, \cdots, n) \tag{4-10}$$

⑤ 作业总时差 $TF(i, j)$

作业总时差是指在不影响整个计划完工期限的条件下，该项作业可以推迟开始或完工的最大机动时间，用符号 $TF(i, j)$表示。因此，作业总时差可以通过该项作业的最迟结束时间减去最早开始时间再减去作业时间求得，即：

$$TF(i, j)=LF(i, j)-ES(i, j)-t(i, j) \quad (i, j=1, 2, \cdots, n) \tag{4-11}$$

从式（4-11）可以看出，作业总时差还可以用一项作业的最迟结束时间减去该项作业的最早结束时间，或者用该项作业的最迟开始时间减去最早开始时间求得。

某项作业的总时差越大，则其推迟开始或完成的机动时间也越大。因此，根据作业总时差可以确定关键作业和找出关键路线。作业总时差为零的工作就是关键作业，也就是没有任何机动余地的作业。而关键路线是指从工程开始到结束占用时间最长的作业路线。即所有作业总时差均为零的作业连接而成的从始点到终点的路线，就是关键路线。

计算网络时间，确定关键路线一般用图上法和表格法，复杂的网络图要运用电子计算机进行计算。

4．预算法

预算是指用数字编制未来一个时期的计划，它可以分为财务预算和非财务预算两大类。财务预算包括各种收入预算、费用支出预算、现金收支预算及投资预算等。非财务预算包括材料、生产量、实物销售量、工时的预算等。通过编制预算可将计划指标数字化，并将计划分解，可以使管理人员清楚地了解哪些部门使用多少资金，有多少收入，有多少投入量和产出量等。从而有可能更科学地授权，以便在预算限度内实施计划。预算既是一种计划方法，又是一种控制方法，编制预算是行使计划职能，而执行预算、使用预算标准控制生产经营活动，则属于管理的控制职能，有关预算的知识将在第八章详细介绍。

复习思考题

1．如何理解决策的含义？决策的原则和依据是什么？

2．计划与决策是何关系？

3．战略决策、战术决策和业务决策之间有何区别？程序化决策和非程序化决策之间有何区别？

4．决策的过程包括哪些步骤？决策的影响因素有哪些？

5．确定型决策方法、风险型决策方法和不确定型决策方法各有哪些？

6．在实际工作中，经常存在各种决策失误。究其原因，可以发现很多决策者不遵循决策的原则和程序。如有的决策者惯于凭主观想象和“拍脑瓜”决策；有的决策者过分追求完美的决策方案而迟迟不能决定，延误决策良机；甚至在过去基本建设项目中还存在边审批、边设计、边施工的“三边工程”。针对以上现象，试用决策理论分析如何提高决策质量。

7．某产品原销售单价 50 元，单位变动成本 25 元，总固定成本 50 000 元，在原有价格下能销 3 000 件，由于受原材料调价的影响，使单位变动成本上升 20%，企业按同幅度调价后销售量减少 50%。

要求：（1）请运用盈亏平衡模型评价该企业价格决策的可行性。

（2）若上述评价的结论为不可行，请提出改进建议。

8．某公司为了扩大经营规模，设计了两种建设方案：一是建大商场，二是建小商场，投资分别为 300 万元和 160 万元，两者使用期限均为 10 年。据估计在此期间商场销路好的概率为 0.7，建造大商场每年能获收益 100 万元，建小商场能获收益 40 万元；商场销路差的概率为 0.3，建造大商场每年将损失 20 万元，建造小商场每年能获收益 10 万元。请运用决策树法求解该问题的最优方案。

9．某机械公司为了生产一种新产品而设计了两个方案：①建一座大工厂；②建一座小工厂，建大工厂投资 580 万元，建小工厂投资 320 万元，假设市场预测该产品生命周期为 10 年，这 10 年可分前 3 年和后 7 年考虑，根据市场预测，前 3 年销路好的概率为 0.7，销路差的概率为 0.3，如果前 3 年销路好则后 7 年销路好的概率也可能提高到 0.9，如果前 3 年销路差则后 7 年销路好的概率为 0.2，销路差的概率为 0.8，两个方案的年度损益值如表 4-5。

表 4-5　损益值表　　　　单位：万元

状态 方案	销　路　好	销　路　差
建大厂	200	−40
建小厂	80	20

试用决策树法进行决策。

10．某公司为提高产品竞争能力，扩大出口，拟进口国外先进设备。购买设备所需外汇，可通过补偿贸易方式或直接贷款。据分析：用直接贷款购买新设备，投产后前 3 年产品出口换汇除用于归还贷款外，在销路好时，可净收汇 300 万美元；在产品销路一般时，可净收汇 100 万美元；在产品销路不好时，则需要另借 50 万美元。若采用补偿贸易方式，投产后前 3 年，除一部分产品用于抵偿设备贷款外，其余部分在产品销路好、一般、差三种情况下，可分别净收汇 250 万美元、100 万美元、0 美元。

（1）根据以上资料，乐观准则、悲观准则、乐观系数法（a =0.7）、后悔值法确定最佳方案。

（2）据产品销售部门估计，市场前景好、一般、差的概率分别为 0.5、0.3、0.2，用决策树法画出决策树形图，根据树形图进行决策分析。

11．何谓目标管理？其特点是什么？如何利用目标管理组织计划的实施？

12．简述计划工作的概念与作用。

13．简述计划工作的内容与基本原理。

14．简述计划工作程序与方法。

实践训练

实践训练一 分析一份企业计划

[实训项目]

通过各种途径寻找一份企业计划，分析其制定计划的方法，本计划所属的类别及制定此计划所要实现的目标。

[实训目的]

在分析计划书的过程中，理解计划的分类，领会计划制定的方法，并与目标管理知识相联系，整理出支持本计划的目标。

[实训内容]

1．与相关企业管理人员沟通获得计划书一份。

2．了解制定此计划的相关背景及实施情况。

3．参照教材中的计划工作理论并应用其进行分析。

[实训组织]

1．请班级内的同学通过各种渠道与企业相联系，可以是父母、同学、亲戚的单位，尽量获得近期计划。

2．将同学们搜集到的计划进行分类，然后以此为标准进行分组，小组内进行讨论，讨论的主要内容包括：这些计划是由哪些人（部门）制定的，制定的流程怎样？计划的优点如何？记录讨论过程及分析结果。

[实训考核]

1．每个小组上交一份讨论记录和一份计划分析，分析内容如实训目的所要求。

2．考核每一个人所取得资料的典型性及分析优劣，分 ABCD 四个等级评定。

实践训练二 计划与评价

[实训目标]

培养学生创意性思维；培训学生制定计划的能力；培养学生分析评价能力；培养学生沟通能力。

[实训内容与要求]

1．将全班分成 A、B 两组，并相对而坐，围成圆圈。

2．教师每十分钟发放一个题目（也可以抽签）。

3．第一节由 A 组制定计划，B 组分析评价计划：第二节课 A、B 两组轮换角色。

4．教师公布题目后，负责制定计划的一组用抢答的方式确定制定计划者，经过 5～10 分钟准备后，提出一个简要的计划。

5．制定计划的重点：（1）注重创意思维；（2）注重方案运筹，形成基本合理的可行方案。

6．计划提出后，另一组成员对该计划进行评论，指出其合理之处，存在的问题和不足；制定一方本组人员可对计划做进一步补充和解释说明。

7．每一个计划的题目大约进行十分钟，总共利用大约两节课时间。

[实训成果与检测]

1．通过竞争制定计划的学生记为 1 分，计划制定较好者为 2 分。

2．分析评价方态度积极，观点正确，为1分，表现突出反驳有力的为2分。

3．其他参与发言的，一般记1分，较好的记2分。如果计划好，评价也好则总分记3分。

4．课程结束后上交书面资料（即计划提纲）。

附：计划项目

1．如果你是班长，怎样抓好一个班级建设，请草拟一份计划书。

2．请为本班策划一次周末联欢活动，草拟计划书。

3．计划在3·15消费者权益日策划一次街头宣传活动，请你做一份策划书。

4．如果你想承包一家校园超市，应该怎样经营策划。

5．请你为校园“十大歌手大赛”进行策划。

6．请你为学院学生会体育部将要进行的足球比赛做一份计划书。

7．最近某班频繁发生违纪现象，请对此制定一个整顿纪律的工作方案。

8．假如你所在寝室同学之间关系不和，寝室卫生较差，作为新任寝室长你将如何改变这种局面。

9．学生会举行校内大规模校园文化活动，需要你去拉赞助，请制定一份工作方案。

素质拓展

素质拓展一　活动策划

[拓展目标]

培养编制计划能力；培养策划能力；培养统筹规划的能力。

[拓展形式]

1．根据模拟公司的决策进行公司开业活动策划。

2．在调研的基础上，运用创造性思维，策划一项活动，制定计划书。

3．既可以小组为单位，每组6～10人，由学生推荐的组长主持；又可按照模拟公司的分组进行活动策划。

4．搜集汇总以后进行策划方案的宣讲。

[拓展要求]

1．所策划活动的内容与主题，既可以由教师统一指定，又可以由学生自选。选题尽可能与所学专业业务相关。

2．应通过调研取得较为充分的材料。

3．要运用创造性思维，所策划的活动一定要有创意。

4．要科学地规划有关要素，计划书的结构要合理、完整。

5．撰写策划书是计划职能的基本手段，是未来就业的重要技能，一定要高度重视，积极参与。

[成果与检测]

1．每个人都要起草一份策划书。

2．共同为模拟公司起草一份策划书或计划书。

3．各组派代表发言；各组分别对其他各组评分，并指出成功与不足；各组对组员进行评分。

4．由教师与学生共同对各公司的策划创意与计划编制进行评估，确定成绩。

素质拓展二　制定目标管理方案

[拓展目标]

增强对目标管理的感性认识；掌握目标管理的实施要领。

[拓展形式]

1．根据模拟公司进行目标管理方案的制定。

2．在调研的基础上，运用创造性思维，编写目标管理方案。

3．既可以小组为单位，每组 6～10 人，由学生推荐的组长主持；又可按照模拟公司的分组进行。

[拓展要求]

1．为所在班级或小组（寝室）或模拟公司制定一个目标管理方案。

2．应进行必要的调查研究，正确地确定目标项目与标准，要具有可操作性。

3．方案必须充分体现目标管理的特点与要求，有完整的结构。

4．可在班级组织交流。

[成果与检测]

1．每个人都要起草一份目标管理方案。

2．根据方案的完整性、科学性、规范性等进行评分。

3．各组派代表发言；各组分别对其他各组评分，并指出成功与不足；各组对组员进行评分。

4．由教师与学生共同对各公司的策划创意与计划编制进行评估，确定成绩。

案例分析

案例一　准确决策与盲目投资

一、案情

禹州市建筑卫生陶瓷厂是一家国有中型企业，由于种种原因，1995 年停产近一年，亏损 250 万元，濒临倒闭。1996 年年初，郑丙坤出任厂长。面对停水、停电、停工资的严重局面，郑丙坤认真分析了厂情，果断决策：治厂先从人事制度改革入手，把科室及分厂的管理人员减掉 3／4，充实到生产第一线，形成一人多用、一专多能的治厂队伍。郑丙坤还在全厂推行了“一厂多制”的经营方式：对生产主导产品的一、二分厂，采取“四统一”（统一计划、统一采购、统一销售、统一财务）的管理方法；对墙地砖分厂实行股份制改造；对特种耐火材料厂实行租赁承包。

改制后的企业像开足马力的列车急速运行，逐渐显示了规模跟不上市场的劣势，从而严重束缚了企业的发展。有人主张贪大求洋，贷巨款上大项目；有人建议投资上千万元再建一条大规模的辊道窑生产线，显示一下新班子的政绩。郑丙坤根据职工代表大会的建议，果断决定将生产成本高、劳动强度大、产品质量差的 86 米明焰煤烧隧道窑扒掉，建成 98 米隔焰煤烧隧道，并对一分厂的两条老窑进行了技术改造，结果仅花费不足 200 万元，便使其生产能力提高了一倍。目前该厂已形成年产 80 万件卫生瓷、20 万平方米墙地砖、5 000 吨特种耐火材料三大系列 200 多个品种的生产能力。1996 年，国内生产厂家纷纷上高档卫生瓷，厂内外也有不少人建议郑丙坤赶上“潮流”。对此郑丙坤没有盲目决策，而是冷静地分析了行情，经过认真调查论证，认为中低档瓷的国内市场潜力很大，一味上高档卫生瓷不符合国情。于是经过市场考察，该厂新上了 20 多个中低档卫生瓷产品。这些产品一投入市场便成了紧俏货。目前新产品产值占总产值的比例已提高到60%以上。

与禹州市建筑卫生陶瓷厂形成鲜明对照的是河南省洁达陶瓷公司。20世纪90年代初，该公司曾是全省建材行业三面红旗之一。然而近年来在市场经济大潮的冲击下，由于企业拍板盲目轻率，导致重大决策失误，使这家原本红红火火的国有企业债台高筑。

1992年，由国家计委、省计经委批准，为该公司投资1 200万元建立大断面窑生产线，但该公司为赶市场潮流，不经论证就将其改建为辊道窑生产线，共投资1 700万元。由于该生产线建成时市场潮流已过，因此投产后公司一直亏损。在产销无望的情况下，公司只好重新投入1 000多万元再建大断面窑，这使公司元气大伤，债台高筑，仅欠银行贷款就达3 000多万元。6年来该公司先后做出失误的重大经营决策6项，使国有资产损失数百万元。企业不仅将以前积累的数百万元自有资金流失得一干二净，而且成了一个“老大难”企业。禹州市建筑卫生陶瓷厂由衰变强和河南省洁达陶瓷公司由强变衰形成了强烈的反差对比。

（案例来源：周三多．管理学（第二版）[M]．北京：高等教育出版社，2008.）

[思考与讨论]

1．决策包括哪些基本活动过程？其中的关键步骤是什么？

2．案例中两家企业形成鲜明对比的原因是什么？

3．科学决策需要注意哪些问题？

案例二　一个决策成功的案例

绍兴自行车总厂1980年开始生产“金龙”（后改“飞花”）牌自行车，到1983年已达到31万辆的生产能力。“飞花”质量也逐年有所提高，为消费者所喜爱，销路不错。根据该厂现有生产能力，参考市场形势，利用一元回归分析法测算出今后5年的年产量（见表4-6）。

表4-6　一元回归分析法测算今后5年的产量　　单位：辆

N	Yi	x	x2	yi·x
1980	1 308	−2	4	−2 616
1981	60 056	−1	1	−60 056
1982	200 227	0	0	0
1983	313 510	1	1	313 510
1984	400 000	2	4	800 000
n=5	∑yi =975 101	0	∑x2=10	∑yi·x =1 050 836

有：$yi = a+bx = 195020.2+105083.6x$。

预测结果基本上是按每年10万辆的速度递增，但问题如下。

1. 根据当时国家要求轻工业有较大发展的政策，各地自行车厂也都纷纷上马，自行车行业前景竞争是十分激烈的。

2. 如果按每年10万辆速度递增产量，当“飞花”产量达到一定量时，是否能保证全部售出。

3. 若销不出，将怎么办？

4. 国内三大名牌自行车声誉好、销路好。“飞花”与之比较，竞争能力有限。企业管理者面临上述问题该怎么办?

根据前述问题，考虑企业前景，有两个解决思路。

思路一，走联合之路。即利用现有设备、技术、生产能力，寻找一家生产名牌自行车的厂家进行联营。

思路二，继续自家生产“飞花”自行车，眼前销路不成问题，但若干年后就很难说了。

联营初步考虑为 5 年。据测算，5 年产量为 306 万辆。若销路差则按产量的四分之一计算，盈利“飞花”为 27 元（单位 − 成本）；“凤凰”为 32 元。该厂生产能力只有 50 万辆，若扩建成年生产能力 100 万辆，则需投资 800 万元，使用期为 15 年。

分析评价：（1）计算各结点的期望值 E。（2）联与不联的决策。比较结点②和结点③，可知联营方案优于不联营方案。（3）扩建与否的决策。比较结点④和结点⑤，应扩建。（4）联营决策。市场上有三种商标的自行车质量好、声誉高、销路畅。为此，有必要从九个方面对三家联营厂定性定量分析。具体见表 4-7 和图 4-14.

表 4-7　三家联营厂九方面比较分析

方案	联营厂	产品质量等级	市场声誉	优势利用程度	出口创汇能力	市场前景预测	协作紧密程度	交通地理条件	协作时间
A	凤凰	国家银奖	很好	约 80%	有	很好	比较紧密	方便	5 年
B	永久	国家银奖	好	约 85%	有	好	松散	方便	洽谈
C	飞鸽	国家银奖	北方好	约 40%	有	较好	松散	不便	洽谈

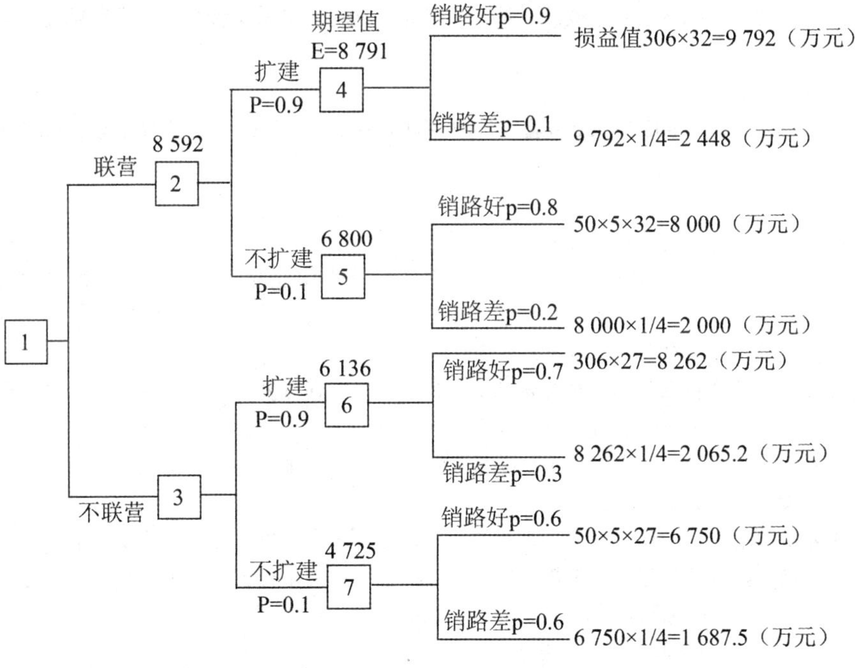

图 4-14　决策树分析

通过对方案A、B、C的分析评价，最后确定同生产“凤凰”自行车的上海自行车三厂进行联营。企业于1984年同上自三厂联营生产“凤凰”65型自行车，一直供不应求。在联营的基础上，该厂又进一步扩建，使年生产能力达到100万辆。经过5年来的实践证明，经济效益和社会效益十分明显（见表4-8）。

表4-8 5年规划

年　份	1984	1985	1986	1987	1988
产量（万辆）	41.37	51.5	62.81	77.06	92.22
规划（万元）	1 260	1 793	2 303	3 925	4 748

企业被轻工业部列为全国自行车生产的九个地方名牌之一，“凤凰”QE65型自行车荣获国家银质奖。“飞花”QE801型自行车获部优、省优称号，“飞叶”牌自行车、20吋BMX越野车出口美国、加拿大等国。1988年5月通过省级先进企业验收，1989年又被评为国家二级企业。

（案例来源：纪建国．“一个决策成功的案例”．北京商学院学报[J]. 1991，1：72-75.）

[思考与讨论]

1. 决策树分析法有什么优点？
2. 你对该厂的决策过程有什么评价？

案例三　“XX胶囊”商业计划书（纲要）

一、××胶囊产品的概况

××胶囊是JL药业集团公司研制开发的保健食品，内含体内平衡因子。经多年的实验证明，体内平衡因子具有改善胃肠功能和抗衰老的功效。对便秘、肥胖、色斑、粉刺及相关并发症等现代文明病有一定的预防作用和疗效。

二、××胶囊生产计划

2001年生产50万盒、2002年500万盒，2003年1 000万盒、2004年1 500万盒、2005年2 000万盒(每盒60粒)。

三、××胶囊的市场前景分析

（一）我国保健品市场发展现状及展望

2000年我国保健品销售额超过500个亿，其中年销量超过10亿元的产品有红桃K、脑白金、昂立1号等。我国保健品市场在经过前些年的风雨洗礼后，已渐渐成熟，并被誉为“朝阳产业”。同时由于百姓消费观念的变化，花钱买健康将渐渐成为消费时尚。

××胶囊是一个具有国际品质的体内环保产品。体内环保在西方发达国家如美国、日本等已形成一股热潮。公司审时度势，率先研制推出体内环保产品——××。

（二）国际上体内环保消费及产品开发情况（略）

（三）××胶囊的市场优势

人们由于年龄的增长、工作的压力、生活方式的改变和饮食环境的污染及药物的不良反应，造成体内平衡因子不断减少，致使机理失去平衡。通过摄入××——体内平衡因子，可改善胃肠道功能，使体内保持平衡，恢复体内自然排毒除污的功能。

1. 体内环保与排毒、洗肠的区别（略）

2. 产品定位点

（1）××在我国首次提出“体内环保”概念，这一鲜明而独特的口号，必将冲破市场竞争的巨大压力，在市场竞争中取胜。

（2）科学而富有创造性的“体内平衡因子”的概念，定能掀起我国体内环保的一场深刻革命和消费热潮。

3. 市场机会点

（1）生态环境保护已深入人心，而××所倡导的“体内环保”概念，迎合了国际体内环保的消费潮流。

（2）生态环境污染的破坏、工作的压力、饮食的改变等，是导致现代文明病如便秘、肥胖、色斑等的主要原因，特别是女性。便秘、粉刺、色斑、皮肤老化等病症将使她们成为庞大而稳定的消费群体、市场潜力巨大。

4. ××胶囊的消费群体分析

（1）从性别的角度看、女性将是××胶囊消费的主力军。

（2）从疗效的角度看，便秘、肥胖患者将成为主要消费对象。

（3）××正是体内肠道的“清道夫”，人人都需要天天消除宿便。

（4）防治“现代文明病”的人越来越多。

因此，××胶囊市场发展潜力巨大。

四、营销策略

1. 市场目标。在新产品上市的第一年度，以山东、湖南、广东、福建、湖北等省市为重点市场，将这些地区作为本年度的主攻市场，以东北、华北、西南为次重点市场，将这些地区作为公司下一步考虑的重点市场。在第一年里，公司不以利润为出发点，主要是做好市场部署工作，为以后的全国市场做演习。

2. 营销策略：为达到上述目标，公司有针对性地实施差异化的市场策略，以重点市场为主要战场。在广告方面，以电视、报纸为主要媒体。

五、经济效益分析

表 4-9 经济效益分析

项目（年）		2001	2002	2003	2004	2005
发展计划（万盒）		50	500	1 000	1 800	2 000
产值（万元）		3 400	34 000	68 000	122 400	136 000
收入（万元）		2 375	23 750	47 500	85 500	95 000
支出	成本费	630	6 300	12 600	22 680	25 200
	广告费	1 700	5 000	4 400	4 000	3 000
	合计（万元）	2 330	11 300	17 000	26 680	28 200
毛利（万元）		45	12 450	30 500	58 820	66 800

六、投资风险分析

1. 行业风险。保健食品品种繁多，竞争激烈。

2. 广告风险。广告投资较大。在广告大战中，如不注意搞好广告策划，建好终端销售网络，有可能失败。

七、投资说明

1. 资金需求及用途

2001年生产50万盒××胶囊，需原材料、包装费等630万元。投入广告费、网络建设费1 700万元，收入2 375万元，广告投入与收入之比为1∶2。2002年生产胶囊500万盒，需原材料、包装费6 300万元。广告费、网络建设费5 000万元，收入23 750万元，广告投入与收入之比为1∶5。从第三年开始，可以滚动发展，因网络已建好，广告费逐渐减少，广告效应会越来越大。

2. 成立股份公司

3. 投资参股模式

投资方可直接为本项目主体公司进行投资，并按投资协议持有项目公司扩资后一定比例的股份。投资方可以委派人员进入董事会参与公司的经营管理，尤其是监督本项目的进展。

八、公司基本情况

（一）公司概况

珠海JL药业集团公司成立于1991年11月，是一家以生物工程为主导产业、从事医药、保健品、化妆品等。

（二）公司管理体系

1. 集团管理架构（略）。

2. 管理团队（略）。

3. 人力资源计划（略）。

4. 激励机制。公司计划推行员工持股计划。

（案例来源：陈宇．“××胶囊'商业计划书（纲要）”．中国商人[J]. 2002，4：44-46.）

[思考与讨论]

1．一份完整的计划书需要包括哪些内容？

2．该案例中的计划属于什么类型的计划？

管理游戏

如果我来做

概述：参与者两人一组，模拟一场服务竞赛。小组成员共同努力，寻找既能宣传企业，又能带给客户惊喜的点子。本游戏的目的在于激发参与者进行创造性思考，以寻求为客户服务的各种方法。同时，通过本游戏，还要参与者认识到客户与利润之间的联系。本游戏适用于所有服务人员，参与小组在6～8个，游戏将能取得最佳的效果。

时间：15～20分钟

你需要：有关虚拟企业内容的复印件一份。沿虚线剪开，这样你就有了几张小纸片，每张小纸片分别介绍一个虚拟企业。此外，还需要一顶帽子或一个碗来盛放纸片，以便让参与者从中随机抽取。

怎样做：首先告诉参与者，他们将参加一次由社区企业协会主办的“创造性服务竞赛”。将参与者分成小组，每组两人，各组分别代表一个不同的虚拟企业。小组成员应该互相合作，设计出一个满足竞赛要求的点子。

这个竞赛的目标是找出一个点子，要求既能宣传企业，又能够更好地服务客户。在寻找点子时，鼓励参与者尽可能地发挥他们的创造力。竞赛不设预算限制，但点子必须“符合常理”，也必须紧密联系本企业。例如：杂货店不可能免费提供小狗。

现在让大家一起看下面的例子，来了解游戏应该怎样开展。

公司名称：千年银行

所属行业：银行

点子：对于每第 2 000 名到银行开户的客户，无论是经常账户还是储蓄存款账户，我们都将给他（她）终身免票手续费的优惠待遇。

现在开始分组，并让每组派出一名代表，从“帽子”里抽取一张小纸片，然后让各组为其抽取的虚拟企业设计点子，限时 10 分钟。10 分钟后，要求各组依次大声念出他们所抽到的虚拟企业的简介，以及他们为其设计的点子。最后让大家投票，选出最佳的点子。

分发的复印材料：

1. 公司名称：生命游戏

   所属行业：体育用品商店

   点子：____

   ____

2. 公司名称：君往何处

   所属行业：交通服务行业

   点子：____

   ____

3. 公司名称：木材店

   所属行业：木制品商店

   点子：____

   ____

4. 公司名称：美女与野兽

   所属行业：男女皆宜理发店

   点子：____

   ____

5. 公司名称：给我电话

   所属行业：移动电话服务公司

   点子：____

   ____

6. 公司名称：第一页

   所属行业：书店

   点子：____

   ____

7. 公司名称：雏菊连锁店

   所属行业：花店

   点子：____

   ____

8. 公司名称：城市动物园

所属行业：国内最大的动物园之一

点子：____

____

____

管理故事

热带雨林中，虎啸猿啼，草木丛生，各种动物在树枝上、草丛间玩耍，上蹿下跳，十分活跃，一切都显得生机盎然，那么正常、理想、幸福。但天有不测风云，暴雨袭来，不久洪水就淹没了森林的大部分，大小动物拼命向最高处奔去。待大家聚到高处，洪水还在暴涨，于是大家推选最聪明的猿猴主持召开会议，大家为如何脱险议论纷纷，一时不知所措。

猿猴说：看谁能游泳？很快推选出青蛙、水蛇等四大水手。猿猴灵机一动说："不行！只会游泳，跑得不快，不能迅速报信求救。"大家一致赞成，但谁是水陆都行的能手呢？猿猴脑子快，瞥了一眼看到了蜈蚣。它会水，腿又多，一定跑得快。猿猴自鸣得意地断然做出决定：马上让蜈蚣出发。大家也心情坦然地继续开会。当天已漆黑散会时，大家发现蜈蚣还没有走，因为脚太多，穿鞋成了最费时间的事。大家对猿猴的错误决策十分愤慨，群起而攻之。

第五章　组　　织

章前导读

组织的构成

为了实现既定目标，所有组织都必须对持续的活动作出规定。这样，活动上的规则性（如任务的分配、监督与协调）就发展起来了，组织还可以采取不同的方式来安排其活动。这一事实表明，组织可以有不同的结构。实际上，在组织结构方面，每一组织都有某些独一无二的地方。尽管如此，还是有许多组织管理的理论家对各种各样的组织结构进行考察，他们试图从中找出适于一切组织的普遍原则。组织结构的多样性，与不同组织在组织的目标、组织的规模、组织的性质、组织的地理位置、生产的工艺技术等诸多方面因素的多样性有关。正是这些因素的多样性，才使银行、医院、生产密集型企业，以及地方政府等不同类型的组织，在组织结构方面具有不同的特点。

资料来源：[英]D. S. 皮尤，等. 组织管理学名家思想荟萃[M]. 北京：中国社会科学出版社，1986：4.

土虱作用大

喜欢钓鱼者都知道，如果把鱼钓上来超过个把小时，放在篓子里的鱼儿往往会奄奄一息，所以擅长钓鱼者经常在鱼篓里放一尾土虱，由于土虱生性喜欢攻击身边的鱼，鱼群必须持续跳、躲、闪以避免受攻击，因此即使经过数个小时，钓上来的鱼还是活得很精神。

组织里一片和谐也不见得是一件好事，若有人能适当地扮演土虱，刺激组织成员的生存力，也未尝不是一件好事。为了增加组织的战斗活力、延续组织的生命力，领导者可以在组织中安排一些"土虱"。

但是鱼与土虱的比率一定要抓好，否则反易弄巧成拙。

这则故事与我们熟知的"鲶鱼效应"寓意是一致，只是真的要注意的事除了鱼与土虱的比率之外，更重要的是要阻止土虱变成螃蟹，过与不及的危害哪个大不去讨论。但有一点是毋庸置疑的，就是起不到刺激（攻击）鱼作用的土虱，会降低鱼对外界危险的反应敏感程度，总是发现危险就在身边，但危险却又总不降临，起到的作用是对"狼来了"的说法不断重复之后的麻木，一旦真的危险到来，便很难有防御、抵抗和战胜它的可能。另一方面，如果土虱对鱼的攻击已经超过为激发鱼的生命力所能承受的程度，例如，土虱的攻击弄死了很多鱼，或者鱼马上就要下锅以祭五脏庙（这时的鱼已不需要刺激了），土虱对于鱼的作用便已经转化为螃蟹了。

资料来源：朱晓杰. 一生必知的101个管理寓言[M]. 北京：中国商业出版社，2004.

第一节　组织与组织原则

组织的目标、计划制定出来后，一个重要的问题就是如何使它们变为现实。这就要求管理者按照组织目标和计划所提出的要求，设计出合理的、高效的、能保证计划顺利实施的组织结构与体系，合理安排和调配各种资源，以保证计划和组织目标的顺利完成。因此，组织目标和计划一经确定，接下来的工作就是如何组织实施。

一、组织与组织原则

（一）组织概念及类型

1．组织概念

组织是只有若干人在一起工作才能达到其目标的一种手段或工具。组织是人们为了实现某一特定的目的而形成的系统集合，它有一个特定的目的，由一群人所组成，有一个系统化的结构。组织从本质上来说是人们为了实现共同目标而采用的一种手段或工具。

组织必须要有目标，共同目标的存在是组织存在的前提。组织并不是从事任何一项工作所必需的，如果一项工作或某个目标利用个人的力量就可以完成，就没有必要通过建立一个组织来实现。只有当个人的力量难以完成此项工作或实现此目标时，建立相应的组织才是可取的。由于任何组织都是为了某一目的而存在的，没有共同目标也就形不成组织，所以管理人员要经常向组织成员灌输共同目标的确存在这一信念，只有这样，才能维系组织的存在。

2．组织构成要素

（1）人：组织由（两个或两个以上）的人组成，这些人为了共同的目标走到了一起。最基本要素。唯一具有主观能动性的要素。

（2）共同目标——前提要素。组织拥有一个（经常更多）目的或目标。他们有目的和存在的理由。员工要认同，目标分层次。

（3）结构——载体要素。他们有互相协调的手段，保证人们可以进行沟通、互动并交流他们的工作。分工协作的表现。由部门、岗位、职责、从属关系构成。

（4）管理——维持要素。为了实现目的，他们拥有一套计划、控制、组织和协调的流程。以计划、执行、监督、控制等手段保证目标的实现。

（二）组织原则

组织原则是人们经过长期的大量实践活动而总结出来的，组织的基本原则主要有以下几个方面。

1．适度管理幅度原则

管理幅度也叫管理跨度，是指一个上级管理者可以直接管理的下属的人数。适度管理幅度原则就是要求一个领导人要有一个适当的管理跨度。与管理幅度密切相关的一个概念，即管理层次，它是指组织中职位等级的数目。一般情况下，管理幅度越大，管理层次越少。反之，管理幅度越小，管理层次越多。粗略地讲，上层的管理幅度 4～8 人为宜，下层的管理幅度 8～15 人为宜。从发展趋势看，伴随着组织结构的扁平化，管理幅度有逐渐增大的趋势。

有效的管理幅度受到诸多因素的影响，主要有：管理者和被管理者的工作能力、工作内容、工作条件与工作环境等。

（1）工作能力

主管的综合能力、理解能力、表达能力强，可以迅速地把握问题的关键，对下属的请示提出适当的指导建议，并使下属明确地理解，从而可以应对下属请示所花费的时间。同样，如果下属具备所需要的能力，受过良好的系统培训，则可以在很多问题上根据自己符合组织要求的主见去解决，从而可以减少向上司请示、占用上司时间的频率。这样，管理的幅度便可以适当宽些。

（2）工作内容和性质

① 主管所处的管理层次。主管的工作在于决策和用人。处在管理系统中不同层次的管理者，决策和用人的比重各不相同。决策的工作量越大，主管用于指导、协调下属的时间就越少。而越接近组织高层，主管人员的决策职能越重要，所以主管人员的管理幅度较中层和基层管理人员小。

② 下属工作的相似性。下属从事的工作内容和性质相近，主管对每个人工作的指导和建议也大体相同。这种情况下，同一主管对较多下属的指挥和监督是不会有什么困难的。

③ 计划的完善程度。下属如果单纯地执行计划，且计划本身制定得详尽周到，下属对计划的目的和要求明确，那么主管对下属指导所需的时间就不多；相反，如果下属不仅要执行计划，而且要对计划进一步了解，或计划本身不完善，那么主管对下属指导、解释的工作量就会相应增加，从而减少有效管理幅度。

④ 非管理事务多少。主管作为组织不同层次的代表，往往必须用相当一部分时间去进行一些非管理事务。这种现象对管理幅度也会产生消极的影响。

（3）工作条件

① 助手的配备情况。如果与下属有关的所有问题都要主管亲自处理，那么必然要花费他大量的时间，他能直接领导的下属数量也会受到限制。如果主管配备了必要的助手，由助手和下属进行一般的联络，并直接处理一些次要问题，则可以大大减少主管的工作量，增加其管理幅度。

② 信息手段的配备情况。掌握信息是进行管理的前提。利用先进的技术去收集、处理和了解下属的工作情况，不仅可以及时地提出忠告和建议，而且可使下属更多地了解与自己工作有关的信息，从而能更自如、自主地处理分内的事务。这显然有利于扩大主管的管理幅度。

③ 工作地点的相近性。不同下属的工作岗位在地理上分散会增加下属与主管以及下属之间的沟通困难，从而会影响主管直属部下的数量。

（4）工作环境

组织环境稳定与否会影响组织活动内容和政策的调整频度与幅度。环境变化越快，变化程度越大，组织中遇到的新问题越多，下属向上级的请示就越有必要、越经常；上级能用于指导下属工作的时间和精力也越少，因为他必须花更多的时间去关注环境的变化，考虑应变的措施。因此，环境越不稳定，各层主管人员的管理幅度越受到限制。

上面列举的远不是影响管理幅度的全部因素。但对有限的这几个因素的考察已足以表明，必须根据组织自身的特点来确定适当的管理幅度，从而决定管理层次。

2．统一指挥原则

统一指挥原则就是指组织中任何下级不应受到一个以上上级的直接领导。贯彻这一原则应注意两个方面：一是切忌多头领导，不要越级指挥，不能政出多门；二是指挥要迅速、及时和准确，信息要畅通。

3．分工与协作原则

分工与协作原则就是指在组织设计时，按照不同专业和性质进行合理地分工，并规定各个部门之间或部门内部的协调关系和配合方法。这是提高组织运行效率的有效手段。

4．责权一致原则

责权一致原则是指在赋予每一个职务责任的同时，必须赋予这个职务自主完成任务所需要的权力，权力的大小需要和责任相适应。有责无权，无法保证完成所赋予的责任和任务，有权无责将会导致权力的滥用。

5．精简与效益原则

组织机构的设计，要有利于提高组织的效率，为此，必须尽量精简组织机构，包括精减人员、部门、管理层次等。精简有利于建立良好的沟通，减少内耗，降低管理成本，从而提高组织效益。

二、组织工作概念及特点

1．组织工作

组织由一群人所组成，这群人为了实现共同的目标而团结在一起。为了发挥组织的功能，就必须考虑劳动分工和工作协调问题。在任何组织活动中，人们需要知道他们所应做的工作以及协调这些工作的手段，即他们需要组织工作。组织工作是确定组织特定结构以实现组织目标的过程，这个特定结构应能完成劳动分工和工作协调。所以组织工作是指根据一个组织的目标，将实现组织目标所必须进行的各项活动和工作加以分类和归并，设计出合理的组织结构，配备相应人员，分工、授权并进行协调的过程。它包含三项主要内容：（1）设计包括组织内部分工和组织内部相互关系的组织模式；（2）通过充分发挥组织中每一个成员的才能获得专业化的优越性；（3）协调组织中各部分的活动，以确保组织目标的实现。组织管理的任务就是通过设计和维持组织内部的结构和相互之间的关系，使组织中的各个部门和各个成员为实现组织目标而协调一致地工作。

2．组织工作的特点

从组织工作的含义及具体内容来看，组织工作职能具有以下特点。

（1）组织工作是一个过程

组织职能或组织工作是为实现组织目标而采取行动的连续过程。这个过程由一系列的逻辑步骤组成：① 确定组织的整体目标；② 对目标进行层层分解，形成目标体系；③ 明确为实现组织目标所必需的各项业务工作或活动，并加以分类；④ 根据可利用的人力、物力以及利用它们的最佳途径来划分职能部门，设置管理机构，确定职位系统；⑤ 授予执行有关各项业务工作或活动的各部门以及各类人员以职权与职责；⑥ 合理配备人员；⑦ 通过职权关系和信息系统，把各层次、各部门联结成为一个有机的整体；⑧ 建立规章制度，确立组织运作机制，维持组织的相对稳定性；⑨ 适时地推动组织变革，以保持组织的灵活性、适应性和开放性。这个过程的前两步是组织工作的依据，有了这个依据，组织工作才有必要和可能进行，其后几步才真正是组织工作的实质内容。

（2）组织工作是动态的

通过组织工作建立起来的组织结构不是一成不变的，而是随着组织内外部要素的变化而变化的。由于任何组织都是社会系统中的一个子系统，它在不断地与外部环境进行着各种交换，这种交换一般都会影响到组织目标。这时应依据计划工作中的改变航道原理，根据环境条件的变化，不断地修正目标。目标的变化自然会影响到随同目标而产生的组织结构，为使组织结构能切实起到促进组织标实现的作用，就必须对组织结构做出适应性的调整。此外，即使组织的内外要素的变化对组织目标影响不大，但随着社会的进步，科学技术的发展，原有的组织结构已不能高效地适应实现目标的要求时，也需要进行组织结构的调整和变革。所以，组织工作具有动态的特点。

（3）组织工作应重视非正式组织

由霍桑试验以及巴纳德等人的研究成果可知，组织有正式组织和非正式组织之分。在组织工作职能的实施过程中随着组织结构的建立，就会形成正式组织。并且任何正式组织中都会伴随存在着大量的非正式组织。非正式组织不是基于共同的目标、任务建立的，而是在组织成员在共同的工作过程中，在感情相投的基础上，由现实观点、爱好、兴趣、习惯、志向等一致而自然形成的松散的，没有正式规定的群体。在组织工作中了解一些非正式群体的特点，对管理者是非常重要的。着重考虑非正式组织的这样两个特点：① 非正式组织在满足组织成员个人的心理和感情需要上，比正式组织更有优越性，凝聚力更强，所以应发挥非正式组织比正式组织具有更强的凝聚力的作用；② 非正式组织形式灵活，稳定性弱，覆盖面广，几乎所有的正式组织的员都会介入某种类型的非正式组织。

第二节　常见的组织结构形式

由于每一个组织的目标、所处的环境、所拥有的资源是不同的，因此其组织结构也必然会有所区别。有多少个组织，就会有多少种组织结构，但各种组织结构之间会有很大的相似性，也就是说，它们的基本构成形式是差不多的。本节介绍的就是几种常见的基本组织结构形式。

一、直线制

直线制，又称“军队式组织”，是人类社会各种组织存在的最基本形式，也是一种最早的和最简单的组织结构形式，这种组织结构没有管理职能部门，从最高层到最低层实现直线垂直领导，如图5-1所示。

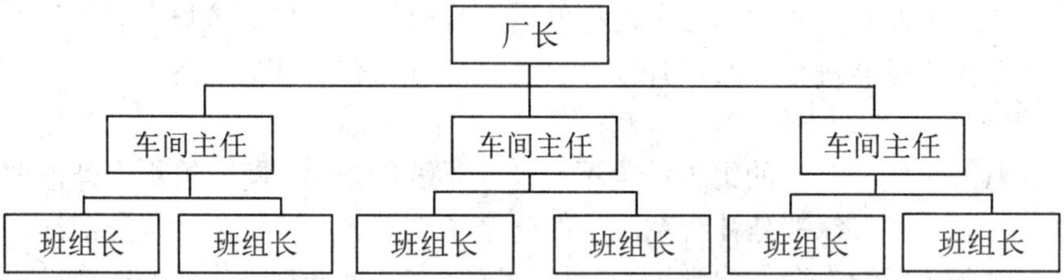

图5-1　直线制组织结构示意图

直线制的特点是：（1）一个下属人员只接受一个上级领导人员的指令；（2）所有管理职能都由一个领导者承担。其优点是：（1）机构简单；（2）指挥管理统一，责任和权限比较明确。其缺点是：（1）要求行政负责人通晓各种专业管理知识，亲自处理许多业务，需全面领导者；（2）领导者忙于日常业务，不能有效决策。在组织规模比较大、业务比较复杂的情况下，把所有管理职能都集中到最高主管一个人身上，显然是难以胜任的。因此，直线制只适用于规模较小、生产技术比较简单的企业，对生产技术和经营管理比较复杂的企业并不适宜。

二、职能制组织结构

职能制是指设立若干职能机构或人员，各职能机构或人员在自己的业务范围内都有权向下级下达命令和指示，即各级负责人除了要服从上级直接领导的指挥以外，还要受上级各职能部门或人员的领导，如图5-2所示。

职能制的优点是：能适应现代化工业企业生产技术比较复杂、管理工作比较精细的特点；能充分发挥职能机构的专业管理作用，减轻直线领导人员的工作负担。缺点是：它妨碍了必要的集中领导和统一指挥，形成了多头领导；不利于建立和健全各级行政负责人和职能科室的责任制，在中间管理层往往会出现有功大家抢、有过大家推的现象；另外，在上级行政领导和职能机构的指导和命令发生矛盾时，下级就无所适从，由于这种组织结构形式的明显的缺陷，现代企业一般都不采用职能制。

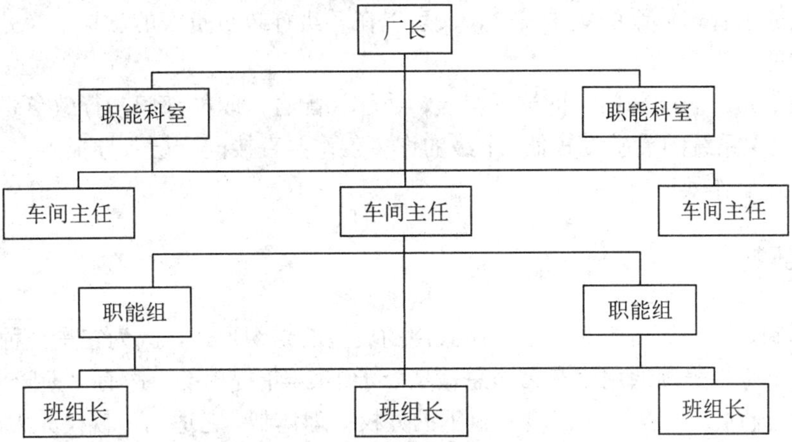

图 5-2 职能制组织结构示意图

三、直线—职能制组织结构

直线—职能制，或者称为直线参谋制，它是在直线制和职能制的基础上，取长补短，吸取这两种形式的优点而建立起来的。目前，我们绝大多数企业都采用这种组织结构形式。这种组织结构形式是把企业管理机构和人员分为两类，一类是直线领导机构和人员，按命令统一原则对各级组织行使指挥权；另一类是职能机构和人员，按专业化原则，从事组织的各项职能管理工作。直线领导机构和人员在自己的职责范围内有一定的决定权和对所属下级的指挥权，并对自己部门的工作负全部责任。而职能机构和人员，则是直线指挥人员的参谋，不能对直线部门发号施令，只能进行业务指导。直线—职能制组织结构图如图 5-3 所示。

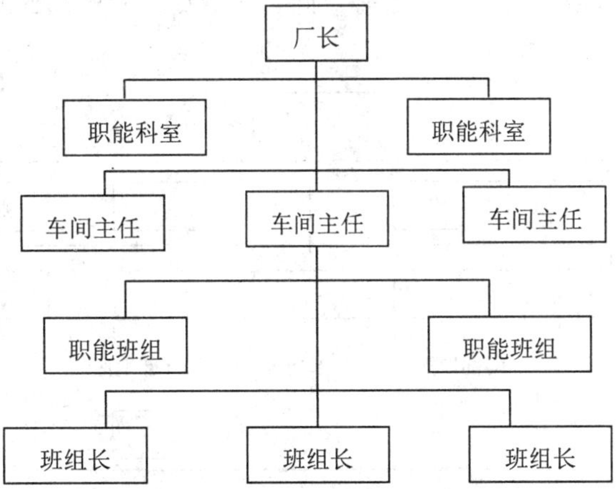

图 5-3 直线—职能制组织结构示意图

直线—职能组织结构的优点是：命令统一，职责明确，专业化管理程度较高，组织稳定。它既保证了管理体系的集中统一，又可以在各级行政负责人的领导下，充分发挥各专业管理机构的作用。

但其缺点是：职能部门之间缺乏交流、协作和配合，职能部门与行政负责人之间容易产生摩擦，组织系统的灵敏度较低，下级的许多工作要直接向上层领导报告请示才能处理，常常造成企业运作效率低下。

四、事业部制

事业部制是欧美、日本大型企业所采用的典型的组织形式，因为它是一种分权制的组织形式。最早是由美国通用汽车公司总裁斯隆于1924年提出的，故有“斯隆模型”之称，也叫“联邦分权化”，是一种高度集权下的分权管理体制。它适用于规模庞大、品种繁多、技术复杂的大型企业，是国外较大的联合公司所采用的一种组织形式。

事业部制是分级管理、分级核算、自负盈亏的一种形式，即一个公司按地区或按产品类别分成若干个事业部，从产品的设计、原料采购、成本核算、产品制造，一直到产品销售，均由事业部及所属工厂负责，实行单独核算、独立经营，公司总部只保留人事决策、预算控制和监督大权，并通过利润等指标对事业部进行控制。也有的事业部只负责指挥和组织生产，不负责采购和销售，实行生产和供销分立，但这种事业部正在被产品事业部所取代。还有的事业部则按区域来划分。这里就产品事业部和区域事业部做些简单的介绍。

1．区域事业部制（又称区域部门化）

对于在地理上分散的企业来说，按地区划分部门是一种比较普遍的方法。其原则是把某个地区或区域内的业务工作集中起来，委派一位经理来主管其事。按地区划分部门，特别适用于规模大的公司，尤其是跨国公司。这种组织结构形态，在设计上往往设有中央服务部门，如采购、人事、财务、广告等，向各区域提供专业性的服务，这种组织结构如图5-4所示。

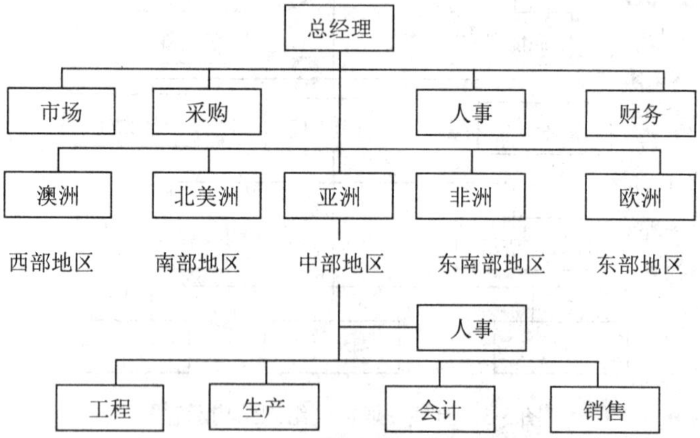

图5-4　区域部门化组织结构示意图

区域部门化的优点主要有：（1）责任到区域，每一个区域都是一个利润中心，每一区域部门的主管都要负责该地区业务的盈亏；（2）放权到区域，每一个区域有其特殊的市场需求与问题，总部放手让区域人员处理，会比较妥善、实际，有利于企业高层管理者关注更重要的问题；（3）有利于地区内部协调；（4）对区域内顾客比较了解，有利于服务与沟通；（5）每一个区域主管，都要担负一切管理职能的活动，这对培养通才管理人员大有好处。区域部门化的缺点是：（1）随着地区的增加，需要更多具有全面管理能力的人员，而这类人员往往不易得到；（2）每一个区域都是一个相对独立的单位，加上时间，空间上的限制，往往是“天高皇帝远”，总部难以控制；（3）由于总部与各区域分部相距较远，难以维持集中的经济服务工作。

2．产品事业部（又称产品部门化）

按照产品或产品系列组织业务活动，在经营多种产品的大型企业中早已显得日益重要。产品部门化主要是以企业所生产的产品为基础，将生产某一产品有关的活动，完全置于同一产品事业部内，再在产品事业部内细分职能部门，进行该产品的生产、销售等工作。这种结构形态的组织结构如图 5-5 所示。

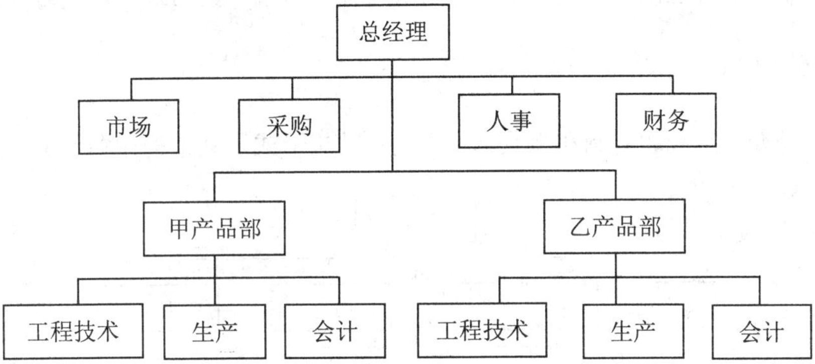

图 5-5　产品部门化组织结构示意图

产品部门化的优点主要有：（1）有利于采用专业化设备，并能使个人的技术和专业化知识得到最大限度的发挥；（2）每一个产品部都是一个利润中心，部门经理承担利润责任，这有利于总经理评价各部门的政绩；（3）在同一产品部门内有关的职能活动协调比较容易，比完全采用职能部门管理更有弹性；（4）容易适应企业的业务扩展与业务多元化要求。

产品部门化的缺点主要是：（1）需要更多具有全面管理才能的人才，而这类人才往往不易得到；（2）每一个产品分部都有一定的独立权力，高层管理人员有时会难以控制；（3）对总部的各职能部门，例如人事、财务等，产品分部往往不会善加利用，以至总部一些服务不能获得充分的利用。事业部具有三个基本要素特征：相对独立的市场；相对独立的利益；相对独立的自主权。

事业部制的优点是：总部领导可以摆脱日常事务，集中精力考虑全局问题；事业部实行独立核算，更能发挥经营管理的积极性，更利于组织专业化生产和实现企业的内部协作；各事业部之间有比较、有竞争，这种比较和竞争有利于企业的发展；事业部内部的供、产、销之间容易协调，不像在直线职能制下需要高层管理部门过问；事业部经理要从事业部整体来考虑问题，这有利于培养和训练全面的管理人才。

事业部制的缺点是：各事业部往往只重视眼前利益，本位主义严重，调度和反应都不够灵活，不能有效地利用公司的全部资源；管理部门重叠设置，管理费用增加；由于各事业部相当于一个独立的企业，因此对事业部一级管理人员的水平要求较高；集权与分权关系敏感，一旦处理不当，会削弱整个组织的协调一致。

为了克服事业部制存在的问题，使集权与分权更好地结合进来，可在公司最高首脑与各事业部之间增设一个管理层次，形成超事业部制（亦称执行部制）。执行部制的特点是，在统辖和协调所属事业部活动时，使管理体制在分权的基础上又适当地再度集权，从而通过协调各个事业部间的活动，克服本位主义与分散主义，更有效地利用公司的资源，并进一步减轻最高层领导的日常事务工作。

事业部制和执行部制只有在组织规模很大且业务范围广或市场区域大时才比较适宜。

五、模拟分权制

这是一种介于直线职能制和事业部制之间的结构形式，其结构如图5-6所示。

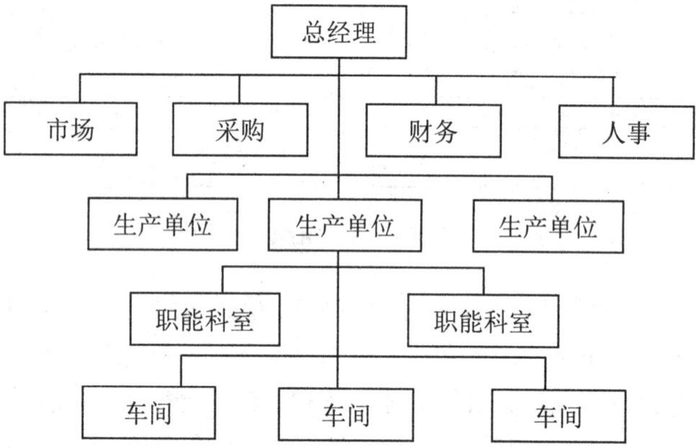

图5-6　模拟分权制结构示意图

有许多大型企业，如连续生产的钢铁、化工企业由于产品品种或生产工艺过程所限，难以分解成几个独立的事业部。又由于企业的规模庞大，以致高层管理者感到采用其他组织形态都不容易管理，这时就出现了模拟分权组织结构形式。所谓模拟，就是要模拟事业部制的独立经营，单独核算，而不是真正的事业部，实际上是一个个“生产单位”。这些生产单位有自己的职能机构，享有尽可能大的自主权，负有“模拟性”的盈亏责任，目的是要调动他们的生产经营积极性，达到改善企业生产经营管理的目的。需要指出的是，各生产单位由于生产上的连续性，很难将它们截然分开，以连续生产的石油化工为例，甲单位生产出来的“产品”直接就成为乙单位生产所需的原料，这当中无须停顿和中转。因此，它们之间的经济核算，只能依据企业内部的价格，而不是市场价格，也就是说这些生产单位没有自己独立的外部市场，这也是与事业部的差别所在。

模拟分权制的优点除了调动各生产单位的积极性外，就是解决企业规模过大不易管理的问题。高层管理人员将部分权力分给生产单位，减少了自己的行政事务，从而把精力集中到战略问题上来。其缺点是：不易为模拟的生产单位明确任务，造成评估上的困难；各生产单位负责人不易了解企业的整体情况，在信息沟通和决策权力方面也存在着明显的缺陷。

六、矩阵制

矩阵制是为了适应在一个组织内同时有几个项目需要完成，每一个项目又需要具有不同专长的人在一起工作才能完成这一特殊需求而形成的。矩阵制的具体结构如图 5-7 所示，其特点是，既有按管理职能设置的纵向组织系统，又有按产品、项目、任务等划分的横向组织系统。横向系统的项目组所需的人员从各职能部门抽调，他们既接受本职能部门的领导，又接受项目组的领导，一旦某一项目完成，该项目组即行撤销，人员回原部门工作。

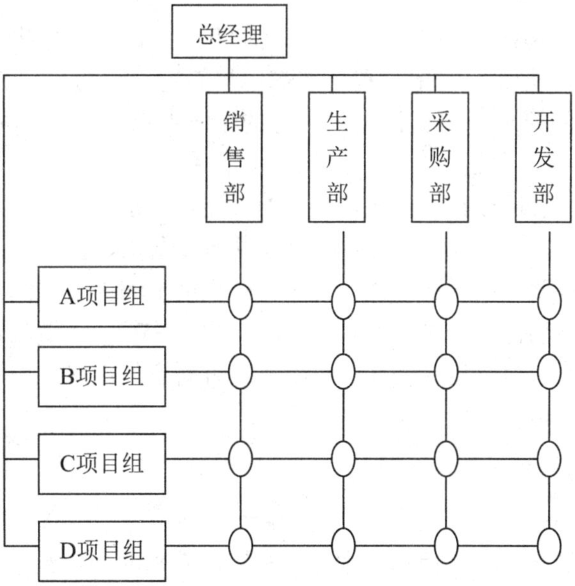

图 5-7　矩阵制组织结构示意图

矩阵制的优点是：上下左右、集权分权实现了有效的结合。有利于加强各部门间的配合和信息交流，便于集中各种专门的知识和技能，加速完成某一特定项目，可避免各部门的重复劳动，加强组织的整体性，可随项目的开始和结束而组成和撤销项目组，增加了组织的机动性和灵活性；工作小组领导人对项目最终效益负责，从而增强了整个组织的效益性。这种组织形式的缺点是由于各成员隶属于不同的部门，仅仅是临时参加某项目组，项目负责人对他们的工作好坏，没有足够的奖励与惩罚手段，项目负责人的责任大于权力，由于项目负责人和原部门负责人对于参加项目的人员都有指挥权，因此这种结构只有当双方管理人员能密切配合时，才能顺利地开展工作；这种组织具有一定的临时性，容易导致人心不稳。矩阵制一般适用于创新任务较多、生产经营复杂多变的组织。

七、委员会

委员会也是一种常见的组织形式。委员会由一群人所组成，其中各个委员的权力是平等的，并依据少数服从多数的原则决定问题。它的特点是集体决策、集体行动。委员会可以有多种形式；按时间长短分为常设委员会和临时委员会，前者是为了促进协调、沟通和合作，行使制定和执行重大决策的职能；后者多是为了某一特定的目的而组成的，达到特定的目的即解散；按职权分为直线式的和参谋式的，直线式的如董事会，它的决策下级必须执行；参谋式的委员会主要是为直线人员提供咨询和建议。委员会还有正式和非正式之分，凡是属于组织结构的一个组成部分并授予特定的职权的委员会都是正式的，反之，就是非正式的。

委员会作为组织管理的一种手段，其设立的目的主要是：集思广益，产生解决问题的更好方案；利用集体决策，防止个别人或部门权限过大，滥用权力；加强沟通，了解和听取不同利益集团的要求，协调计划和执行的矛盾；通过鼓励参与，激发决策执行者的积极性。

委员会的优点是：可以充分发挥集体的智慧，避免个别领导人的判断失误；少数服从多数，可防止个人滥用权力；地位平等，有利于从多个层次、多种角度考虑问题，并反映各方面人员的利益，有助于沟通和协调；可在一定程度上满足下属的参与感，有助于激发组织成员的积极性和主动性。委员会的缺点是：做出决定往往需要较长时间；集体负责、个人责任不清；有委曲求全、折中调和的危险，富有新意的主张易被封杀；有可能为某一特殊成员所把持，形同虚设。

八、网络型组织结构

网络型组织结构是利用现代信息技术建立和发展起来的一种新型组织结构。现代信息技术使企业与外界的联系加强了，使得企业可以重新考虑自身机构的边界，不断缩小内部生产经营活动的范围，相应地扩大与外部企业之间的分工协作。这就产生了一种基于契约关系的新型组织结构形式，即网络型组织结构，如图5-8所示。

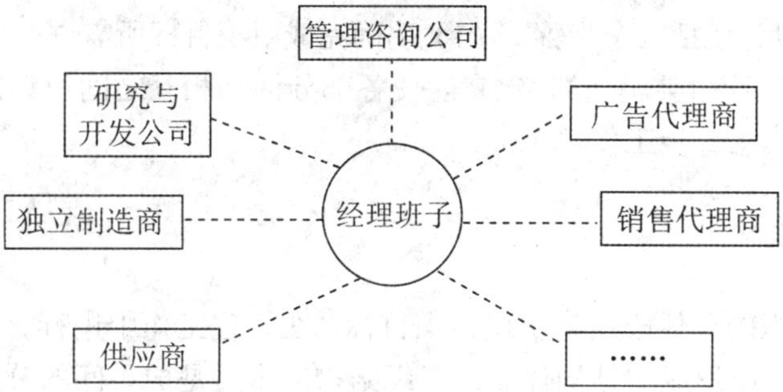

图 5-8 网络型组织结构

企业采用网络型的组织结构，所要做的就是创设一个“关系”的网络，与网络中的独立制造商、销售代理商及其他机构达成长期合作协议，使他们按照契约要求执行相应的经营功能。由于网络型组织的大部分活动都是外包、外协的，因此，公司的管理机构就只是一个精干的经理班子，负责监管公司内部开展的活动，同时协调和控制与外部协作机构之间的关系。

网络型组织结构的优点是：网络型组织结构极大地促进了企业经济效益实现质的飞跃，降低管理成本，提高管理效益；实现了企业全世界范围内供应链与销售环节的整合；简化了机构和管理层次，实现了企业充分授权式的管理，组织结构具有更大的灵活性和柔性，以项目为中心的合作可以更好地结合市场需求来整合各项资源，而且容易操作，网络中的各个价值链部分也随时可以根据市场需求的变动情况增加、调整或撤并；这种组织结构简单、精炼，由于组织中的大多数活动都实现了外包，而这些活动更多地靠电子商务来协调处理，组织结构可以进一步扁平化，效率也更高了。网络型组织结构的缺点是：可控性差。组织开展的有效活动是通过与独立的供应商广泛而密切的合作来实现的，因而存在着道德风险和逆向选择性，一旦组织所依存的外部资源出现问题，如质量问题、提价问题、及时交货问题等，组织将陷入非常被动的境地；另外，外部合作组织都是临时的，如果其中的某一合作单位因故退出且不可替代，组织将面临解体的危险；由于项目是临时的，员工随时都有被解雇的可能，因而员工对组织的忠诚度也比较低。

网络型组织结构并不是对所有的企业都适用的。在网络型组织结构中，由于组织的大部分职能从组织外“购买”，网络型组织结构可以使企业利用社会上现有的资源使自己快速发展壮大起来，它是小型企业的一种可行的选择，也是大型企业在联结本集团松散层企业通常采用的组织结构形式。它比较适合于玩具和服装制造企业以及那些需要低廉劳动力的制造公司。

第三节 组织结构设计

尽管每一个组织的目标不同，组织结构形式也不同，但一个组织的基本设计过程是相同的。一般地，组织设计包括三个步骤：（1）明确完成组织目标所需进行的活动。（2）将这些活动按某种模式进行归类。（3）建立能使各部分活动相互之间协调的体系。其中，组织结构设计主要是指第二步工作。

一、组织结构内容

组织结构是组织的全体成员为实现组织目标，在管理工作中进行分工协作，在职务范围、责任、权利方面所形成的结构体系。组织结构的本质是成员间的分工协作关系，组织结构的内涵是人们的职、责、权关系，因此，组织结构又可称为权责结构。

1．职能结构

职能结构，即完成组织目标所需的各项业务工作及其比例和关系，如一个企业有生产、技术、销售、人事、财务等不同的业务职能，各项工作任务都为实现企业的总体目标服务，但各部分的权责关系却不同。

2．层次结构

层次结构，是指管理层次的构成及管理者所管理的人数（纵向结构）。管理层次是指一个组织设立的行政等级数目。一个组织集中着众多的员工，作为组织主管，不可能对每一个员工直接进行指挥和管理，这就需要设置管理层次，逐级地进行指挥和管理。例如，某企业的纵向层次大致可分为厂长—车间主任—班组长等。一个组织中，其管理层次的多少，一般是根据组织工作量的大小和组织规模的大小来确定的。工作量较大且组织规模较大的组织，其管理层次可多些，反之，管理层次就比较少。一般来说，管理层次可分为高层、中层和基层三个层次。

3．部门结构

部门结构，是指各管理部门的构成（横向结构），如组织按职能、产品及地区等标准划分的各个部门。部门结构既要体现出组织应该设置哪些部门，还要体现出这些部门之间的整体性关系。

4．职权结构

职权结构，是指各层次、各部门在权力和责任方面的分工及相互关系。包括职权的纵向结构和职权的横向结构，如董事会负责决策，经理负责执行与指挥，各层次各部门之间的协作关系等。

5．管理规范结构

管理规范结构，即指导组织中人们的活动和关系的经过计划的正式的政策、程序和控制方法（行政管理系统）。

二、影响组织结构选择的因素

在各种因素的作用下，很多组织出现了比较频繁的组织结构变化。比如，和过去相比较，目前很多大城市的医院及大多数的普通高等学校为适应新的要求，其组织结构已经发生了很大的变化。对应于一定条件下的有效的组织结构取决于一系列的变量或因素，这些变量或因素主要如下。

1．环境

环境包括一般环境和特定环境。一般环境是指对组织管理目标产生间接影响的经济、社会文化及技术等环境条件。特定环境是指对组织管理目标产生直接影响的因素，如政府、顾客、竞争对手、供应商等。环境是不断变化的，环境的复杂性和变动性决定了环境的不确定性。由于组织所面临的环境的复杂性和变动性不一样，其对组织结构的影响也不一样。一般来说，环境的动态性、复杂性越强，其不确定性就越大，此时就应该采用灵活的、具有高度适应性的有机型组织结构；环境的稳定性、简单性越强，其不确定性就越小，此时的组织宜采用稳定的、较为刻板的机械型组织结构。

2．战略

组织结构是为实现组织目标服务的，而组织目标是以战略为依据的。为了适应战略的多样化，组织结构也会有所变化。研究发现，许多经营成功的公司，其组织结构都是随着战略发展的变化而变化的。在不同的战略阶段，组织结构要做适应性地变化和调整。一般地，组织保持在单一行业中发展时应采用集权式的职能型结构，组织从事多元化经营时，应采用分权式的产品事业部型的结构。

3．技术

组织的技术特征对组织的结构有很大的影响，组织既是人与人的组合体，也是各种技术的组合体。任何组织都需要通过技术将投入转换为产品，因而组织结构就要随着技术的变化而变化。对技术进行区分的一个常用标准就是它的常规性程度。所谓常规性技术是指技术活动是自动化、标准化的操作，而非常规的技术是指技术活动内容要根据不同的要求而有不同的变化。一般来说，组织内部门技术越是常规化，组织规范化、集权化程度就越高，采用机械式组织结构的效率也就越高；组织内部门技术越是非常规化，组织规范化、集权化程度就越低，这时，采用柔性有机式组织结构的效率也就越高。

4．组织的生命周期

美国管理学家奎因和卡梅伦将组织的生命周期分成四个阶段，即创业阶段、集合阶段、正规化阶段和精细阶段。适应组织生命周期不同阶段的组织结构也有所不同：在创业阶段，专门化、正规化程度低，部门很少，个人集权的直线型组织结构比较适宜；在集合阶段，专门化、正规化程度低，部门较少，高层集权的职能型组织结构比较适宜；在正规化阶段，专门化、正规化程度高，部门多，分权化的事业部型组织结构比较适宜；在精细阶段，正规化程度很高，有较多部门，分权化的矩阵型组织结构比较适宜。

5．组织规模

组织规模是影响组织结构的重要因素之一。不同的组织规模，其对应的组织结构的特征不一样。大型组织的结构具有工作专门化、部门化、正规化的程度较高、组织垂直层次较多、分权水平高、高层行政人员比例低、专业与文秘人员比例较高等特点，小型组织的结构具有工作专门化、部门化、正规化的程度低，组织较为扁平，集权水平高，高层行政人员比例较高等特点。

三、组织结构设计的基本过程

组织结构的设计一般包括以下几个步骤。

1. 岗位设计：工作的专门化

组织结构设计的第一步是将实现组织目标必须进行的活动划分成最小的有机相联的部分，以形成相应的工作岗位。活动划分的基本要点是工作的专门化，即按工作性质的不同进行划分。通过工作的专门化，每一个组织成员或若干个成员能执行有限的一组工作。由于每一个人的能力都是有限的，不可能完成大量的各种各样不同性质的工作，只有通过工作的专门化，才能挑选出具有不同才能的人去从事相应的不同性质的工作。

在进行工作专门化划分后，通过估算每一项工作所需的时间，就可计算出完成组织目标所需的操作人员数。操作人员数等于各项工作所需时间之和除以每一个人一年的有效工作时间。

2. 部门化：工作的归类

一旦将组织的任务分解成了具体的可执行的工作，第二步就是将这些工作按某种逻辑合并成一些组织单元，如任务组、部门、处室等，这就是部门化过程。将整个组织通过部门化划分为若干个管理单元的目的是为了据此明确责任和权力，并有利于不同的部门根据其工作性质的不同采取不同的政策和加强本部门内的沟通与交流。

一个组织的各项工作可按各种原则进行归并，常见的有职能部门化、产品部门化、地区部门化、顾客部门化和综合部门化方法。

（1）职能部门化。即按工作的相同或类似性进行归类，如企业里把从事相同工作的人进行归并，形成生产线、销售线、财务线、人事线等。由于职能部门化与工作专门化有密切的联系，因此许多组织都采用职能部门化的方式。职能部门化的优点是：有利于对专业人员进行归口管理，便于监督和指导，可提高工作效率。缺点是容易出现部门主义，整体管理较弱。

（2）产品部门化。由于不同的产品在生产、技术、市场、销售等方面可能很不相同，就出现了根据不同的产品种类来划分部门的需要。在这种情况下，各产品部门的负责人对某一产品或产品系列，在各方面都拥有一定的职权。通用汽车公司采用的就是按汽车类别划分部门的方法。产品部门化的优点是便于本部门内进行更好的协作，可提高决策的效率，易于保证产品质量和进行核算；缺点是易出现部门化倾向，整个组织行政管理人员过多，管理费用增加。

（3）地区部门化。即按地理区域设立部门，这种形式不像职能和产品部门化那样普遍，但许多全国性或国际性的大组织常采用此种方式。地区部门化的优点是能对本地区环境的变化做出迅速的反应，缺点是和总部之间的管理职责划分较困难。

（4）顾客部门化。即根据顾客的需要和顾客群设立相应的部门。不同类型的顾客，在产品品种、质量、服务要求、价格等方面会有不同的要求，实行顾客部门化可更加有针对性地按需生产、按需促销，缺点是只有当顾客群达到一定的规模时，才比较经济。

（5）综合部门化。即在同一个组织中，既有按职能划分的部门，也有按其他方面划分的部门，以适应各种不同的需要。

3．确定组织层次

部门化解决了各项工作如何进行归类以实现统一领导的问题，接下来需要解决的是组织层次问题，即要确定组织中每一个部门的职位等级数。组织层次的多少与某一特定的管理人员可直接管辖的下属人员数即管理幅度的大小有直接关系。在一个部门中的操作人员数一定的情况下，一个管理人员能直接管理的下属数越多，该部门内的组织层次也就越少，所需要的行政管理人员也越少；反之，一个管理人员能直接管辖的员工数越少，所需的管理人员就越多，相应地组织层次也越多，如图 5-9 所示。由此可见，管理幅度的大小，在很大程度上制约了组织层次的多少。在某一特定的情况下，管理幅度多大合适呢？这主要取决于以下几个因素。

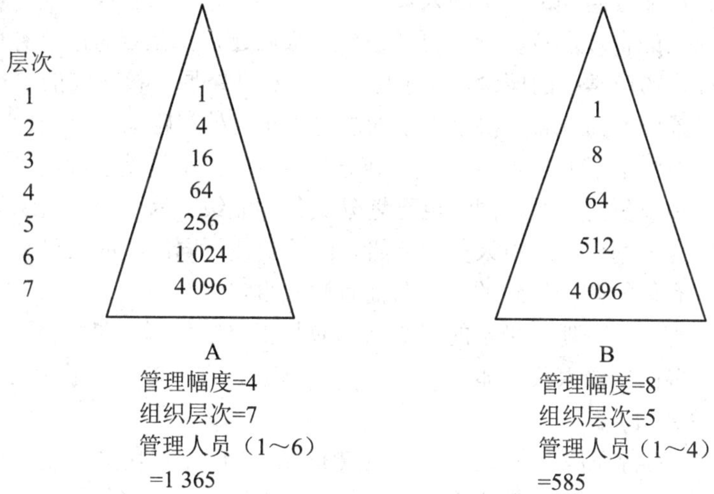

图 5-9 组织层次与管理幅度

（1）管理者的能力。管理者的综合能力、理解能力、表达能力强，就可以迅速地把握问题的关键，就下属的请示提出恰当的指导建议，并使下属明确理解，从而缩短与每一位下属接触所需的时间，管理幅度就可以大一些，反之则小。

（2）下属的成熟程度。下级具有符合要求的能力，训练有素，则无须管理者事事指点，从而减少向上司请示的频率，管理者的管理幅度就可加大，反之则小。

（3）工作的标准化程度。若下属的工作基本类同，指导就方便，若下属的工作性质差异很大，就需要个别指导，管理幅度就小。

（4）工作条件。如助手的配备情况、信息、手段的配备情况等都会影响到管理者从事管理工作所需的时间，若配备有助手，信息手段先进、工作地点相近，则管理幅度可大些。

（5）工作环境。组织环境稳定与否会影响组织活动内容和政策的调整频率与幅度。环境变化越快，变化程度越大，组织中遇到的新问题就越多，下属向上级的请示就越有必要、越经常，而上级能用于指导下属的时间与精力却越少，因为他要花时间去关注环境的变化，考虑应变的措施。因此，环境越不稳定，管理人员的管理幅度越小。

一般地，人们把管理幅度较大、组织层次较少的组织称为扁平型结构，把管理幅度较小，组织层次较多的组织称为锥形结构。

在管理幅度确定的情况下，就可以根据操作人员数的多少和各管理者管理幅度的大小，计算出所需的管理人员数和相应的组织层次。

根据以上几步，即可明确岗位、部门、组织层次等，形成相应的组织结构，并绘出组织结构图。

4. 人员配备：人员结构

不同性质的工作需要不同才能的人才能胜任，而为了使同一部门中的人员能协调一致地工作，则需要合理配置同一部门中的人员。

一个部门中人员的合理配置，一是要考虑到能级问题，二是要考虑互补问题。

“能级”是现代物理学中的概念，原子由原子核和环绕原子核运转的电子层中的电子组成，电子在各电子层上的分布取决于电子的能量大小，处在距原子核较远的电子层上的电子能量较大，较近的电子能量较小。这种电子之间能量大小的差别就叫“能级”。在一个组织中，由于组织成员的素质不同，也可划分成各种能级。为了保证组织具有高效率和高可靠性，不仅要合理划分组织中人员的能级，而且要使不同能级的人员有一个合理的组合。组合不当，就有可能降低组织的效率，而且弊端百出。

能级理论和管理实践证明，稳定的能级结构应是正立三角形，即较少的高级人员、较多的中级人员、更多的低级人员。即一个组织中人员能级的分布应是正立三角形，否则就会显得不稳定，举例如下。

倒立的三角形，其特征是“官多兵少”，结果政出多门，上层决策混乱，下层执行不力。

菱形结构，两头小中间大。低级人员过少，迫使中级人才降级做低级工作，使其才能无法发挥；高级人才相对过少，无人扛大旗，而众多的中级人才晋级无望。这种结构最终将导致中级人才的外流。

梯形结构及“一”字形结构：同一能级的人员过多，工作不易安排且易在组织内部形成派系，常常出现内部不团结现象。

能级问题是从纵向考虑人员配置的，要求形成一个合理的等级。而互补问题是从横向考虑人员的配置的，认为同一层次的人员相互之间应是能力互补的。若成员相互之间能力互补，各有所长，但又有共同语言，就能较好地进行分工协作；若各成员各有所长，但无共同语言，则不易合作，发挥集团效率，若各成员之间能力相似，则容易相互争斗，形成内耗。

四、组织的层级化

组织的层级化是指组织在纵向结构设计中需要确定层级数目和有效的管理幅度，需要根据组织集权化的程度，规定纵向各层级之间的权责关系，最终形成一个能够对内外环境要求做出动态反应的有效的组织结构形式。

1．管理幅度与组织层级的互动性

组织层级化设计的核心任务是确定完成任务需要设定的层级数目，有效的管理幅度是决定组织中层级数目的最基本因素。组织层级与组织幅度的反比关系决定了两种基本的组织结构形态：一种是扁平式的组织结构形态；另一种是锥型式的组织结构形态。扁平式组织结构的优点是：由于管理的层级比较少，信息的沟通和传递速度比较快，信息失真度比较低；同时，上级主管对下属的控制也不会太呆板，这有利于发挥下属人员的积极性和创造性。其缺点是：过大的管理幅度增加了主管对下属的监督和协调控制的难度，同时，下属也缺少了更多的提升机会。锥型式组织结构的优点是：由于管理的层级比较多，管理幅度比较小，每一管理层级上的主管都能对下属进行及时的指导和控制；另外，层级之间的关系也比较紧密，这有利于工作任务的衔接，同时也为下属提供了更多的提升机会。其缺点是：过多的管理层级往往会影响信息的传递速度，信息失真度可能会比较大，这又会增加高层主管与基层之间的沟通和协调成本，增加管理工作的复杂性。

2．层级设计需要解决的主要问题：集权与分权

（1）权力的性质与特征

职权是指组织内部授予的指导下属活动及其行为的决定权，这些决定一旦下达，下属必须服从。职权跟组织层级化设计中的职位紧密相关，跟个人特质无关。传统观念认为职权来源于组织的顶层，职权的发展是由上至下，然后贯穿整个组织的。而巴纳德认为，职权的发展是由下至上的，否则下属有权否定这种职权。职权在被接受之前必须具备四个条件：① 在作决定时，下属必须能够了解沟通的内容；② 在作决定时，下属必须深信他的要求和组织的宗旨是一致的；③ 在作决定时，下属必须深信他的要求跟他本人的兴趣是一致的；④ 在作决定时，下属在体力和精力上应能予以配合，职权的行使不能逾越他们的能力和服从范围。

职权分为三种形式：直线职权、参谋职权和职能职权。所谓直线职权，是指管理者直接指导下属工作的职权。这种职权由组织的顶端开始，延伸向下至最底层形成所谓的指挥链（chain of command）。所谓参谋职权，是指管理者拥有某种特定的建议权或审核权，评价直线职权的活动情况，进而提出建议或提供服务。而所谓职能职权，则是一种权益职权，是由直线管理者向自己辖属以外的个人或职能部门授权，允许他们按照一定的制度在一定的职能范围内行使的某种职权。职能职权的设立主要是为了发挥专家的核心作用，减

轻直线主管的任务负荷，提高管理工作的效率。

需要指出的是，一个人获取权力的同时就必须负担起责任，这种责任就称为职责。职责与职权是有区别的，职权是一种权力，其合法性来自于组织中的职位，职权需要围绕工作而展开。另外，职权预示着下属必须完成被指派的任务，而职责则预示着下属所完成的任务必须符合上级所规定的标准。因此，权责必须一致，权责必须分明。有职权而无职责必然会导致职权的滥用，而有职责无职权也必然会导致执行者无所适从。

（2）组织层级化设计中的集权与分权

集权和分权是组织层级化设计中的两种相反的权力分配方式。集权是指决策指挥权在组织层级系统中较高层次上的集中，也就是说，下级部门和机构只能依据上级的决定、命令和指示办事，一切行动必须服从上级指挥。分权是指决策指挥权在组织层级系统中较低管理层次上的分散。组织高层将其一部分决策指挥权分配给下级组织机构和部门的负责人，使他们充分行使这些权力，支配组织的某些资源，并在其工作职责范围内自主地解决某些问题。一个组织内部要实行专业化分工，就必须分权。否则，组织便无法运转。集权和分权是两个相对的概念。将集权和分权有效地结合起来是组织存在的基本条件，也是组织既保持目标统一性又具有柔性灵活性的基本要求。

在组织层级化设计中，影响组织分权程度的主要因素有：

① 组织规模的大小。组织规模增大，管理的层级和部门数量就会增多，信息的传递速度和准确性就会降低。因此，组织需要及时分权，以减缓决策层的工作压力，使其能够集中精力于最重要的事务。

② 政策的统一性。如果组织内部各个方面的政策是统一的，集权最容易达到管理目标的一致性。然而，一个组织所面临的环境是复杂多变的，为了灵活应对这种局面，组织往往会在不同的阶段、不同的场合采取不同的政策，这虽然会破坏组织政策的统一性，却可能有利于激发下属的工作热情和创新精神。

③ 员工的数量和基本素质。如果员工的数量和基本素质能够保证组织任务的完成，组织可以更多地分权；组织如果缺乏足够的受过良好训练的管理人员，其基本素质不能符合分权式管理的基本要求，分权将会受到很大的限制。

④ 组织的可控性。组织中各个部门的工作性质大多不同，组织需要考虑的是围绕任务目标的实现，如何对分散的各类活动进行有效的控制。

⑤ 组织所处的成长阶段。在组织成长的初始阶段，为了有效管理和控制组织的运行，组织往往采取集权的管理方式；随着组织的成长，管理的复杂性逐渐增强，组织分权的压力也就比较大，管理者对权力的偏好就会减弱。

3．组织层级设计中的授权

（1）授权的含义及其有效性

随着信息时代的到来，组织越来越意识到，把权力分解下去可以更好地使组织成员自由、圆满、高效地完成组织的各项工作，向下授权因而也成为组织发展的一个重要趋势。

所谓授权，就是组织为了共享内部权力，激励员工努力工作，而把某些权力或职权授予下级。这些权力或职权委派给了下级之后，下级可以在其职权范围内自由决断，灵活处理问题，但同时也负有完成任务并向上级报告的责任，上级仍然保留着对下级的指挥与监督权。授权与分权有所不同。孔茨认为，分权是授权的一个基本方面。授权的含义略大于分权，授权是上级把权力授予下级，分权是上级把决策权力分配给下级机构和部门负责人。授权的含义有：① 分派任务。向被托付人交代所要完成的任务。② 授予权力或职权。授予被托付人相应的权力或职权，使之能有权处理原本无权处理的事务。③ 明确责任。要求被托付人对托付的工作负全责。所负责任不仅包括需要完成的指定任务，也包括向上级汇报任务完成的具体情况和成果。

（2）有效授权的要素

要想使授权具有充分而理想的效果，组织必须注意以下几个方面的工作：

① 信息共享。组织中的信息是一种共享资源，组织如果能够使员工充分地获取必要的信息资料，就会大大提高员工的积极性和工作的主动性。

② 提高授权对象的知识与技能。组织必须对员工进行及时、有效的培训，以帮助他们获取必需的知识和技能。这种培训能够有效地帮助员工进行自主的决策，提高他们参与组织活动的能力，并为组织的团队合作和组织目标的实现打下扎实的基础。

③ 充分放权。组织若要充分发挥团队的作用，就必须真正地放权给团队中的各个专家和基层人员，使每个成员都能根据工作过程实际情况进行适当的安排，这样，各种类型的权力才能够得到充分的发挥。

④ 奖励绩效。组织应该制定合理的绩效评估和奖励系统，对组织成员的绩效贡献给予奖励。这种奖励系统应该既包括工资和利润提成，也包括一定的股权比例，如职工持股计划等。

（3）授权的原则

有效的授权必须掌握以下原则：

① 重要性原则。组织授权必须建立在相互信任的基础上，所授权限不能是一些无关紧要的部分，要敢于把一些重要的权力或职权放下去，使下级充分认识到上级的信任和管理工作的重要性，并把具体任务落到实处。

② 适度原则。组织授权还必须建立在效率的基础上。授权过少往往造成主管工作量过大，授权过多又会造成工作杂乱无序，甚至失控，所以不能无原则放权。

③ 权责一致原则。组织在授权的同时，必须向被托付人明确所授任务的目标、责任及权力范围，权责必须一致，否则被托付人要么可能会滥用职权导致形式主义，要么会对任务无所适从造成工作失误。

④ 级差授权原则。组织只能在工作关系紧密的层级上进行级差授权。越级授权可能会造成中间层次在工作上的混乱和被动，伤害他们的负责态度，并导致管理机构的失衡，进而破坏管理的秩序。

第四节　人力资源管理

有些管理者可能会想："尽管人事决策十分重要，但它们不是由人事部门的人员做出的吗？这些决策并不是所有的管理者能涉及的。"确实在一些大型企业中，人力资源管理包含的许多决策活动经常是由人事部门或人力资源开发部门做出的。本节主要研究人力资源管理的基本过程极其相关理论与方法。

一、人力资源管理概述

1．人力资源管理的概念

人力资源管理（Human Resource Management，HRM）是指运用管理学方法，对人力资源进行合理的规划、开发、培训、配置，且通过人力资源的整合，实现对人的思想、意识的调整与控制，在人的智力、体力协调的基础上，充分发挥人的能动性和创新力，以达到组织的既定目标。人力资源管理有以下主要内容：

（1）人力资源规划：人力资源管理工作的航标兼导航仪。

（2）招聘与配置：包括员工招聘和人员整合，即："引"和"用"的结合艺术。

（3）培训与开发：包括员工培训与职业生涯设计，帮助员工胜任工作并发掘员工的最大潜能。

（4）薪酬与福利：包括薪酬管理、福利管理和激励计划，员工激励的最有效手段之一。

（5）绩效考核管理：不同的视角，不同的结局，包括员工绩效考核与素质评估，实现公平动态的管理。

（6）员工和劳动关系：实现组织和员工的共赢。

2．人力资源管理的基本原理

人力资源管理遵循一定的原理及规律，包括系统优化原理、能级对应原理、动力原理、反馈控制原理、个体差异原理、动态适应原理。

（1）系统优化原理：指人力资源系统经过组织、协调、运行、控制，使其整体功能获得最优绩效的理论，即人力资源部门为满足系统优化而进行的战略性人力资源调整。

（2）能级对应原理：指不同能力的人在组织中的责、权、利应有差别，实现"在其位，谋其政"。这就是职位分类。而组织中人力资源部门需要进行工作分析，工作分析提供了用谁做（Who）、做什么（What）、何时做（When）、在什么地方做（Where）、怎么做（How）、为什么要做（Why）、为谁做（For Whom）的信息，从而形成职位描述等相关的文件。

（3）动力原理：通过一定的方式激发人的工作热情，包括物质动力（物质的奖罚）、精神动力（成就感与挫折感、危机意识），即所谓的绩效考核机制，其依据的管理学中激励职能就是为最大限度发挥员工潜能而形成的。

（4）反馈控制原理：人力资源管理中的各个环节是相互关联的，形成一个反馈环，某一环节发生变化都会产生连锁性反应。由于人力资源管理过程中需要组织沟通的环节较多，如组织内部进行员工满意度调查，需要从高层到基层建立信息沟通流程，通过此过程，可以系统的做出组织的发展战略、经营管理理念、规章制度、组织管理和组织文化等方面的评价。

（5）个体差异原理：人力资源系统中是由各个劳动者的劳动能力组成，而劳动能力由于受到身体、受教育程度、实践经验等因素的影响而各有不同，形成人力资源管理的个体差异。

（6）动态适应原理：指人力资源的供给与需求要通过不断地调整才能保持持续的相互适应。

（7）投资增值原理：指对人力资源的投资可以使人力资源增值，资源质量的提高和人力资源存量的增大。

（8）激励强化原理：通过针对个人的不同需要欲望给予满足或限制，就可以影响其心理动机，从而达到改变其行为的目的。

3．人力资源管理过程

企业要追求卓越，各阶层的管理者就必须具备有关“人”的功夫，主要包括五个方面：

（1）知人。知己知彼，知己识人。

（2）选人。适任、适群、适己。

（3）育人。自我培育，培育下属。

（4）用人。知人善任。

（5）安人。安于工作，勤于工作，乐于工作。

这五个方面体现在人力资源管理的过程中，如图 5-10 所示。

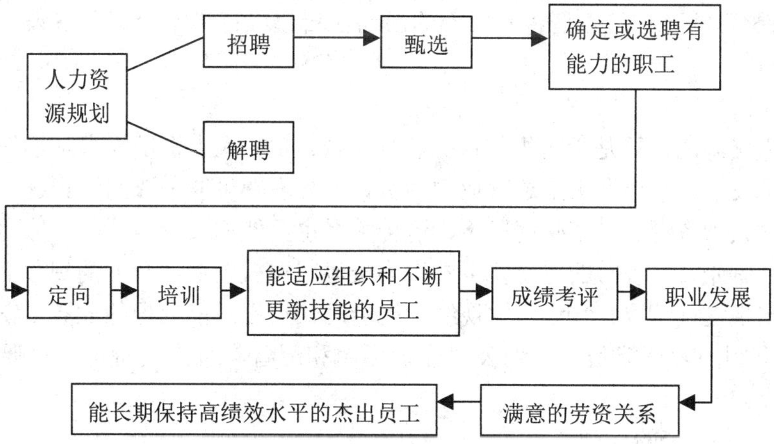

图 5-10 人力资源管理过程

通过前四个步骤，就可以确定和选聘到有能力的员工，一旦你选聘了能胜任的员工，还要帮助他们适应组织并确保他们的知识和技能不断得到更新，这些需要通过定向和培训来达到。上岗以后还要进行业绩考评，以此作为职业发展的依据。

二、人力资源规划过程与方法

（一）人力资源规划

人力资源规划确保管理者在适当的时候，为适当的位置配备适当数量和类型的员工，并使他们能够有效地完成总体目标的一种设计。通过人力资源规划，可以将组织的目标转换为需要哪些人员来实现这些目标。人力资源规划过程可以归纳成以下三个步骤。

1. 评价现有人力资源

（1）管理者首先要对现有的人力资源的状况通盘考虑。一般可以通过调查方式来取得，例如，让职工填写调查表，调查内容包括：姓名、性别、最高学历、专业、所受培训、以前专业、能力、业绩等，把调查表发给每一位员工让他们填写。当然如果单位配有人力资源档案系统，这个过程可以自动进行。

（2）职业分析。了解组织中的员工能做些什么，即组织中的职务以及履行职务所需的行为。比如采购人员，其职责是什么？其工作取得合乎要求的绩效，最少需要具备什么样的知识、技术和能力？职务分析将决定各项职务的合适人选，并最终形成职务说明书与职务规范。职务分析的方法主要有以下几种：

① 观察法。直接对员工的工作进行观察或拍成录像。

② 面谈法。逐个地或以小组的形式与员工交谈。

③ 调查问卷法。让员工在一份列有可能的任务项的问卷上将他们工作中所执行的任务找出来。

④ 举行技术讨论会，由专家确定职务的具体特征。

⑤ 记录整理法。让员工们将其每天的活动在日记或记事本上记录下来，并整理成职务活动说明材料。

2. 未来评价

未来人力资源的需要是由组织的目标和战略决定的。人力资源需求是组织的产品或服务状况的一种反映，是根据未来总营业额的估计，管理者可能争取为达到这一营业额而配备相应数量的人力资源。在某些情况下，这种关系也可能相反，当一些特殊的技术为必不可少而又供应紧张时，现有的符合要求的人力资源状况就会决定营业的规模。例如，咨询公司就可能出现这种情况，它经常发现经营机会远比自己所能处理的业务多得多，其扩大营业的唯一限制因素可能是该咨询公司能否雇用和配备具有满足特定用户要求所必备资格的工作人员。

3. 制定面向未来的行动方案

在对现有能力和未来需要作了全面评估以后，管理者可以测算出人力资源的短缺程度，并指出组织中将会出现超员配置的领域，然后将这些预计与未来人力资源的供应推测结合起来，就可以拟定出行动方案来。人力资源规划不仅为指导现时的人力配备需要提供了指南，同时也预测到了未来的人力资源需要和技能。

（二）招聘与解聘

管理者在了解了他们现有的人事状况后（是人员不足还是超员），就可以着手对此做些事情。如果是组织中存在一个或多个职位空缺，就可以根据职务分析得到的信息来指导招聘，包括安置、确定和吸收有能力的申请者的活动过程；如果是在人力资源规划中指明存在超员，管理者就要减少组织中的劳动力供应，这种变动称作解聘。

1．招聘

管理者通常有几种渠道来招聘潜在的候选人，表 5-1 为招聘渠道类型及优缺点。使用哪一种方式招聘，通常根据当地劳动力市场、所配置的职务类型、层级及组织的规模来确定。

表 5-1 招聘渠道类型及优缺点

来源渠道	优点	缺点
组织内部搜寻	花费少，有利于提高士气；候选人了解组织情况	供应范围有限
广告应征	辐射广，可以有目标地针对某一特定群体	有许多不合格的应聘者，增加了招聘的工作量
员工推荐	可通过现有员工提供对组织的认识；基于推荐者的认真推举可能产生高素质的候选人	范围比较窄，可能不会增加员工的多样性和结构
公共就业机构	正常费用或免费	提供非熟练或受过很少训练的候选人
私人就业机构	广泛接触，仔细甄别，通常给予短期的担保	花费大
学校分配	大量集中的候选人	仅限于初入者级别的职位

（1）职位的类型或级别对招聘的影响。某职位所要求的技能越高或在其组织层级中的地位越高，那么招聘过程就越需要扩展到地区或全国的范围来进行搜寻。

（2）组织规模的影响。一般而言，组织规模越大，越容易被人注意到。由于有更多的晋升机会并提供更大职权，通常具有较高的知名度，因此更容易吸引到工作的应聘者，而且大组织内部有更多的候选人储备，可以从中挑选合适的人员补充空缺职位。

（3）劳动力市场规模的影响。通常在大规模劳动力市场上招聘要比小规模市场来得容易，如在北京、上海、广州等大型的劳动力市场，一般有更充足的劳动力供应。

研究证明，员工推荐被证明是最好的一种。首先，现职员工推荐的候选人已事先经过这些员工的筛选，因为推荐者对于职务和所推荐的人选都较为了解，他们自然倾向于推荐更合适该项职务的候选人；其次，现职员工通常会觉得他们在组织中的声望和所作的推荐质量不无关系，因此当他们自信该项推荐不会影响自己的名声时才会主动推荐其他人。

2．解聘

对于任何一个执行裁员的管理人员来说，解聘绝不是一件令人愉快的事情，但是当市场需求发生重大变化或有更好的替代产品出现时，企业面临着巨大的生存压力，因而不得不压缩其规模时，解聘就成为人力资源管理的一个重要内容，就像我们企业现在为了适应市场，建立现代企业制度，必然有一批职工下岗一样。表 5-2 为解聘方案及说明。

表 5-2　解聘方案及说明

方　案	说　明
解雇	永久性、非自愿地终止合同
暂时解雇	临时性、非自愿地终止合同，可能持续若干天时间，也可能延续到几年
自然减员	对自愿辞职或正常退休脱出的职位空投不予填补
调换岗位	横向或向下调换员工岗位，通常不会降低成本，但可减缓组织内的劳动力供求不平衡
缩短工作周	让员工少工作一些时间
提前退休	为年龄大、资历深的员工提供激励，使其在正常退休期限提早退离岗位
学习培训（中国特色）	进入专业学校学习以缓解单位编制压力，等学习期满，单位亦有一批退休或调离的员工，正好可以重回单位工作

（三）甄选

人员甄选过程的实质，即人力资源规划确定了组织人员的短缺，并且开发了一批申请者以后，管理者需要采取一些方法进行甄别，以确保最合适的候选人得到这一职位，这过程称为甄选过程。

1．甄选的手段

甄选是一种预测行为，它设法预见聘用哪一位申请者会确保工作的成功，因为在这之前，这个候选人还没有到这个单位工作。甄选过程将会产生四种可能的结果，如表 5-3 所示。其中，两种结果说明决策正确，另外两种结果说明决策失误。

表 5-3　人员甄选决策

	业绩类型	接　受	拒　绝
后来工作成绩表现	成功	1．正确的决策	2．错误的决策
	不成功	3．错误的决策	4．正确的决策

第 1 种和第 4 种情况反映了当选中的申请人被预测到会取得成功并在日后的工作中被证实取得了成功，或者预测到申请者不会成功且雇用后会有这样的表现时，所对应的决策就是正确的。在前一种情况下，管理者成功地接受了这个申请人，在后一种情况下，管理者成功地拒绝了这位申请者。但是如果错误地拒绝了一位将在未来工作中有杰出表现的候选人或错误地接受了后来表现极差的候选人，那么甄选过程就出现了问题，因此甄选活动的主要着眼点是减少做出错误拒绝和错误接受的可能性，提高做出正确决策的概率。管理者可以采用几种甄选手段，主要体现在以下几个方面。

（1）申请表分析。几乎所有的组织都要求应聘者填写一份申请表，这可能只是一份应聘者填上姓名、地址、电话号码的简表，也可能是一份综合性的个人履历表，要求仔细填写个人的活动、技能和成就。

（2）笔试。典型的笔试包括智商、悟性、能力和兴趣等方面的内容，如国家公务员考试。现在有许多公司在招聘人才时都进行笔试，测试应聘者专业技术、心理承受能力等方面。笔试在第二次世界大战后的20年间非常流行，但是在20世纪60年代以后跌入谷底。因为笔试这种手段常被视为带有歧视性，认为它并不能有效验证与工作绩效高度相关。不过从20世纪80年代后期开始，笔试又重新得到了重视。现在国内各种组织在招聘人力资源时都要进行笔试，包括国外也是这样。

（3）绩效模拟测试用的是使应聘者实际做一些工作之前就发现他是否具备相应的能力，这种方式通常有两种有效方法。

① 工作抽样法。这是指给申请者提供一项职务的缩样复制物，让他完成该项职务的一种或多种核心任务。申请者通过实际执行这些任务，将展示他是否拥有必要的技能。这种方法一般适用于招聘常规的职务，如公司招聘一位文字秘书，就可以利用工作抽样法来考核。让应聘者写一份会议通知，并完成计算机打印稿，来考察他的文字能力、计算机操作能力和录入速度。

② 测评中心法。这是指由公司直线主管人员、监督人员及受过训练的心理专家组成一个测评中心，模拟性地设计出实际工作中可能面对的一些现实问题，让应聘者经受2～4天的测试练习，从中评价其管理能力。这种方法适用于挑选从事管理职位的候选人，比如让申请者制定一项生产计划或制定一项营销计划。

（4）面谈。面谈与申请表分析一样，是普遍使用的一种人员甄选手段。但是如果事先没有进行设计并按标准化的方式进行，面谈可能潜伏着各种潜在的偏见和障碍，主要体现在以下几个方面：

① 先前对应聘者的认识可能影响面谈者的公正评价；

② 面试的考官通常对什么代表“合格的”应聘者待有固定的框框；

③ 面谈的考官倾向于支持与自己持相同态度的应聘者；

④ 应聘者接受面试的顺序会影响到对它的评价；

⑤ 面试中信息吐露的顺序会影响到对他的客观评价；

⑥ 反面信息或观点有时不适当地得到更多的重视；

⑦ 面试的考官经常在面试的前四、五分钟内形成对应聘者是否合适的判断；

⑧ 面试的考官经常在做出结论后的几分钟内忘记面试的多数内容；

⑨ 面试对于决定应聘者的智力、人际关系技巧方面更有效度。

鉴于面试中存在的以上局限性，管理者如何设计才能使面试这种方式更有效呢？经过大量的实务研究，管理学家提出了以下一些建议：

① 对所有应聘者设计一些固定的面试问题；

② 根据职务说明书和职务规范文件取得应聘者应聘岗位的相关详细信息；

③ 尽量减少对应聘者履历、经验、兴趣、其他测试成绩等先前认识；

④ 多提问一些要求应聘者对实际做法给予详尽描述的行为问题；

⑤ 采用标准的评价格式；

⑥ 面试中考官要做笔记；

⑦ 避免通过短时间面试就形成合适与否的决策。

面试除了注意以上事项外，还应在面试方式上进行设计。

（5）履历调查。该方法已被证明是获取人员甄选有关信息的一个有价值的渠道。管理研究证实，对应聘者在申请表中填写的“事实”进行核实是有益的，有相当大比例职务的应聘者对他们的就业日期、职务头衔、过去薪金或离开原工作岗位的原因夸大其词或不真实陈述，因此，将这些申请表上的硬性资料与其原来的雇主作一核对，就是一种有意义的行为，可以获得更真实和准确的人力资源信息。

（6）体格检查。几乎在所有的情况下，体格检查都是为健康保险而作的，因为管理者要设法减少组织对雇员受雇前的伤害的保险开支。

2. 何种甄选手段最有效

以上介绍了人员甄选的几种常用的手段，那么存不存在一种最有效的甄选手段呢？我们首先解决一下如何判断一个手段的有效性。判断甄选手段的有效性方面，一般有两种考核指标，它们是：（1）效度（Validity）。指甄选手段和有关的工作标准之间确实存在着相关关系。就是说，如果管理者所用的是有效度的手段，那么通过该手段测试后的得分与后来的工作绩效成正相关关系。（2）信度（Reliability）。指一种手段是否能对同一事物做出持续一致的测量。以上介绍的几种甄选手段，因甄选不同职位的候选人，其效度和信度是不一样的，因而在实际利用中，管理者只能选用那些对特定职务具有良好效果的某些手段。具体到这些手段的效度如何，经过管理学家大量的测试，得出了相关结论，如表5-4所示。

表5-4 甄选手段在不同单位的有效性

手段 \ 有效性 \ 类型	高层管理岗位	中低层管理岗位	复杂的非管理岗位	常规的作业岗位
申请表	2	2	2	2
笔试	1	1	1	1
工作抽样	—	—	4	4
测评中心	5	5	—	—
面试	4	3	2	2
申请资料核实	3	3	3	3
体格检查	1	1	1	2

注：效度在这里按1～5的尺度衡量，5最高，1最低，其余处于中间。

（四）定向

一旦选定了某项职务的候选人，这个候选人就需要被介绍到招聘岗位和组织中，使他适应工作环境，这个过程称为定向。定向的目的，是减轻新员工刚开始工作时的焦虑和不安，让新员工熟悉工作岗位、工作单位和整个组织，并设法促进由外来者角色向内部人的转换。根据其定向的范围和目的，一般可分为三种类型。

1. 工作岗位定向

使新员工在甄选阶段所获得的信息得到进一步修正和发展，让他了解工作岗位的具体义务和责任，了解他的上级如何考评他的工作业绩，同时也是新员工进一步修正其最初对职务所可能持有的不切实际的期望。

2. 工作单位定向

使员工了解所在工作单位的目标，使之清楚他将如何为单位目标的实现做出贡献，同时也将他介绍给单位的同事们。

3. 组织定向

使新员工了解组织的目标、发展历史、经营宗旨和程序规则等。其中也包括有关的人事政策、福利、工作时间、付薪程序、加班费用等，还比如让新员工参观组织的总体设施，也常常是组织定向的一个内容。

（五）员工培训

在新员工定向的基础上，如果新员工所具备的技能不能满足工作岗位的要求，或者老员工因工作变动而不能适应新的工作时，都要进行培训。因为一项职务的要求变了，员工的技能也要跟着改变。现在知识爆炸、知识更新速度越来越快、技术发展一日千里的形势下，不断地接受培训，提高技能是非常必要的。因此，非常有必要加强员工技能的培训。

1. 技能分类

我们可以将员工的技能划分为三种基本类型：技术的、人际关系的和解决问题的。绝大多数员工培训都着眼于改变其中一项或多项技能。三种技能对处在不同组织层次的人员，重要性也不尽相同，它们的差异性如表 5-5 所示。

表 5-5 不同技能在不同岗位层次的差异性

技能 重要程度 / 层次	技术技能		人际关系技能	解决问题技能	概念技能
	作业技术	管理技术			
操作层	很重要	不重要	不重要	不重要	不重要
基层管理者（组长、领班）	很重要	重要	重要	重要	不重要
中层管理者（职能经理）	重要	很重要	很重要	很重要	较重要
高层管理者（总经理、董事长）	不重要	很重要	很重要	很重要	很重要

（1）技术技能。包括像阅读、写作和进行数学计算的能力这样基本的技能，也包括与特定职务相关的能力，如办公室职员如果不具备使用文字处理软件和电子邮件、传真系统的操作能力，那么他就不能有效地开展工作。如果工人不能做基本的数学计算或不能看懂具体的操作手册，那么他就不可能掌握过程控制的统计方法或不能有效地操作数控机床。广义技术技能包括管理技术技能和作业技术技能。

（2）人际关系技能。几乎每一个员工都从属于某个工作单位。从某种程度上讲，员工的工作绩效取决于他（她）和同事、老板有效相处的能力。有些员工具有优秀的人际关系技能，有些员工则没有，并经常地与其他人发生冲突。比如，有些人从来不主动与人打招呼，脸上没有笑容，与朋友相处缺乏礼貌，这样的人很难有良好的人际关系。

（3）解决问题的技能。许多员工发现，他们工作中需要解决一系列问题，特别是那些非常规的、富于变化的工作更是如此。因此，解决问题的技能主要是指解决非结构化问题的技能。如果员工解决问题的技能还不尽人意，那么管理层就要通过培训改进这些技能。

2．培训方法

一般分为两种，一种是在职培训，另一种是脱产培训。在培训中采用何种方式，由培训计划事先规定。

（1）在职培训。常见的在职培训方法包括职务轮换和预备实习。职务轮换是通过横向的交换，使员工从事另一岗位的工作。它使员工在逐步学会多种工作技能的同时，也增强其对工作间相互依存关系的认识，并产生对组织活动的更广泛的视角。预备实习：主要针对新员工。通过跟随经验丰富的老师傅学会如何工作。这在作业活动领域通常叫师徒关系，在白领工作领域称为教练或导师关系。

（2）脱产培训。指离开工作岗位，放下手中的工作参加培训。常见的包括课堂讲授、电视录像、模拟练习等。课堂讲授特别适用于传播具体的信息，因此可以用来有效地发展员工的技术技能和解决问题的技能。电视录像可以用来清晰展示技术方面的技能，而这些技能不易采取其他方法得到充分地说明。模拟练习，比如案例分析、实验演习、角色扮演和小组会议等方式，可以很好地全程训练人际关系技能和解决问题的技能。

（六）绩效评估

1．绩效管理的含义

所谓绩效管理，是指各级管理者和员工为了达到组织目标共同参与的绩效计划制定、绩效辅导沟通、绩效考核评价、绩效结果应用、绩效目标提升的持续循环过程，绩效管理的目的是持续提升个人、部门和组织的绩效。

绩效计划制定是绩效管理的基础环节，不能制定合理的绩效计划就谈不上绩效管理；绩效辅导沟通是绩效管理的重要环节，这个环节工作不到位，绩效管理将不能落到实处；绩效考核评价是绩效管理的核心环节，这个环节工作出现问题绩效管理会带来严重的负面影响；绩效结果应用是绩效管理取得成效的关键，如果对员工的激励与约束机制存在问题，绩效管理不可能取得成效。

2．绩效评估的作用

绩效考评是企业为了实现生产经营目的，运用特定的标准和指标，采取科学的方法，对承担生产经营过程及结果的各级管理人员完成指定任务的工作实绩和由此带来的诸多效果做出价值判断的过程。

绩效评估是对员工的工作绩效进行评价，以便形成正确的人事决策的过程。绩效评估在人力资源管理的作用主要表现在表 5-6 中。

表 5-6　业绩考评的作用类型

使 用 目 的	比例（%）
报酬	85.6
绩效反馈	65.1
培训	64.3
提升	45.3
人事规划	43.1
留住或解聘	30.3
人事研究	17.2

注：以上结果是基于对 600 个组织的调查。

3．绩效评估的方法

（1）书面描述法

书面描述法就是写一份记叙性材料，描述一个员工的所长和所短，过去的绩效和潜能的发挥等，然后提出予以改进和提高的建议。它的优点是：不需要采取某种复杂的格式，也不需要经过多少培训就能完成。它的缺点是：一种“好的”或“坏的”的评价，可能不仅取决于员工的实际绩效水平，也与评估者的写作技能和评估者对员工的个人好恶有很大关系。如表 5-7 所示为新进员工试用表。

表 5-7　新进员工试用表

<table>
<tr><td>姓名</td><td></td><td>工号</td><td colspan="2"></td><td>职务</td><td></td></tr>
<tr><td>试用
单位</td><td colspan="2">部课组</td><td>试用
始日</td><td></td><td>期满
日期</td><td></td></tr>
<tr><td colspan="5">试用结果
□表现特佳，正式录用，建议调薪
□表现普遍，正式录用
□表现欠佳，终止试用</td><td colspan="2">评语</td></tr>
<tr><td colspan="7">附注：1．试用期：一等位 2 个月，二等位以上 3 个月
2．试用期满日前，用人部门须将本表送交人事部凭办</td></tr>
</table>

（2）关键事件法。评估者记下一些细小但能说明所做的特别有效果的事件，这里的

要点是只描述具体行为，而不笼统地评价一个人的能力和素质，为某一个人记下一长串关键事件，就可以提供丰富的评估依据，并给员工指明上级有哪些期望或不期望的行为，如针对某一工作岗位，根据这一岗位的职能要求，客观记录完成这一工作职能所做的一系列工作事件，标出哪些事件做得非常有效，哪些事件效果很差，哪些事件效果一般，这样就可以对某一员工做出一个客观的评价。

（3）评价表法。这是一种最古老的也是最常用的绩效评估方法。它列出一系列绩效因素，如工作的数量与质量、职务知识、协作与出勤、对事业的忠诚和首创精神，然后评估者逐一对表中的每一项给出评分，评分一般采用5分制或百分制。对候选人的评价，分别从分析判断能力、组织实施能力、应变能力、人际协调能力、自我认知能力五个方面逐一对每一考生给出评价，因为这五项绩效因素基本上决定了员工是否能胜任工作岗位和做好工作的最主要方面。然后逐一对照标准进行评价。最后得出一个总分。这个总分就是评价结果，如表5-8所示。

表5-8　某公司员工月度考核表部门

姓名	职称	工号	考核项目/配分						总分
			专业力 17分	计划力 17分	组织力 16分	协调力 16分	改善力 17分	责任感 17分	

（4）行为定位评分法。行为定位评分法是近年来日益得到重视的一种绩效评估方法。这种方法综合了关键事件法和评分表法的主要要素。例如，对销售经理的评价就可以用这种方法，销售经理行为定位评分表如表5-9所示。

表5-9　销售经理行为定位评分表

关键事件 / 绩效因素	客户投诉率	客户回访率	销售创意	渠道建设
工作数量				
工作质量				
业务知识				
创新程度				
忠诚度				

行为定位评分法侧重于具体的可衡量的工作行为，它将职务的关键要素分解为若干绩效因素，然后为每一绩效因素确定有效果或无效果行为的一些具体示例。

（5）多人比较法。这是将一个员工的工作绩效与一个或多个员工作比较，是一种相对的而不是一种绝对的衡量方法。这种方法又有三种最常用的形式：分组排序法、个体排序法和配对比较法。① 分组排序法是评估者按特定的分组方法将员工编入相应的组中。② 个体排序法要求评估者将员工根据一定的评估标准从高到低的顺序加以排列。因此，只有一人可以是最优的。③ 配对比较法指每一个员工都与比较组中的其他员工结对进行比较，评出其中的优者和劣者。在所有的结对比较完成后，将每位员工得到的“优者”数累计起来，就可以排列出一个总的顺序。这种方法确保每一位员工都与其他所有人作对比。这种方法的缺点是当要评估的人数相当多时，配对比较法就显得很不经济且不容易进行。如表 5-10 所示为配对比较考核表。

表 5-10　配对比较考核表

	A	B	C	D
A				
B				
C				
D				

4．将评估结果反馈给员工

许多管理者不愿意将正式绩效评估结果告诉每一位员工，这大概有两方面的原因：一是管理者对他自己所使用的绩效评估方法缺乏足够的信心；二是他担心自己面对下属，尤其是当评价为非正面的结果时，下属人员可能会做出令人不快的反应。尽管如此，管理者应该将评估结果告诉员工，因为这是员工得到有关工作绩效表现的反馈信息的一个主要渠道。卓有成效的绩效评估回顾会使员工感觉到评估是公正客观的，将使员工了解到自己需要做出改进的绩效领域，并下决心改正现有的缺陷。

（七）考虑员工职业发展

首先，一个组织为什么要关心员工的职业生涯？或者说为什么管理层要把时间花在员工的职业发展上？因为着眼于职业发展，将促使管理层对组织的人力资源采取一种更长远的眼光；其次，这也是一种留住人才的有力手段。

1．职业阶段

分析和考察职业历程的最常用的方法，就是把他视为一系列的阶段。大多数人在其一生中经历了五个职业阶段，探索期、建立期、职业中期、职业后期和衰退期，并且大致有如下规律（图 5-11）。

（1）探索期。人们往往在开始工作挣工资前就对他们要从事的职业作了关键的决策。对于多数人来讲，职业探索期会在他们 20 岁从学校步入工作岗位时结束。因为职业探索阶段发生在就业之前，所以从组织的立场来看，组织似乎与此阶段没有关系，但实际上是有关系的。人们正是在这一阶段形成了对职业生涯的一种预期，其中有许多前几期是很不现实的，这种预期有可能在前几年潜而不露，后来突然暴露出来，往往使雇主遭受不应有的损失。所以，企业在人力资源管理的时候，应高度关注其职员在探索期对工作和事业的看法、观念。

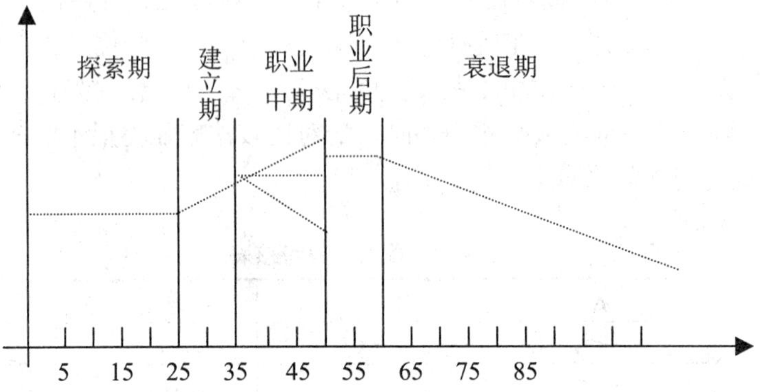

图 5-11　职业周期

（2）建立期。建立期开始于寻找工作或找到第一份工作，包括被同事们接受，学会如何工作，以及在现实中取得成功或失败的第一次真实体验等历程。这一阶段的特征是逐渐改进工作表现，不断发生错误，也不断从错误中吸取教训。这一阶段对员工来说是很重要的，这一阶段能否顺利，关系到他进入职业中期以后的业绩表现。

（3）职业中期。许多人面临第一次严重的职业危机是在进入职业中期阶段以后。在这一时期，一个人的绩效水平可能持续改进，也可能保持稳定，也可能开始下降。这一阶段的重要特征是，职业中期的人已不再是一个“学习者”，犯错误容易使人付出巨大代价，尤其是对于当今劳动力队伍中的大多数人而言，它日益成为一个充满焦虑和挫折的艰难时期。反过来，如果能成功地经受住这一转换阶段挑战的人，可能会获得更大的奖励和责任。

（4）职业后期。对于那些通过了职业中期并继续发展的人来说，职业后期阶段通常是一个令人愉快的时期，因为他们这些人常常在组织中扮演一种元老的角色。向组织证明其存在的价值，对于那些在前一段绩效水平已经停滞不前或有所下降的人，在职业后期将会认识到这样一个事实，即他们对于现实世界将不再拥有曾经想象的那样一种持久的影响或改变能力。正是在这一时期，人们会意识到需要减少工作的流动，从而可能安心于现有的工作。

（5）衰退期。职业历程的最后阶段对每个人来说都是艰难的。富有讽刺意味的是，对于那些在早期和中期持续获得成功的人来说，它可能更为艰难，因为伴随着几十年的成就和高水平的绩效表现，现在突然间就要退休，被迫退出这个充满光辉的舞台，容易使人感到了一种重要的认同感，好像这个世界就要离你而去。而对早年绩效表现水平一般的人来说，这一阶段是一个令人舒心的时期，因为可以把工作中的烦恼远远地抛在脑后，尽情地享受生活。

2．管理生涯成功应注意的几个问题

如果选择了管理生涯，就应当了解确保自己成功的若干重要事项，主要包括以下几个方面。

（1）审慎地选择第一项管理职务。一个管理者在组织中的起点，对于其今后的职业发展具有重要的影响，因为并不是任何第一项职务都有相似的结果。经验表明，假如你拥有选择，应当挑选一个有权力的部门作为你开始自己的管理生涯的起点，因为一开始就在组织中权力影响大的部门中上作，这样的管理者更有可能在他们的职业生涯中得到迅速提升。

（2）做好工作。取得良好的工作绩效是管理生涯成功的一个必要但不是充分的条件。就是说，工作绩效好，并不是成功的担保，但缺少了这一条，管理生涯成功的可能性就会降低。

（3）展现正确的形象。假定一批管理者都是绩效良好者，那么使自己形象与组织相一致的，其管理职业就比较容易取得成功。首先，管理者应当对其组织文化做出评价，以便明确组织对其管理的要求和期望，这样就使管理者在各个方面展现合适的形象做到心中有数。

（4）了解权力结构。有效的管理者需要知道谁真正控制局面，谁对谁拥有资源，谁对谁存在重要的依赖等，一旦对这些有了更好地了解，就可以熟练自如地在其中进行工作。

（5）获得对组织资源的控制。对组织中稀缺的而且重要的资源加以控制，这是权力的一大来源。知识和技术就是其中一类特别有效的可控制资源，它们会使自己显得对组织更有价值，因而更可能得到职业的保障。例如，高科技企业中掌握核心技术的公司职员，他们在公司的地位不亚于公司的最高领导。

（6）保持可见度。由于管理绩效的评估具有相当的主观性，因此，让上司意识到自己的贡献是重要的。如果工作本身是引人注目的，那么就没有必要增加可见度，但是如果干的是不为别人所注意的工作，就要采取一些手段，使工作和业绩引人注目。例如，经常向上司汇报工作，与正面评价自己的人结成有力的同盟等，这些手段都有助于保持和提高一定的工作可见度。

（7）不要在最初的职位停留太久。经验表明，当你面临一种选择，要么在第一份管理职务中一直干到“真正做出成绩”，要么不久就接受一项新的职务轮换，这时你应该选择早期轮换，很快地转换到不同的岗位上，这样会给人一种你在“快车道”上的信号，这一信息对管理者的启示是尽快在第一份管理职务中开始寻找早期的职务轮换或晋升。

（8）找个导师。导师通常是组织中职位较高的某个人，他接纳一个被保护者作为助手，这样从导师那里，可以学到工作技能，并得到鼓励和帮助。经验表明，找到组织中居权力核心地位的某个人作为导师，对于有志于晋升到高层管理者来说是很有意义的。

（9）保持流动性。一个管理者如果显示他乐于转换到组织中其他职能部门工作，那么他可能更为迅速地得到提升。愿意变换组织的人，其职业发展也可能得到更好促进，尤其是受雇于成长缓慢、不景气或处于衰退之中的组织的时候，工作流动性对于充满进取心的管理人员来说就具有更为重要的意义。

（10）考虑横向发展。这一条建议适应于20世纪90年代管理界出现的变化。由于管理组织的重组和随层次精减而形成的组织扁平化，使许多组织中职位提升的阶梯减少了，因此要在这样一个环境中求得生存，一个好的主意就是要考虑横向的职位变换。在20世纪60年代至70年代，横向变换职务的人常被认为是绩效平庸者，现在已经改变了这种观点，横向变换被认为是一种可取的职业发展考虑，因为它可以给人提供更广泛的工作经历，使工作变得更为有趣。

三、员工薪酬管理

（一）薪酬管理概述

1．薪酬管理的含义

薪酬的概念要比狭窄的工资有更深的含义，它指企业所付出的人力成本，即企业因使用员工劳动，为员工给企业所做的贡献而付出的经济性报酬。薪酬包括直接薪酬，如基本工资、资金、津贴补贴和股权；间接薪酬，如福利。薪酬管理，是在组织发展战略指导下，对员工薪酬支付原则、薪酬策略、薪酬水平、薪酬结构、薪酬构成进行确定、分配和调整的动态管理过程。

2．基本工资制度

基本工资制度，也称工资等级制度，员工按工资标准领取的工资构成了全部工资收入的基本部分。目前企业中流行的主要基本工资制度包括：（1）岗位工资制度。它是根据员工目前所在职位来决定员工报酬的一种工资制度。特点是员工只能根据目前的职位取得报酬。职位变化，报酬随之变化。（2）技能工资制。它是根据员工所拥有的与工作相关的技能与知识水平来决定员工报酬的一种工资制度。这是上述岗位工资制的替代方案。它的特点是员工的基本报酬是基于技术而不是资历来支付。工资增长，先要证明其精通要求掌握的技术。（3）绩效工资制。它是根据员工的表现或绩效来决定员工报酬的一种工资制。这种工资制最能体现收入与贡献挂钩的经济利益原则。（4）结构工资制。这是我国现在比较普及的工资制度。在结构工资中，既有职位工资部分，也有资历工资、技能工资的成分，还有随工作表现浮动的部分。此外，还有对企业董事长、总经理等高管层实行的经营者年薪制。它是以年度为单位确定经营者的基本收入，并视经营成果分档浮动发放风险收入的工资制度。

3．员工福利

福利是指组织为员工提供的除工资与奖金之外的一切物质待遇。员工福利的内容可以分为两大部分：法定福利和企业福利。法定福利是指按照国家法律法规和政策规定必须发生的福利项目，其特点是只要企业建立并存在，就有义务、有责任必须按照国家统一规定的福利项目和标准支付，不受企业所有制性质、经济效益和支付能力的影响。法定福利包括：社会保险和法定带薪假日，我国社会保险项目主要有：养老保险、医疗保险、工伤保险、失业保险、生育保险等。企业福利是企业在没有政府立法要求的前提下主动提供的。这些福利项目的多少和标准的高低，在很大程度上取决企业经济效益的支付能力及高层管理者的经营理念的影响。常见的有：工作午餐、交通补贴、通信补贴、房租补助、旅游等。

（二）薪酬制度的设计

1．薪酬制度设计的原则

在企业薪酬制度设计的过程中应遵循以下几点原则。

（1）公平原则。公平是决定薪酬制度的最重要的因素，这里的公平包括外部公平，就是与其他企业工资水平相比，本企业的工资水平是优厚的，否则无法吸引和留住合格的员工；内部公平，就是同企业内其他人相比，员工认为他们的工资是公平的。

（2）竞争原则。企业的薪酬标准应制定的比较有吸引力和竞争力，对关键的管理人员和核心技术人员中的薪酬水平要高于同类企业相当一部分，正所谓千军易得，一将难求。对一般员工的薪酬标准可以略高于市场行情。

（3）激励原则。企业内部各类、各级职位之间的薪酬标准适当拉开距离，避免平均化，利用薪酬的激励功能，提高员工的工作积极性。

（4）经济原则。在许多企业，薪酬可以占到销售收入或总成本的1/3左右，因此，企业在设计薪酬制度时必须考虑自身的经济实力，薪酬过高，则成本上升，影响企业竞争力；薪酬过低，难以配置合适的人力资源。设计时需要寻找最佳的平衡点。

2．薪酬制度设计的程序和方法

（1）薪酬调查。所谓薪酬调查，就是了解本地区、本行业的薪酬状况，尤其是主要竞争对手薪酬状况。其调查途径有：① 国家和地区统计部门、劳动部门公开发布的统计资料；② 管理咨询机构发布的薪酬调查资料；③ 从相关企业的招聘信息中了解；④ 向新招聘的员工和应聘的员工了解。

（2）薪酬总额的计算。薪酬总额的计算通常要考虑市场行情、企业的支付能力和员工的基本生活费用。

（3）选择合适的薪酬体系。如前面所介绍的几种基本工资制度。

（4）选择合适的薪酬结构。目前的薪酬主要由基本工资、津贴、奖金和各种福利等项目构成。企业应根据自身的特点和实际情况决定这几部分的比例。

（5）设计出本企业的薪酬制度。确定本企业薪酬的基本管理办法，将这些办法规范化、制度化、最终形成一个文件，就是薪酬制度。

第五节　组织变革与创新

任何组织，总是要适应外界环境的要求、环境的变化，这就要求组织进行相应的变化，同时，以适应经营战略的要求，为实现组织战略目标服务。因此组织变革的根本目的，就是通过组织结构、战略、技术任务、人员、组织文化等的改变，使组织达到动态平衡。这种动态平衡就是要使组织稳定、持续、灵活、适应性强，以求在动态环境中发展。

一、组织变革的现实意义

哈默和钱皮曾在《再造公司》一书中把三“C”力量，即顾客（customers）、竞争（competition）、变革（change）看成是影响市场竞争最重要的三种力量，并认为三种力量中尤以变革最为重要，“变革不仅无所不在，而且还持续不断，这已成了常态”。

1．组织变革的概念

组织变革，是指组织在内外部环境变化的影响下，为适应环境的变化，为有效实现组织目标而进行的内在结构要素的变化。具体目标可以描述为：完善组织结构、优化组织管理功能、和谐组织社会心理氛围、提高组织效能。组织变革的根本目的就是为提高组织的效能，特别是在动荡不定的环境条件下，要想使组织顺利地成长和发展，就必须自觉地研究组织变革的内容、阻力及其一般规律，研究有效管理变革的具体措施和方法。

2．组织变革的类型与内容

组织变革具有互动性和系统性，组织中任何一个因素的改变，都会带来其他因素的相应变化。就某一阶段而言，由于环境情况不相同，变革的内容会有所不同。管理者可根据组织内外环境的变化对战略、人员、结构、任务和技术以及组织文化进行变革。

（1）战略的变革

组织对其长期发展战略所做的变革就是战略变革。如果组织决定收缩业务范围，就必须考虑剥离非关联业务；如果组织决定实行扩张战略，就必须考虑并购的对象与方式，以及组织文化的调整。大多数组织都需要对自己的战略和结构做出调整和变革。以前，组织环境相对稳定，很多组织只需进行微小的变革，一般还不会涉及战略层次。而在过去的十多年间，全世界的组织都面临周围日新月异的环境变化，为此必须在战略上做出变革。

（2）人员的变革

人员的变革主要是指员工在态度、技能、期望、认知和行为上的改变。组织发展包括各种变革，但是最主要的因素还是人，人既可能成为推动变革的力量，也可能成为反对变革的力量，而变革的主要任务就是重新分配组织成员之间的权力和利益等资源。为了顺利实现这种分配，组织必须注重员工的参与，注重改善人际关系并提高实际沟通的质量。

（3）结构的变革

结构变革包括职权关系、协调机制、集权程度、职务与工作再设计等其他结构参数的变化。管理者的任务就是要对如何选择组织设计模式，如何制定工作计划，如何授予权力以及授权程度等一系列行动做出决策。管理者作为变革的推动者，就可能需要对结构进行修改。一般要从工作专业化、部门化、集权化与分权化等方面分析组织的结构，管理者可以针对这些结构要素中的一个或多个加以变革。

（4）技术与任务的变革

技术变革是指工作过程、工作方法、机器设备的改变。传统的科学管理是基于动作和时间研究来推进技术变革的，现代的技术变革则主要是指引进新的设备、工具和方法，实现自动化、计算机化等。技术与任务的变革包括对作业流程或方法的重新设计、修正和组合，更换机器设备，采用新工艺、新技术和新方法等。自动化是在组织内某些活动中以机械替代人力的技术变革。

（5）组织文化的变革

组织文化变革是指组织成员共有价值观的改变。组织文化由相对稳定和持久的因素构成，需要相当一段时间才能形成，一旦形成，就成为牢固和不易更改的东西。它确立了对人们应做什么、不应做什么的约束，为组织成员普遍认可和遵循。组织变革首先是组织文化的变革，任何形式的组织变革必然同时伴随着组织文化的变革。组织文化有强弱之分，在强势的组织文化中，存在特别大的变革阻力。在组织面临大规模危机、领导职位易人、组织规模小、组织建立时间短、组织文化弱等条件下，更有利于促成组织文化变革。

3．企业发展与组织结构演变

企业成长的过程实质上就是一个不断变革的过程。葛雷纳（Larry E．Greiner）1972年发表了著名的论文——《组织成长过程中的演化与变革》，在该文中他把企业组织变革分为进化式的演变和剧烈式变革。进化式演变，是指那种长的成长期，变革方式是进化式的，其中企业组织时间没有巨大的动荡：剧烈式变革，则表示组织变革是突破式的、跳跃式的，这一时期的组织处于巨大的动荡之中，它的时间延续相对较短。

企业发展就是变革，稳定只是一种美丽的幻想。企业时时处在外部复杂环境的威胁之中，企业每个阶段在演变的发展过程中总会遇到意想不到的困难和危机，下一阶段的危机到底是什么，如何解决这些问题，还需要不断地探索。葛雷纳认为，企业经营的过程中之所以不存在安全区是因为经济危机就像一个正在成长的孩子，每次危机均有不相同的特征。葛雷纳模型为我们具体地揭示出企业组织演变与变革的进程，为管理者提供一个预测变革危机、管理变革危机的框架模型。葛雷纳模型给人们理解变革带来了深刻启示：组织在每个成长的阶段都会出现全新的特征和问题。每个阶段都需要全新的法则和概念，需要与上一阶段有同样多的灵感、智慧和创造性。组织变革既要预测企业进化和变革的各个过程，又要实施每个阶段的变革计划，否则，我们有可能被变革的浪潮所吞没。企业只要打算促进业务的发展，就必须对组织结构、战略决策和企业行为进行变革。不仅是被动变革，而且要积极变革，预测变革、管理变革、使企业实现可持续发展。

二、组织变革的动因

在如今充满不确定性因素的时代，那些把大量时间和精力花费在维持现状上的组织必然会失去活力，失去成功的希望。组织必须根据周围所发生的变化，及时变革，才有可能在激烈的竞争中拥有自己的位置，如图 5-12 所示，有很多环境因素会驱使组织做出变革。

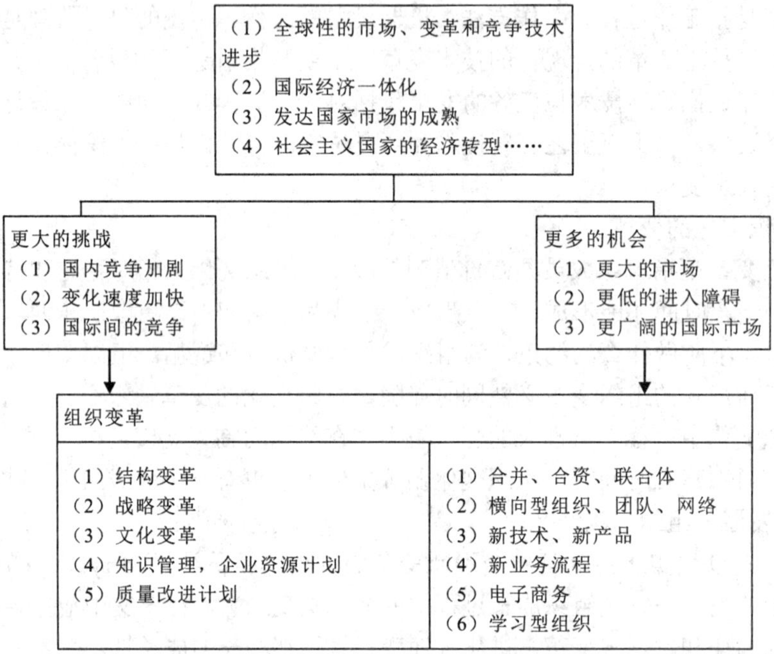

图 5-12　组织变革的影响因素

资料来源：[美]理查德·L．达英特．组织理论与设计[M]．第七版．北京：清华大学出版社，2003，405.

经济的全球化趋势影响到每一个组织，无论规模大小，组织都不仅会遇到更多的发展机会，也可能会面对更多的威胁。为了识别并积极应对这些威胁，组织必须进行变革。很多组织采用了自我管理的工作团队应对全球化带来的威胁。这样的结构调整有助于沟通和协作，重组分销渠道和供应链。另外有些组织则通过战略联盟或合资合作对其业务进行拓展，变革，已经成为组织发展的准则。推动组织变革的因素可以分为外部环境因素和内部环境因素两个部分。

1．外部环境因素

具体地说，外部环境的变化对组织变革的影响主要体现为以下几点。

（1）消费需求的变化。消费者是吸收组织产出的主体，组织是为满足消费者需求而存在的，消费者需求的改变，会影响组织的生存和发展。随着科技的发展和竞争的加剧，消费者的需求也在不断变化。在充满个性化的时代，组织必须不断地推陈出新，不仅要发现和满足消费者现有需求，还要挖掘和创造消费者潜在需求，并通过维系与消费者的关系、创造顾客价值，来使消费者满意，以迎合消费者求新求变求异的心理。

（2）竞争观念的变化。在竞争日趋激烈的今天，所有组织都面临着来自竞争对手的威胁，竞争对手在新产品开发、价格制定、渠道选择、广告促销、售后服务等方面的策略变化都会对组织产生重要影响。基于全球化的市场竞争越来越激烈，竞争的方式也越来越多样化，组织若要想适应未来竞争的要求，就必须在竞争观念上顺势调整，争取主动，才能在竞争中立于不败之地。

（3）科技的飞速发展。科学技术被誉为“创造性的毁灭力量”，它对人类的生产和生活产生了全方位的影响。在过去的 20 年间，科学技术正以前所未有的速度向前发展，知识作为最重要的生产要素极大地改变了工业经济时代的生产方式，人类社会开始步入知识经济时代；现代科技的发展以计算机和网络技术最为典型。与此同时，无论是在何种领域，技术领先的组织都比同类组织更具竞争力，例如零售业中的沃尔玛。可见，科学技术的飞速发展要求组织必须进行相应的变革。在知识经济时代，科技发展日新月异，新产品、新工艺、新技术、新方法层出不穷，对组织的固有运行机制构成了强有力的挑战。先进的仪器和技术，如远程手术，为医疗机构创造了显著的规模经济；工业生产技术也经历了重大的变革，如许多企业中机器人劳动已经取代或部分取代了人类劳动；而在贺卡行业，电子邮件和互联网使人们送祝福的方式也发生了重大改变。

（4）经济因素。随着全球经济一体化的发展，不仅国内的利率、通货膨胀率、证券市场指数、经济周期等因素会影响组织发展，国际经济形势的变化也会对组织的运营产生重大影响。例如，东南亚金融危机、国际市场原油价格上涨，不仅影响局部地区经济发展，对全球经济以及处在全球经济中的每一个组织都会带来不同程度的影响。中国加入 WTO 后，机遇与挑战并存，国内企业在进军国际大市场的同时，不仅要在国际市场上与外国同行展开竞争，在国内市场也面临国际竞争者的威胁，尤其是在某些特定的产业，如汽车制造、农业生产、信息通信、金融服务等，这一切都对组织变革提出了更高的要求。

（5）法律因素。组织的各种行为必须符合国家有关法律、法规的规定，从事跨国经营的组织还必须同时遵守东道国的法律。这些法律、法规规定着组织能做什么、不能做什么，并对设立组织、聘用雇员、产品质量、发布广告、防治污染、限制垄断等诸多方面都做出了原则性的规定。同时，在世界范围内，几乎所有的国家对食品、药品、化妆品等特殊商品的经营，都有严格的法律规定。例如，在美国市场生产和销售的食品必须经过美国食品药品管理局（FDA）的认证。而且，随着时间的推移，原有的法律法规还会随着形势的变化进行修订与补充。无论是新法规的出台，还是原有法律的修订，都会对组织经营产生巨大影响，导致组织变革的发生。

（6）政治因素。政治因素的变化对从事跨国经营的组织尤其重要。一方面，东道国的政局是否稳定，将直接影响跨国公司的日常经营，因此，跨国公司在选择合作伙伴时，往往把东道国的政治条件作为一个重要的考虑因素；另一方面，国家、地区之间在军事、外交、贸易方面政策的调整也会对从事跨国经营的组织产生深远的影响。随着冷战的结束，东西方的关系趋向缓和，贸易往来不断增多，这既给双方的企业带来新的发展机会，促进了双方的经济繁荣，同时也要求相关企业做出相应变革。

2．内部环境因素

除外部环境因素外，组织系统本身的各项变化也会给组织带来深刻的影响，并导致组织变革。这些内部力量可能产生于组织的内部运营，也可能产生于外部变化的影响。推动组织变革的内部环境因素主要包括以下几点。

（1）目标因素。每个组织都有自己的运行目标，在组织发展的不同时期，组织的运行目标也不尽相同。组织结构是为组织战略目标服务的，当组织的运行目标发生调整时，组织结构也要随之进行变革，单一化的战略目标与多元化的战略目标分别要求有不同的组织结构相匹配。组织结构适时调整要求组织结构必须与组织战略相适应。而组织战略不是固定不变的，其随着组织的发展呈现出阶段性特征，即组织战略需要根据环境的变化做出相应的调整。因此，组织机构的设置又应当与组织的阶段性战略目标相一致，组织不但需要根据环境的变化调整机构，而且新的组织职能必须得以充分的保障和体现。

（2）规模因素。在组织生命周期的不同阶段，组织规模各不相同，相应地对组织形式的要求也各不相同。例如，在组织发展初期，规模较小且产品单一，往往实行集权型的直线职能制组织结构。随着组织规模的扩大，产品种类不断增多，生产批量急剧扩大，必须建立分权型的事业部制组织结构。

（3）管理因素。为了在外部不确定性因素增多的环境下提高决策的效率，组织必须通过变革信息保证沟通渠道的畅通。组织长期保持一贯的运行风格，往往会导致结构重叠、权责不明等问题，影响组织的顺畅运行。组织应及时进行变革以制止组织效率的降低。为了提高决策效率，组织必须通过变革对决策过程中的各个环节进行调整，以保证决策信息的迅速和完整。生产技术的飞速发展和信息技术的广泛应用，使组织的管理水平大为提高，更多地采用充分授权和团队工作方式，呈现组织结构扁平化趋势。组织管理条件的变化，要求精简管理机构和管理人员，重新设置组织机构，重新划分职权范围，重新进行专业分工，并对管理人员的素质提出更高的要求。

所有上述外部因素和内部因素中的任何一种因素发生变化，都将在不同程度上影响组织的内部结构与运行方式。在管理实践中，往往是几种因素交织在一起，促使组织变革的发生。

三、组织变革的一般规律

（一）组织变革过程模型

不同学者对于组织变革的程序有不同的认识，罗希认为变革的程序包括“知觉、分析、沟通、监视”等；夏恩认为组织变革是一个“适应、循环”的过程；凯利认为变革的过程包括“诊断、执行、评估”等。这里介绍两种较为典型的、具有影响力的组织变革程序模型。

1. 勒温的变革程序模型

勒温的变革模型是诸多组织变革程序模型中较为典型的组织变革模型。勒温提出包含解冻、变革、再冻结三个步骤的有计划组织变革模型，用以解释和指导如何发动、管理和稳定变革过程。

（1）解冻。这一步骤的核心在于创设变革的动机。鼓励员工改变原有的行为模式和工作态度，采取新的适应组织战略发展的行为与态度。为了做到这一点，一方面，需要对旧的行为与态度加以否定；另一方面，要使组织员工认识到变革的紧迫性。可以采用比较评估的办法，把本组织的总体情况、经营指标和业绩水平与其他优秀单位或竞争对手加以一一比较，找出差距和解冻的依据，帮助组织员工“解冻”现有态度和行为，迫切要求进行变革，愿意接受新的工作模式。此外，应注意创造一种开放的氛围和心理上的安全感，减少变革的心理障碍，提高变革成功的信心。

（2）变革。变革是一个学习过程，需要给组织员工提供新信息、新行为模式和新的视角，指明变革方向，实施变革，进而形成新的行为和态度。这一步骤中，可以采用角色模范、导师指导、专家演讲、群体培训等多种途径来为新的工作态度和行为树立榜样。勒温认为，变革是个认知的过程，它通过获得新的概念和信息得以完成。

（3）再冻结。在再冻结阶段，利用必要的强化手段使新的态度与行为固定下来，使组织变革处于稳定状态。为了确保组织变革的稳定性，需要注意使组织员工有机会尝试和检验新的态度与行为，并及时给予正面的强化；同时，加强群体变革行为的稳定性，促使形成稳定持久的群体行为规范。

2. 卡斯特的组织变革过程模型

弗里蒙特·卡斯特提出了组织变革过程的六个步骤。

（1）审视状态：即组织进行回顾、反省和批评，对组织的内外环境进行必要的调查研究。

（2）觉察问题：通过调查研究、发现问题，并认识到组织变革的必要性。

（3）辨明差距：找出现状与所希望状态之间的差距，分析所存在问题。

（4）设计方法：提出和评定多种备选方法，对可供选择的方案进行评估、选优，寻求最佳方案。

（5）实行变革：根据所选方法及行动方案，实施变革行动。

（6）反馈效果：检查效果与计划有无差距，如有问题，还可根据上述步骤再次循环。

（二）组织变革的程序

为使组织变革顺利进行，并能达到预期效果，必须先对组织变革的过程有一个全面的认识，然后按照科学的程序组织实施。组织变革的过程包括解冻→变革→再冻结三个阶段。

组织变革程序可以分为以下几个步骤。

1．通过组织诊断，发现变革征兆

组织变革的第一步就是要对现有的组织进行全面的诊断。这种诊断必须要有针对性，要通过搜集资料的方式，对组织的职能系统、工作流程系统、决策系统以及内在关系等进行全面的诊断。组织除了要从外部信息中发现对自己有利或不利的因素之外，更主要的是能够从各种内在征兆中找出导致组织或部门绩效差的具体原因，并确立需要进行整改的具体部门和人员。

2．分析变革因素，制定改革方案

组织诊断任务完成之后，就要对组织变革的具体因素进行分析，如职能设置是否合理、决策中的分权程度如何、员工参与改革的积极性怎样、流程中的业务衔接是否紧密、各管理层级间或职能机构间的关系是否易于协调等。在此基础上制定几个可行的改革方案，以供选择。

3．选择正确方案，实施变革计划

制定改革方案的任务完成之后，组织需要选择正确的实施方案，然后制定具体的改革计划并贯彻实施。推进改革的方式有多种，组织在选择具体方案时要充分考虑到改革的深度和难度、改革的影响程度、变革速度及员工的可接受程度和参与程度等，做到有计划、有步骤、有控制地进行。当改革出现某些偏差时，要有备用的纠偏措施及时纠正。

4．评价变革效果，及时进行反馈

组织变革是一个包括众多复杂变量的转换过程，再好的改革计划也不能保证完全取得理想的效果。因此，变革结束之后，管理者必须对改革的结果进行总结和评价，及时反馈新的信息。对于没有取得理想效果的改革措施，应当给予必要的分析和评价，然后再做取舍。

（三）组织变革的阻力及其管理

1．组织变革的阻力

组织变革是一种对现有状况进行改变的努力，任何变革都常常会遇到来自各种变革对象的阻力和反抗。产生这种阻力的原因可能是传统的价值观念和组织惯性，也有一部分来自于对变革不确定后果的担忧，这集中表现为来自个人的阻力和来自团体的阻力两种。

（1）个人阻力

个人的阻力包括：① 利益上的影响。变革从结果上看可能会威胁到某些人的利益，如机构的撤并、管理层级的扁平化等都会给组织成员造成压力和紧张感。过去熟悉的职业环境已经形成，而变革要求人们调整不合理的或落后的知识结构，更新过去的管理观念、工作方式等，这些新要求都可能会使员工面临失去权力的威胁。② 心理上的影响。变革意味着原有的平衡系统被打破，要求成员调整已经习惯的工作方式，而且变革意味着要承担一定的风险。对未来不确定性的担忧、对失败风险的惧怕、对绩效差距拉大的恐慌以及对公平竞争环境的担忧，都可能造成人们心理上的倾斜，进而产生心理上的变革阻力。另外，平均主义思想、厌恶风险的保守心理、因循守旧的习惯心理等也都会阻碍或抵制变革。

（2）团体阻力

团体对变革的阻力包括：① 组织结构变动的影响。组织结构变革可能会打破过去固有的管理层级和职能机构，并采取新的措施对责权利重新做出调整和安排，这就必然要触及某些团体的利益和权力。如果变革与这些团体的目标不一致，团体就会采取抵制和不合作的态度，以维持原状。② 人际关系调整的影响。组织变革意味着组织固有的关系结构的改变，组织成员之间的关系也需要随之调整。非正式团体的存在使这种新旧关系的调整需要有一个较长过程。在这种新的关系结构未被确立之前，组织成员之间很难磨合一致，一旦发生利益冲突就会对变革的目标和结果产生怀疑和动摇，特别是一部分能力有限的员工将在变革中处于相对不利的地位。随着利益差距的拉大，这些人必然会对组织的变革产生抵触情绪。

2．消除组织变革阻力的管理对策

为了确保组织变革的顺利进行，必须要事先针对变革中的种种阻力进行充分的研究，并要采取一些具体的管理对策。

（1）客观分析变革的推力和阻力的强弱

勒温曾提出运用力场分析的方法研究变革的阻力。其要点是：把组织中支持变革和反对变革的所有因素分为推力和阻力两种力量，前者发动并维持变革，后者反对和阻碍变革。当两力均衡时，组织维持原状，当推力大于阻力时，变革向前发展，反之变革受到阻碍。管理层应当分析推力和阻力的强弱，采取有效措施，增强支持因素，削弱反对因素，进而推动变革的深入进行。

（2）创新组织文化

冰山理论认为，如果把水面之上的冰体比作组织结构、规章制度、任务技术、生产发展等要素的话，那么，水面之下的冰体便是由组织的价值观体系、组织成员的态度体系、组织行为体系等组成的组织文化。只有创新组织文化并渗透到每个成员的行为之中，才能使露出水面的改革行为变得更为坚定，也才能够使变革具有稳固的发展基础。

（3）创新策略方法和手段

为了避免组织变革中可能会造成的重大失误，使人们坚定变革成功的信心，变革者必须采用比较周密可行的变革方案，并从小范围逐渐延伸扩大。特别要注意调动管理层变革的积极性，尽可能削减团体对组织变革的抵触情绪，力争使变革的目标与团体的目标相一致，提高员工的参与程度。

总之，无论是个人还是组织都有可能对变革形成阻力，变革成功的关键在于尽可能消除阻碍变革的各种因素，缩小反对变革的力量，使变革的阻力尽可能降低，必要时还应该运用行政的力量保证组织变革的顺利进行。

四、组织结构变革趋势

工业时代的组织结构根植于工业化大机械生产，追求的是规模经济，其组织结构发展的方向是追求大型组织。然而传统的大型层级制组织被分成各自独立的部门，完全依靠命令链的控制，“界限”和官僚主义降低了决策效率和响应市场顾客变化的能力，对组织发展构成了严重的威胁。因此，企业都纷纷根据市场变化和组织内部的弊端进行了变革，组织结构的扁平化、非层级化、网络化、分立化等组织结构纷纷涌现。

1．组织结构的扁平化

这是指企业组织结构形态随着管理层次的减少、管理幅度的加大，从层次繁多的“锥形”结构向层次扁平化的“木盆”结构转变。

依据传统组织理论，人们历来认为直线式的等级制度最有效，命令可以畅通无阻地层层下达，这是工业时代典型的企业管理形式。但是，由于组织规模的扩大，层级的增多，信息量的剧增，管理者无法接收和掌握这么多的信息，也就不能对变化的市场做出快速反应和快速决策。所以，减少管理层次成为企业组织变革的一个趋势，也就是组织结构的扁平化起越来越受到企业的重视。

组织结构扁平化变革有效实现的基本条件是要有网络技术的支撑，即通过计算机技术、网络技术，实现对大量复杂信息快速而及时地处理、传递。由于信息化时代的到来，高科技的信息技术的应用、层级间的沟通就显得快捷和方便，也就消除了对中间管理层次的需要，这些层级所执行的组织和传递信息的任务，可以通过网络技术完成，即信息可以在同层和上下层间传递和分享，传统的组织成员之间的纵向关系在信息网络平台上变成了纵横交错的平等关系。组织成员既是信息的接收者，也是信息的发布者，同时亦可实现成员间在信息驱动下的互动工作。

2．组织结构的非层级化

在新的环境下，组织层次大为减少，现存层级相互间的关系也发生了很大的变化，我们称其为组织的非层级化趋势。组织非层级化趋势主要体现在：组织中由高到低的地位差距和等级观念弱化，成员间的直接交流增加；同一层级中的成员间的横向交流增加；组织内部充分授权，个人和组织内部的自主权加大，独立性增强；跨层级的团队增加，增强了组织的应变能力；各企业之间的分工与协作加强，以业务为核心的在企业与企业之间的不同层级直接实现互动的协作关系和自主性加强。这些基本变化的本质特征就是非层级化，是组织成员借助于信息网络技术增加了相互联系，打破了传统金字塔形组织严格的等级、部门和岗位的界限所进行的对组织结构的动态调整。这种调整，增强了组织内成员的自主意识和权力，增强了组织的应变能力和竞争力。

3．组织结构的网络化

未来的组织发展的基础是组织内部的个体、群体和层级单位之间以及他们与组织环境关键成分之间的相互依赖性，这种相互依赖性可通过网状结构建立起来。从组织外部看，在知识经济时代，利用互联网、资本市场和产业供应链，在企业与企业间建立起多种形式的合作关系，其本身是企业外部网络的一个组成部分，是产业供应链上的一部分。建立企业外部的组织结构网络化，通过企业间的相互合作，加速产业链上的各个环节的工作，使工作更加有效、经济、快速，是时代发展的要求。

4．组织关系的团队化

从组织内部看，组织是由若干个各自独立但彼此又有一定纵横向联系的经营单元构成，网络成员之间形成比较松散的“联邦”关系。在这种关系体中，突出强调“团队”管理。

所谓“团队”，就是让组织成员打破传统的部门界限，不拘泥于管理层次，以任务为中心组成“团队”，直接面对服务对象，并对公司总目标负责，力争以群体和协作优势赢得竞争的主导地位。有研究表明，日本的组织之所以比美国的组织更具有内聚力，主要是因为日本的组织更加重视培养组织成员的团队意识和团队协作精神。

5．组织规模的小型化

面对信息化时代，缩小企业规模，划小核算单位，集中资源，发展组织新战略，成为一种新的趋势。过去大公司在具有规模优势下，形成了跨地区、跨国界的跨国公司实体，建立了生产与销售网络，但随着以互联网为基础的电子商务的出现和迅速发展，实体网络优势减弱。现代信息技术使企业与企业之间的信息沟通、合作、谈判及签订和履行契约等的市场交易成本大大降低，交易成本的降低对内部员工的需求量降低，驱使企业向小型化方向发展。

6．业务流程的再造

业务流程是企业组织运行的基本体系，是形成竞争优势的重要部分。企业的业务流程再造，是为了塑造企业的核心业务，形成灵活、高效的组织结构，使企业更好、更快地适应外部环境，在于打破传统观念，打破不适应市场环境变化的陈腐制度和僵化机制，使企业增强应变能力和核心业务的竞争力。

7．组织的柔性化

为了增强企业的灵活性，企业组织结构趋向柔性化发展。即通过对一些临时性的、以任务为导向的团队式组织的建立来取代原有组织中设置的固定的、正式的组织机构，进而增强企业的竞争力。柔性化结构更强调组织对环境的适应性，其主要特征可以表现在以下两个方面：（1）组织结构柔性化是集权与分权的内在统一，集权与分权是组织权力分配形式中的两种极端形式，各有利弊，组织管理需要两者的良好结合和统一，对此，柔性化的组织结构可以很好地通过非正式组织形式的有效利用，来实现建立在分权基础上的必要的集中；（2）组织结构的柔性化可以有效实现稳定与变革的统一，即正式组织与非正式组织、职能部门与项目组的并存，使组织保持稳定并具有一定的灵活性。

组织的发展与变革形式还有很多，在新的组织形式诞生的同时，原有的组织形式也会并存相当一段时间。这是市场细分的结果，也就是组织形式的多样化，各类企业组织应该依据自身的基本情况进行设置。

复习思考题

1．简述组织与组织工作的概念。
2．组织原则有哪些？
3．谈谈组织结构设计的基本过程。
4．简述管理幅度和管理层次的关系。讨论应如何使组织结构扁平化。
5．怎样判断一个组织分权的程度？
6．管理者为什么要授权？授权的基本原则是什么？
7．典型的组织结构有哪些？它们各有什么有缺点?各适用于哪些场合？
8．简述正式组织和非正式组织的区别，讨论管理者应怎样妥善利用非正式组织。
9．简述人力资源管理的概念和重要作用。
10．简述人力资源规划的过程。
11．何谓组织变革？组织变革的类型有哪几种?组织变革的动因有哪些？
12．简述组织变革的过程与程序，组织变革的阻力及其管理。

实践训练

实践训练一　分析企业组织结构

[实训项目]

了解并分析一个具有一定规模的工商企业的组织结构。

[实训目的]

1．通过对某一个企业组织结构的了解和分析，培养学生对有关知识的综合应用能力；
2．使学生掌握组织设计和分析的技能。

[实训内容]

1．要求学生了解某一企业的组织机构的设置及相互之间的联系。
2．了解其中某一部门基层管理人员的职责内容。

[实训组织]

把全班学生按每4～6人分成若干个小组，分别走访不同的企业。

[实训考核]

1．要求每组学生画出所访问企业的组织结构图，为某一个职务写一份说明书。
2．要求每一位学生写一份1 000字左右的实训报告。

实践训练二　参观与调查某一组织结构

[实训项目]

调查一家当地的企业组织，了解其管理幅度、部门划分及组织结构形式，提出观点或改进建议，并说明理由。

[实训目标]

1．使学生结合实际，加深对组织结构的感性认识与理解。

2. 培养学生利用所学知识理论来分析解决实际问题，鼓励他们对参观企业的组织结构进行分析研究和加以改进。

[实训内容与要求]

学生自愿组成小组，每组 6～8 人，利用课余时间自行结队参观调查当地的某一企业（性质、规模、行业不限）。同企业主管就其组织结构、管理幅度、工作设计方法等内容进行交流沟通，获得相关信息。

[实训成果与检测]

参观调查结束后，确定一个时间组织一次课堂讨论。讨论的主要内容如下。

1. 根据所调查企业的组织结构图、人员配置表，分析其合理性。

2. 根据所调查企业的领导者能力、员工素质、所处行业、工作条件等因素，讨论该企业的管理幅度是否合理并提出改进建议。

3. 分析该企业采用的工作设计方法，并分析其适合与否。

以上问题均以小组为单位进行，各小组在充分讨论的基础上，把自己小组参观调查所得的重要信息如组织结构图、人员配置表和讨论的内容结果制作成宣传文档，以多媒体形式向大家演示。各小组轮流演示之后，由全体同学再针对每一个小组的成果进行讨论，找出各小组的优劣势以相互学习。

实践训练三　人力资源部门的职责与作用

[实训项目]

访谈一家规模较大企业的人力资源部门，了解它在所属单位的工作职责，在该单位所起的作用，特别是其整个管理过程，包括人力资源管理的规划、员工的选聘解聘、采用的培训方式及薪酬制定和绩效评价等。

[实训目标]

1. 使学生结合实际，加深对人力资源管理的感性认识与理解。

2. 初步培养现代人力资源管理者素质的能力。

3. 初步认识当今人力资源发展的阶段和水平。

[实训内容与要求]

参观本课程实训基地企业，学生自愿组成小组，每组 6～8 人。在调查访问之前，每组需根据课程所学知识经过讨论制定调查访问的主题，并把具体步骤和主要问题计划好，具体可参考下列问题：企业中主要有哪些人力资源管理工作？如何招聘员工？如何培训员工？薪酬制定的标准是什么？如何进行绩效评价？

[实训成果与检测]

调查访问结束后，组织一次课堂讨论。各小组在讨论的基础上，每个同学把自己调查访问所得重要的信息如照片、文字材料、影音资料等制作成宣传册展出，之后交老师存档，教师根据各小组表现进行评估打分。

素质拓展

素质拓展一　组织结构设计——新新广告公司的组织结构

新新广告公司是拥有三百余名职工的大型广告公司，就广告业务来说，具体工作内容如下。

1. 与老顾客建立固定联系，搜寻新顾客。

2. 对承揽的广告业务进行文字创作和艺术创作。

3. 对广告内容进行电视制作、电台制作、报纸制作、杂志制作或路牌制作及其他制作。

4. 调查各种新闻媒体的性质、栏目、时间、版面、价格，决定整段时间、整段版面，整段购买还是分别购买，并与新闻媒体保持联系。

5. 帮助顾客设计陈列方式、包装样式或商品分配办法。

6. 帮助顾客调查市场、估计潜力、确定广告影响等。

[思考与讨论]

1. 请就上述六个方面工作内容，给新新公司设计出两种组织结构模式，并用组织图表示。

2. 试分析每种结构模式的利弊，以提供给总经理选择。

素质拓展二　角色扮演——招聘

[拓展目标]

培养人员招聘的能力；训练应聘的能力与心理素质。

[拓展内容与形式]

1. 把教室模拟成招聘现场。

2. 角色扮演的情景设定：根据模拟公司的工作计划建立组织结构，各模拟公司组织招聘各部门负责人（班级统一制订编制或职数）；各模拟公司招聘由总经理主持，公司成员均为招聘组成员；每名学生可向不超过三家公司（不含本公司）应聘；各公司根据每个应聘者的表现决定是否聘任；招聘程序按课程讲授内容进行。同学们先在课下进行精心准备，在课上完成角色扮演。

[拓展要求]

1. 各公司要制订招聘计划，包括招聘目的、招聘岗位、任用条件、招聘程序，特别是聘用的决定办法。

2. 每个人要写出应聘提纲，或应聘讲演稿，特别要体现出应聘的竞争优势。

[成果与检测]

以公司为单位，组织招聘活动。全班公司分为两大组，第一节课前几家公司招聘，后几家公司的成员应聘；第二节进行轮换；聘任由招聘公司成员集体投票决定（得多数票者应聘成功）；在两轮聘任结束后，按应聘成功的岗位数多少决定同学们的竞聘成果。

素质拓展三　中小企业组织结构调查

[拓展目标]

1. 增强对企业组织结构的感性认识。

2. 初步培养对企业组织结构分析的能力。

3. 搜集企业制度和规范的有关资料，为制订制度的训练提供条件。

[拓展形式]

1. 到一家中小企业，对该企业的组织结构情况及其制度、规范进行调查，并运用所学知识进行分析诊断。如时间安排有困难，也可利用网络等途径搜集企业相关信息。

2. 需搜集的主要信息有：① 企业的组织结构系统图；② 各主要职位、部门的职责权限及职权关系；③ 企业主要的制度和规范；④ 由组织结构、职权关系及制度等问题引起的矛盾。

3. 调研以课程模拟公司为单位组织实施。

4．以模拟公司为单位，组织探讨与分析诊断。

5．可在班级上进行大组交流与研讨。

[拓展要求]

1．要求搜集组织结构的相关资料。

2．建议分组进行，真正走访实地中小企业进行具体分析。

3．走访之前首先要学会与人沟通的基本技能。

4．每组组长首先要搞好走访企业的调查与活动的策划，做好组内成员的分工。

[成果与检测]

1．每组提交一份调查报告，对所走访组织的结构进行分析。

2．每份报告应包含调查方式，调查的企业名称、经营范围、企业类型、企业法律形式，调查的组织结构形式等。

3．组长对每个同学的表现进行评议，并分析成功与不足，或者小组内部互评综合得分。

4．各组派代表发言，各组分别对其他组评分，并指出成功与不足。

案例分析

案例一　联想集团的人力资源管理

联想集团成立于1984年，是一家在信息产业内多元化发展的大型企业集团，于1994年在香港上市，目前拥有员工11 200余人。2000年7月，联想人选香港恒生指数成分股；截至2001年，联想电脑以30.8%的市场份额连续6年位居国内市场销量第一，并连续7季度获得亚太市场（除日本外）第一。

目前，联想集团在国内除北京平台外，在香港、上海、深圳等8个城市设有区域平台，在哈尔滨、南京、乌鲁木齐等12个城市设有办事处。在国外设有欧洲区、美洲区，包括美国、英国、荷兰、法国、德国、西班牙、奥地利7家子公司。

2000年度联想集团被美国《财富》杂志评为“中国最受赞赏的企业”。2001年12月，在《亚洲货币》11个项目的最佳评选中，联想获得“综合性投资者关系”“财务管理”等7项评选的第1名；在《亚洲财经》6个项目的最佳评选中，联想获得“最佳管理企业”等5项第1名。在2002年1月《财富》（中文版）杂志的“中国最大上市企业”中，联想集团位列第5名。2002年，联想集团荣获全国质量管理奖。

联想集团公司现已发展成为一家在信息产业内多元化发展的大型企业集团，富有创新性的国际化的科技公司，由联想及原IBM个人电脑事业部所组成。联想公司主要生产台式电脑、服务器、笔记本电脑、打印机、掌上电脑、主板、手机 、一体机电脑等商品。从1996年开始，联想电脑销量一直位居中国国内市场首位；2013年，联想电脑销售量升居世界第一，成为全球最大的PC生产厂商。2014年1月23日，联想宣布收购IBM低端服务器业务。2014年1月30日，联想集团以29.1亿美元的价格收购摩托罗拉。自2014年4月1日起， 联想集团成立四个新的、相对独立的业务集团，分别是PC业务集团、移动业务集团、企业级业务集团、云服务业务集团。

联想集团在短短的十几年内，从一个不起眼的小公司，发展壮大成为我国高科技信息产业赫赫有名的大公司，并且云集着一大批业界的顶尖人才，不能不引起人们的关注。柳传志曾有一句名言：“小公司做事，大公司做人。”那就让我们沿着这个线索，看看联想集团的人力资源管理。

一、联想集团人力资源管理的定位

企业的人力资源工作存在的价值是什么？2000年，联想集团在国际著名咨询公司Mckinsey的协助下，制定了联想三年（2001—2003）发展战略规划。这份规划不仅是业务上的规划，还有人力资源规划等重要组成部分，以后各年度人力资源规划都将以该规划为指导，并对其规划目标进行分解落实。而且配合公司的中长期战略规划，人力资源工作也要制定自己的中长期规划，每年制定本年度人力资源规划。通过人力资源的管理工作获得敬业的员工和满意的客户，进而实现企业目标。

二、联想集团人力资源工作内容

1. 人力资源工作内容包括吸引人、激励人、留住人、发展人

吸引人。提出员工价值承诺 EVP：为员工创造发展空间，提升员工价值——“联想，成就人，成就于人”，倡导员工“将个人追求融入企业的长远发展之中”；制定有针对性的招聘策略——在人才招聘渠道上加大猎头和内部举荐力度，并与全国30所重点高等学校合作，成立实验室，合办软件学院等；建立企业人才信息库，实现资源的共享。

激励人。建立适合业务当前需要并不断发展的绩效评估机制，对员工的业绩、能力和态度三方面进行评估，并建立有效的沟通反馈机制保证绩效评估的公正和透明。评估结果将运用于员工的工资。奖金、晋升等方面，还特别作为轮岗、培训、个人发展的依据。在绩效评估的基础上，制定适合不同岗位特点的薪酬体系，特别是通过认股权计划，将员工与企业的长远利益紧密结合。

留住人。人才选拔以内部培养为主，外部引进为辅，为内部人才提供发展机会和空间。建立公平竞争的选拔机制，如关键岗位（包括管理岗位）竞聘制度等。

发展人。建立技术职称体系，目前已经完成了研发、工程、技术支持三个体系，尝试建立除行政升迁以外的发展路径；建立研发二T咨询、产品经理、市场营销、职能管理、资材等十几个专业序列，以此为员工提供多渠道发展路径。

2. 建立两级人力资源管理体系

人力资源部负责整体规划，开发工具、总结方法，推进规划在公司范围内落实；群组、区域设立人力资源专岗，负责规划在本系统内的落实，建立适合本业务特点的人力资源管理制度。以此保障了人力资源规划在公司的全面落实，同时兼顾了诸多业务特点。

3. 强调人力资源是“一把手”工程

各级管理者必须同时是人力资源经理，必须承担起相应的人力资源管理职责；通过培训使各级管理者具备人力资源管理能力；通过与其绩效考核挂钩，落实人力资源职责；通过人力成本控制方法，改变过去单一的行政控制手段，为以经济杠杆控制为主、行政手段为辅，在人力成本控制范围内赋予业务第一负责人更多的人力资源管理权限。

4. 实施规划、控制和调整

在实施规划的过程中，一方面是整体性控制，使人力资源规划与企业经营战略计划一致，与企业的内外部环境一致，在企业经营战略以划进行调整的时候，能够适时调整；另一方面是操作性控制，对规划实施情况跟踪和控制，考察工作是否按照计划进行，以及员工的意见和反应。

5. 定期考核、评价和改进

在每季度进行规划阶段目标考核，作为部门考核的重要指标；每一财年结束之时，对规划实施进行评价，分析规划达成结果，找出结果与目标的差距，分析产生差距的原因，并在下一年规划中改进落实，从而使人力资源开发与管理机制形成一个完整的闭环。

三、联想集团的教育和培训

1. 建立起较完善的培训体系

培训对象：公司全体员工。根据类别分为：新员工、普通员工和管理者：根据业务分为产品链一产品设计。技术研发、质量；供应链一采购、商务、制造；客户关系链一市场、服务；职能链一企划、法务、审计、人力资源、行政后勤、财务、信息等4大类16小类。

培训方式：有在岗培训和脱岗培训两种。特别是公司采用新员工指导人。轮岗、网上远程教育的方式，使培训效果更有效，范围更广泛。

培训课程：根据各类岗位的能力体系建立相应的课程体系，有公共课程体系（包括文化与战略发展类、职业技能类、管理技能类）和专业课程体系（分为16类）培训队伍：具备一支包括总裁室成员为首、人力资源部、各部门培训专员、专兼职讲师及全体干部在内颇具实力的专兼职讲师队伍。

培训信息：有完整的员工培训记录，讲师档案和授课记录、培训项目档案等。

培训制度：建立了《兼职讲师管理条例》《课程开发流程和规范》《新员工培训制度》《培训费用的使用规范及指南》等制度。

培训设施：设施完备，并专门建设了用于网上培训的电子教室、设备先进的员工自助学习中心及远程教育等培训场所。

2. 培训流程的运作

年度培训规划和培训计划制定：每财年初根据公司战略和年度重点工作，以及部门、员工考核结果和员工个人发展计划，制定培训的年度规划和计划。不同员工培训；的侧重也不同。

培训项目运营：每项培训按项目管理方式进行运作，分为四个环节，通过对学员及其直接上级进行问卷、访谈等方式的需求调查，形成项目的策划方案，内容包括：培训背景、目标、时间、内容、讲师、培训方式、费用预算。效果考核等方面。培训后进行现场反应。学习效果、行为改变计划/知识运用三级评估的方式。现场总体满意度平均为 90%以上；培训结束后，要求学员列出具体改进计划，由直接上级监督反馈其实践情况；工具技能课要求学员落实到业务中，成为日常规范。通过直接面对着激烈变化的市场环境和业务规模的不断扩大，培训工作在帮助人才成长进步以满足岗位需要方面发挥不可或缺的作用。

培训体系的建设和创新：为使培训工作更好地服务于公司战略及员工发展，培训体系也逐年变革地新。

3. 鼓励和支持员工不断学习

联想集团关于支持员工学习有个生动的比喻——蜡烛和蓄电池。在传统的人事管理中通常把企业员工看成是一支蜡烛，不断地让其燃烧，“春蚕到死丝方尽，蜡炬成灰泪始干”，静态地看待员工的能力和素质。而联想的人力资源管理则不然，它要求把员工看成是一个蓄电池，员工的能力和素质是不断变化着的，是动态发展的。企业要不断地给蓄电池充电，不断地对员工进行培训、鼓励、激励，这样才能让员工焕发出巨大的创造力，从而能更好地为企业效力。

为保证员工能力的提升以适应公司及个人发展的要求，公司给员工提供多种方式以实现与工作和职务发展、技能提高相关的学习目标。每年都会投入大量的培训经费；在培训规划中明确规定每个员工的脱岗培训时间。在员工年度考核中列出三项能力短板，作为下财年的个人发展目标和培训的内容。对员工尤其是干部的培训情况与其在公司的发展相挂钩，如“管理在联想”MAL课程为部门总经理以上的干部必须参加，并能将此课程向本部门的员工讲授将作为此人的任职条件之一。使员工能乐于培训，勤于培训，不断提高自身能力。

四、激励机制

1. 建立绩效管理体系

这一体系包括公司、部门与员工的三级绩效评估机制；优胜劣汰的管理机制；公平、公正的薪酬福利体系和能力评价体系。

2. 在组织结构、职责分工、方式方法、反馈与申诉渠道方面有充分的保障

组织结构：人力资源部、企划部有专人负责，同时运用打包的方式由人力资源部客户经理推广到各业务部门，各业务部门/业务群组设置接口人。职责分工：公司对绩效激励管理体系中人力资源部、各级经理、接口人以及员工的职责进行了严格而细致的划分，如人力资源部的职责是制定政策、培训推广并检查监督，各级经理的职责要了解掌握公司的政策、流程，根据自身业务的特点灵活运用等。

方式方法：每季度、年度对部门进行绩效评估从经营指标、业务进展、客户满意度调查、费用率等方面考评和量化，对全体员工进行业绩评价，通过目标达成、态度、能力评价量表，用自评、上级评价及上下级面谈的方式，确定考核结果。对于中高层干部运用360度干部民主评议结果、部门绩效评估结果和团队氛围指数调查报告，通过公开述职的方式，全方位地进行个人绩效的评价；在能力体系的评价方面，借助世界一流顾问咨询公司，通过专家小组进行评审。建立技术职称序列，技术序列的层次级别与行政职务之间有对应的关系门主任工程师相当于总经理，收入待遇对等为员工提供多途径的发展空间，使其充分体现个人价值。

反馈与申诉渠道：建立了信息反馈的渠道，如在绩效考核方面员工除了在绩效面谈中去发表自己的意见和建议外，如对上级的评价有异议，可以向各级主管、部门总经理和人力资源部提出申诉。

3. 随公司发展而不断完善的薪酬福利体系和员工关怀机制

公司薪酬体系包括月薪、津贴、表彰奖（公司级、部门级）年底红包、认股权等；福利方面，除了国家要求的社会福利外，公司为员工提供了带薪休假、出国休假、免费工作餐等公司福利；还针对员工的病、丧、困、独生子女入学、入托、大龄青年等问题建立了不断完善的员工关怀机制，让员工感受到家庭般的温暖。公司根据经营业绩和外部环境变化，逐步完善员工的薪酬福利体系，保证员工的生活质量和工作质量随公司发展而不断提高。

公司采取年底红包与经营业绩挂钩、全员（符合一定条件即可）拥有认股权的方式，让员工分享公司发展所带来的利益。

在“长远规划、稳定发展”原则下，建立了薪酬调查机制，定期对公司薪酬在同行中的竞争力水平作调查，并进行深入的分析，以便及时调整公司薪酬水平，保证公司在薪酬方面的竞争力。

每年公司根据经营目标，并参照业界的标准，确定人力成本的投入，每年年初进行一次工资的调整、福利组合形式的确定。

每年组织3~4次员工到不同国家的出国旅游，在“三八”“情人节”“圣诞节”“六一儿童节”等节日举办多种形式的活动。

五、管理团队与研发人才

1. 管理团队

联想集团除了调整高层管理团队成员、组建了中西合璧的领导班子之外，更大的变化在于“新班子”和“老班子”运作方式的差异。

在“老班子”中，CEO很强势，重大决策只和少数人商量，然后就开会公布，交给下面执行，导致执行力很差、各部门之间难以有效配合与协同。而在最高领导的搭配与组合方面，也存在错位，配合不畅。例如，表面上看，杨元庆作为董事长负责战略制定，阿梅里奥负责日常运营，但实际的运作使得两人更像“联席CEO”——这种通常会影响决策效率的权力分配，让联想看起来更像是一只齐头并进的“双头怪兽”：一个年富力强、注重执行力、喜欢亲力亲为的中方董事长；一个个性鲜明、国际化经验丰富、

精于日常运营的西方成本杀手。除此之外，“班子”成员来自多家公司，不仅有正在整合的联想与 IBM 两种亚文化，又被汇入了戴尔文化，价值观和习惯的行为模式存在着诸多差异，相互之间有隔阂，容易产生一些矛盾和冲突，降低了协同作战的效率。再有，班子成员普遍是“职业经理人心态”，过于注重短期绩效，对战略和成长（如品牌、研发）投资不足。

而在“新班子”中，最高管理层是磨合多年、堪称绝配的“杨柳组合”（柳传志担任董事局主席，杨元庆担任 CEO），执行委员会成员由 4 名中国人和 4 名外国人组成，建立了共同的价值观，相互欣赏、尊重，堪称“中西合璧”；同时，强调集体参与、群策群力，从务虚到务实，对重大决策反复深入沟通，充分考虑各种意见和执行因素质。

2. 研发人才

联想研发中心联想集团是一间极富创新性的高科技公司，秉承自主创新与追求卓越的传统，联想持续不断地在用户关键应用领域进行技术研发投入。联想将最新的研发成果从实验室带到市场，转化为生产力并改善人们的工作和生活。联想集团建立了以中国北京、日本东京和美国罗利三大研发基地为支点的全球研发架构；在中国大陆，联想还拥有北京、深圳、上海和成都四大研发机构。

联想为全球 PC 技术的进步做出了重要贡献。联想集团拥有包括众多世界级技术专家在内的一流研发人才，他们曾赢得了数百项技术和设计奖项，并拥有 2 000 多项专利，开创了诸多业界第一。联想研发团队的最终目标是改善个人电脑拥有者的整体体验，同时降低总体拥有成本。

（案例来源：无忧会计网 www.51kj.com）

[分析讨论题]

根据人力资源管理工作内容、教育和培训和激励机制，思考企业应如何建立科学、有效的人力资源管理教育和培训体系和激励机制?

案例二 摩托罗拉公司组织管理

摩托罗拉公司是一个由两个产品体系所构成企业集团，一个是通信器材，另一个是半导体产品，集团底下又分成很多部门。这样一个庞大的企业集团组织，从高层主管到生产线，权力全部分散，公司整体只有一个不足 30 人组成的公司总部统帅。出乎意料的是公司运转井然有序，效率非常之高，公司发展迅速惊人，而摩托罗拉公司达到如此境界，是付出半个多世纪苦心经营的结果。

实际上摩托罗拉公司自诞生之日便打下了家族影响力的痕迹，它是由公司现任董事长劳勃·盖尔文的父亲在 1928 年创立的。

劳勃·盖尔文是一个彻头彻尾的个人主义者，他创立摩托罗拉公司时，资本很少，一共只有 565 美元，一直到 1930 年，摩托罗拉公司才成功地制造了汽车收音机，到 1967 年摩托罗拉的营业额也仅为 4.5 亿美元。

劳勃·盖尔文于 1964 年担任公司的董事长之后，事实上公司权力集中在他一个人的手上。1968 年，该公司的半导体产品集团主管李斯特·何根跳槽到加州一家对立公司而出任总裁。当时，李斯特·何根带走了 8 名重要职员。大约一个月以后，前前后后一共走了 20 个人。两年之后，摩托罗拉公司竟然有 80 名员工跑去投效何根，主要原因是公司权力过于集中，自主权大小，因而缺少对员工的有效激励。

尽管盖尔文矢口否认这是一次惨痛的教训，但他也不得不承认，何根的叛变已经严重地伤害到整个公司。他补充说：“一旦一个机构受到打击而元气大伤的时候，一定会有很多人觉得自己也不得不理另谋出路。”这次背叛事件发生后，他意识到经营管理方针上必须要做一些改变，也就是把权力及责任分散。1970 年盖尔文让位于威廉·卫斯兹，但他仍留在董事会。

威廉·卫斯兹接任了公司董事长兼营业部经理，并进行大幅度管理改革。他说："通常，我们都只保持一些公司的大目标及原则，至于一般权力与责任我们都尽量把他们分散到各个阶层。"他还说："当然，我也承认，就像遛狗一样由于我们用来管束各部门经理的皮带放得太长，所有我们的脚也经常给石头碰伤。"

从此，摩托罗拉公司致力于把权力分散到各盈利单位。现在公司内的各单位对资源分派及预算编列方面都已经有相当可观的财务控制权，同时，他们也有权力决定加入或退出那些营业项目。

根据史蒂芬·李威这位专门负责公司企划、行销、设计及维持公司与政府公共关系和广告事务的高级职员说，摩托罗拉公司似乎已有一种趋势，要把公司内的各个部门当作个别事业来处理。他说："一直到最近，说老实话，我们都没有一个明显而确定的整体政策，你绝对看不到任何有关这方面的记载，而且，他也绝对不可能从不同的人的描述中去猜测它究竟是些什么东西。"

摩托罗拉公司之所以有逐渐把权力分散的趋势，一个主要原因是公司有不少服务多年的老经理，同时由于它仍然保留家族经营形态，受家族的影响很深，因此，公司里面有不少家长主宰式的暗流存在。公司越大，员工越渴望变成股东。在比较大一点的公司，每一个人显然都希望能感觉到自己就是老板。

基本上，公司现在所做的，正是要把整个公司分成很多智囊团，因为只有这样，才能使大部分的人都分享到当年盖尔文家族各分子所拥有的权力与责任。统帅公司整体发展方向的上层组织采明三头马车制，由威廉、劳勃和米歇尔组成一个非正式的董事会核心。米歇尔也是摩托罗拉公司的元老，他们三大巨头加起来，在该公司整整做了89年之久。公司内所有的部门主管如果有事情，可以直接向他们三大巨头组成的三头马车报告。不过，大概一年以前，他们之间第一次有了改变，每一个巨头开始专门负责四到五种贸务，在这些事务方面，他将拥有较大的决定权。不过，尽管每一巨头都有自己的专责，但对于公司的所有决策他们每一个人仍然有全部的决定权力及责任。卫斯兹说："通常，我不会越权去管波比及约翰在他们的专责方面的什么事，但如果碰到情况十分紧迫时，我也常毫不犹豫的越组代店。我义不容辞地处理这件事情，是因为我知道他们一定会同意我的办法。"

事实上，只有在他们三大巨头对同一问题意见相左的时候，才会产生"谁来决定"的问题，不过这种决定只限于几种情形。这几种情形通常都是关系到全体利益的敏感问题，像管理发展、人事管理、组织规划、年度预算的拟定以及对员工及工作成效的考核等。

董事会每个星期一主持一次例会，先花两个小时与公司的高级职员接触，然后再花两个小时来单独讨论问题。除此之外，每隔 4 周一次的工作会议上，他们也花几个小时来讨论一些有关公司长期发展的战略。公司总部人员十分精简，主要负责与海外分公司高级主管联络，代表公司与外国政府或海外机构建立业务关系，包括人事部门及法律会计部门只有30人。

一般而言，公司内各部门间的目标及方针大致上都很协调，正因为如此，总公司在营运方面长期不加干涉也不致造成问题。 公司职员大部分的工作只是要确保每一个关系集团及部门都能够彻底了解公司五年计划的基本规定，同时及时地把它们付诸行动。任何计划在提到董事长办公室之前都必须经过三人核心审查，五年计划的第一年实绩将作为第二年预算实施的主要参考。

如果某一个关系集团在自己的预算内想推动一项工程计划，那么他大可以放手去做而不必把详细情形报告总公司或向上级请示。通常，只有在计划进行到最后阶段而突然发生重大修正时，总公司才会发生警觉而加以过问。

（资料来源：百度文库）

[分析与讨论]

1. 摩托罗拉公司在组织上经历了一个什么过程？

2. 1968年何根的出走主要反映了过分集权的哪一个弊端？

3. 摩托罗拉公司目前的组织结构形式是什么？

管理游戏

齐眉棍/圈

[游戏方法]

1. 准备一根 2～3 米的轻质塑料棍（最好可伸缩）。

2. 让小组成员站成相对的两列或并排一列亦可，小组成员全部将双手举到自己的眉头的位置。

3. 将轻质塑料棍放在每个人的双手上，注意：必须保证每双手都接触到轻质塑料棍，并且手都在轻质塑料棍下面。

4. 要求小组成员将轻质塑料棍保持水平，小组成员的任务如下。

在保证每个人的手都在轻质塑料棍下面的情况下将轻质塑料棍完全水平地往下移动，一旦有人的手离开轻质塑料棍或轻质塑料棍没有水平往下移动，任务就算失败。

[游戏的启示]

1. 游戏看似很简单，但要成功完成非常不容易。

2. 如果一个人去完成这个任务是相当简单的事情，但是一个人做的工作由几个人来做，比一个人做时还要不容易完成，因为几个人之间将形成许多相互关系，制造出许多新工作，因此团队的力量不容忽视，可以引申到帕金森定律。

3. 如果小组中有任何一个人不同于组织的共同节奏，轻质塑料棍将无法保持水平下降。

管理故事

一个心理学教授到疯人院参观，了解疯子的生活状态。一天下来，觉得这些人疯疯癫癫，行事出人意料，可算大开眼界。

想不到准备返回时，发现自己的车胎被人下掉了。“一定是哪个疯子干的！”教授这样愤愤地想道，动手拿备胎准备装上。

事情严重了。下车胎的人居然将螺丝也都下掉。没有螺丝有备胎也上不去啊！

教授一筹莫展。在他着急万分的时候，一个疯子蹦蹦跳跳地过来了，嘴里唱着不知名的欢乐歌曲。他发现了困境中的教授，停下来问发生了什么事。

教授懒得理他，但出于礼貌还是告诉了他。

疯子哈哈大笑说：“我有办法！”他从每个轮胎上面下了一个螺丝，这样就拿到三个螺丝将备胎装了上去。

教授惊奇感激之余，大为好奇：“请问你是怎么想到这个办法的？”

疯子嘻嘻哈哈地笑道：“我是疯子，可我不是呆子啊！”

其实，世上有许多的人，由于他们发现了工作中的乐趣，总会表现出与常人不一样的狂热，让人难以理解。许多人在笑话他们是疯子的时候，别人说不定还在笑他呆子呢。

做人呆呆，处事聪明，在中国尤其不失为一种上佳做人姿态。

第六章　领导与激励

章前导读

飞雁团队的启示

世界上有三种团队。一是野牛团队。野牛个个身强力壮，但没有集体意识，各自为政，所以不是比它身体弱小几十倍的狼的对手。二是螃蟹团队。当一群螃蟹被抓到竹篓里后，其中有一只奋力往上爬，其他几只就拼命拉后腿，结果是谁也上不了。三是飞雁团队。大雁在飞行时都本能地呈“人”字形飞行，前面的大雁为后面的大雁创造有利的上升气流，结果整个团队的飞行效率提升了70%。

野牛团队的特点是分开来都很强，但合起来就很弱。螃蟹团队的特点是我不好，你也别想好，结果是整个团队的绩效下降。没有经过提升和规划的团队大都属于这两种，只是程度有所不同而已。而要成为“飞雁团队”，则需要一番深刻的提升和转变。飞雁团队有以下几个特征。

1. 纪律严明，且自主自发。我们无论何时何地见到大雁飞行，永远都是整齐划一的“人”字形，从来没见过哪只大雁调皮捣蛋。这给我们如下的启示。

（1）大雁并没有制定严格的奖罚制度，也没有什么法律法规，但大家都能主动遵守纪律，这是因为本能，而本能的行成是一个漫长的过程，是一个行为被长期重复的产物。由此可见，要想打造成飞雁型团队，光有严格的奖罚制度是远远不够的，而是要在部门构建一种正确的价值观，并把这种价值观长期，重复地宣导，将之融入部门每位成员的血液里，让长期重复的动作成为本能的行动，让长期重复的思想成为本能的思想。

（2）每只大雁都能主动遵守纪律，即便有那么一两只想开一下小差或偷一下懒，也会立即感觉到自己和团队的差距，从而主动归位。这说明，要想打造飞雁团队，首先要创造一种大的气候，即主流。假设部门每位员工都非常积极地维护5S，如果其中有位员工把地面搞脏，就会非常醒目，当事人也会感到羞愧而主动去维护5S。上过高速公路的人都知道，高速公路的出口都是一个大圆弧，为什么呢？因为这样，司机开车转弯时就不得不减速，根本没必要去制定“驶出高速公路时必须要减速”的制度。这就是“大气候”成功使用的范例。

2. 大雁的队伍中，没有英雄，大家都是英雄。大雁在飞行时，领头雁是最累的。当领头雁感觉不能再承受时，便会退居二线，它后面的一只大雁便自动顶替，如此往复，让每只大雁都有机会当领头雁，整个队伍显得有活力。领头雁在飞行时，后面的大雁会整齐地发出叫声，以鼓励领头雁，这给我们如下的启示。

（1）一个团队要想前进，领头雁固然重要，下属的支持与鼓励也非常重要。作为部门的领导，在推行新的制度或要进行某种动向之前，先要让下面的员工充分地了解事情的来龙去脉和利害关系，使其方向明确，心悦诚服，才能在你的带领下快速前进。

（2）没有永远的领头雁。作为领导，要保持和提高自己的核心竞争力。这核心一是技术能力，二是管理能力。领导在进步，同时又以自己的标准来要求下属，用自己的经验、学识去教导下属。当下属达到一定程度时，自己又上升到了一个新的程度。如此良性循环，整个团队就会健康地成长。而反之，领导自己不进步，其身后的团队也就无法进步，这样的团队就会走向败落，这样的领导也就不配做领头雁。这就是所谓的领导的速度就是众人的速度。

3. 在一个团队里总有强者和弱者。对于强者，我们要充分地发挥其优势；对于弱者，也不要轻易放弃，而是要尽力去帮助他、扶持他，使之尽快走上正确的轨道上，从而使弱者变强，强者更强。日本的企业在激励的时候，很少会直接奖励个人，而是奖励整个团队。因为他们觉得个人再能干，也只是单枪匹马，而不能将之用在提升整个团队的绩效上。个人英雄主义一泛滥，结果便是压制他人、提高自己、群雄并起、各自为政，使团队退化到“野牛团队”中去。

由此观之，要想把我们的团队打造成“飞雁”型团队，还有很多事情要做，还有很长的路要走。一旦我们真的成长为“飞雁”型团队，那成长速度就有了一个质的飞跃。

第一节 领导理论

领导是有效管理的一个重要方面。尽管管理者在组织中拥有指挥下属行动的特权，但下属并不会自动地服从命令。在现代社会中，有些下属会公然反抗他们的管理者或者是不认真地执行管理者的命令。因此，如何有效地进行领导是现代管理者必须掌握的一种基本技能。

一、领导及其作用

1．领导和管理

“领导”有两种词性含义。一种是名词属性的“领导”，即“领导者”的简称；二是动词属性的“领导”，即“领导行为”的简称，指“领导者”所从事的活动。领导和管理有着密切的关系，从表面上看，两者似乎没有什么差别，人们通常将它们混为一谈。但实际上，两者既有紧密联系，又有很大差异。领导与管理的共同之处在于：从行为方式看，领导和管理都是一种在组织内部通过影响他人的协调活动，实现组织目标的过程。从权力的构成看，两者也都与组织层级的岗位设置有关。两者之间也存在关注点的差异。就组织中的个人而言，可能既是领导者，又是管理者；也可能只是领导者，不是管理者；也可能是管理者，而不是真正的领导者。两者分离的原因在于，管理者的本质是依赖被上级任命而拥有某种职位所赋予的合法权力而进行管理。被管理者往往因追求奖励或害怕处罚而服从管理，而领导者的本质就是被领导者的追随和服从，它完全取决于追随者的意愿，而并不完全取决于领导者的职位与合法权力。具体区别如表 6-1 所示。

表 6-1 管理和领导的区别

比较项目	管理	领导
从职能上看	管理的范围大	领导行为属于管理的范围
从岗位上看	管理者未必是领导者	领导者必定是管理者

续表

比较项目	管　理	领　导
制定计划	为达成目标，制定出详细的步骤和计划进度，进行资源分配	展现未来的前景与目标，指明达到远景目标的战略
组织和人员配备思路	组建所需组织结构及配备人员，规定权责关系，制定具体政策和规程，建立一系列的制度监督下属的工作状况	重在指导人员。同协作者沟通，指明方向、路线。帮助人们更好理解目标、战略及实现目标后的效益。引导人们根据需要组建工作组、建立合作伙伴关系
执　行	在执行中强调采用控制的方式来解决问题。通过具体的详细的计划监督进程和结果	一般采取鼓动和激励的方式。在思想上动员和鼓励人们克服工作中的障碍与困难，推动各项工作顺利开展
效　果	一般只能发挥组织成员的现有能力	可充分挖掘组织成员的潜在能力

2．领导者的作用

领导就是指挥、带领、引导和鼓励部下为实现目标而努力的过程。因此，领导者必须具备三个要素：（1）领导者必须有部下或追随者；（2）领导者拥有影响追随者的能力或力量，它们既包括由组织赋予领导者的职位和权力，也包括领导者个人所具有的影响力；（3）领导行为具有明确的目的，可以通过影响部下来实现组织的目标。

在带领和指导组织成员为实现共同目标而努力的过程中，领导者要发挥指导、协调和激励的作用。

（1）指导作用

在人们的集体活动中，需要有头脑清晰、胸怀全局、高瞻远瞩的领导者来帮助人们认清所处的环境，明确活动的目标和实现目标的途径。因此，领导者有责任指导组织各项活动的开展。其中包括明确大方向并指导下属制订具体的目标、计划及明确职责、规章、政策，开展调查研究，了解组织和环境正在发生和可能或将要发生的变化，并引导组织成员认识和适应这种变化。

（2）协调作用

在集体活动中，即使有了明确的目标，由于每一位成员的能力、态度、性格、地位等不同，加上各种外部因素的干扰，成员间在思想上发生各种分歧、行动上出现偏离目标的情况也是不可避免的，因此，需要领导者来协调人们之间的关系，把大家团结起来，朝着共同的目标前进。

（3）激励作用

对于大多数人来说，劳动仍是谋生的手段，人们各种需求的满足还受到各种条件的限制。当一个人工作、学习、生活遇到困难、挫折或不幸，某种物质的或精神的需求得不到满足时，就必然会影响到其工作热情。这就需要有通情达理、关心下属的领导者来为他们排忧解难，以高超的领导艺术诱发下属的事业心、忠诚感和献身精神，充实和加强他们积极进取的动力。

由此可见，领导的作用是帮助下属尽其所能以达到目标。领导不是在下属的后面推动或鞭策，而是在下属的前面引导、鼓励下属实现共同的目标。

二、领导权力及领导者影响力

（一）领导权力的来源

领导的核心在权力。领导权力通常就是指影响他人的能力，在组织中就是指排除各种障碍完成任务，达到目标的能力。根据法兰西（John French）和雷温（Bertram Raven）等人的研究，领导权力有以下五种来源。

1．法定性权力

法定性权力是由个人在组织中的职位决定的：个人由于被任命担任某一职位，因而获得了相应的法定权力和权威地位。例如，在政府和企业等层级组织中，上级在自己的职责范围内有权给下级下达任务和命令，下级必须服从；裁判有权判定是否犯规、是否得分，并有权用出示黄牌或红牌对某一队员警告或处罚，队员必须服从等。但拥有法定权的权威，并不等于就是领导。有些官员根本没有自愿的追随者，只是凭借手中的权力作威作福而已，这样的人并不是真正的领导者。同时，应当充分认识到下级甚至普通员工也拥有宪法、劳动法、合同法、工会法等法律和规章制度赋予他们的法定权力，他们凭借这种权力，也可以有效地影响和抵制领导者的领导行为。

2．奖赏性权力

奖赏性权力是指个人控制着对方所重视的资源而对其施加影响的能力。例如，上级在其职权范围内可以决定或影响下级的薪水、晋升、提拔、奖金、表扬或分配有利可图的任务、职位，或给予下属所希望得到的其他物质资源或精神上的安抚、亲近、信任、友谊等，从而有效地影响他人的态度和行为。奖赏性权力是否有效，关键在于领导者要确切了解对方的真实需要。被领导者也拥有某种奖赏权，例如对领导者的忠诚、顺从，更加积极地忘我工作，为了组织利益不计个人安危的英雄行为，甚至对领导者的热情招呼、演讲后的热烈鼓掌等，都可以看作是被领导者对领导者的奖赏。这种奖赏权也能有效地影响领导行为。

3．惩罚性权力

惩罚性权力是指通过强制性的处罚而影响他人的能力。例如批评、罚款、降职、降薪、撤职、除名、辞退、开除、起诉等，或者调离到偏远、劳苦、无权的岗位上去。这实际上是利用人们对惩罚和失去既得利益的恐慌心理而影响和改变他的态度和行为。应当注意，惩罚权虽然十分必要，见效也很快，但毕竟是一种消极性的权力，也不是万能的，因此务必慎用。如果使用不当，可能产生严重的消极后果。例如下属在合法范围内拥有消极怠工、抗议、上访、静坐、游行、示威、罢工等权力，员工可能利用这种合法权力对领导者的不当行为进行惩罚，甚至引发不应有的暴力事件。

4．感召性权力

感召性权力是由于领导者拥有吸引别人的个性、品德、作风而引起人们的认同、赞赏、钦佩、羡慕而自愿地追随和服从他。例如无私工作、刚正不阿、主持正义、清正廉洁，思路敏捷、开拓创新、不畏艰险、有魄力、关心员工疾苦、保护下属利益、倾听不同意见、结交下层朋友等模范行为，都会引来大批追随者，形成巨大的模范权力。感召性权力的大小与职位高低无关，只取决于个人的行为。不过具有高职位的人，其模范行为会有一种放大的乘数效应。一些行为对普通人来说可能是很平常的事，但对某些高层领导者就会变成非常感人的模范行为，产生巨大的感召性权力。但是任何组织中，总是有许多没有任何职位的人，也往往会有巨大的感召性权力，成为非正式组织的领袖，他们对人们的影响力可能远远大于拥有正式职位的领导者，对组织有利的做法是后者应对前者有更多的尊重和争取更好的合作。

5．专长性权力

专长性权力是知识的权力，指的是因为人在某一领域所特有的专长而影响他人。一位医术精湛的医生在医院中具有巨大的影响力；一位资深的大牌教授、著名学者可能没有任何行政职位，但在教师和学生中具有巨大的影响力；企业中的一位财务专家、营销专家、工程师等都可能拥有某种专长权力，而在一定领域内发挥巨大的影响。任何领导者绝对不可能在所有领域内都具有专长权，所以对组织中正式职位的领导者而言，只要在他的工作职责范围内具有一定的专长权即可，而不必要求一定是某一领域的专家。

组织中的各级领导者只有正确地理解领导权力的来源，精心地营造和运用这些权力，才能成为真正有效的领导者。即使成为真正有效的领导者，也必须清醒地认识到领导者与追随者、领导者与管理者的正确关系。没有追随者就没有领导者，没有埋头苦干的管理者，领导者也难以获得成功。

（二）领导者的影响力

领导是一个领导者影响人们努力完成一些特殊目标的过程。这种影响力有两个基本来源，职权或正式的权力，威信或非正式的权力。职权与威信是领导者之所以能够实施领导的基础，领导者正是以自己所拥有的职权和威信来影响和指挥别人，来体现在组织成员中的影响力的。

1．职权及其影响因素

职权是一种法定权，它是由组织正式授予管理者、并受法律保护的权力。这种权力与特定的个人没有必然的联系，它是同职务相联系的。职权是管理者实施领导行为的基本条件，没有这种权力，管理者就难以有效地影响下属，从而实施真正的领导。组织授予管理者的职权一般包括以下几方面内容。

（1）支配权

即管理者在一定的职责范围内具有确定目标、建立机构、制定规章、开展活动的决策与指挥权及对下属的人事调配权。这种支配权是管理者的地位或在组织权力阶层中的角色所赋予的。组织正式授予领导者一定的职位，从而使领导者占据权势地位和支配地位，使其有权对下属发号施令。

（2）强制权

强制权是和惩罚权相联系的迫使他人服从的力量。在某些情况下，领导者是依赖于强制权施展影响的，对于一些心怀不满的下属来说，他们不会心悦诚服地服从领导者的指示，这时领导者就要运用惩罚权迫使其服从，这种权力发生作用的基础是下属的惧怕，这种权力对那些认识到不服从命令就会受到惩罚的下属是最有效的。由于这种顺从是表面的、暂时的，为了维持这种顺从，领导者就必须经常监督下属是否按其指示行动，因此成本可能比较高昂。

（3）奖赏权

奖赏权采取奖励的方法来引导下属做出所希望的行动。在下属完成一定的任务时，领导者给予相应的奖励，可鼓励下属的积极性。这种奖励包括物质的，如奖金等，也包括精神的，如晋职等。奖赏权发挥作用是建立在交换原则之上的，领导者通过提供心理或经济上的奖酬来换取下属的遵从。奖励可增加领导者对下属的吸引力，能引起满意并提高工作效率，但条件是领导者所提供的奖励必须是下属所需要的，否则就不能产生作用。

影响职权影响力大小的主要因素有以下几个。

（1）传统的观念

几千年的社会生活，使人们对领导者形成了这样一种心理观念，即认为领导者不同于普通人，他们或者有权，或者有才干，总之是比普通人要强，由此产生了对领导者的服从感。由于这种传统观念从小就影响着每一个人的思想，从而使领导者的言行增强了影响力。

（2）职位的左右

由于领导者凭借组织所授予的指挥他人开展具体活动的权利，可以左右被领导者的行为、处境，甚至前途、命运，从而使被领导者对领导者产生敬畏感。领导者的职位越高、权力越大，下属对他的敬畏感越甚，领导者的影响力也越大。

（3）资历的影响

一个人的资历与经历是历史性的东西，它反映了一个人过去的情况。一般而言，人们对资历较深的领导者，心目中比较尊敬，因此其言行也容易在人们的心灵中占据一定的位置。

（4）职权的影响力

职权是通过组织正式的渠道发挥作用的。当领导者担任管理职务时，由传统心理、职位、资历构成的职权的影响力会随之产生，当领导者失去管理职位时，这种影响力将大大削弱甚至消失。职权之所以被大家接受，是因为大家理解这种权力是实现组织共同目标所必需的。

2．威信及其组成因素

威信是指由管理者的能力、知识、品德、作风等个人因素所产生的影响力，这种影响力是与特定的个人相联系的，与其在组织中的职位没有必然的联系。由于这种影响力是建立在下属信服的基础之上的，因此有时能发挥比正式职权更大的作用。威信包括两方面内容，即专长的威信和品质的威信。

专长方面的威信是指由于领导者具有各种专门的知识和特殊的技能或学识渊博而获得同事及下属的尊重和佩服，从而在各项工作中显示出的在其专长方面一言九鼎的影响力。这种威信主要是基于领导者帮助下属明确方向、排除障碍的能力，其影响面通常是比较狭窄的，并且被单一地限定在专长范围之内。

品质方面的威信是指由于领导者优良的领导作风、思想水平、品德修养，而在组织成员中树立的德高望重的影响力。这种威信是建立在下属对领导者承认的基础之上的，它通常与具有超凡魅力或名声卓著的领导者相联系。

影响一个人威信高低的主要因素如下。

（1）品格。主要包括领导者的道德、品行、人格等。优良的品格会给领导者带来巨大的影响力。因为品格是一个人的本质表现，好的品格能使人产生敬爱感，并能吸引人，使人模仿，使下属常希望自己能像领导者一样。

（2）才能。领导者的才干是其影响力大小的主要影响因素之一，才能通过实践来体现，主要反映在工作成果上。一个有才干的领导，会给事业带来成功，从而会使人对他产生敬佩感，吸引人们自觉地接受其影响。

（3）知识。一个人的才干与知识是紧密联系在一起的。知识水平的高低主要表现为对自身和客观世界认识的程度。知识本身就是一种力量，知识丰富的领导者，容易取得人们的信任，并由此产生信赖感和依赖感。

（4）感情。感情是人的一种心理现象，它是人们对客观事物好恶倾向的内在反映。人与人之间建立了良好的感情关系，便能产生亲切感，相互的吸引力越大，彼此的影响力也越大。因此，一个领导者平时待人和蔼可亲，关心体贴下属，与群众的关系融洽，他的影响力就往往较大。

由品格、才能、知识、感情因素构成的影响力，是由领导者自身的素质与行为造就的。

三、几种常见的领导理论

所谓领导理论，就是关于领导的有效性的理论。人们对领导的有效性的研究主要是从三个方面进行的，相应地，领导理论也分为三大部分，即领导品质理论、领导行为理论、领导权变理论。

（一）领导品质理论

领导品质理论按其对领导特性来源所做的不同解释，可分为传统领导品质理论和现代领导品质理论。传统领导品质理论认为，领导者所具有的品质是天生的，是由遗传因素决定的。现代领导品质理论则认为领导者的品质和特性是在实践中形成的，是可以通过教育训练培养的。传统领导品质理论认为领导者是天生的，只要是领导者，就一定具备超人的素质。我国从20世纪80年代初开始，许多学者也对领导者的品质进行了一系列的研究，并撰写文章，提出领导者应具备的素质。概括起来，中国的组织领导者应具备以下三方面的素质。

1．精神素质

作为一个组织的领导者，应具备良好的精神品质和工作作风。具体地说，就是要具有强烈的事业心和责任感；要有创新精神、拼搏精神、奉献精神；要有竞争意识、人才观念、效益观念；要具有良好的生活作风，遵纪守法，品行端正，不搞特殊化等。

2．知识品质

作为一名领导者，面对的是各种各样的人，从事的是管理工作。人和管理工作都具有不确定性，涉及多方面的知识。这就要求领导者具有广博的知识，要求掌握有关的法规和政策，具备经济和管理知识、心理学、社会学、领导学及某些必备的科技专业知识。

3．能力素质

能力在领导者素质中占有重要地位，一个人能否成为优秀的领导者，除了精神素质外，主要取决于其能力。作为领导者，起码应具有良好的决策能力、与人共事的能力、识人用人能力和较强的自我控制能力。

（二）领导行为理论

在管理思想发展史上，比较典型的领导行为理论有以下几个。

1．勒温理论

关于领导作风的研究最早是由心理学家勒温（P. Lewin）进行的，他以权力定位为基本变量，通过各种试验，把领导者在领导过程中表现出来的工作作风分为三种基本类型：专制作风、民主作风、放任自流作风。

（1）专制作风

专制领导作风是指以力服人，靠权力和强制命令让人服从的领导作风，它把权力定位于领导者个人手中。专制领导作风的主要特点是：独断专行，从不考虑别人的意见，所有的决策由领导者自己做出。领导者亲自设计工作计划，指定工作内容和进行人事安排，从不把任何消息告诉下属，下属没有参与决策的机会，而只能察言观色、奉命行事。主要靠行政命令、纪律约束、训斥和惩罚来管理，只有偶尔的奖励。领导者很少参加群体活动，与下属保持一定的心理距离，没有感情交流。

（2）民主作风

民主领导作风是指以理服人、以身作则的领导作风，它把权力定位于下属。民主领导作风的主要特点是：所有的政策是在领导者的鼓励和协助下由群体讨论决定的。分配工作时尽量照顾到个人的能力、兴趣，对下属的工作也不安排得那么具体，下属有较大的工作自由、较多的选择性和灵活性。主要以非正式的权力和权威，而不是靠职位权力和命令使人服从，谈话时多使用商量、建议和请求的口气。领导者积极参与团体活动，与下属无任何心理上的距离。

（3）放任自流作风

放任自流的领导作风是指工作事先无布置，事后无检查，权力定位于组织中的每一个成员，一切悉听尊便，毫无规章制度的领导作风。实行的是无政府管理。

勒温在试验中发现：在专制型领导的团体中，各成员之间攻击性言论显著；成员对领导服从，但表现自我或引人注目的行为较多；成员多以“我”为中心；当受到挫折时，常彼此推卸责任或进行人身攻击；当领导不在场时，工作动机大为下降，也无人出来组织工作。而在民主型团体中，成员间彼此比较友好；很少使用“我”字而具有“我们”的感觉；遇到挫折时，人们团结一致以图解决问题；领导不在场时，就像领导在场时一样继续工作；成员对团体活动有较高的满足感。

根据试验结果，勒温认为，放任自流的领导作风工作效率最低，只达到社交目标而完不成工作目标；专制的领导虽然通过严格的管理达到了工作目标，但组织成员没有责任感，情绪消极，士气低落，争吵较多；民主型领导作风工作效率最高，不但完成工作目标，而且群体成员之间关系融洽，工作积极主动，有创造性。

2．四分图理论

1945 年美国俄亥俄州立大学商业研究所发起了对领导行为研究的热潮。一开始，研究人员将领导行为的内容归结为两个方面，即以人为重和以工作为重。以人为重，是指注重建立领导者与被领导者之间的友谊、尊重和信任的关系。包括尊重下属的意见，给下属以较多的工作自主权，体察他们的思想感情，注意满足下属的需要，平易近人，平等待人，关心员工，作风民主。以工作为重，是指领导者注重规定他与工作下属的关系，建立明确的组织模式、意见交流渠道和工作程序。包括设计组织机构，明确职责、权力、相互关系和沟通办法，确定工作目标和要求，制定工作程序、工作方法和制度。他们依照这两方面的内容设计了领导行为调查问卷，就这两方面各列举 15 个问题，发给企业，由下属来描述领导人的行为如何。调查结果表明，以人为重和以工作为重并不是一个连续的两个端点，这两方面常常是同时存在的，只是可能强调的侧重不同，领导者的行为可以是这两个方面的任意组合，即可以用两个坐标的平面组合来表示，如图 6-1 所示。由这两方面可形成四种类型的领导行为，这就是所谓的领导行为四分图。

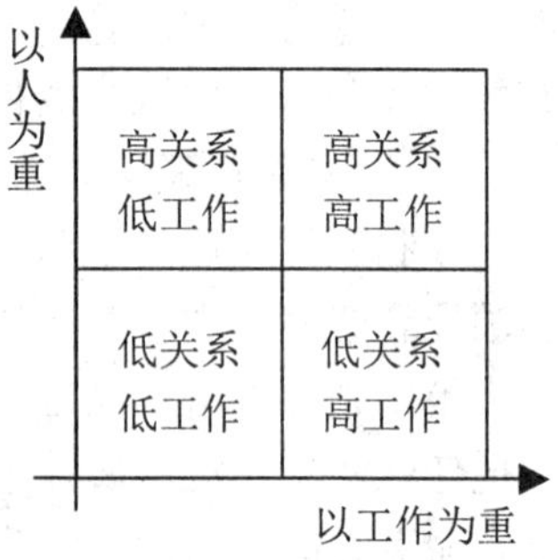

图 6-1　领导行为四分图

该项研究的研究者认为，以人为重和以工作为重，这两种领导方式不应是相互矛盾、相互排斥的，而应是相互联系的。一个领导者只有把这两者相互结合起来，才能进行有效的领导。大量研究发现，一个在以人为重和以工作为重方面均高的领导者（高关系—高工作型）常常比其他三种类型的领导者更能使下属达到高绩效和高满意度，但高关系—高工作型风格并不总是产生积极的效果，例如，当工人从事常规任务时，以工作为重（高工作）为特点的领导行为往往导致高抱怨率、高缺勤率和高离职率，工作满意度水平比较低。

3．管理方格图理论

在俄亥俄州立大学提出的四分图基础上，美国心理学家布莱克（R. Blahe）和莫顿（S. Mouton）提出了管理方格图理论（图 6-2）。他们将四分图中以人为重改为对人的关心度，将以工作为重改为对生产的关心度，将关心度划分为九个等分，形成 81 个方格，从而将领导者的领导行为划分成许多不同的类型。在评价管理人员的领导行为时，就按他们这两方面的行为寻找交叉点，这个交叉点就是其领导行为类型。纵轴的积分越高，表示他越重视人的因素，横轴上的积分越高，就表示他越重视生产。

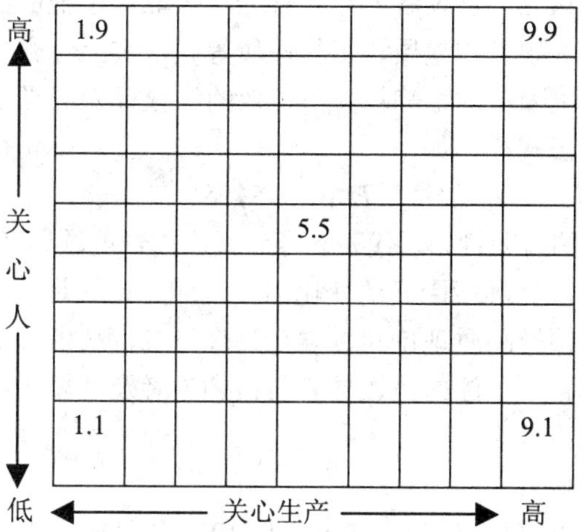

图 6-2 管理方格图

布莱克和莫顿在管理方格图中列出了以下五种典型的领导行为。

（1.1）为贫乏的管理，采取这种领导方式的管理者希望以最低限度的努力来完成组织的目标，对职工和生产均不关心，这是一种不称职的管理。

（1.9）为俱乐部式的管理，管理者只注重搞好人际关系，以创造一个舒适的、友好的组织气氛和工作环境，而不太注重工作效率，这是一种轻松的领导方式。

（9.1）为任务式的管理，管理者全神贯注于任务的完成，很少关心下属的成长和士气。在安排工作时，尽量把人的因素的干扰减少到最低限度，以求得高效率，即只关心生产不关心人。

（9.9）为团队式管理，管理者既重视人的因素，又十分关心生产，努力协调各项活动，使它们一体化，从而提高士气，促进生产。这是一种协调配合的管理方式。

（5.5）为中间式管理，管理者对人和生产都有适度的关心，保持完成任务和满足人们需要之间的平衡，既有正常的效率完成工作任务，又保持一定的士气，都过得去但又不突出，实行的是中间式管理。

到底哪一种领导方式最好呢？布莱克和莫顿组织了很多研讨会。绝大多数参加者认为

（9.9）型最佳，也有不少人认为（9.1）型好，其次是（5.5）型。这种管理方格图理论，对于培养有效的管理者是有用的工具，它提供了一种衡量管理者的领导形态的模型，可使管理者较清楚地认识到自己的领导行为，并指出改进的方向。布莱克和莫顿据此提出了一项培训管理人员的规划，其要点如下：让管理者熟悉、理解管理方格图，并根据该图分析自己属于何种领导风格。集中来自相同部门的管理者，讨论本部门管理者成为（9.9）型领导应达到的标准。

（三）领导权变理论

许多管理心理学家认为，管理者的领导行为不仅取决于他的品质、才能，也取决于他所处的具体环境，如被领导者的素质、工作性质等。事实上，领导品质和领导行为能否促进领导的有效性，受环境因素的影响很大。有效的领导行为应当随着被领导者的特点和环境的变化而变化，可用公式描述如下：

$$E=f(L,F,S) \tag{6-1}$$

式中：E 代表领导的有效性，L 代表领导者，F 代表被领导者，S 代表环境。

这种认为领导行为应随环境因素的变化而变化的理论就是领导权变理论。这种领导理论，从时间上来说，比领导品质理论和领导行为理论晚，从内容上来说，是在前两类理论的基础上发展起来的。它所关注的是领导者与被领导者及环境之间的相互影响。这方面比较有代表性的理论有以下几个。

1．菲德勒模型

伊利诺大学的菲德勒（Fred E. Fiedler）从1951年开始，首先从组织绩效和领导态度之间的关系着手进行研究，经过长达15年的调查试验，提出了“有效领导的权变模式”，简称菲德勒模型。菲德勒以一种“你最不喜欢的同事”（Least Preffered Co-worker，LPC）量表来反映和测定领导者的领导风格。他把领导方式假设为两大类，以人为主和以工作为主。一个领导如果对其最不喜欢的同事都能给予好的评价，就被认为对人宽容、体谅，注重人际关系和个人的声望，是以人为主的领导；如果领导者对其不喜欢的同事批评得体无完肤，则被认为习惯于命令和控制，是只关心工作的领导者。影响领导有效性的环境因素归结如下。

（1）领导者与下属之间的相互关系

指领导者得到被领导者拥护和支持的程度，即领导者是否受下属的喜爱、尊敬和信任，是否能吸引并使下属愿意追随他。领导者与下属之间相互信任、相互喜欢的程度越高，领导者的权力和影响力就越大，反之，其影响力就越小。

（2）职位权力

指组织赋予领导者正式地位所拥有的权力。职权是否明确、充分，在上级和整个组织中所得到的支持是否有力，直接影响到领导的有效性。一个领导者对其下属的雇用、工作分配、报酬、提升等的直接决定权越大，其对下属的影响力也越大。

（3）任务结构

指下属所从事的工作或任务的明确性。如果所领导的群体要完成的任务是清楚的，组织纪律明确，成员有章可循，则工作质量比较容易控制，领导也可更加有的放矢；反之，工作规定不明确，成员不知道如何去做，领导者就会处于被动地位。

菲德勒将这三个环境变数任意组合成八种群体工作情境，对 1 200 个团体进行了观察，收集了把领导风格与工作环境关联起来的数据，得出了在各种不同情况下使领导有效的领导方式，其结果如表 6-2 所示。

表 6-2　菲德勒模型

上下级关系	好				差			
任务结构	明确		不明确		明确		不明确	
职位权力	强	弱	强	弱	强	弱	强	弱
情境类型	1	2	3	4	5	6	7	8
领导所处环境	有利		中间状态					
有效的领导方式	任务导向		关系导向				任务导向	

菲德勒的研究结果表明：根据群体工作情境，采取适当的领导方式可以把群体绩效提高到最大限度。当情境非常有利或非常不利时，采取工作导向型领导方式是合适的，但在各方面因素交织在一起且情境有利程度适中时，以人为重的领导方式更为有效。

2．不成熟—成熟理论

不成熟—成熟理论是由行为科学创始人美国学者克里斯·阿吉里斯（Chris Argyris）提出的，其目的在于探索领导方式对个人行为和下属在环境中成长的影响。

阿吉里斯认为，一个人由不成熟转变为成熟，主要表现在以下七个方面：由被动转为主动；由依赖转为独立；由少量的行为转为多种行为；由错误而浅薄的兴趣转为较深和较强的兴趣；由只知眼前到能总结过去、展望未来；由附属地位转为同等或优越的地位；由不明白自我到能明白自我、控制自我。

阿吉里斯认为，每个人随着年龄的增长，会逐步从不成熟走向成熟，但成熟的进程不尽相同。领导方式是否得当对人的成熟进程很有影响。如果把成年人当小孩对待，总是指定下属从事具体的、过分简单或重复性的劳动，使其无法发挥也不必发挥创造性、主动性，就会束缚他们对环境的控制能力，从而阻碍下属的成熟进程；反之，如能针对下属不同的成熟程度采取不同的领导方式，对不成熟的人适当指点，促其成熟，对较成熟的人创造条件，增加其责任，给予更多的机会，则能激励其更快地成熟。

3．领导生命周期理论

领导生命周期理论是由俄亥俄州大学的卡曼（A. K. Korman）于 1966 年提出的。该理论把注意力放在对下属的研究上，认为成功的领导者要根据下属的成熟程度选择合适的领导方式。

领导生命周期理论是建立在四分图理论和不成熟—成熟理论基础之上的。布莱克和莫顿提出的由以人为主和以工作为主构成的两维领导理论，发展成由关系行为、工作行为和成熟度组成的三维领导理论。基于这一理论，何塞和布兰查提出了四种领导方式：命令式、说服式、参与式、授权式（见图6-3a）。命令式（高工作—低关系）：领导者对下属进行分工并具体指点下属应当干什么、如何干、何时干等，它强调直接指挥；说服式（高工作—高关系）：领导者既给下属以一定的指导，又注意保护和鼓励下属的积极性；参与式（低工作—高关系）：领导者与下属共同参与决策，信息双向沟通，领导者着重给下属以支持及其内部的协调沟通；授权式（低工作—低关系）：领导者几乎不加指点，由下属自己独立地开展工作、完成任务。

同时，研究者把成熟度分成四个等级，即不成熟、初步成熟、比较成熟、成熟（见图6-3b），分别用M_1、M_2、M_3、M_4来表示：M_1：下属缺乏接受和承担任务的能力和愿望，他们既不能胜任又缺乏自觉。M_2：下属愿意承担任务但缺乏足够的能力，他们有积极性但没有完成任务所需的技能。M_3：下属具有完成领导者所交给的任务的能力，但没有足够的积极性。M_4：下属能够而且愿意去做领导要他们做的事。

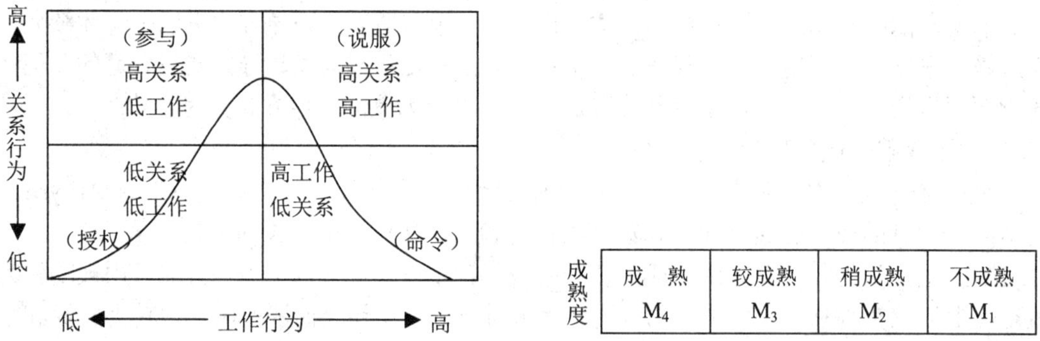

（a）　　　　（b）

图6-3　领导生命周期示意图

随着下属从不成熟走向成熟，领导者不仅要减少对活动的控制，而且也要减少对下属的帮助。当下属成熟度为M_1时，领导者要给予明确而细致的指导和严格的控制，采用命令式领导方式；当下属成熟度为M_2时，领导者既要保护下属的积极性，交给其一定的任务，又要及时加以具体的指点以帮助其较好地完成任务；当下属处于M_3时，领导者主要是要解决其动机问题，可通过及时的肯定和表扬以及一定的帮助和鼓励以树立下属的信心，因此以采用低工作—高关系的参与式为佳；当下属成熟度为M_4时，由于下属既有能力又有积极性，因此领导者可采用授权式，只给下属明确目标和工作要求，由下属自我控制。领导生命周期理论告诉我们，领导的有效性在于把组织内的工作行为、关系行为和下属的成熟程度结合起来考虑，随着被领导者从不成熟走向成熟，领导行为也要随之调整才能有效。

4．途径一目标理论

加拿大多伦多大学教授软件罗伯特·豪斯及其同事将激发动机的期望理论和领导行为理论结合起来，提出了途径—目标理论。该理论认为，领导者的效率是以能激励下级达成组织目标，并在工作中使下级得到满足来衡量的，领导者可以而且应该根据不同的环境因素来调整自己的领导方式和作风。领导方式是由环境因素决定的，环境因素包括两个方面：一是下属的特点，包括下属受教育的程度、下属对于参与管理、承担责任的态度、对本身独立自主性的要求程度等，领导者对于改变下属的特点一般是无能为力的，但可通过改变工作环境来充分发挥下属的特长；二是工作环境特点，主要指工作本身的性质、正式组织、非正式组织等。

途径—目标理论认为，对于一个领导者来说，没有什么固定不变的领导方式，要根据不同的环境选用适当的领导方式。领导方式可分为以下四种。

（1）指令型领导方式。给下属明确任务目标，明确职责，严密监督，通过奖惩控制下属的行为。当工作任务模糊不清、变化大或下属对工作不熟悉，没有把握，感到无所适从时，这种方式是合适的。

（2）支持型领导方式。对下属友好，平等对待，关心下属的生活福利。这种领导方式特别适用于工作高度程序化，让人感到枯燥乏味的情境。既然工作本身缺乏吸引力，下属就希望上司能成为满意的源泉，领导人可通过工作会餐或郊游等满足下属的社交需求。

（3）参与型领导方式。鼓励下属参与任务目标决策和解决具体问题。当任务相当复杂，需要组织成员间高度的相互协作时，或当下属拥有完成任务的足够能力并希望得到尊重和自我控制时，采用这种方式是合适的。

（4）目标导向型领导方式。这是参与型领导方式的一种特殊类型，它主要强调目标设置的重要性，领导者通过为下属设置富有挑战性的目标和鼓励下属完成这些任务来管理下属。只要下属能完成目标，他们就有权自主决定怎么做。

途径一目标理论强调领导的有效性取决于领导行为、下属、任务之间的协调配合，如表 6-3 所示。其基本观点是：领导者的职责在于帮助其下属实现个人目标并确保这些个人目标与组织目标或群体目标相一致。

表 6-3　领导方式和环境

	领导行为	环境
指令型	确定群体任务目标 明确各自职责 严格管理员工 用正式的权力管理	群体的任务是非程序化的 员工期望得到指点
支持型	友好、平易近人 明白下属的兴趣 用奖励支持下属	任务缺乏刺激性 员工希望得到领导的支持和鼓励

续表

	领导行为	环　境
参与型	让下属参与决策 分担职责 鼓励协调一致 用非正式权力领导	任务复杂、需要团体协调 员工希望某种指点 员工有工作所需技能
目标导向型	鼓励下属设置高目标 让下属充分发挥创造性 实行目标管理	员工希望自我控制 员工能自我激励 员工有所需工作技能

四、领导艺术

为了有效地发挥领导的作用，实现组织目标，领导者必须掌握高超的领导艺术，一般主要表现为：领导决策艺术，用人艺术，人际交往艺术，时间管理艺术，创新艺术和处理紧急事件的艺术等。

1．领导决策的艺术

决策是人们对未来实践的方向、目标及使之实现的程序和手段做出的抉择，也就是对未来的方向、目标及手段、方法经过选择和判断做出的决定。决策艺术是领导者综合能力的表现，体现领导者的政治成熟度及业务知识能力多样性的统一。领导者要遵循决策的程序化，决策的过程也要力求科学化，不能简单地拍脑袋，凭经验和直觉。决策艺术一般包含以下几个方面。

（1）处理信息的艺术

要进行决策，首先要掌握决策所需要的各种信息。各种决策方案的可行性，在很大程度上取决于信息的及时、准确和完整。因此，能不能有效地获取、利用和加工信息，需要具有高超的艺术。

（2）决策方法的选择艺术

不同的决策应采用相应的决策方法，对于程序性、短期性的决策，管理者凭自己长期积累的知识和经验，以及相关能力，并根据已知情况和现有资料，通常是可以提出比较正确的决策目标、方案和做出最后的抉择。对于战略性的长期决策，一般宜采用集体决策或定量的方法。因为这种决策关系到全局长远的发展，应当发挥集体智慧，广泛听取各方意见，采用科学的决策技术，以防决策失误。

为了使未来的行动能够成功，要求决策者有广博的知识，有敏锐的观察力、判断力，同时还要有严格的科学态度，重真理、不浮躁，勇于打破陈旧观念，开创新局面。因此，决策者要不断地努力提高自身的素质。

2．用人艺术

马克思主义历来认为，人是世界上最可贵的。团体中人才更为重要，尤其是领导人才。

当今世界各国综合国力的竞争归根到底是人才的竞争。用人是领导者的重要职责和基本职能，也是领导活动自身的要求，在用人上，领导者要掌握选人的艺术，科学用人的艺术，有效激励的艺术，表扬和批评的艺术。

（1）选人的艺术

选用什么样的人才，作为领导者应掌握以下几个方面的原则：① 坚持德才兼备，切勿简单求全。“德才兼备”和领导者“四化“方针是选才总的原则精神。一般来说以德为主，但有德无才也不行。一个成功的领导者在选拔人才时应做到兼容宽人，不以己律人，不强人所难，应能正确地自我认识和认知他人。要合理地确立人才标准，使组织内部人人都能各得其所，各得其用，各尽职守。② 大胆选拔新人，切忌论资排辈。领导者在选才时，要正确处理德才与资历的关系，以德才为准，在同等的条件下，以选拔新生力量为准。③ 举荐有胆有识之才，戒唯顺唯亲之风。我们要选拔大批胆识过人、人格健全、个性鲜明的开拓型人才。这些人往往有独立见解，不以领导者的眼色为准，而以是否有利于组织目标的实现为行为准则。

（2）科学用人的艺术

科学用人的艺术主要表现在：一是知人善用的艺术。也就是用人用其德才，要用人所长，避人所短。二是量才适用的艺术。要帮助职工找到自己最佳工作的位置。三是用人不疑的艺术。对安排在与自己才能品德相适应岗位上的员工，就应当放手使用，合理授权，使他们能够对所承担的任务全权负责。四是用养并重的艺术。有眼光的领导，不仅善于选拔和使用人才，而且重视培养和造就人才，能坚持用养并重。

（3）有效激励的艺术

激励方法主要是：物质激励法、精神激励法、工作激励法等。有效激励要遵循一定的原则，有的放矢地进行。

（4）表扬和批评的艺术

表扬奖励人和批评指责人，也需要有良好的技巧。一是要弄清需要表扬、批评的原因，即掌握事实的真实情况，确保批评的准确性；二是要选择表扬、批评的合适时机；三是要注意表扬、批评的场合；四是要讲求表扬、批评的态度；五是要正确运用表扬、批评的方式。

3．人际交往的艺术

影响人际关系的因素主要有四个方面：人们之间空间距离的远近；人们彼此交往的频率；人们观念态度的相似性；人们彼此需要的互补性。除此之外，人们的性格、品德、气质各异也是影响人际关系的重要方面。由于人际关系的复杂性，其协调的方法也是多种多样的，没有一套能普遍适用于不同素质的员工和不同环境的通用方法，应当随机制宜地从企业管理的角度分析，掌握协调人际关系的艺术，例如经营目标协调法，制度规则协调法，心理冲突协调法，随机处事技巧法等。

4．创新艺术

创新是指人们发现了新方法、新技术或提出了新观点、新思想。创新是按照自然和社会发展的规律，提出改造自然、改造社会的新设想、新方案。创新应贯穿于整个领导活动之中，作为一个合格的领导者应具备开拓创新能力。所以，合格的领导者观察事物时具有独特、细致的敏锐性，能根据形势的发展变化，结合新的实践经验和时代条件，在思路的选择上、思考的技能、技巧上、思维的结论上有独到之处。与众不同，又合乎情理，比别人想得更深入、更透彻，提出人们想象不到、表达不出的新见解。同时也善于从生活的细微之处，从常人司空见惯、习以为常或熟视无睹的事情上发现问题，开动脑筋，引发思考，获得思维成果，这也是创新领导者应具备的一种思维特征。

5．指挥处理紧急事件的艺术

在管理活动中，经常会发生一些突发、紧急和棘手事件，因而领导者也要掌握处理这种事件的艺术。

（1）迅速控制事态。紧急事件发生后，能否先控制住事态，使其不扩大、不升级、不蔓延，是处理整个事件的关键。这既是关系整个事件处理成败的基础和前提，又是寻找更好的、彻底的处理方法的重要条件。突发事件发生后，面临紧急事件的组织成员，大都情绪激动，一触即发。领导者进行心理控制，运用弱化员工的激动情绪、舒缓紧张气氛等具体的技巧；减轻群众的心绪不稳、思想混乱、不知所措等心理压力；迅速地在组织内部和广大群众中开展正面教育，使大多数人认清形势，稳住阵脚，以防局面失去控制；迅速查清紧急事件的重要人物和地点，予以重点控制。

（2）收集事实材料，分析紧急事件产生的原因。紧急事件产生的原因可能是难于控制的自然灾害，复杂多变的政治、经济环境，变化多端的市场竞争，也可能是组织的内部管理不善，主观人为的因素等。领导者要带领下属，动用一切可行的手段，准确地掌握大量的现象和事实材料。在掌握全面材料的基础上分析各种现象背后的联系，找到造成整个事件的根本症结，确认事件的性质。然后，迅速地制定处理事件的总体方案。

（3）果断实施方案，处理事件。领导者必须果断决策，周密组织，统筹安排，层层落实责任，使人人承担责任，各司其职，各负其责，找准突破口，集中优势兵力去攻克关键环节和难关。

（4）总结工作。领导者要深入群众，做好善后的思想稳定工作；要总结紧急事件的教训，查找原因，堵塞漏洞，提高认识，避免类似事件再次发生；对于紧急事件处理过程中的工作失误也要及时总结。

第二节 激励理论

激励本来是心理学的概念，就其本质来讲，它是表示某种动机所产生的原因，即发生某种行为的动机是如何产生的？在什么环境中产生？同样一个人，为什么有时工作积极肯干、干劲冲天，有时心灰意懒，甚至消极怠工？这里就有一个如何激励的问题。本节主要学习“人性”假设理论、激励理论及如何做好激励管理等内容。

一、对人的认识

领导工作是针对人而言的，因此首先要正确认识人。伟大的革命导师马克思曾对人下过一个精彩的定义，他说“人的本质并不是单个人所固有的抽象物，实际上，它是一切社会关系的总和”。马克思很准确地把握了人的本质含义。也就是说，如果离开了社会关系，人就不称其为人，比如印度的狼孩，不存在社会关系，那么很难再说他是人。那么在管理学上对人的认识主要是讲对“人性”的认识，概括起来，主要有以下四种学说。

1．经济人假设

经济学中对人的暗含的假设就是经济人或称为理性人。这种假设认为，人的一切行为都是为了最大限度地满足自己的利益，“天下熙熙皆为利来，天下攘攘皆为利往”，就是经济人的行为体现，一般人工作动机就是为了获得经济报酬。为此，美国管理学家麦格雷戈 D.M.Migregor）在他所著《企业的人性面》一书中，提出了两种对立的管理理论，其中，X 理论就是对“经济人”假设的概括，基本观点如下：① 多数人十分懒惰，他们总想方设法逃避工作；② 多数人没有雄心壮志，不愿负任何责任，而甘心情愿受别人指挥；③ 多数人的个人目标都是与组织目标相矛盾的，必须用强制、惩罚的方法，才能迫使他们为了达到组织目标而工作；④ 多数人干工作都是为了满足自己基本需要，只有金钱和地位才能鼓励他们工作；⑤ 人大致可以分为两类，多数人符合上述设想，另一类是能够自己鼓励自己，能够克制感情冲动的人，这些人应担当管理者的责任。

因此基于经济人假设，适宜的管理模式是：① 组织应以经济报酬来使人们服从和做出绩效；② 订立各种严格的工作规范，加强各种法则和管制；③ 为了提高士气，则用金钱刺激，同时对消极怠工者严厉惩罚，采取“胡萝卜加大棒”的政策；④ 管理的重点在于提高效率，完成任务。这种管理方式与泰勒的科学管理思想是相一致的。

2．社会人假设

梅奥领导的霍桑实验研究结论显示：社会性需求的满足往往比经济上的报酬更能激励人们。人们在长期的社会中发现，只有在群体利益得到保障时，个人利益才能得到保障，因此，“社会人”的假设是：① 从根本上说，人是由社会需求而引起工作动机，并且通过与同事的关系而获得认同感；② 工业革命与工业合理化的结果，使工作本身失去了意义，因此只能从工作中的社会关系去寻求意义；③ 员工对同事们的社会影响力比对管理者所给予的经济诱因及控制更为重视；④ 员工的工作效率随着公司能满足他们的社会需求的程度而改变。这种假设下的管理模式应该是一种民主式的管理，注意集体的成就感和共同的价值观念，日本的企业管理基本上属于这种模式。

3．“自我实现的人”假设

“自我实现的人”是美国管理学家、心理学家马斯洛提出的。所谓自我实现，指的是“人都需要发挥自己的潜力，表现自己的才能，只有人的潜力充分发挥出来，人的才能充分表现出来，人才会感到最大满足”。就是说，人们除了上述的社会需求之外，还有一种想充分应用自己的能力，发挥自己潜力的愿望。

麦格雷戈总结并归纳了马斯洛的思想，提出了Y理论，对人的假设可概括为以下几点：① 一般人都是勤奋的，如果环境条件有利，工作就如同游戏或休息一样轻松；② 控制和惩罚不是实现组织目标的唯一手段，人们在执行任务中能够自我指导和自我控制；③ 在适当的条件下，一般人不仅会接受某种职责，而且还会主动寻求某种职责；④ 在现代社会条件下，一般人的智能潜力只得到了部分的发挥。大多数人而不是少数人，在解决组织的困难问题时，都能发挥出高度的想象力、聪明才智和创造性；⑤ 有自我满足和自我实现需求的人往往以达到组织目标作为自己致力于实现目标的最大报酬；⑥ 人们并非天生就对组织的需求采取消极抵制态度，他们之所以如此，是因为他们在组织内的经历和遭遇所造成的。在Y理论这种人性假设下，团队、工作小组、价值流小组等管理模式比较适宜。

4. “复杂人”的假设

“复杂人”是20世纪60年代末至70年代初提出的假设，它认为上述三种假设虽各有一定的合理性，但不能适用一切人。因为人是复杂的，不仅因人而异，而且同一个人在不同场合、不同时间也会有不同的行为表现。为此管理学家提出了超Y理论，它对人的基本假设是：① 人的需要是多种多样的，而且这些需要随着人的发展和生活条件的变化而发生变化，每个人的需要都各不相同，需要的层次也因人而异；② 人在同一时间内有各种需要和动机，这些需要和动机会发生相互作用并结合为统一的整体，形成错综复杂的动机模式；③ 人在组织中的工作和生活条件是不断变化的，因而会产生新的需要和动机；④ 一个人在不同单位或同一单位的不同部门工作，会产生不同的需求。

综上所述，由于人的需要不同，能力各异，对不同的管理模式会有不同的反应，因此没有适合于任何组织、任何时间、任何个人的统一的管理方式。在这种假设条件下，适宜的管理模式应是权变管理，即情境管理。

二、激励理论

1. 早期的激励理论

20世纪50年代是激励理论发展的黄金时代。在这一时期出现了三种重要的理论观点：需要层次论、X—Y理论、激励—保健理论，尽管这些理论受到了很多的批评，而且至今其有效性仍受到怀疑，但它们依然是在激励员工方面流传最广的理论。

（1）需要层次论

美国心理学家、管理学家马斯洛提出了最著名的激励理论，他假设每个人都有五个层次的需要，如图6-4所示。

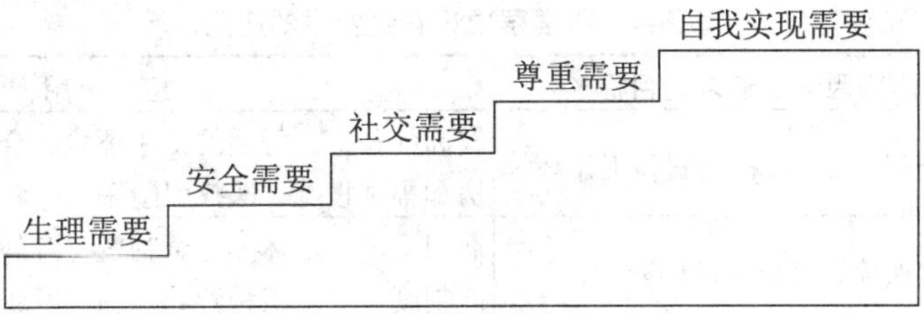

图 6-4 马斯洛的需求层次

① 生理需要。例如食物、水、住所、衣服、性满足及其他生理需要，口渴了需要喝水，饥饿了需要吃饭等。

② 安全需要。保护自己免受身体和情感伤害的需要，如人身安全、职业安全、经济安全等，针对人身安全有人寿保险产品和意外灾害保险来满足，对应职业安全有失业保险来满足，对应经济安全有不动产保险、意外灾害保险等来满足。

③ 社会需要。包括友谊、爱情、归属及接纳方面的需要。

④ 尊重需要。分为内部尊重和外部尊重两类需要，内部尊重包括自尊、自主和成就感，外部尊重包括地位、认可和关注等。

⑤ 自我实现需要。成长与发展、发挥自身潜能、实现理想的需要，这是一种追求个人能力极限的内驱力。

正如图 6-4 所示，当一种需要得到满足后，另一种更高层次的需要就会占据主导地位，个体的需要是逐层上升的。

但马斯洛并没有说过非得在某一层次的需求获得百分之百满足之后，下一层次的需求才能显示出来。从激励的角度来看，没有一种需要会得到完全满足，但只要得到部分满足，个体就会转向其他方面的需要。比如说某人的生理需要满足了 70%，安全需要满足了 40%，社会需要满足了 20%，尊重的需要满足了 10%等。

按照马斯洛的观点，如果需要激励某人，就必须了解此人目前所处的需要层次，然后着重满足这一层次或在此层次之上的需要。进而马斯洛还将这五种需要划分为高级需要和低级需要。生理需要和安全需要称为较低级的需要，社会需要、尊重需要、自我实现的需要称为较高级的需要，两级需要的划分是建立在这样一个前提下：高级需要是从内部使人满足，而低级需要则主要是从外部使人得到满足。马斯洛的理论得到了普遍的认可，特别是实践中的管理者更是推崇。这主要归功于该理论简单明了，具有内在的逻辑性。然而，众多的研究并未对马斯洛的理论提供验证性的支持。

在管理实践中应用时，应正确认识被管理者需要的层次性。片面看待下属的需要是不正确的，应进行科学分析并区别对待。要结合本组织的特点，同被管理者的各层次需要联系起来，经过科学分析，找出被管理者需要及其差别，然后，有针对性地满足被管理者的需要，才能取得良好的激励效果。表 6-4 为需要层次论在企业中的应用。

表6-4 需要层次论在企业中的应用

需要层次	激励因素（追求的目标）	应　用
生理需要	工资和奖金、各种福利和工作环境	较高的薪金、舒适的工作环境、合理的工作时间、住房和福利设施、医疗保险等
安全需要	职业保障、意外事故的防止	雇用保证、退休养老金制度、意外保险制度、安全生产制度、危险工种营养福利制度
社交需要	友谊、团体的接纳、组织的认同	建立和谐的工作团队、建立协商和对话制度、互助金制度、联谊小组、教育培养制度
尊重需要	名誉和地位、权力和责任	人事考核制度、职衔、表彰制度、责任制度、授权
自我实现需要	能发挥个人特长的环境、具有挑战性的工作	决策参与制度、提案制度、破格晋升制度、目标管理、工作自主权

（2）X理论和Y理论

在前面我们已提到麦格雷戈提出的有关人性的两种截然不同的观点，一种是基本上消极的X理论，另一种是基本上积极的Y理论。麦格雷戈的人性观点对于激励问题的分析具有什么意义呢？这一问题如果在马斯洛的需要层次论的框架基础上进行解释可能效果更好。X理论假设较低层次的需要支配着个人的行为，而Y理论则假设较高层次的需要支配着个人的行为。

麦格雷戈本人认为，Y理论的假设相比X理论更有效，因此他建议让员工参与决策，为员工提供富有挑战性和责任感的工作，建立良好的群体关系，这都会极大地调动员工的工作积极性。

（3）激励—保健理论（也称双因素论）

赫茨伯格认为人与工作的关系是一个最基本的方面，而个人对工作的态度在很大程度上决定着任务的成功与失败。为此他进行了这样一项研究：访问了美国匹兹堡地区的11个工商事业机构的200多位工程师和会计人员，调查了这样一个问题——人们希望从工作中得到什么？他要求人们在具体情境下详细描述他们认为工作中特别好或特别差的方面。赫茨伯格对调查结果进行了分类归纳，在分析调查结果时，赫茨伯格发现，对工作感到满意的员工和对工作感到不满意的员工工作十分不同。如图6-5所示，左侧列出的因素是与工作满意有关的特点，右侧列出的因素是与工作不满意有关的特点，一些内在因素如成就、承认、责任与工作满意相关，当对工作感到满意时，员工倾向于将这些特点归因于他们本身，而当他们感到不满意时，则常常抱怨外部因素，如公司的政策、管理和监督、工作条件等。

基于调查结果，赫茨伯格进一步指出满意的对立面并不是不满意，消除了工作中的不满意因素并不一定能使工作结果令人满意，即满意的对立面是没有满意，而不是不满意；同样，不满意的对立面是没有不满意，而不是满意。

按照赫茨伯格的观点，导致工作满意的因素与导致工作不满意的因素是有区别的，因此，管理者消除了工作中的不满意因素只能带来平和，而不一定对员工有激励作用，因为这些因素只能安抚员工，而不能激励员工。

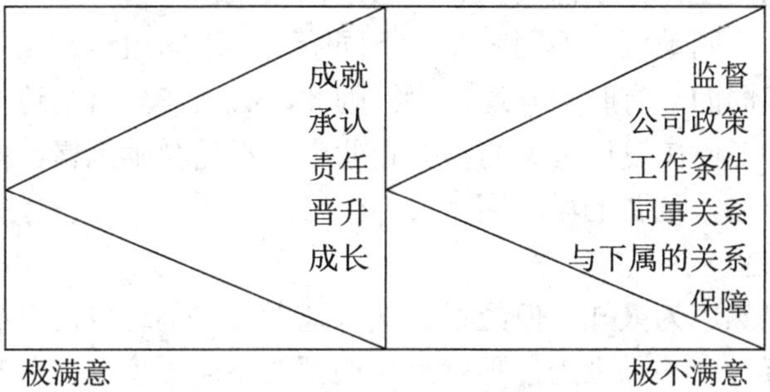

图 6-5　满意与不满意因素

赫茨伯格进一步称这些导致工作不满意的因素为保健因素。当它们充分改善时，人们就没有不满意感了，但也不会感到满意。把导致工作满意的因素称为激励因素。赫茨伯格认为，要想真正激励员工，必须注重激励因素，这些因素才会增加员工的工作满意感。图 6-6 所示为使统观点与赫茨伯格观点的比较。

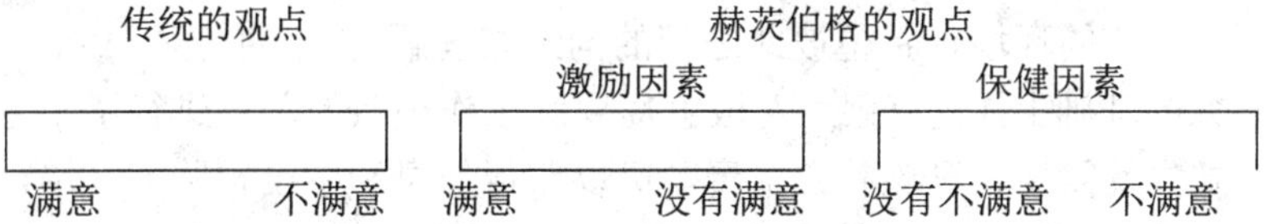

图 6-6　传统观点与赫茨伯格观点

保健因素和激励因素　般与工作内容和工作本身有关，如表 6-5 所示。

表 6-5　保健因素与激励因素

保 健 因 素	激 励 因 素
金钱	工作本身
监督	赏识
地位	进步
安全	成长的可能性
工作环境	责任
政策与行动	成就
人际关系	

在管理实践中应用激励—保健理论时，便善于区分管理实践中存在的两类因素，对于保健因素（例如工作条件、福利等）要给予基本的满足，以消除下级的不满；要学会正确

识别与挑选激励因素，善于抓住激励因素，进行有针对性的激励。例如，调整工作的分工、加强宣传工作、增加工作的挑战性、实行工作丰富化等来增加员工对工作的兴趣，千方百计地使员工满意自己的工作，从而收到有效激励的效果。

在不同的国家，不同地区，不同时期，不同阶层，不同组织甚至是每一个人，最敏感的激励因素是各不相同的，有时差别还很大。因此，必须在分析上述因素的基础上，灵活地加以确定。例如，工资在发达国家的一些企业中，不是激励因素，但在我们国家的许多企业员工中仍是一个非常重要的激励因素。

2. 当代激励理论

早期激励理论虽然广为人知，但经不起深入地考验，不过也没有被完全否定，因为众多当代理论观点都有一个共同之处，那就是它们都在不同程度上以早期理论为基础。

（1）三种需要理论（也称激励需求理论）

美国管理学家麦克莱兰提出了激励理论，认为人的基本需要有三种：① 成就需求。指达到标准，争取成功的需要。极需成就的人，对成功有一种强烈的需求，同样也担心失败，他们愿意接受挑战，一般喜欢表现自己。② 权力需求。指影响或控制他人且不受他人控制的欲望。具有较高权力欲的人，对向他人施加影响或控制表现出极大的关心，这样的人一般寻求领导者的地位。③ 归属需求。指建立友好亲密的人际关系愿望。极需归属的人通常从友爱中得到欢乐，并设法避免因被某个集团拒之于门外带来的痛苦，渴望友谊，喜欢合作而不是竞争的环境，希望彼此之间的沟通与理解。

在大量研究的基础上，麦克莱兰对成就需要和工作绩效的关系进行了十分有说服力的推断。首先，高成就需要者喜欢独立负责，可以获得信息和中度冒险的环境，在这种环境下，高成就需要者可以被高度激励。其次，高成就需要者并不一定就是一个优秀的管理者，尤其是对规模较大的组织而言，比如，西尔斯公司中的优秀管理者，未必都是高成就需要者。最后，员工可以通过训练来激发他们的成就需要，如果某项工作要求高成就需要者，那么管理者可以通过直接选拔的方式找到一名高成就需要者，或者通过培训方式培养自己原有的下属，使其变成高成就需要者。

（2）公平理论

组织中的每一位员工都不是在真空环境中工作，他们总是在进行比较。如果你大学刚毕业就有企业为你提供一份年薪10 000元的工作，你可能会乐意接受，并且工作努力，你对自己的收入也十分满意。但是，假如你工作了一两个月后，发现另一位与你同时期毕业的、学历相当的同事年收入在15 000元时，你有何反应？你可能会很失望，虽然对于一个刚毕业的大学生来说，10 000元的绝对收入已经很可观了，但这并不是问题所在，问题的关键在于相对的收入和你本人的公平观念。大量的事实证明，员工经常将自己的付出与所得和他人进行比较，而由此产生的不公平感将影响此员工以后付出的努力。

根据工作中的这种现象，美国心理学家斯达西·亚当斯于1976年提出了公平理论又称社会比较理论。

公平理论的基本观点是：当一个人做出了成绩并取得了报酬以后，他不仅关心自己所得报酬的绝对量，而且关心自己所得报酬的相对量。因此，他要进行种种比较来确定自己所获报酬是否合理，比较的结果将直接影响今后工作的积极性。

一种比较称为横向比较，即他要将自己获得的“报偿”（包括金钱、工作安排及获得的赏识等）与自己的“投入”（包括教育程度、所作努力、用于工作的时间、精力和其他无形损耗等）的比值与组织内其他人作社会比较，只有相等时，他才认为公平，如下式所示：

$$\frac{O_p}{I_p}=\frac{O_c}{I_c} \tag{6-2}$$

式中：O_p——自己对所获报酬的感觉；

O_c——自己对他人所获报酬的感觉；

I_p——自己对个人所作投入的感觉；

I_c——自己对他人所作投入的感觉。

式（6-2）为不等式时，可能出现以下两种情况：

当$\frac{O_p}{I_p}<\frac{O_c}{I_c}$时，他可能要求增加自己的报酬或减小自己今后的努力程度；或者要求组织减少比较对象的报酬或者让其今后增大努力程度；或者另外找人作为比较对象，以便达到心理上的平衡；也可能发牢骚，讲怪话，消极怠工，制造矛盾甚至弃职他就。

当$\frac{O_p}{I_p}>\frac{O_c}{I_c}$时，他可能要求减少自己的报酬或在开始时自动多做些工作，但久而久之，他会重新估计自己的技术和工作情况，终于觉得他确实应当得到那么高的待遇，于是工作量便又会回到过去的水平了。

除了横向比较之外，人们也经常做纵向比较，即把自己目前投入的努力与目前所获得报偿的比值，同自己过去投入的努力与过去所获报偿的比值进行比较。只有相等时他才认为公平，如下式所示：

$$\frac{O_p}{I_p}=\frac{O_h}{I_h} \tag{6-3}$$

式中：O_p——自己对现在所获报酬的感觉；

O_h——自己对过去所获报酬的感觉；

I_p——自己对个人现在投入的感觉；

I_h——自己对个人过去投入的感觉。

当上式为不等式时，也可能出现以下两种情况：

① 当$\frac{O_p}{I_p}<\frac{O_h}{I_h}$时，人也会有不公平的感觉，这可能导致工作积极性下降。

② 当$\frac{O_p}{I_p}>\frac{O_h}{I_h}$时，人不会因此产生不公平的感觉，但也不会觉得自己多拿了报偿，从而主动多做些工作。

调查和试验的结果表明，不公平感的产生，绝大多数是由于经过比较认为自己目前的报酬过低而产生的，但在少数情况下，也会由于经过比较认为自己的报酬过高而产生。

我们看到，公平理论提出的基本观点是客观存在的，但公平本身却是一个相当复杂的问题，这主要是由于下面几个原因。

第一，它与个人的主观判断有关。上面公式中无论是自己的或他人的投入和报偿都是个人感觉，而一般人总是对自己的投入估计过高，对别人的投入估计过低。

第二，它与个人所持的公平标准有关。上面的公平标准是采取贡献率，也有采取需要率、平均率的。例如有人认为助学金应改为奖学金才合理，有人认为应平均分配才公平，也有人认为按经济困难程度分配才适当。

第三，它与绩效的评定有关。我们主张按绩效付报酬，并且各人之间应相对均衡，但如何评定绩效？是以工作成果的数量和质量，还是按工作中的努力程度和付出的劳动量？是按工作的复杂、困难程度，还是按工作能力、技能、资历和学历？不同的评定办法会得到不同的结果。最好是按工作成果的数量和质量，用明确、客观、易于核实的标准来度量，但这在实际工作中往往难以做到，有时不得不采用其他的方法。

第四，它与评定人有关。绩效由谁来评定，是领导者评定还是群众评定或自我评定，不同的评定人会得出不同的结果。由于同一组织内往往不是由同一个人评定，因此会出现松紧不一、回避矛盾、姑息迁就、抱有成见等现象。

公平理论对我们有着重要的启示：首先，影响激励效果的不仅有报酬的绝对值，还有报酬的相对值。其次，激励时应力求公平，使等式在客观上成立，尽管有主观判断的误差，也不致造成严重的不公平感。再次，在激励过程中应注意对被激励者公平心理的引导，使其树立正确的公平观。一是要认识到绝对的公平是不存在的；二是不要盲目攀比；三是不要按酬付劳，按酬付劳是在公平问题上造成恶性循环的主要杀手。

（3）期望理论

1964年，美国行为科学家佛鲁姆（Victor H. Vroom）在他的著作《工作与激励》一书中首先提出了期望值理论。期望值理论的基础是，人之所以愿意从事某项工作并达成组织目标，是因为这些工作和组织目标会帮助他们达成自己的目标、满足自己某方面的需要。

该理论认为，某一活动对某人的激发力量取决于他所能得到成果的全部预期价值与他认为达到该成果的期望概率。用公式表示就是：

$$M=V\times E \tag{6-4}$$

式中：M——激发力量。指调动一个人的积极性、激发出人的内部潜力的强度。

V——效价。指某项活动成果所能满足个人需要的价值的大小，或者说是某项活动成果的吸引力的大小，基变动范围在-100%～+100%之间。

E——期望值。指一个人根据经验所判断的某项活动导致某一成果的可能性的大小，以概率表示。

期望理念包含着辩证的思想，具有较大的综合性和适用性。为深刻理解这一理论，需把握以下几条：① 对于其中的效价应理解为综合性的。它既可以是精神的，也可以是物质的；它不是指某一单项效价的总和。② 同一项活动和同一个激励目标对不同的人效价是不一样的；对同一个人在不同的时候，效价也是不一样的。③ 期望概率是当事人主观判断的概率，它与个人的能力、经验以及愿意做出的努力程序有直接关系。④ 效价和大家平均的个人期望概率相互影响。平均概率小，效价相对增大；平均概率大，效价相对减小。

期望值理论对我们实施激励有以下启示：① 管理者不要泛泛地抓各种激励措施，而应当抓多数组织成员认为效价最大的激励措施。② 设置激励目标时应尽可能加大其效价的综合值。适当控制实际概率与期望概率。期望概率既不是越大越好，也不是越小越好，而是要适当。期望概率过高，容易产生挫折；期望概率太低，又会减小激发力量。但期望概率并不完全由个人决定，它与实际概率的大小有关，而实际概率很大程度上是由组织或领导者决定的。实际概率应使大多数人受益，它最好大于平均的个人期望概率，让人喜出望外，而不要让大失所望。但实际概率应当与效价相适应，效价大，实际概率可小些；效价小，实际概率可大些。

（4）强化理论

美国心理学家斯金纳（B. F. Skinner）提出的强化理论认为，人们为了达到某种目的，都会采取一定的行为，这种行为将作用于环境。当行为的结果有利时，这种行为就会重复出现；当行为的结果对他不利时，这种行为就会减弱或消失。这就是环境对行为强化的结果。

根据强化的性质和目的，可将强化分为正强化和负强化两种类型。在管理上，正强化就是奖励那些组织上需要的行为，从而加强这种行为；负强化就是惩罚那些与组织不相容的行为，从而避免这种行为。正强化的具体形式包括对成绩的认可、表扬、改善工作条件、提升、安排担任挑战性工作、给予学习和成长的机会等，负强化的形式有批评、处分、降级等，甚至有时不给奖励或少给奖励也是一种负强化。

强化理论的应用原则主要有以下三条：① 要针对强化对象的不同需要采取不同的强化措施。② 小步子前进，分阶段设立目标，及时给予强化。如果目标一次定得太高，就难以发挥强化的作用，也很难充分调动强化对象的积极性。③ 及时反馈。即要通过一定形式和途径，及时将工作结果告诉行动者。结果无论好坏，对行为都具有强化的作用。对好的结果及时反馈，能够更有力地激励行动者继续努力；对不好的结果及时反馈，可以促使行动者分析原因，及时纠正。

（5）综合激励理论

波特—劳勒的综合激励理论是在期望理论的基础上提出来的，是由美国行为科学家爱德华劳勒和莱曼波特在 1968 年的《管理态度和成绩》一书中提出来的。波特—劳勒综合激励模型认为，将行为主义的外在激励和认知派的内在激励综合起来，认为工作绩效是一个多维变量，它除了受个人努力程度决定外，还受以下四个因素的影响：① 个人的能力和素质；② 外在的工作条件与环境的限制；③ 个人对组织期望的理解程度；④ 对奖酬公平性的感知。波特和劳勒激励模式如图 6-7 所示。

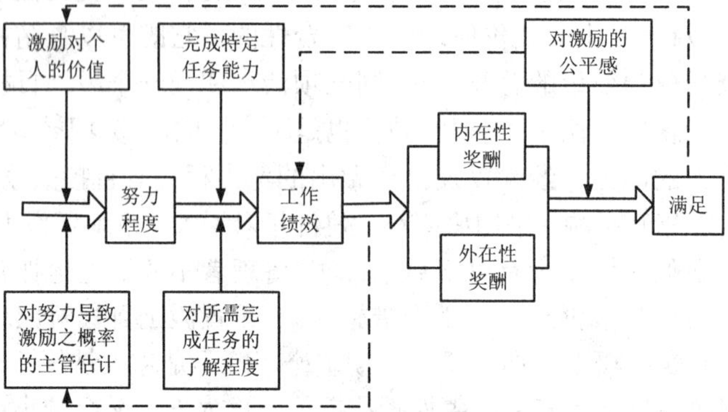

图 6-7　波特和劳勒的激励模式

根据图 6-7，波特—劳勒激励模式的基本过程可以概括为以下几个方面：① 个人的努力程度；② 通过努力取得工作绩效；③ 得到奖励；④ 得到满足；⑤ 满足程度的反馈。在这个模式中含有努力、绩效、个体品质和能力、个体知觉、内部激励、外部激励和满足等变量。在这个模式中，波特与劳勒把激励过程看成外部刺激、个体内部条件、行为表现、行为结果相互作用的统一过程。波特—劳勒综合型激励模式主要阐述了“激励”导致一个人是否努力及其努力的程度；工作的实际绩效取决于能力的大小、努力程度及对所需完成任务理解的深度；奖酬以绩效为前提，不是先有奖酬后有绩效，而是必须先完成组织任务才能导致精神的、物质的奖酬；奖惩措施是否会产生满意，取决于被激励者认为获得的报酬是否公正。

三、如何做好激励管理

（一）激励员工的原则

以上我们介绍了当今一些主要的激励理论，那么这些理论如何在实践中应用？以下建议会对管理者如何激励员工有实质性的帮助。

1．认识个体差异原则

几乎所有的激励理论都认为每个员工都是一个独特的不同于他人的个体。他们的需要、态度、个性及其他重要的个体变量各不相同，例如，期望理论对内控型人比对外控型人预测更准确，因为前者认为自己的生活在很大程度上由自己所掌握，这与期望理论中的自我利益假设是一致的。

2．使人与职务相匹配原则

大量研究证明，将个体与职务进行合理匹配能够起到激励员工的作用，如高成就需要者应该从事小企业的独立经营工作，或在规模较大的组织从事相对独立的部门工作。但是记住，不是每一个员工都会因工作的自主性、变化性和责任感而受到激励，这类工作只对高成就需要者具有很强的吸引力和激励作用。

3．确保个体认为目标是可达到原则

无论目标是否可以真正达到，如果员工认为目标无法达到，则他的努力程度就会降低，因此，管理者必须保证员工充满信心，让他们感到只要更加努力，就可以实现既定的绩效水平。对于管理者而言，这意味着员工必须能胜任他的工作，而且他们感到绩效评估系统是可靠而有效的。

4．差异化奖励原则

由于每位员工的需要不同，对某些人有效的强化措施可能并不适合其他人。管理者应当根据员工的差异对他们进行个别化的奖励，能够支配的奖励措施包括加薪、晋升、授权、参与目标设定和决策的机会。

5．奖励与绩效挂钩原则

管理者必须使奖励与绩效相统一，只有奖励因素才能对其他因素起强化作用。主要的奖励因素如加薪、晋升等，管理者应当想办法增加奖励的透明度，如消除发薪的保密性，公开员工的工资、奖金及加薪数额，这些措施将促使奖励更加透明，更能激励员工。

6．检查公平系统原则

员工应当感到自己的付出与所得是对等的。具体而言，员工的经验、能力、努力程度等明显的付出项目应当在员工的收入、职责和其他所得方面体现不同，但是在公平性问题上，存在着众多的付出与所得的项目，而且员工对其重要性的认识也存在差异，因而这一问题十分复杂。例如一项对白领、蓝领员工的研究确定出将近 20 项付出与所得项目，研究发现，白领员工将工作质量、工作知识列在付出因素的首位，而蓝领员工却将这些因素列在付出因素的末位，这两个因素对于蓝领员工的重要性程度却很低。在所得方面，也同样存在差异，如蓝领员工将晋升放在很高的位置，但白领员工却将它放在第三位。这些差别意味着对某人具有公平感的因素不一定对其他人也有公平感，所以理想的奖励系统应当能够分别评估每一项工作投入，并相应给予合适的奖励。

7．经济刺激原则

不要忘记金钱是大多数人从事工作的主要原因，因此以绩效为基础的加薪、奖励及其他物质刺激在决定员工积极性上起着重要的作用。有一篇综述报告概括了 800 项评价激励方式对其员工生产率影响的研究，其结论证实了这一观点：当仅仅根据生产情况来设定目标时，生产率平均提高 16%，重新设计激励机制以便使工作更为丰富化，生产率水平提高 8%～16%；让员工参与决策的做法，使生产率提高不到 1%，然而以金钱作为刺激手段却使生产率水平提高了 30%。在这里，并不是要管理者仅仅注重金钱因素，而只是提供客观的证据，如果金钱作为一种刺激手段被取消，那么人们就不会在工作中付出更多的努力。但是取消目标、丰富化的工作或参与决策等这些因素，却不会出现这种情况。

（二）如何调动下属的积极性

除了在激励管理中灵活掌握上述的激励原则外，在具体的管理工作中还要把握激励技巧和时机，适时、适当地调动下属的工作积极性。具体表现在以下几个方面。

1．管理者要以身作则，对下属的付出要及时称赞

如果管理者能做到以身作则和言传身教，就会使下属钦佩和尊重，下属在工作中就会以管理者为榜样，要知道“榜样的力量”是无穷的。因此，管理者要善于树立榜样和典型，这也是一种有效的激励手段。当下属在工作中表现出他的工作价值时，应当予以表扬和奖励；当下属的工作行为有明显提高或改善的时候，即使是细小的环节，也应及时予以鼓励；对默默无闻、踏实埋头苦干的下属也应适时加以称赞。

2．要尊重下属的意见，避免过度的监督

很多时候，下属所要求的民主，并不是说让自己说了算，而是期望上级管理者能倾听和考虑他的意见。因此，上级管理者应创造机会让下属提出意见并真心地听取他的意见。这种情况下，下属也能获得相当的满足。当下属有相当的技术能力和管理能力，完全能胜任和完成上级所分派的工作任务时，上级管理者在赋予下属责任和权限后，不要做过度的干预或施加给下属过多的任务结构，尽可能地以商量或期望的方式要求下属工作，这时下属表现出非常高的积极性。

3．建立工作感情，培养下属的挑战性

管理者除了通过组织的正式沟通途径接近下属外，还应建立与下属的感情渠道。例如关心下属的生活，帮助下属解决生活中的问题。这一方面会建立起下属对上级管理者的信任感和尊重感，另一方面也能满足和谐的人际关系对下属的精神需要，也是调动下属工作积极性的有效方式。在自主式的目标管理技术中，通过让下属参与目标的设定，引导下属提出更有挑战性的目标，经过下属潜力充分发挥来实现自己提出的目标，使下属感到工作有成就感，这样就会培养起下属对工作的挑战性，进而实现下属的自身价值。通过导入目标管理技巧来最大限度地提高激励效果。

4．增加下属工作的丰富化程度，使下属对工作充满信心

随着劳动分工的专业化和精细化程度的提高，许多员工长期从事单一简单的工作程序，这样会使员工产生对工作的厌倦感和疲劳感，降低工作的积极性。如果管理者能适时地增加下属工作的丰富化程度，如通过岗位轮换、技能培训或职务晋升等手段，一方面会使员工体会工作的关联度，另一方面也提升下属的工作能力，丰富他们看问题的角度。这样就能有效克服由工作单调带来积极性的下降，使下属感到工作充实并充满信心。

第三节　管理沟通

沟通是指信息从发出者到接收者的传递过程。沟通在管理的各个方面得到了广泛的运

用。良好的沟通就是思想和信息的交换，它使双方得以相互了解和信任。在任何组织中，信息的传递都是非常重要的。通过信息传递，可以把组织抽象的目标和计划，转化成能够激发员工行动的语言，使员工明白应该做什么和怎么做才有利于组织目标的实现，通过沟通，可以使一个组织紧密团结，朝着共同的目标前进。

一、沟通的含义、目的和作用

（一）沟通的含义及条件

沟通是指为达到一定的目的，将信息、思想和情感在个人或群体间进行传递与交流的过程。要理解沟通的含义，必须从以下三点入手。

1．沟通是一个过程

信息沟通过程是指一个信息发送者通过选定的渠道把信息传递给接收者，这个过程由以下几个步骤组成。

（1）明确要沟通的内容。信息发送者发出信息是因为某种原因希望接收者了解某种事情，因此，首先要明确信息内容。

（2）编码。即把信息译成一种双方都能理解的符号，如语言、文字、手势等。要发送的信息只有经过编码，才会有准确的信息沟通。

（3）选择信息传递手段。信息的传递有多种手段可供选择，如口头交谈、书面文件、电话、网络等。

（4）译码。接收者对收到的信息需要进行译码，即研究和理解所收到的信息的内容和含义。这个译码过程关系到接收者是否能正确理解信息，处理不好信息就会被误解。

（5）反馈。接收者把所收到的或理解的信息反馈到发送者那里，供发送者核查。信息的沟通过程中经常受到“噪声”的干扰。所谓噪声，就是妨碍信息沟通的任何因素，它可能来自发送者、接收者或传递中各方面。为了检验信息沟通的效果如何，反馈是必不可少的。因为，在没有信息反馈证实之前，无法肯定信息是否已经得到有效的编码、传递、译码和理解。

（6）再传递。发送者根据所接收到的反馈信息再次发出信息，肯定原有的信息传递，或指出已发生的某些偏差并加以纠正。

（7）再反馈。接收者根据所接收到的信息采取行动，或做出自己的反应。信息传递的目的是发送者要看到接收者采取发送者所希望的正确行动。

2．沟通有四大要素

（1）沟通主体。又称为信息沟通的发送者，在一个沟通的过程中，总有一方是信息的主动发送者。

（2）沟通对象。又称为信息的接收者即在信息沟通过程中处于被动地接收信息的一方。不过，在沟通的不断循环过程中，信息的发送者和信息的接收者的身份会不断改变，特别是在双向沟通中，无论是哪一方，都既要充当信息发送者，又要充当信息的接收者。

（3）沟通内容。在沟通的过程中，所传递的信息包含的内容是多种多样的，可分为事实、情感、价值观、意见、观点等。

（4）沟通渠道。渠道是由信息发送者选择的，借以传递信息的媒介物。不同的沟通渠道其沟通效果是不同的，不同的信息内容应当选用不同的沟通渠道。

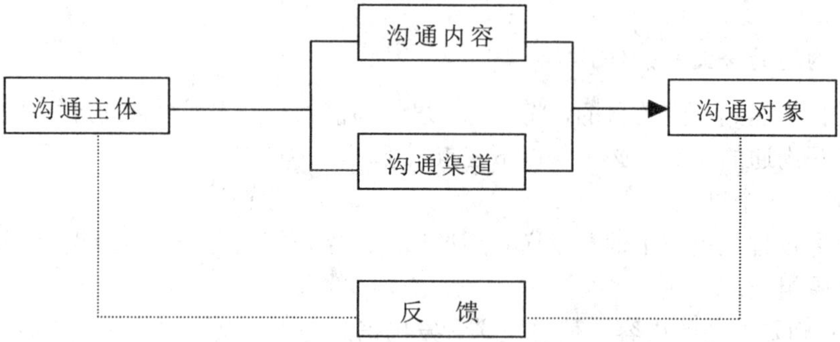

图 6-8　管理沟通模型

3．沟通的条件

假设有一条船在海上遇难，留下三位幸存者。这三个幸存者分别游到三个相隔很远的孤岛上。第一个人没有无线电，他只有高声呼救，但在他周围两里以内都没有人。第二个人有无线电，但已受潮，一架从他头上飞过的飞机虽能听到声音，却无法听清他的呼叫内容。第三个人有一架完好的无线电，他通过无线电向外报告自己受难的情况和目前所处的方位，救援飞机收到他发出的呼救信号后迅速前往救他。虽然三个人都在呼救，都在向外联系，但由于各自联络的手段不同，效果截然不同。

上面三个人中，第一个人未能联络上接收者，第二个人虽进行了联络，但发出的信息不清，对方无法辨认，只有第三个人才实现了沟通。由此可以看到，要进行沟通，就必须具备三个基本条件，一是要有信息发送者和信息接收者；二是要有信息内容；三是有传递信息的渠道或方法。或者说要有信源（信息的发送者）、信道（信息传递的渠道）、信宿（信息的接收者），而要进行有效的沟通，则还要求满足以下条件：（1）发送者发出的信息应完整、准确；（2）接收者能接收到完整信息并能够正确理解这一信息；（3）接收者愿意以恰当的形式按传递过来的信息采取行动。

（二）沟通的目的与作用

1．沟通的目的

组织中沟通的目的是信息分享，使组织的所有行为在既定目标上保持一致。随着组织内外部环境的变化，使组织必须迅速、准确、及时地掌握组织内外部的各种信息，在充分分析的基础上，重新思考和确定组织的使命和战略目标等，并且在组织内进行激励和部署，并使每名员工都能够分享，并转化和落实到日常工作中，保证组织内部的所有行动与活动与组织的使命和目标保持一致。还要对组织中的各种活动结果等信息进行测量、监控，为采取纠正措施和改进等决策提供依据。显然组织成员对组织目标了解的越是清楚，越能够采取正确的行动，如果没有组织内外畅通的沟通和信息分享是难以实现的。

2．沟通的作用

（1）沟通是管理者正确决策的前提和基础

管理者是根据汇总的信息做出决策的，而及时、有效、全面、真实的信息能够极大地改进管理者获取信息的数量、质量和速度。因此我们可以得出结论，成功的信息可以提高管理者的决策能力。

（2）协调组织行动，解决冲突，建立良好的人际关系

沟通的目的之一就是解决冲突。冲突广泛存在于组织中的各项活动中，影响和制约着组织和个体的行为倾向和行为方式，影响着组织目标的实现。通过沟通，使个体了解组织、了解形势、认识到只有实现了组织目标，个人目标才能全面的实现，从而引导个体努力使自己的行为与组织目标相一致。

（3）有效沟通可以提高组织效率，促进组织的变革、创新

领导者的决策要得到及时地贯彻、执行，必须通过沟通将决策的意图完整地传达到执行者那里。信息传递不及时，执行者不能正确理解决策意图，就会影响决策执行的效果，人与人之间，部门与部门之间的有效沟通同样可以促进效率的提高。此外，组织变革方案需要通过沟通传递给基层群众，取得群众的支持并促进变革的成功；同样，基层的一些好想法和建议，也需要通过沟通传达给有关领导，取得领导认可并得以实现。

二、有效沟通特征及信息沟通模式

1．有效沟通的特征

（1）沟通双方的可信赖性

沟通者在沟通开始时要创造一个彼此信任的气氛，这是沟通者是否具有满足被沟通者愿望的反映。被沟通者应该相信沟通者传递的信息并相信沟通者有足够的能力去解决他们共同关心的问题。

（2）沟通计划于环境的一致性

沟通计划必须与组织的环境要求相一致，因此，必须建立在对环境做充分调查和研究的基础上。

（3）沟通的内容要符合接受者

信息的内容必须对接受者具有意义，必须与接受者原有价值观念具有同质性，必须与接受者所处的环境相关。一般来说，人们只接受那些能给他们带来更大回馈的信息，信息的内容决定了公众的态度。

（4）信息的明确性

信息必须用简明的语言表述，所用词汇对沟通者与被沟通者来说都代表同一含义。复杂的信息要用列出标题的方法，使其明确与简化。信息需要传递的环节越多，则越应当简单明确。一个组织对公众讲话的口径要保持一致，不能有多种口径。

（5）沟通的持续性与连贯性

沟通是一个没有终点的过程，要达到渗透的目的就必须对信息进行重复，但又必须在重复中不断补充新的内容，这一过程应该持续地坚持下去。

（6）有针对性的渠道

沟通者应该利用现实社会中已有的信息传递渠道，这些渠道多是被沟通者习惯使用的。要建立新的渠道是很困难的。在信息传播过程中，不同的渠道在不同阶段具有不同的影响。而且，人们的社会地位及背景不同，对各种渠道都有自己的评价和认识。因此，应该有针对性地选用不同的渠道，以达到向不同公众传播信息的目的。

（7）沟通要符合被沟通者的接受能力

沟通必须考虑被沟通者的接受能力。当用来沟通的材料对被沟通者能力的要求越小，也就是沟通信息最容易被沟通者接受时，沟通成功的可能性就越大。被沟通者的接受能力主要包括他们接受信息的习惯、阅读能力与知识水平。

2．沟通的模式

一般来说，信息沟通由以下几个步骤组成：第一步，发送信息者明确要进行沟通的信息内容。信息发送者发出信息是因为由于某种原因希望接收者了解某些事，因此首先要明确信息内容（思想）。第二步，把信息译成一种双方都了解的符号（编码），如语言、文字、手势等。要发送的信息只有经过编码，才能使信息通过信道得以传递。第三步，通过某种手段传递给对方，语言（如口头交谈）、书面文件、电话等。第四步，接收者对收到的信息进行译码，即了解和研究所收到的信息的内容和含义。这个译码过程关系到接收者是否能正确理解信息，搞得不好，信息就会被误解。第五步，接收者把所收到的或所理解的信息再反馈到发送者那里，供发送者核查。发送者和接收者对信息的理解和接收程度，受到专业水平、工作经验及环境等多种因素的影响，对同一个信息，不同的人会有不同的看法。为了查核和纠正可能发生的某些偏差，就要借助于反馈。第六步，发送者根据反馈回来的信息再发出信息。第七步，接收者按所接收到的信息采取行动，或做出自己的反应。信息传递的目的是发送者要看到接收者采取发送者所希望的正确行动，如果这个目的达不到，则说明信息“传送”不灵，沟通发生了问题。第四步和第五步有时并不发生。以上整个过程如图6-9所示。

3．沟通的方式

信息沟通可以通过多种方式进行，其中最常见的有口头交谈、书面文书、非语言和文字的形式、电子媒体等。

（1）口头交谈。人们经常采用的信息传递方式就是通过口头交谈，包括开会、面谈、电话、讨论等形式。它的优点是用途广泛、交流迅速，有什么问题可直接得到反馈。缺点是事后无据，也容易忘记，当一个信息要经过多人传递时，由于每一个人以自己的方式传递信息，到最后，信息会发生歪曲。

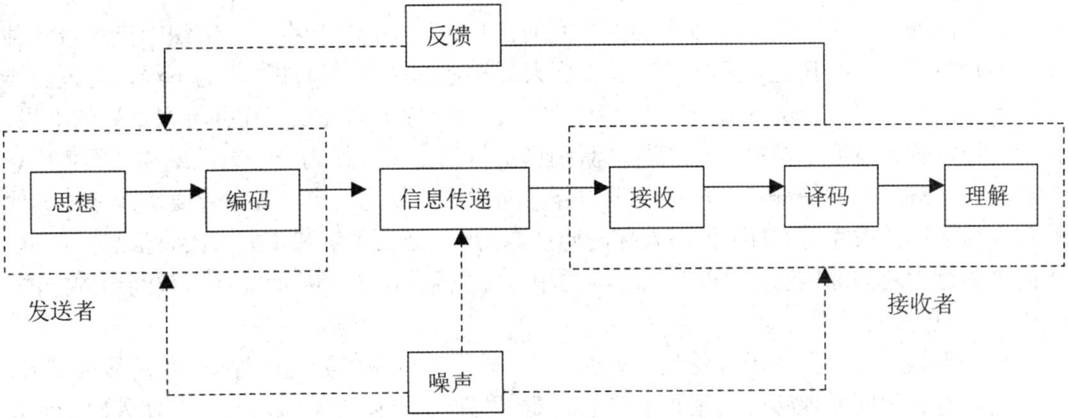

图 6-9 信息反馈沟通模型

（2）书面文字。以书面文字形式沟通信息往往显得比较正规和严肃。它的优点是有文字为据，信息可长久地被保存，若有有关此信息的问题发生，可以进行检查核实，这对于重要信息的沟通是十分必要的，另外，通过文字准备，可斟字酌句，以更准确地表达信息内容，它可使许多人同时了解到信息，提高了信息反馈机制。书面传递的缺点是难以确知信息是否送达，接收者是否能正确理解。

（3）非语言和非文字形式。有一些沟通既不是通过口头交谈，也不是通过书面文字形式进行的，它们采取的是非语言或非文字的方式，如交通要道的红绿灯通过颜色的变换方式告诉行人、车辆可不可以通过；对不遵守课堂纪律的学生，教师常用目光予以制止。人们在沟通中常用的非语言文字方式有手势、面部表情和身体姿势等。非语言和文字形式作为一种辅助的沟通方式，非常有助于加强信息的传递。

（4）电子媒体。随着电子技术的发展，电子媒介在当今世界信息传递过程中充当着越来越重要的角色。除了电信和邮政系统外，我们还可以通过闭路电视、计算机网络、录像等传递或保存、处理信息。通过电子媒体，可迅速提供准确信息；计算机和录像还可以用很小的空间保存大量的信息。电子媒体的缺点是它的高成本，另外，某些电子媒介加录像等不能提供信息反馈。

以上各种方式，至于哪一种最好，取决于当时的情境。尽管研究表明，采用口头和文字结合的沟通方式比单独采取口头或文字方式好，但通常人们还是认为面对面的交流方式更好。

三、人际沟通与组织沟通

（一）人际沟通

人际沟通是指两个或两个以上的人之间的信息沟通。管理者在一个组织中充当着各种不同的角色，而这些角色都要求管理者掌握人际沟通的技能。例如，作为下级，管理者要向其上司汇报情况、接收指示；作为上级，管理者要指导下属开展工作并听取下属的汇报；作为领导，管理者要了解群众的疾苦，激励员工努力工作；作为一个组织或部门的主管，管理者要了解外界的情况，并沟通组织与外界的联系；作为同事，管理者要协调好与其他管理人员之间的关系等。为了提高人际沟通技能，就有必要了解和掌握人接收信息的过程，人的个体行为对沟通的影响，以及人际沟通中可能发生的障碍，从而探寻有效沟通的方法。

1．信息接收过程

一个人接收信息开始于其受到外界的刺激。外界的刺激可分为两种，一种是显性刺激，它会使人有意识明显地感受到某种信息的刺激，另一种是隐性刺激，它只是使人感受到，但不一定意识到已受到某种信息的刺激。例如，有些事听人讲过，当时并没有意识到什么，直到后来才醒悟过来，这种信息刺激，在当时来说就是隐性的。当一个人受到了外界刺激时，可认为信息到达了接收者这里，但这并不等于说这个人已完全接收了外界刺激所带来的全部信息。接收者还要进行一个有选择的知觉过程，个体所接收的只是那些他认为比较重要的那一部分信息。例如，一个十分关注投资额的管理人员在审查项目书时，可能只注重报告中有关预算的部分，而对其他一些他认为无关的部分则一带而过。

当个体接收了外界刺激所带来的信息后，他将从三个方面展开他的分析过程。一个是认识过程，通过对信息的记忆存贮、分类检索、归纳合并、联想分析等逻辑思维过程，进行信息处理，一个是情感过程，通过逻辑思维所认识到的事物，在情感上不一定能予以接收，在这个过程中起主要作用的是信念、价值观、态度和偏好等，还有一个是生理过程，大脑的活动、血压、体温、心速等生理因素会由于外界的刺激而改变，从而影响感觉和行动。综合三方面的结果，接收者才会对所接收到的外界信息做出相应的反应。

2．个体行为对沟通的影响

人际沟通涉及两个或两个以上的人，沟通效果如何与所进行沟通的人之间的思维能力、情感、动机、精神状况和态度密切相关。从上述的信息接收过程看，个体行为对沟通的影响主要表现在以下几个方面。

（1）个人倾向——态度。态度是与目标、人或事相联系的评价性陈述。当一位员工说“我真的很喜欢我的工作”时，他所表达的是他对工作的态度。每个人都会有由其价值观、信念、立场和偏好等构成的对某一特定事物的某种特定倾向。这种倾向会影响一个人对他所接触到的人或事物所采取的态度，从而影响他与其他人之间的沟通。因为研究表明，人们总是倾向于消除自己态度之间、态度与行为之间的不一致。例如，在学校学习时，有的课你比较感兴趣，有的课你根本不喜欢，对感兴趣的课，你一般会注意听讲，而对于不喜欢的课，上课时你可能会心不在焉。一般而言，人们对于自己感兴趣的东西会较关注，而对自己不喜欢的事物会加以反对或采取疏远的态度，“听而不闻，视而不见”。

（2）个人品性——个性。每个人都有不同的个性特点，个性是我们用来区别一个人的那些心理特征的集合，它是由多种成分构成的一个有机的整体。个性的形成有其生理基础，但社会、文化、家庭等各方面的因素对个性的形成也有很大的影响。一个人的个性会影响其沟通的方式和效果。例如，权力欲比较强的人在与人沟通的过程中所考虑的重点往往是如何制服对方，总想通过各种沟通渠道，施展各种技巧去控制与支配对方；自我感觉比较好的人常常刚愎自用，无视客观事实和逻辑分析，听不进别人的意见；比较刻板的人则常不允许哪怕是很小程度的含糊不清，甚至不能容忍在沟通中出现诸如“大概”“可能”之类使人感到模糊的词语，对每件事都要求有精确的表述；自尊心强的人有时会为了维护自尊而采取“顺我者昌，逆我者亡”的沟通方式。再如，有的人比较愿意向社会公开自己，而有的人不愿别人了解自己。这些都会影响到与他人的沟通。

（3）自卫机制——情绪。当人的内心情感和外在的客观事实发生矛盾时，就会产生对结论的困惑。当这种困惑严重到相当程度时，人的自卫机制就会发生作用：对于事实证明是错误的或不合适、但内心无法接收的事物，竭力寻找出一些理由做出“合理化”的解释，或坚持己见，用发牢骚等办法拒绝接收信息；或被迫接收那些自己不愿意接收的信息，带着情绪，故意偏激地来执行指令；或竭力控制自己的不满和“无法接收的心态”。这些行为都会使人对外界的信息接收打折扣，从而影响沟通的效果。

（4）理解能力——知觉。知觉是指个体为了表明他对周围环境的认识而组织和表达其感觉、印象的过程。知觉力则表现为个人认识周围客观事物的能力，也就是一个人的理解能力。同样的事物，不同的人有不同的看法，表明不同的人的知觉过程和理解能力是不同的。影响一个人知觉结果的因素既包括其个性，也包括被观察目标的特征和感知时所处的环境和感知的方式。在信息沟通过程中，接收者的个性、发送者的行为、传递的方式、信息传递时所处的环境都会影响接收者对信息的理解，而理解能力又在很大程度上影响着接收者接收信息后所采取的行为。对同一信息，由于理解力的不同，会产生不同的理解，从而产生不同的行为。例如，当高层管理人员强调“要千方百计地提高经济效益”时，部分管理人员理解为“要千方百计地多赚钱”，因而在生产过程中以次充好、偷工减料，这就是由于理解上的不一所导致的差异。

管理者所在的组织是由一群人所组成的，了解人，注重个体行为对沟通的影响，对于提高沟通的有效性是非常重要的。忽视这一方面常常是人际沟通和组织沟通不良的基本原因。

3．人际沟通中的主要障碍

根据对信息沟通模式和个体行为对沟通的影响的分析，人际沟通中的障碍主要来自以下几个方面。

（1）语言问题。语言不通是人们相互之间难以沟通的原因之一。当双方都听不懂对方的语言时，尽管也可以通过手势或其他动作来表达信息，但其效果将大为削弱。即使双方使用的是同一语言，有时也会因一词多义或双方理解力的不同而产生误解。

（2）理解问题或语义曲解。由于一个人的知觉过程受多种因素的影响，同一事物会有不同的理解。例如，当上司信任你，分配你去从事一项富有挑战性的新工作时，你可能会误解为上司对你原有的工作业绩不满意而重新给你分配工作。我们常常认为别人也会像我们一样来理解这个世界，一旦对方的理解与自己不一样时，我们就奇怪怎样会这样。事实上，当人们面对某一信息时，是按照自己的价值观、兴趣、爱好来选择、组织和理解这一信息的含义的。一旦理解不一致，信息沟通就会受阻。特别是在国际环境中，由于各国的文化不同，沟通更容易受阻。

（3）信息含糊或混乱。信息含糊，主要是指信息发送者没有准确地表达清楚所要传递的信息，以至于接收者难以正确理解。这可能与发送者的表达能力有关，也可能是由于受时间等的限制，而未能很好地表达清楚。在这种情况下，接收者不知所措，就按自己的理解行事，以至于发生与信息发送者原意可能大相径庭的后果。

信息混乱，则是指对同一事物有多种不同的信息。例如，令出多门，多个信息源发出的信息相互矛盾；朝令夕改，一会儿说这样，一会儿又说那样；言行不一，再三强调必须严格执行的制度，实际上却没有执行，或信息发送者自己首先就没有执行。所有这些，都会使信息接收者不知所措、无所适从。

（4）环境干扰。环境干扰是导致人际沟通受阻的重要原因之一。嘈杂的环境会使信息接收者难以全面、准确地接收（听清或记住）信息发送者所发出的信息。诸如交谈时相互之间的距离、所处的场合、当时的情绪、电话等传送媒介的质量等都会对信息的传递产生影响。环境的干扰往往造成信息在传递中的损失和遗漏，甚至歪曲变形，从而造成错误和或不完整的信息传递。

其他还有很多影响有效沟通的因素，如成见、聆听的习惯、气氛等都会影响人际沟通，但以上几方面是影响人际沟通的主要因素。

4．改善人际沟通的方法

人际沟通效果的提高有赖于那些影响人际沟通的障碍的消除。为此，信息发送者和信息接收者都要努力提高自己的沟通水平。作为信息发送者，要注意以下几点。

(1) 要有勇气开口。作为信息发送者，首先是要有勇气开口。只有当你把心里想的表达出来时，才有可能与他人沟通。人与人之间存在很多矛盾的一个主要原因，就是当事人都只在自己心里想，没有勇气把自己的想法说出来，从而导致了很多的误解。

（2）态度诚恳。人是有情感的，在沟通中，当事者相互之间所采取的态度对于沟通的效果有很大的影响。只有当双方坦诚相待时，才能消除彼此间的隔阂，从而求得对方的合作。

（3）提高自己的表达能力。对于信息发送者来说，无论是口头交谈还是采用书面交流形式，都要力求准确地表达自己的意思。为此，要了解信息接收者的文化水平、经验和接收能力，根据对方的具体情况来确定自己表达的方式和用词等；选择准确的词汇、语气、标点符号；注意逻辑性和条理性，对重要的地方要加上强调性的说明；借助手势、动作、表情等来帮助思想和感情上的沟通，以加深对方的理解。

（4）注意选择合适的时机。由于所处的环境、气氛会影响沟通的效果，所以信息交流要选择合适的时机。对于重要的信息，在办公室等正规的地方进行交谈，有助于双方集中注意力，从而提高沟通效果；而对于思想上或感情方面的沟通，则适宜于在比较随便、独处的场合下进行，这样便于双方消除隔阂。要选择双方情绪都比较冷静时进行沟通；当大家都理解，但感情上不愿意接收时，信息发送者身体力行可能是最好的沟通方式。

（5）注重双向沟通。由于信息接收者容易从自己的角度来理解信息而导致误解，因此信息发送者要注重反馈，提倡双向沟通，请信息接收者重述所获得的信息，或表达他们对信息的理解，从而检查信息传递的准确程度和偏差所在。为此，信息发送者要善于体察别人，鼓励他人不清楚就问，注意倾听反馈意见。

（6）积极地进行劝说。使对方接收信息，并按发送者的意图行动，信息发送者常有必要进行积极的劝说，从对方的立场上加以开导，有时还需要通过反复的交谈来协调，甚至采取一些必要的让步或迂回。为此，交谈时间应尽可能地充分，以免过于匆忙而无法完整地表达意思；要控制自己的情绪，不要采取高压的办法，而导致对方的对抗；尽可能开诚布公地进行交谈，耐心地说明事实和背景，以求得对方的理解；耐心地聆听对方的诉说，不拒绝对方任何有益的建议、意见和提问。

作为信息接收者，则要注意仔细地聆听。沟通是双向交流的过程，信息发送者讲或写，接收者听（或读）和响应。以前人们常常只注重说写能力的培养，而对听的能力则不那么重视。事实上，倾听的技术对于进行有效的沟通来说同样是非常重要的。在一个组织中，管理者不善于听会导致相互间沟通受阻，相互协调难以进行。作为管理者，要花大量的时间与其他人接触，以收集和发布信息，若不善于听，则可能难以收集到有用的信息。因此，作为管理者，要学会倾听的艺术。

倾听是一种完整地获取信息的方法。听包含了四层内容，即听清、注意、理解、记住。① 听清内容。作为信息接收者，首先要能完整地接收到信息。“听清”不仅要有好的听力，还要设法排除干扰。要注意相互间的距离，要改善环境，减轻噪音的影响。② 注意要点。在听清内容的同时，信息接收者要能抓住要点。“注意”是指要去掉一切会转移注意力的因素，全神贯注地聆听，以抓住其中的关键点。要注意控制自己的情绪，保持耐心，认真地听。③ 理解含义。信息接收者不仅要完整地接收到信息，还要能正确地加以理解。“理解”要求对信息进行准确的综合和评价，注意对方的语气和身体语言，理解对方真正的含义。这就要求设身处地地考虑对方的看法，客观地加以归纳；对不清楚的，及时向对方查对，或扼要地向对方重述要点，以保证理解准确。④ 记住要点。在理解了对方的意思后，为了据此采取正确的行为，就要记住对方传递过来的信息。“记住”是指要用脑记住要点，为了防止遗忘，还要学会记笔记，并能很好地加以分类和整理，以便需要时查用。

（二）组织沟通

人际沟通是指人与人之间的沟通，组织沟通则是指在组织内部进行的信息、交流、联系和传递活动。在一个组织内部，既存在着人与人之间的沟通，也存在着部门与部门之间的沟通。作为管理者来说，除了注重搞好人际沟通外，还要关心部门与部门间的沟通问题。良好的组织沟通是疏通组织内外部渠道，协调组织内各部分之间的关系的重要条件。由于组织中的人们各自有不同的角色并且受到权力系统的制约，因而组织内部的沟通比单纯的人际沟通更为复杂。

1．组织沟通类型

组织既是一个由各种各样的人所组成的群体，又是一个由充当着不同角色的组织成员所构成的整体。在一个组织中，既有非正式的人际关系，又有正规的权力系统。因此，组织沟通也可分为两大类：正式沟通和非正式沟通。

正式沟通是指通过正规的组织程序，按权力等级链进行的沟通，或完成某项任务所必需的信息交流。例如，当上司向其下属布置任务或下属向上司请示某个问题时，或当两个销售员为协调某一顾客的订单而进行联系时，他们所进行的都是正式沟通。

非正式沟通是指没有列入管理范围，不按照正规的组织程序、隶属关系、等级系列来进行的沟通。在一个组织中，除了正式设立的部门外，不同部门的人之间还存在着朋友关系、兴趣小组等，因此非正式沟通的存在也就有它的必然性。非正式沟通一方面可满足组织成员社会交往的需要，另一方面可弥补和改进正式沟通的不足。因为非正式沟通比正式沟通传播速度快、传播范围广。

2．组织沟通形式

组织内的信息沟通有多种形式，其中正式沟通主要包括由上而下的沟通、由下而上的沟通、横向沟通和斜向沟通四种形式。

（1）由上而下的沟通，是指信息按照组织上下级的隶属关系，从较高的组织层次向较低的组织层次传递的形式。这种形式常用于命令、指导、协调和评价下属。当管理者给下属设置目标、布置任务、通报组织的有关政策和规定、指出需要注意的问题时，他们用的都是由上而下的沟通方式。这种沟通往往带有权威性、指令性。单单采用由上而下的沟通方式，信息可能会在传递途中遗漏或被曲解，上级的指示下级未必能理解，有的规定下属可能连看都没看过，因此需要有一个信息反馈系统。

（2）自下而上的沟通，是指信息按照上下级隶属关系，从较低的组织层次向较高的组织层次传递的沟通形式。通常表现为下级对上级信息的反馈和下层问题的反映。它是管理者掌握基层动态和组织运转情况、发现存在的问题以改进工作的基本手段。一般采用汇报制度、建议箱、座谈会、接待日等来加以实施。这种沟通有时会受到不同层次上的主管人员的阻塞，他们常常对信息进行过滤，以去掉对自己不利的信息。自下而上的沟通往往带有民主性、主动性，因此它有赖于良好的组织文化的建立。

（3）横向沟通，是指发生在工作群体内部同级同层次成员之间的信息沟通。命令的统一性要求信息传递按照上下垂直地通过等级链进行，这给横向交流带来了麻烦，死板地按等级链办，也许会延误时机，因此，不少组织规定有些信息可以进行横向沟通。这种沟通的目的是为了谋求相互之间的了解和工作上的协作配合，因此它往往带有协商性和双向性。

（4）斜向沟通，是指发生在组织中不属于同一部门和等级层次的人员之间的信息沟通。当财务部的一位主管会计直接与等级比他高的销售部经理联系时，他采用的是斜向沟通渠道。斜向沟通的目的主要是为了加快信息的传递，所以它主要用于相互之间的情况通报、协商和支持，带有明显的协商性和主动住。职能权力的实施采用的也大多是斜向沟通。为了克服其对等级链的冲击，斜向沟通往往伴随着由上而下的沟通或自下而上的沟通。

组织中的非正式沟通也有四种不同的传递形式（见图6-10），它们是：（1）单线式，一个人传递给另一个人，通过一长串的人际关系来传递信息，而这一长串的人之间并不一定存在着正规的组织关系。（2）偶然式，每一个人都是随机地传递给其他人，信息通过一种随机的方式传播。道听途说就是其中的一种形式。（3）流言式，是指信息发送者主动寻找机会，通过闲聊等方式向其他人散布信息。（4）集束式，是指信息发送者有选择地寻找一批对象传播信息，这些对象大多是一些与其亲近的人，而这些对象在获得信息后又传递给自己的亲近者。

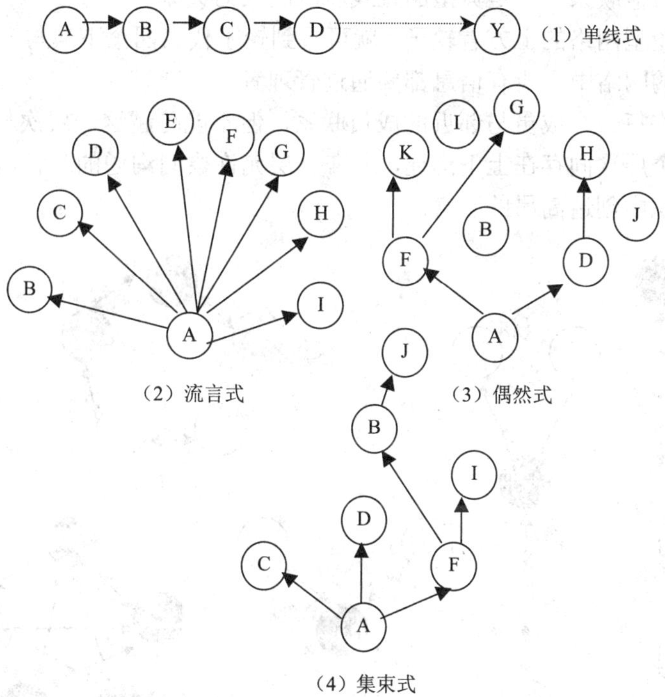

图6-10　非正式沟通的信息传递方式

人们常认为单线式是非正式沟通的主要形式，但事实表明，集束式才是最普遍的非正式沟通方式。在非正式沟通中，谁是信息发送者取决于所传递的信息内容，如果某个人对这一信息内容感兴趣，他就会忍不住要告诉其他人，一个人如果听到的是一个他不感兴趣的信息，那么他也就不会再进一步传播这一信息。从信息传递效果分析，集束式传播速度最快，面最广，而单线式和偶然式传递速度最慢，失真可能性也最大。

非正式沟通几乎在所有的组织中都非常活跃，一个组织越是依赖于有限的或正规的沟通渠道，小道消息就越可能盛行。非正式沟通的存在有它的客观必然性，管理人员不能阻止它的发生，而只能引导它、利用它。

3．信息沟通网络

由组织正式沟通的四种沟通形式可组合成组织信息传递的多种模式，这些模式称为组织信息沟通网络，它表明在一个组织中，组织信息是怎样传递或交流的。图6-11展示了五种典型的信息沟通网络：链型、Y型、轮型、环型、网型。为了说明各种信息沟通网络，假定这一组织由五个成员组成。

在由五个成员组成的链型情息沟通网络中，信息只能自上而下或自下而上，这表达的是典型的上下级权力关系。

Y型信息网络可看成是高层管理人员下面既有两个直接与他联系的参谋人员，又有一个直线人员直接与他联系，这是典型的直线职能制权力关系。

当人们站在轮型网络的上方看轮子，就可看到轮子代表四个下属与一个上司之间的沟通关系，在这样的网络中，所有信息都要通过管理者。

环型网络允许每一个成员与邻近的成员联系，但不能跨越这一层次与其他成员联系。它可以看成是三个层次同存在上下沟通，并在下层允许横向沟通的一种信息沟通模式，这样，有利于在组织中创造高昂的士气。

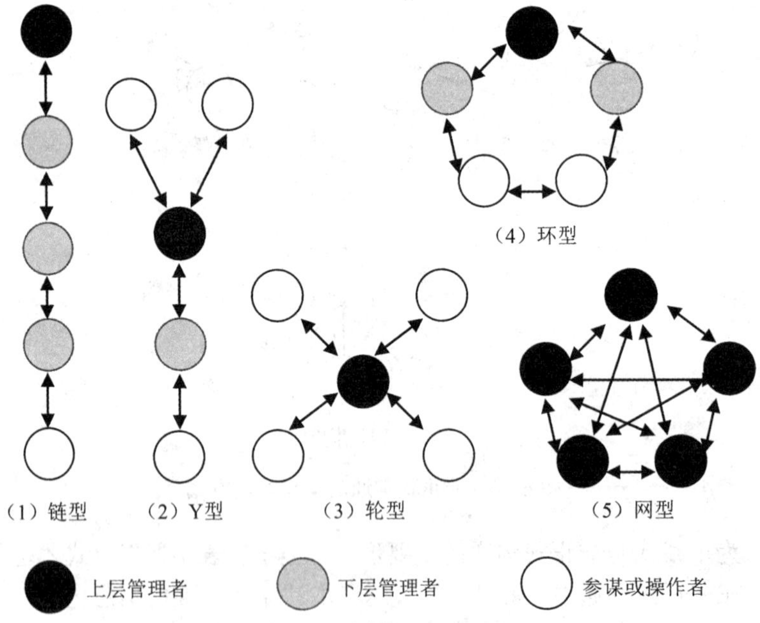

图6-11　组织信息网络

网型信息网络允许组织中的每一个成员与其他成员自由沟通，包含了正式沟通所有的沟通形式。这就像一个委员会，每一个人都可自由发表意见，拥有同等的权力。当组织面对涉及各方面人员的复杂问题决策时，常采用这种信息沟通网络。

作为管理者，采用哪一种信息沟通网络，主要取决于沟通目标的定位。曾有人按照速度、准确性、控制程度、士气的高低总结了各种信息网络的有效性，从中可以明显地看出，没有一种模式在任何情况下都是最好的。环型和网型的沟通能获得大量的信息，在处理复杂问题时比其他类型的信息网络快且失误少，并能较好地满足成员的社交需要；链型适合于实行分权或授权管理的企业，但信息易失真；Y 型也容易导致信息曲解或失真，但网络集中化程序高，解决问题速度快；轮型虽解决问题速度快，但沟通渠道少，成员士气低落。

4．组织沟通的主要障碍

无论采用何种信息沟通网络，在组织信息沟通过程中，除了会发生人际沟通过程中发生的同样问题外，还会遇到一些组织沟通所特有的问题。影响组织良好沟通的特殊障碍主要表现在以下几方面。

（1）等级观念的影响。由于在组织中建有等级分明的权力保障系统，不同地位的人拥有不同的权力，这就使组织中的人们在信息传递过程中，经常首先关注的是信息的来源，即“是谁讲的”，其次才是信息内容。同样的信息，由不同地位的人来发布，效果会大不一样。这种等级观念的影响，常使地位较低的人传递的重要信息不被重视，而地位较高的人发布的不重要信息则得到了不必要的过分重视，从而造成信息、传递的失误。

（2）小集团的影响。为了达到分工协作的目的，组织在形成过程中建立了各种各样的部门或机构，从而把组织分成了若干群体。由于每一群体都有其共同的利益，因此在组织信息传递过程中，为了维护自身的利益，他们可能会扭曲信息、掩盖信息、甚至伪造信息，使信息变得混乱而不真实。在小集团思想的影响下，圈子外发出的信息不被重视，而对于圈子内的信息则很重视。

（3）利益的影响。由于信息的特殊作用，人们在传递信息时常常会考虑所传递的信息是否会对自己的利益产生影响。当人们觉得此信息对自己的利益会产生不利影响时，就会自觉或不自觉地从心理上到行动上对此信息的传递采取对抗或抵制的态度，从而妨碍了组织沟通。在一个组织中，信息对于正确决策是十分重要的，而同时重要信息又不是人人都可以获得的，这就使组织中那些掌握着别人不知道的重要信息的人比其他人显得更有权威性，因此通常处于信息网络中心、能够获得别人得不到的重要信息的管理者，常常会为了增强自己的影响力，而截留信息或有目的地修改来自上级或下级的信息，从而导致信息的失真。

（4）信息的超负荷。现代组织中的信息传递一是快，二是多。在高节奏的工作环境中，信息传递的任何延误都会造成很大损失，而信息大量地增加，会使人觉得难以抉择，无所适从。公文传递及召开会议，本是使组织准确而迅速地传递信息的好形式，但若在组织设计中不好确定哪些人应通过哪些渠道获得哪些信息，就会由于信息混杂而出现超负荷。信息的超负荷不仅造成了“文山会海”，而且导致了人们对所传递信息的麻木不仁。当人们面对着众多信息时，可能会无视某些信息或将其束之高阁。

组织沟通的改善需要依据组织的具体情况来对症下药，在组织设计时明确各部门间的分工合作关系，经常进行信息沟通检查，完善信息沟通的准则，改进信息沟通的手段等都可改进组织中的信息沟通。

四、冲突管理

任何一个组织都不同程度地存在各种各样的冲突。所谓冲突，是指组织内部成员之间、不同部门之间、个人与组织之间由于在工作方式、利益、性格、文化价值观等方面的不一致导致彼此相抵触、争执甚至攻击等行为。管理者应该能在组织或单位中创设一种环境，以便激发功能正常的冲突使组织获得最大利益，处理冲突的能力对于管理者的职业成功和提高管理绩效具有重要意义。

（一）冲突的概念及形式

1. 冲突的概念

冲突是指人们由于某种抵触或对立状况而感知到的不一致的差异。冲突与差异是否真实存在并没有关系，只要人们感觉到差异的存在，则冲突状态也就存在。冲突的两种极端情况是：一端为微妙、间接、高度控制的抵触状况；另一端为明显、公开的活动，如罢工、骚乱和战争。

美国管理协会进行的一项对中层和高层管理人员的调查表明，管理者平均花费20%的时间处理冲突。对于管理者认为在管理发展中什么方面的技能最为重要的一项调查发现，冲突管理排在决策、领导或沟通技能之前，这些证明了冲突管理的重要性。多年来对于组织中存在的冲突形成了以下三种不同的观点。

第一种为传统的冲突观点，认为冲突是有害的，会给组织造成不利影响。冲突成为组织机能失调、非理性、暴力和破坏的同义词。因此，传统观点强调管理者应该尽可能避免和清除冲突。

第二种为冲突的人际关系观点，认为冲突是任何组织无法避免的自然现象，不一定给组织带来不利的影响，而且有可能成为有利于组织工作的积极动力。既然冲突是不可避免的，管理者就应该接纳冲突，承认冲突在组织中存在的必然性和合理性。

第三种是新近产生的冲突的互动作用观点。与人际关系观点只是被动地接纳冲突不同，互动作用观点强调管理者要鼓励有益的冲突，认为融洽、和平、安宁、合作的组织容易对变革和革新的需要表现为静止、冷漠和迟钝，一定水平的有益的冲突会使组织保持旺盛的生命力，善于自我批评和不断革新。

2. 冲突的形式

（1）群体之间的冲突。它是指群体与群体之间产生的矛盾。

（2）群体内部成员之间的冲突。它是指群体内两人或两人以上由于意见、情感不一致时而发生的分歧状态。

（3）个人心理上的冲突。表现为当一个人面临两种且不相容的目标时，所体验到的一种左右为难的心理感觉。

（二）冲突产生的原因

1．群体之间的冲突产生的原因

（1）由于组织内部各部门群体之间竞争不适当，引起敌对意识、攻击行为、本位行为、小团体主义。

（2）由于组织设计不当，造成各部门群体间在人力、物力、财力等方面的矛盾。

（3）组织机构不合理，规章制度不健全，责任不明确，互相推诿或互相封锁，自成体系造成的冲突。

（4）由于工作性质与工作特点不同引起的冲突。

2．群体内部成员之间的冲突产生的原因

（1）信息基因的冲突，指由信息沟通差错与意见交流受阻而产生的隔阂与冲突。

（2）认识基因的冲突，指由于知识、经验、思想、观念不同而引起的冲突。

（3）价值基因的冲突，指由于理想、信念、价值观不同，对人对事的是非、善恶、好坏评价差异而引起的冲突。

（4）本位基因冲突，指由于个人的小团体意识、本位主义、私心太重引起的冲突。

（5）行为与习惯基因冲突，指由个人的不良习惯造成的冲突。

（6）个性与品德等本质基因造成的冲突。

3．个人心理上的冲突产生的原因

（1）双趋式冲突，又称“正正冲突”，指个体同时要达到两个同样具有吸引力和动机的目标，但个体又受到主客观条件的限制，无法同时实现两个目标，就会在心理上造成左右为难、无法取舍的冲突状态，形成双趋式冲突。

（2）双避式冲突，又称“负负冲突”，指个体同时面临两个对其都具有危害性的事件，即使避开这一件，也无法避开另一件。解决这一冲突的方法只能是“两害相权取其轻”。

（3）趋避式冲突，又称“正负冲突”，指个体既期望实现某一目标，同时又期望回避该目标，对这种相互矛盾的情况做出抉择时，则会产生心理上的冲突。

（4）双重趋避式冲突，又称“双重正负冲突”，是指两个目标同时对个体既有利又有弊，既有益又有害的情况下发生冲突，如选择职业时，一种岗位条件优越而薪金不高，另一岗位待遇优厚而环境简陋等。

（三）冲突管理方法

1．缓解冲突的方法

对于不希望出现的冲突，管理者应该如何处理？以下步骤和策略有助于提高管理者冲突管理的技能。

（1）审慎地选择要处理的冲突问题。管理者不应该对所有的冲突一视同仁。一些冲突任其存在，可能会对组织有益。有些冲突虽然表现为问题，但可能并不值得日理万机的管理者花费时间和精力去解决。此时，回避是一种更巧妙和有效的做法。通过回避琐碎的冲突，管理者可以提高总体的管理成效，以免徒劳无功或得不偿失。还有些冲突则根本就在管理者的影响和控制范围之外，是其力所不能及的，在这方面所付出的努力很可能不会获得明显的回报。所以，管理者应该审慎地选择所要管理的冲突，勿要天真地认为优秀的管理者必须解决好每一个冲突。

（2）评估冲突当事人。即当管理者选择了某一冲突情境进行处理时，就要拿出时间仔细地了解和研究冲突的当事人。有什么人卷入了冲突？冲突双方各自的兴趣所在是什么？双方各自的价值观、人格特点以及情感、资源因素如何？他们基本的冲突处理风格怎样，各方最有可能采取何种行动，习惯采取什么样的冲突处理方式？管理者如果能站在冲突双方的角度上看待冲突情境，则成功处理冲突的可能性会大大提高。

（3）分析冲突原因和根源。冲突不会在真空中形成，它的出现总是有理由的。解决冲突策略的选择在很大程度上取决于对冲突发生原因的判断，因而管理者需要很好地了解冲突源。研究表明，虽然组织中产生冲突的原因可能多种多样，但是总体上可以分为三类：① 沟通差异。沟通不良容易造成双方的误解，从而引发冲突。人们往往倾向于认为冲突大多数是由于缺乏沟通造成的，因而常将沟通问题作为解决冲突的突破口，这可能是一种严重的误解。② 事实上，许多冲突情形并不一定是缺乏有效沟通而引起的，有效的沟通与是否能达成一致的意见并不能简单地画上等号。初看起来某些冲突似乎是由于沟通不良而导致，但进一步分析会发现，不同主体因组织中的角色要求、决策目标、绩效标准和资源分配等不同而产生立场和观点的差异，往往是冲突的更重要根源。这些差异往往是因为组织中的纵向层次划分和横向部门分化造成的，而并非因为纯粹的沟通的导致。所以，我们将这类冲突源归纳为结构差异。③ 人格差异。人们在各自的背景、教育、经历及培训中会形成独特的个性特点和价值观，其结果使有些人表现出尖刻、隔离、不可信任、不易合作，这些人格上的差异也会导致冲突。

（4）采取切实有效的策略解决冲突。当冲突过于激烈时，管理者应该采取一定的措施和方法来减缓和削弱冲突。具体地，有五种策略可供选择。

① 回避、冷处理。即从冲突中退出，听任其发展变化。当冲突微不足道时，当冲突双方情绪过于激动而需要时间使他们恢复平静时，或者当采取行动后所带来的负面影响超过冲突解决后获得的利益时，回避就是一种不失为理智的策略。

② 合作、协同。这是一种双赢的解决方式，此时冲突各方都满足了自己的利益。这种策略要求各方之间开诚布公进行讨论，积极倾听并理解双方的差异，对有利于双方的所有可能的解决办法加以仔细考察。合作是一种理想的冲突解决策略，但并不是在任何条件下都可以采用。通常地，当没有时间压力时，当冲突各方都希望互利时，当问题十分重要而不宜妥协折中时，合作是最佳策略。

③ 折中、妥协。即要求每一方都做出一定的让步，取得各方都有所赢、有所输的效果。当冲突双方势均力敌时，当希望对一项复杂问题取得暂时的解决办法时，或者当时间要求过紧而需要一个权宜之计时，折中是合适的策略。

④ 迁就、忍让。这是将他人的需要和利益放在高于自己的位置上，以“他赢、你输”来维持和谐关系的策略。当争端的问题不很重要或希望树立信誉时，这种策略十分有价值。

⑤ 强制、支配。也就是以牺牲一方为代价而满足另一方的需要。以这种“他输、你赢”方式解决组织中的冲突，通常被描述为是管理者运用职权解决争端。当管理者需要对重大事件做出迅速的处理时，或者当需要采取不同寻常的行动而无须顾及其他人是否赞成这种处理方式时，强制会取得较好的效果。

2．提升冲突的方法

冲突管理的另一层含义是在必要的时候激发一定水平的冲突。管理者激发冲突可以采用的策略如下。

（1）重新构建组织。如调整工作群体，变更纵向层次和横向部门的划分，提高工作中的相互依赖性，重新分配决策和指挥的权限，以及改变规章制度等，这些结构设计的变更会在不同程度上使组织现有运行方式发生改变，从而引发组织的结构性冲突。

（2）引进外人或重用吹毛求疵者。从外界招聘或从组织内其他部门调进不同背景、态度、价值观或管理风格的人，无疑会给群体和组织带来新鲜的血液，改变一潭死水、停滞迟钝的状态。任命那些有意或倾向与大多数人的观点和做法背道而驰的人，鼓励他们扮演批评家的角色，会使意见过于单一化的群体在决策过程中听到另一种声音，以更全面地看待问题。实践已经表明，通过引入唱反调者而增加群体冲突水平，是提高群体决策质量的重要措施。

（3）改变组织文化。管理者欲激发功能正常的冲突，首先需要向下属传递这样的信息，即冲突具有合法的地位，同时以实际行动对那些敢于向现状挑战、倡议革新观念、提出不同看法和进行独创思考的个体给予大力支持和奖励，以形成一种倡扬和鼓励冲突的价值观念和文化氛围。

（4）运用沟通。模棱两可的、具有威胁性的信息，可以促发和提高组织的冲突水平。比如，宣布有些工厂可能要倒闭，某些部门可能被取消或合并，公司将被迫进行裁员这类的信息，会使组织成员减少惯常的漠然态度，对现状提出积极的反思和重新评价，从而增大冲突水平。

（四）组织冲突及其管理

组织中的冲突是常见的，特别是在变革中是不可避免的，对此不能一概排斥和反对，重要的是研究导致这种冲突的原因，区分冲突的性质，并有效地加以管理。

1．组织冲突的影响

组织冲突会对组织造成很大的影响。研究表明，竞争是导致团体内部或团体之间发生冲突的最直接因素，组织变革的一个主要目标就是要在效率目标的前提下通过有效的竞争来降低组织的交易成本，因此，团体内部或团体之间的竞争是不可避免的，组织冲突可以说是这种竞争的一种表现形式。

竞争胜利对组织的影响：（1）组织内部更加团结，成员对团体更加忠诚，这有利于加强和保持团体的凝聚力；（2）组织内部气氛更为轻松，紧张的情绪有所消除，同时也容易失去继续奋斗的意志，容易滋生骄傲和得意忘形的情绪；（3）强化组织内部的协作，组织更为关心成员的心理需求，但对于完成工作及任务的关心则有减少的趋势；（4）组织成员容易感到满足和舒畅，认为竞争胜利证实了自己的长处和对方的弱点，因此，反而不愿对其自身的不足重作估计和弥补，也不想重新反思团体是否还需要根据环境的变化作进一步的改善。

竞争失败对组织的影响：（1）如果胜败的界限不是很分明，则团体会以种种借口和理由来掩饰自己的失败，团体之间也容易产生偏见，每个团体总是只看到对方的弱点，而非长处；（2）当团体发现失败是毋庸置疑的事实时，依据团体的基本状况，如平时的团结程度、失败的程度、对挫折的忍受程度等，可以存在两种情况：一种情况是团体内部可能发生混乱与斗争，以及频繁的攻击现象，团体最终趋于瓦解；另一种情况是全体成员可能会知耻而奋起，通过努力探寻失败的原因，大胆改进，勤奋工作，以求走出失败。（3）竞争失败后的团体往往不太关心成员的心理需求，而只集中精力于自己的本职工作，组织中的组织性和纪律性明显增强，组织有集权化的倾向；（4）成员以往的自信心会受到极大的打击，过去的固执和偏见经过失败检验之后不得不重新进行检讨和反思，实际上，这也正给了组织一个自我检讨和改革的机会。

无论是竞争胜利还是竞争失败，组织冲突都会存在两种截然不同的结果，建设性冲突和破坏性冲突。所谓建设性冲突，是指组织成员从组织利益角度出发，对组织中存在的不合理之处提出意见等。建设性冲突可以使组织中存在的不良功能和问题充分暴露出来，防止事态的进一步恶化；同时，可以促进不同意见的交流和对自身弱点的检讨，有利于促进良性竞争。所谓破坏性冲突，是指由于认识上的不一致、组织资源和利益分配方面的矛盾，员工发生相互抵触、争执甚至攻击等行为，从而导致组织效率下降，并最终影响到组织的发展。破坏性冲突造成了组织资源的极大浪费和破坏，影响了员工的工作热情，导致组织凝聚力的严重降低，从根本上妨碍了组织任务的顺利完成。

2. 组织冲突的类型

每一种环境都可以对应一种冲突类型。常见的组织冲突来源于组织目标不相容、资源的相对稀缺、层级结构关系的差异及信息沟通上的失真等；组织冲突会在不同的层次水平上发生，如个体内部的心理冲突、组织内部个人之间的冲突、各种不同部门之间的冲突等，而其中又以组织内的非正式组织与正式组织之间、直线与参谋之间以及委员会内部之间的冲突最为典型。

（1）正式组织与非正式组织之间的冲突

正式组织与非正式组织之间成员是交叉混合的，由于人们心理上存在的感性、非理性因素的作用，非正式组织的存在必然要对正式组织的活动产生影响。正面的影响可以满足员工在友谊、兴趣、归属、自我表现等心理上的需要，使员工之间的关系更加和谐融洽，易于产生和加强成员之间的合作精神，使员工自觉地帮助维持正常的工作和生活秩序。

但是，一旦非正式组织的目标与正式组织相冲突，则可能对正式组织的工作产生负面影响，特别是在强调竞争的情况下，非正式组织可能会认为这种竞争会导致成员间的不合，从而抵制这些竞争。非正式组织还要求成员的行动保持一致，这往往会束缚成员的个人发展，使个人才智受到压抑，从而影响组织工作的效率。由于非正式组织中大多数成员害怕变革会改变其非正式组织性，这种组织极有可能会演化成为组织变革的一种反对势力。

（2）直线与参谋之间的冲突

组织中的管理人员是以直线主管或参谋两类不同身份出现的，现实中这两类人员之间的矛盾往往是组织缺乏效率的重要原因。直线关系是一种指挥和命令的关系，具有决策和行动的权力，而参谋关系则应当是一种服务和协调的关系，具有思考、筹划和建议的权力。实践中，保证命令的统一性往往会忽视参谋作用的发挥，而参谋作用发挥失当，又会破坏统一指挥的原则。这将使直线和参谋有可能相互指责，互相推诿责任。

（3）委员会成员之间的冲突

委员会是集体工作的一种形式，它起到了汇聚各种信息，加强人员交流，协调部门关系等重要作用。委员会是一个讲坛，每个成员都有发言的权力，而这些成员既代表了不同的利益集团、利益部门，也代表了个人的行为目标。在资源一定的条件下，成员之间的利益很难取得一致，而一旦某个利益代表未能得到支持，他将会被动执行或拒绝执行委员会的统一行动，导致组织效率的下降。委员会必须充分考虑各方利益，其协调的结果必然是各方势力妥协、折中的结果，这势必会影响决策的质量和效率。

3．组织冲突的避免

避免组织冲突有许多方法，首先需要强调组织整体目标的一致性，同时需要制定更高的行动目标并加强团体之间的沟通联系，特别是要注意信息的反馈。对于非正式组织来讲，首先要认识到非正式组织存在的必要性和客观性，积极引导非正式组织的积极贡献，使其目标与正式组织的目标相一致；同时要建立良好的组织文化，规范非正式组织的行为。

对于直线与参谋应该首先明确必要的职权关系，既要充分认识到参谋的积极作用，也要认识到协作和改善直线工作的重要性，在工作中不越权、不争权、不居功自傲。其次，为了确保参谋人员的作用，应当授予他们必要的职能权力，这种权力应当更多的是一种监督权；同时，给予参谋人员必要的工作条件，使其能够及时了解直线部门的活动进展情况，并提出更具有实际价值的建议。对于委员会，应该选择勇于承担责任的合格的成员加入，并注意委员会人选的理论和实践背景，力争使之成为一个有效的决策机构和专家智囊团；同时，要对委员会的规模提出限制。显然，信息沟通的质量与成员的多少具有关联性，在追求沟通效果和代表性这两者之间要尽可能取得平衡。为了提高委员会的工作效率，要做好会议的准备工作，要发挥委员会主席的积极作用，避免漫无边际的争论和时间的浪费；

讨论中主席应善于引导和把握各种意见，去粗取精，从总体把握组织利益的方向。

需要注意的是，要把建设性冲突和破坏性冲突区分开来。过去，人们常把组织冲突视为组织中的一种病态，是组织管理失败或组织崩溃的前兆。事实显然并非如此，适度的组织冲突是组织进步的表现，它会使组织保持一定的活力和创造力。为了促进和保护这种有益的建设性冲突，首先应当创造一种组织气氛，使成员敢于发表不同意见。其次，要保持信息的完整性和畅通性，把组织冲突控制在一定的范围之内，同时要避免和改正组织中压制民主、束缚成员创新的机械式的规章制度，以保持组织旺盛的活力。

4．谈判技能

谈判是冲突双方通过各种不同的沟通渠道相互作用，以求共同解决冲突的过程。冲突涉及对于稀缺资源配置的不同意见，或者目标。

一般来说，谈判的基础总是谈判的双方或多方之间既存在着利益冲突又有着共同的利益。谈判各方希望以非斗争的方式来协调利益冲突，就某些重大问题进行磋商后达成一定的协议。

谈判有如下两种形式。

（1）分配性谈判。分配性谈判是指参与谈判的每一方都追求自身利益最大化，却想把最大化的损失强加给对方的谈判。

（2）整合性谈判。整合性谈判是一种旨在激励谈判双方获得双赢前景的谈判，即通常我们所说的“双赢”情境。

第四节　团队管理

现代社会，谁也不可能独立作战，要营造成功的个人品牌，就必须学会与别人一道工作。如果想要完成大事，就需要一支有效的队伍做后盾。

一、团队的基本知识

1．什么是团队

团队首先是在一起工作的一群人，但工作的一群人却未必是一个团队。事实上，团队的成功就在于成员相互协作、彼此支持从而实现共同目标，这点对于团队而言比其中任何个体的技能都更为重要。若彼此没有共同目标、相互认同与互动行为，那么即使形式上聚集在一起，也不能称为一个团队。所以，团队是一种为了实现某一目标而由相互协作的个体组成的正式群体。一个有效的团队是拥有超出团队个人潜在能力总和的实体。

2．团队角色

著名的贝尔宾团队角色理论指出：一支结构合理的团队应该由八种人组成。这八种团队角色分别如下。

（1）行政者或实干家。其积极特征是，有组织能力、注重实践经验，工作勤奋、有自我约束能力；可以容忍的弱点为，一般比较缺乏灵活性，表现为对没有把握的主意不太感兴趣。

（2）协调者。其积极特征是，比较客观、宽容、公正，能不带偏见地兼容各种较有价值的意见；可以容忍的弱点为，一般在智能和创造力方面不是十分突出。

（3）推进者。其积极特征是，工作热情较高、干劲十足，并随时准备向传统、向效率、向自我满足挑战；可以容忍的弱点为，易急躁、爱冲动，好激起争端。

（4）创新者。其积极特征是，知识渊博、才华横溢、富有想象力且智慧超群；可以容忍的弱点为，不重细节、不拘礼仪，高高在上。

（5）信息者。其积极特征是，有广泛联系人的能力，能主动地不断探索新事物，勇于迎接挑战；可以容忍的弱点为，一旦时过境迁，兴趣马上转移。

（6）监督者。其积极特征是，比较讲求实际，分辨力、判断力都很强；可以容忍的弱点为，一般缺乏鼓励和激发他人的能力。

（7）凝聚者。其积极特征是，有适应周围环境及人的能力，能促进团队合作；可以容忍的弱点为，在危急时刻容易优柔寡断。

（8）完美主义者。其积极特征是，对工作能够持之以恒，且追求十全十美；可以容忍的弱点为，容易拘泥于细节，不洒脱。

3．个体特征的多样性

在一个团队中，领导者面对的管理团队成员往往是既定的，因而，领导者有必要了解团队成员的个体特征。国外有的专家把人的性格分成四种类型，称之为形象轮廓，分别是冒险型、表达型、同情型、技术型。这四种类型人的性格特征如表 6-6 所示。

表 6-6 四种性格类型的特征

	优　点	缺　点	个　人　举　止
冒险型	首创精神非常强，喜欢富有挑战性的工作，喜欢独立自主的工作，敢于负责，不轻易地转移目标或分散注意力，甚至有时有点儿固执，执着地追求自己的目标	待人比较冷淡和疏远，不愿意接受别人的建议	风风火火，着急，忙乱，写字比较大，生活中坐立不安，动作迅速，不注意礼貌和倾听
表达型	善于表达，充满了活力，有独立的见解，工作中喜欢找捷径，创造性比较强。提倡合作，有说服力	容易激动，容易受环境的影响，不太注意细节，愿意做超过自己能力的工作，常常以自我为中心，渴望被别人接纳	非常自信，着装非常漂亮、讲究仪表，然而家里很乱，除非有人到家里做客才会收拾，并把所有来不及收拾的东西藏到不易被客人看到的地方。与人交谈时看着对方，表示同意，但是心里却在想别的事情

续表

	优　　点	缺　　点	个　人　举　止
同情型	非常忠诚和平和，考虑问题非常周到，工作特别有计划。尽管不是自己的事情，也特别愿意帮忙	特别希望得到别人的赏识，但作为管理者，应该学会赏识别人。心太软，对批评非常敏感，而且不愿意争要权力，容易被别人摆布，有时成为别人的尾巴，甚至傀儡	很有条理，时间观念相当强，待人接物平易近人，与别人交流沟通时是最好的听众
技术型	客观、冷静，重事实，重细节，逻辑推理特别强	常常做不出决定，一般不愿意冒险	整洁而有条理，写字很小，待人非常友好，喜欢刨根问底，注意倾听，目的是想抓住对方的漏洞

的确，团队里的成员性格各异，不尽相同。有的成员吃软不吃硬；有的成员吃硬不吃软；有的成员自尊心极强；有的成员则嘻嘻哈哈，对什么都不甚在乎；有的成员性情温和，不爱与人争执；有的成员则脾气火暴，喜欢较真等。这就要求领导者平时要细，要观察，了解、掌握每个组员的性格特征，然后根据他们的性格特征选择适合的方式方法去与他们沟通，交流。即便是抓住了他们的缺点要进行批评，也不能一味地简单化、直接化、公开化，应在维护其自尊心、不伤其积极性、避其锋芒的前提下，以多做工作、说服劝导为主。也就是说，如何协调、批评和沟通要掌握分寸，只有在彼此达到有效沟通的基础上扬长避短、有的放矢地开展帮教工作，才能避免管理上的盲目性，减少与成员之间的冲突和矛盾，使问题和不足在和风细雨的氛围里得到纠正和解决。

4．团队中的非正式组织

而非正式组织的产生有两种原因：一是团队领导的故意行为；二是团队成员在价值观、性格、经历、互补性产生某种一致。前者是管理者强化自身管理职能的需要，培养亲信，增强管理效力，客观上形成的非正式组织，虽然表面上能够很好地进行日常工作，能够提高团队精神，调和人际关系，实施假想的人性化管理，在团队发展过程中，基本上向有利于团队的方向发展，但长期而言，会降低管理的有效性，团队的开拓精神、工作效率低下，优秀团队成员流失。这种非正式组织通常是松散型组织。后者则是紧密型非正式组织，其愿景通常与团队愿景不一致，在团队中常常不止一个这样的非正式组织，随着这种组织的产生，团队的瓦解之日就不会远。这种紧密型非正式组织会偏离团队的价值观，破坏团队文化，阻挠团队的创新精神和开拓精神。通常松散型组织又会向紧密型组织发展，紧密型组织又会和松散型组织对抗。因此，团队领导者在团队中建立非正式组织是不可取的，是基于一种管理水平低下同时对团队极不信任的结果。

如果团队中出现了紧密型非正式组织怎么办？首先，考察评估团队非正式组织与团队愿景是否一致，对实现团队目标有何影响。其次，明确影响非正式组织的行为规范。让团队管理者融入非正式组织，管理者对非正式组织的骨干成员施以影响，并积极引导非正式组织的活动，让他们融入一些松散型的非正式组织，弱化其对骨干成员的影响力，从而实现对非正式组织的有效管理。

二、成功团队的特征

一个成功高效的团队通常具备以下特征。

1．清晰的目标

一个团队必须有清晰的目标，团队每个成员都知道这个目标对于整个团队的重要意义，并理解和认同它。正是凭着这个目标，团队才有了一种方向感，团队成员清楚地知道希望他们做什么工作。共同的目标能够确定基调和方向，同时激励团队成员把个人目标升华到团队群体目标中去，有助于团队把精力集中在团队最希望实现的结果上。

2．互补的技能

成功团队需要一群有能力的成员，因而团队应该培养起正确的技能组合，而且团队里每一种技能都是为完成团队目标所必需的且相互补充的技能。如果在组建团队时忽略某些技能或缺少某些必备的技能，团队就不能起步，达不成团队的目标。反之，如果团队中有相同技能可以相互代替的人，就会造成资源的浪费和人浮于事。

3．相互的信任与合作

合作就是互相认同，取长补短，这样放大了各成员的优点，而缩小了各自的缺点。互相倾听和认同，充分体现团结互助的合力。合作过程中建立明确的责任分工，并相互承担责任。责任和信任是支持团队的保证，通过保证要为团队的目标负起责任，团队成员对团队的各方面工作有表达自己意见的权利，也得到了自己的观点受到公平对待和有益倾听的权利。成员间相互信任，每个成员对其他人的品行和能力深信不疑。通过建立开放、诚实、协作的办事原则，鼓励员工的参与和自主性来倡导互信合作的团队文化。

4．高昂的士气

拿破仑曾说过，一支军队的实力四分之三靠的是士气。它的含义可以延伸到现代企业管理，为团队目标而奋斗的精神状态对团队的业绩非常重要。士气是内心满足的感觉，团队成员的身上总是散发着挡不住要参与的狂热，就会表现得相当积极主动。高绩效团队有充满活力的领导者。领导者知道怎样利用团队各个成员的力量，因此能高质量地解决问题，这种解决问题的方式远超出单个成员的能力。团队成员赞同、拥护团队目标，他们会觉得自己的要求和愿望在目标中有所体现；对工作非常热爱、感兴趣，而且工作也适合个人的能力与特长，对工作能产生满足感且利益分配合理。高绩效团队的气氛良好，每个人以成为团队的一员为荣。他们一起庆祝成功并总结失败，将失败当作学习的机会并且努力在下一次做得更好。

5．良好的沟通

沟通是开放和坦诚的，员工开诚布公地发表意见，不同的思想和方法都能够被深入探讨，形成畅所欲言、互相倾听的沟通氛围。团队成员可以通过合作发现并处理分歧。小组的所有成员都参与决策，而且小组可以做出重大决策而向前推动工作。

6．有力的支持

要成为高效团队还必须有赖于内外部环境的支持。内部需要有支持团队的人力资源管理体系，包括恰当的绩效考核系统、合理的薪酬和晋升体制等；外部则需要管理层对于团队所需各类资源的供给。

三、创建学习型团队

1．学习型团队理念

团队建设最重要的就是建立学习型团队，学习型团队来源于学习型组织理论。

作为国际上一项前沿的管理学理论，“学习型组织”是由美国麻省理工学院教授彼得·圣吉为代表的西方学者吸收东西方管理文化的精髓，提出了以“五项修炼”为基础的学习型组织理念。学习型组织指的是这样一种组织：通过自我超越、心智模式、共同愿景、团体学习和整体思考的五项修炼，使组织具有相应的思维能力、创造能力、沟通能力、亲和力、开阔胸怀的方法和境界，以组织为单位向外界汲取营养，提高组织的各种能力和素质。大家通过不断共同学习，突破自己的能力上限，创造真心向往的结果，培养全新、前瞻而开阔的思考方式，全力实现共同的抱负。

建立学习型团队就是要倡导团队学习。团队的基本功能特征是“协作”，协作的实质是分享和共享，分享或共享资源、知识、经验、技能，当然还有风险、挫折和成功的果实。营建学习型团队就是在团队中营造一种协作学习的文化机制和环境氛围，构造团体协作学习的交流平台，鼓励队员们在这个平台上共享知识、经验和学习能力。

2．学习型团队的创建

（1）树立团队“共同愿景”

共同愿景是团队中人们所共同持有的意象或景象，是团队中对未来的美好设想，即“我们想要创造什么？”在缺少共同愿景的情形下，充其量只会产生“适应型的学习”，只有当人们致力于实现某种他们深深关切的事情时，才会产生“创造型的学习”。如果没有共同愿景，就不会有学习型组织。那么如何打造一个共同的愿景呢？主要有以下两个步骤。

① 鼓励个人愿景。共同愿景是从个人愿景汇聚而成，如果人们没有自己的愿景，他们所能做的就仅仅是附和别人的愿景，结果只是顺从，绝不是发自内心的意愿。② 塑造共同愿景。个人愿景只有与团队分享并且融入团队之中才能发挥更加重要的意义。当有更多人分享共同愿景时，愿景才会变得更加生动、更加真实，从此他们拥有伙伴，拥有“共同创造者”，愿景不再单独落在个人的双肩上。但是在团体中，要达到彼此的愿景真正分享及融汇，不是一蹴而就的。因此，还需要经过不断的交流，聆听彼此的梦想，最后使这一愿景与企业使命相融合，从而激发团队成员为之奋斗的热忱。

（2）明确团队奋斗目标

根据共同愿景，制定目标计划。根据企业特点和实际制定，创建学习型团队的具体目标计划。通过目标定位，增强职工自我教育、自我完善、自我发展和自我超越的紧迫感和危机感。

在团队建设中，有人做过一个调查，问团队成员最需要团队领导做什么，70%以上的人回答——希望团队领导指明目标或方向，而问团队领导最需要团队成员做什么，几乎80%的人回答——希望团队成员朝着目标前进。从这里可以看出，目标在团队建设中的重要性，是团队所有人都非常关心的事情，有人说："没有行动的远见只能是一种梦想，没有远见的行动只能是一种苦役，远见和行动才是世界的希望。"

团队目标是一个有意识地选择并能表达出来的方向，它运用团队成员的才能和能力，促进组织的发展，使团队成员有一种成就感。因此，团队目标表明了团队存在的理由，能够为团队运行过程中的决策提供参照物，同时能成为判断团队进步的可行标准，而且为团队成员提供一个合作和共担责任的焦点。

有时，我们在进行团队建设时，可能觉得为团队确定目标还是相对比较容易的，但要将团队目标灌输于团队成员并取得共识即责任共担的团队目标，可能就不是那么容易的事情了。所谓责任共担的团队目标并不是要团队每个成员都完全同意目标——这是难以做到的，而是尽管团队成员存在不同观点，但为了追求团队的共同目标，各个成员求同存异并对团队目标有深刻的一致性理解。

总之，对团队目标达成一致并获得承诺，建立目标责任是团队取得成功的关键。

3．扮演好团队领导者角色

创建成功团队，必须首先塑造成功的团队领导者，必须扮演好团队领导者角色。因此，必须做好以下五件事。

（1）力求使团队具有共同的目标和价值观

团队管理中，由于地位和看问题的角度不同，不同角色成员的目标和期望值是不一致的。在日常工作中，团队领导者要敏感于团队成员的思想动态，理解他们的需求，洞察不利于组织目标实现的思想苗头，及时沟通，统一认识，使团队的努力形成合力。

（2）明确团队原则，获得大家认同，并带头执行

团队原则是团队成员应该遵循的基本规范以及触犯这些原则后的处罚措施，是团队价值观的具体体现。它对于团队管理中的无序和随意化起到很好的约束作用。必须通过立规矩、建标准来实现制度管人。一个强劲的管理者首先是一个团队规范的制定者。团队规范既包括规章制度，如纪律条例、组织条例、财务条例、保密条例和奖惩制度等（好的规章制度可能体现在，执行者能感觉到规章制度的存在，但并不觉得规章制度会是一种约束），还包括潜在的团队规则。

（3）努力培养团队成员的忠诚与信心，提高士气

团队领导者要抓住一切机会向团队展示各成员出色的方面，鼓励人们尊重彼此的能力和技术，而且，当团队成员主动采取行动时，团队领导者要表明自己欣赏和鼓励的态度。通过这些做法，激励每个人更加忠诚，同时也激励他们具有责任感和自制力。在团队中营

造相互尊重、积极主动团结向上的工作氛围。为了酿造这种氛围，团队领导者需要做这些努力：奖罚分明公正，对工作成绩突出者一定要让其精神物质双丰收，对出工不出力者给予相应的惩罚；让每个成员承担一定的压力，团队领导者不应该成为“所有的苦，所有的累，我都独自承担”的典型，团队领导者越轻松，说明管理得越到位；在学术问题讨论上，要民主要平等，不做“学霸”，不搞“一言堂”，充分调动每个成员的积极性。

（4）加强团队内部培训

学习型团队建设过程中，团队成员在工作态度、专业技能、团队协作能力等方面会存在与成功高效团队要求不相一致的地方。因此，有针对性地对成员加强培训，是团队领导者的重要使命。团队内部培训主要表现为新员工入职培训、在职人员岗位培训和团队协调配合能力培训，而团队协调配合能力往往是困扰学习型团队建设的关键因素。重视协调配合能力方面的培训应从认同团队内部制度规范开始，围绕团队成员工作心态建设、明确各环节责任分工和提升协作精神等方面进行培训。史坎隆教授曾说过：“有效的训练是每天而不是一年才一次的工作。”领导者花在教导下属的时间越多，所得到的效果就会越好。所以，在工作中要有意识地训练团队间整体协调的认识和体验。可组织观看集体型的体育比赛，如足球赛、篮球赛等，然后进行有意引导；业余活动安排集体项目，如登山、拔河比赛等；训练团队感觉，将训练融入日常生活，并养成习惯坚持下去。

（5）实现团队自主管理

为使工作和学习紧密结合，使学习更具有针对性和实效性，团队自主管理模式受到许多企业的重视。自主管理主要表现为三个阶段的循环过程，即自我发现问题、自我学习和自我解决问题。第一阶段：自我发现问题。在团队实现团队目标和愿景的过程中，对遇到的阻力和困难进行初步分析，真正找出问题的所在。第二阶段：自我学习。针对问题，设定解决问题的具体目标，讨论实现这一目标的思路和具体计划。团队每个成员都积极参与，通过对薄弱环节的学习，努力提升自我素质。第三阶段：自我解决问题。以团队为单位，整体谋划，分工负责。从发现问题、寻求解决方案到真正尝试去克服困难，解决问题。

以人为本，创建学习型团队是优化团队管理的重要基础，是企业应付知识要求和知识创新的唯一方式，也是塑造积极健康团队文化环境的必然选择。未来真正出色的企业是使全体员工全心投入并善于学习、持续学习的组织，因此，团队管理者应该通过酿造学习型组织的工作氛围和企业文化，引领员工不断学习、不断进步、不断调整观念，从而使团队更具有长盛不衰的生命力。

复习思考题

1. 简述领导的实质和作用。
2. 权变理论的实质是什么?请用菲德勒模型分析一个具体例子。
3. 领导者应如何根据下属的成熟度来改变自己的领导方式?

4. 按照管理方格理论,最有效的领导方式是哪种?如何实现?
5. 简述激励过程。
6. 需要层次理论有哪些主要内容?
7. 公平理论和强化理论的主要观点是什么？
8. 按照双因素理论,什么因素才能真正激励员工?为什么?
9. 组织管理中最普遍使用的沟通方式有哪些?
10. 为什么说非正式沟通渠道有时要比正式沟通渠道更有效?
11. 简述冲突管理的概念及冲突管理方法。
12. 简述团队的概念及如何创建学习型团队。

实践训练

实践训练一　了解企业激励方式与手段

[实训项目]

了解某企业的激励方案及沟通方式。

[实训目的]

通过对企业的访问，使学生了解领导、激励、沟通理论如何在企业管理中进行应用。

[实训内容]

1. 通过对企业的走访，了解该企业所应用的激励方案及所采取的主要沟通方式。
2. 访问企业员工，了解他们对现有激励及沟通的态度。

[实训组织]

1. 把全班学生分成若干小组，一般每小组 5 人比较合适。
2. 各小组首先走访企业领导，了解有关激励方案及沟通形势。
3. 在已掌握基本情况后，走访员工，考察上述措施实际效果。

[实训考核]

1. 每个小组写一份走访报告供教师批阅。
2. 每名学生要填写一份实训报告，供教师考察此次实训的实际效果。该报告一般包括：实训目的；实训内容；本人承担任务及实际完成情况；实训小结；实训评语。

实践训练二　分析与探讨——杰出领导者的特质

[实训项目]

凭直觉挑选出三位你认为是优秀成功的领导者（如朋友、亲属、政府官员、知名公众人物等），分析与探讨你觉得这些人是优秀成功领导者的原因。

[实训目标]

1. 比较凭直觉得出的领导特质和领导理论中的领导特质。
2. 具备良好特质的人不一定会成为优秀的领导者，但优秀的领导者都具有一些良好的特质，让学生初步培养并自觉养成一些良好的特质。

[实训内容与要求]

对挑选出的三位杰出领导者，分别列举出你认为他们优秀的原因。将三个人的列表进行比较，如果有的话，哪些特质是三个人共同具备的？老师将引导学生针对相应列表展开关于领导特质的讨论。学生讲出自己的看法，老师将其记录于黑板上，引导学生思考要想成为一名杰出的领导者，该如何培养一些良好的特质。

[实训成果与检测]

列表内容记录结束后，组织一次课堂讨论。讨论需澄清下列问题，教师根据学生表现进行评估打分。

1．哪些特质总是出现在学生的列表中？

2．这些特质更多的是行为导向还是特质导向？

3．在何种情境下，这些特质是有用的？

4．如果有的话，这项练习表明了领导的哪些特性？

以上问题均以学生个体为单位进行，让部分学生代表口头述评，教师最后点评，在讨论的基础上，每个同学把自己概括提炼的文字材料信息汇总之后交老师存档。

素质拓展

素质拓展一　团队练习

这是一项运用领导生命周期理论的练习。针对下列各种不同情形，请选择一种合适的领导方式。

情形 1　你所领导的跨部门任务小组正在致力于完成一项全厂范围的调研报告。任务小组中有一个成员出席过去的五次会议一直都迟到，他对此既不道歉也不做解释。而且，他迟迟没有交来所在部门的成本数据。现在他必须在 3 日内将这些数据交到任务小组。此时，你是否应当：（1）明确告诉他希望他做什么，并严密地监督他完成这份工作？（2）同他讨论他为什么一直迟到，并对他完成该任务的努力予以支持？（3）强调何时该交来这些成本数据，并对他的努力给予支持？（4）认定他会准备好这些成本数据并交到任务小组？

情形 2　你手下的一位员工不断给你制造麻烦。她一直没精打采的，只有在你不断地推动之下才勉强完成任务。然而，最近你感到她发生了变化。她的工作表现改善了，你也越来越少提醒她按时完成任务。她甚至还提出了改进其工作绩效的若干建议。此时，你是否应当：（1）继续指导和严密监督她的工作？（2）继续监督她的工作，但听取她的建议并采纳那些合理的建议？（3）采纳她的建议，并支持她的想法？（4）让她对自己的工作承担起责任？

情形 3　你的部门因预算的限制，有必要进行整编。你请了你部门中一位经验丰富的人负责这项工作。她在你部门的每个领域都工作过，并一直渴望能提供帮助。你感到她有能力履行这一使命，可她却似乎对这项任务的重要性反应漠然。此时，你是否应当：（1） 自己担起整编的担子，但积极听取她的建议？（2）将这项任务授予她，让她自己决定如何完成任务？（3）同她讨论部门的情势，鼓励她以她的能力和经验大胆地接受这项任务？（4）自己担起整编的担子，并明确指示她要做什么和严密地监督她的工作？

情形 4　你的员工要你考虑对他们的工作进度作一调整。过去你一直鼓励和支持他们提建议。这次，你的员工已清楚地意识到需要做一更改，并且已经准备好另一进度方案，建议你试行。你的成员都十分能干，而且作为一个群体配合得非常好。此时，你是否应当：（1）准许员工参与制订新的进度方案并支持小组成员的建议？（2）你独自设计和推行新的进度方案，但听取员工们的建议？（3）允许员工们自己制订和执行新的进度方案？（4）你独自设计新的进度方案，并严密地指导它的实施？（本拓展练习选自王凤彬，朱克强．MBA 管理学教学案例精选．上海：复旦大学出版社，1998.）

[拓展目标]

1．培养团队协作精神。

2．让学生熟悉在各种情景下，领导者应该怎样不同地对待自己的下属。

3．通过实训，理解领导生命周期理论。

[拓展形式]

课堂讨论；网上搜集资料进行分析。

[拓展要求]

搜集相关资料；分组进行讨论，讨论的同时将团队合作作为一项考核标准。

[成果检验]

1．每组提交一份总结，对领导者应当如何对待下属方面进行深入分析。

2．组长对每个同学的表现进行评议，并分析成功与不足之处，或者小组内部互评综合得分。

3．各组派代表发言，分别对其他各组评分，并指出成功与不足。

素质拓展二　为所在班级或模拟公司制定一份激励计划

[拓展目标]

1．培养对实际管理系统进行观察分析的能力。

2．培养运用激励理论，进行有效激励的能力。

[拓展形式]

1．课堂讨论。

2．网上搜集资料进行分析。

3．由模拟公司组织小组讨论。

4．每人写出发言提纲。

5．以班级为单位组织讨论。

[拓展要求]

1．调查并深入研究本班学生学习积极性及包括奖学金在内的激励状况。

2．以模拟公司为单位，就如何在本班进一步调动学习积极性、实现有效激励组织研讨。

3．每人为班级起草一份激励计划。

4．在班级组织研讨，深入分析目前的激励状况，研讨如何有效激励，充实完善同学们的激励计划。

5．在课下准备，可安排 1～2 课时集中讨论。

6．每个人认真阅读、分析案例，并查抄有关资料。

[成果检验]

1．每组提交一份总结，对如何激励进行深入分析。

2．组长对每个同学的表现进行评议，并分析成功与不足之处，或者小组内部互评综合得分。

3．各组派代表发言，分别对其他各组评分，并指出成功与不足之处。

素质拓展三　实地交际与沟通

[拓展目标]

1．培养与陌生人交际的能力。

2．培养与别人沟通与交涉的能力。

[拓展形式]

1．课堂讨论。

2．网上搜集资料进行分析。

3．由模拟公司组织小组讨论。

4．每人写出发言提纲。

5．以班级为单位组织讨论。

[拓展要求]

1．主动同一位陌生人交往，交流某个问题，并动员其与你共同做一件有意义的事。

2．运用交际与沟通理论，运用交际与沟通的艺术。

3．事先要有精心的策划；事后要进行简要的小结。

4．班级组织一次交流，每个小组推荐2人介绍交际与沟通的过程及体会。

[成果检验]

1．每组提交一份总结，对如何与陌生人沟通进行深入分析。

2．组长对每个同学的表现进行评议，并分析成功与不足之处，或者小组内部互评综合得分。

3．各组派代表发言，分别对其他各组评分；并指出成功与不足之处。

案例分析

案例一　晋升停滞的骨干员工，留得住吗?

辉阳是一家小的民营医药公司，原公司业务部经理王先生深受公司总裁的器重，总裁多次在公开场合称赞王先生为公司做出了巨大的贡献。王先生也的确通过自己出色的工作能力为公司开拓了业务，使公司的业绩蒸蒸日上。当然，公司也没有亏待他，他很快由一个业务员升至公司中层经理，在各平级部门中也因为受到总裁的器重而颇有地位，但是由于公司的高层职位是有限的，王先生高升的空间已经快到尽头了。

就在这个时候，总裁发现自己的办公桌上的一封辞职信，王先生要离开公司。王先生在辞职信上说，很感激公司的栽培，但是，我追求自己的事业发展，所以决定离开公司。据知情的人说，王先生已经注册了自己的公司，利用自己在辉阳公司建立的客户关系和社会关系网络，经营与原公司相似的业务。

王先生的离去让辉阳公司的总裁感到无比恼怒，但既然公司已经不能为其提供更大的事业发展机会，员工离去能过分苛求吗？然而，更为严重的是，由于王先生在公司是“独当一面”，许多客户和重要信息都由他一手掌握，王先生离开后，公司其他人既不熟悉这些宝贵的信息，又暂时无法担当其业务经理的职责，原来的客户也纷纷转向与王先生的新公司进行合作。辉阳公司面临艰难的困境！然而，最让人感到困惑的是，对王先生这类顶尖级的骨干员工，除了晋升与加薪之外，还有没有其他更好的激励办法？

事实上，受金字塔结构的固有特点和组织结构的日益扁平化两方面因素的影响，员工迈向晋升停滞期的步伐加快了。几乎所有的人早晚都会遇到这种结构性的晋升停滞，因为爬得越高，职位越有限，这种现象在层级式的组织中尤为明显，而且组织提高运作效率的要求又使得“减层”的压力越来越大。而这些骨干员工事业心强，关注个人发展机会，对薪酬的要求不高，要想留住他们，也许真要另辟蹊径。

（案例来源：周三多. 管理学（第二版）[M]. 北京：高等教育出版社，2008.）

[思考与讨论]

1. 随着经济的发展，仅仅加薪、晋升的激励不一定能留住骨干员工。企业还应根据员工的特点，采用多样的激励方法。请用马斯洛的理论分析王先生的需求是什么？能用什么样的激励方法来留住他呢？

2. 企业层级扁平化却引起员工晋升停滞，从而挫伤了员工的积极性，你认为有什么办法可以解决吗？

3. 针对这个案例中，你觉得晋升是保健因素还是激励因素，为什么？

案例二　梁山泊英雄排座次

施耐庵《水浒传》的写法是让英雄们次第出场，叙述其英雄故事，一直写到 70 回，才聚齐 108 条好汉。这些好汉到齐后的第一件事就是排座次。梁山的组织结构很有特色，它的职能和权力地位是分开的，座次实际上是权力等级，不是职能结构，排在前几位的是：山东及时雨宋江、河北玉麒麟卢俊义、智多星军师吴用、入云龙公孙胜、大刀关胜、豹子头林冲……这样依次排下去。这种排法融入了家庭文化的味道，例如权力最大的宋江被称为“宋公明哥哥”，大小事都由他决定。排座次事件、权力分配既是组织的一项重要任务，也是组织的结构基础。梁山组织结构的特点是：地位是由座次决定的，职能则是由个人的特长决定的。梁山职能分为临时职能和固定职能两部分。所有能战斗的头领分为马军、步军和水军三类，比如，马军五虎上将豹子头林冲、霹雳火秦明、双鞭呼延灼、大刀关胜、双枪将董平；步军头领包括黑旋风李逵、行者武松、花和尚鲁智深等；水军头领阮氏三雄等人。他们平时负责操练和统辖军队，战时则组成临时的任务组，采取点将的方式指派任务。一些日常的固定任务由负有专门特长的人执行，比如参谋用智多星吴用和神机军师朱五；文秘选的是圣手书生萧让，他字写得特别好，据说能模仿当时北宋时代各家的书体；财务选的是神算子蒋敬，这个人打算盘很好；审判选了铁面孔目裴宣；种植是由菜园子张青负责；管招待的是笑面虎朱富；管交通的是神行太保戴宗；管仪仗的是特别魁伟的险道神郁保四；宰牛的事由操刀鬼曹正主管。所以，梁山的固定职能都是根据人物特长来决定的。整个梁山就是一个由权力和职能（包括固定职能和临时任务组）构成的完善的大型“企业”。

如果我们把梁山看成一个大公司，通过它的成长可以看到公司创业过程中的几件事：① 长本事。要在梁山这个公司中发挥作用，必须自己有一定的本事，没有特长就没有位置。② 交朋友。在长本事的过程中要交朋友，为将来一起合作建立信任基础，梁山公司里每人都有一系列的朋友。③ 扯大旗。把所有的人聚在一起排座次后，就要建立一个纲领，建一个宗旨来增强号召力。④ 拉队伍。这包括定结构、定职能、分配权力，不断扩大队伍、扩张势力，用梁山的语言叫“入伙”。⑤ 闯天下。有了队伍之后，组织要从外部得到资源，创建成果，才能保持稳定和发展。例如，梁山打祝家庄、增头市、大明府，闯东京、征辽国、征方腊，它通过这个来实现组织的价值并保持组织的稳定发展。⑥ 谋战略。梁山在这件事上是有一定问题的，梁山只反贪官不反皇帝，一旦招安把一切事情交给朝廷，任由人摆布，最后导致了悲惨的结局。上述六件事情是有一定顺序的。比如长本事和交朋友的顺序就不能颠倒，交朋友融在长本事中，可以增进感情并且可以确保朋友的层次和质量，能为事业打下基础。一定要有了朋友才能立起大旗，要是先立起大旗却没有朋友，那就人单势孤、后劲不足了。

从管理的角度看，梁山的高层管理团队也很有特色。以宋江为核心的这个团队里面，有用板斧的李逵，他脾气暴躁，好动粗，但特别忠于宋江，好几次说到东京杀了皇帝让宋江坐天下，一旦有谁要反对宋江，他就会瞪起眼睛，所以这是一个有勇气敢冲锋的角色；另一个是摇扇子的军师吴用，他总是扮演幕后咨询、出主意的角色，事情分析得很透彻，安排得也很好；还有一个是宋江自己，心软有同情心，讲仁义，关心兄弟们的生活，名声在外；最后就是一些敢于承担责任、关键时刻敢于下手的，如林冲、武松。

所以，梁山领导团队的角色分工很齐整，人事来时，有依靠个人魅力号召下面的，有出主意的，也有勇于冲锋的，而且一旦下属出问题也有扮黑脸的。简单概括起来就是有勇有谋，有德有力，这样“四有”的团队管理力量当然很强。

（案例来源：中国人力资源网，http://www.hr.com.cn/）

[思考与讨论]

1．结合《水浒传》中的英雄人物，认识权力的五种类型，他们拥有的权力中有哪些属于与职位有关的权力，有哪些属于与职位无关的权力？

2．梁山的高层管理团队有哪些特色？

3．结合梁山高层管理团队认识团队的角色、规范、组成与团队凝聚力之间的关系。

案例三　刘林的沟通风格

刘林适应性很强，他对任何对他工作的评论都很敏感。对自己做的一切事情尽力去改善。他希望属下的工人喜欢他，同时他做的质量工作能得到别人的认可。同事们知道他的项目经常完成得很好。刘林愿在经济上和物质上都健全的环境下工作，他也希望他的设备能在安全良好的状态下运行。由于对自己工作绩效的期望较高，他总觉得其他工人达不到他的标准。如果变化降低他的工作质量的话，他就会抵制变化。如果变化不可避免的话，他需要再次确保他的标准会继续得到执行。他以创造性及对细节和质量的关注而闻名。对他工作的任何批评，他都会非常敏感。如果你要对他的工作进行批评，你必须正确，因为他不会对你的批评等闲视之。他的座右铭是“质量是第一位的工作”，把项目做好和工作做正确对他很重要，如果能在工作的数量和质量之间进行选择的话，无疑他会挑选后者。

刘林喜欢搜集数据以利于决策，但搜集的数据如此之多，以至于难以进行决策。他具有日常决策的能力；对大的决策非常谨慎，希望确信自己的决定能完全正确：他倾向基于工作质量而不是效率做决策；当要求快速决策时，他就会觉得紧张。他以有能力理解复杂的事实而自豪。他善于专攻数据，同时不断寻找解决问题的最好方法，他对观察和搜集不同主题的数据非常在行。如果对给定的主题真有兴趣，他就会阅读和倾听相关信息。只有在深思熟虑和权衡利弊得失之后才会做出决定，他能敏锐地觉察其决策的社会、经济、政治含义。刘林想建立和别人的友善关系，从而能以一种友好和维护社交的方式影响别人。如果可能，他会避免面对面的冲突，刘林的工作就是他自己的写照，当别人攻击他的工作时，他就会与其争论。很有耐心，在成就目标的途中能持之以恒。他能以合作的方式来回应挑战，他希望即便没有“耀眼的明星”，也可通过“团队”工作来赢得挑战。刘林通常声音柔和，他的风度往往使和他一起工作的人忽略了他的严格性。他拥有强烈和不能动摇的信念，而这一点不易被别人觉察。因为他偏好逻辑性强的数据，所以就喜欢和逻辑性较强的人交流。以一种非常随意的方式表达事实会让他厌烦和分神，他喜欢对工作期望非常明确的经理，倾向于在多数场所不参加或不表达自己，当感到受威胁时效率很低。

（案例来源：百灵教育网，http://edu.bkeelink.com.cn/）

[思考与讨论]

1．识别刘林的沟通风格。

2．如何适应他的风格？

3．刘林这种类型的人对组织稳定有何贡献？

管理游戏

管理游戏一　成功的五大支柱

[游戏概述]

这是一个角色扮演游戏，在游戏中，参与者需要识别出五种基本的沟通技巧，这些技巧对成功地面对面客户服务至关重要。该游戏特别适用于那些需要提高面对面沟通技巧的员工。

[游戏时间]

10～15 分钟。

[游戏步骤]

寻找两个志愿者充当演员，在团队面前进行角色扮演。给每个演员派一个角色并把剧本发给他们。给他们一段时间来熟悉角色，然后要求他们演绎出他们的客户服务遭遇（场景一）。告诉其他参与者要特别注意演员的所作所为及它们是如何影响两人间的交流与互动的。

在表演结束后，询问其他的参与者都注意到了什么，然后让演员表演场景二，要求其他的参与者找出客户服务代表所做的对客户有积极影响的五件事。

通过要求观众识别五件客户服务代表做得比较好的事来总结这次角色扮演游戏。他们可能会总结出五件以上的事，但他们至少应该识别出以下的几件事：问候客户、进行眼神交流、微笑、使用开放的肢体语言和向客户致谢等。

[讨论题]

1．为什么要问候客户？

2．为什么进行眼神交流很重要？

3．为什么要微笑？

4．使用开放的肢体语言的重要性在哪里？能不能举几个开放的肢体语言的例子？

5．为什么要向客户致谢？

场景一

这是一个短小的角色扮演场景，它发生在一家旅行社。在第一幕中，客户服务代表（CSR）很友好，并提供了一系列的帮助，但却忽略了以下五件非常重要的事。

微笑；问候客户；使用开放的肢体语言；进行眼神交流；向客户致谢。

客户：你好！

CSR：（看着客户走进来，但没有微笑，也没有说什么）

客户：恩，我想了解一些有关加勒比海旅游线路的信息。

CSR：（使用一种友善的声音，但双手交叉抱在胸前，而且没有直接看着客户……）

当然，我们提供了几种选择，你需要一些介绍手册，还是你想查看一下可行性和价格信息？

客户：哦，我现在只需要一些手册带回家看。我们到明年之前还没有打算去。

CSR：没问题，这里有一些你需要的手册（将手册交给客户）。你可以看一看，如果有什么问题，可以给我打电话。

客户：好的，谢谢你。

CSR：没关系（客户转身离开）。

场景二

这是对第一个角色扮演场景的重新设定，但这回客户服务代表却记住了这五件事。

微笑；问候客户；使用开放的肢体语言；进行眼神交流；向客户致谢。

CSR：（看着客户走进来，面带微笑）早上好！

客户：你好！

CSR：（直面客户，做眼神交流）我能为您做些什么吗？

客户：恩，我想了解一些有关加勒比海旅游线路的信息。

CSR：好的，我们提供几种选择。您需要一些介绍手册，还是想查看一下可行性和价格信息？

客户：哦，我现在只需要一些手册带回家看。我们到明年之前还没有打算去。

CSR：没问题，这里有一些你需要的手册（将手册交给客户）。你可以看一看，如果有什么问题，可以给我打电话。

客户：好的，谢谢你。

CSR：谢谢你的来访（客户转身离开）。

管理游戏二　寻找共同的图案

[游戏目的]

综合运用领导手段，包括指挥、激励沟通的具体运用。

[游戏时间]

20～30分钟。

[所需材料]

空白纸条，带有信息的纸条。

[游戏步骤]

1．教师首先将学生分成多个小组，每个小组6～8人。小组划分完，教师要求各小组成员在小组内部选举出一位“董事长”，然后由“董事长”从小组成员中挑选并任命一位经理，其他小组成员作为员工这样组织框架就基本构建起来。

2．教师说明游戏规则如下。

第一，不许越级指挥和汇报，即“董事长”不能越过经理直接指挥员工，员工也不允许越过经理直接向董事长汇报和询问。

第二，只允许使用文字方式沟通，不允许讲话。要在30分钟内完成，哪个组最先完成任务就算优胜者。

第三，不管遇到什么问题，只有“董事长”有权举手示意，并低声向教师询问，此外，所有事情都只能在你们组织内部通过文字沟通的方式解决。

3．教师给每个小组发了厚厚的一沓类似便笺的空白纸条，供大家沟通使用。让这些“董事长”们远离他们的经理和员工，经理和员工坐在一起。教师先给每一位“董事长”发了一张上面画有五种图案的纸，图的下面有几行文字说明，接着又给每一个小组的成员发了类似的一张纸，郑重声明不能交换，游戏开始了。

4．经理和员工拿到的纸是一样的，上面画有五种图案，有的图案是一只鸟，有的图案是交通标志，图案的下面注明培训师刚刚宣布的各种游戏规则，此外什么都没有。董事长拿到的纸有所不同，除了其他成员掌握的信息外，这张纸上多了一条信息，即“你们小组的每个人都拿了这样一张纸，上面也有五种图案，这些图案是不同的，只有一种图案在你们每个人拿到的纸上都有，你的任务是带领你的下属，在最短的时间内将这个共同的图案找出来，要求小组成员每个人都能向教师指出这个共同的图案”。

仔细观察，每个小组的做法都有什么不同？

结合案例信息，分析各小组表现差异的原因。

管理故事

有七个人曾经住在一起，每天分一大桶粥。要命的是，粥每天都是不够的。

一开始，他们抓阄决定谁来分粥，每天轮一个。于是乎每周下来，他们只有一天是饱的，就是自己分粥的那一天。

后来他们开始推选出一个道德高尚的人出来分粥。强权就会产生腐败，大家开始挖空心思去讨好他，贿赂他，搞得整个小团体乌烟瘴气。

然后大家开始组成三人的分粥委员会及四人的评选委员会，互相攻击扯皮下来，粥吃到嘴里全是凉的。

最后想出来一个方法：轮流分粥，但分粥的人要等其他人都挑完后拿剩下的最后一碗。为了不让自己吃到最少的，每人都尽量分得平均，就算不平，也只能认了。大家快快乐乐，和和气气，日子越过越好。

同样是七个人，不同的分配制度，就会有不同的风气。所以一个单位如果有不好的工作习气，一定是机制问题，一定是没有完全公平公正公开，没有严格的奖勤罚懒。如何制订这样一个制度，是每个领导需要考虑的问题。

第七章　控　　制

章前导读

名医扁鹊的故事

魏文王问名医扁鹊说："你们家兄弟三人，都精于医术，到底哪一位最好呢？"扁鹊答："长兄最好，中兄次之，我最差。"文王再问："那么为什么你最出名呢？"扁鹊答："长兄治病，是治病于病情发作之前。由于一般人不知道他事先能铲除病因，所以他的名气无法传出去；中兄治病，是治病于病情初起时。一般人以为他只能治轻微的小病，所以他的名气只及本乡里。而我是治病于病情严重之时。一般人都看到我在经脉上穿针管放血、在皮肤上敷药等大手术，所以以为我的医术高明，名气因此响遍全国。"

管理心得是：事后控制不如事中控制，事中控制不如事前控制，可惜大多数的事业经营者均未能体会到这一点，等到错误的决策造成了重大的损失才寻求弥补，而往往是即使请来了名气很大的"空降兵"，结果也于事无补。

欧洲某银行香港分行实施平衡计分卡的案例

这是一家世界知名欧洲银行的香港分行，该银行的原母公司是比利时的第二大银行，在成立 170 多年亚洲发生金融风暴后不久被一家欧洲的保险公司所收购合并，因此，在一段颇长的时间内最高管理阶层忙于合并后要处理的事宜，因此把推行平衡计分卡的计划延迟了，最近该银行在香港的业务又被工商银行收购，将会成为香港的第四大银行。

以下描述的是当年这家银行的高级经理们决定采用平衡计分卡作为战略管理工具的做法。他们首先制定了香港分行的战略，接着成立了跨部门的 BSC 工作小组。这个工作小组在拟定平衡计分卡指针过程中反复讨论，从不同的角度探索该银行的战略成功因素，其中较大的困难在拟定及搜集相关资料方面。由于很多时候没有现成的资料，需要用大量的一手资料（primary data）。在设计平衡计分卡过程中，不同部门的同事会提出不同的看法，经相互讨论后达成共识，这个讨论过程增强了各个部门之间的了解，加强团队精神及合作性。

以下是经过不同管理层讨论后拟定的平衡计分卡指针。

F 财务角度（financial perspectives），财务表现是所有商业企业的最终及最重要成果，以下 F1 ~ F5 五个财务指针是该银行最关键的成果指针。包括有短期的净利润（F1）；资本效益的运用（F2）；重要业务的趋势（F3）；成本的有效控制（F4）；影响银行较长远发展的风险管理（F5）。把成果指针拟定之后，还要找出适当的具体项目反映该指针的表现，定期做出检讨，有必要时还要做出修正，因为每家银行都有其独特性。

本案例所列举的指针只供参考之用。

C 顾客角度（customer perspectives），所有顾客角度指针应与财务角度指针有因果关系，否则是没有意义的。C1，顾客满意度；C2，顾客群组利润/顾客组别的利润；C3，市场份额；C4，顾客保留率/新客增长率；C5，业务多元化。

P操作角度（process perspectives），所有操作角度指针应与顾客及财务角度指针存有因果关系P1、P2、P3、P4是C1、C2、C3、C4的因，而P1、P2、P3、C4、C5是F5的因。P1——效率；P2——错误率：P3——程序周期效率；P4——满足顾客要求的百分率。

L学习与成长角度（learning & growth perspectives），所有学习与成长角度指针应与操作、顾客及财务角度指针存有因果关系，L1、L2、L3、L4是P1、P2、P3、P4、C1、C4、F4及F5的因。L1——员工满意度；L2——提供适合的培训；L3——对自己及其他相关部门的认识；L4——工作能力。

通过采用平衡计分卡，该银行成功地实现了战略转变，总体的竞争能力得到了提高。通过改善客户满意度和扩大产品组合，赢得了更多客户的认同，留住老客户的同时也吸引来了大批新目标的客户。这样也就提高了市场占有率和银行的盈利率。同时，银行的工作效率和员工的能力和业务素质也得到了明显提高。

能够成功推行平衡计分卡最重要的是要企业真正把财务、顾客、操作及学习4个方面的关键因素找出来并建立它们之间的因果关系，财务指针最终一定要为所有非财务指针的果。企业管理阶层要落实定时检讨、量度及管理所有的平衡计分卡指针，没有量度也等于没有管理。

资料来源：顾良智．有效运用平衡计分卡[J]．中国金融家，2004.（本文引用时有改动）

第一节 控制活动

控制是管理工作的基本职能，是管理过程循环的最后一环。通常认为，管理工作始于计划的制定，然后是组织和领导计划的实施，但计划实施的结果如何？计划所确定的目标是否顺利得以实现？甚至计划目标本身是否制定得科学合理？要掌握这些情况并处理所出现的问题，就需要开展有效的控制工作。控制是管理过程不可分割的一部分，是企业各级管理人员的一项重要工作内容。

一、控制的含义及重要性

1．控制的含义

控制是监视组织各方面的活动，保证组织实际运行状况与组织计划要求，保持动态适应的一项管理职能。作为一项重要的管理职能，控制工作就是由管理人员对组织实际运行是否符合预定的目标进行测定并采取措施确保组织目标实现的过程。从传统的意义上理解，控制工作指的是“纠偏”，也即按照计划标准衡量计划的完成情况，针对出现的偏差情况采取纠正措施，以确保计划得以顺利实现，这是一种狭义的控制概念。

从广义的角度来看，控制工作并不仅限于按照既定的计划标准来衡量和纠正计划执行中的偏差，它同时还包含着在必要时修改计划标准，以使计划更加适合于实际情况的含义。现实中，组织的运行往往是“非零”起步的，这样，上一阶段控制的结果就可能导致组织确立新的目标、提出新的计划，并在组织结构、人员配备和领导等方面做出相应改变。正是在这种意义上，控制职能也可以说是下一阶段管理工作过程的起点。至于管理教科书中概括的以计划职能为起点的“计划—组织—领导—控制”模式，很明显地是以组织的运行由“零”起步作为假设。在管理工作的实际过程中，很难区分出计划与控制究竟哪个是开始、哪个是结束。控制可以说既是一个管理工作过程的终结，又是一个新的管理工作过程的开始。而且，计划与控制工作的内容还常常相互交织地联系在一起。管理工作本质上就是由计划、组织、领导、控制等职能有机地联系而构成的一个不断循环的过程。

2．控制的重要性

控制的重要性正如定义所示的那样，在管理中具有重要的作用，主要体现在以下几个方面。

（1）任何组织任何活动都需要进行控制

尽管计划可以制定出来，组织结构可以调整得非常有效，员工的积极性也可以调动起来，但是这仍然不能保证所有的行动都按计划执行，不能保证管理者追求的目标一定能达到，只有结合有效的控制系统，才能最大限度地向目标方向逼近。因此控制是非常重要的。

（2）控制需要管理者授权

许多管理者认为授权是一件困难的事，其中主要原因是害怕下属如果犯错误而由他来承担责任，从而许多管理者试图靠自己做事来避免授权给他人。但是，如果形成一种有效的控制系统，这种不愿授权的事情就会大大减少，因而控制是管理工作程序化、规范化的重要保证，能够减轻各层管理者的工作量，从而使管理者有更多的时间考虑企业的长远发展和战略问题。

3．管理控制的目标和特点

由管理人员作为一项重要的管理职能开展的控制工作，我们通常将之称作“管理控制”，以便使之与物理、机械、生物及其他领域的控制相对区别开来。在现代管理活动中，管理控制工作的目标主要有以下两个。

（1）限制偏差的累积。一般来说，任何工作的开展都不免要出现一些偏差。虽然小的偏差和失误不会立即给组织带来严重的损害，但在组织运行一段时间后，随着小差错的积少成多和积累放大，最终就可能对计划目标的实现造成威胁，甚至给组织酿成灾难性的后果。防微杜渐，及早地发现潜存的错误和问题并进行处理，就有助于确保组织按预定的轨迹运行下去。有效的管理控制系统应当能够及时获取偏差信息，及时采取矫正偏差措施，以防止偏差的累积而影响到组织目标的顺利实现。

（2）适应环境的变化。组织计划和目标在制定出来后总要经过一段时间的实施才能够实现。在这段实施过程中，组织内部的条件和外部环境可能会发生一些变化，如组织内部人员和结构的变化、政府可能出台新的政策和法规等，这些变化的内外环境不仅会妨碍计划的实施进程，甚至可能影响计划本身的科学性和现实性。因此，任何组织都需要构建有效的控制系统，帮助管理人员预测和把握内外环境的变化，并对这些变化带来的机会和威胁做出正确、有力的反应，以将组织调整到适应的状态。

管理控制无论是着眼于纠正执行中的偏差还是适应环境的变化，都是紧紧地围绕组织的目标进行的。同其他管理工作一样，控制工作也具有明确的目的性特征。换言之，管理控制并不是管理者主观任意的行为，它总是受到一定的目标指引，服务于达成组织特定目标的需要。控制工作的意义就体现在，通过发挥“纠偏”和“调适”两方面的功能，促使组织更有效地实现其根本的目标。

除了目的性这一突出的特点外，管理控制还具有以下几个特点。

（1）整体性。这包含两层意思：一是从控制的主体来看。完成计划和实现目标是组织全体成员共同的责任，管理控制应该成为组织全体成员的职责，而不单单是管理人员的职责。让全体成员参与到管理控制工作中来，是现代组织中推行民主化管理思想的重要方面。再从控制的对象来看，管理控制覆盖组织活动的各个方面，人、财、物、时间、信息等资源，各层次、各部门、各单位的工作，以及企业生产经营的各个不同阶段等，都是管理控制的对象。不仅如此，管理控制中需要把整个组织的活动作为一个整体来看待，使各方面的控制能协调一致，达到整体的优化。

（2）人本性。管理控制本质上是由人来执行的而且主要是对人的行为的一种控制。与物理、机械、生物及其他方面的控制不同，管理控制不可忽视其中的人性因素。管理控制应该成为提高员工工作能力的工具。控制不仅仅是监督，更重要的是指导和帮助。管理者可以制定偏差纠正计划，但这种计划要靠员工去实施，只有当员工认识到纠正偏差的必要性并具备纠正能力时，偏差才会真正被纠正。通过控制工作，管理者可以帮助员工分析偏差产生的原因，端正员工的工作态度，指导他们采取纠正的措施。这样，既能达到控制的目的，又能提高员工的工作和自我控制能力。

（3）动态性。管理工作中的控制不同于电冰箱的温度调控，后者是一种高度程序化的控制，具有稳定性特征；组织则不是静态的，其外部环境和内部条件随时都在发生着变化，从而决定了控制标准和方法不可能固定不变。管理控制应具有动态的特征，这样可以保证和提高控制工作的有效性与灵活性。

二、控制的必要性

斯蒂芬·罗宾斯曾这样描述控制的作用：“尽管计划可以制定出来，组织结构可以调整得非常有效，员工的积极性也可以调动起来，但是这仍然不能保证所有的行动按计划执行，不能保证管理者追求的目标一定能达到。”理想的状态是不可能成为企业管理的现实的。无论计划制定得如何周密，由于各种各样的原因，人们在执行计划的活动中总是会或多或少地出现与计划不一致的现象。管理控制的必要性主要是由下述原因决定的。

1. 环境的变化

如果企业面对的是一个完全静态的市场，其中各个影响企业活动的因素永不发生变化，例如，市场供求、产业结构、技术水平等，那么，企业管理人员便可以年复一年、日复一日地以相同的方式组织企业经营，工人可以以相同的技术和方法进行生产作业，因而，不仅控制工作，甚至管理的计划职能都将成为完全多余的东西。事实上，这样的静态环境是不存在的，企业外部的一切每时每刻都在发生着变化。这些变化必然要求企业分析原先制定的计划，从而对企业经营的内容作相应的调整。

2．管理权力的分散

只要企业经营达到一定规模，企业主管就不可能直接地、面对面地组织和指挥全体员工的劳动。时间与精力的限制要求他委托一些助手代理部分管理事务。由于同样的原因，这些助手也会再委托其他人帮助自己工作。这便是企业管理层次形成的原因。为了使助手们有效地完成受托的部分管理事务，高一级的主管必然要授予他们相应的权限。因此，任何企业的管理权限都制度化或非制度化地分散在各个管理部门和层次。企业分权程度越高，控制就越有必要。每个层次的主管都必须定期或非定期地检查直接下属的工作，以保证授予他们的权力得到正确的利用，利用这些权力组织的业务活动符合计划与企业目的的要求。如果没有控制，没有为此而建立的相应控制系统，管理人员就不能检查下级的工作情况。即使出现权力的滥用或活动不符合计划要求等其他情况，管理人员也无法发现，更无法采取及时的纠正行动。

3．工作能力的差异

即使企业制定了全面完善的计划，经营环境在一定时期内也相对稳定，对经营活动的控制也仍然是必要的。这是由不同组织成员的认识能力和工作能力的差异所造成的：完善计划的实现要求每个部门的工作严格按计划的要求来协调地进行，然而，由于组织成员是在不同的时空进行工作的，他们的认识能力不同，对计划要求的理解可能发生差异，即使每个员工都能完全正确地理解计划的要求，但由于工作能力的差异，他们的实际工作结果也可能在质和量上与计划要求不符。某个环节可能产生的这种偏离计划的现象，会对整个企业活动的进行造成冲击。因此，加强对这些成员的工作控制是非常必要的。

三、控制的基本原理

1．任何系统都是由因果关系链联结在一起的元素的集合，元素之间的这种关系就叫耦合。控制论就是研究耦合运行系统的控制和调节的。

2．为了控制耦合系统的运行，必须确定系统的控制标准 Z：控制标准 Z 的值是不断变化的某个参数集的函数，即 $Z=f(S)$。例如为了控制飞机的航行，必须确定航线，飞机在航线上的位置 S 的值是不断变化的，所以控制标准 Z 的值也必然是不断变化的。

3．可以通过对系统的调节来纠正系统输出与标准值 Z 之间的偏差，从而实现对系统的控制。

企业也是一个耦合运行系统，其生产经营活动的全过程就是由严密的因果关系链联结起来的。无论是整个过程或其中的某个阶段、某个环节，为了得到一定的产出，就必须有一定的投入。通过控制投入生产过程的资金、人力、物资及管理和技术信息，就可控制企业生产经营活动的产出。

为了保证企业目标的实现，只是把生产过程组织起来并制定出严密的计划还不够。在计划执行过程中，由于受到企业系统内外各种干扰因素的影响，企业各生产环节的实践活动偏离预定计划的情况是经常发生的，也是不可避免的。这时就必须把计划作为控制标准值 Z，然后通过调节各子系统和各生产环节的活动，来保证企业系统目标的实现。

四、管理控制的基本类型

管理控制按照分类标准的不同，可以有各种各样的分类法。其中最常见的一种分类是，根据控制信息获取的方式和时点不同而将管理控制划分为前馈控制、现场控制和反馈控制三类，如图 7-1 所示。

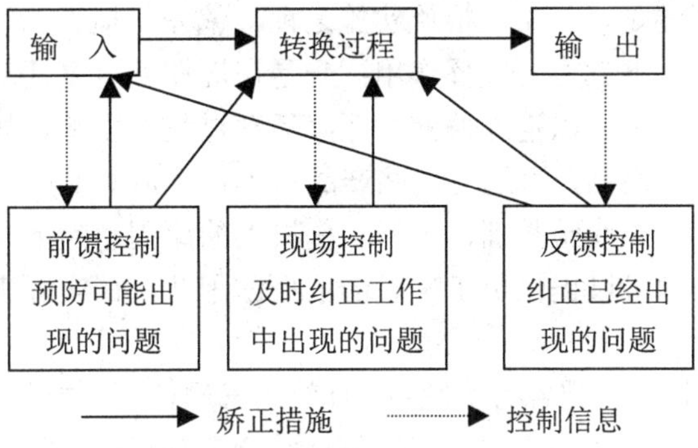

图 7-1 控制类型示意图

前馈控制是在工作正式开始前对工作中可能产生的偏差进行预测和估计并采取防范措施，将可能的偏差消除于产生之前，如组织总要制定一系列规章制度让员工遵守，以这种事前对基本行为的规范保证工作的顺利进行。再如，企业为了生产出高质量的产品而对进厂原材料进行检验，对员工进行上岗前培训等，这些都属于前债控制。前债控制是一种防患于未然的控制，所以通常亦称作事前控制或者预先控制。

工作正在进行中所施予的控制，叫作现场控制，也称作同步控制或同期控制。现场控制主要有监督和指导两项职能。监督是按照预定的标准检查正在进行的工作，以保证目标的实现；指导是管理者针对工作中出现的问题，根据自己的经验指导下属改进工作，或与下属共同商讨矫正偏差的措施以便使工作人员能正确地完成所规定的任务。管理者亲临现场就是一种最常见的现场控制活动。

反馈控制是在工作结束或行为发生之后进行的控制，故常称作事后控制。这种控制把注意力主要集中于工作或行为的结果上，通过对已形成的结果进行测量、比较和分析，发现偏差情况，依此采取措施，对今后的活动进行纠正。

前馈控制的相对优点表现在：首先，前债控制是在工作开始之前进行的，可以防患于未然，以避免事后控制对已铸成的差错无能为力的弊端；其次，前馈控制是在工作开始之前针对某项计划行动所依赖的条件进行控制，不针对具体人员，因而不易造成面对面的冲突，易于被员工接受并付诸实施。但是，前馈控制需要及时和准确的信息，并要求管理人员能充分了解前馈控制因素与计划工作的影响关系。从现实看，要做到这些是十分困难的，因此，组织也必须依靠其他方式的控制。

现场控制具有指导的职能，有助于提高工作人员的工作能力和自我控制能力。但是，现场控制也有很多弊端。首先，运用这种控制方式容易受到管理者的时间、精力和业务水平的制约。管理者不能时时事事都进行现场控制，只能偶尔或在关键项目上使用这种控制方式；其次，现场控制的应用范围较窄，一般来说，对于便于计量的工作较易进行现场控制，而对一些难以计量的工作，就很难进行现场控制；再次，现场控制容易在控制者与被控制者之间形成对立情绪，伤害被控制者的工作积极性。

反馈控制的主要弊端是，在矫正措施实施之前，偏差、损失已经产生，只能"亡羊补牢"。但反馈控制可在如下三方面发挥作用：一是在周期性重复活动中，可以避免下一次活动发生类似的问题；二是可以消除偏差对后续活动过程的影响，如产品在出厂前进行最终的质量检验，剔除不合格品，可避免这些产品流入市场后对品牌信誉和顾客使用所造成的不利影响；人们可以总结经验教训，了解工作失误的原因，为下一轮工作的正确开展提供依据；最后，反馈控制可以提供员工奖惩的依据。因此，在实际工作中，反馈控制得到了相当广泛的应用。

总的来说，三种控制方式都各有优缺点。有效的管理控制不能只依靠某一种控制方式，而必须根据特定情况将各种控制方式各有侧重地结合起来使用，以取得综合控制效果。

第二节　控制过程

控制是根据计划的要求，设立衡量绩效的标准，然后把实际工作结果与预定标准相比较，以确定组织活动中出现的偏差及其严重程度；在此基础上，有针对性地采取必要的纠正措施，以确保组织资源的有效利用和组织目标的圆满实现。

一、有效控制的原则

为了使控制工作做得更加切实有效，一般需要注意以下几条原则。

1．控制应该同计划与组织相适应

管理的各项职能相互关联、相互制约。控制的目的既然是保证计划得到顺利实现，就需要依靠组织中的各单位、各部门及全体成员来实施。所以，控制系统和控制方法应当与计划和组织的特点相适应。不同的计划具有不同的特点，因而控制所需的信息也各不相同。例如，对成本计划的控制信息主要是各部门、各单位甚至各种产品在生产经营过程中发生的费用；对产品销售计划的控制，则要收集销售产品的品种、规格、数量和交货期的情况。

控制工作越是考虑到各种计划的特点，就越能更好地发挥作用。

控制还应当反映组织结构的类型和特征。组织结构既然明确规定了企业内每个人所担任的职务和相应的职责权限，因而它也就可以成为确定计划执行的职权所在和产生偏差的职责所在的依据。由此也说明了，有效的管理控制必须能够反映一个组织的结构状况并通过健全的组织结构予以保证，否则只能是空谈。健全的组织结构有两方面的含义：一方面，要能在组织中将反映实际情况和工作状态的信息迅速地上传下达，保证联络渠道的畅通；另一方面，要做到责权分明，使组织结构中的每个部门、每个人都能切实担负起自己的责任。否则，偏差一旦出现就难以纠正，控制也就不可能得以实现。

2．控制过程应避免出现目标扭曲问题

组织在将规则程序和预算这些低层次的计划作为控制标准时，最容易发生目标与手段相置换的问题。本来，规则程序和预算只是组织实现高层次计划目标的手段，但在实际控制过程中，有关人员对这些手段的关注可能超过对实现组织目标的关注，或者忘记了这些手段性措施只是为实现组织目标服务的，以致出现了为遵守规定或完成预算而不顾实际控制效果的种种刻板、僵硬、扭曲的行为。控制的功能障碍也就由此产生。当人们丧失了识别组织整体目标的能力时，往往会出现“不是组织在运用控制职能，而是控制在束缚着组织”的不正常现象。因此，管理者在控制工作过程中特别要注意到次一层级控制标准的从属性和服务性地位，这点对于成功、有效地实施控制至关重要。

3．控制工作应注重培养自我控制能力

广大员工在生产和业务活动的第一线，是各种计划、决策的最终执行者，所以，员工进行自我控制是提高控制有效性的根本途径。比如，要提高产品质量，仅靠工商部门监督和新闻报道是不够的，重要的是企业改善管理、加强控制，而在企业中，光靠管理者重视和完善控制制度也是不够的，广大员工应加强质量意识，并对产品生产的每个环节严格把关，这才是提高产品质量的最终保证。

自我控制具有很多优点。首先，自我控制有助于发挥员工的主动性、积极性和创造性。自我控制是员工主动控制自己的工作活动，是自愿的。这样，他们在工作中便能潜心钻研技术，对工作中出现的问题会主动设法去解决。其次，自我控制可以减轻管理人员的负担，减少企业控制费用的支出。再次，自我控制有助于提高控制的及时性和准确性。实际工作人员可以及时准确地掌握工作情况的第一手材料，因而能及时准确地采取措施，矫正偏差。

4．控制应该突出重点，强调例外

这一原则要求管理者在一个完整的计划执行过程中选出一定的关键点，把处于关键点的工作预期成果及其影响因素作为控制的重点。控制要突出重点。管理者不能也没有必要事无巨细地对组织活动的方方面面都进行控制，而是要针对重要的、关键的因素实施重点控制。作为一位负责的管理人员，可能会希望自己对所管理的领域有全面的了解和把握，但组织中的工作活动往往错综复杂、涉及面广，谁也无法对每一方面、每一件事均予以控制。因此，根据“关键的少数，次要的多数”的统计规律，找出和确定最能反映或体现经营成果的关键因素，并加以控制，这就可以成为一种有效的控制方法。

控制也应强调例外。管理者将控制工作重点放在计划实施中的例外情况上，可以使他们把有限的精力集中在真正需要引起注意和重视的问题上。不过，例外并不能仅仅依据偏差数值的大小来确定，而要考虑客观的实际情况。在同一个组织中，对于不同类别的工作，一定额度的偏差所反映的事态严重程度并不一样。有时，管理费用高于预算的 5%可能无关紧要，而产品合格率下降 1%却可能出现产品严重滞销问题。所以，在实际工作中，例外原则必须与控制关键问题的原则结合起来，注意关键问题上的例外情况。

5. 控制应具有灵活性、及时性和经济性的特点

灵活的控制是指控制系统能适应主客观条件的变化，持续地发挥作用，控制工作本身是变化的，其依据的标准、衡量工作所用的方法等都可能会随着情况的变化而变化。如果事先制定的计划因为预见不到的情况而无法执行，而事先设计的控制系统仍在如期运转，那将会在错误的道路上越走越远。例如，假设预算是根据一定的销售量制定的，那么，如果实际销售量远远高于或低于预测的销售量，原来的预算就会变得毫无意义，这时就要求修改甚至重新制定预算，并根据新的预算制定合适的控制标准。

控制工作还必须注意及时性。信息是控制的基础，为提高控制的及时性，信息的收集和传递必须及时。如果信息的收集和传递不及时，信息处理时间又过长，偏差便得不到及时矫正。更有甚者，实际情况已经发生了变化，这时采取的矫正措施不仅不能产生积极作用，反而会带来消极的影响。

为了进行控制而支出的费用和由控制而增加的收益都直接与控制程度相关。这就是说，控制工作一定要坚持适度性的原则，以便提高经济性。所以，从经济性角度考虑，控制系统并不是越复杂越好，控制力度也不是越大越好。控制系统越复杂、控制工作力度越大，只意味着控制的投入越大，而且，在许多情况下，这种投入的增加并不一定会导致计划的更顺利实施。

二、管理控制的基本过程

管理控制的工作过程，不论控制的对象是新技术的研究与开发，还是产品的加工制造，或是市场营销宣传；是企业的人力资源，还是物质要素，或是财务资源，控制的过程都包括三个基本环节的工作。

（1）制定控制目标，建立控制标准。控制目标、控制标准是控制工作得以开展的前提，是检查和衡量实际工作的依据和尺度。如果没有控制目标、标准，便无法衡量实际工作，控制工作也就失去了目的性。

（2）衡量实际工作，获取偏差信息。偏差信息是实际工作情况或结果与控制标准要求之间所发生偏离程度的信息。了解和掌握偏差信息，是控制工作的重要环节。如果没有或无法得到这方面的信息，那么就无法知道是否应该采取矫正措施以及应采取多大强度的矫正措施，这样控制工作便无法正常地开展。信息是控制的前提和基础。

（3）分析偏差原因，采取矫正措施。任何控制行动都是针对问题及其产生的原因而采取相应的解决对策。控制措施、对策、办法的提出必须建立在对偏差原因进行正确分析的基础上。不正确的归因会导致控制行动的低效、无效甚至负效果。

总之，控制目标与标准、偏差信息、矫正措施是控制工作的三项基本要素，它们相互关联、相互依存、缺一不可。无论在什么地方，也无论控制的对象是什么，着眼于纠正偏差的控制过程都包括这三项基本要素，要求开展与这三项要素相对应的工作步骤。图 7-2 的外圈就反映了以“纠偏”为目标的控制工作过程的基本步骤。

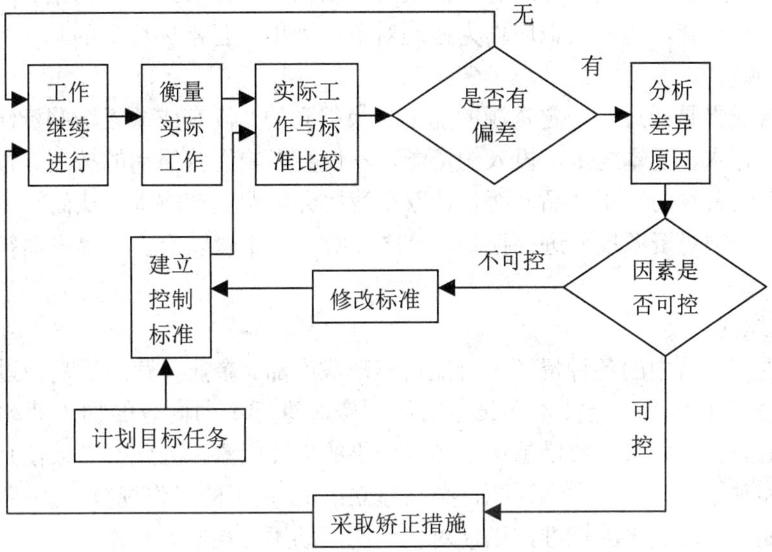

图 7-2　控制过程示意图

真正有效的管理控制系统应该具有这种“调适”或“适应”的功能。图 7-2 中的内圈反映了此种促使组织更好地适应环境变化为目标的管理控制过程。该过程实际上是与计划过程糅合在一起的。本章后面有关控制过程各步骤工作内容和方法的介绍主要围绕以“纠偏”为目的的管理控制活动。

三、管理控制的过程要素

（一）确立标准

标准是人们检查和衡量工作及其结果（包括阶段结果与最终结果）的规范。制定标准是进行控制的基础，没有一套完整的标准，衡量绩效或纠正偏差就失去了客观依据。

1．确定控制对象

标准的具体内容涉及需要控制的对象，这是在建立标准之前首先要加以分析的。那么，企业经营与管理中哪些事或物需要加以控制呢？无疑，经营活动的成果是需要控制的重点对象。控制工作的最初动机就是要促进或比较有效地取得预期的活动结果。因此，要分析企业需要什么样的结果。要保证企业取得预期的成果，必须在成果最终形成以前进行控制，纠正与预期成果的要求不相符的活动。因此，需要分析影响企业经营结果的各种因素，并把它们列为需要控制的对象。影响企业在一定时期经营成果的主要因素如下。

（1）关于环境特点及其发展趋势的假设

企业在特定时期的经营活动是根据决策者对经营环境的认识和预测来计划和安排的。如果预期的市场环境没有出现，或者企业外部发生了某种无法预料和不可抗拒的变化，那么原来计划的活动就可能无法继续进行，从而难以为组织带来预期的结果。因此，制定计划时所依据的对经营环境的认识应作为控制对象，列出“正常环境”的具体标志或标准。

（2）资源投入

企业经营成果是通过对一定资源的加工转换得到的。没有或缺乏这些资源，企业经营就会成为无源之水、无本之木。投入的资源，不仅会影响经营活动的按期、按量、按要求进行，从而影响最终的物质产品，而且其取得费用会影响生产成本，从而影响经营的盈利程度。因此，必须对资源投入进行控制，使之在数量、质量以及价格等方面符合预期经营成果的要求。

（3）组织的活动

输入到生产经营中的各种资源不可能自然形成产品。企业经营成果是通过全体员工在不同时间和空间上利用一定技术和设备对不同资源进行不同内容的加工劳动才最终得到的。企业员工的工作质量和数量是决定经营成果的重要因素，因此，必须使企业员工的活动符合计划和预期结果的要求。为此，必须建立：① 员工的工作规范；② 各部门和各员工在各个时期的阶段成果的标准，以便对他们的活动进行控制。

2．选择控制的重点

企业无力、也无必要对所有成员的所有活动进行控制，而必须在影响经营成果的众多因素中选择若干关键环节作为重点控制对象。美国通用电气公司关于关键绩效领域（key performance areas）的选择或许能对我们提供某种启示。通用电器公司在分析影响和反映企业经营绩效的众多因素的基础上，选择了对企业经营成败起决定作用的八个方面，并为它们建立了相应的控制标准。这八个方面如下。

（1）获利能力

通过提供某种商品或服务取得一定的利润，这是任何企业从事经营的直接动因之一，也是衡量企业经营成败的综合标志，通常可用与销售额或资金占用量相比较的利润率来表示，它们反映了企业对某段时期内投资应获利润的要求。利润率实现情况与计划的偏离，可能反映了生产成本的变动或资源利用效率的变化，从而为企业采取改进方法指出了方向。

（2）市场地位

市场地位是指对企业产品在市场上占有份额的要求。这是反映企业相对于其他厂家的经营实力和竞争能力的一个重要标志。如果企业占领的市场份额下降，那么意味着由于价格、质量或服务等某个方面的原因，企业产品相对于竞争产品来说其吸引力降低了，因此应该采取相应的措施。

（3）生产率

生产率标准可用来衡量企业各种资源的利用效果，通常用单位资源所能生产或提供的产品数量来表示。其中，最重要的是劳动生产率标准。企业其他资源的充分利用在很大程度上取决于劳动生产率的提高。

（4）产品领导地位

产品领导地位通常指产品的技术先进水平和功能完善程度。通用电器公司是这样定义产品领导地位的：它表明企业在工程、制造和市场方面领导一个行业的新产品和改良现有产品的能力。为了维持企业产品的领导地位，必须定期评估企业产品在质量、成本方面的状况及其在市场上受欢迎的程度。如果达不到标准，就要采取相应的改善措施。

（5）人员发展

企业的长期发展在很大程度上依赖于人员素质的提高。为此，需要测定企业目前的活动及未来的发展对职工的技术、文化素质的要求，并与他们目前的实际能力相比较，以确定如何为提高人员素质采取必要的教育和培训措施。要通过人员发展规划的制定和实施，为企业及时供应足够的经过培训的人员，为员工提供成长和发展的机会。

（6）员工态度

员工的工作态度对企业目前和未来的经营成就有着非常重要的影响。测定员工态度的标准是多个方面的。例如，可以通过分析离职率、缺勤率来判断员工对企业的忠诚，也可通过统计改进作业方法或管理方法合理化建议的数量来了解员工对企业的关心程度，还可通过对定期调查的评价分析来测定员工态度的变化。如果发现员工态度不符合企业的预期，那么任其恶化是非常危险的，企业应采取有效的措施来提高他们在工作或生活上的满足程度，以改变他们的态度。

（7）公共责任

企业的存续是以社会的承认为前提的，而要争取社会的承认，企业必须履行必要的社会责任，包括提供稳定的就业机会，参加公益事业等多个方面。公共责任能否很好地履行关系到企业的社会形象，对企业能否成功运营是非常重要的。企业应根据有关部门对公众态度的调查，了解企业的实际社会形象同预期的差异，改善对外政策，提高公众对企业的满意程度。

（8）短期目标与长期目标的平衡

企业目前的生存和未来的发展是相互依存，不可分割的。因此，在制定和实施经营活动计划时，应能统筹长期与短期的关系，检查各时期的经营成果，分析目前的高利润是否会影响未来的收益，以确保目前的利益不是以牺牲未来的利益和经营的稳定性为代价而取得的。

3．制定标准的方法

控制的对象不同，为它们建立标志正常水平的标准的方法也不一样。一般来说，企业建立标准的方法有三种：利用统计方法来确定预期结果；根据经验和判断来估计预期结果；在客观的定量分析的基础上建立工作标准。

（1）统计性标准

统计性标准也叫历史性标准，是以分析反映企业经营在历史各个时期状况的数据为基础来为未来活动建立的标准。这些数据可能来自本企业的历史统计，也可能来自其他企业的经验；据此建立的标准，可能是历史数据的平均数，也可能是高于或低于中位数的某个数，比如上四分位值或下四分位值。

利用本企业的历史性统计资料为某项工作确定标准，具有简便易行的好处。但是，据此制定的工作标准可能低于同行业的卓越水平，甚至是平均水平。这种条件下，即使企业的各项工作都达了标准的要求，也可能造成劳动生产率的相对低下，制造成本的相对高昂，从而使经营成果和竞争能力劣于竞争对手。为了克服这种局限性，在根据历史性统计数据制定未来工作标准时，充分考虑到行业的平均水平，并研究竞争企业的经验是非常必要的。

（2）根据评估建立标准

实际上，并不是所有工作的质量和成果都能用统计数据来表示，也不是所有的企业活动都保存着历史统计数据，对于新从事的工作，或统计资料缺乏的工作，可以根据管理人员的经验、判断和评估来为之建立标准。利用这种方法来建立工作标准时，要注意利用各方面管理人员的知识和经验，综合大家的判断，给出一个相对先进合理的标准。

（3）工程标准

严格地说，工程标准也是一种用统计方法制定的控制标准，不过它不是对历史性统计资料的分析，而是通过对工作情况进行客观的定量分析来进行的。例如，机器的产出标准是其设计者计算的在正常情况下被使用的最大产出量；工人操作标准是劳动研究人员在对构成作业的各项动作和要素的客观描述与分析的基础上，经过消除、改进和合并而确定的标准作业方法；劳动时间定额是利用秒表测定的受过训练的普通工人以正常速度按照标准操作方法对产品或零部件进行某个（些）工序的加工所需的平均必要时间。

（二）衡量绩效

企业经营活动中的偏差如能在产生之前就被发现，则可以指导管理者预先采取必要的措施加以避免。这种理想的控制和纠偏方式虽然有效，但其现实可能性不是很高，最满意的控制方式应是能在偏差产生以后迅速采取必要的纠偏行动。为此，要求管理者及时掌握能够反映偏差是否产生，并能判定其严重程度的信息。为了能够及时、正确地提供能够反映偏差的信息，同时又符合控制工作在其他方面的要求，管理者在衡量工作成绩的过程中应注意以下几个问题。

1．通过衡量成绩，检验标准的客观性和有效性

衡量工作成效是以预定的标准为依据的，但利用预先制定的标准去检查各部门在各个

阶段的工作，这本身也是对标准的客观性和有效性进行检验的过程：检验标准的客观性和有效性，是要分析通过对标准执行情况的测量能否取得符合控制需要的信息。在为控制对象确定标准的时候，人们可能只考虑了一些次要的因素，或只重视了一些表面的因素，因此，利用既定的标准去检查人们的工作，有时并不能达到有效控制的目的。在衡量过程中对标准本身进行检验，就是指出能够反映被控制对象的本质特征，从而选择最适宜的标准。要评价员工的工作热情，可以考核他们提供有关经营或技术改造合理化建议的次数；评价他们的工作效率，可以计量他们提供的产品数量和质量；分析企业的盈利程度，可以统计和分析企业的利润额及其与资金、成本或销售额的相对百分比；衡量推销人员的工作绩效，可以检查他们的销售额是否比上年或平均水平高出一定数量等。由于企业中许多类型的活动难以用精确的手段和方法加以衡量建立标准也就相对困难，因此，企业可能会选择一些易于衡量，但并不反映控制对象特征的标准。衡量过程中的检验就是要辨别并剔除这些不能为有效控制提供必需信息、容易产生误导作用的不适宜标准。

2．确定适宜的衡量频度

控制过多或不足都会影响控制的有效性，这种“过多”或“不足”，不仅体现在控制对象、衡量标准的数目选择上，而且表现在对同一标准的衡量次数或频度上。对影响各种结果的要素或活动过于频繁的衡量，不仅会增加控制的费用，而且可能引起有关人员的不满，从而影响他们的工作态度，而检查和衡量的次数过少，则可能使许多重大的偏差不能及时发现，从而不能及时采取措施。以什么样的频度，在什么时候对某种活动的绩效进行衡量，取决于被控制活动的性质。需要控制的对象可能发生重大变化的时间间隔是确定适宜的衡量频度所需考虑的主要因素。管理人员经常在他们方便的时候，而不是在工作绩效仍“在控制中”进行衡量。这种现象必须避免，因为这可能导致行动的迟误。

3．建立信息反馈系统

负有控制责任的管理人员只有及时掌握了反映实际工作与预期工作绩效之间偏差的信息，才能迅速采取有效的纠正措施。然而，并不是所有的衡量绩效的工作都是由主管直接进行的，有时需要借助专职的检测人员。因此，应该建立有效的信息反馈网络，使反映实际工作情况的信息适时地传递给适当的管理人员，使之能与预定标准相比较，及时发现问题。这个网络还应能及时将偏差信息传递给与被控制活动有关的部门和个人，以使他们及时知道自己的工作状况，让他们知道为什么错了，以及需要怎样做才能更有效地完成工作。建立这样的信息反馈系统，不仅更有利于保证预定计划的实施，而且能防止基层工作人员把衡量和控制视作上级检查工作、进行惩罚的手段，从而避免产生抵触情绪。

（三）纠正偏差

利用科学的方法，依据客观的标准，对工作绩效进行衡量，可以发现计划执行中出现的偏差。纠正偏差就是在此基础上，分析偏差产生的原因，制定并实施必要的纠正措施。这项工作使控制过程得以完整，并将控制与管理的其他职能相互联结：通过纠偏，使组织计划得以遵循，使组织结构和人事安排得到调整。为了保证纠偏措施的针对性和有效性，必须在制定和实施纠偏措施的过程中注意下述问题。

1．找出偏差产生的主要原因

并非所有的偏差都可能影响企业的最终成果。有些偏差可能反映了计划制定和执行工作中的严重问题，而另一些偏差则可能是一些偶然的、暂时的、区域性因素引起的，从而不一定会对组织活动的最终结果产生重要影响。因此，在采取任何纠正措施以前，必须首先对反映偏差的信息进行评估和分析。首先，要判断偏差的严重程度是否足以构成对组织活动效率的威胁，从而值得去分析原因，采取纠正措施；其次，要探寻导致偏差产生的主要原因。纠正措施的制定是以偏差原因的分析为依据的。而同一偏差则可能由不同的原因造成：销售利润的下降既可能是因为销售量的降低，也可能是因为生产成本的提高；前者既可能是因为市场上出现了技术更加先进的新产品，也可能是由于竞争对手采取了某种竞争策略，或是企业产品质量下降，后者既可能是原材料、劳动力消耗和占用数量的增加，也可能是由于购买价格的提高，不同的原因要求采取不同的纠正措施。要通过评估反映偏差的信息和对影响因素的分析，透过表面现象找出造成偏差的深层原因；在众多的深层原因中找出最主要者，为纠偏措施的制定指导方向。

2．确定纠偏措施的实施对象

需要纠正的不仅可能是企业的实际活动，也可能是组织这些活动的计划或衡量这些活动的标准。大部分员工没有完成劳动定额，可能不是由于全体员工的抵制，而是定额水平太高；承包后企业经理的兑现收入可高达数万、甚至数十万元，可能不是出于经营性的努力数倍或数十倍于工人，而是由于承包基数不恰当或确定经营者收入的挂钩方法不合理；企业产品销售量下降，可能并不是由于质量劣化或价格不合理，而是由于市场需求的饱和或周期性的经济萧条。在这些情况下，首先要改变的是衡量这些工作的标准或指导工作的计划。预定计划或标准的调整是由两种原因决定的：一是原先的计划或标准制定得不科学，在执行中发现了问题；二是原来正确的标准和计划，由于客观环境发生了预料不到的变化，不再适应新形势的需要。负有控制责任的管理者应该认识到，外界环境发生变化以后，如果不对预先制定的计划和行动准则及时进行调整，那么，即使内部活动组织得非常完善，企业也不可能实现预定的目标。如果消费者的需求偏好转移，这时，企业的产品质量再高，功能再完善，生产成本、价格再低，仍然不可能找到销路，不会给企业带来期望利润。

3．选择恰当的纠偏措施

针对产生偏差的主要原因，就可能制定改进工作或调整计划与标准的纠正方案，纠偏措施的选择和实施过程中要注意以下几点。

（1）使纠偏方案双重优化

纠正偏差，不仅在实施对象上可以进行选择，而且对同一对象的纠偏也可采取多种不同的措施。所有这些措施，其实施条件和效果相比的经济性都要优于不采取任何行动、使偏差任其发展可能给组织造成的损失，有时最好的方案也许是不采取任何行动（如行动的费用超过偏差带来的损失），这是纠偏方案选择过程中的第一重优化。第二重优化是在此基础上，通过对各种经济可行方案的比较，找出其中追加投入最少、解决偏差效果最好的方案来组织实施。

（2）充分考虑原先计划实施的影响

由于对客观环境认识能力的提高，或者由于客观环境本身发生了重要变化而引起的纠偏需要，可能会导致对原先计划与决策的局部甚至全局的否定，从而要求企业活动的方向和内容进行重大的调整，这种调整有时被称为“追踪决策”，即“当原有决策的实施表明将危及决策目标的实现时，对目标或决策方案所进行的一种根本性修正”。追踪决策是相对于初始决策而言的。初始决策是所选定的方案尚未付诸实施，没有投入任何资源，客观对象与环境尚未受到人的决策的影响和干扰，因此是以零为起点的决策。进行重大战略调整的追踪决策则不然，企业外部的经营环境或内部的经营条件已经由于初始决策的执行而有所改变，是“非零起点”。因此，在制定和选择追踪决策的方案时，要充分考虑到伴随着初始决策的实施已经消耗的资源，以及这种消耗对客观环境造成的种种影响。

（3）注意消除人们对纠偏措施的疑虑

任何纠偏措施都会在不同程度上引起组织的结构、关系和活动的调整，从而会涉及某些组织成员的利益。不同的组织成员会因此对纠偏措施持不同态度，特别是纠偏措施属于对原先决策和活动进行重大调整的追踪决策时。虽然一些原先反对初始决策的人会幸灾乐祸，甚至夸大原先决策的失误，反对保留其中任何合理的成分，但更多的人对纠偏措施持怀疑和反对的态度，原先决策的制定者和支持者会害怕改变决策标志着自己的失败，从而会公开或暗地里反对纠偏措施的实施；执行原决策、从事具体活动的基层工作人员则会对自己参与的已经形成的或开始形成的活动结果怀有感情，或者担心调整会使自己失去某种工作机会，影响自己的既得利益而极力抵制任何重要的纠偏措施的制定和执行。因此，控制人员要充分考虑到组织成员对纠偏措施的不同态度，特别是要注意消除执行者的疑虑，争取更多的人理解、赞同和支持纠偏措施，以保证避免在纠偏方案的实施过程中可能出现的人为障碍。

第三节　控制方法与技术

企业管理实践中有很多种控制方法，管理控制的方法一般可分为预算控制和非预算控制。本节主要介绍预算控制、非预算控制、平衡记分卡控制的理论与方法。

一、预算控制

（一）预算控制及其作用

1．预算控制的含义

预算是一种预测，它就是对未来一段时期内将组织的决策目标及其资源配置规划加以定量化并使之得以实现的内部管理活动或过程，简单地说，是某一个时期具体的、数字化的计划。确定预算数字的方法可以采用统计方法、经验方法或工程方法。因此，它或是按财务项目（例如收入和费用以及资金等），或是按非财务项目（例如直接工时、材料、实物销售量和生产量等）来表明组织的预期成果。

2. 预算的作用

预算是各种领域的管理者最基本的一种控制工具。无论是企业还是政府机关、文化组织等，都需要运用预算来进行控制。

（1）预算是一种计划的工具，编制预算能使确定目标和拟定标准的计划工作得到改进。预算是主要控制手段之一，编制预算实际上就是控制过程的第一步——建立标准。由于预算是以数量化的方式来表明管理工作的标准，从而本身就有可考核性，因而有利于根据标准来评定工作的成效，衡量业绩（控制过程的第二步），并采取纠正措施，纠正偏差（控制过程第三步）。

（2）预算也是一种控制手段，有利于改进组织的协调和控制工作。当为组织的各个职能部门都编制了预算时，就为协调组织的活动提供了基础。同时，由于对预期结果的偏离将更容易被查明和评定，预算也为控制工作中的纠正措施奠定了基础。

（二）预算的种类

预算的种类很多，对企业而言，主要有：（1）收支预算，这是一种最基本的预算形式；（2）现金预算，主要反映计划期间预计的现金收支的详细情况；（3）投资预算是对企业的固定资产的购置、扩建、改造更新等，在可行性研究的基础上编制的预算；（4）资金平衡预算，是控制企业经济活动的一种重要手段，主要对企业的资产、负债、所有者权益及其相互关系进行预测。除此之外，还有一些反映物资设备、人事规划、市场开发等方面支出的各种专项预算。

1. 弹性预算

（1）弹性预算的概念。所谓弹性预算，就是按不同的生产量编制不同的预算。企业按照预算期内不同经营活动水平，考虑了固定成本、变动成本与经营活动水平的关系而编制的一种预算，这种预算方法比较符合实际，能有效地控制费用支出。以生产企业为例介绍：制造费用等间接费用包含有固定成分，也有变动成分，它会随产量而变，但又不与产量成正比。所以编制制造费用预算，确定制造费用标准时就应该考虑到这个因素，通常采用弹性预算来处理这个问题。选择适当的生产量计量单位来衡量制造费用是很重要的。否则，费用的变动性不易掌握，预算费用就不可靠。一般而言，产品单一的车间可用生产量；多品种车间因产品加工不同，可选用劳动定额工时；动力车间供应能源，可使用电度量或煤炭量、蒸汽量等；修理车间提供劳务，可用修理工时；服务部门，可用企业共同的工作量计量单位。

（2）弹性预算编制步骤。弹性预算的具体编制步骤是：第一，选择和确定与预算内容相关的业务量计量标准和范围，如产销量、材料消耗量、直接人工小时、机器工时和价格等；第二，计算、确定各经济变量之间的数量关系，预测计划期或预算期可能达到的各种经营活动业务量；第三，计算各种业务量的财务预算数额，并以列表、图示或公式等方式表示。弹性预算方法实际上仅指出变动成本具有弹性。弹性预算一方面能够适应不同经营活动情况的变化，扩大了预算的适用范围，更好地发挥预算的控制作用，避免在实际情况发生变化时重编预算或作修改。另一方面能够使预算的实际执行情况的评价和考核，建立在更加客观的基础上。为了加强预算控制，企业应根据自身情况选择相应的项目编制弹性预算。

2．零基预算

（1）零基预算的含义

零基预算，是指以零点为基础而制定的预算，也就是排除过去和现实中存在而又可以避免的种种消极因素的影响，把各项生产经营业务视为从头开始的新工作加以安排，客观考虑其获取收益、发生开支和实现利润的可能性，并据以制定预算。

（2）零基预算的优势。第一，零基预算作为一种预算模式，能提高费用使用效益，每项费用数额要依据成本——效益分析确定，这就要求合理分配资金，充分发挥每项费用的使用效益；第二，采用零基预算可以调动各级管理人员的积极性，零基预算不受原有开支水平的限制，没有框框，需要各级管理人员充分发挥主观能动性和创造性，根据具体情况制定方案。

（3）零基预算的编制程序。第一，拟订方案。根据企业的预算总目标和总方针，制定本部门每一项独立的生产经营业务活动的拟订方案，确定活动目标，计算需要支出和费用。第二，评定方案。对每一项业务活动所需要的费用进行成本——效益分析，计算每一项支出和费用可能取得的效益，根据费用项目的性质来权衡轻重、排列顺序、区别等级。第三，落实方案。根据可动用的资金或企业分给本部门所能使用的资金，结合对每项费用的评价，按照排列顺序分配资金、落实方案。

（4）零基预算编制的缺点。在编制零基预算时，其目的仍与上一年相同，并在此基础上对增量进行调整。因此，企业管理人员只会关注其中与上一年不同的地方，这等于又回到增量预算上了。第二，从企业内部选择管理人员多是基层提拔上来的，他们掌握着以前所从事工作方面的知识和信息，对基础预算已经非常了解，所以现在只需熟悉基础预算的变动就可以了。因此，在实际工作中，零基预算很可能犹如画圆，费了半天劲，由终点又回到了起点。

二、非预算控制

非预算控制是采用非预算方式进行的控制方法，主要有：人员行为控制，经济分析，报告与视察，审计法，时间网络分析，市场控制，目标管理和价值工程等方法。现主要介绍以下几种。

（一）人员行为控制

管理控制中最主要的方面就是对人员的行为进行控制，这是因为任何组织当中最关键的资源都是人，任何高效的组织都配备着有能力高效地完成指派任务的优秀人才，这可以从周围许多组织的情况得到证明。怎样选择人员、怎样使职工的行为更有效地趋向组织目标，这就涉及人员行为的控制问题。常用的绩效评定方法有如下几种：鉴定式评价方法，实地审查方法，强选择列等方法，成队列等比较法以及偶然实践评价法。

（1）鉴定式评价法

这种方法是最简单最常用的绩效评价办法。具体做法是，评价人写一篇针对被评价者长处和短处的鉴定，管理者根据这种鉴定给予被评价者一个初步的估计，这种方法的基本假设是评价人确切地知道被评价者的优缺点，对他有很好的了解，并且能够客观地撰写鉴定，适用于调换或任免等人事方面的决策工作。然而，在实际工作当中，上述基本假设有时并不完全满足。况且，由于鉴定的内容不同，标准也不一致，所以用此种方法只能给人一种初步的估计，完全依赖这种办法往往会造成评价的失误。

（2）强选择列等方法

这种方法是为了克服偏见和主观意念，建立比较客观的评价标准。做法是管理者列出一系列有关被评价者的可能情况，然后让评价者在其中选择最适合被评价者的条目，并打上标记。管理者据此加权评分，得分高者就是好的，得分低者就是差的。这种方法比较准确，但它只限于应用在性质类似或标准的工作，超出这个范围其准确性将大为降低。

（3）成队列等比较法

这种方法基点是把要评价的人员两两进行比较，即每个人都同所有的人比较一次，然后按照某种评价标准进行选择。例如，被评价的人员一年来对企业的贡献，或在工作中的开拓和进取精神等。在两两比较时，选择较好的一个打上标记。当全部比较完毕，标记最多者就是根据所定标准最出色的一人，而无标记者则是最差的一人。但是，这种方法有一个缺陷，就是比较标准只是单一项。如果要有多种标准进行综合衡量，只能对每种标准都进行一次比较，然后每个标准给出一个权数，再进行加权比较来确定次序。这样就使工作量进一步加大，特别是在要被评价的人数较多时更是如此。此外，这种方法由于是依据主观的判断进行，有时能产生较大误差，这时最好有几个人同时单独进行评价工作，最好取平均值以减少这种误差。这种方法同强列等方法都适用于评定工资、奖金等方面。

（4）偶然事件评价法

采用这种方法时，管理人员要持有一份记录表，随时记录职工积极或消极的偶然事件，根据这种记录定期对职工的工作绩效进行评价。根据这种偶然事件进行评价比较客观，但关键是能否把职工的所有偶发事项全部记录下来。另外，对职工来说都有各种责任制，如果责任制所规定的工作标准得到职工的赞同，这种方法就能有效地调动职工的积极性，否则职工还会有不公平感。这种方法和目标管理配合起来使用，可以有效地监控职工的工作。

对人员的行为和绩效进行评价之所以如此困难，主要因为对许多人员来说很难既客观又简明地建立起绩效判断的标准。相当大的一部分评定过程几乎完全根据评定者的主观判断，这种判断极易产生评定偏差，最后导致人员行为的失控。对绩效评定的另一个困难，是多数工作都需要有两个或两个以上的标准来衡量。例如大学教师要做三方面的工作：教学、科研和育人。某人在某些方面可能相当出色，而在其他方面又逊色较多，而且他的成绩随时间变化。因此，对人员的控制，应考虑许多方面的因素，综合运用多种方法。

（二）经济分析方法

利用经济学方法对组织活动进行经济分析，是管理控制的重要手段。盈亏平衡分析、贴现收益分析法和财务报表分析是常用的经济分析方法。

1．盈亏平衡分析

盈亏平衡分析，既是一种决策方法，又是一种控制方法。它能用来控制在不同的生产和销售水平下将会实现的利润额，也可应用于测定各种产品的成本和产销量的关系，为控制各种产品的成本和赢利能力提供标准。

任何产品的成本都是由两部分组成的，一部分为固定成本，另一部分为变动成本。固定成本包括生产这种产品所需要的管理费用、工人基本工资、设备的折旧费用，这些费用基本上是不变的，不随着产量的变化而变化。变动成本包括原材料费用、能源费用等，这些费用随着产量变化而变化。在完全竞争的市场上，产品的价格不能由一个企业自己控制，只能根据市场的价格来销售产品。由此就产生一个问题，即当产量很少时，该企业单个产品的成本就很高。这是因为固定成本不随产量变化，产量少，固定成本占总体成本的比重就大。这时的成本可能高于市场价格，企业发生亏损。只有当产量达到一定水平时，才能收支相抵，超过这个水平企业方可获利。总成本与总收入相等的点被称为损益平衡点，此时对应的产量被称为临界产量。

盈亏平衡分析在管理中有许多用途，如确定临界产量，以便管理者决定是发展还是收缩产品的生产；确定不同的产量水平时其盈亏情况如何？要达到何种产量和销售量才能达到预定的利润；帮助制定价格政策；帮助选择不同行动方案，如销售方法、开发新产品决策和设备更新等方案的选择。

2．贴现收益分析法

贴现是企业向银行取得贷款的一种形式。企业或者个人为了早日取得现金，持未到期的票据向银行请求贴现，银行按市场利息率照票面金额扣除自贴现日起至票据到期日止的利息后，将现金付给请求贴现的企业或个人。具体贴现值计算如下：

$$贴现值=票据到期金额/（1+利润率）n \quad (7\text{-}1)$$

式中：n——单位时间（一般以年为单位）。

按贴现计算收益率方法是把上式中的利润率改成收益率，然后经过变换，使式子左边为收益率，即变成下式：

$$收益率=[(票据到期金额\div贴现值)\times100\%]^{1/n}-1 \quad (7\text{-}2)$$

利用式（7-2）可以对投资进行控制。例如，目前有现金 10 万元，如果对某项目投资，预计一年后能收回20万元，利用上式计算出的收益率为100%，然后把这个收益率同正常情况下的收益率进行比较，如果这个收益率高于正常情况下投资的收益率，这项投资就是有利的，否则就不应该投资。这种控制投资的方法是比较科学的，它包括了资金使用的时间价值。

3．财务报表分析法

财务报表是用于反映企业经营的期末财务状况和计划期内的经营成果的数字表。财务报表分析，又称经营分析，就是以财务报表为依据来判断企业经营好坏，并分析企业经营的长处和短处。它主要包括三种分析：第一，利润率分析，指分析企业收益状况好坏；第二，流动性分析，指分析企业负债与支付能力是否相适应；资金的周转状况和收支状况是否良好等；第三，生产率分析，指分析企业在计划期间内生产出多少新的价值，又是如何进行分配将其变为人工成本、应付利息和净利润的。财务报表分析的控制方法主要有实际数字法和比率法两种，前者是用财务报表中的实际数字来分析，后者是求出实际数字的各种比率再进行分析。由于后者更加容易辨识，所以较常采用。

在比率法中，还可以分为构成比率法、趋势比率法以及相关比率法等，现分述如下。

第一，构成比率法。它的具体做法是，把经济项目中的各个单项占总项目的比率求出来，然后进行分析，如资产负债率，就是求出流动资产和固定资产占总资产的比率，流动资金和固定资金占企业资金总额的比率等。

第二，趋势比率法。这种方法需要把某一年度作为基础期，并把该年度的各项目金额作为基数，根据这种标准求出以后年度各项目金额的百分比。这种方法可以从前后联系中来分析企业的经营状况。

第三，相关比率法。这种方法是先从资产负债表或损益表中挑选出相关的特定项目，然后计算出相关比率进行分析，这是最常见的分析方法。例如选出净利润和总资金这两个相关项目，然后就可利用下式求出总资金利润率：

$$总资金利润率=（净利润/资金总额）\times 100\%$$

各种资本项目都可以按照此法计算出相关比率，例如在流动性分析中，可以计算流动资产对负债的比率；现金、应收款项及流动资金和流动负债的比率。此外，还可以把总资产、应收款项、库存资产、固定资产作为分母，求出这几种周转比率，以掌握资金活动状况。

（三）审计法

审计是常用的一种控制方法，它包括财务审计与管理审计两大类。

1．财务审计

所谓财务审计，是以财务活动为中心内容，以检查并核实账目、凭证、财物、债务及结算关系等客观事物为手段，以判断财务报表中所列出的综合的会计事项是否正确无误，报表本身是否可以信赖为目的的控制方法。通过这种审计还可以判明财务活动是否合法，即是否符合财经政策和法令。财务审计的主要方法有：（1）监督性盘存。监督性盘存是指审计人员监督财产、物资和货币的实际盘点。在盘点过程中，审计人员还应该抽查某些事物的数量和质量。（2）抽样。在为数众多的审计对象中，抽选某些样本进行审核。（3）发函询证。向与被审计对象有往来的单位或个人发函询问，来核对应收付款项的余额。（4）反复对证。以原始凭证为依据，将其同有关实物、单位、个人和其他原始凭据相互对证，而有关的其他原始凭据、实物、单位和个人之间还可以相互对证。（5）凭证检查。凭证检查是指对会计凭证、账簿记录和会计报表的检查。管理审计的方法与审计的一般方法基本一致。

2．管理审计

所谓管理审计，是检查一个单位或部门管理工作的好坏，评价人力、物力和财力的组织及利用的有效性。其目的在于通过改进管理工作来提高经济效益。此外，审计还有外部审计和内部审计之分，外部审计是指由组织外部的人员对组织的活动进行审计，内部审计是组织自身专门设有审计部门，以便审计本组织的各项活动。查明事实真相是管理审计工作中最基本的任务，它一般包括以下几个方面：第一，熟悉被查单位或部门的组织、人事、业务性质、管理制度、业务操作程序以及领导关系等。第二，确定需要取得的资料。第三，查明各种业务记录，如单据、合同、函电、账册、会议记录、总结报告等。第四，向各级管理人员和职工调查，完成书面记录。第五，核实所得材料并进行分析，形成清楚的调查记录。接着就要考虑如何确定客观的评价标准。制定标准要符合审计对象的实际情况，不能太低，也不能太高，最好是处于中上水平，这样被审计对象才有提高管理水平的动力。在具体评价被查对象的管理水平时，可采用比较法，即以查明的实际情况和标准进行比较，利用评分方法表述评价结果。最后综合评价结果提出审计结论。审计结论应在成本效益分析的基础上提出解决管理问题、提高管理水平的具体建议。

（四）网络分析技术

网络分析技术不仅是一种计划编制方法，而且也可以作为一种控制方法有效地对项目所使用的人力、物力、财力资源进行平衡，能够控制项目的时间，能够在实施出现偏差时找出原因和关键因素，并能从总体上进行调整，以保证按质按量达成目标。具体详细情况，参考本书第四章的“网络计划技术”内容。

三、平衡记分卡控制

由于传统的控制方法偏重于财务性衡量指标，而忽视企业创造未来长远的经济价值与利益，因此 1992 年卡普兰（Kaplan）和诺顿（Norton）的文章“平衡记分卡：企业绩效的驱动”一经发表，便得到了学术界和企业界的广泛推崇和应用。

1．平衡记分卡控制的内涵

平衡记分卡是由财务、顾客、内部经营过程、学习和成长四个方面构成的衡量企业、部门和人员的卡片，之所以取名为“平衡记分卡”，是因为它的目的在于平衡，兼顾战略与战术、长期和短期目标、财务和非财务衡量方法、滞后和先行指标。采用平衡记分卡作为控制工具的优点主要体现在以下几个方面。

（1）平衡记分卡将企业的战略置于核心地位。平衡记分卡将企业战略目标在四个方面依序展开为具有因果关系的局部目标，即财务目标、客户目标、内部经营流程目标、学习和成长目标，并进一步展开成对应的评价指标。这些评价指标将所有的员工指向总体的远景规划，要求员工采取能够实现战略目标的行动方案。

（2）平衡记分卡使战略在企业上下进行交流和学习，并与各部门和个人的目标联系起来。平衡记分卡要求部门和个人制定自己的积分卡，在此过程中，必然要求企业更多地交流和相互学习，确立支持整体目标的局部目标行动方案，并确保组织中的各个层次都能理解长期战略和评价指标，从而使部门及个人目标服从总体的战略目标。企业成功的能力已存在于组织之中，如员工具备了执行战略所需要的技术和知识，但是却缺少对战略目标的理解和相应的集中。尽管成功运用平衡记分卡的企业仍然使用相同的设备、相同的产品、相同的人员，但却因为对各经营层面战略目标的统一而使企业形成一个有机的整体。

（3）平衡记分卡有助于短期成果和长远发展的协同和统一。除了传统的财务指标外，平衡记分卡还着重于开发新的能力、接近新的客户和市场等未来发展指标，使企业合理分配资源，在不断取得短期成果中促进长远目标的实现。

2．平衡记分卡的控制指标

（1）财务方面

财务衡量在平衡积分卡中不仅是一个单独的衡量方面，而且是其他几个衡量方面的出发点和落脚点。一套平衡记分卡应该反映企业战略的全貌，从长远的财务目标开始，然后将它们与一系列行动相联系。如果质量、客户满意度、生产率等方面的改善和提高无法转化为销售额的增加、营业费用的减少、资产报酬率的增加等财务成果，那么做得再好也无济于事。财务方面的衡量指标要结合企业的发展阶段，如在成长阶段，由于前期投入较大，企业的现金流量可能是负数，投资回报率亦很低，此时财务衡量应着重于销售额总体增长百分比、特定顾客群体和特定地区的销售额增长率等指标。

（2）客户方面

在客户方面，核心的衡量指标主要包括市场份额、客户回头率、新客户获得率、客户满意度和从客户处所获得的利润率。这些指标存在着内在的因果关系：客户满意度决定了新客户获得率和老客户回头率，后两者又将决定市场份额的大小；新客户获得率、老客户回头率和市场份额等指标共同决定了销售利润率，而客户满意度又源于企业对客户需求的反应时间和产品的功能、质量、价格。

（3）内部经营过程

在内部经营过程方面，应本着满足客户需要来制定衡量指标。现在的内部经营过程往往是以销定产式，常常要创造全新的流程，它循着“调研→寻找市场→产品设计开发→生产制造→销售与售后服务”的轨迹进行。生产制造过程的业绩衡量可以沿用财务指标，例如标准成本和实际成本的差异、成品率、次品率、返工率等。产品设计开发可以采用新产品销售额在总销售额中所占的比例、专利产品销售额在总销售额中所占的比例、比竞争对手率先推出新产品的比例、开发新产品所用的时间、开发费用占营业利润的比例、第一次设计出的产品中可全面满足客户要求的产品所占的比例、在投产前对设计进行修改的次数等指标。售后服务质量的衡量，则可以采用公司对产品故障反应的速度、用于售后服务的人力和物力成本、售后服务一次成功的比例等指标。

（4）学习和成长

在学习和成长方面，最关键的因素是人才、信息系统和组织程序。要促进企业的学习和成长，必须改善企业内部的沟通渠道，加强对员工基于生涯发展的教育和培训，激发员工的积极性，提高员工的满意度。这方面的衡量指标主要包括培训支出、培训周期、雇员满意度、雇员换留率、信息覆盖比率、每个员工提出建议的数量、被采纳建议的比例、采纳建议后的成效、工作团队成员彼此的满意度等。

3．平衡记分卡的控制作用

成功的平衡记分卡控制制度是把企业的战略和一整套财务和非财务性评估手段联系在一起的一种手段。平衡记分卡可以阐明战略并在企业内部达成共识；在整个组织中传播战略；把部门和个人的目标与这一战略相联系；把战略目标与战术安排衔接起来；对战略进行定期和有序的总结；利用反馈的信息改进战略。因此，从某种意义上来说，平衡记分卡不仅仅是一种控制和业绩评价手段，而是一个战略管理方法。

平衡计分卡包括四个角度：财务、客户、业务流程及学习与成长，通过这四个方面的协调及相互影响，能引导企业管理层对企业发展战略作全方位的思考，确保日常业务运作与企业远景和经营战略保持一致。如图 7-3 所示为平衡计分卡框架。

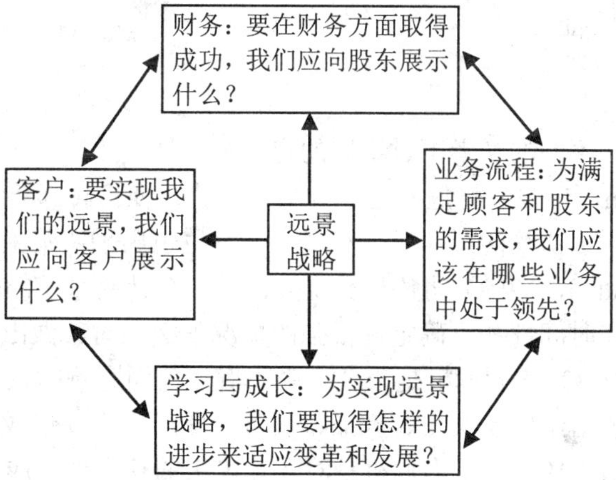

图 7-3　平衡计分卡框架

平衡计分卡就是将传统的财务评价与非财务方面的经营评价结合起来，从与企业经营成功关键因素相关联的方面建立绩效评价指标的一种综合管理控制系统和方法。平衡计分卡的核心思想就是通过财务、客户、内部流程及学习与发展四个方面的指标之间的相互驱动的因果关系展现组织的战略轨迹，实现绩效考核—绩效改进以及战略实施—战略修正的战略目标过程。它把绩效考核的地位上升到组织的战略层面，使之成为组织战略的实施工具。

平衡计分卡中的目标和评估指标来源于组织战略，把组织的使命和战略转化为有形的目标和衡量指标。BSC 中客户方面，管理者们确认了组织将要参与竞争的客户和市场部分，并将目标转换成一组指标，如市场份额、客户留住率、客户获得率、顾客满意度、顾客获利水平等。BSC 中的内部经营过程方面，为吸引和留住目标市场上的客户，满足股东对财务回报的要求，管理者需关注对客户满意度和实现组织财务目标影响最大的那些内部过程，并为此设立衡量指标。BSC 中的学习和成长方面确认了组织为了实现长期的业绩而必须进行的对未来的投资，包括对雇员的能力、组织的信息系统等方面的衡量。组织在上述各方面的成功必须转化为财务上的最终成功。产品质量、完成订单时间、生产率、新产品开发和客户满意度方面的改进只有转化为销售额的增加、经营费用的减少和资产周转率的提高，才能为组织带来利益。因此，BSC 的财务方面列示了组织的财务目标，并衡量战略的实施和执行是否在为最终的经营成果的改善做出贡献。BSC 中的目标和衡量指标是相互联系的，这种联系不仅包括因果关系，而且包括结果的衡量和引起结果的过程的衡量相结合，最终反映组织战略。

第四节　危机管理与控制

一、危机的含义及特征

1．危机的含义

对于危机的概念，不同的学者下过不同的定义。

赫尔曼（Hermann，1972）将危机定义为某种形势，在这种形势中，其决策主体的根本目标受到威胁，且做出决策的反应时间有限，其发生也出乎决策主体的意料之外。

罗森塔尔（Rosenthal，1989）将危机界定为：对一个社会系统的基本价值和行为架构产生严重威胁，并且在时间性和不确定性很强的情况下必须对其做出关键性决策的事件。

巴顿（Barton，1993）认为危机是一个会引起潜在负面影响的具有不确定性的事件，这种事件及其后果可能对组织及员工、产品、服务、资产和声誉造成巨大的损害。

里宾杰（Lerbinger，1997）认为危机是对企业未来的获利性、成长乃至生存发生潜在威胁的事件。

综合不同学者给危机下的定义，我们认为危机是一种对组织基本目标的实现构成威胁、要求组织必须在极短的时间内做出关键性决策和进行紧急回应的突发性事件。

这一定义强调以下几点：第一，危机是对组织构成重大威胁的事件，妨害组织基本目标的实现；第二，危机是一种突发性事件，出乎组织的预料突如其来；第三，危机给予组织决策和回应的时间很短，对组织的管理能力提出了很强的时间性要求。

2．危机的特征

危机有三大特征，即危害性、意外性和紧急性。危害性是指危机会给企业带来重大损害甚至威胁企业的生存。它是危机的主要特征。任何危机都是和危害性相联系。危机之所以引起人们的重视，就是由于它的巨大危害。没有危害性，就没有危机。

意外性是指危机由意外突发事件引起的，它的发生出乎企业的预料。未能预料到危机的发生，可能是由于危机的发生无法预料或者难以预料，也可能是能够预料而实际没有预料到。

紧急性是指危机爆发速度很快，允许组织和个人做出反应的时间很短。

危险性、紧急性和意外性是危机的三个重要特征。这三大特征构成危机的三大要素，缺一不可。其中意外性是危机的起因性特征，紧急性是危机的时间性特征，危险性是危机的结果性特征。危险性是三大特征中的主要特征，这是因为危机与非危机的首要区别是危险性。危机之所以成为人们的研究对象，主要是因为它的危险性。

二、危机管理

“危机管理”是美国学者于20世纪60年代初提出的，首先运用于外交和政治领域，20世纪80年代以来，随着企业竞争环境不确定性的增加，危机管理被引入管理的范畴。

1．危机管理的定义

根据魏加宁在《危机与危机管理》一文中的观点，“危机管理是对危机进行的管理，以达到防止和回避危机，使组织或个人在危机中得以生存，并将危机所造成的损害限制在最低限度的目的”。当前最普遍的一种理解是，所谓危机管理是指根据危机的特征和发展的阶段，为有计划、有组织、有系统地消除隐患、完成既定目标或为减少隐患、降低企业危机情形所带来的威胁的一系列组织活动。其目的在于危机爆发后以最迅速、有效的方法使企业转危为安。

由此可见，危机管理并非危机爆发后的简单事后管理，它包含了组织为防范危机、预测危机、规避危机、化解危机、渡过危机、摆脱危机、减轻危机损害或有意识利用危机等所采取的一系列管理行为。

要理解危机管理，还需要区别以下几组概念的不同。

（1）危机管理与风险管理不同。危机是一种现实威胁和危险，风险是一种潜在威胁和危险；危机是一种根本性的威胁和危险，风险是不论大小的威胁和危险；危机管理是一种非常态管理，风险管理则一般纳入常态管理。

（2）危机管理与问题管理不同。危机是量变引起的质变，问题是量变过程的表现；危机是问题日积月累的结果，问题可能是危机爆发前的信号；危机管理是后果管理，问题管理是过程管理。

（3）危机管理与零缺陷管理不同。零缺陷并不是说绝对没有缺陷，或缺陷绝对要等于零，而是指要“以缺陷等于零为最终目标，每个人都要在自己的工作职责范围内努力做到无缺陷”既然危机是问题日积月累的结果，那么就应加强过程管理，把所有的问题消灭在萌芽状态，实行零缺陷管理。零缺陷管理的本质是危机预防。

2. 危机管理的过程

关于危机管理，众多学者提出了不同的观点。米特罗夫的 M 模型将危机管理分为信号侦测、探测和预防、控制损害、恢复、学习 5 个阶段；罗伯特·希斯将危机管理的过程概括为 4R，即缩减（Reduction）、预备（Readiness）、反应（Response）和恢复（Recovery）；伯奇和古斯等很多专家推荐的三阶段模型，将危机管理分成危机前（Precrisis）、危机（Crisis）和危机后（Post crisis）三个大阶段，每一阶段又可以分为子阶段；诺曼·R.奥古斯丁在《对力求规避的危机管理中》一书中，认为危机的发生是难以避免的，但危机中也孕育着机会，而危机管理的关键就是抓住这些机会，反败为胜，进而将危机管理划分为六个阶段：危机的避免、危机管理的准备、危机的确认、危机的控制、危机的解决和从危机中获利。

虽然上述观点不尽相同，但都要一个共同点，即都认可危机管理是一个全过程的时间序列过程，包括事前管理、事中管理与事后管理。在此可以将危机管理分为危机预防与危机处理两个过程。

三、危机管理的原则

1. 预防原则

“防患于未然”永远是危机管理最基本和最重要的要求。危机管理的重点应放在危机发生前的预防，预防与控制是成本最低、最简便的方法。通过建立一套规范、全面的危机管理预警系统，从危机征兆中，提前透视企业存在的危机。越早采取适当的行动，越可能控制住危机的发展。例如，海尔集团总裁张瑞敏曾经当着全体员工的面，将 76 台带有轻微质量问题的电冰箱当众砸毁，力求消除质量危机的隐患，创造出了“永远战战兢兢，永远如履薄冰”的独具特色的海尔生存理念，给人一种强烈的忧患意识和危机意识，从而成为海尔集团打开成功之门的钥匙。

2. 主动原则

在危机处理过程中，应将公众利益置于首位，以组织的长远发展为危机管理的出发点。当危机发生后，不应急于追究责任在何方，而是应主动承担一定的责任，即使受害者对于危机的爆发也负有责任。在情况尚未查明、公众反映强烈之时，企业应该采取高姿态，宣布如果责任在于自己，一定负责赔偿，以尽快消除危机的影响。

3. 快速反应原则

危机的突发性特点要求危机处理必须迅速有效。危机降临时，当事人应当保持冷静，迅速、果断地全面实施危机管理计划。企业必须以最快的速度设立危机处理机构，争取在第一时间查出原因，找准危机的根源；同时，必须以最快的速度启动危机应变计划并立刻制定相应的对策。例如，在 2003 年的“进口假红牛”危机中，红牛公司临阵不慌，出手“快、准、狠”，将危机的负面影响减少到最小，从容地应对了这场关系品牌和产品的信任危机，体现出了红牛危机管理的水平。

4．沟通原则

在危机发生前后组织都面对着如何进行沟通，消除组织内外的冲突，尤其是媒体管理要贯穿于危机管理始终。往往媒体和公众最不能容忍的并非危机本身，而是企业千方百计隐瞒事实真相或故意说谎。有效的媒体管理可以帮助组织传递信息，提高组织的形象，为管理者提供社会支出，提供解决问题的外脑。

5．信息应用原则

随着信息技术日益广泛地被应用于政府和企业管理，良好的管理信息系统对企业危机管理的作用也日益明显。预防危机必须建立高度灵敏、准确的信息监测系统，随时搜集各方面的信息，及时加以分析和处理，从而把隐患消灭在萌芽状态。在危机处理时，信息系统有助于有效诊断危机原因、及时汇总和传达相关信息，并有助于企业各部门统一口径，协调作业，及时采取补救的措施。

6．全局利益原则

企业在处理危机的过程中，局部利益要服从组织的全局利益。危机可能由局部产生，但其影响却是全局性的，因此必须从全局的角度考虑问题，关键时刻要敢于拿出“壮士断腕”的气概来。

7．创新性原则

危机处理既要充分借鉴成功的处理经验，也要根据危机的实际情况，尤其要借助新技术、新信息和新思维，进行大胆创新。同时，组织危机意外性、破坏性、紧迫性的特点，更需要企业采取超常规的创新手段处理危机。例如，在遇到“非典”这种突发危机时，青岛啤酒公司通过“两个创新”牢牢地抓住了商机。一是渠道的创新。青岛啤酒在许多城市通过与供水系统联合，利用他们的配送网络，实现 “非接触”式的送货上门。第二是销售终端的创新。青岛啤酒改变以城市的酒店为重点的销售终端，把力量集中在小区、社区和农村市场，有计划、有步骤地进一步开发家庭消费市场这个终端。

四、危机管理策略

1．快速反应策略

危机都是突发性的，而且会很快传播到社会上去，引起新闻媒介和公众的关注。有专家统计过，在危机出现的最初 12～24 小时内，消息会像病毒一样，以裂变的方式高速传播。而这时候，可靠的消息往往不多，充斥着谣言和猜测。发生危机时企业必须迅速研究对策，做出反应，使公众了解危机的真相和公司采取的各项措施，争取公众的同情和支持，减少危机造成的损失。高效率和夜以继日的工作是做到快速反应不可缺少的条件。2004 年 11 月，香港廉政公署拘捕了创维董事局主席黄宏生，当时，创维数码在香港被停牌。在此危急关头，公司展开了一系列卓有成效的危机公关活动。正是由于创维公司快速的反应，2005 年 8 月，创维数码在香港发布年报，显示上一个财务年度营业额再创历史性新高。

2．整体运作策略

在进行危机管理时必须系统运行，要综合运用各种手段，实现危机管理。对引发危机的原因，要查明事实真相，积极与媒体沟通，将事情的真实情况通过媒体通报给消费者；动用相关部门的影响力，包括政府、行业协会等，利用他们的权威性澄清有关事实，帮助企业渡过危机；及时处理好与供应商、经销商、银行之间的关系，以防出现釜底抽薪、后院起火的情况；果断决策、系统部署、迅速行动、标本兼治，真正彻底地消除危机，将危机的负面影响降低到最低程度。1982 年 9 月，美国芝加哥地区发生服用含氰化物泰诺药片中毒死亡的严重事故，一开始死亡人数只有 3 人，后来却传说全美各地死亡人数高达 250 人。面对这一严峻的形势，强生公司紧急采取了一系列决策：（1）成立由公司董事长伯克为首的 7 人委员会，对处理“泰诺”事件进行讨论、决策；（2）虽然只有极少数药物受到污染，但公司毅然决定全部收回胶囊，价值近 1 亿美元；（3）与新闻媒介密切合作，以坦诚传播各种真实消息；（4）敞开公司大门，积极配合公众和医药管理局的调查。由于强生公司在“泰诺”事件发生后果断地采取了一系列正确的决策，赢得了公众和舆论的支持，使公司的损失减少到最低程度。

3．承担责任策略

在危机中消费者是弱者，社会舆论往往站在消费者的立场上看待问题，所以危机发生后，无论谁是谁非，企业都要勇于承担责任。企业重点要关注两个方面的问题：一方面是利益的问题，利益是消费者关注的焦点，即使受害者在事故发生中有一定责任，企业也不应首先追究其责任，否则会各执己见，加深矛盾，引起消费者的反感，不利于问题的解决。另一方面是情感问题，消费者很注重企业是否在意自己的感受，因此企业应该站在受害者的立场上表示同情和安慰，并通过新闻媒介向消费者致歉，解决深层次的心理、情感关系问题，从而赢得消费者的理解和信任。反之，在危机中企业运用各种公关手段，即使暂时渡过了危机，不承担责任，但是从长远来看，还是会失掉民心的。

4．真诚沟通策略

危机发生后，企业就会成为消费者和媒体关注的焦点，一举一动都将受到质疑，千万不要有侥幸心理，应该主动地与新闻媒体联系，真诚有效地与消费者沟通，将事实真相及时传递给消费者，促使双方互相理解，消除疑虑与不安。2006 年 9 月，国家质检总局在 SK-Ⅱ品牌的多项化妆品中查出禁用成分铬和钕，第二天宝洁公司公关部便出面言之凿凿地“辟谣”，声称在生产过程中宝洁绝未添加违禁物质。当“罪证”确凿后，便开始为退货设卡，再接着，单方面宣布停售，溜之大吉。宝洁公司在事件中表现出来的行为令消费者气愤，违背了危机处理的真诚沟通原则。

5．借助外力策略

在危机发生后，消费者对企业会持有一种怀疑的心理，单纯依靠企业自身的宣传已很难取得消费者的信任，此时应请出具有权威性的第三者在前台说话，使消费者解除对自己的警戒心理，获得他们的信任。冷静处理与政府的关系，积极求得地方政府的支援，在国内往往能取得非常好的效果，能将损失降低到最低程度。

即使顺利渡过危机，对企业来说也不是一了百了。企业还要对危机发生的原因进行认真的调查，对预警系统的组织和工作内容、危机应变计划、危机决策和处理等各方面进行评价，要详尽地列出危机管理工作中存在的各种问题，分别提出整改措施。总而言之，好的危机总结在为本次危机处理画上圆满的句号的同时，也为应对下次危机做必要的经验准备。

复习思考题

1. 控制是什么？控制的重要性有哪些？
2. 什么是现场控制？实现有效的现场控制需要具备哪些条件？
3. 简述控制的基本原理，控制工作应坚持什么原则？
4. 简述管理控制的工作过程。
5. 如何选择控制的重点？
6. 如何选择控制的标准？
7. 控制方法与技术有哪些？
8. 简述预算控制及其作用。
9. 简述平衡记分卡控制的内涵及其优点。
10. 如何使用平衡记分卡进行控制？
11. 简述危机管理的含义及过程。
12. 简述危机管理的原则与策略。

实践训练

中小型企业的质量保证体系与库存管理办法

[实训项目]

走访一个中小型生产企业或超市，了解其质量保证体系或库存管理的具体办法。

[实训目的]

1. 通过对一个中小型生产企业或超市质量保证体系或库存管理具体办法的了解，使学生对建立企业管理控制系统有初步的整体认识。

2. 通过对质量保证体系或库存管理办法的进一步分析，使学生具备初步的控制技术和方法的运用能力。

[实训内容]

1. 要求学生了解质量保证体系的具体组织，或库存管理办法的具体运作过程。

2. 能运用相关控制技术和方法加以分析，并能找出具体的关键控制点。

[实训组织]

将全班学生分成两大组，分别走访一个中小型生产企业和超市。

[实训考核]

1. 要求每组学生写出一份关于质量保证体系或库存管理办法说明。

2. 要求每组学生写一份1 000～1 500字的实训报告。

素质拓展

西湖公司的控制方法

西湖公司是由李先生靠3 000元创建起来的一家化妆品公司。公司开始时只经营指甲油，后来逐渐发展成为颇具规模的化妆品公司，资产已达6 000万元。李先生于1984年发现自己患癌症之后，对公司的发展采取了两个重要措施：（1）制定了公司要向科学医疗卫生方面发展的目标；（2）高薪聘请雷先生接替自己的职位，担任董事长。

雷先生上任以后，采取了一系列措施，推进李先生为公司制订的进入医疗卫生行业的计划：在特殊医疗卫生业方面开辟一个新行业，同时开设一个凭处方配药的药店，并开辟上述两个新部门所需产品的货源、运输渠道。与此同时，他在全公司内建立了一个严格的控制系统：要求各部门制订出每月的预算报告，每个部门在每月初都要对本部门的问题提出切实的解决方案，每月定期举行一次由各部门经理和顾客参加的管理会议。要求各部门经理在会上提出自己本部门在当月的主要工作目标和经济来往数目。同时他特别注意资产回收率、销售边际及生产成本等经济动向。他也注意人事、财务收入和降低成本费用方面的问题。

由于实行了上述措施，该公司获得了巨大成功。到20世纪80年代末期，年销售量提高4%，到1990年销售额达到20亿元，然而进入90年代以来，该公司逐渐出现了问题。1992年出现了公司有史以来第一次收入下降趋势。商品滞销、价格下跌。主要原因：（1）化妆品市场的销售量已达到饱和状态；（2）该公司制造的高级香水，一直未能打开市场，销售情况没有预测的那样乐观；（3）国外公司对本国市场的占领；（4）公司在国际市场上出现了不少问题，如推销员的冒进得罪了推销商，公司形象未能很好地树立。

雷先生也意识到公司存在的问题。准备采取有力措施，以改变公司目前的处境，他计划要对国际市场方面进行总结和调整，并领导公司开始研制新产品。他相信用大量资金研制的医疗卫生工业品不久也可进入市场。

[思考与讨论]

1. 雷先生在西湖公司里采用了哪些控制方法？

2. 假设西湖公司原来没有严格的控制系统，雷先生在短期内推行这么多控制措施，其他管理人员会有什么反应？

3. 就西湖公司目前的状况而言，应怎样健全控制系统？

[拓展目标]

增强对控制方法的感性认识；培养对实际工作进行有效控制的初步能力；培养对实际控制系统进行观察与分析的能力。

[拓展形式]

每个人认真阅读分析案例，并搜集有关材料；中小企业实地调查与访问；网上搜集资料进行分析。

[拓展要求]

1. 要求搜集和分析该企业管理者的分类，并分别分析高层、中层、基层管理者的技能要求有何不同，综合管理者、职能管理者的职位表现形式有何区别。

2. 建议分组进行，真正走访实地了解中小企业进行控制问题的具体分析。

3. 每组组长首先要搞好走访企业的调查与活动的策划，做好组内成员的分工。

[成果与检测]

1. 每组提交一份调查报告，对管理者的分类和技能进行详细分析。

2. 每份报告应包含调查方式、调查的企业名称、控制类型、控制方法、控制效果等。

3. 组长对每个同学的表现进行评议，并分析成功与不足，或者小组内部互评综合得分。

4. 各组派代表发言，分别对其他各组评分，并指出成功与不足。

案例分析

案例一　麦当劳公司的控制

麦当劳公司以经营快餐闻名遐迩。1955 年，罗伊·克洛克（Ray Krok）在美国创办了第一家麦当劳餐厅，其菜单上的品种不多，但食品质量高，价格低廉，供应迅速，环境优美。麦当劳金色的拱门允诺：每个餐厅的菜单基本相同，而且“质量超群，服务优良，清洁卫生，货真价实”。它的产品、加工和烹制程序乃至厨房布置，都是标准化的、严格控制的。它撤销了在法国的第一批特许经营权，因为他们尽管赢利可观，但在快速服务和清洁方面未达到相应的标准。

麦当劳的各分店都是由当地人所有并由当地人从事经营管理。鉴于在快餐饮食业中维持产品质量和服务水平是其经营成功的关键，因此，麦当劳公司在采取特许连锁经营这种开辟分店和实现地域扩张的同时，特别注意对连锁店的管理控制。如果管理控制不当，使顾客吃到不对味的汉堡包或受到不友善的接待，其后果不仅是这家分店将失去这批顾客及其周围人的光顾，还会波及影响到其他分店的生意，乃至损害整个公司的信誉。为此，麦当劳公司制定了一套全面、周密的控制方法。

麦当劳公司主要是通过授予特许权的方式来开辟分店。其考虑之一，就是使购买特许经营权的人在成为分店经理人员的同时也成为该分店的所有者，从而使其在直接分享利润的激励中形成了对所扩展业务的强有力控制。麦当劳公司在出售其特许经营权时非常慎重，总是通过各方面调查了解后，挑选那些具有卓越经营管理才能的人作为店主，而且事后如发现其能力不符，则撤回这一授权。

麦当劳公司还通过详细的程序、规则和条例，使分布在世界各地的麦当劳分店的经营者和员工们进行标准化、规范化的作业。麦当劳公司对制作汉堡包、炸土豆条、招待顾客和清理餐桌等工作都事先进行翔实的动作研究，确定各项工作开展的最好方式，然后再编成书面的规定，用以指导和规范各分店管理人员和一般员工的行为。公司在芝加哥开办了专门的培训中心——汉堡包大学，要求所有的特许经营者在开业之前都要接受为期一个月的强化培训。回去之后，还要求他们对所有的工作人员进行培训，确保公司的规章条例得到准确的理解和贯彻执行。

为了确保所有特许经营分店都能按统一的要求开展活动，麦当劳总部的管理人员还经常走访、巡视世界各地的经营店，进行直接的监督和控制。例如，有一次巡视中，公司总部管理人员发现某家分店自作主张，在店厅里摆放电视机和其他物品以吸引顾客，由于这种做法与麦当劳的风格不一致，立即得到了纠正。除了直接控制外，麦当劳公司还定期对各分店的经营业绩进行考评。为此，各分店要及时提供有关营业额、经营成本和利润等方面的信息，这样总部管理人员就能及时把握各分店经营的动态和出现的问题，以便商讨和采取改进的对策。

麦当劳公司的另一个控制手段，就是要求所有经营分店都塑造公司独特的组织文化，这就是大家所熟知的由“质量超群、服务优良，清洁卫生，货真价实”口号所体现的文化价值观。麦当劳公司共享价值观的建设，不仅在世界各地的分店及其上上下下的员工中进行，而且还将公司的一个主要利益团体——顾客也包括进这支队伍中。麦当劳的顾客虽然要自我服务，但公司特别重视顾客的要求，如为他们的孩子们开设游戏场所，提供快乐餐和生日聚会等服务，以形成家庭式的氛围，这样既吸引了孩子们，也增强了成年人对公司的忠诚感。

（资料来源：孙元欣．管理学——原理·方法·案例[M]．北京：科学出版社，2006.）

[思考与讨论]

1．麦当劳提出的“质量超群，服务优良，清洁卫生，货真价实”口号如何反映它的企业文化？以这种方式来概括公司的文化，具有哪些特色或不足？

2．麦当劳公司所创设的管理控制系统，具有哪些基本构成要素？

3．该控制系统如何促进麦当劳公司全球扩张战略的实现？

案例二　海尔的 OEC 管理模式

在海尔的每个车间，都设有体现企业精神与管理的四个专栏：检查栏、计划栏、日清栏、表彰栏。在每个车间的地上，都有一块60厘米见方的图案：红框白底，白底上印着一对绿色的大脚印，人称“6S大脚印”，站在“大脚印”里抬眼上望，就能看到对面有一块写着“整理、整顿、清扫、清洁、素养、安全”的牌子——“6S自检站”……这就是海尔OEC管理模式创造的感官效果。

OEC是Overall Every Control and Clear的英文缩写，其含义是全方位地对每人、每天、所做的每件事进行控制和清理，做到“日清日毕，日清日高”。OEC管理法由三大基本系统构成：目标系统、日清控制系统和激励系统，其中核心是控制系统。日清控制系统分为员工自我日清和企业职能日清两部分。“日清”的对象是员工及其承担的工作、分管的物品、分工的区域以及企业组织体系应达到的目标。“员工自我日清”要求每个员工每天对自己所从事的每件事进行清理、检查。它包括两个方面，一是“日清日毕”，即对当天发生的各种问题进行检查，在当天弄清原因，分析责任，及时处理，保证目标得以实现。二是“日清日高”，即对工作中的薄弱环节不断改善、不断提高。“企业职能日清”是管理层员工根据企业组织目标体系的要求，对自己负责的目标进行日清，分析目标是否完成，完成到什么阶段，与计划是否有偏差，如果有偏差，分析产生的原因，确定采取的措施。“日清”是OEC的核心。海尔在工作现场设立了“日清栏”，要求管理人员每两小时巡检一次，将发现的问题及处理措施填在“日清栏”上。通过层层、时时复审，又带动了全体员工的自我日清。这样，日清控制，就构成生产作业现场自我日清和职能管理部门的日清复审两条主线，形成了一个纵横交错的“日日清”控制网络体系。

（资料来源：程国平．质量管理[M]．武汉：武汉理工大学出版社，2003.）

[思考与讨论]

OEC管理法体现了什么管理思想和控制方法？

案例三 雀巢奶粉碘超标风波

2005 年 5 月 25 日，浙江省工商局公布儿童食品质量抽检报告，其中国际知名品牌雀巢的金牌成长 3+奶粉被查出碘含量超标。

5 月 26 日，雀巢中国公司做出反应：承认碘超标事实，解释碘超标是由于牛奶原料天然含有的碘含量存在波动而引起，又声称该项碘检测结果符合《国际幼儿奶粉食品标准》。

5 月 27 日雀巢中国有限公司发布声明，以中国营养学会公布的《中国居民膳食营养素参考摄入量》为参照，称儿童碘摄入量的安全上限为每日 800 微克为参照，因此雀巢金牌成长 3+奶粉“是安全的”。

5 月 28 日，雀巢正式对外公布，出现碘超标质量问题的奶粉批次为：2004.09.21，但却拒绝透露生产数量及销往哪些市场。

5 月 28 日，与雀巢公司的推三挡四、故意拖延却无实质性措施对照，家乐福等部分经销商开始对雀巢奶粉进行自发下架处理。

5 月 29 日，中央电视台经济半小时播出专题：《雀巢早知奶粉有问题》。

6 月 1 日，中国消费者协会表态支持消费者起诉雀巢，并公开指责雀巢公司明知奶粉有问题仍然任其上市销售，不能自圆其说。

6 月 2 日，云南昆明发现雀巢同样产品另一批次奶粉碘超标。

6 月 5 日，迫于巨大压力，雀巢首次正式向消费者表示道歉，但购买该批次奶粉的消费者不能退货，只能换货，且只能更换同类型号产品。

6 月 7 日，雀巢终于在退货问题上有所松动，表示可以退货，但没有透露退货细节。

6 月 9 日，国家标准委首次对雀巢奶粉事件表态：雀巢奶粉必须强制执行国家标准，对不达标产品禁止生产和销售。

6 月 11 日，雀巢公司公开表示，将主动替换零售市场上所有批次的金牌成长 3+奶粉。

6 月 15 日，雀巢开始退换所有金牌 3+奶粉，并开始接受超市退换货。

6 月 19 日，雀巢高层再次向公众道歉：称公司为错误付出昂贵代价。

[思考与讨论]

1. 简述危机管理的概念？
2. 危机管理的原则？
3. 雀巢奶粉如何应用危机管理原则解决危机？

管理游戏

穿网球鞋的外星人

[游戏目的]

这是一个生动、有趣的游戏，参与者在游戏中口头教一位“外星人”穿短袜和网球鞋但是不允许进行示范。本游戏的目的是教会参与者清晰地发出指挥的命令。

[游戏时间]

15～20 分钟。

[需要的材料]

一双短袜，一双球鞋（教师的尺码），其中一只网球鞋没系上鞋带，向每个学生分发的材料（或幻灯片）。

[游戏步骤]

1．教师自己扮演外星人，走进教室，一只脚穿着袜子和系了鞋带的鞋，另一只脚则光着。将材料分发给大家（或放映幻灯片），然后坐下，将短袜、鞋带和网球鞋放在面前，等大家给予指导。

2．教师的任务是帮助参与者认识到，他们做出的指令必须意思清晰。不要说话，完全按照他们的指令去做。如果一个参与者说“将短袜放在脚上”，你就捡起短袜放在脚上。如果参与者说“捡起鞋带”，就从中间捡起鞋带，而不是从两头。如果参与者说“将鞋带穿进鞋上的孔”，就将鞋带的头部穿进任何一个空，而不一定是第一个或是将鞋带整个塞进孔里。

3．如果几个参与者同时对你进行指导，或某个参与者变得过于情绪化，失落或骂人，你可以停下来，装傻。如果参与者有对你说了或做了你愿意继续游戏的事，你可以继续配合他们进行游戏。

4．限时10分钟，时间一到即停止活动，提出问题。如果时间允许，继续这个游戏，参与者在进行第二轮指导时就应有所改善。

[思考与讨论]

要求现场回答以下问题。

1．你从指导他人中学会了什么？

2．这个游戏中，你会看到外星人有时听从你的指导，有时又不听从你的指导。那么你怎么让客户理解你的指导并加以实施？

3．你怎样才能更好地指导你的客户？

向学生分发的材料：

穿网球鞋的外星人

刚刚发这份材料给你的“人”是到达地球的外星人，这个外星人双脚穿鞋和袜子，然而出于好奇，这个外星人脱下了一只鞋和袜子，现在他不知道怎么穿回去了。

作为一个热心的地球人你来教他穿好鞋带，然后将袜子和穿上鞋带的鞋穿回脚上。你的任务是进行清晰的指导（抵达地球之前，外星人接受过汉语速成班，但是根本不会说）。

外星人没有能力模仿你，所以你穿自己的鞋和袜子，对他们没有任何的帮助，还有在进化的过程中，外星人形成了只能一次听一个人说话的特点，请和其他参与者相互配合，轮流进行指导。

对了，再提醒一点：不要碰这个外星人，如果你碰了他，没有人会确定将会发生什么？上次碰了这个外星人的人当时就被蒸发掉了。

管理故事

有一天，一个小职员正在赶着上班，这天他的公司有一个很重要的会议，会议中的表现关乎他能否升职，所以不能迟到。无奈他的闹钟却在今晨坏掉了，最糟糕的是还有二十分钟会议便要开始了。

小职员唯有改乘出租车，希望能赶得及参加会议。

好不容易才给他截到了一辆出租车，匆匆忙忙上车后，他便对司机说：“司机先生，我很赶时间，拜托你走最短的路！”

司机问道："先生，是走最短的路，还是走最快的路？"

小职员好奇地问："最短的路不是最快的吗？"

"当然不是，现在是繁忙时间，最短的路都会交通挤塞。你要是赶时间的话便得绕道走，虽然多走一点路，却是最快的方法。"

听见了司机的话，小职员最后还是选择走了最快的路。途中他看见不远处有一条街道交通挤塞得水泄不通，司机解释说那条正是最短的路。司机所言没差，多走一点路果然畅通无阻，虽然路程较远，多花了点时间，却很快便到达目的地。

小职员最终也赶得上会议，还升了职当部门主任。

人总喜欢走快捷方式、希望不劳而获，还以为走快捷方式可以用最小的体力最快到达目的地。所以现今满眼所见到的是：马场、六合彩永远不乏投注的人龙，澳门葡京从来不缺出手阔绰的赌徒，补习班亦向来不愁没有学生光顾。

然而，快捷方式虽然是最短的路，却未必是最快的。你有看过多少赌徒从不工作却因为赌博而成为富翁？你又有见过有多少学生从不上学却因为上补习班而考得十优的成绩？

相反，因为走快捷方式而赔上时间、金钱甚至是生命的，我倒见过不少。其中就有不少人因为嗜赌而欠下高利贷，最后不但家破人亡，还赔上宝贵的性命。

所以说，快捷方式并不好走，不但荆棘满途，而且充满危险，也没人可以保证你走的路一定可到达终点。

走长一点的路虽然会累一点，吃多一点苦，却是唯一最快到达目的地的方法。

第八章　创　　新

章前导读

成语故事：守株待兔

相传在战国时代的宋国，有一个农民，日出而作，日落而息。遇到好年景，也不过刚刚吃饱穿暖；一遇灾荒，可就要忍饥挨饿了。他想改善生活，但他太懒，胆子又特小，干什么都是又懒又怕，总想碰到送上门来的意外之财。

奇迹终于发生了。深秋的一天，他正在田里耕地，周围有人在打猎。吆喝之声四处起伏，受惊的小野兽没命地奔跑。突然，有一只兔子不偏不倚地一头撞死在他田边的树根上。

当天，他美美地饱餐了一顿。从此，他便不再种地。一天到晚，守着那神奇的树根，等着奇迹的再次出现。

成语“守株待兔”，比喻妄想不劳而得，或死守狭隘的经验，不知变通。

席勒谈创新的灵感

“在我看来，你之所以会有这种抱怨，完全归咎于你的理智加在你的想象力之上的限制。如果理智对那涌入大门的意念仍要做太严格的检查，那便扼杀了心灵创作的一面。也许就单一某个意念而言，它可能毫无意义，甚至是极端荒唐的，但随之而来的几个意念，都可能是很有价值的。也许，虽然几个意念都是一样的荒谬，但合在一起，却成了一个具有某种意义的东西。理智其实并无法批判所有意念，除非它能把所有涌上心头的意念一一保留，然后再统筹做一比较批判。就我看来，一个充满创意的心灵，应该把理智从大门的警卫岗位上撤回来，好让所有意念自由地、毫无限制地涌入，而后再就整体做一检查。你那份可贵的批判力就因为无法容忍所有创造者的心灵的那股短暂的纷乱，而扼杀了灵感的泉涌。这份容忍功夫的深浅也就是一位有思想的艺术家与一般梦者的分别。因此，你之所以发现毫无灵感，实在都是因为你对自己的意念批判得太早、太严格。”

第一节　管理的创新职能

组织、领导与控制是保证计划目标的实现所不可缺少的。从某种意义上来说，它们同属于管理的“维持职能”，其任务是保证系统按预定的方向和规则运行。但是，管理在动态环境中生存的社会经济系统，仅有维持是不够的，还必须不断调整系统活动的内容和目标，以适应环境变化的要求，这即是经常被人们忽视的管理的“创新职能”。

一、创新的概念及特点

创新是一个民族进步的灵魂，是一个国家兴旺发达的不竭动力。没有创新能力的民族，难以屹立于世界先进民族之林。随着经济全球化形势的到来，市场竞争日益加剧，创新是企业成败的关键。

1．“创新”的来源与含义

创新是一个古老的词，起源于 15 世纪。“创新”在《现代汉语词典》中的解释是：“抛开旧的，创造新的”。在英语里，“创新”翻译为Innovate（动词）、Innovation（名词），起源于拉丁语里的“Innovare”，意思是更新、制造新的东西或改变。《汉语·叙传》中也有“礼仪是创”，颜师古注为“刨，始造之也。”《韦伯斯特词典》关于“创新”的定义是：① 引入新东西、新概念；② 制造变化。因此，“创新”的含义应是：在世界上首次引入新东西，引入新概念，制造新变化。

作为专业词的“创新”是知识产权意义上的新，须在原理、结构、功能、性质、方法、过程等方面有显著性变化。与其他专业名词组合，则有观念创新、知识创新、教育创新、艺术创新、文化创新、环境创新、技术创新、服务创新、制度创新、组织创新、管理创新等。创新是对资源给予一种新的创造财富的能力行动（彼得·德鲁克）。创新是指形成创造性思想并将其转换为有用的产品、服务或方法的过程（斯蒂劳·罗宾斯）。

可以说创新就是变革，创新就是发展，它贯穿于人类社会经济生活的各个领域。人类社会生产力的每一次巨大飞跃，生产方式的重大改革都与创新密不可分。更为重要的是，创新从本质上说是一种理念，即一种不断追求进步、追求发展、追求卓越的理念，是一种通过技术变革有效地促进经济发展的可行思路和持续动力，是一个国家、一个民族不可缺少的。

2．熊彼特的创新理论

美籍奥地利人、哈佛大学教授约瑟夫·熊彼特（Joseph A.Schumpeter）在其 1912 年德文版的《经济发展理论》中，运用创新理论解释了发展的概念，此书在 1934 年译成英文时，使用了“创新”（Innovation）一词，他在 1934 年出版的《商业周期》（*Business Cycles*）一书中比较全面地提出了创新理论，认为创新就是把生产要素和生产条件的新组合引入生产体系，即“建立一种新的生产函数”，其目的是获取潜在的利润。他认为，创新是经济增长的发动机。

熊彼特在《经济发展理论》中提出创新概念包括以下五种情况：（1）创造一种新产品，也就是消费者不熟悉的产品，或者已有产品的一种新的特性；（2）采用新技术、新的生产方法，这种方法不一定非要建立在科学新发现的基础之上，可以是以新的商业方式来处理某种产品；（3）开辟一个新的市场，也就是以前不曾进入的市场，不管这个市场以前是否存在过；（4）开辟原料的新供应源，不论这种来源是已经存在的还是第一次创造出来的；（5）采用新的组织管理方式或企业重组，建立或打破垄断地位。

图8-1为熊波特对创新的描述。

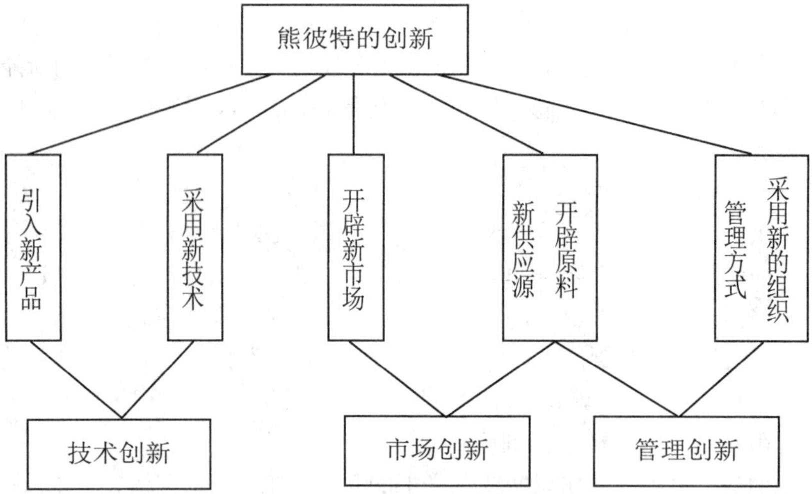

图8-1　熊彼特对创新的描述

熊彼特所说的创新，强调了经济学上的意义，把竞争机制升华为创新机制，使人们更为准确地把握现代经济发展的脉搏。他还认为企业家是创新活动的倡导者和实行者，敢于冒风险，同时敢于承担风险，能够不断地倡导和开展创新活动。熊彼特的理论至今有着强大的生命力。但是这一理论也有所局限，他忽略了商业上的初始创新。我们也应把现行技术和生产系统的改造、产品质量的提高与性能的改进以及企业改革看成创新。

3．创新概念的相关研究

彼特·德鲁克也给出了创新的定义，他指出创新是“使人力和物质资源拥有更大的物质生产能力的活动”，创新是创造一种资源。在德鲁克看来，创新绝不仅是一项原有产品和服务的改进，而是提供与以前不同的经济满足，并使经济成为更有活力和创造性的活动。

许多研究者也对什么是创新发表了一些观点，有代表性的定义有以下几种。

（1）创新是企业家向经济中引入的能给消费者带来价值追加的新事物，这种事物以前未曾从商业的意义上引入经济之中。

（2）创新是运用知识或相关信息创造和引进某种有用的新事物的过程。

（3）创新是对一个组织或相关环境的新变化的接受。

（4）创新是指新事物本身，具体说来就是指被相关使用部门认定的任何一种新的思想新的实践或新的制造物。

（5）创新是开发一种新事物的过程。这一过程从发现潜在的需要开始，经历新事物的技术可行性研究阶段的检验，到新事物的广泛应用为止。创新之所以被描述为是一个创造性过程，是因为它产生了某种新的事物。

（6）创新是由新思想转化到具体行动的过程。

由此可见，创新的概念所包含的范围很广，涉及许多方面。比如，有的东西之所以被称为创新，是因为它或者优化了人们的生活环境，或者改善了人们的生活质量，或者提高了生产效率，或者巩固了企业的竞争地位。但值得注意的是，创新并不一定非是一件具体的物品，新战略新的企业组织形式都是创新。我们说，创新是将生产要素重新组合到一起，其目的是获得比以前更高的利润。

当今新兴工业国家的创新实践表明，创新决定社会资源的利用效率，进而影响社会的资源配置方式，从而产生了任何其他因素难以比拟的对社会经济增长的推动力。创新既是企业和社会发展的动力，更是企业和社会发展的灵魂；既是企业文化和企业精神，也是企业精神和企业战略。

4．创新的特点

创新的特点主要表现在以下几个方面。

（1）创造性。创新就是要有突破性的提高，是一种创造性构思付诸实践的结果。创新的创造性表现在新产品、新工艺上，或是体现在产品、工艺的显著变化上。创造性的特点是敢于打破常规，紧跟时代前进的步伐，勇于探索，不断创新。创新不仅要知道“是什么”“为什么”，更要知道“有什么用”。创新应为人类社会创造财富，创造有用的东西，沿着商品商业化的目标进行设计、加工、组合、创造。

（2）独特性。创新要与众不同，有自己的独到之处；创新要采用新颖的方法与材料；或者是用熟知的方法与材料重新组合产生前所未有的效果。

（3）普遍性。创新不局限在哪一方面或哪一门类，工业、农业、文化、教育、科研、医疗、服务等行业中都有创新，它存在于人类所有的生产与生活领域中。

（4）超前性。创新领先于现阶段社会人们的认识，超越现实状况，对人们的生活与消费起着导向作用。

（5）风险性。第一个吃螃蟹，成功失败未定，总是要冒风险的。创新的过程涉及许多相关环节和影响因素，使创新结果有一定程度的不确定性。一个创新的背后往往有着多种失败的设想。创新需要大量投入，投入能否顺利实现价值补偿，受到技术、市场、制度、社会、政治等不确定因素的影响，加上有时无法预见到许多未来的环境变化情况，使创新不可避免地有风险性。创新是创造性的破坏，破旧才能立新，同时要大胆创新，走别人没有走过的路，需要勇气与毅力。

（6）高收益性。在经济活动中高收益与高风险并存，创新更是如此。尽管创新的成功率较低，但成功之后却可获得丰厚的利润。微软公司创办初期，只有一种产品，三个员工和 16 万美元的年收入，经过多年的创新活动获得了巨大的经济效益，一跃成为全球大型高科技公司，其创始人比尔·盖茨成为世界首富。

（7）适用性。创新是为了进步与发展，因而只有能够真正促使企业发展和进步的创新，才是真正意义上的创新。从这个意义上讲，创新并非越奇越好，而是应该以适用为基本原则。对一个企业来说，由于基础条件不同，历史背景不同，所处的环境不同，经营战略不同，从而需要解决的问题和达到的目的不同。因而，不同的企业采取的创新方式也应该有所区别，要使创新满足本企业的适用需求。

（8）系统性。企业创新涉及战略、市场调查、预测、决策、研究开发、设计、安装、调试、生产、营销、管理等一系列活动的系统过程。这一系列活动是一个完整的链条，其中任何一个环节出现失误都会影响企业创新的效果。同时，与经营过程息息相关的经营思想、管理体制、组织结构的状况也影响整个企业的创新发展，所以创新活动是系统的、综合的。

二、创新职能及其作用

1．作为管理基本职能的创新

在特定历史时期对某一社会组织的管理工作主要包括下述内容。① 确立组织的目标，即人们从事某种活动希望达到的状况和水平；② 制定并选择可实现目标的行动方案；③ 分解目标活动，据此设计系统所需要的职务、岗位，并加以组合，规定它们之间的相互关系，形成一定的系统结构；④ 根据各岗位工作的要求，招聘和调配工作人员。已发布工作指令，组织供应各环节活动所需的物质和信息条件，使整个系统运转起来；⑤ 在系统运转过程中，协调各部分的关系，使它们的工作相互衔接、平衡地进行；⑥ 检查和控制各部门的工作，纠正实际工作中的失误和偏差，使之符合预定的要求；⑦ 注视内外条件的变化，寻找并利用变革的机会，计划并组织实施系统的变革和发展。

上述管理工作可以概述为：设计系统的目标、结构和运行规划，启动并监视系统的运行，使之按预定的规则操作；分析系统运行中的变化，进行局部或全局的调整，使系统不断出现新的状态。显然，概述后管理内容的核心就是：维持与创新。任何组织系统的任何管理工作无不包含在“维持”或“创新”中。维持和创新是管理的本质内容，有效的管理在于适度的维持与适度的创新的组合。

2．创新与维持的关系及其作用

作为管理的基本内容，维持与创新对系统的存在都是非常重要的。维持是保证系统的活动顺利进行的基本手段，也是系统中大部分管理人员，特别是中层和基层的管理人员要花大部分精力从事的工作。管理的维持职能是要严格地按预定的规划来监视和修正系统的运行，尽量避免各子系统之间的摩擦，或减少因摩擦而产生的结构内耗，以保持系统的有序性。没有维持，社会经济系统的目标就难以实现，计划就无法落实，各成员的工作就有可能偏离计划的要求，系统的各个要素就可能相互脱离，各自为政，各行其是，从而整个系统就会呈现出一种混乱的状况。所以维持对系统生命的延续是至关重要的，但是，仅有维持是不够的。

任何社会系统都是一个由众多要素构成的、与外部不断发生物质、信息、能量交换的动态、开放的非平衡系统，而系统的外部环境是在不断地发生变化的，这些变化必然会对系统的活动内容、活动形式和活动要素产生不同程度的影响；同时，系统内部的各种要素也是在不断发生变化的。系统内部某个或某些要素在特定时期的变化必然要求或引起系统内其他要素的连锁反应，从而对系统原有的目标、活动要素间的相互关系等产生一定的影响。系统若不及时根据内外变化的要求，适时进行局部或全局的调整，则可能被变化的环境所淘汰，或为改变了的内部要素所不容。这种为适应系统内外变化而进行的局部和全局的调整，便是管理的创新职能。

综上所述，作为管理的两个基本职能，维持与创新对系统的生存和发展都是非常重要的，它们是相互联系、不可或缺的，创新是维持基础上的发展，而维持则是创新的逻辑延续；维持是为了实现创新的成果，而创新则是为更高层次的维持提供依托和框架。任何管理工作，都应围绕着系统运转的维持和创新而展开。只有创新没有维持、系统便会呈现无时无刻无所不变的无序的混乱状态，而只有维持没有创新，系统则缺乏活力犹如一潭死水，适应不了任何外界变化，最终会被环境淘汰。卓越的管理是实现维持与创新最优组合的管理。

3．创新的作用

在当前日趋激烈的全球竞争中，企业必须充分利用现有优势谋生存的同时，不断进行一系列创新以谋求发展，以赢得市场竞争中的有利地位。创新具有如下十分重要的作用。

（1）创新是企业改善市场环境的重要手段

通过产品创新，企业能够加速新技术、新材料在产品生产中的应用，提高产品质量，使产品功能更好地满足消费者的需要，使企业产品的竞争力提高，改变用户对企业的看法，从而改善现有市场。当企业技术创新成果是适销对路的新产品时，它会给企业带来新的用户，形成新的市场，使企业在新市场中有更大更多的选择机会。同时，不断创新而获得成功的企业，比别人领先进入新的市场领域，竞争优势更大，在很大程度上可以决定产品价格、市场规模等。

（2）创新是企业全方位提高企业素质的最有效方式

通过技术创新，可以改善研制条件，增强研究水平，提高人员素质和企业内部结构素质，并且改善企业行为素质，加强对外部环境变化的适应能力。

（3）创新能加速新工艺的应用，降低产品成本，提高生产

通过技术创新，企业能加速新技术在企业的应用，改进产品或工程设计，开发和扩展新工艺、新技术，改进和更新服务，减少原材料消耗，缩短生产周期，用较少时间和劳动力生产更多的产品。

（4）创新是提高企业竞争力的根本途径

企业要发展，就必须提高市场占有率，只有通过产品创新，才能占有市场；只有通过市场营销，才能在市场上赢得消费者，占领市场，成为竞争的优胜者。

（5）创新可以利用企业剩余的生产能力

如果产品在市场上供大于求，不少企业生产能力过剩，企业资源利用率很低。因此，企业要结合实际，深入了解市场，积极进行市场创新和技术创新，充分利用现有过剩的能力，生产用户需要的新产品，提高企业的经济效益。

（6）创新是企业生存与发展的基础

企业创新是以企业为主体，以市场为导向，为获取经济和社会效益，企业的经营对象、存在方式、经营理念、制度创新、经济行为及生产要素等进行创新调整和创新组合的过程和行为。创新是现代企业的本质特征。彼得·德鲁克就曾说过，“企业的职能就是创新”。从理论上讲，市场与企业间存在竞争性替代关系，企业要存在，必须以比市场更高的效率组织各种资源，而这种更高的效率只有通过不断创新才能实现。创新是企业生存与发展的基石，是推动社会进步和经济发展的主要动力。

美国施乐公司的帕洛尔托研究中心（Palo Alto Research Center，PARC），对创新做了20年的研究。研究发现，只有通过建立“持续创新企业”，才能使一个企业富有创新精神，拥有创新成效。持续创新企业将不断“再创造”它自身及它的产品和服务，以适应市场、环境及其自身的变化。

三、创新的类别

系统内部的创新可以从不同的角度去考察。

（1）从创新的规模及创新对系统的影响程度来考察，可分为局部创新和整体创新。局部创新是指在系统性质和目标不变的前提下，系统活动的某些内容、某些要素的性质或其相互组合的方式，系统的社会贡献的形式或方式等发生变动；整体创新则往往改变系统的目标和使命，涉及系统的目标和运行方式，影响系统社会贡献的性质。

（2）从创新发生的时期来看，可分为系统初建期的创新和运行中的创新。系统的组建本身就是社会的一项创新活动。系统的创建者在一张白纸上绘制系统的目标、结构、运行规划等蓝图，这本身就要求有创新的思想和意识，创造一个全然不同于现有社会（经济组织）的新系统，寻找最满意的方案，取得最优秀的要素，并以最合理方式组合，使系统进行活动。但是“创业难，守业更难”，在动荡的环境中“守业”，必然要求以攻为守，要求不断地创新。创新活动更大量存在于系统组建完毕开始运转以后。系统的管理者要不断地在系统运行的过程中寻找、发现和利用新的创业机会，更新系统的活动内容，调整系统的结构，扩展系统的规模。

（3）从创新与环境的关系来分析，可分为消极防御型创新与积极攻击型创新。防御型创新是指由于外部环境的变化对系统的存在和运行造成某种程度的威胁，为了避免威胁或由此造成的系统损失扩大，系统在内部展开的局部或全局性调整；攻击型创新是在观察外部世界运动的过程中，敏锐地预测到未来环境可能提供的某种有利机会，从而主动地调整系统的战略和技术，以积极地开发和利用这种机会，谋求系统的发展。

（4）从创新的组织程度上看，可分为自发创新与有组织的创新。任何社会经济组织都是在一定环境中运转的开放系统，环境的任何变化都会对系统的存在和存在方式产生一定影响，系统内部与外部有直接联系的各子系统接收到环境变化的信号以后，必然会在工作内容、工作方式、工作目标等方面进行积极或消极的调整，以应付变化或适应变化的要求。同时，社会经济组织内部的各个组成部分是相互联系，相互依存的。系统的相关性决定了与外部有联系的子系统根据环境变化的要求自发地作了调整后，必然会对那些与外部没有直接联系的子系统产生影响，从而要求后者也作相应调整。系统各部分自发创新的结果是不确定的。与自发创新相对应的，是有组织的创新。有组织的创新包含两层意思：一是系统的管理人员根据创新的客观要求和创新活动本身的客观规律，制度化地检查外部环境状况和内部工作，寻求和利用创新机会，计划和组织创新活动；另一层意思是在与此同时，系统的管理人员要积极地引导和利用各要素的自发创新，使之相互协调并与系统有计划的创新活动相配合，使整个系统内的创新活动有计划有组织地展开。只有有组织的创新，才能给系统带来预期的、积极的、比较确定的结果。

四、管理创新职能的内容

系统在运行中的创新要涉及许多方面，为了便于分析，我们以社会经济生活中大量存在的企业系统为例来介绍创新的内容。

1．目标创新

企业是在一定的经济环境中从事经营活动的，特定的环境要求企业按照特定的方式提供特定的产品。当环境发生变化，要求企业的生产方向、经营目标以及企业在生产过程中同其他社会经济组织的关系进行相应的调整。我国的社会主义工业企业，在高度集权的经济体制背景下，必须严格按照国家的计划要求来组织内部的活动。经济体制改革以后，企业同国家和市场的关系发生了变化，企业必须通过其自身的活动来谋求生存和发展。因此，在新的经济背景中，企业的目标必须调整为：“通过满足社会需要来获得利润。”至于企业在各个时期具体的经营目标，则更需要适时地根据市场环境和消费需求的特点及变化趋势加以调整，每一次调整都是一次创新。

2．技术创新

技术创新是国际通用的一种经济概念。技术创新的基本含义是指某项新产品从创新构思、研究、开发、制造、新工艺过程、商业化及市场销售等一系列创新活动的总和，伴随着组织与制度创新、管理创新、营销创新和服务创新。简单地说，技术创新是指将一种新产品、新工艺、新服务引入市场。

技术创新是企业创新的主要内容，现代工业企业的一个主要特点是在生产过程中广泛运用先进的科学技术。技术水平是反映企业经营实力的一个重要标志，企业要在激烈的市场竞争中处于主动地位，就必须顺应甚至引导社会技术进步的方面，不断地进行技术创新。由于一定的技术都是通过一定的物质载体和利用这些载体的方法来体现的，因此企业的技术创新主要表现在要素创新、要素组合方法的创新及产品的创新三个方面。

（1）要素创新

企业的生产过程是一定的劳动者利用一定的劳动手段作用于劳动对象使之改变物理、化学形式或性质的过程。参与这个过程的要素包括材料、设备及企业员工等三类。

① 材料创新。材料是构成产品的物质基础，材料费用在产品成本中占很大比重，材料的性能在很大程度上影响产品的质量。材料创新的内容包括：开辟新材料的来源，以保证企业扩大再生产的需要；开发和利用大量廉价的普通材料（或寻找普通材料的新用途），替代量少价昂的稀缺材料，以降低产品的生产成本；改造材料的质量和性能，以保证和促进产品质量的提高。现代材料科学的迅速发展，为企业的原材料创新提供了广阔的前景。

② 设备创新。现代企业在生产过程中广泛地利用了机器和机器设备体系，劳动对象的加工往往由机器设备直接完成，设备是现代企业进行生产的物质技术基础。设备创新主要表现在下述几个方面：a. 通过利用新的设备，减少手工劳动的比重，以提高企业生产过程的机械化和自动化的程度；b. 通过将先进的科学技术成果用于改造和革新原有设备，延长其技术寿命，提高其效能；c. 有计划地进行设备更新，以更先进、更经济的设备来取代陈旧的、过时的老设备，使企业生产建立在先进的物质技术基础上。

③ 人事创新。任何生产手段都需要依靠人来操作和利用，企业在增加新设备、使用新材料的同时，还需不断提高人的素质，使之符合技术进步后的生产与管理的要求。企业的人事创新，既包括根据企业发展和技术进步的要求，不断地从外部取得合格的新的人力资源，而且更应注重企业内部现有人力的继续教育，用新技术、新知识去培训、改造和发展他们，使之适应技术进步的要求。

（2）要素组合方法的创新

利用一定的方式将不同的生产要素加以组合，这是形成产品的先决条件。要素的组合包括生产工艺和生产过程的时空组织两个方面。

① 生产工艺是劳动者利用劳动手段加工劳动对象的方法，包括工艺过程、工艺配方、工艺参数等内容。工艺创新既要根据新设备的要求，改变原材料、半成品的加工方法，也要求在不改变现有设备的前提下，不断研究和改进操作技术和生产方法，以求使现有设备得到更充分的利用，使现有材料得到更合理的加工。工艺创新与设备创新是相互促进的，设备的更新要求工艺方法做相应的调整，而工艺方法的不断完善又必然促进设备的改造和更新。

② 生产过程的组织包括设备、工艺装备、在制品及劳动者在空间上的布置和时间上的组合。空间布置不仅影响设备、工艺装备和空间的利用效率，而且影响人机配合，从而直接影响工人的劳动生产率；各生产要素在时间上的组合，不仅影响在制品、设备、工艺装备的占用数量，影响生产成本，而且影响产品的生产周期。因此，企业应不断地研究和采用更合理的空间布置和时间组合方式，以提高劳动生产率、缩短生产周期，从而在不增加要素投入的前提下，提高要素的利用效率。

（3）产品创新

生产过程中各种要素组合的结果是形成企业向社会贡献的产品。企业是通过生产和提供产品来求得社会承认，证明其存在的价值，也是通过销售产品来补偿生产消耗、取得盈余、实现其社会存在的。产品是企业的生命，企业只有不断地创新产品，才能更好地生存和发展。产品创新包括许多内容，这里主要分析物质产品本身的创新。物质产品创新主要包括品种和结构的创新。品种创新要求企业根据市场需要的变化，根据消费者偏好的转移，及时地调整企业的生产方向和生产结构，不断开发出用户欢迎的适销对路的产品。产品结构的创新在于改变原有品种的基本性能，对现在生产的各种产品进行改进和改造，找出更加合理的产品结构，使其生产成本更低、性能更完善，使用更安全，从而更具市场竞争力。产品创新是企业技术创新的核心内容，它既受制于技术创新的其他方面，又影响其他技术创新效果的发挥；新的产品、产品新的结构，往往要求企业利用新的机器设备和新的工艺方法，而新设备、新工艺的运用又为产品的创新提供了更优越的物质条件。

3．组织机构和结构的创新

企业系统的正常运行，既要求具有符合企业及其环境特点的运行制度，又要求具有与之相应的运行载体，即合理的组织形式。因此，企业制度创新必然要求组织形式的变革和发展。从组织理论的角度来考虑，企业系统是由不同的成员担任的不同职务和岗位的结合体。这个结合体可以从结构和机构这两个不同层次去考察。所谓机构，是指企业在构建组织时，根据一定的标准，将那些类似的或为实现同一目标有密切关系的职务或岗位归并到一起，形成不同的管理部门。它主要涉及管理劳动的横向分工的问题，即把对企业生产经营业务的管理活动分成不同部门的任务，而结构则与各管理部门之间，特别与不同层次的管理部门之间的关系有关，它主要涉及管理劳动的纵向分工问题，即所谓的集权和分权（管理权力的集中或分散）问题。不同的机构设置，要求不同的结构形式；组织机构完全相同，但机构之间的关系不一样，也会形成不同的结构形式。由于机构设置和结构的形成要受到企业活动的内容、特点、规模、环境等因素的影响，因此，不同的企业，有不同的组织形式，同一企业，在不同的时期，随着经营活动的变化，也要求组织的机构和结构不断调整。组织创新的目的在于更合理地组织管理人员的努力，提高管理劳动的效率。

4．制度创新

企业制度主要包括产权制度、经营制度和管理制度三个方面的内容。产权制度是决定企业其他制度的根本性制度，它规定着企业最重要的生产要素的所有者对企业的权利、利益和责任。企业产权制度的创新应朝向寻求生产资料的社会成员“个人所有”与“共同所有”的最适度组合的方向发展。

经营制度是有关经营权的归属及其行使条件、范围、限制等方面的原则规定。它表明企业的经营方式，确定谁是经营者，谁来组织企业生产资料的占有权、使用权和处置权的行使，谁来确定企业的生产方向、生产内容、生产形式，谁来保证企业生产资料的完整性及其增值，谁来向企业生产资料的所有者负责以及负何种责任。经营制度的创新方向应是不断寻求企业生产资料最有效利用的方式。

管理制度是行使经营权、组织企业日常经营的各种具体规则的总称，包括对材料、设备人员及资金等各种要素的取得和使用的规定。在管理制度的众多内容中，分配制度是最重要的内容之一。分配制度涉及如何正确地衡量成员对组织的贡献并在此基础上如何提供足以维持这种贡献的报酬。由于劳动者是企业诸要素的利用效率的决定性因素，因此，提供合理的报酬以激发劳动者的工作热情对企业的经营就有着非常重要的意义。分配制度的创新在于不断地追求和实现报酬与贡献的更高层次上的平衡。产权制度、经营制度、管理制度这三者之间的关系是错综复杂的。一般来说，一定的产权制度决定了相应的经营制度，管理制度的变化会反作用于经营制度，经营制度的变化会反作用于产权制度。

5．环境创新

环境是企业经营的土壤，同时也制约着企业的经营。环境创新不是指企业为适应外界变化而调整内部结构或活动，而是指通过企业积极的创新活动去改造环境，去引导环境朝着有利于企业经营的方向变化。例如，通过企业的公关活动，影响社区政府政策的制定；通过企业的技术创新，影响社会技术进步的方向。就企业来说，环境创新的主要内容是市场创新。市场创新主要是指通过企业的活动去引导消费，创造需求。新产品的开发往往被认为是企业创造市场需求的主要途径。其实，市场创新的更多内容是通过企业的营销活动来进行的，即在产品的材料、结构、性能不变的前提下，或通过市场的地理转移，或通过广告宣传等促销工作，来赋予产品以一定的心理使用价值，影响人们对某种消费行为的社会评价，从而诱发和强化消费者的购买动机，增加产品的销售量。

第二节　管理创新内容与过程

提起创新，人们首先想到的是新近面市的产品，刚刚发布的技术突破，想到的是实验室里埋头钻研的科学家，公司里面特立独行的研发部门。但是，创新不仅仅包括直接面向市场的技术创新、产品创新和服务创新，还包括工作当中的管理创新、组织创新、制度创新、观念创新和战略创新等。

一、管理创新的内涵与动因

1．管理创新的内涵

所谓管理创新，是指根据市场经济条件下企业生产经营的客观状况和科学技术的发展趋势，对传统的管理模式管理方式和方法进行改造，建立起一种更为有效的尚未被众多企业采用的管理模式管理方式和方法，从而使企业在生产要素不变的条件下，提高产出水平或在较少要素投入的条件下获得同样高的产出水平。在一定意义上说，管理创新带有整合的特性，它是一种更为有效的管理方式。

2．管理创新的动因

管理创新的动因是指企业进行管理创新的动力来源。通常可分为两大类：一类是内在动因；一类是外在动因。

管理创新的内在动因是多元的。个人价值的实现责任的需求创新心力的需要是人的行为的基本动因，创新主体对于企业责任社会责任自我价值等的追求可能导致创新。创新主体在创新过程中，对社会和企业的使命意识往往也是促使创新不断深化并走向成功的重要动因。此外，对于报酬晋升等的追求也可能激发创新者的创新行为。

管理创新的外在动因主要是指创新主体所面临的外部环境，例如技术的改变社会文化的影响市场竞争的压力社会生产力发展的要求等。技术的进步对企业的生产经营活动存在着普遍的影响，技术的创新降低企业的生产成本，并使适应整体竞争的管理创新成为必然；社会文化是一种环境因素，由于文化以无形的状态对企业管理人员及员工产生影响，创新形式及创新行为也必然受到影响。知识的积累导致技术信息的广泛传播，从而促使企业积极创新；市场竞争会给企业带来巨大的压力，从而迫使企业进行创新。在市场优胜劣汰的选择下，管理创新的成功必将使企业获得更高的利益；社会生产力水平对管理创新有促进作用，有什么样的社会生产力水平，就有什么样的管理需要，导致相应的管理创新。

二、管理创新的战略意义

1. 管理创新是企业获得竞争优势的法宝

创新可以将不利因素转化为有利因素，将企业的劣势转化为优势。例如，洗衣机的载物洗涤容量一般为 5kg，而且还呈增大趋势。海尔公司凭着灵敏的市场触角，巧妙地在产品的细微之处大胆创新，与消费潮流背道而驰，思维逆转，推出 2kg 装的“小小神童”洗衣机。海尔的“只有淡季的思想，没有淡季的产品”的创新理念，使海尔随时保持创新思维，建立了一整套技术创新制度和相应的科研管理模式，最终赢得了市场。

2. 管理创新是企业制度创新和机制创新的基础和保证

在企业的各项管理中，制度和机制起决定作用。就我国国有企业而言，如果不改制，企业就不能真正面向市场，就不能成为市场的主体；就不能按市场经济规律运作；就不能实现与国际市场的接轨。但是如果改制了，而没有管理创新，继续沿用传统的管理模式和方法，企业的效益也不会提高。改革是基础，管理是保证，要求企业管理实施整体创新。

3. 管理创新是企业永恒发展的主题

许多成功企业的经验告诉我们，管理创新是贯穿企业生命的主线，是企业生存和发展的基础。著名管理学家杜拉克曾说过：“管理是现代机构的特殊器官，正是这种器官的成就决定着机构的成就和生存。”从某种意义上说，企业都是伴随着管理的创新而成长起来的。

三、管理创新的原则和模式

管理创新是重要的，可以进行管理创新的领域是广阔的，那么我们又应该怎样进行卓有成效的创新呢？这就要求我们掌握一定的管理创新方法。管理创新方法实质上是为人们提供进行管理创新的有效工具，帮助人们提高管理过程中创造性地解决问题的能力。良好的创新意识和创新氛围，加上掌握一定的创新方法，是持续、高效创新的必要条件。

1．管理创新原则

管理创新原则是在管理创新过程中带有一定的普遍性，可以用做指导管理创新工作的法则和标准。在管理创新中应用这些原则可以提高我们创新行为的自觉性和主动性，可以少走弯路，降低创新成本。下面是一些比较有效的管理创新原则。

（1）还原原则——寻求事物的本质

所谓管理创新的还原原则，就是打破现有事物的局限性，寻求其形成现有事物的基本创新原点，改用新的思路、新的方式实现管理创新。任何创新过程都有创新原点和起点。创新的原点是唯一的，而创新的起点则可以很多。管理创新的还原原则就是要求创新主体在管理创新过程中不要就事论事，就现有事物本身去研讨管理创新问题，而应进一步寻求源头，从前提假设出发寻找创新的原点。只有这样，所产生的创意才不容易受现有事物的结构、功能等影响，从而能够有所突破。

（2）木桶原理——关键要素创新

木桶原理是指由几块长短不一的木板所围成的一个水桶，其水桶的最大盛水量是由最短的一块木板所决定的。木桶原理所要说明的是：在组成事物的诸因素中最为薄弱的因素就是瓶颈因素，事物的整体发展最终将受制于该因素；只有消除这一瓶颈因素，事物整体才能有所发展。在管理创新中，如果能抓住这个影响事物发展的最关键的环节或因素，就会收到“加长一块木板而导致整个水桶总盛水量很快增加”的目的。

木桶原理在企业管理创新中有很大用处。企业组织有不同的层次、不同的职能部门、不同的经营领域，而企业整体管理水平的高低既不是由董事长、总经理来决定，也不是由那些效率最高、人才济济的部门所决定的，而只能由那些最薄弱的层次和部门来决定。因此，只有在最薄弱环节上取得突破性创新，才能最终提高企业整体管理水平。

（3）交叉综合原则——发挥杂交优势

交叉综合原则是指管理创新活动的展开或创新意向的获得可以通过各种学科知识的交叉综合得到。目前，科学发展的趋势是综合和边缘交叉，许多科学家把目光放在这两个方面，以求创新。管理作为一门学科，它的发展也呈现出了这一态势，如计算机学科与管理学科的交叉综合就形成了一系列具有革命性的管理方法和手段：管理信息系统（MIS）、决策支持系统（DIS）、企业资源规划（ERP）等。

从管理创新的历史过程来看，有两种创新方式是值得重视的。一是用新的科学技术、新的学科知识来研究、分析现实管理问题。由于是用新的学科知识和技术来看待现实管理问题，即从一种新的角度来研究问题，这样就可能得到不同于以往的看法和结论。如把数理统计方法运用到质量控制中，使质量控制从事后检验走向预防控制。二是将以往的学科知识、方法、手段综合起来，系统地来看待管理问题，这样也能产生不同于以往的思路和看法。

（4）兼容性原则——兼收并蓄，自成一家

管理创新要坚持“古为今用，洋为中用，取长补短，殊途同归”，既要学习外国的先进经验，也要学习中国古代的管理思想，并结合中国企业的实际情况。管理理论与方法的发展不同于自然学科，自然学科理论的发展与创新是一种否定之否定的关系，新理论的创新意味着对旧理论的否定，而管理理论的创新往往是一种兼容关系，是从不同角度对旧理论的完善和补充。如组织行为理论的出现，并不意味着泰勒制的结束，即使在美国，泰勒的科学管理方法仍然是其管理的基础。兼容性原则是指根据自身的实际情况，在吸收别人先进的管理思想、管理方式、管理方法的基础上进行综合、提高和创新。从企业管理诸多领域的创新来看，很多企业根据该原则获得了创新成果。

兼容性创新是在原有基础上的发展，因此要对原有的基础问题加以分析研究，把握深层原因，同时注意自己的特点与长处，进行深层思考，就可能发掘出许多新的创意，进行管理创新。

（5）宽容失败原则

最显而易见、具有常识性和令人深信不疑的信念之一，也是人人都认为是不言自明的信念是：最好把事情做对而不要做错，把事情做好而不要做失败。管理者最大的错误在于怕犯错误！没有新尝试，就没有新作为，而要进行管理创新，就有可能面临失败，就有犯错误的可能。只有营造出不怕犯错误、宽容失败的氛围，才会有致力于创新的行为。

要做到不怕犯错误、宽容失败是比较困难的，因为人们从小就养成了思维定势——“成者为王败者为寇”。学校根据学生们提供正确答案的能力来给他们评分，并因他们做错答案而予以惩罚。同样地，几乎所有的组织原则都是惩罚失误者，而绝对不惩罚服从命令的人。就此，许多人养成了怕犯错误的恐惧心理，并竭力避免犯错误。人们学会要做得完美无缺，而不是要有创造性。企业永远需要有能够创新、敢于行动、不怕犯错误、好学的员工。现在一些企业家开始避免不让企业犯错误。

2．管理创新模式

从创新主体的角度来看，管理创新可以分为三种模式：一是自主创新，二是模仿创新，三是合作创新。

（1）自主创新

自主创新（independent innovation）是指企业通过自身的努力、依靠自身的力量，不断发现问题、解决问题的管理创新活动。自主创新是一个渐进性过程，往往从局部小创新开始，再过渡到较为系统的管理创新。自主管理创新由于与自己的文化兼容，因此，创新成果在组织内部容易推广与扩散，但创新成果对外移植相对比较困难，会受到外部不同文化的抑制和影响。自主创新所形成的成果在高层管理者变动，或组织内外部环境发生重大变化时可能会失效，这时新的一轮较大规模的管理创新活动又需要重新开始，但此时的创新阻力往往会比以前大得多。因为这时的创新需要从企业基本价值观开始，对整个企业管理系统进行较大程度的创新与改造，也就是说可能存在新旧文化不兼容的问题。如果说技术创新主要是由于竞争的推动，那么管理创新更需要自己对自己的否定。任何一种管理创新成果，由于组织文化的惰性，其管理效用会逐渐降低。自主创新如果突破不了这种障碍，又没有借助外部力量来推动，那么企业会因此消亡。这也是自主创新的最大局限性。

（2）模仿创新

模仿创新（imitation innovation）是通过学习、模仿别人的创新思路和创新行为，吸取别人先进经验与管理模式，并在此基础上形成自己独特的管理模式的创新过程。管理上的模仿创新，实质上是风险最大、最困难的创新，因为真正有生命力的管理创新肯定是根植于特定企业文化之上的，而文化的移植是相当困难的，没有相应文化支撑的先进经验与管理模式是苍白无力的。简单照搬别人的管理经验与管理模式的模仿创新往往是失败的创新。由于模仿创新有一定的先例可循，成本低，相对而言容易在内部达成共识，因此在管理实践中仍然有较多的运用。要进行模仿创新，企业首先要具备一定的管理创新能力，其中主要为判断能力、吸收能力和转换能力。判断能力主要表现在对于所要模仿的管理创新的前提条件或适用性判断，判断能力不强，就会在错误的时机引入先进的思想或在合适的时机引入不适当的创新。吸收能力则关系到企业能否正确理解先进管理思想和方法的本质，如果吸收能力不强，就会导致企业只模仿了"形"，而没有获"神"，自然难以取得实效。转换能力也是进行模仿创新的一个重要能力，它是一种将新观念和新思想转化为可操作的具体工作方案的能力。

（3）合作创新

合作创新（cooperation innovation）是指企业与科研机构、高等院校、管理咨询公司等共同联合进行的创新。合作创新是以合作伙伴的共同利益为基础，以资源共享或优势互补为前提，通常有明确的合作目标、合作期限和合作规则，相互之间高度信任、共同参与的管理创新活动。合作创新是管理创新中最重要、最富有创新成效的一种创新模式，它的最大特点是能够突破原有的思维定势，否定原有的管理模式，进行较大的管理创新活动。

"外来的和尚好念经"，从某种意义上来说，企业每隔一个时期都需要借助外力来推动管理创新。合作创新的领域十分广阔，小到通过管理培训推动观念创新，大到通过管理系统的整体设计以推动企业的系统创新。管理合作创新成功的关键是合作的基点一定要明确。企业始终是管理创新的主体，合作单位是帮助企业突破思维定势、理清思路，具体管理方法手段的创新主要还需要靠企业自己来完成。合作单位一手操办管理创新工作就会面临模仿创新同样的问题。

四、管理创新的过程和组织

（一）创新的过程

要有效地组织系统的创新活动，就必须研究和揭示创新的规律。

创新有无规律可循？对这个问题是有争议的。创新是一个杂乱无章的过程。是的，创新在本质上是杂乱无章的，因为创新是对旧事物的否定，是对新事物的探索。对旧事物的否定，创新必定要突破原先的制度，破坏原先的秩序，必须违反原先的章程；对新事物的探索，创新者只能在不断的尝试中寻找新的程序、新的方法，在终的成果取得之前，可能要经历无数次反复，无数次失败，因此，它看上去必然是杂乱的。但这种“杂乱无章性”是相对于旧制度、旧秩序而言的，是相对于个别创新而言的。总结众多成功企业的经验，成功的创新要经历“寻找机会、提出构思、迅速行动、忍耐坚持”这样几个阶段的努力。

1．寻找机会

创新是对原有秩序的破坏。原有秩序之所以要打破，是因为其内部存在着或出现了某种不协调的现象。这些不协调对系统的发展提供了有利的机会或造成了某种不利的威胁。创新活动正是从发现和利用旧秩序内部的这些不协调现象开始的。不协调为创新提供了契机。旧秩序中的不协调既可存在于系统的内部，也可产生于对系统有影响的外部。

就系统的外部来说，有可能成为创新契机的变化主要有：（1）技术的变化，从而可能影响企业资源的获取，生产设备和产品的技术水平；（2）人口的变化，从而可能影响劳动市场的供给和产品销售市场的要求；（3）宏观经济环境的变化。迅速增长的经济背景可能给企业带来不断扩大的市场，而整个国民经济的萧条则可能降低企业产品需求者的购买能力；（4）文化与价值观念的转变，从而可能改变消费者的消费偏好或劳动者对工作及其报酬的态度。

就系统内部来说，引发创新的不协调现象主要有：（1）生产经营中的瓶颈，可能影响了劳动生产率的提高或劳动积极性的发挥，因而始终困扰着企业的管理人员。这种卡壳环节，既可能是某种材料的质地不够理想，且始终找不到替代品，也可能是某种工艺加工方法的不完善，再或是某种分配政策的不合理。（2）企业意外的成功和失败，派生产品的销售额、从而其利润贡献不声不响地、出人预料地超过了企业的主营产品；老产品经过精心整顿改进后，结构更加合理、性能更加完善、质量更加优异，但并未得到预期数量的订单……这些出乎企业预料的成功和失败，往往可以把企业从原先的思维模式中驱赶出来，从而可以成为企业创新的一个重要源泉。

企业的创新往往是从密切地注视、系统地分析社会经济组织在运行过程中出现的不协调现象开始的。

2．提出构想

敏锐地观察到了不协调现象的产生以后，还要透过现象究其原因，并据此分析和预测不协调的未来变化趋势，估计它们可能给组织带来的积极或消极后果，并在此基础上，努力利用机会或将威胁转换为机会，采用头脑风暴、德尔菲、畅谈会等方法提出多种解决问题、消除不协调、使系统在更高层次实现平衡的创新构想。

3．迅速行动

创新成功的秘密主要在于迅速行动。提出的构想可能还不完善，甚至可能很不完善，但这种并非十全十美的构想必须立即付诸行动才有意义。“没有行动的思想会自生自灭”，这句话对于创新思想的实践尤为重要，一味地追求完美，以减少受讥讽、被攻击的机会，就可能坐失良机，把创新的机会白白地送给自己的竞争对手。

彼得斯和奥斯汀在《志在成功》中介绍了这样一个例子：20世纪70年代，施乐公司为了把产品搞得十全十美，在罗彻斯特建造了一座全由工商管理硕士占用的29层高楼。这些硕士们在大楼中对每一件可能开发的产品都设计了拥有数百个变量的模型，编写了一份又一份的市场调查报告……然而，当这些人继续不着边际地分析时，当产品研制工作被搞得越来越复杂时，竞争者已把施乐公司的市场抢走了50%以上。创新的构想只有在不断地尝试中才能逐渐完善，企业只有迅速地行动才能有效地利用“不协调”提供的机会。

4．坚持不懈

构想经过尝试才能成熟，而尝试是有风险的，是不可能“一打就中”的，是可能失败的。创新的过程是不断尝试、不断失败、不断提高的过程。创新者在开始行动以后，为取得最终的成功，必须坚定不移地继续下去，决不能半途而废，否则便会前功尽弃。要在创新中坚持下去，创新者必须有足够的自信心，有较强的忍耐力，能正确对待尝试过程中出现的失败，既为减少失误或消除失误后的影响采取必要的预防或纠正措施，又不把一次“战役”（尝试）的失利看成整个“战争”的失败，知道创新的成功只能在屡屡失败后才姗姗来迟。伟大的发明家爱迪生曾经说过：“我的成功乃是从一路失败中取得的。”这句话对创新者应该有所启示。创新的成功在很大程度上要归因于“最后五分钟”的坚持。

（二）管理创新的源泉

熊彼特在《经济发展理论》中阐述创新对经济增长的推动作用时，分析并充分肯定了企业家在创新中的关键地位。他把企业家看作是资本主义的“灵魂”，是生产要素“新组合”的主要组织者和推动者。

1．企业家

企业家（entrepreneur）一词源于法语，其原意是指“冒险事业的经营者或组织者”。法国早期经济学家萨伊认为，企业家是冒险家，是把土地、劳动和资本这三个生产要素结合在一起进行活动的第四个生产要素，他承担着可能破产的风险。英国经济学家马歇尔认为，企业家是以自己的创新力、洞察力和统帅力，发现和消除市场的不平衡性，创造交易机会和效用，给生产过程提出方向，使生产要素组织化的人。熊彼特认为，企业家是不断在经济结构内部进行“革命突破”，对旧的生产方式进行“创造性破坏”，实现生产要素新组合的人。德鲁克认为企业家是革新者，是勇于承担风险、有目的地寻找革新源泉、善于捕捉变化、并把变化作为可供开发利用的机会的人。

企业家是企业创新中独特而又关键的角色。但是，哪些人是企业家呢？业主、股东、经营者还是发明家？从身份上来看，企业家可能是从事企业运作的企业所有者，可能是受雇于所有者的职业经理人，也有可能是领导创新项目的科研人员。判断企业家的根本标准是：他们是否有效运用资本和技术等生产要素，并把要素组合起来实行创新。企业家的创新职能是通过打破经济的“循环流转”，通过对超额利润的追逐来实现的。

2．企业家的创新精神

企业家之所以能成为生产要素新组合的组织者，是因为他们具有企业家精神。熊彼特认为，“企业家精神”包括：（1）企业家的首创精神。（2）企业家的成功欲：企业家“有征服的意志，战斗的冲动，证明自己比别人优越的冲动，他求得成功不仅是为了成功的果实，而是为了成功本身”。（3）企业家甘冒风险的精神。企业家“有创造的欢乐，把事情做成功的欢乐或只是施展个人能力和智慧的欢乐。这类似于一个无所不在的动机……这类人寻找困难，为改革而改变，以冒险为乐事”。但他们决不盲目冒险，他们更愿意冒那些他们认为能够控制结果的风险。（4）企业家的精明理智和敏捷。企业家“为了他的成功，更主要地与其说是敏锐和精力充沛，不如说是某种精细，能抓住眼前的机会，再没有别的”。（5）企业家的事业心。企业家注重事业，注重领导才能的发挥，注重取得信任并确保计划的可行性，以说服银行家提供资本。

这些特征和精神综合起来塑造了推动创新的企业家。从以上分析可知，企业家精神实质上是一种创新精神．是人类创新本能的深化和加强，这一本能体现在人类追求成功、亲善、新知以及自利的基本动机中。创新精神是创新的真正源泉，是经济发展的主要动力。

熊彼特认为，具有创新精神的企业家必须是自始至终实施创新的人。“每一个人只有当他实际上实现‘新组合’才是一个企业家”“一旦他建立了企业，同常人一样经营，他就会失去企业家的资格。因此，个人在其一生中很少总是个企业家。

3．制度与企业家精神

每个人身上都或多或少具有潜在的企业家精神，但这种精神并不是自然而然就能显现和发挥出来的，它需要相应的人文环境和制度创新。例如，西方社会的新教伦理所提倡的创新、追求获利和吃苦耐劳的价值观，就为企业家精神的大量涌现和资本主义的蓬勃发展奠定了意识形态上的基础（马克斯·韦伯，1987）。企业家追逐创新的基本动力是超额利润的可得性。如果在现行制度下企业家无法从创新收益中获利，创新的动力就会损减，或者企业家就会转移。在一个创新的重要性不断凸现的时代，具有创新精神的企业家的价值在不断提升。于是，实业家寻求合理的制度创新，使其人力资本收益内在化的动力也越来越强。事实上，对具有创新精神的企业家才能的发现过程就是个制度不断创新的过程。一个国家，一个社会，越是能提供保护企业家人力资本的制度创新，就越能激发整个社会中的企业家供给量，而且企业家也越是愿意对自身的人力资本进行投资，不断增强自身的企业家素质和能力。

（三）创新活动的组织

系统的管理者不仅要根据创新的规律和特点的要求，对自己的工作进行创新，而且更主要的是组织下属的创新。

1．正确理解和扮演“管理者”的角色

管理人员往往是保守的。他们往往以为组织雇用自己的目的是维持组织的运行，因此自己的职责首先是保证预先制定的规则的执行和计划的实现。“系统的活动不偏离计划的要求”便是优秀管理的象征。因此，他们往往自觉或不自觉地扮演现有规章制度的守护神的角色。为了减少系统运行中的风险，防止大祸临头，他们往往对创新尝试中的失败吹毛求疵，随意惩罚在创新尝试中遭到失败的人，或轻易地奖励那些从不创新、从不冒险的人……在了解了前面关于管理的维持与创新职能的作用后，再狭隘地理解管理者的角色，显然是不行的。管理人员必须自觉地带头创新，并努力为组织成员提供和创造一个有利于创新的环境，积极鼓励、支持、引导组织成员进行创新。

2. 制定有弹性的计划

创新意味着打破旧的规则，意味着时间和资源的计划外占用。因此，创新要求组织的计划必须具有弹性。创新需要思考，思考需要时间。把每个人的每个工作日都安排得非常紧凑，对每个人在每时每刻都实行“满负荷工作制”，则创新的许多机遇便不可能发现，创新的构想也无条件产生。同时，创新需要尝试，而尝试需要物质条件和试验的场所。要求每个部门在任何时间都严格地制定和执行严密的计划，则创新会失去基地，而永无尝试机会的新构想就只能留在人们的脑子里或图纸上，不可能给组织带来任何实际的效果。因此，为了使人们有时间去思考、有条件去尝试，组织制定的计划必须具有一定的弹性。

3. 创造促进创新的组织氛围

促进创新的最好方法是大张旗鼓地宣传创新，激发创新，树立“无功便是有过”的新观念，使每一个部属奋发向上，努力进取，跃跃欲试，大胆尝试。要造成一种人人谈创新，时时想创新，无处不创新的组织氛围，使那些无创新欲望或有创新欲望却无创造行动、从而无所作为者自己感觉到在组织中无立身之处，使每个人都认识到组织聘用自己的目的，不是要自己简单地用既定的方式重复那也许重复了许多次的操作，而是希望自己去探索新的方法，找出新的程序，只有不断地去探索、去尝试才有继续留在组织中的资格。

4. 建立合理的奖酬制度

要激发个人的创新热情，还必须建立合理的评价和奖惩制度。创新的原始动机也许是个人的成就感、自我实现的需要，但是如果创新的努力不能得到组织或社会的承认，不能得到公正的评价和合理的奖酬，则继续创新的动力会渐渐失去。促进创新的奖酬制度至少要符合下述条件。

（1）注意物质奖励与精神奖励的结合。奖励不一定是金钱上的，而且往往不需要是金钱方面的，精神上的奖励也许比物质报酬更能满足驱动人们创新的心理需要。而且，从经济的角度来考虑，物质奖励的效益要低于精神奖励：金钱的边际效用是递减的，为了激发或保持同等程度的创新积极性，组织不得不支付越来越多的奖金。对创新者个人来说，物质上的奖酬只在一种情况下才是有用的。奖金的多少首先被视作是衡量个人的工作成果和努力程度的标准。

（2）奖励制度要既能促进内部之竞争，又能保证成员间的合作。内部的竞争与合作对创新都是重要的：竞争能激发每个人的创新欲望，从而有利于创新机会的发现、创新构想的产生；而过度的竞争则会导致内部各自为政，互相封锁；协作能综合各种不同的知识和能力，从而可以使每个创新构想都更加完善，但没有竞争的合作难以区别个人的贡献，从而会削弱个人的创新欲望。

（3）奖励不能视作“不犯错误的报酬”，而应是对特殊贡献、甚至是对希望做出特殊贡献的努力的报酬；奖励的对象不仅包括成功以后的创新者，而且应当包括那些成功以前、甚至是没有获得成功的努力者。就组织的发展而言，也许重要的不是创新的结果，而是创新的过程。如果奖酬制度能促进每个成员都积极地探索和创新，那么对组织发展有利的结果是必然会产生的。

第三节 管理创新的方法与技术

在当今知识经济社会的发展中，企业技术创新的速度、水平和方向，决定着企业发展的命运。提高技术创新能力，实质上就是在符合客观规律的前提下，努力寻找企业竞争制胜的道路。这里介绍几种企业创新的基本方法。

一、管理创新的思维方法

人最难战胜的是自己。人最可怕的不是行动上的惰性，而是思维上的惰性。企业管理创新的最大障碍是思维的障碍。企业先前的成功做法往往会使企业领导人形成思维定势，从而失去创新力。思维定势是一种严重的创新障碍，它的危害之处在于顽固性。人的思维模式一经建立，再要改变它就比较困难。人们一旦能够突破思维定势，就可以产生巨大的创新潜能。增强创新意识、学习创新技法及经常性地参加创新性实践，将有助于突破思维定势。除此之外，还可以通过规范自己思维活动的方法，并经常注意使用创造技法，久而久之，思维定势就可以大大减弱。在这里，我们简要介绍突破思维定势的几个要点和方法。

1．不按常理出牌

逻辑思维对创新活动来说是必需的。逻辑思维的主要特征是遵从“无矛盾”法则，即凡事都要说出个道理来。然而，创新思维的胚芽都根植于逻辑的中断处，这就要求我们要想找到这种创新的胚芽，就必须大胆地抛弃硬性的逻辑思维而涉足于弹性较强的非逻辑思维的大海中去，这样才会找到你所需要的东西。

在国际市场上，如果我们固守国际惯例，死板地按照发达国家制定的贸易规则做生意，那么我们要赢得竞争优势就非常困难。因为发达国家对于应用这套规则已得心应手，就像美国人对于篮球已能运用自如一样，如果我们后起国家要跟他们竞争，就像我们与美国人进行篮球比赛一样，要赢对方是非常困难的。我们只有发挥我们的长处，在熟悉对方规则的同时，逐步参与规则的制定或不完全按对方规则出牌，才有可能发挥自己所长，在竞争中获胜。非科班出身的毛泽东能够带领革命队伍打败很多科班出身的国民党将领，在很大程度上与他经常“不按常理出牌”有关。

2．放纵模糊性思维

人脑的思维习惯总是追求清晰、明白，模棱两可是经常被排斥的。事实上，模糊性思维是人类思维中不可分割的一部分，正是清晰与模糊的对立统一，才推动了人类思维的发展。没有模糊，也就没有清晰，创新是从模糊到清晰的过程。当你的思维处于模糊状态时，说不定会出现一些自相矛盾的观念，它可能会激发你的想象力去突破原有的狭隘思想，产生新的创造性思维的胚芽。如果你能放纵自己思维的模糊性，而不担心会变成傻瓜，很可能创新成果迭出。

正因为清楚和模糊是相对的，所以我们在企业管理实践中也不要一味地追求事事清楚。企业薪酬和考核的绝大部分内容、规则应该是清楚的，但也需要保留一部分模糊，以更好地适应很多特殊的情况。也正是这一部分模糊的存在，给管理者提供了更大的管理技巧创新的空间。企业管理中通过定岗定编，做到了分工清楚、责任明确，但是搞得太清楚了，也会导致部门与部门之间、岗位与岗位之间的合作精神减弱，协调工作量加大。而分工不分家，在明确责任的基础上鼓励互相帮助，在大部分工作职责是明确的同时保留一小部分模糊，将更有助于人力资源的合理调配和组织整体力量的发挥。

3．主动向规则挑战

迷信规则，可能是产生思维定势的重要原因之一。规则的东西在一定范围内当然应当遵守，因为它毕竟是前人经验和知识的总结。但是随着环境的变化，当它应该寿终正寝之时，就应该大胆地舍弃。在管理创新中，如果我们能勇敢地向未抛弃的概念、法则、规律、公式、定理、方案等大胆质疑而提出挑战，我们的思维定势就会一扫而光。

公元前 333 年的冬天，马其顿将军亚历山大（Alexander，公元前 356—323）率领军队进入亚洲的一个城市扎营避寒。他听说城里有一个著名的神谕：谁能够解开城中那复杂的“哥顿神结”，谁就会成为亚细亚王。亚历山大满怀信心，驱马前去解结。可是，他尝试了几个星期，却无法找到结的两端。他茫然无头绪，但又不甘罢休。思来想去，突然顿悟：“我何不自己制定一个解结的规则呢？”于是，亚历山大拔剑出鞘，将“哥顿神结”砍开两半，结被彻底“解”开了。

为了能够主动地向规则挑战，在企业内部，可形成对企业的各项制度、流程、作业方式进行定期评审的制度，以不断地促使企业废除已与企业发展不相适应的老规则，建立与企业发展相适应的新规则。

4．克服思想上的“随大流”

“随大流”，也叫从众行为，是指在社会行为的影响下，个人放弃自己的意见、想法，采取与多数人一致的行动的现象。在现实世界中，“随大流”现象普遍存在，因为“随大流”的安全系数较大。然而安全又常与稳定、保守相通，有时也未必是真的安全。在市场经济中，产品滞销的厂家多属“随大流”之列，别人生产什么，他也就生产什么，最终的结果自然是积压！相反，那些受到市场欢迎的产品，却多是不“随大流”的有特色的产品。“人无我有，人有我优，人优我新”是一些企业的成功之道，它们追求的是差异化而不是“随大流”。“随大流”在思想上则是思维惯性的一种表现。大多数人想干的事情一定是正统的、稳定的，新意甚少。故在日常工作上若能克服“随大流”，也必有助于克服思维定势。

5．善于寻求多种答案

人的思维定势相当一部分是在学习前人的知识和经验时形成的。一切知识都是按逻辑链展开的，老师天天讲，自己天天练，脑子逐渐被这些知识链缠住，其后的观察和思考也就习惯于用这些理性的东西去对照，从而形成思维上的定势。如果我们只按已有的知识去思考、去理解，就很容易为自己已有的知识所缠住。

思维定势的重要特点之一，就是它的确定性、单一性。而事物的发展总是指向多样化、复杂化的方向，分形是宇宙万物进化的基本特征。只满足于一种状态、一个答案，世界就凝固，创新就停止。如果我们能不拘泥于已有的经验和知识，主动地寻找多种答案，就可能帮助我们克服思维定势，达到全方位、多角度地看问题，从而获得更多的创新成果。法国哲学家艾米·查提尔曾说过："当你只有一个点子时，这个点子再危险不过了。"

在打破固有的思维模式，寻求多种答案的过程中，大胆地假设不失为帮助我们克服思维惯性和惰性的好办法。尽管假设不会直接产生创造成果，却可以激发人的想象力，从而找到全新的胚芽。而假设的最有效之举，就是把现有事物推向极端，引出新的矛盾或问题。这时，思维定势就不起任何作用了。充分地发挥想象力则是寻求多种答案的关键之一。想象力是一种天赋的本能，每一个人在孩提时代都具有丰富的想象力。"架着云梯上月亮"肯定是儿童的杰作，而绝不会是成年人的产物。随着年龄的增长、知识的增加及社会种种条条框框（包括法律、规章、制度、传统等）的限制与约束，人的想象力在不断降低。我们需要恢复以往丰富的想象力，找回已经失去的可贵想象力。

"如果"思考法是恢复想象力的有效工具。当一个人的思考有了"如果"的意识，那么他的想象力将从法律、规章、制度、传统等束缚中解放出来。许多成功的产品都来自大胆的想象，免削铅笔来自"如果铅笔不需用刀削还能继续写"的想象，微波炉是来自"如果炉子不用火也能煮东西"的想象。

6．逆向思维

逆向思维是每个管理者都应该掌握的思维方式。对任何一个员工，在你认为满意的时候，必须看到他的缺点，这是对他负责，如果只看到优点，放任纵容，最后会把他毁掉。当我们决定一件事干与不干的时候也需要逆向思维，即使决定干了，也要想到不干会怎么样、不干有没有什么好处、能不能把不干的好处放到干的里面去，从而做得更完善，这些都需要逆向思维。逆向思维通俗地说是站在对立面思考问题，或者是指与一般人、一般企业思考问题的方面不同。人家不想的，认为是正常的事情，你却加以思考，从中发现问题，这就是逆向思维。

在企业经营中存在大量的逆向思维成功的例子，缝纫机发明的关键，就在于不把针孔放在针头，而把针孔放在针尖，这是逆向思维。华歌尔前扣文胸，把扣环从传统的后背移到前胸，也是逆向思维。一个企业成功的历史往往是不断进行逆向思维创新的历史。美国著名企业家阿曼德·哈默（Armand Hammer，1898—1990），他一生当过石油大王、酿酒大王、药业大王等，都是成功的，他的成功最明显的一点就是运用逆向思维。例如大家都不肯去苏联做买卖，他去了；大家都在解雇员工时，他却趁机重金收买人才。

二、管理创新技法

创新技法是帮助人们实现创新、提高创新效率的方法。科学家们对创新的方法进行了深入研究，提出了许多适合各种创新工作的方法。由于技术创新、产品创新、市场创新与管理创新在性质、内容上有所差异，因此所使用的创新方法也会有所不同。这里讨论的是几种较为适合管理创新的技法。

（一）识别问题方法

正确地界定问题是进行有效管理创新的基础。人们往往为了追求结果，而没有耐心去界定问题。我们经常只花几分钟就提出问题，却花几个月的时间去解决不是问题的问题。其实，如果我们善于界定问题，把问题简单化、明确化，那么问题也就解决了一半。明确问题的性质有助于创新性地解决问题，而不是头痛医头，脚痛医脚。

“为什么”法是识别问题的最为简单的方法，通过不断变化对原始问题的定义，获得新的问题视角，而问题的新视角又可以产生解决问题的可行方法，直到获得最高层次的问题抽象。这种方法的具体步骤如下：（1）把问题作为最初定义陈述出来。（2）提出问题：我们为什么要做问题中所述的工作？（3）回答（2）中所提出的问题。（4）作为一个新提出的问题对答案再定义。（5）重复（2）、（3）两步，直到获得高层次的问题抽象。“为什么”法对扩大问题范围及探索其各种各样的边界十分有用。这种方法还有助于管理者评定基本目标。

另一种常用的界定问题的方法是五大问技术：一问目的。问做什么？为什么做？其他还可以做什么？应当做些什么？从而确定做最合适的工作。二问地点。问在哪里做？为什么在那里做？还可以在哪里做？应当在哪里做？从而选定最合适的工作场所。三问时间。问什么时间做？为什么在这个时间做？还可以在什么时间做？应当在什么时间做？从而选取最恰当的工作时机。四问人员。问由谁来做？为什么要他来做？其他什么人也可以做？应当由谁来做？从而选择最合适的作业者。五问方法。问怎么做？为什么要这样做？还有什么更好的方法？应当怎么做？从而确定最佳的工作路线和工作方法。

（二）组合创新法

人们认为，凡是创造发明都必须独出心裁，应用崭新的知识。其实不然，创造发明当然不同凡响，但是不一定都要使用崭新知识。许多情况下，以已有知识做媒介，把不同的知识或物品要素结合起来，或者把不同功能的产品巧妙组合在一起，往往就可以成为科学技术的发明与创新。

1．组合创新法则

要想两事物组合之后成为受人们欢迎的新事物，在进行组合思考的时候，就不能拘泥于某一方面，局限于某一事物，而应从多方面、多事物中寻找组合物。在考虑问题时要从整体出发，而不是从部分、局部出发，这样才能构想出好的全新的计划与方案，这要注意以下几个方面的问题：（1）要充分认识从整体出发考虑问题的重要性；（2）在进行整体思考的时候，不仅要把某一事物的各个要素作为整体来思考，而且要将思考的各个要素进行有意识的优化重组，只有最优化的组合才能发挥整体思考的作用；（3）要注意把分解开来并且更新开发的结构因素和结构关系的各自优势，系统地整合为同一结构的整体优势；（4）要特别注意更新和开发结构因素之间决定性、关键性、中介性的结构关系及其优势。

2．组合创新方法

（1）优点组合创新法

优点组合创新法就是将各种产品的优点集中起来，进行新的创新的方法。在台北，一个叫陈浩林的先生到东京小住。他将中国常使用的火锅形状和构造予以改良，然后卖给日本著名的三菱电机公司，得到了120万日元的报酬，这使他一夜之间成了发明界的英雄。陈浩林能够引起轰动的创新其实很简单，只不过在中国式的火锅用以放炭的洞里接根电热丝而制成。三菱电机公司见到这种富有异国情调的东西，大为动心，出价120万日元把它买下来，然后把它命名为“三菱电器火锅”。这种火锅推出之后，居然成了三菱公司的最畅销商品，替三菱大赚了一笔。可以这样定论：所有能够不断组合产品优点进而创出新产品的企业，新产品大都供不应求，门庭若市，经久不衰。

（2）多功能组合创新法

运用组合创新法进行产品创新，可以有多种思路：产品的材料，产品的颜色，产品的体积，产品的功能等。开始时，我们可以抓住其中一个方面进行思考，运用娴熟时，也可以拆解为多个单元，然后综合考虑，灵活组合。仅以产品功能为线索，从增加功能的角度考虑，也可以生出许多组合创新的思路，如多媒体电视机，可以将收音机、电视机、录像机、VCD、电脑等功能集于一身，价钱又比分别购齐上述单机便宜很多，且一定会受消费者的欢迎。可以说，追求多功能是一条重要的创新捷径。功能的增加是相对过去功能不多的老产品而言的，但功能的增加又不一定是由于原有产品或经营方式有明显的毛病。它主要是从组合创新的思路出发，有意识地提出新的要求，从而激发出许许多多创新的思路。

（3）主体附加性组合

主体附加创新技术以某一特定的对象为主体，然后置换或插入其他附加事物，从而导致创新的一种组合技巧。它是对材料、元件、原理和方法等组合方式活用的结果。这种创新技法的优点是容易产生组合设想，但不能对原有事物产生重大突破的改进。主体附加创新法常采用两种方法。第一种方式是不改变主体的要素与结构，采用“纯粹”的附加。例如，电脑屏幕前的“保护屏”，摩托车上附加的里程表、后视镜、车筐等，每附加一种相关设计，同时也就增加了一些辅助功能或相关功能。主体附加创新法的第二种方式是附加前主体内部结构要适当加以改变，以便使主体附加物之间协调紧凑，如将盆景与壁灯的功能赋予一种新的结构，发明了盆景式壁灯。湖南赵忠诚发明的多功能健身手杖，通过对普通手杖进行改装，利用主体附加，使其具有拄杖助行、照明、按摩、磁疗、报警、健身和防卫等多项功能。又如，某牌台灯具有照明、播放音乐、收听广播、计算器、温度计的多项功能。

（三）模仿创新法

模仿创新是指在解剖他人样机的情况下，掌握他人设计、工艺、创造原理，吸取成功经验和失败教训，购买或破译率先者的核心技术和技术秘密，进而在这一基础上进行技术创新，以改进产品性能、提高产品质量、降低产品成本，以确立竞争地位，获得经济效益的一种行为。

1．模仿创新的好处

（1）无须研究开发，无须市场调研。（2）投资小、风险小，不是全方位，多领域，只做有价值的新技术跟随学习。长期模仿创新，能不断提高企业的基础竞争力，积累创新的能量与经验。《经理人杂志》曾在互联网上登过一篇题为《模仿胜过创新两实例》，转录如下——微型相机：几十年来，市场先驱莱卡（Ieica）相机一直是技术和市场的领先者。而后来日本厂商，特别是佳能（Canon）和尼康（Nikon）模仿德国技术并加以改进，还降低了价格。莱卡却置若罔闻，最终只落得个做配角的结局。个人电脑：当个人电脑转入商业用途后，IBM进入市场，利用其声望和营销、分销技能，很快占领了市场。此后，戴尔（Dell）和康柏（Compaq）之类的仿制品制造商模仿了IBM的标准，并低价出售产品，抢去了极大的市场份额。通过这两个事例，我们可以看出，作为研究力量不充足的中小企业，当发现自己在某些新的产品和服务不能抢先进入市场的时候，其实也不用着急，有了模仿创新法，后来者常常反而居上。因为模仿创新法要比从头研制的费用低得多，可以免掉许多创新者所要花的费用，在研究方面要比从零开始的创新者少花不少时间和财力。

2．模仿创新策略

我们知道，开发一种全新的产品往往要耗费巨大的人力、物力、财力，而采用模仿创新则可以付出最小的代价而获得最大的收益。其策略有如下几点：（1）模仿设计品引进竞争对手畅销产品的风格、设计或样式。或者，发现某一领域中创新产品的潜力，就把它应用到其他领域。（2）创造性改造品是最具创造精神的模仿产品。人们拿来现有产品，或者加以改进，或者改变现有产品使之适应一个新的竞争领域。（3）模仿创新出来的产品或服务定价低于被模仿对象。例如：日本松下电器公司在索尼公司首先研制出“贝塔马克斯”牌录像机时，马上分析这种录像机的优缺点，然后根据用户反映，再生产出比“贝塔马克斯”更能适合用户需要的品种，很快，松下生产的录像机后来居上，超过索尼生产的录像机的销售量。松下公司不当技术先驱者，而是做技术追随者，没有投入大量资金去进行新技术开发，而只是静观他人之长，然后拿来为自己所用，从而节省了人力、物力，收到事半功倍之效，加快了自己的步伐，取得低投入、高产出的效果。模仿创新要围绕他人专利搞再开发，不可侵犯他人产权，有时，也可购买他人专利。

（四）联想创新法

1．联想源于现实、高于现实

《辞海》是这样解释“联想”一词的：“由一事物想到另一事物的心理过程。由当前的事物回忆起有关的另一事物，就是联想。”

联想，是构成艺术的重要环节；联想，是创造之母。

创造发明不是现实的简单模仿，而是高于现实的再造，需要幻想、假设和一切超越现实的联想。铁丝，早已有之，然而将其弯成特定形状就发明了“曲别针”或是防盗网；玻璃瓶也早已有之，而后来被造成电灯泡或是罐头瓶；木头和雕刻刀也早已有之，而“活字印刷”就是在此基础上创造发明的。

2．联想要有知识准备

人的联想不是凭空产生的，而要有丰富的知识与经验作基础。

1764年的一天，英国纺织工人哈格里沃斯为发明纺纱机又加班到深夜。他不知绞尽了多少脑汁，度过了多少个不眠之夜，仍然没有进展。这天傍晚，一不小心，“轰隆”一声，将妻子的纺车绊倒了。原来水平放置的纺车倒过来后，变成垂直竖立了，却一个劲仍在那转动。他从想象中得到启发，发明了比横锭纺车效率高八倍的竖锭纺车。珍妮纺纱机的创造，推动了英国棉纺工业的迅速发展。

一个人的知识经验越是丰富，想象力驰骋就越宽阔，创造成功的可能性就越大。伟大的发明家爱迪生从小勤奋好学，11岁就阅读了科学百科全书、牛顿的著作及其他各种书籍，积累了丰富的科学知识，为以后的一千多项科学发明打下了坚实的基础。

3．联想方法的综合运用

人的大脑中，一旦确定了联想点，常常会出现并联现象，这是多层次的立体联想，联想的联想，联想的飞跃、升华，是举一反三的联想。被称为当代科学奇才的英国发明家辛克莱，在设计微型电视机时，虽然已把电路全部集中到一小片硅片上，但百思不得其解如何把显像管长长的“尾巴”去掉。终于有一天，他在整理资料的时候，思维的两个触点忽然被接通，将“长尾巴”作 90 度弯曲，使它从侧面而不是从后面发射电子。这样一改，一台长度略同于一包香烟大小、厚度只有3厘米的电视机终于问世。

4．构成联想创新法

世界上一切事物都处于内内外外、方方面面的普遍联系和发展之中。结构组合、功能作用、运行机制等，既有类同和相近之处，又有对立和相反之处。现代创新技法往往融类比联想方法、近似联想方法、对比联想方法于一体，既有所开拓创造，又有所构想出新。

要防止机械地联想和模仿。从本质上进行创新和开发，以创新和开发带动联想和模仿。要大胆引入高新科学技术成果，不断开拓和扩展，依照与模拟自然物体、人为物体特别是包括人本身在内的生物有机体，创造出全新的广度和深度。

5．类比联想创新法

人们在认识主观和客观世界、改造主观和客观世界的实践中，不仅积累了丰富的经验，而且诱发了丰富的联想。触类旁通、举一反三的类比联想，是人们运用联想进行创新的又一主要技法。

类比联想创新要求：（1）仔细观察，勤于思考，不放过任何机遇和条件；（2）在发现类同或类似的内外联系时，还要充分注意发现它们之间的差异和不同之处，差异越大，联想类比创新设计的新颖性也就越大；（3）要从不同方面和不同层次以不同方式或不同手段进行连锁式的系列创新和开发。

类比联想方法：（1）直接类比：在自然界或已有的成果中寻找与创造对象相类似的东西。例如，用仿生学原理设计飞机外壳、潜艇的体形，仿效蝙蝠而提出超声波定向等。（2）象征类比：就是用具体事物来表示某种抽象概念或思想感情。这种方法多用于建筑方面的设计。（3）拟人类比：例如机器人的设计，设计者从人体的动作中得到启发，使机器人能模拟人的动作，挖土机就是模拟人体的手臂的动作设计的。（4）因果类比：两个事物的各个属性之间，可能存在着同一种因果关系，因而，我们可以根据一个事物的因果关系，推出另一个事物的因果关系。（5）对称类比：通过对称关系进行类比，创造出全新的东西来。如从女士化妆品中创造出男士专用化妆品；从热电发的对称创新出现了冷电发。（6）综合类比：各种事物属性之间的关系虽然很复杂，但可以综合它们相似的特征进行类比。如将一个模拟飞机在风洞中进行模拟飞行试验。

6. 功能变移联想创新法

现代创新设计过程中的功能变移联想创新法，就是要运用联想，捕风捉影，抓住现有产品和服务的功能进行变移性联想，并根据实际情况和具体需要加以适当的调整、改造、完善，从而构成一种有别于以往设计的创造性联想。比如人们日常做饭炒菜总是热源在下，需要烧炒的食品在上，电烤箱即如此煎烤鱼、肉等食品时，油气飘逸，鱼和肉加热后析出的油脂下滴。油气和油滴掉到电热丝上，不仅产生大量烟雾，而且缩短使用寿命。如果将炼钢使用的“氧气顶吹技术”或把芬兰浴中的蒸汽房技术横移过来，再构思将食品的位置颠倒过来，热源放在上面，食品放在下面，矛盾就迎刃而解了。如果在电烤箱内增加抽气过滤层，使用起来就更加清洁、方便、舒适。

（五）虚拟创新法

虚拟创新即借助外力，拿来为我所用，认清自己的优势，使之发扬光大。可以只改进不发明，也可以动员他人拿出自己的优势来参与你的计划、协助你的行动。

1. 借外力造势

国际商战中所谓的借风发财，其实就是诸葛孔明巧妙利用东风借利箭的商事战术。商海抨击过程中，以成功借得外力创新经营的，不外乎如下五种方法。

（1）闻风而动法。美国食品研究机构把黄豆食品列为健康食品后，台湾机械制造业立即分析研究，在增加产量的同时尽全力将豆制品加工机械打进美国市场，当年就创汇1 000万美元。

（2）跟踪追击法。上海市劳动局拟发文改变夏令清凉饮料发放办法。市百货公司小商品批发部得知后马上派员四处奔走，跟踪调查。进一步了解到工厂供应清凉饮料时将采用“集体供应”的办法。塑料汽水桶的需要量为此将会大幅度增加，塑料厂得此消息后立即扩大生产规模，拿到了大批塑料桶的订单。

（3）合二为一法。现代社会使快餐业得到很大发展。法国食品技术专家研究中国食品，把复杂的中国烹饪技术标准化，制成一套既有中国食品风味又有美国人口味的中式快餐食品。在美国，“中国玫瑰”“蛋卷快餐”“快锅”等中式快餐连锁店不断涌现，生意越做越好。

（4）未雨绸缪法。年轻的美国人弗里德曼买下一家仅有 15 名职工的小厂，然后果断地利用该厂来生产各式石油机械设备，在世界石油价格猛涨，全球到处制起“采油风”之时，他大获其利，成交额高达 700 万美元。

（5）一举两得法。日本某电视机销售商，对前来修理的电视机总是非常认真地填写修理清单，注明修理的机型、修理部位、调换零件等。对这种修理单，他们定期进行统计，及时把这些重要信息传递给生产工厂，供技术人员改进设计，提高产品质量。一些有用的信息传给零售商，改进指导顾客使用电视机的方法，服务质量迅速提高，很快占领了市场。

2．借工厂创牌

皮尔卡丹是世界名牌，已持续辉煌了 30 多个年头。时装表演领域的卓越表现，获得了意大利“奥斯卡”大奖。因为服装文化中的独特建树，两度被授予意大利共和国“特等功勋章”，联合国“名誉大使”荣誉称号。皮尔卡丹几乎没有属于自己的工厂，他只将自己的设计方案或新潮衣样提供给质量上乘的企业制作、生产，就打上“皮尔卡丹”品牌，送往世界各地的经销商。有 800 家以上的企业用“皮尔卡丹”商标生产服装，每年获得的收入不少于 30 亿美元。

未来的人们越来越多地看重这种“没有工厂”的名牌战略，在资源有限的情况下，迅速扩大公司的规模，在较短的时间内，提高品牌知名度，占领更加广阔的市场，使公司从以往烦琐的内部事务中解脱出来，更加专注市场的拓展。

3．借买瓜者夸瓜

在商品广告满天飞的年代，一般消费者对生产者、经营者的任何宣传，总存在着不信任心理。怎样才能有效地解除顾客这一顾虑呢？就是想办法创新消费者的“口碑”，让用户做宣传，即让“买瓜者夸瓜”。

日本松下电器公司的董事长恭恭敬敬请有兴趣的消费大众到公司参观生产设备、工艺流程、管理制度和质量要求等。消费者尤其是批发或代销商，看到松下先进的机器设备、严格的质量管理之后，对产品的质量十分放心，松下电器的销售量扶摇直上。

通过邀请消费者到公司参观，还可以沟通双方的感情，直接听取用户的意见和种种希望，并以此不断改进和创新产品与服务，使之越来越符合消费者的要求，产品因而就越来越受顾客的欢迎。

（六）头脑风暴法

头脑风暴法是美国创造工程学家 A.F.奥斯本（Osborm）1940 年提出的一种培养创造力的方法。它首先组织一些具有科研能力和只是修养的专门人才，组成一个小组进行集体讨论，相互启发，相互激励，相互弥补知识缺陷，引起创造性设想的连锁反应，产生尽可能多的设想，然后对提出的设想方案逐一通过客观连续的分析，找到一组切实可行的“黄金”方案。

采取头脑风暴法应一定遵循以下的原则。

（1）创设一种自由的气氛，激发参加者提出各种问题，甚至是荒诞的想法。

（2）不允许对别人的意见进行批评或反驳，任何人不作判断性结论。

（3）鼓励每个人独立思考，广开思路，提出的改进设想越多越好，越新越好，允许相互之间矛盾。

（4）集中注意力，针对目标，不私下交谈，不干扰别人的思维活动。

（5）取长补短，鼓励参加者对他人已经提出的设想进行补充改进和综合。

（6）参加会议的人员不分上下级，平等相待。

（7）不允许以集体意见来阻碍个人的创造性设想。

（8）参加会议的人数不超过 10 人，时间限制在 20 分钟到 1 小时。

这种方法的目的在于创造一种自由奔放的思考环境，诱发创造性思维的共振和连锁反应，产生更多的创造性思维。讨论 1 小时能产生数十个乃至几百个创造性设想，适用于问题较单纯目标较明确的决策。

第四节　管理创新的管理

创新是一种可以组织并需要管理的系统工作。管理创新的管理实质上是要回答如何使管理创新活动更加有效，如何使管理创新行为持续、稳定地进行，使管理创新成为管理者必须履行的一个重要职能问题。

一、变革与创新管理

（一）环境变化及其对变革管理的需要

现代的组织经常面临着内外部环境的变化或变革。变化使管理者的工作发生了很大改变。要不是因为变化，管理者的工作要相对简单和容易得多。在现代社会中，不变越来越成为一种虚幻，只有变化才是组织的现实。归纳起来，在组织内外环境中存在以下几方面的变化力量。

1．外部力量

组织外部的变化力量来源如下。

（1）市场。首先，市场变化步伐的加快是当今市场的一大主要特征。其典型表现是，顾客的需求越来越变幻莫测，新产品不断推陈出新，产品寿命周期也不断缩短。市场变化的方式、速度已远远超出厂商的想象和控制范围。其次，竞争格局与手段变化显著。同业的生产者、潜在进入者、替代品生产商以及具有较强讨价还价能力的供应商和顾客，都是企业经营和盈利的竞争者。他们之间的竞争已不再是单纯的产品竞争，更是服务的竞争。竞争的手段已经从成本、价格越来越转移到质量、品种、反应速度及其与成本因素的混合，甚至竞争的主体已经由单个企业转变为整条商品供应链的联合体。核心竞争力的培植和发挥日益成为新时期企业竞争战略研究的新内容。此外，市场全球化的趋势已形成。随着交通和通信的迅速发展，以及全球反对贸易保护、提倡自由贸易浪潮的掀起，企业的经营和竞争已经走向了国际化、全球化。中国的企业不仅要注意开拓国际市场并研究如何抗衡国外强劲对手的竞争，同时在国内市场上，企业也面临着越来越广泛和激烈的竞争。

（2）信息社会的变化。电子计算机的普及和现代信息与通信技术的发展，使人们的生活以及企业的经营和管理进入了一个崭新的时代。十几年前还只是空幻的东西，现在已迅速地、令人吃惊地展现在了人们眼前。全球互联网络和电子商务等的应用、全球村的即将到来，这些在给企业的经营和管理带来新机会的同时，也形成了许多待解决的课题。

2．内部力量

除了组织外部环境的力量外，组织内部也孕育着多方面的引发变化的力量。这些存在于组织内部的变化力量，有的可能最初就产生于组织内部的运营过程，有的也可能产生于外部变化的影响。举例来说，组织的员工队伍就处于不断变化之中，尤其是随着员工受教育程度和职业流动意向的提高，他们对工作的自主性和能力发展的需要会增强，这样就要求管理工作做出相应的调整。技术的进步和新设备的引进也是引发变化的另一种内部力量。高层管理班子的改组，企业战略的重新制定或修订，企业之间的合并重组，这些事件常常也会引起管理政策和实践的变革。以上力量所引发的环境变化，使管理者的传统角色在不同程度上受到了修正乃至变更。

根据环境变化的频率和强度及其对组织变革管理需要程度及方式的不同，可以分为两种类型的管理变革。

（1）动态环境中的持续变革。从 20 世纪 80 年代后期、90 年代初期开始，企业的经营环境越来越显示出动态多变的特征，相对不变或渐进变化的环境条件已经在越来越多的行业或企业中消失了，变化成了一种自然、持续的过程。就像在不断出现险滩的湍急河流中的小木筏，筏上的船工以前并没有在一起出过航，也完全不熟悉河流的构造，不了解最终的目的地，甚至情况可能更坏，他们得在漆黑的夜晚航行。在这种“急流险滩”情形下，变化就是一种自然的状态，对变革的管理因此是一个持续的过程。换句话说，动态多变的环境向管理者提出了变革管理的任务和要求。

（2）静态环境中的间断变革。这时的组织就像一艘在“风平浪静”的海洋中航行的船只，船长和船员们都清楚地知道他们正开往何处，且因为他们或前人已作过多次这样的航行，积累有丰富的经验和知识来确保航行顺利地到达目的地。只是偶尔遇到风暴时才会有变化出现，其他平静、可预见的航程中尽可按常规方式来航行。在这种情况下，变化只是偶然的干扰事件，或者说是对组织平衡状态的一种暂时的打破，只要对一时出现的变化能够得当应对，组织将很快恢复到平衡状态。因此，在这种组织的管理工作中，追求稳定性和效率性是管理的主流方向，事务型管理模式起着主导作用。

（二）变革型管理的特点

处于变化时代中的管理者，应该是革命性变革的推动者。从国际上看，面对 20 世纪 80 年代后期开始出现的日益严峻的环境变化的挑战，许多企业的管理者表现出了对变革管理的无能或不重视。结果，便出现了事务型管理强而变革型管理弱的种种问题：（1）强调短期框架，注重细枝末节，侧重回避风险，拘于理性，而很少注重到长期性、全局性和敢冒风险的战略以及人的价值观念的重塑；（2）重视专业化分工，强调人尽其职，遵循规则，而忽略综合性、工作中的合作配合和全身心投入；（3）强调对人的行为的抑制、控制及预见性，而忽略人的能力的扩展以及授权和激励。以上行为的结果就导致了组织僵化，无革新性，无法应对其市场需求和竞争、技术环境的变化。这样的组织，如果处于强有力的市场地位，其绩效表现会随着时间的推移而不断恶化，如果未处于有利的市场地位，则直接面临存亡的威胁。

变革型管理者是勇于突破现状的企业家式的、创业型的管理者，与致力于维持现状的守业式的事务型管理者形成了鲜明的对照。当然，片面强调变革型管理而忽略了事务型管理，也可能导致另一类问题：（1）强调长期远景，而忽略短期计划和预算；（2）极为重视组织文化的作用，不注重专业化、结构体系和规章制度；（3）鼓动那些不愿利用控制系统也不遵循解决问题法则的员工，以非正式联系的方式集结在一起。以上做法的结果最终会导致企业处于一种失控的状态，使顾客要求的货品无法按时交付，预算的目标无法达到、各种承诺都无法兑现，从而使企业沦入一种难以继续、昙花一现的命运。如图 8-2 所示为变革型管理和事务型管理的融合。

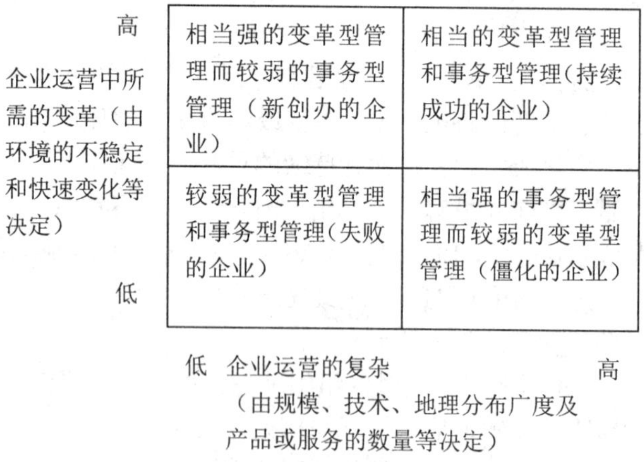

图 8-2　变革型管理和事务型管理的融合

变革型管理与事务型管理有可能同时存在于一个企业中。但管理者应该看到，它们两者无论是在管理的基本使命上，还是在管理过程开展的具体职能上，都有着非常显著的差别。从使命方面说，变革型管理是为了带来有用的变革，使企业能以新的方式做以前没有做过的事情；事务型管理则是为了维持秩序，使企业系统能高效、稳定地运行下去。由于基本使命不同，其管理工作的过程在职能方面的表现也不尽一样，如表 8-1 所示。

表 8-1　变形型管理与事务型管理过程的基本职能对比

		变革型管理	事务型管理
管理使命方面		力图突破现状，率领所领导的企业抛弃环节不适宜的传统的做法	致力于维持秩序和守业
管理职能方面	计划	确定经营方向，包括远景目标（3～20 年）和实现远景目标的战略（1～3 年）	编制短期（几周、几个月或半年至 1～2 年）、周密的计划方案和预算
	组织	联合实现远景目标所需的所有相关者（包括企业的员工以及主要顾客和重要供应商），形成企业内外相互密切配合的关系网络	设计体现合理的工作分工和协作、汇报关系的结构体系，并配备合适的人员招待结构设计所规定的角色任务
	领导	通过与所有能提供合作和帮助的人们进行大量的沟通交流，并提供有力的激励和鼓舞，率领大众朝着某个共同方向前进	借助于指挥、命令，通过上级对下级的指导、监督，使各层次、各部门的人员能按部就班地开展工作
	控制	因环境变化的需要而适时、适度地调整计划目标	尽量减少计划执行中的偏差，确保主要绩效指标的实现

总而言之，事务型管理与变革型管理是同类的但又需要得到结合的管理。在充满活力的创业型企业或小型企业中，其强有力的变革型管理如果能进一步与必要的事务型管理相配合，那么，就能创造出更为有序的变革过程，使混乱的局面得到控制，而具有较强的事务型管理能力但行为刻板僵化、缺乏活力的大型企业，如果能启动变革型管理的力量，则它可望在有秩序的运行中产生满意的变革。小企业在“成长的危机”中学习如何强化应有的秩序，而面临“发展中的危机”的大企业则在思索着如何激发变革和革新。这些都在显示着变革型管理与事务型管理相结合的趋势。

（三）激发组织的创新力

如果说变革是使事情发生变化，那么创新就是以具体的行动来推进和实现变革。创新与创造有某种相似之处，但创造主要是指以独特的方式综合各种思想或在各种思想之间建立起独特联系的这样一种过程和能力，创新则是指形成创造性思想并将其转化为有用的产品、服务或作业方法、管理方法等的过程和能力。富有创造力的组织可以不断地提出新的思想，而富有创新力的组织则能不断地将创造性思想转变为某种有用的结果，如开发出某种新产品、新技术、做事的新方式或解决问题的新办法等。当管理者说到要将组织塑造成更富有创造性的时候，他们通常指的就是要激发创新。

一般来说，管理者可以通过以下几方面措施来激发创新。

（1）实行有机式的组织结构。工作分工程度低、部门职能分化弱、横向沟通密切、纵向层次设置少，并且以分权化和非正规化方式来运作的组织（通常称之为有机式组织），由于具有较高的灵活适应性和跨职能工作的能力，从而有利于形成创新成果并使创新更易于得到采纳。

（2）管理者较长时间的任期。创新通常需要在一段较长时间内才能显示出效果。任职期间过短会不利于管理者行为的长期化，从而妨碍创新得到应有的重视。

（3）拥有富足的资源。宽裕的资源为创新奠定了物质基础。这样的组织不仅有能力购买创新成果，而且更敢于投下巨资推行创新并承担创新失败的损失。

（4）人力资源因素。富有创新力的组织注意招募那些做事有持久力、高度自信、精力旺盛、敢冒风险等个性的员工，并积极对现职员工开展培训，使其保持知识的更新。同时，给予员工可靠的工作保障，以减少他们担心因犯错误而遭解雇的顾虑。激发创新的组织还鼓励员工成为革新能手，形成创新的成果，并享受到创新过程的乐趣和创新结果给组织及个人带来的实质性好处。

（5）充满创新精神的组织文化。富有创新力的组织通常在组织文化方面表现出以下特征：鼓励尝试，允许失败；容忍不切实际的想法；容忍冲突，鼓励冒险；注重结果而放松对过程的控制；强调开放系统思维方式等。

二、管理创新的管理

管理创新的管理实质上是要回答如何使管理创新活动更加有效，如何使管理创新行为持续、稳定地进行，使管理创新成为管理者必须履行的一个重要管理职能的问题。

1．管理创新的障碍

从管理实践中看，管理创新的失败大多是由于管理不善所致。妨碍一个组织管理创新工作开展的障碍来自组织层面和个体层面，主要包括以下几个方面。

（1）资源短缺与缺少管理层的支持

管理创新的最大障碍之一是组织缺乏对管理创新的投入和支持。在绝大多数企业中，管理者注重的是经营活动和日常管理工作，对管理者没有创新要求，也没有安排一定的时间、资金和人力于管理创新。在管理创新过程中，没有一定的资源做保障，创新活动就难以开展。造成这种局面的本质原因是许多企业没有意识到管理创新的重要性，单纯地把企业发展的希望寄托在抓机会、抢资源或技术创新、营销创新上，没有把管理创新列为组织的战略目标之一。由于对管理创新既没有要求，也没有投入，有组织的管理创新活动自然也不可能产生。

（2）僵化的组织结构与官僚主义

在变化多端、难以预期的环境中，我们最需要创造和创新。反过来，创造与创新也需要有一个能对环境变化做出迅速反应的组织结构。也就是说，一个对环境能做出快速反应的组织机构是有效创新的必要条件，只有这样的机构，才能迅速地发现管理中的问题，并及时地通过管理创新予以解决。层次太多、办事刻板、缺乏生气、部门本位主义和官僚主义盛行的组织机构必然会阻碍创新工作的开展。

同样，官僚主义也是创造力的大敌。官僚，在中国古代是指在衙署办事的官吏，后常用做贬义词，指不负责任的政府官员。官僚主义是指脱离实际、脱离群众、做官当老爷的领导作风，其特征是：领导者高高在上，不了解下情；贪图舒适，满足现状；饱食终日，无所作为；遇事推诿，办事拖拉，不负责任；不按客观规律办事，独断专行；讲求官样文章，繁文缛节等。它的存在会严重削弱组织的创新能力。同时，官僚主义是与灵活性相对立的，而灵活性是创造力的有机组成部分。进行管理创新就意味着向官僚主义宣战，侵犯了官僚主义者的利益，因此，组织中的官僚们会千方百计地阻碍管理创新。官僚主义是构建创新性组织的重大障碍，如果管理者要想促进组织的创造力与创新性，那么必须采取有效措施，减少官僚主义所带来的负面影响。

（3）害怕失败、抵制变化

害怕自己的行为受到批评或观点受到嘲笑，这是人类的通病。人们之所以不愿意发表自己的创新性、建设性的观点，多半是因为害怕受到嘲笑与批评。与此同时，经过 5 000 年历史的考验，我们不少人还生怕犯错误，因而养成了循规蹈矩、因循守旧的习惯，习惯于走老路，按老皇历办事，只唯书、只唯上、不唯实，过分依赖权威，不敢存疑，过分相信书本，不敢深究。不论我们做什么，都有成功和失败的可能，如果我们害怕批评与失败，不敢冒一点风险，那就只好虚度此生，一事无成。不少人主次不分，本末倒置。他们关心的只是自己的完美形象，为得到别人的赞赏行事；他们的时间和精力全都用于避免失败，而不是刻意进取。这种不求有功但求无过的精神状态使他们谨慎小心，疲于奔命，至于创新，只好靠边。传统的教育向学生灌输“成者为王，败者为寇”的以成败论英雄的思想，灌输失败就是错误、失败没有价值的思想，也导致了人们害怕失败。而事实上，创新的一个基本成分便是不怕失败。

创新确实有风险，而且有很大的风险。但为此而不去创新，则大错特错，殊不知，企业不创新是最大的风险。为什么许多企业取得巨大成功后，就开始走下坡路？就是因为面对成功，害怕失败，创新意识淡化，结果不进则退。因此，我们要有创新意识，敢于冒风险。与此同时，通过对创新过程实施有效管理，最大限度地减少创新工作中的不确定性，以取得创新的成功。禁锢创造力的障碍还来自我们对生活一成不变、习惯性的态度。我们从清晨起床到晚上睡觉，99%的动作纯粹是下意识的、习惯性的。习惯是我们已经熟练掌握的、不假思索的、自动调节的反应行为和适应行为。习惯可使人不饥而食、不困而眠、不思而行。一般认为，习惯是一种非创造性的因循守旧的形式，它压制合理的思想而不给它出头的机会。

创造和创新则与变化相关。创新意味着员工之间、部门之间利益的重新分配，意味着工作习惯的改变或组织的变化、工作或责任的重新分配、工作方法的改变等。各方利益的调整必然带来矛盾，既得利益者会抵制变化，障碍创新，而许多管理者为了息事宁人也会反对创新。

（4）从众或对创新行为过分挑剔

创新就意味着其观念有别于一般人，这样就与组织现有的行为规范不相一致，那么创新者就有可能被认为行为古怪或思想偏执。而一旦被认为是古怪的，那么对创新就极为不利，创新性的观点就得不到重视，管理者也不把他们创新性的想法当作一回事。这种群体规范压制了创新，使得多数人更愿意服从现有的规范和标准，跟着多数人的意见走。

在大部分情况下，从众行为并不是由某个人来指挥形成的，而是一种存在于群体环境中的心理默契和群体经验。它所给予每个人的经验是：用不着费心，人家怎么办我就怎么办，错也是大家错，对也是大家对，好歹人人有份。正是这种规避风险的从众行为，压制了组织中人们的创新冲动。从众行为有时是必要的，社会生活需要相互合作，如果没有一致的行动，社会组织势将崩溃，而且，在特定的情况下，当你茫然不知所措时，仿效他人的行为和见解不失为一种权宜之计。然而从众牺牲了我们的个性，妨碍我们产生新的创意，压制了个人的独创精神。如果大多数人的想法都很接近，就等于没有人真正开动脑筋。所以从一定意义上说，随众附和的态度不利于创造性思维，而独立思考的个性则有助于发展创造力。

另外，为了减少创新风险，对创新行为进行评价与分析，以确保这项创新是好的、有价值的，这本身无可厚非。但如果到了过分挑剔的地步，就会导致时间的浪费和竞争优势的丧失。因为创新本身就包含着时间的先机，把大量的时间和精力用于检验观念的优劣，往往会错过许多机遇，导致新奇感和影响力的消失。而且，创新过程中的不确定因素始终是存在的，不管做什么样的分析、分析到什么程度都无法消除。

（5）创新中贪大求洋、急于求成

人们在遇到问题或困难时往往急于求成，不愿忍受找不到直截了当的答案的焦虑，不愿忍受悬而未决的痛苦。问题刚一露头，我们就迫不及待地抛出一个方案，而且只有当这一方案陷入困境时，才去考虑和尝试第二个方案。赌城拉斯维加斯的生意兴隆，就是人们具有急切获得直截了当结果的心理例证。在大学教学过程中，大部分学生也常常对使用几种方法解决同一问题显得不耐烦，他们怂恿教师给出唯一的最佳解决方法，然而这种在任何条件下都能有效解决问题的方法事实上并不存在。

在管理创新中，有的企业热衷于引进国外先进管理模式，希望通过创新一下子解决所有的管理问题，有的管理者则为创新而创新，为求“政绩”而创“亮点”。但创新只有立足于现实，结合本组织的实际进行，才能取得效果。制度创新也好，资本经营也罢，都需要在一定的条件下进行。管理创新是多层次、全方位的，而且多数创新都是从细部开始的，贪大求洋、急于求成的结果往往适得其反。管理创新要从小事做起，从细部做起，从点点滴滴做起。如果管理创新一味贪大求洋，就可能演变为大的创新搞不了，小的创新不想搞，企业就在两难中、轰轰烈烈中消亡。做好管理创新的管理工作，将有助于我们有效地克服这些障碍。

2. 管理创新的管理

为了保证管理创新工作的顺利进行，管理创新工作与其他工作一样，也需要做好计划、组织、领导和控制工作。

（1）管理创新的计划

管理创新计划的制定是创新管理的基础。制定科学的管理创新计划可以提高管理创新过程的效率和成功率。一般来说，与企业中的其他工作一样，管理创新计划的制定要服从企业的总体目标，通过深入分析企业的外部环境和内部条件，明确管理创新目标，选择正确的创新途径，配置必要的创新资源，制定切实可行的实施计划。

企业制定管理创新计划，首先要进行创新对象的选择，即根据企业环境的变化和管理中发现的各种问题决定进行什么样的创新，是观念创新、组织创新，还是方法创新。正确选择管理创新对象的关键在于管理者是否有强烈的问题意识，就是说在制定创新计划的时候，管理者能否事先预计到可能发生的各种问题；问题发生时，能否及时准确地感知和察觉。一般来说，应把前面计划期遗留的问题和最近发生的管理中的突出问题作为管理创新对象优先考虑。根据 PDCA 管理循环的原则，前一计划期已解决的问题可实行制度化、规范化，作为管理创新成果把它巩固下来。对于没有达到预期目标的创新项目，则应在下一期创新计划中继续体现出来，充分注意两期创新计划间的延续性。另一方面，创新计划要体现一种动态管理的思想，为了使企业的内部条件与外部环境相适应，应充分考虑企业经营管理中的突出问题，将它们及时列入创新计划中，集中力量，及时解决。当然，企业的管理创新也可用目标管理法进行管理。企业可以根据自身存在的主要问题，确定解决的前后顺序，把管理创新工作分解成阶段性和局部性目标，利用目标管理法实行重点突破、梯次推进、全面创新，使企业管理得到整体改善。

管理创新计划应由企业最高领导亲自主持制定。由于实施管理创新成果涉及企业的方方面面，所以计划工作应尽早进行。创新计划制定后，与创新活动有关的部门和人员要做具体的实施计划。使创新计划具体化，既可避免各部门从局部利益出发对创新工作进行阻碍，又可防止应付了事的不负责任的做法。

（2）管理创新的组织

管理创新的组织工作要求管理者按照创新目标和计划的要求建立合理、高效、能保证计划顺利实施的组织结构与体系，合理安排和调配各种组织资源，以保证管理创新计划的顺利完成。具体而言，管理创新的组织工作主要包括以下几个方面。

① 建立和完善创新制度。制定鼓励创新的规章制度是企业进行创新管理的基础工作。通过制度建设可以使管理创新活动制度化、规范化、持续化。通过创新制度的建立和完善，可以将创新工作纳入组织体系之中，明确组织创新理念、与创新有关的职责分工和工作规则，有效保证从事创新活动所需要的各种资源，为创新工作的开展提供组织保障。如有的企业明确规定创新包括技术创新与管理创新，每年用于创新的经费不低于上一年度销售收入的 5%，同时明确了对创新成果的奖励政策和创新者的各种权益，使企业的各项创新工

作得以正常进行。

② 保证对管理创新的投入。对于管理创新，所需要的投入既包括资金方面，又包括时间、精力、信息等方面。管理者要舍得在管理创新与管理创新的组织上花一定的时间与精力。也要给员工以一定的时间和条件使其能够进行管理创新，如果把每个人的每个工作日都安排得非常紧，使每个人都“满负荷工作”，人们就没有时间进行思考，也就无法产生创新的构想。美国成功的企业往往让员工自由地利用部分工作时间去思索，如IBM、3M以及杜邦等公司都允许员工利用5%～15%的工作时间来开发他们的兴趣和设想。

③ 成立创新小组，有效开展管理创新。在企业内部，从事管理创新的组织形式可以多种多样，如成立QC小组（简称质量管理小组）、攻关小组、管理专项工作推进小组、模拟董事会等，其中运作较为有效的是QC小组。QC小组是由企业内员工组成的从事改善工作和产品质量的自主团队，QC活动是员工参加的最普遍的企业管理创新活动。实际上，如何改善工作质量、把自己的工作做得更好，本身就是一种管理创新工作。通过鼓励、引导、支持员工开展QC小组活动，可以提高职工参与管理的意识和参加管理工作的积极性。通过QC小组成员自我学习和相互启发，可以提高员工的创新能力，增强员工的责任感，为员工管理创新活动的持久开展打下良好的基础。在一个企业中，通常最了解生产线、市场，最了解公司有哪些浪费、顾客有哪些抱怨的是一线员工。通过调动一线员工的积极性来解决企业管理中存在的问题是管理创新最为有效的方法。

（3）管理创新的领导

管理创新工作是开发员工的智力，而不是体力。在管理创新工作的领导过程中，管理者主要是要建立良好的组织创新环境并做好创新的激励工作。为此，管理者应该做好以下几项工作。

① 管理者应以身作则，富有创新精神。不少组织中的管理者往往是保守的，他们往往以“保证组织的活动不偏离计划的要求”作为自己心目中优秀管理者的标准，以为自己的职责就是保证既定目标的实现和组织规章制度的贯彻执行。为此，他们循规蹈矩，赞赏从不创新、老实工作的人，而对于创新就往往有一种出于本能的抵制。如果一个组织的管理者因循守旧、墨守成规，势必就会在整体上客观束缚组织中各个成员的创新性。只有自身富有创新精神的管理者，才会珍惜群众的创新性，才会支持、扶持、鼓励群众的创新性。只有富有创新精神的管理者，才会认识到创新与开拓主要取决于人，因而把那些有思想、有见解、不盲从、爱独立思考的有创新才能的人看成是最宝贵的财富，进而珍视他们的意见，善于吸引和保护有才能的人，在工作中善于鼓励下属进行创新，并帮助下级充分发挥他的创新潜力。

② 强调民主与自主，积极鼓励群众参与管理。组织中的管理创新以员工的主动积极参与作为前提和起点。而员工的主动和积极参与只有在民主和协调的群体环境中才能够发生和发展。从鼓励创新的角度看，管理者应努力把组织建设成民主型团体，形成民主的气氛。在民主的群体中，允许每个人毫无顾虑地提出自己的新思想，这样才能在群体中产生

新思想的碰撞、不同观念的交叉渗透，从而带来突破和创新。另外，由于管理创新往往涉及组织的各个方面，因而其开展需要多方面组织成员的参与，在相互的启发和促进中进行创新。缺乏集体意识无疑会在群体内造成隔阂和戒备，诸如猜疑和嫉妒、互相封锁消息、发表意见时“留一手”等，每个人的创新智慧也就会因为缺乏整体的配合而难以发挥。因此，管理者还应该致力于具有集体意识的群体的形成。

③ 善用创新性人才，做好对创新的激励工作。创新性人才是企业的财富，管理者一定要设法用好他们。创新性人才通常优点明显，缺点也不少，因此管理者在使用创新性人才时应注意：一是让组织中最具创新性的人去解决组织中最难的那些问题。问题越难，工作越有挑战性，就越能发挥创新性人才的创造力和积极性。二是用具有创新激情的人去激发那些缺乏创新热情的人，对创新行为和创新成果给予大力的表彰。这样，创新者自身会感受到激励，缺乏创新热情的人也会受到激发，从而推动组织中创新氛围的形成。作为管理者，对于有创新才能的人，既要根据他的专长和特点敢于启用，又要让他们在自己职责范围内大胆工作。支持他们的工作，珍惜他们的积极性，关心他们的思想、工作和生活，积极为他们创造发挥才干、做好工作的条件，主动为他们“开绿灯”，是创新管理者的主要工作内容之一。

④ 正确地对待失败。创新的过程是一个充满不确定性的过程，失败是难免的。创新者和创新的组织者都应该认识到这一点。为此，管理者必须非常小心地对待创新失败，如果创新失败的原因是能力不够、系统性失误或管理草率，组织应予以适当的惩罚；对由于不确定性而导致的失败，则不应惩罚。组织应致力于允许“试错”的组织文化的建设，并在制度上保证失败者不会因为创新失败而受到惩处，从而鼓励人们大胆创新。为了鼓励创新，我们甚至可以对创新的失败同样给予鼓励。如设立屡败屡战奖，凡是经企业批准立项的各种创新项目，搞成功了的给予精神与物质奖励，经过三次以上失败而继续进行创新活动的，也给予精神鼓励与一定的物质奖励。

⑤ 强化创新激励机制。要激发每个人的创新热情，还必须建立合理的评价和奖惩制度。创新的原始动机既可能是出于责任心、个人的成就感和自我实现的需要，也可能是为了生存，为了得到更多的收入。不管出于何种动机，如果创新努力不能得到组织或社会的承认，不能得到公正的评价和合理的奖酬，没有压力，则创新的动力就有可能会渐渐消失。所以，强化创新激励机制是十分重要的。同技术创新一样，对于管理创新成果同样也要给予奖励。如设立合理化建议奖、管理创新奖、质量管理创新奖等。而且奖励的方式可以多样化，可给予一次性奖励，也可以从创新项目所产生的直接经济效益中分成，可以结合平时工作的考核，对创造性的工作以更多的权重，或者把员工的工资晋级、职务的晋升等同其创新成果的大小联系起来，从而充分调动全体员工的创造性、积极性。

（4）管理创新的控制

如同企业其他重要战略性项目一样，对于各项管理创新工作，也应纳入企业工作检查范围加以经常性的督促，只有这样，才能保证管理创新目标的实现。

① 以组织文化理念引导人们的思维。为了保证在创新过程中不至于在大的方面出现失误或偏差，管理者应明确企业的价值理念导向，使员工能够在多变的环境中、在创新的过程中依然有一定的原则可以遵循，管理者在进行评判时依然有一定的标准可以参照。

② 加强管理创新方案的评价和修订。由于管理创新方案的细化工作往往是分工进行的，由于每个人对创新总体构思和指导思想的理解会有差异，创新人员的创新思维也会受到经验、职业背景和已有知识的限制，因此最初的创新方案可能会在各部分的接口和总体协调性方面存在问题。为此需要进行内部评价，请高层、中层、基层管理者及直接操作使用者从各自的角度对创新方案进行评价，特别是对实施过程中可能产生的新问题做出预计，以完善创新方案，尽可能减少管理创新效果的不确定性和不可预见性。在完成创新评价之后，创新人员要综合考虑各方面提出的意见，进行方案的修订与完善工作。

③ 建立实施过程中的控制与评价体系。管理创新方案实施的关键是要在实施过程中建立控制与评价制度，确保执行部门和人员严格按照创新方案去实施，否则创新方案实施效果不理想的原因就难以搞清楚。如果严格按创新方案去实施，而效果不理想，那么就说明原来的创新方案需要修改与完善。如果没有严格按方案去实施，出现效果不理想的情况，将会面临左也不是右也不是的局面。修改方案没有依据，因为不能证明方案在什么地方有问题。如继续执行，则执行者有意见：明摆着没有用，为什么还要执行。这样，创新活动就会流产，企业就得不到实效。在方案实施过程中建立信息反馈渠道，及时检查实施情况，发现差异，查明原因，对创新方案进行不断修正和完善，直至达到预定的创新目标为止，这样就可以确保创新目标的实现，促使企业管理水平上一个新台阶。

复习思考题

1. 简述创新的概念及特点。
2. 简述熊彼特的创新理论。
3. 创新与维持的关系及其作用。
4. 简述创新职能及其作用。
5. 简述技术创新的概念及其内容。
6. 简述管理创新内容与过程。
7. 管理创新的原则和模式有哪些？
8. 创新活动的如何组织？
9. 管理创新的思维方法有哪些？
10. 简述管理创新技法。
11. 管理创新的障碍有哪些？
12. 简述环境变化及其对变革管理的需要。

实践训练

培养创新素质

[实训目标]

帮助学生开阔思路，去接受新的知识，培养学生的创新素质。

[实训所需的材料]

茶杯、水、小石块若干（能塞满一个杯子）、沙子（一杯）。

[实训步骤]

1．先把小石块放满杯子，再放沙子于同一杯子中，直至放满，再倒水于放满石块、沙子的杯子中，至水溢出为止。

2．杯中放满水，再放石块、沙子。这时水溢出了。

3．杯中放满沙子，再放石块和水。这时沙子溢出了。

[实训讨论]

1．此实验体现了哪些基本的观念？

2．你有哪些体会？

素质拓展

策划与交流

[实训目标]

培养学生的创意思维；培养学生运筹与决策能力；培养学生对决策方案的分析评价能力。

[实训内容与要求]

1．将全班分成 A、B 两组，并相对而坐，围成圆圈。

2．教师每十分钟发放一个题目（也可以抽签）。教师公布题目后，负责制定计划的一组用抢答的方式确定制定计划者，经过 5～10 分钟准备后提出一个简要的创意或计划构想。

也可在课前先确定题目，以使同学有更充分的准备时间。

3．第一节由 A 组对指定题目进行策划，提出计划要点或构想；B 组成员对该计划构想进行分析评论，指出其合理之处，存在的问题和不足；制定一方的成员可对计划构想做进一步补充和解释说明。第二节课 A、B 两组轮换角色。

4．每一个计划的题目进行 10～15 分钟，总共利用大约两节课时间。

[实训要领]

1．每位学生都要有较高的参与欲望，并对相关知识有较好的掌握。

2．选择的题目一定是同学们所熟悉的，或能搜集到相关资料的，以使同学们能够顺利构思与运筹。

3．同学在构思运筹的过程中，一方面要按照目标→环境分析→决策方案（包括行动内容、形式、时间、地点与资源配备等）的基本结构进行运筹，另一方面要通过创造性思维，形成创意，有较高质量的决策，注意有一个清晰的思路。

4．教师要激励学生发言，学生也要主动锻炼自己的表达能力。

5．负责评价的同学要依据计划构思的要领，积极地进行分析评价。

6．策划与交流可由轮值模拟公司主持。

[成果与检测]

1．每个提出计划构想的学生都要编写一个简要的发言提纲，可计为一次作业成绩。

2．由主持训练的轮值公司负责评定成绩。主要参考标准为：

（1）对于通过竞争负责策划的学生，记为1分，策划较为突出者记为2分。

（2）分析评价方态度积极，观点正确，记为1分，表现突出、反驳有力的记为2分。

（3）其他参与发言的，一般记1分，突出的记2分。如果计划好，评价也好的总分记3分。

案例分析

案例一　小天鹅的“末日管理”

无锡小天鹅公司是一个以国有资本为主体的股份制企业。几年来，在企业内部推行“末日管理”，以建立全球性“横向比较”的信息体系手段，以全员化、立体化、规范化的营销管理体系为支柱，以强有力的人才开发机制为保证，从追求卓越到追求完善，小天鹅人的危机意识已成为全体员工的共同意识。

1. 竞争就是争取消费者。小天鹅运用特殊的比较法参与竞争，将传统的“纵比”改为“横比”，比出了“危机”：其一，与国际名牌比，找出与世界水平的差距，争创国际品牌；其二，与国内同行比，学习兄弟企业的长处，保持国内领先；其三，与市场的需求比，目光紧紧瞄准用户，把握市场命脉；其四，以己之短比人之长，努力避免一得自矜，警钟长鸣。

2. 参与竞争就是提高市场占有率。市场占有率既是企业成功的条件，又是企业成功的标志。占有了市场就是争取了消费者。小天鹅认为，企业出产不仅仅是产品，是质量和信誉，而且是广大消费者给我们发了工资和奖金。今天的小天鹅不仅完成了这个观念上的转变，而且已经实现按订单生产，成了“无仓库企业”。小天鹅又提出“24小时，365天运行才是真正经营”的经营理念。实行双班制生产，推行24小时热线服务，进一步提高小天鹅的市场应变能力和效率，确保了市场占有率。

3. 建立面对市场的全员化、立体化、规范化的营销管理体系。全员化就是多让职工参与营销。立体化就是企业内部在生产、科技、营销、人事等方面对市场发扬团队精神，参与市场竞争，规范化就是把行之有效的营销方式制度化，这包括以下几点。① 小天鹅的企业精神：“为国贡献，团结拼搏，进取敬业，全心服务，文明礼貌。”② 小天鹅的规范管理：人事管理推行《职工就业规则》，对职工的权利和义务都做了详尽而明确的规定；财务管理实行《裁决顺序和签字原则》，明确总经理、副总经理和部长的权限，对公司日常事项的决定作了详细的规定。③ 实行成品零库存的制度，如果产品三天卖不掉，宁可停产。

4. 注重服务。小天鹅在服务上推出了“金奖产品信誉卡”的承诺，将服务监督权交给用户，把服务公约公布于众，坚持做到“1，2，3，4，5”的特色服务，即“上门服务带一双鞋，进门二句话，带好三块布（一块修机布，一块垫机布，一块擦机布），做到四不准（不准抽用户一根烟，不准喝水，不准乱收费，不拿用户礼品），五年保修，随叫随到，如有逾期甘愿受罚”，并为用户办理了责任保险。坚持“名品进名店”，与全国经联会、贸联会、新联会、华联和交电系统的一百多家商界台柱子商场建立正常友好的业务往来。

5. 实施名牌战略，扩大经济规模，提高竞争力。经营只是今天，创新才是明天，随着市场经济的深入，末日管理又有了新的拓展，推行战略联盟，壮大销售同盟军，也壮大了小天鹅自己。为实现自己的“旭日目标”，小天鹅的做法是：① 与同行联盟。小天鹅只有波轮全自动，没有滚筒，也没有双缸，从这点看，小天鹅要抢占市场份额，确有难度，偏偏上海惠而浦、长春罗兰、宁波新乐有设备，有产品也乐于接受定牌，扩大批量，小天鹅紧紧抓住这个机遇，与他们成功地进行战略联盟，达到了双赢。② 与相关产品联盟。洗衣机和洗衣粉休戚相关，小天鹅与广州宝洁公司建立了伙伴式的营销联盟。宝洁公司在他们生产的“碧浪”洗衣粉包装袋上印上了“一流产品推荐”的字样，并标明了小天鹅的商标。小天鹅洗衣机在他们的产品为宝洁公司分发碧浪洗衣粉试用样品。③ 与国外大公司联盟。小天鹅公司与德国西门子公司双方投资，组建了博西威家电有限公司生产滚筒洗衣机，又与松下公司合资生产绿色冰箱，与 Motorola、NEC 分别结盟成立实验室，使小天鹅的产品始终与世界先进技术保持同步。

（资料来源：和丕禅．现代企业经营管理案例[M]．北京：高等教育出版社，2003.）

[思考与讨论]

1．管理的创新职能在这个案例中体现在什么地方？

2．小天鹅的末日管理的最大的特点是什么？

案例二　迪士尼乐园的经营理念和管理

1955 年 7 月 17 日瓦特·迪士尼先生创办了迪士尼乐园（Walt Disney World），他首先明确定义了公司的经营理念，即通过主题公园的娱乐形式，给游客以欢乐。

迪士尼乐园每年接待着数百万计慕名而来的游客。人们来到这里，仿佛到了童话般的世界，世界建筑荟萃、珍奇海底世界、三维立体电影、地震洪水模拟、高空坠落、探险者之路、民族歌舞、彩车游行、晚间灯火璀璨、礼花绽放。真是人间胜景，美不胜收。游客们惊讶不已，流连忘返。然而，人们更为称赞的是这里的服务质量，环境清新洁净，氛围高雅欢乐，员工热情友好。

迪士尼乐园含魔术王国（Magic Kingdom）、迪士尼影城（Disney MGM Studios）和伊波科中心（EPCUT Center）等主题公园。整个乐园拥有大量娱乐设施，32 000 余名员工，1 400 多种工作（角色），一年 365 天，每天要接待数万游客。

一、营造欢乐氛围

在共同营造园区氛围中，员工起着主导作用。主导作用具体表现在对游客的服务行为表示上。这种行为包括微笑、眼神交流、令人愉悦的行为，特定角色的表演，以及与顾客接触的每一细节上。

引导游客参与是营造欢乐氛围的另一重要方式。游客们能同艺术家同台舞蹈，参与电影配音，制作小型电视片，通过计算机影像合成成为动画片中的主角，亲身参与升空、跳楼、攀登绝壁等各种绝技的拍摄制作等。

员工们的主人角色定位。在迪士尼乐园中，员工们得到的不仅是一项工作，而是一种角色。员工们身着不是制服，而是演出服装。他们仿佛不是为顾客表演，而是在热情招待自己家庭的客人。根据特定角色的要求，员工们要热情、真诚、礼貌、周到、处处为客人的欢乐着想。简而言之，员工们的主体角色定位，是热情待客的家庭主人或主妇。

迪士尼认为，能否吸引游客重复游玩，是娱乐业经营兴旺的奥秘和魅力所在。因此，任何时候整个乐园中都有 10%～20%的设施正在更新或调整，以期给予游客新的刺激和欢乐。

二、把握游客需求

为宁准确把握游客需求，迪士尼致力研究“游客学”（Guest Logy），其目的是了解谁是游客，他们的真实需求是什么。在这一理念指导下，迪士尼站在游客的角度，审视自身每一项经营决策。

调查统计部（Research and Statistics Dep.）每年要开展200余项市场调查和咨询项目。研究成果提供给财务部。财务部根据调查中发现的问题和可供选择的方案，找出结论性意见，以确定新的预算和投资。营销部（Marketing Dep.）重点研究游客们对未来娱乐项目的期望、游玩热点和兴趣转移。信息中心（Information Center）储存了大量关于游客需求和偏好的信息。具体有人口统计、当前市场策略评估、乐园引力分析、游客支付偏好、价格敏感分析和宏观经济走势等。最重要的信息是游客离园时进行的“价格/价值”随机调查。信访部（Guest Letters Dep.）每年要收到数以万计的游客来信，其工作是把游客意见每周汇总，及时报告管理上层，保证顾客投诉得到及时处理。工程部（Industrial Engineering Dep.）的责任是设计和开发新的游玩项目，并确保园区的技术服务质量。例如，游客等待游乐节目的排队长度、设施质量状况、维修记录、设备使用率和新型娱乐项目的安装，其核心问题是游客的安全性和效率。

现场走访是了解游客需求最重要的工作。管理上层经常到各娱乐项目点上，直接同游客和员工交谈，以期获取第一手资料，体验游客的真实需求。同时，一旦发现系统运作有误，及时加以纠正。

三、提高员工素质

管理者应具备创新能力和高超的领导艺术。领导对未来发展应规划全新的蓝图一并以此激励员工。迪士尼的管理者努力使员工们懂得，这里所做的一切，都将成为世界娱乐业的主流和里程碑。

明确岗位职责。迪士尼乐园中的每一工作岗位，都有详尽的书面职务说明。工作要求明白无误、细致具体、有规可循。同时强调纪律，认真和努力工作。每隔一个周期，严格进行工作考评。

统一服务处事原则。公司要求32 000名员工，学会正确与游客沟通和处事：为此，公司提供统一服务处事原则，其要素构成和重要顺序依次为：安全、礼貌、演技和效率。游客安全是第一位的。仅与安全相比，礼貌才可处于次一等的地位。

推进的企业文化建设。公司经常对员工开展传统教育和荣誉教育。告诫员工，迪士尼数十年辉煌的历程、商誉和形象，都具体体现在员工们每日对游客的服务之中。创誉难，守誉更难。员工们日常的服务工作，都将起到增强或削弱迪士尼商誉的作用。

由游客评判服务质量优劣。迪士尼认为，服务质量应是可触摸、可感受和可体验的，并且游客掌握着服务质量优劣的最终评价权。迪士尼教育员工，一线员工所提供的服务水平，必须努力超过游客的期望值，从而使迪士尼乐园真正成为创造奇迹和梦幻的乐园。

四、完善服务系统

迪士尼乐园的服务支持系统，小至一部电话、一台电脑，大到电力系统、交通运输系统、园艺保养、中心售货商场、人力调配和技术维修系统等。这些部门的正常运行，均是迪士尼乐园高效运行的重要保障。

岗位交叉互补（Cross-Utilization）。管理者对园区的服务质量导向有重大影响。管理者勤奋、正直、积极正向推进工作，员工们自然争相效仿。在游园旺季，管理人员放下手中的书面文件，到餐饮部门、演出后台、游乐服务点等处，加班加点。这样，加强了一线岗位，保证了游客服务质量。与此同时，管理者也得到了一线员工一份新的友谊和尊重。

（资料来源：孙元欣．管理学一原理·方法·案例[M]．北京：科学出版社，2006.）

【思考与讨论】

1．迪士尼乐园的经营理念是什么?

2．迪士尼乐园采取了哪些管理措施?这些管理措施与经营理念是否一致?

3．分析创新和持续创业在迪士尼乐园发展中的作用。

管理游戏

自我创新的“头脑风暴”

[游戏目的]

使参与者有机会参加到创造性地解决问题的练习中来。

[游戏介绍]

头脑风暴这一讨论方法就是一个可以让参加者习惯于开启创造性思维之门的例子，集思广益的基本原则如下。

1．不允许有批评性意见。

2．欢迎随心所欲地思考（即越疯狂的想法越好）。

3．要求的是数量而不是质量。

4．寻求各种观点的结合和提高。

了解了这 4 个基本原则后，将参加者分成 4～6 人的小组。60 秒钟内他们的任务是想到使用回形针的尽可能多的方法。每组派一个人专门记录想法的数量，但不一定要记录这些想法的内容。一分钟后，让每组首先汇报他们提出的想法的数量，然后举个例子说明一些看似“疯狂”或“极端”的主意。提醒他们有时这些“愚蠢”的想法很有可能变成行之有效的想法。

[其他可供选择的方法]

问题可以是提出一些改进标准铅笔的方法。

[讨论题]

1．你对这个方法有什么保留意见？

2．头脑风暴法适用于哪些问题？

3．你认为集思广益在工作中有哪些可能的用途？

[总结与评估]

研究表明，可以通过简单实用的练习来培养创造力，然而创新思维的火花往往被一些致命性的说法所熄灭，如：“我们去年已经试过这种方法了”“我们一直是那么做的”及大量类似的评论。

管理故事

在动物园里的小骆驼问妈妈：“妈妈妈妈，为什么我们的睫毛那么长？”

骆驼妈妈说：“当风沙来的时候，长长的睫毛可以让我们在风暴中都能看得到方向。”

小骆驼又问：“妈妈妈妈，为什么我们的背那么驼，丑死了！”

骆驼妈妈说：“这个叫驼峰，可以帮我们储存大量的水和养分，让我们能在沙漠里耐受十几天的无水无食条件。”

小骆驼又问：“妈妈妈妈，为什么我们的脚掌那么厚？”

骆驼妈妈说："那可以让我们重重的身子不至于陷在软软的沙子里，便于长途跋涉啊。"

小骆驼高兴坏了："哗，原来我们这么有用啊！可是妈妈，为什么我们还在动物园里，不去沙漠远足呢？"

天生我才必有用，可惜现在没人用。一个好的心态+一本成功的教材+一个无限的舞台=成功。每人的潜能是无限的，关键是要找到一个能充分发挥潜能的舞台。

第三篇

发展篇

开篇语

在人类历史上，还很少有什么事比管理的出现和发展更为迅猛，对人类具有更为重大和更为强烈的影响。

——彼得·德鲁克

管理是一种语言，管理是一种实践。管理是通过别人的劳动完成自己的愿望，管理是沟通，管理是语言，只要大家都懂得这种语言，才会有效地管理；管理又是一种实践，没有实践，就不能说谁对谁否，不能真正找出核心点，不能真正创造出核心竞争力。

（摘自：《世界经理人周刊》，作者程晓宇、李会宁）

第九章　管理思想的演进

章前导读

魏征与盖茨的“十思疏”

中国是历史悠久的文明古国，其文化思想博大精深。在源远流长的历史长河中，留下了极其丰富的管理思想精华。魏征的“十思疏”就是一个代表。

唐朝大臣魏征敢于犯颜直谏，提出“兼听则明，偏听则暗”，经常对唐太宗李世民在管理中存在的问题提出规劝和建议，为唐太宗器重并赏识。贞观十三年，魏征上书唐太宗指出君主应该考虑的一些主要问题，就是著名的“十思疏”。

原文如下：“人主诚能见可欲则思知足，将兴缮则思知止，处高危则思谦降，临满盈则思挹损，遇逸乐则思撙节，在宴安则思后患，防壅弊则思延纳，疾谗邪则思正己，行爵赏则思因喜而僭，施刑罚则思因怒而滥，兼是十思，而选贤任能，固可以无为而治”大意是说，君主应该能够做到见到希望得到的东西则想到知足，将要兴缮营建的时候则想到适可而止，身处危险的高处则想着谦卑，面临盈满则想着损缺，遇见安逸享乐则想着克制，在平安的时候想到后患，防止闭目塞听则想到纳谏，痛恨谗言邪恶则想着端正自己，行爵赏时想着由于高兴而乱行封赏，施刑罚时则想到会因为恼怒而滥罚。君主常常思考这十个方面，而选贤任能，这样就可以达到无为而治，又何必劳神费力而代行百官的职责呢？

微软公司创始人当今世界首富比尔·盖茨也有一个“十思疏”。比尔·盖茨在短短的20年间就创造了庞大的微软帝国，成为世界首富。盖茨能够取得如此辉煌的成就在很大程度上归功于他在企业管理方面的天赋和他自己摸索出来的经营管理之道，他自己总结出如下十条。

1. 选择一个你自己由衷喜爱的领域去发展，这是成功的重要前提。
2. 精心挑选雇员，大胆解雇庸才。
3. 为你的雇员创造良好的工作环境。
4. 制定切合实际的目标，并让你的雇员感到你们在不断地迈向成功。
5. 善于与下属交流。这样，就能够及时地了解公司的运转情况、产品的销售情况及客户的评价。
6. 要敢于让你的手下超过自己。
7. 营造高昂的士气。方法之一是让你的下属时刻感到他们的工作是有意义和不断取得进展的。
8. 身先士卒，以身作则。
9. 切忌朝令夕改。
10. 明确下属的职责。如果你的下属不清楚自己应该做什么，为谁而做的话，那你的部门就可能陷入麻烦。

魏征的“十思疏”与比尔·盖茨的经营之道包含哪些管理思想？对今天的领导者有何借鉴意义？

十种无能的表现

诺尔曼·F. 狄克逊在其所著《军事上无能的心理分析》一书中列举了各种“无能”有表现，可归纳概括为如下十种。

1. 严重浪费人力（指组织中有大量冗员）。
2. 根深蒂固的保守主义，死抱住陈旧的传统不放。
3. 对于逆耳的信息不是拒绝压制就是歪曲，常常美其名曰：这是维持士气和保证安全所必需的。
4. 决策过程不民主，决策方案不愿意听技术人员的定量分析，完全靠自己的经验或超常决断；或者犹豫不决，放弃决断职责。
5. 低估对手、错误地估计自己能力的倾向。
6. 虽然事实证明某件事干不成，却还固执己见，非干下去不可。
7. 不能辨认和利用有利机会；办事不痛不痒，不是全力进攻。
8. 行动无目标，工作无计划。
9. 遇到挫折时，随时都准备好抛出替罪羊。
10. 信仰冥冥中的神秘力量。

思考问题：

1. 如果认为这些无能就是管理失误的话，请从管理理论上对这些“无能”加以分析。
2. 请从中国现实管理界例证上述种种“无能”。
3. 每种“无能”的反面，就是有效管理指南，请科学地表述这十种管理指南。

第一节 早期的管理思想与管理实践

早期的管理实践和管理思想是指从人类社会产生，人们结成了一定的社会关系，有了集体劳动的分工、协作开始，到 18 世纪这一历史阶段。这一阶段人类仅仅为了谋求生存而进行各种活动，自觉不自觉地进行着管理活动和管理的实践，其范围是极其广泛的，但是从未对管理活动本身的重要性和必要性加以认识，提出某些见解。仅有的管理知识是代代相传或从实践经验得来的，人们凭经验去管理，尚未对经验进行科学的抽象。

一、早期的管理活动和管理思想

管理的活动或实践自古以来就存在，它是随人类集体协作、共同劳动而产生的。人类进行有效的管理实践，大约已超过六千年的历史，早期的一些著名的管理实践和管理思想大都散见于埃及、中国、意大利等国的史籍和许多宗教文献之中。

古罗马帝国之所以兴盛，在很大的程度上应归功于卓越的组织才能，他们采取了较为分权的组织管理形式，从一个小城市发展成为一个世界帝国，在公元 2 世纪取得了统治欧洲和北非的成功，并延续了几个世纪的统治。罗马天主教会早在第一次工业革命之前，就成功地解决了大规模活动的组织问题。它采用了按地理区域划分基层组织，并在此基础上又采用有很高效率的职能分工，在各级组织中配备参谋人员，从而使专业人员和下级参与制定决策的过程，但又不破坏指挥的统一。罗马天主教会之所以能够有效地控制世界各地5亿以上教徒的宗教活动，在很大程度上同它所采用的这一套组织形式有密切关系。

有关管理思想的最早记载，是《圣经》中的一个例子。希伯来（今以色列）人的领袖摩西在率领希伯来人摆脱埃及人的奴役而出走的过程中，他的岳父叶忒罗对他处理政务事必躬亲，东奔西忙的做法提出了批评，并向他建议，一要制定法令，昭告民众；二要建立等级、授权委任管理；三要责成专人专责管理，问题尽量处理在下面，只有最重要的政务才提交摩西处理。这位叶忒罗可以说是人类最早的管理咨询人员了。他建议摩西采用的，就是我们现在常用的授权原理和例外原理，同时也体现了现代管理当中的管理宽度原理。

古希腊哲学家苏格拉底则在其著作《对话录》中论述了管理的普遍性。

二、中国传统管理思想

（一）中国古代的管理实践和管理思想

中国古代的管理思想及理论框架基本形成于先秦至汉代这一时期。古代管理思想主要体现在先秦到汉代的诸子百家思想中，如儒家、道家、法家、兵家、商家等。许多古代经典著作，如《论语》《道德经》《孙子兵法》《九章算术》《三国演义》《红楼梦》等，充分反映了我国古代成功的管理思想和经验。《老子》主要体现了管理者的权变谋略和在管理过程中的境界、素质及管理原则的思想；《孙子兵法》主要体现了管理者在人事、决策、环境、组织等方面的战略思想；《韩非子》主要体现了管理者的统御谋略思想；《论语》《孟子》《荀子》主要体现了管理者如何处理人际关系的谋略思想；《三国演义》主要体现了管理者的创造性管理思维；《红楼梦》主要体现了管理者以法治家的时效管理思想；而《九章算术》则是我国古代培训管理人员及供他们日常应用的手册，其中三分之二的题目可与财政或工程官员职能相对应，堪称两千年前世界管理数学之最。

在长期的生产实践中，我国形成了丰富的文化典籍和管理思想，涵盖了政治、军事、经济、工程等各个领域，但在漫长的历史过程中，并没有形成一个独立存在的体系，而是零散地存在于浩若烟海的古代政治、军事、历史等著作中，需要我们去发掘和研究。

1．政治管理

中国古代政治管理思想主要有两个特点：一是宗法思想渗透一切，等级观念浓厚；二是实行“仁”“德”之治，重德轻刑，重义轻利。儒家极力倡导的“仁、义、礼、智、信”观念贯穿于政治管理思想中，主张“德主刑辅”和“重义轻利”，强调“德治”和“仁政”。其思想主要体现在以下几个方面。

（1）用人思想

识别人才。唐朝魏征提出了《六观法》：“贵则观其所举，富则观其所养，居则观其所好，习则观其所言，穷则观其所不受，贱则观其所不为。”乃是在人们地位、处境变化中，观察人的举止、言谈、兴趣、修养和追求，来识别人的本质。

用人所长避其所短。《管子·形势解》指出："明主之官物也，任其所长，不任其所短。故事无不成，而功无不立。乱主不知物之各有所长所短也。而责必备。"另外，《晏子·春秋内篇问上》说："任人之长，不强其短；任人之工，不强其拙。此任人之大略也。"

用人不疑。宋代政治家欧阳修指出："任人之道，要在不疑。宁可艰于择人，不可轻任而不信。"意为宁可择人时多费一些精力，看准了再用，但不可轻易任用却不信任，不敢放手让其施展才干。

考核用人。《管子》中有一句名言："成器不课不用，不试不藏。"即对于人才，不经过考核不加任用，不经过试用，不作为人才储备。考核的办法是"听其言而观其行"，"循名实而定是非，因参验而审言辞"。

（2）奖惩

《韩非子·五蠹》中指出："是以赏莫如厚而信，使民利之，罚莫如重而必，使民畏之；罚莫如一而固，使民知之。故主施赏不迁，行诛无赦，誉辅其赏，毁随其罚，则贤不肖俱尽其力矣!"就是说，奖赏最好是重赏，而且该赏的一定要赏，使人们得到好处；惩罚最好是重罚，而且该罚的一定要罚，使人们感到害怕；法律要统一固定，使人们都知道。

诸葛亮也提出："赏罚之政，谓赏善罚罪也。赏以兴功，罚以禁奸。赏不可不平，罚不可不均。赏赐知其所施，则勇士知其所死；弄罚知其所加，则邪恶知其所畏"(《便宜十六策常罚第十》)。

（3）组织管理

《韩非子·扬权》指出："事在四方，要在中央，圣人执要，四方来效。"其区分子决策层与执行层两个组织层次：中央政府政策，地方政府执行。这其中最高决策者十分关键，应该是"圣人"来进行决策，然后地方竞相效仿、执行。

"威不两错，政不二门"。管子这句话强调了统一指挥、不能政出二门的原则。

2．军事管理

与政治管理思想发展相联系，古代的军事管理思想也得到了较充分的发展。古代军事管理思想中最有代表性的，首推我国战国时代的军事著作《孙子兵法》。《孙子兵法》对战争规律和军事管理作了哲学概括，因而不仅对于军事管理具有经典性的指导意义，对于管理决策论的研究，也有重要意义。

《孙子兵法》中"知彼知己，百战不殆""得道多助，失道寡助""不战而屈人之兵"的战略思想；"避实而击虚""因敌变化"而取胜的应变策略；"令之以文，齐之以武""将者，智、信、仁、勇、严也"，在现代管理中，至今仍被很多人奉为经典。现存《孙子兵法》13 篇，共 6000 余字。这 13 篇分别为计篇、作战篇、谋攻篇、形篇、势篇、虚实篇、军争篇、九变篇、行军篇、地形篇、九地篇、火攻篇、用间篇。其中第一篇为总纲，第二篇至第六篇论述战略决策，第七篇至第十三篇讲战略实施和战术方法。《孙子兵法》

的基本思想可以概括为以下几点。

（1）战争决策

孙子在《孙子兵法》开篇就说："兵者，国之大事，死生之地，存亡之道，不可不察也。"这说明孙子十分重视战争决策，他从战争与国家关系的角度审视战争，强调科学慎重地对待战争。孙子提出"非利不动，非得不用，非危不战"，在他看来，不能为战争而战争，是否发动战争要看战争对国家是否有利。发动战争前还要做好充分准备。

（2）战略思想

孙子说："胜兵先胜而后求战，败兵先战而后求胜"，其意指战前必须有取胜的条件，必须做好战略筹划，孙武强调了战略的重要性。

（3）了解形势

孙子说："故明君贤将所以动而胜人，成功出于众者，先知也"，因此，知己知彼是取胜的条件。先知不来自迷信，而来自对敌情的考察。

（4）保持战略主动

孙子说："凡先处战地而待敌者逸，后处战地而趋战者劳。故善战者，致人而不致于人。"这句话以占据有利地势说明争取主动地位是制胜的关键。

（5）将帅素质

孙子认为人是制胜的根本要素。孙子选择将帅的标准是："将者，智、信、仁、勇、严也。"孙子把"智"放在第一位，所谓"智"就是要求将帅智力过人，能够洞察形势、英明决断、驾驭局面。所谓"信""严"就是建立威信，严格治军。所谓"仁""勇"就是要求将帅爱兵抚士，身先士卒。

（6）权变

"变"包含着深刻的辩证法思想，孙子提出："故将通于九变之利者，知用兵矣；将不通九变之利，虽知地形，不能得地之利矣。""变"就是要"攻其无备，出其不意"，孙子说："凡战者，以正合，以奇胜。故善出奇者，无穷如天地，不竭如江河。"其意指出奇制胜的手法无穷无尽，它是取胜的法宝。孙子还说："先知迂直之计者胜。""迂其途，而诱之以利，后人发，先人至，此知迂直之计者也。"

3．经济管理

白圭是战国时期商业致富之术的鼓吹者，被后世商贾奉为商业的祖师。经营原则是"乐观时变"，即善于预测市场行情，并根据预测进行动态决策。"乐观时变"的主要内容既是后来的需求供给理论的简单雏形。

经商要注意把握"人弃我取，人取我与"的原则，不要盲从；同时，在看准了时机之后，决策要及时、果断，做到"趋时若猛兽鸷鸟之发"。

我国西周时期就提出了"量入以为出"的财政原则。荀子提出："田野县鄙者，财之本也，垣窖仓廪者，财之末也；百姓时和、事业得叙者货之源也，等赋府库者，货之流也"。他强调富国必须从发展经济、增加生产着手。

4．工程管理

我国古代工程建设和管理的实践很多，其中最具代表性的，莫过于万里长城和都江堰水利工程，两者集中体现了我国古代人民在工程组织中的系统管理思想。

万里长城是世界七大奇迹之一，是宇航员在月球上能见到地球上的唯一人造工程。其历史可以追溯到公元前五世纪的战国时期，动用人力几十万，于秦始皇时完成，全长六千七百公里，蜿蜒于崇山峻岭之中，气势雄伟。这样浩大的工程是靠严密的组织和完善管理才得以完成的。据“春秋”记载，当时的计划十分周到细致，不仅计算了城墙的土石方量，连所需的人力、材料，以及从何处征集劳力，他们往返的路程、所需口粮，各地应担负的任务也都一一明确分配。在工程上，明代是由镇城、路城、卫城、关城、堡城、城墙、放台、烟墩等不同等级、不同形式、不同用途的建筑，组合形成的一个完整的防御工程体系。在管理上，沿线设九个镇，每镇设总兵，上受兵部指挥，每镇之下又分别设“路”“关”及城堡、墩台。这种“金字塔式”的管理系统，使命令可以自上而下的传达，又能使敌情信息可以自下而上的层层反馈。长城的整个建造、使用、管理构思充分体现了系统工程和系统管理的思想。

（二）中国近代管理实践和管理思想

近代的中国社会是一个半殖民地半封建的社会，处于外国列强入侵、封建制度没落的内外交困之中。我国近代企业是在这种独特的环境下生存下来的。其生存和发展的过程是不断与帝国主义、封建主义及后来形成的官僚垄断资本做斗争的过程。

1．中国近代企业管理的发展

《南京条约》订立后不久，魏源受林则徐的嘱托编纂成了《海国图志》一书，在书的序言中提出“师以长技以制夷”的思想，引起了极大的回应，并产生了久远的影响，几乎成了整个近代工业兴起的理论基础。

官办军用企业。从 19 世纪 60 年代起，在曾国藩、李鸿章、左宗棠、张之洞等一批有实力的督抚的倡导和支持下，兴起了一个官办军用工业运动。据统计，从 1861 年曾国藩建立安庆军械所到 1890 年张之洞创办湖北枪炮厂的 30 年间，共建军用企业 24 个，产品基本上都是枪炮弹药。官办军用企业的管理体制和组织机构与以前历代皇朝的官营手工业制度具有明显的沿袭性，除了传统管理工人的手段外，还加上了统帅军队的经验。

“官督商办”和“官商合办”企业。在官办军用工业的带动下，与之配套的冶金工业、煤炭工业及运送这些物资的铁路和航运事业成为必须优先发展的工业，而清政府的财政力量却难以承担这一重任。在这种情况下，清政府不得不放松对工业部门的要求，洋务派也提出“求富”的口号力倡兴办民用工业。从 19 世纪 70 年代起，一批有民间资本参加的企业出现了，但直到甲午战争之前，基本上所有民用工业均采用“官督商办”形式。这种经营方式也有很大的弊端，如“所有盈亏，全归商人，与官无涉”，则是一句空话，官府坐收官利，入股商民在企业经营管理方面没有任何权力，商人很快就丧失了积极性。

洋务派改变策略，以“官商合办”的管理体制取代“官督商办”形式，即由官方和商方通过合同规定各自的权利、义务及盈余分配办法，各按认股比例出资，各举代表参加企业工作。但在实际操作中，企业大权仍操纵于官方委派的人手中，商人依然常视官商合办为畏途。

由于“官商合办”和“官督商办”形式越来越失去吸引力，人们开始谋求私营企业的发展。在1904—1908年，向公司注册局注册的公司达272家，其中一半以上采用的是股份有限公司形式。在这些企业中，家长式管理是最为普遍的管理模式，也有少数民族资本家从提高企业效率和增进职工的主动性和积极性角度采取了一定程度的民主化措施。

2．中国近代企业管理思想意识上的特点

（1）品牌意识

民族资本企业为了在竞争中取胜，力求创造名牌，在国内外市场上赢得声誉，打开销路。范旭东经营的天津永利碱厂生产的“红三角”牌纯碱，因质量优良获万国博览会金质奖章；吴蕴初经营的上海天厨味精厂生产的“天厨”牌味精，朱裴卿经营的天津东亚毛纺厂生产的“抵羊”牌毛线，五洲皂厂生产的“固本”牌肥皂，三友实业社的“铁锚”牌毛巾，这些都是畅销全国的名牌产品。

（2）质量意识

民族资本企业以“国人愈爱国货，国货愈宜精良”自勉。汉阳的周恒顺机器厂积极倡导“精工明料”，在生产上建立了一套严格的质量管理制度。

（3）成本意识

尽力降低成本，“造费节减”，有助于增强产品竞争能力。工业资本家刘鸿生提出，“只有降低成本，才能提高竞争能力，增加企业利润。每一个企业负责人，必须重视成本核算，分析企业盈亏原因”，并首先推行了一套完整的成本会计制度，作为加强管理的措施。

（4）市场意识

注重研究市场动向，根据市场的变化和趋势及时修订产销计划，掌握企业经营的主动权，做到以销定产，以销定进，加速资金周转。著名实业家穆藕初曾提出：企业必须积极采取措施，对原料之多寡、产品之优劣、社会之需要等进行精密的调查，并在这个基础上不断改善经营管理，才能做到“来源出路，节节灵通”，使企业发展立于不败之地。

（5）服务意识

民族资本主义企业在激烈的市场竞争中取胜，不仅要注重产品质量，还要把“服务周到热情”作为经营活动中的最重要的准则。永安企业的资本家郭乐、郭泉总结出的“服务七方面”规定，在当时的商业界有很高的信誉；民生航运公司的卢作孚提出的“服务高于一切”的口号，深受客户和货主的欢迎，影响很大。

（6）科学和人才意识

民族企业家范旭东的创业成功是与其对科学和人才的重视密不可分的。还在永利制碱公司筹备之时，范旭东就已理解了事业的真正基础是人才，他委托陈调甫去美国物色人才，陈调甫罗致了侯德榜、余啸秋、刘树杞、吴承洛、徐允钟、李德庸等一批高级技术人才，范旭东自己则在国内罗致了李烛尘、陈调甫、孙学悟、阎幼甫、傅冰芝等一批具有真才实学的实干家。为了获得技术熟练的职工，范旭东还成立了艺徒班。

（7）制度建设

近代企业大多制定并实施了严格的规章制度，其内容主要包括：要求职工听从指挥，服从调遣；要求职工不得玩忽职守；要求职工提高工作效率；要求职工改善服务态度等。这些制度即有剥削压迫工人的作用，又有加强企业经营和管理的作用。但就今天看来，不少制度仍是必不可少的。

（8）企业精神

民生实业股份有限公司 1926 年创办时就提出了“服务社会，便利人群，开发产业，富强国家”的宗旨。东亚毛呢纺织品有限公司则提出了更为系统完整的“东亚精神”。在公司大楼上悬挂着“己所不欲，勿施于人”“你愿人怎样待你，你就怎样待人”等大字，职工食堂墙上则绘着中英文对照的“军事纪律，基督精神”字样。右边悬挂着东亚公司的厂歌，左边悬挂着公司的“主义”。还编制了《东亚精神》一书、《东亚声》期刊及格言式的《东亚铭》。

三、中世纪的西方管理实践与管理思想

公元 6 世纪到 18 世纪，在欧洲大体上是奴隶社会末期直至资本主义萌芽时期，社会生产力、商品生产有一定的发展，并产生了所谓的“重商主义”。从管理来看，主要出现两种类型的社会经济活动的组织形式：一种是商业行会（Trade Union）和手工业行会（Craft Guild）；另一种是厂商组织（Firm organization）。

贸易的发展需要管理贸易的机构，于是在 11 世纪初产生了商业行会。这些商人的组织设在不受封建庄园约束的城镇，特别设置在欧洲的海港和贸易路线的沿途各地。当然，这些人一般来自封建庄园，包括已获得自由的农奴。城镇也保护自己摆脱封建庄园而得到的自由，成为自我管理的共同体。商人在城镇的聚集，很快引起工匠的聚集。因为庄园的人定期到城镇进行贸易，所以工匠发现在那里容易销售产品。同时也感到有相互团结的需要，于是第二种行会形式——手工业行会在 12 世纪初在西欧的城镇出现了。每个手工业行会都获得许可证，被授予在特定地区垄断生产某种产品或提供服务的权利。厂商组织算作是最早的“前店后厂”。为了筹措资金，有两种主要的形式：合伙（Partnership）和联合经营（Joint Venture）。二者都是未来公司的前身。

在中世纪，管理实践和管理思想都有很大发展。1436 年，意大利的威尼斯建立了政府造船厂（即兵工厂），它的管理方法与今天的汽车制造厂惊人的相似，15 世纪世界最大的几家工厂之一的威尼斯兵工厂（Aresenal of Venice），早在当时就采用了流水作业，建立了早期的成本会计制度，并进行了管理的分工，其工厂的管事、指挥、领班和技术顾问全权管理生产，而市议会通过一个委员会来干预工厂的计划、采购、财务事宜。这又是一个

管理实践的出色范例，也体现了现代管理思想的雏形。威尼斯兵工厂的管理实践颇具特色，在生产中实行了系统管理，以会计和成本来节约人力、物力。威尼斯兵工厂的管理实践：① 组织机构和领导工作。在兵工厂的管理工作中，较好地体现了互相制约和平衡的原则。② 部件储存。这有助于实行装配线作业和精确计算存货，节省时间和劳力，加快了安装船只的速度。③ 装配线生产。兵工厂在安装舰船时采用了类似于现代装配线生产的制度，生产效率很高。④ 部件标准化。⑤ 会计控制。兵工厂的会计制度使它能追踪并评价所有的费用，进行管理控制。⑥ 存货控制。由专人负责检查并由专人记录。⑦ 成本控制。兵工厂还利用成本控制和计量方法来帮助做出管理决策。⑧ 人事管理。兵工厂有严密的人事管理制度，严格规定上下工和工间休息的时间等。

意大利佛罗伦萨的尼古拉·马基雅维利（Niccolo Machiavelli）于16世纪所著《君主论》一书中，对统治者怎样管理国家、怎样更好地运用权威，提出了四条原则：① 群众认可，权威来自群众；② 内聚力，组织要能够长期存在，就要有内聚力，而权威是必须在组织当中行使的；③ 领导能力，掌权之后要能够维持下去，就必须具备领导能力；④ 求生存的意志，就是要“居安思危”。

四、管理学理论的萌芽

近代管理思想的形成可以追溯到18世纪欧洲产业革命，这一时期管理思想的产生不仅继承了古代管理思想的精华，而且意味着早期管理思想的萌芽。管理理论比较系统的建立是在19世纪末20世纪初。产业革命（Industrial Revolution），开始于18世纪的英国，在美国国内战争结束后又传到了美国。18世纪中叶，蒸汽和机器引起了工业生产的革命，现代大工业开始代替工场手工业。产业革命后，工厂成为西方工业生产的主要形式，从而使生产组织日趋复杂。工厂内部的组织和管理的迫切性引起了资本家的注意。管理理论的形成与发展经历了一个漫长的过程。在长期管理实践活动的基础上产生了早期的管理思想。亚当·斯密、罗伯特·欧文及查尔斯·巴贝奇被认为是这一时期的代表人物。

（1）亚当·斯密的“经济人理论”

亚当·斯密（Adam Smith）是英国经济学家，他的最大成就是创立了古典经济学理论体系。他认为，劳动是国民财富的源泉，人们所消费的生活必需品取决于国民劳动的熟练程度、技术和能力及从事有用劳动的人数占社会总人口的比例。他指出，劳动所创造的价值是劳动者工资和利润的来源，工资越低，利润越高；反之，工资越高，利润越低。斯密还指出，经济现象是基于具有利己主义目的的人们的活动所产生的，人们在经济活动中追求个人私利，而这种私利又为他人的利益所限制。这就迫使人们在追求私利的过程中必须顾及他人的利益，以此调节工资、利润和劳动分配关系。这种认为人都要追求自己经济利益的“经济人”观点，对以人为中心的管理理论的创立具有重要意义。按照斯密的思想，劳动分工是人们追求最大经济利益的结果，他指出，劳动生产力的最大进步及运用劳动所表现出的熟练技巧和能力，是劳动分工的基本依据。

斯密的分析和理论，不仅符合当时工业、农业生产发展的实际，而且成为西方管理理论中的一条基本原理。

（2）罗伯特·欧文的以人为中心的管理思想

罗伯特·欧文（Robert Owen）是一位杰出的思想家与社会活动家，他不仅提出了空想社会主义的设想，而且在他管理的工厂中进行了实践。他经过一系列试验，首先提出在工厂生产中要重视人的因素，要缩短工人的工作时间，提高工资，改善工人住宅。他的改革试验证实，重视人的作用和尊重人的地位，也可以使工厂获得更多的利润。所以，也有人认为欧文是人事管理的创始人。

（3）查尔斯·巴贝奇利润分配管理思想

查尔斯·巴贝奇（Charles Babbage）是英国的著名数学家，也是人类管理思想形成和演化中做出重要贡献的人物。巴贝奇认为，工人与工厂主之间既存在利益冲突，又存在共同的利益，这就需要通过利润的科学分配来调节。他竭力主张建立“利润分配”制度后，工人可以按照其承担的工作和在生产中所作的贡献，分到工厂利润的一部分。巴贝奇也很重视对生产的研究和改进，主张实行有益的建议制度，鼓励工人提出改进生产的建议。他认为工人的收入应该由三部分组成，即：按照工作性质和工种确定的固定工资；按照生产效率及所作贡献分得的利润；为提高劳动效率而提出建议所应给予的奖励。从现代企业管理所采用的分配办法看，巴贝奇的理论至今仍具有现实意义。

第二节 西方管理理论

管理自初步形成理论以来，已经历了一个多世纪的演变，从泰勒对工厂的科学管理到今天对全球化、知识化、信息化的企业管理，其间凝结了无数管理实践者与思想者的汗水与心血，而我们只有站在巨人的肩膀上，才可能发展创新。

一、古典管理理论

古典的管理理论阶段，它在内容上主要包括三个方面：泰勒的科学管理理论、法约尔的管理过程理论和韦伯的官僚组织体系理论。

（一）泰勒与“科学管理”理论

1. 科学管理之父——泰勒

弗雷德里克·温斯洛·泰勒（Frederick Winslow Taylor），出生于美国费城一个富有的律师家庭，中学毕业后考上大学法律系，但不幸因眼疾而被迫辍学。1875 年，他进入一家小机械厂当徒工，1878 年转入费城米德瓦尔钢铁厂（Midvale Steel Works）当机械工人，他在该厂一直干到 1897 年，在此期间，由于工作努力，表现突出，很快先后被提升为车间管理员、小组长、工长、技师、制图主任和总工程师，并在业余学习的基础上获得了机械工程学士学位。在米德瓦尔钢铁厂的实践中，他感到当时的企业管理当局不懂得用科学方法来进行管理，不懂得工作程序、劳动节奏和疲劳因素对劳动生产率的影响。为了改进管理，他在米德瓦尔钢铁厂进行各种试验。1898—1901 年间，又受雇于伯利恒钢铁公司（Bethlehem Steel Company）继续从事管理方面的研究。1901 年后，他更以大部分时间从事咨询、写作和演讲等工作，来宣传他的一套管理理论——“科学管理”，即通常所称的“泰罗制”，为科学管理理论在美国和国外的传播做出了贡献。

泰勒的研究工作，是在他担任米德瓦尔钢铁厂的工长时开始的。从 1881 年开始，他进行了一项“金属切削试验”，由此研究出每个金属切削工人工作日的合适工作量。经过两年的初步试验之后，给工人制定了一套工作量标准。他自己认为，米德瓦尔的试验是工时研究的开端。1898 年，泰罗受雇于伯利恒钢铁公司期间，进行了著名的“搬运生铁块试验”和“铁锹试验”。搬运生铁块试验，是在这家公司的五座高炉的产品搬运班组大约 75 名工人中进行的。由于这一研究，改进了操作方法，训练了工人，其结果使生铁块的搬运量提高 3 倍。铁锹试验首先是系统地研究铲上的负载应为多大问题；其次研究各种材料能够达到标准负载铁锹的形状、规格问题，与此同时还研究了各种原料装锹的最好方法的问题。此外还对每一套动作的精确时间做了研究，从而得出了一个“一流工人”每天应该完成的工作量。泰罗在米德瓦尔开始进行的金属切削试验延续了 26 年之久，进行的各项试验达 3 万次以上，80 万磅的钢铁被试验用的工具削成切屑，总共耗费约 15 万美元。试验结果发现了能大大提高金属切削机工产量的高速工具钢，并取得了各种机床适当的转速和进刀量以及切削用量标准等资料。

泰罗在管理方面的主要著作有：《计件工资制》（1895）、《车间管理》（1903）、《科学管理原理》（其中包括在国会上的证词，1912）。泰罗通过这一系列的著作，总结了几十年试验研究的成果，归纳了自己长期管理实践的经验，概括出一些管理原理和方法，经过系统化整理，形成了“科学管理”的理论。泰罗在管理理论方面做了许多重要的开拓性工作，为现代管理理论奠定了基础。由于他的杰出贡献，他被后人尊为“科学管理之父”，这个称号并被铭刻在他的墓碑上。

2. “科学管理”理论的主要内容

（1）制定工作定额

科学管理的中心问题是提高效率。泰勒认为，要制定出有科学依据的工人的“合理的日工作量”，就必须进行工时和动作研究。方法是选择合适且技术熟练的工人，把他们的每一项动作、每一道工序所使用的时间记录下来，加上必要的休息时间和其他延误时间，就得出完成该项工作所需要的总时间，据此定出一个工人“合理的日工作量”，这就是所谓工作定额原理。

（2）挑选“第一流的工人”

所谓第一流的工人，泰罗认为：“每一种类型的工人都能找到某些工作使他成为第一流的，除了那些完全能做好这些工作而不愿做的人。”在制定工作定额时，泰罗是以“第一流的工人在不损害其健康的情况下维护较长年限的速度”为标准的。这种速度不是以突击活动或持续紧张为基础，而是以工人能长期维持正常速度为基础。泰罗认为，健全的人事管理的基本原则是：使工人的能力同工作相配合，管理当局的责任在于为雇员找到最合适的工作，培训他成为第一流的工人，激励他尽最大的努力来工作。

（3）实施标准化管理

要使工人掌握标准化的操作方法，使用标准化的工具、机器和材料，并使作业环境标准化，这就是所谓标准化原理。泰罗认为，必须用科学的方法对工人的操作方法、工具、劳动和休息时间的搭配，机器的安排和作业环境的布置等进行分析，消除各种不合理的因素，把各种最好的因素结合起来，形成一种最好的方法，他把这称为管理当局的首要职责。

（4）实行差别的计件工资制度

为了鼓励工人努力工作、完成定额，泰罗提出了这一原则。这种计件工资制度包含三点内容：一是通过工时研究和分析，制定出一个有科学依据的定额或标准；二是采用一种称为“差别计件制”的刺激性付酬制度，即计件工资率按完成定额的程度而浮动，例如，如果工人只完成定额的 80%，就按 80%工资率付酬；如果超过了定额的 120%，则按 120%工资率付酬；三是工资支付的对象是工人而不是职位，即根据工人的实际工作表现而不是根据工作类别来支付工资。泰罗认为这样做，既能克服消极怠工的现象，更重要的是能调动工人的积极性，从而促使工人大大提高劳动生产率。

（5）强调工人和雇主之间的“精神革命”

工人和雇主两方面都必须认识到提高效率对双方都有利，都要来一次“精神革命”，相互协作，为共同提高劳动生产率而努力。在前面介绍的铁锹试验中，每个工人每天的平均搬运量从 16 吨提高到 59 吨；工人每日的工资从 1.15 美元提高到 1.88 美元。而每吨的搬运费从 7.5 美分降到 3.3 美分，对雇主来说，关心的是成本的降低；而对工人来说，关心的则是工资的提高，所以泰罗认为这就是劳资双方进行“精神革命”，从事协调与合作的基础。

（6）计划职能同执行职能分开，变传统的经验工作法为科学工作法

所谓经验工作法，是指每个工人用什么方法操作，使用什么工具等，都由他根据自己的或别人的经验来决定。泰罗主张明确划分计划职能与执行职能，由专门的计划部门来从事调查研究，为定额和操作方法提供科学依据；制定科学的定额和标准化的操作方法及工具；拟定计划并发布指示和命令；比较“标准”和“实际情况”，进行有效的控制等工作。至于现场的工人，则从事执行的职能，即按照计划部门制定的操作方法和指示，使用规定的标准工具，从事实际的操作，不得自行改变。

（7）实行“职能工长制”

泰罗主张实行“职能管理”，即将管理的工作予以细分，使所有的管理者只承担一种管理职能。他设计出八个职能工长，代替原来的一个工长，其中四个在计划部门，四个在车间。每个职能工长负责某一方面的工作。在其职能范围内，可以直接向工人发出命令。

泰罗认为这种“职能工长制”有三个优点：① 对管理者的培训所花费的时间较少；② 管理者的职责明确，因而可以提高效率；③ 由于作业计划已由计划部门拟定，工具与操作方法也已标准化，车间现场的职能工长只需进行指挥监督，因此非熟练技术的工人也可以从事较复杂的工作，从而降低整个企业的生产费用。后来的事实表明，一个工人同时接受几个职能工长的多头领导，容易引起混乱。所以，“职能工长制”没有得到推广，但泰罗的这种职能管理思想为以后职能部门的建立和管理的专业化提供了参考。

（8）在组织机构的管理控制上实行例外原理

泰罗等人认为，规模较大的企业组织和管理，必须应用例外原理，即企业的高级管理人员为了减轻处理纷乱烦琐的日常事务的负担把例行的一般日常事务授权给下级管理人员去处理，自己只保留对例外事项（重要事项）的决定和监督权。这种以例外原理为依据的管理控制原理，以后发展成为管理上的分权化原则和实行事业部制管理体制。

3．“科学管理”理论的其他代表人物

泰罗的科学管理理论在 20 世纪初得到了广泛的传播和应用，影响很大。因此在他同时代和他以后的年代中，有许多人也积极从事于管理实践与理论的研究，丰富和发展了“科学管理理论”，其中比较著名的有以下几个。

（1）亨利·甘特（Henry L. Gantt）

美国管理学家、机械工程师甘特是泰罗在创建和推广科学管理时的亲密合作者，他与泰罗密切配合，使“科学管理”理论得到了进一步的发展，特别是他的“甘特图”（Gantt Chart），是当时计划和控制生产的有效工具，并为当今现代化方法 PERT（计划评审技术）奠定了基石。他还提出了“计件奖励工资制”，即除了按日支付有保证的工资外，超额部分给予奖励；完不成定额的，可以得到原定日工资，这种制度补充了泰罗的差别计件工资制的不足。此外，甘特还很重视管理中人的因素，强调“工业民主”和更重视人的领导方式，这对后来的人际关系理论有很大的影响。

（2）吉尔布雷斯夫妇（Frank B. Gilbreth and Lillian M. Gilbreth）

美国工程师弗兰克·吉尔布雷斯与夫人（心理学博士莉莲·吉尔布雷斯）在动作研究和工作简化方面做出了特殊贡献。他们采用两种手段进行时间与动作研究：① 工人的操作动作分解为 17 种基本动作，吉尔布雷斯称之为“therbligs”（这个字即为吉尔布雷斯英文名字母的倒写）；② 用拍影片的方法、记录和分析工人的操作动作，寻找合理的最佳动作，以提高工作效率。通过这些手段，他们纠正了工人操作时某些不必要的多余动作，形成了快速准确的工作方法。与泰罗不同的是，吉尔布雷斯夫妇在工作中开始注意到人的因素，在一定程度上试图把效率和人的关系结合起来。吉尔布雷斯毕生致力于提高效率，即通过减少劳动中的动作浪费来提高效率，被人们称之为“动作研究之父”。

（二）法约尔及其管理过程理论

亨利·法约尔（Henry Fayol），法国人，1860 年从圣艾帝安国立矿业学院毕业后进入康门塔里-福尔香堡（Comentry-Fourchambault）采矿冶金公司，成为一名采矿工程师，并在此度过了整个职业生涯。从采矿工程师后任矿井经理直至公司总经理，由一名工程技术人员逐渐成为专业管理者，他在实践中逐渐形成了自己的管理思想和管理理论，对管理学的形成和发展做出了巨大的贡献。

法约尔 1916 年问世的名著《工业管理与一般管理》，是他一生管理经验和管理思想的总结。法约尔是第一个概括和阐述一般管理理论的管理学家。他的理论概括起来大致包括以下内容。

1．企业的基本活动

法约尔指出，任何企业都存在着六种基本的活动，而管理只是其中之一。这六种基本活动是：（1）技术活动（指生产、制造、加工等活动）；（2）商业活动（指购买、销售、交换等活动）；（3）财务活动（指资金的筹措和运用）；（4）安全活动（指设备维护和职工安全等活动）；（5）会计活动（指货物盘存、成本统计、核算等）；（6）管理活动（其中又包括计划、组织、指挥、协调和控制五项职能活动）。

2．管理的五项职能

在企业六种基本活动中，管理活动处于核心地位，即企业本身需要管理，同样的，其他五项属于企业的活动也需要管理，如图 9-1 所示。

3．法约尔的 14 条管理原则

法约尔根据自己的工作经验，归纳出简明的 14 条管理原则。

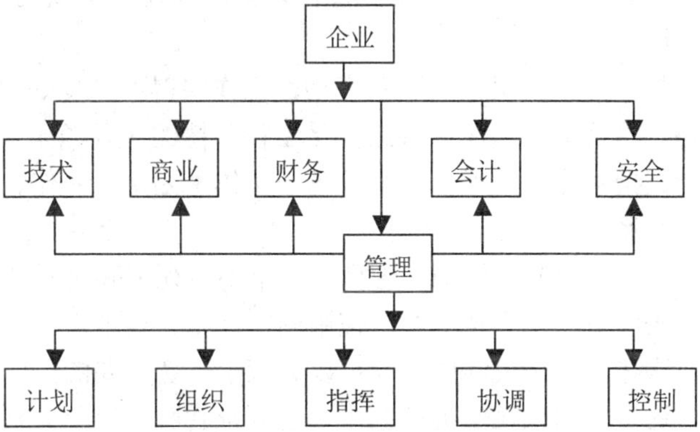

图 9-1 法约尔提出的管理五项职能

（1）分工。他认为这不仅是经济学家研究有效地使用劳动力的问题，而且也是在各种机构、团体、组织中进行管理活动所必不可少的工作。

（2）职权与职责。他认为职权是发号施令的权力和要求服从的威望。职权与职责是相互联系的，在行使职权的同时，必须承担相应的责任，有权无责或有责无权都是组织上的缺陷。

（3）纪律。纪律是管理所必需的，是对协定的尊重。这些协定以达到服从、专心、干劲，以及尊重人的仪表为目的。就是说组织内所有成员通过各方所达成的协议对自己在组织内的行为进行控制，它对企业的成功与否极为重要，要尽可能做到严明、公正。

（4）统一指挥。指组织内每一个人只能服从一个上级并接受他的命令。

（5）统一领导。指一个组织，对于目标相同的活动，只能有一个领导，一个计划。

（6）个人利益服从整体利益。即个人和小集体的利益不能超越组织的利益。当二者不一致时，主管人员必须想办法使他们一致起来。

（7）个人报酬。报酬与支付的方式要公平，给雇员和雇主以最大可能的满足。

（8）集中化。这主要指权力的集中或分散的程度问题。要根据各种情况，包括组织的性质、人员的能力等，来决定"产生全面的最大收益"的那种集中程度。

（9）等级链。指管理机构中，最高一级到最低一级应该建立关系明确的职权等级系列，这既是执行权力的线路，也是信息传递的渠道。一般情况下不要轻易违反它。但在特殊情况下，为了克服由于统一指挥而产生的信息传递延误，法约尔设计出一种"跳板原则"，也叫"法约尔天桥"（Fayol bridge），图 9-2 中 C-H 就是一个法约尔天桥。

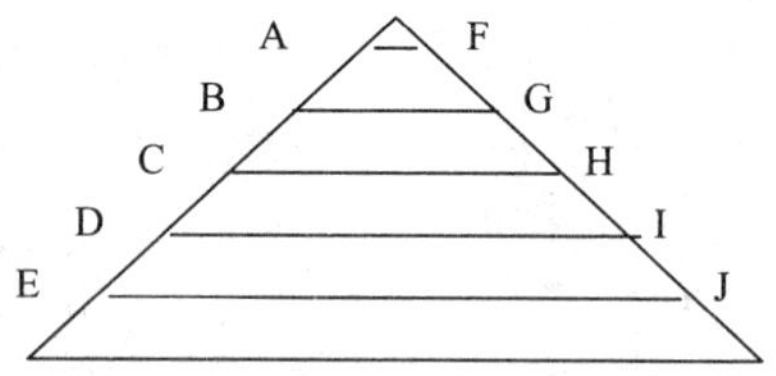

图 9-2　法约尔天桥

（10）秩序。指组织中的每个成员应该规定其各自的岗位，"人皆有位，人称其职"。

（11）公正。主管人员对其下属仁慈、公平，就可能使其下属对上级表现出热心和忠诚。

（12）保持人员的稳定。如果人员不断变动，工作将得不到良好的效果。

（13）首创精神。这是提高组织内各级人员工作热情的主要源泉。

（14）团结精神。指必须注意保持和维护每一集体中团结、协作、融洽的关系，特别是人与人之间的相互关系。

法约尔强调指出，以上 14 条原则在管理工作中不是死板和绝对的东西，这里全部是尺度问题。在同样的条件下，几乎从不两次使用同一原则来处理事情，应当注意各种可变因素的影响。因此，这些原则是灵活的，是可以适应于一切需要的，但其真正的本质在于懂得如何运用它们。这是一门很难掌握的艺术，它要求智慧、经验、判断和注意尺度（也即"分寸"）。

4. 在学校进行管理教育的必要性和可能性

法约尔认为，人的管理能力可以通过教育来获得，可以也应该像技术能力一样，首先在学校里，然后在车间里得到。为此，他提出了一套比较全面的管理理论，首次指出管理理论具有普遍性，可以用于各个组织之中他把管理视为一门科学，提出在学校设置这门课程，并在社会各个领域宣传、普及和传授管理知识。

综上所述，法约尔关于管理过程和管理组织理论的开创性研究，其中特别是关于管理职能的划分以及管理原则的描述，对后来的管理理论研究具有非常深远的影响。此外，他还是一位概括和阐述一般管理理论的先驱者，是伟大的管理教育家，后人称他为“经营管理之父”。

（三）韦伯理想的行政组织体系理论

马克斯·韦伯（Max Weber）是德国著名的社会学家，他对法学、经济学、政治学、历史学和宗教学都有广泛的兴趣。他在管理理论方面的研究主要集中在组织理论方面，主要贡献是提出了所谓理想的行政组织体系理论，这集中反映在他的代表作《社会组织与经济组织》一书中。这一理论的核心是组织活动要通过职务或职位而不是通过个人或世袭地位来管理。他也认识到个人魅力对领导作用的重要性。他所讲的“理想的”，不是指最合乎需要，而是指现代社会最有效和最合理的组织形式。之所以是“理想的”，因为它具有如下一些特点：

1．明确的分工

即每个职位的权力和义务都应有明确的规定，人员按职业专业化进行分工。

2．自上而下的等级系统

组织内的各个职位，按照等级原则进行法定安排，形成自上而下的等级系统。

3．人员的任用

人员的任用要完全根据职务的要求，通过正式考试和教育训练来实行。

4．职业管理人员

管理人员有固定的薪金和明文规定的升迁制度，是一种职业管理人员。

5．遵守规则和纪律

管理人员必须严格遵守组织中规定的规则和纪律及办事程序。

6．组织中人员之间的关系

组织中人员之间的关系完全以理性准则为指导，只是职位关系不受个人情感的影响。这种公正不阿的态度，不仅适用于组织内部，而且适用于组织与外界的关系。

韦伯认为，这种高度结构的、正式的、非人格化的理想行政组织体系是人们进行强制控制的合理手段，是达到目标、提高效率的最有效形式。这种组织形式在精确性、稳定性、纪律性和可靠性方面都优于其他组织形式，能适用于所有种类的管理工作及当时日益增多的各种大型组织，如教会、国家机构、军队、政党、经济企业和各种团体。韦伯的这一理论，对泰罗、法约尔的理论是一种补充，对后来的管理学家们，尤其是组织理论学家则有很大的影响，他被称为“组织理论之父”。

二、行为科学理论

行为科学理论应用于管理学，主要是对工人在生产中的行为及这些行为产生的原因进行分析研究。

（一）梅奥及其霍桑试验

乔治·埃尔顿·梅奥（George Elton Mayo），是原籍澳大利亚的美国行为科学家。1924—1932年，美国国家研究委员会和西方电气公司合作，由梅奥负责进行了著名的霍桑试验（Hawthorne Experiment），即在西方电气公司所属的霍桑工厂，为测定各种有关因素对生产效率的影响程度而进行的一系列试验，由此产生了人际关系学说，试验分四个阶段。

第一阶段：工场照明试验（1924—1927年）。该试验是选择一批工人分为两组，一组为“试验组”，先后改变工场照明强度，让工人在不同照明强度下工作；另一组为“控制组”，工人在照明度始终维持不变的条件下工作。试验者希望通过试验得出照明度对生产率的影响，但试验结果发现，照明度的变化对生产率几乎没有什么影响。这个试验似乎以失败告终。但这个试验得出了两条结论，（1）工场的照明只是影响工人生产效率的一项微不足道的因素；（2）由于牵涉因素太多，难以控制，且其中任何一个因素足以影响试验结果，故照明对产量的影响无法准确测量。

第二阶段：继电器装配室试验（1927年8月—1928年4月）。旨在试验各种工作条件的变动对小组生产率的影响，以便能够更有效地控制影响工作效果的因素。研究小组做了材料供应、工作方法、工作时间、劳动条件、工资、管理作风与方式等各个因素对工作效率影响的实验，如增加工间休息，公司负责供应午餐和茶点，缩短工作时间，实施每周五天工作制，实行团体计件工资制，并允许女工在工作时间自由交谈。结果发现无论各个因素如何变化，产量都是增加的，由于督导方法的改变，工人工作态度也有所变化，因而产量增加。

第三阶段：大规模的访问与调查（1928—1931年）。两年内他们在上述试验的基础上进一步开展了全公司范围的普查与访问，调查了2万多人次，发现所得结论与上述试验所得相同，即“任何一位员工的工作绩效，都受到其他人的影响”。于是研究进入第四阶段。

第四阶段：接线板接线工作室试验（1931—1932年）。以集体计件工资制刺激，企图形成“快手”对“慢手”的压力以提高效率，历时6个月。公司当局给他们规定的产量标准是焊合7 312个接点，但他们完成的只有6 000～6 600个接点。试验发现，工人既不会为超定额而充当“快手”，也不会因完不成定额而成“慢手”，当他们达到他们自认为是“过得去”的产量时就会自动松懈下来。其原因是，生产小组无形中形成默契的行为规范，即工作不要做得太多，否则就是“害人精”；工作不要做得太少，否则就是“懒惰鬼”；不应当告诉监工任何会损害同伴的事，否则就是“告密者”；不应当企图对别人保持距离或多管闲事；不应当过分喧嚷，自以为是和热心领导等。根本原因则有三个：一是怕标准再度提高；二是怕失业；三是为保护速度慢的同伴。这一阶段的试验，还发现了“霍桑效应”，即对于新环境的好奇和兴趣，足以导致较佳的成绩，至少在初始阶段是如此。

通过四个阶段历时近8年的霍桑试验，梅奥等人认识到，人们的生产效率不仅要受生理方面、物理方面等因素的影响，更重要的是受到社会环境、社会心理等方面的影响，这个结论的获得是相当有意义的，这对“科学管理”只重视物质条件，忽视社会环境、社会心理对工人的影响来说，是一个重大的修正。

（二）人际关系学说

根据霍桑试验的结果，梅奥于 1933 年出版了《工业文明中的人类问题》一书，提出了与古典管理理论不同的观点，形成了人际关系学说，它的主要观点有以下几方面。

1. 工人是“社会人”，而不是单纯追求金钱收入的“经济人”

作为复杂的社会系统成员，金钱并非刺激积极性的推动力，他们还有社会、心理方面的需求，如安全感、归属感等方面的需要，而后一方面所形成的动力，随着生产力的进步，对效率更有影响。

2. 企业中除了正式组织外，还存在非正式组织

正式组织为非正式组织的形成创造了条件，这是因为正式组织为人们聚集在一起发生关系创造了条件。例如相同的工作场所、共同的生产经营活动、一定的组织层次和结构既为相互接触创造了条件，也提供了接触和交往的限度。有了正式组织，人与人之间的接触才具有持续、反复的特征，非正式组织的生长发育才有条件。这种非正式组织是企业成员在其共同的工作过程中，由于具有相同的社会感情而形成的非正式团体，如价值、爱好、行为观等，这种无形组织有它特殊的感情、规范和倾向，左右着成员的行为，古典管理理论仅注重正式组织的作用，这很不够，非正式组织不仅存在而且同正式组织相互依存，对生产率的提高有很大影响，非正式组织对正式组织的作用也是非常明显的。

3. 新型的领导在于提高职工的“满足度”，以提高士气提高劳动生产率

新型的领导在于通过对职工的“满足度”的增加来提高士气，生产率的升降主要取决于工人的士气，即工作的积极性、主动性与协作精神，而士气的高低则取决于人群关系对工人的满足程度，即他的工作是否被上级、同伴和社会承认，满足程度越高，士气也越高，生产效率也就越高。

（三）行为科学理论

继梅奥的人际学说之后，有很多学者从心理学、社会学等角度致力于这方面的研究。行为科学应用在管理学上，主要是对工人在生产中的行为及这些行为产生的原因进行分析研究，包括人的本性和需要、行为的动机、人际关系等。行为科学管理理论在相当程度上克服了古典管理理论的弊端。

1. 突出人的因素和对人的研究

行为科学反映了人类社会发展的进步要求。行为科学贯彻了以人为本的思想，以人力资源为首要资源，高度重视对人力资源的开发和利用，提倡以人道主义的态度对待工人，通过改善劳动条件，提高劳动者工作生活的质量，培训劳动者的生产技能，调动人的积极性，进而提高劳动效率。这些思想有利于推动生产发展和社会进步。

2. 吸收和借鉴相关学科成果形成了完善的学科体系

行为科学积极吸收了心理学、社会学、人类学等学科的科学知识，应用社会调查、观

察测验、典型试验、案例研究等科学方法对人的行为、特别是职工在生产中的行为进行研究，提出了一些调动人的积极性的学说和方法，并在企业中实际应用，收到了相当的效果。许多管理学家、社会学家和心理学家从行为的特点、行为的环境、行为的过程及行为的原因等多种角度开展对人的行为的研究，形成了一系列的理论，使行为科学成为现代西方管理理论的一个重要流派。

3. 提出了一系列具体要求以提高管理水平

行为科学理论是管理思想发展的一个重要的里程碑。行为科学理论解决的关键问题是号召人们掌握一种综合的管理技能，这些技能对处理人群问题至关重要。这些技能包括：① 理解人类行为的诊断技能；② 对工人进行咨询、激励、引导和信息交流的人际关系技能。梅奥等人创立的人际关系学说为行为科学的发展奠定了基础，他们提出的社会人、非正式组织等概念已为大多数行为科学家所接受。他们的成果使管理者在对待下属问题上发生了巨大的变化，对管理思想的发展作了巨大的贡献。行为科学有关理论已在本书的第六章进行了介绍，在此只简单提及。

三、西方现代管理理论

西方现代管理理论不是一种管理理论，而是对各种不同管理学派理论的统称。1961年哈罗德·孔茨在美国《管理学杂志》上发表《管理理论丛林》一文，把各种管理理论学派划分为6个学派，1980年哈罗德·孔茨在美国《管理学杂志》上发表《再论管理理论丛林》一文，把各种管理理论学派划分为6个学派的基础上，又增加了5个学派，共划分为11个学派。

现代管理理论阶段的主要学派的代表人物与观点如表9-1所示。下面着重介绍以下几个学派。

表9-1　现代管理理论阶段的主要学派的代表人物与观点

学派名称	代表人物及其代表或突出贡献	管理学派的理论观点
管理过程学派	孔茨（Harold Koontz），奥唐奈（Cyril O'Donnel）：《管理学》	① 管理是由相互联系的职能所构成的一种程序；② 管理的职能与程序是有共性的；③ 对管理职能的分析可归纳出管理原则，它们可指导实践
经验主义学派	德鲁克（Peter Drucker：《管理的实践》、《管理：任务、责任、实践》；戴尔（Ernest Dale）：《伟大的组织者》等	① 管理的理论知识解决不了现实问题，充其量是过去的经验；② 管理科学应建立在目前成功或失败的企业管理经验之上，对它们进行调查、概括、抽象，提供建议
行为科学学派	马斯洛（Abraham Maslow）：需要层次论；赫茨伯格（Frederick Herzberg）：双因素理论；麦格雷戈（Douglas McGregor）：人性假设；布莱克（Robert Blake：领导方格理论	① 管理的根本在于人，要探索人的行为规律，关于用人、关于激励人；② 强调个人目标与组织目标一致性，调动积极性要考虑人的需求；③ 企业中要恢复人的尊严，实行民主参与管理，启发职工的创新、自主精神；④ 改进工作设计

续表

学派名称	代表人物及其代表或突出贡献	管理学派的理论观点
系统管理学派	卡斯特（F.E.Kast）、约翰逊（Richard Johnson)、罗森茨韦克(James Rosenzweig)：《系统理论和管理》	① 企业是一个人造的开放系统，由多个职能子系统构成，并与环境保持协调；② 企业组织是一个完整的系统；③ 管理靠系统结构实现
决策理论学派	西蒙（Herber Simon）：《管理决策新学科》等；马奇（J.G.March）	① 管理的关键在于决策；② 决策是一个复杂过程；③ 决策分程序化决策与非程序化决策；④ 决策的满意行为准则；⑤ 管理是设计决策系统
权变理论学派	卢桑斯（F.Luthans）：《管理导论：一种权变学》；伍德沃德（Joan Woodward）：《工业组织：理论和实践》；劳伦斯（Paul Lawrence）；洛希（Jay Lorsch）：企业分类研究法	① 组织和成员的行为是复杂的、变化的，因此管理不可能存在着一种普遍适用的“最好的”管理方法，它完全依环境、自身的变化而变化；② 管理的规律性与方法应建立在调查、分类基础上
管理科学学派	伯法（E.S.Buffa）：《现代生产管理》；布莱克特（Blackett)；丹齐克（G. Dantaig)；丘奇曼（Churchman）等	① 尽量减少决策中的个人艺术成分，尽量以数量方法客观描述；② 决策依据尽量准确；③ 尽量使用数量方法与计算机

1．管理科学学派

“管理科学”理论是指以现代自然科学和技术科学的最新成果（如先进的数学方法、电子计算机技术及系统论、信息论、控制论等）为手段，运用数学模型，对管理领域中的人力、物力、财力进行系统的定量的分析，并做出最优规划和决策的理论。这一理论是在第二次世界大战之后，与行为科学平行发展起来的。从历史渊源来看，“管理科学”是泰罗科学管理的继续和发展，因为它的主要目标也是探求最有效的工作方法或最优方案，以最短的时间、最少的支出，取得最大的效果。但它的研究范围已远远不是泰罗时代的“操作方法”和“作业研究”，而是面向整个组织的所有活动，并且它所采用的现代科技手段也是泰罗时代所无法比拟的。“管理科学”理论的主要内容包括以下三个方面。

（1）运筹学

运筹学是“管理科学”理论的基础，是在第二次世界大战中，以杰出的物理学家布莱克特（P.M.S.Blackett）为首的一部分英国科学家为了解决雷达的合理布置问题而发展起来的数学分析和计算技术。就其内容讲，这是一种分析的、实验的和定量的科学方法，专门研究在既定的物质条件（人力、物力、财力）下，为达到一定的目的，运用科学的方法（主要是数学的方法），进行数量分析，统筹兼顾研究对象的整个活动及所有各个环节之间的关系，为选择出最优方案提供数量上的依据，以便做出综合性的合理安排，最经济最有效地使用人力、物力、财力，以达到最大的效果。运筹学后来被运用到管理领域，由于研究的不同，又形成了许多新的分支，这些分支主要有：① 规划论。用来研究如何充分利用企业的一切资源，包括人力、物资、设备、资金和时间，最大限度地完成各项计划任务，以获得最优的经济效益。规划论根据不同情况又可分为线性规划、非线性规划和动态规划。② 库存论。用来研究在什么时间，以什么数量，从什么地方供应，来补充零部件、器件、设备、资金等库存，既保证企业能有效运转，又使保持一定库存和补充采购的总费用最少。③ 排队论。主要是用来研究在公用服务系统中，设置多少服务人员或设备最为合适，既不使顾客或使用者过长地排队等候，又不使服务人员及设备过久地闲置。④ 对策论。又称博弈论，主要是用来研究在利益相互矛盾的各方竞争性活动中，如何使自己一方获得期望利益最大或期望损失最小，并求出制胜对方的最优策略。⑤ 搜索论。用来研究在寻找某种对象（如石油、煤矿、铁矿及产品中的废品）的过程中，如何合理使用搜索手段（包括人、物、资金和时间），以便取得最好的搜索效果。⑥ 网络分析。利用网络图对工程进行计划和控制的一种管理技术，常用的有“计划评审技术”（简称 PERT）和“关键线路法”（简称 CPM）。

（2）系统分析

系统分析这一概念是由美国兰德公司 1949 年首先提出的，意思是把系统的观点和思想引入管理的方法之中，认为事物是极其复杂的系统。运用科学和数学的方法对系统中事件的研究和分析，就是系统分析。其特点就是解决管理问题时要从全局出发，进行分析和研究，制定出正确的决策。因此，系统分析一般有如下步骤：第一，弄清并确定这一系统的最终目的，同时明确每个特定阶段的阶段性目标和任务；第二，必须把研究对象看作是一个整体，是一个统一的系统，然后确定每个局部要解决的任务，研究它们之间以及它们与总体目标之间的相互关系和相互影响；第三，寻求达到总体目标及与其相联系的各个局部任务和可供选择的方案；第四，对可供选择的方案进行分析比较，选出最优方案；第五，组织各项工作的实施。

（3）决策科学化

这是指决策时要以充足的事实为依据，采取严密的逻辑思考方法。对大量的资料和数据按照事物的内在联系进行系统分析和计算，遵循科学程序，做出正确决策。上述“管理科学”理论的两项内容就是为决策科学化提供分析思路和分析技术的，同时，它所使用的先进工具——电子计算机和管理信息系统也为决策科学化提供了可能和依据。

总而言之，“管理科学”理论的基本特征是，以系统的观点，运用数学、统计学的方法和电子计算机的技术，为现代管理的决策提供科学的依据，通过计划与控制以解决各项生产与经营问题。这一理论认为，管理就是应用各种数学模型和特征来表示计划、组织、控制、决策等合乎逻辑的程序，求出最优的解决方案，以达到企业的目标。“管理科学”理论把现代科学方法运用到管理领域中，为现代管理决策提供了科学的方法。它使管理理论研究从定性到定量在科学的轨道上前进了一大步，同时它的应用对企业管理水平和效率的提高也起到了很大作用。但是，同其他理论一样，它也有自己的弱点：① 把管理中与决策有关的各种复杂因素全部数量化，是不可能也不现实的；② 这一理论忽略了人的因素，这不能不说是它的一大缺陷；③ 管理问题的研究与实践，不可能也不应该完全只依靠定量的分析，而忽视定性的分析。尽管如此，它的科学性还是被人们所普遍承认。

2．社会合作系统学派

这个学派认为，人与人的相互关系就是一个社会系统，它是人们在意见、力量、愿望及思想等方面的一种合作关系。管理人员的作用就是要围绕着物质的（材料与机器）、生物的（作为一个呼吸空气和需要空间的抽象存在的人）和社会的（群体的相互作用、态度和信息）因素去适应总的合作系统。

这个学派是从社会学的角度来分析各类组织。它的特点是将组织看作是一种社会系统，是一种人的相互关系的协作体系，它是社会大系统中的一部分，受到社会环境各方面因素的影响。美国的切斯特·巴纳德是这一学派的创始人，他的著作《经理的职能》对该学派有很大的影响。总起来看，该学派的理论有以下一些要点。

（1）组织是一个社会协作系统。这个系统能否继续生存，取决于：① 协作的效果，即能否顺利完成协作目标；② 协作的效率，即在达到目标的过程中，是否使协作的成员损失最小而心理满足较高；③ 协作目标能适应协作环境。

（2）指出正式组织存在的三个条件：① 有一个统一的共同目标；② 其中每一成员都能够自觉自愿地为组织目的实现做出贡献；③ 组织内部有一个能够彼此沟通的信息联系系统。此外，还指出，在正式组织内部还存在着非正式组织。

（3）对经理人员的职能提出三点要求：① 建立和维持一个信息联系的系统；② 善于使组织成员能够提供为实现组织目标所不可少的贡献；③ 规定组织目标。此外，美国的怀特·贝克（White Bake）从社会学角度提出“组织结合力”的概念，对管理理论也有很大意义。贝克指出，企业中的组织结合力包括：① 职能规范系统，即由于协作而划分和安排工作岗位所产生的合作系统；② 职位系统，即直线的职权层次；③ 沟通联络系统；④ 奖惩制度；⑤ 组织规程，即使企业具有特征和个性的构想与手段。

3．经验或案例学派

这个学派主张通过分析经验（案例）来研究管理问题。最早提出这一见解的是美国的德鲁克、戴尔（E. Dale）、纽曼（W. Newman）、斯隆（A. P.Sloan）等人。他们认为应该从企业管理的实际出发，以大企业的管理经验为主要研究对象，通过研究各种各样成功和失败的管理案例，就可以了解怎样管理，这一学派的主要观点大致如下。

（1）作为企业主要领导的经理，其工作任务着重于两方面：① 造成一个“生产的统一体”，有效调动企业各种资源，尤其是人力资源作用的发挥；② 经理做出每一项决策或采取某一行动时，一定要把眼前利益与长远利益协调起来。

（2）对建立合理组织结构问题普遍重视，如德鲁克认为，当今世界上管理组织的新模式可以概括为以下五种：① 集权的职能性结构；② 分权联邦式结构；③ 矩阵结构；④ 模拟性分散管理结构；⑤ 系统结构。他还强调，各类组织要根据自己的工作性质、特殊条件以及管理人员的特点，来确定本组织的管理结构，切忌照搬别人的模式。

（3）对科学管理和行为科学理论重新评价。这一学派中的许多人提出，科学管理和行为科学理论都不能完全适应企业实际需要，只有经验学派将这二者结合起来，才真正实用。

（4）提倡实行目标管理。德鲁克首先提出目标管理的建议，其后又有许多学者共同参与了研究。总之，经验或案例学派并未形成完整的理论体系，其内容也比较庞杂，但其中的一些研究反映了当代社会化大生产的客观要求，是值得注意的。

4．决策理论学派

该学派的主要代表人物是曾获诺贝尔经济学奖的赫伯特·西蒙（Herbert Simon）。这一学派是在社会系统学派的基础上发展起来的，他们把第二次世界大战以后发展起来的系统理论、运筹学、计算机科学等综合运用于管理决策问题，形成了一门有关决策过程、准则、类型及方法的较完整的理论体系，其理论要点如下。

（1）决策贯穿于管理的全过程，管理就是决策。

（2）决策过程包括四个阶段：① 搜集情况阶段，即搜集组织所处环境中有关经济、技术、社会各方面的信息及组织内部的有关情况；② 拟定计划阶段，即在确定目标的基础上，依据所搜集到的信息，编制可能采取的行动方案；③ 选定计划阶段，即从可供选用的方案中选定一个行动方案；④ 评价计划阶段，即在决策执行过程中，对过去所做的抉择进行评价。这四个阶段中的每一个阶段本身都是一个复杂的决策过程。

（3）在决策标准上，用“令人满意”的准则代替“最优化”准则。以往的管理学家往往把人看成是以“绝对的理性”为指导，按最优化准则行动的“理性人”。西蒙认为事实上这是做不到的，应该用“管理人”假设代替“理性人”假设。这种“管理人”不考虑一切可能的复杂情况，只考虑与问题有关的情况，采用“令人满意”的决策准则，从而可以做出令人满意的决策。

（4）一个组织的决策根据其活动是否反复出现可分为程序化决策和非程序决策。此外，根据决策条件，决策还可以分为肯定型决策、风险型决策和非肯定型决策，每一种决策所采用的方法和技术都是不同的。

（5）一个组织中集权和分权的问题是和决策过程联系在一起的，有关整个组织的决策必须是集权的，而由于组织内决策过程本身的性质及个人认识能力的有限，分权也是必需的。

5．社会技术系统学派

创立这一学派的是英国的特里斯特（E. L. Trist）及其同事，他们根据对煤矿中“长壁采煤法”研究的结果认为，要解决管理问题，只分析社会协作系统是不够的，还必须分析研究技术系统对社会的影响，以及对个人的心理影响。他们认为管理的绩效，以至组织的绩效，不仅取决于人们的行为态度及其相互影响，而且也取决于人们工作所处的技术环境。管理人员的主要任务之一就是确保社会协作系统与技术系统的相互协调。这个学派的大部分著作都集中于研究科学技术对个人、对群体行为方式，以及对组织方式和管理方式等的影响，因此，特别注重于工业工程、人—机工程等方面问题的研究。其代表著作有《长壁采煤法的某些社会学的和心理学的意义》《社会技术系统的特性》等。这个学派虽然也没有研究到管理的全部理论，但却首次把组织作为一个社会系统和技术系统综合起来考虑，可以说是填补了管理理论的一个空白，并且对管理实践也是很有意义的。

6. 群体行为学派

这个学派同人际关系行为学派密切相关，以致常常被混同，但它关心的主要是一定群体中的人的行为，而不是一般的人际关系和个人行为；它以社会学、人类文化学、社会心理学为基础，而不是以个人心理学习为基础。这个学派着重研究各种群体的行为方式，从小群体的文化和行为方式到大群体的行为特点，均在研究之列。有人把这个学派的研究内容称为“组织行为”（Organizational Behavior）研究，其中“组织”一词被用来表示公司、企业、政府机关、医院及任何一种事业中一组群体关系的体系和类型。这个学派的最早代表人物和研究活动就是梅奥和霍桑试验。20 世纪 50 年代，美国管理学家克里斯·阿吉里斯（Chris Argyris）提出所谓“不成熟—成熟交替循环的模式”，指出“如果一个组织不为人们提供使他们成熟起来的机会，或不提供把他们作为已经成熟的个人来对待的机会，那么人们就会变得忧虑、沮丧，甚至还会按违背组织目标的方式行事。”

7. 人际关系行为学派

这个学派的依据是，既然管理就是让别人或同别人一起去把事情办好，因此，就必须以人与人之间的关系为中心来研究管理问题。这个学派把社会科学方面已有的和新近提出的有关理论、方法和技术用来研究人与人之间及个人的各种现象，从个人的个性特点到文化关系，范围广泛，无所不包。这个学派的学者大多数都受过心理学方面的训练，他们注重个人，注重人的行为的动因，把行为的动因看成为一种社会心理学现象。其中有些人强调处理人的关系是管理者应该而且能够理解和掌握的一种技巧；有些人把“管理者”笼统地看成是“领导者”，甚至认为管理就是领导，结果把所有的领导工作都当成为管理工作；还有不少人则着重研究人的行为与动机之间的关系，以及有关激励和领导问题。所有这些，都提出了对管理人员大有助益的一些见解。例如马斯洛的“需要层次理论”；赫兹伯格的“双因素理论”；布莱克和穆顿的“管理方格理论”。

8. 系统管理理论

系统管理理论是应用系统理论的范畴、原理，全面分析和研究企业和其他组织的管理活动和管理过程，重视对组织结构和模式的分析，并建立起系统模型以便于分析。这一理论是卡斯特（F. E. Kast）、罗森茨威克（J. E. Rosenzweig）和约翰逊（R. A. Johnson）等美国管理学家在一般系统论的基础上建立起来的，其理论要点主要以下几个。

（1）企业是由人、物资、机器和其他资源在一定的目标下组成的一体化系统，它的成长和发展同时受到这些组成要素的影响，在这些要素的相互关系中，人是主体，其他要素则是被动的。

（2）企业是一个由许多子系统组成的、开放的社会技术系统。企业是社会这个大系统中的一个子系统，它受到周围环境（顾客、竞争者、供货者、政府等）的影响，也同时影响环境。它只有在与环境的相互影响中才能达到动态平衡。在企业内部又包含着若干子系统，它们是：① 目标和准则子系统，包括遵照社会的要求和准则，确定战略目标；② 技术子系统，包括为完成任务必需的机器、工具、程序、方法和专业知识；③ 社会心理子系统，包括个人行为和动机、地位和作用关系、组织成员的智力开发、领导方式，以及正式组织系统与非正式组织系统等；④ 组织结构子系统，包括对组织及其任务进行合理划分和分配、协调他们的活动，并由组织图表、工作流程设计、职位和职责规定、章程与案例来说明，还涉及权力类型、信息沟通方式等问题；⑤ 外界因素子系统，包括各种市场信息、人力与物力资源的获得，以及外界环境的反映与影响等。此外，还有一些子系统，如经营子系统、生产子系统等。这些子系统还可以继续分为更小的子系统。

（3）运用系统观点来考察管理的基本职能，可以提高组织的整体效率，使管理人员不至于只重视某些与自己有关的特殊职能而忽视了大目标，也不至于忽视自己在组织中的地位与作用。

9．权变管理理论

权变管理理论（contingency theory of management）是20世纪70年代在美国形成的一种管理理论。这一理论的核心就是力图研究组织的各子系统内部和各子系统之间的相互联系，以及组织和它所处的环境之间的联系，并确定各种变数的关系类型和结构类型。它强调在管理中要根据组织所处的内外部条件随机应变，针对不同的具体条件寻求不同的最合适的管理模式、方案或方法。美国尼布拉加斯大学教授卢桑斯（F. Luthans）在1976年出版的《管理导论：一种权变学》一书中系统地概括了权变管理理论，主要内容有以下几个。

（1）过去的管理理论可分为四种，即过程学说、计量学说、行为学说和系统学说，这些学说由于没有把管理和环境妥善地联系起来，其管理观念和技术在理论与实践上相脱节，所以都不能使管理有效地进行，而权变理论就是要把环境对管理的作用具体化，并使管理理论与管理实践紧密地联系起来。

（2）权变管理理论就是考虑到有关环境的变数同相应的管理观念和技术之间的关系，使采用的管理观念和技术能有效地达到目标。在通常情况下，环境是自变量，而管理的观念和技术是因变量。这就是说，如果存在某种环境条件下，对于更快地达到目标来说，就要采用某种管理原理、方法和技术。比如，如果在经济衰退时期，企业在供过于求的市场中经营，采用集权的组织结构，就更适于达到组织目标；如果在经济繁荣时期，在供不应求的市场中经营，那么采用分权的组织结构可能会更好一些。

（3）环境变量与管理变量之间的函数关系就是权变关系，这是权变管理理论的核心内容。环境可分为外部环境和内部环境。外部环境又可以分为两种：一种是由社会、技术、经济和政治、法律等所组成；另一种是由供应者、顾客、竞争者、雇员、股东等组成。内部环境基本上是正式组织系统，它的各个变量与外部环境各变量之间是相互关联的。决策、交流和控制、技术状况等管理变量包括上面所列四种学说所主张的管理观念和技术。总之，权变管理理论的最大特点是：① 它强调根据不同的具体条件，采取相应的组织结构、领导方式、管理机制；② 把一个组织看作是社会系统中的分系统，要求组织各方面的活动都要适应外部环境的要求。

10．沟通（信息）中心学派

这一学派同决策理论学派关系密切，它主张把管理人员看成为一个信息中心，并围绕这一概念来形成管理理论。这一学派认为，管理人员的作用就是接收信息、储存与发出信息；每一位管理人员的岗位犹如电话交换台。

这一学派强调计算机技术在管理活动和决策中的应用，强调计算机科学同管理思想和行为的结合。大多数计算机科学家和决策理论家都赞成这个学派的观点。这个学派的代表人物有：美国的李维特（H. J. Leavitt），其代表作是《沟通联络类型对群体绩效的影响》；申农（Claude Shannou）和韦弗（Warren Weaver），其代表作是《沟通联络的数理统计理论》。

除上面介绍的几个学派外，还有一些学派，如管理过程学派及近几年出现的还不太成熟的经理角色学派等，在管理理论丛林中也都是比较活跃和有代表性的。这里限于篇幅，就不一一介绍了。总之，这些学派都是在已有的管理理论基础上，力图吸收和利用其他学科的成就，从不同的角度来探索管理的原理和方法，他们之间既有观点相同、继承发展的地方，也有许多观点不一致之处。从理论上讲，经过一定阶段的发展是需要走向统一，走向更高级的新的管理理论方面去的；从实践上看，在现代化管理工作中，分散的、各抒己见的理论应用起来也会有很大局限性，因而也需要有一套系统的、全面的管理理论来指导。

第三节　管理理论的新发展

随着社会的发展，科学技术的进步，人们又对管理思想加以进一步的总结，提出管理中带有规律性的东西，并将其作为一种假设，结合科学技术的发展，在管理实践中进行验证，继而对验证结果加以分析研究，从中提炼出属于管理活动普遍原理的东西。对这些原理的抽象综合，就形成了管理的基本理论。这些理论又被人们运用到管理实践中，指导管理活动的进行，同时又进一步对这些理论进行实践验证，这就是管理学的整个形成过程。

一、现代管理理论的新突破

从以上的介绍，我们可以把系统管理理论和权变管理理论，看成是现代管理理论的雏形。这两种理论都在兼收并蓄了传统管理理论，诸如行为科学理论、“管理科学”理论及相应发展起来的各学派理论的基础上，突破了原有的框框，使管理理论朝着统一的方向前进了一大步。具体地讲，现代管理理论所突破的框框，主要表现在以下四个方面。

1．在对人的看法上

从“科学管理”到后来的“管理科学”，都将人看作是“经济人”；行为科学将人看作是“社会人”，而系统与权变理论则把人看作是“复杂人”，认为人是怀着不同需要加入组织的，而且人们有不同的需要类型；不同的人对管理方式的要求也是不同的。

2．在管理的范围和涉及的组织要素上

“管理科学”主要是计划与控制方面，涉及的主要要素是技术、组织机构和信息；行为科学的范围主要是组织活动中的人际关系，包括人和团体的，所涉及的组织要素主要是人、组织机构和信息，而系统与权变理论适用的管理范围是组织的整个投入——产出过程，涉及组织的所有要素。

3．在管理的方法和手段上

“管理科学”多用一些自然科学的方法，采取逻辑与理性的分析、准确衡量等手段，行为科学多取自社会科学的方法，采用影响、激励、协调等手段来诱发绩效，而系统与权变理论则综合自然科学与社会科学的各种方法，运用系统与权变的观点，采取管理态度、管理变革、管理信息等手段使组织的各项活动一体化，进而实现组织的目标。

4．在管理目的上

“管理科学”追求的首先是最大限度的生产率；其次是最大限度的满意，行为科学的管理目的则相反，而系统与权变理论追求的不是最大，而是满意或适宜，并且是生产率与满意并重，或利润与人的满意并重，不存在谁先谁后的问题。

二、当代管理新思潮

1．知识——最为重要的资源

世界经济从农业经济到工业经济再到知识经济的历史发展过程中，由于社会的发展使得知识已成为最为重要的资源。在信息的催化下，知识经济时代已经到来，企业如何具有独特的属于自己的知识已成为企业能否生存的重要标志。在企业管理中如何获得知识，如何使用知识，如何储存知识，如何使知识变为更多的知识，如何把知识直接转化为生产力，这些都是知识经济中管理理论所要解决的问题。这里需要考虑的问题有：① 知识经济构成的机制是什么？有什么规律？传统的经济学理论在知识经济中还有多少价值？② 知识经济中的企业应该是一个什么形态？其机制是什么？应遵从什么样的规律？③ 知识经济中的企业的终极目标是什么？④ 知识经济的人性有什么样的改变？在这样的人性下面，应该采用什么样的管理方式最为合适？这一系列问题都将引导着管理理论的深入发展。

2．创新——当前和今后管理的主旋律

知识经济时代的到来，使传统生产经营方式和思想观念发生深刻的变革，也对企业的经营理念和管理模式提出了挑战。创新是知识经济的核心内容，是企业活力之源。技术创新、制度创新、管理创新、观念创新，以及各种创新的相互结合、相互推动，成为企业经济增长的引擎。海尔集团总裁张瑞敏说：“一个人的经验很重要，可一旦全盘依赖经验也就完了，因为那不可能适应外界的发展变化。”当今市场竞争日益激烈，产品创新周期越来越短，开发时间便成为决定产品成功与否的关键因素，竞争越来越表现为一种时间的竞争，起决定作用的不再是企业的大小和成本，而是创造性和灵活性。现有的企业经营管理形式已无法适应知识经济的要求，这就需要新的企业模式和劳动形式。一个企业不可能储存足够多的专家，不可能在所有新项目上都用自己的人才。明天的企业在很大程度上将是由少数固定员工组成的一个小核心。他们与供应商以及外部专家保持着联系，并且能够为共同生产某种产品将这些人组成一个网络，一个网络式的价值创造共同体——虚拟公司便应运而生。

3．学习型组织的出现——未来企业模式

技术和知识在急剧的增长，其无论多么先进的东西都会随着时间的推移而逐渐被淘汰，因此一个企业要保持持续的发展，必须要不断地学习，不断地更新知识。学习型企业是美国麻省工学院彼得・圣吉在《第五项修炼》一书中首先提出的，他不仅要求企业中的每个人都要终身不断学习，不断获取新知，不断超越自我，而且要求企业也要不断学习和不断超越。要达到学习型组织，需要有这几个方面的扎实的基础：① 系统思维。这是五项修炼的核心，在企业处理问题时要扩大思考的空间，通过电脑模拟把事件的前因后果都考虑到，建立系统的处理模式。② 自我超越。这是五项修炼的基础，在认清客观世界的基础上，创造出适合于自己的最理想的环境，不是降低理想来适应环境，而是提升自己来达到理想，这需要创意、耐力和不断学习与不断超越。③ 改善心智模式。强调每个人都要以开放求真的态度，将自己的胸怀开放出来，克服原有的习惯所形成的障碍，不断改善它，最后还要突破它，从而以一个全新的心智模式出现。④ 建立共同目标前景。这是在共同的理想、共同的文化、共同的使命下，组织在一起为了一个共同的未来的目标才能完成的。⑤ 团队学习。团队学习是组织中沟通与思考的对话工具，强调彼此不在本位，不自我防卫，不预设立场，不敬畏的情况下共同学习，团队学习是适应环境骤变的最佳的方法，唯有大家一起学习、成长、超越和不断进步，才能让组织免于失败，创造出不断成长的绩效来。

4．全球战略——企业决胜的关键

随着信息时代的到来，人与人之间的距离在缩短，国与国之间甚至是洲际之间的边界变得越来越模糊。企业的竞争已经不在单一的区域内进行，而是以全球作为竞争的舞台。竞争的全球化对每个企业来说都受到其冲击，同时也带来新的机遇，全球化为企业施展才华提供了新空间。这里主要涉及企业的竞争战略是否是从全球化的角度来思考的，或者说企业是否把自己看成为地球村的一员。因为全球战略已成为企业决胜的关键。像日本的企业在成本领先优势逐渐丧失后，一批有远见的企业开始采用全球化的竞争战略。

当代管理思想对管理加强了环境、社会和经济等各种因素结合的研究，使企业能更快速的反应，也为企业提供了如何提升潜力和预测未来发展趋势的新思路和新工具。但很多学说或思想并未形成完善的理论体系，这是其美中不足的地方。

三、管理理论的新发展

1．战略管理理论

（1）安索夫（Ansoff）的战略管理思想

安索夫（Ansoff）的《公司战略》（1965）一书的问世，开创了战略规划的先河。到

1976年，安索夫的《从战略规则到战略管理》一书出版，标志着现代战略管理理论体系的形成。正是在这部书中第一次提出了“战略管理”一词。安索夫认为战略是“企业高层管理者为保证企业的持续生存和发展，通过对企业外部环境与内部条件的分析，对企业全部经营活动所进行的根本性和长远性的规划与指导”。他认为，战略管理与以往经营管理不同之处在于，战略管理注重的是动态管理，是决策与实施并重的管理。

（2）波特（M.E.Porter）的竞争战略思想

波特是美国哈佛大学商学院教授，兼任许多大公司的咨询顾问。1980年，他的著作《竞争战略》，把战略管理的理论推向了顶峰，该书提出许多关于战略管理的重要理论、分析方法与决策技术，成为战略管理理论的经典作品。该书提出的分析技术有助于企业对产业环境进行总体分析、预测产业未来的变化、认识竞争对手及自身地位，并根据具体业务类型将这种分析转化为一种竞争的战略。① 提出对产业结构和竞争对手进行分析的一般模型。即五种竞争力（新进入者的威胁、替代品的威胁、买方议价能力、供方议价能力和现有竞争对手）分析模型。② 提出企业构建竞争优势的三种基本战略。即成本领先战略；产品差异化战略；市场专一化战略。③ 价值链的分析。波特认为企业的生产是一系列创造价值的许多活动构成的集合统一体，即企业的价值链。价值链能为顾客创造价值，同时能为企业创造利润。

2．标杆管理

当了解世界一流企业和产业发展动态之后，可以采用标杆管理的方法，找出差距，采取措施迎头赶上。标杆管理（Benchmarking）是指不断寻找和研究同行一流企业的最佳实践，以此为基准开展比较和分析，采取有效措施，使本企业进入赶超一流企业的良性循环过程。标杆管理站在全行业甚至更广阔的全球视野上寻找基准，突破了企业的职能分工界限和企业性质与行业局限，重视实际经验，强调具体的环节、界面和流程，因而更具有特色。

标杆管理有三种方法：战略性、操作性和国际性。战略性标杆管理从总体上关注企业如何竞争发展，明确和改进公司战略，提高公司战略运作水平。操作性标杆管理是工种注重公司整体或某个环节的具体运作，找出达到同行最高水平的运作方法。国际性标杆管理关注全球范围同行业的一流企业。开展标杆管理，通常要经历五个阶段（五阶段流程模型）：① 界定标杆学习的主题，同时争取必要的资源，如时间、资金、人员等；② 组成标杆学习，明确团队成员的角色和责任；③ 选定标杆学习伙伴，如管理顾问、竞争情报员，并选定产业及组织最佳作业典范；④ 分析资讯制定行动方案，其中要重点分析客户需求；⑤ 采取改革行动，进入赶超一流企业的良性循环过程。

3．绿色管理

进入21世纪，人们环保意识不断增强，绿色消费需求越来越高。与此同时，发达国家不断在加固“绿色壁垒”，从环保方面制止或限制某些产品进口，甚至对已进入的国外商品提出诉讼。企业如果沿袭传统的管理方式，必将被淘汰。企业要想生存发展，并在竞争中立于不败之地，必须适应新的形势，改弦易辙，实施绿色管理，优化人类的生存空间。

企业绿色管理是企业适应经济社会可持续发展的要求，把节约自然环境、保护和改善生态环境、有益于消费者和公众身心健康的理念贯彻于企业经营管理的全过程和各个方面，以实现企业的可持续成长。什么是“绿色管理”？所谓绿色管理，就是企业根据经济社会可持续发展的要求，把生态环境保护观念融入现代企业的生产经营管理之中，重视保护地球资源环境、防治污染、保护生态、充分利用并回收再生资源以造福后代为指导思想，通过计划、组织、领导、控制和创新等职能，综合运用人力资源和其他资源，对人、财、物、信息、形象等有形和无形资源进行优化配置，以实现企业的可持续增长，达到企业经济效益、社会效益、环境保护效益的有机统一。企业的绿色管理的实质是企业管理中必须正确处理企业、自然、社会三者之间的关系。

绿色管理是一项系统工程，也是一种创造性活动，还是全球管理的新趋势。企业要推动绿色管理的发展，就需要扩大企业经营活动范围，增强企业活动力，塑造企业内外部绿色形象，提高企业绿色管理的成效，如中国健力宝集团有限公司始终把建设一个现代化的整洁的生产环境作为使产品打入国际市场的一项重要措施，取得了巨大的成功。因此，实现生态环境和社会环境的保护及改善，引导绿色消费，培养环保意识，优化人类的生存空间，加速开发全球绿色消费市场，必须实施绿色管理。

4. 虚拟管理

在企业管理中，虚拟运作是指企业根据市场的需求，根据自身的竞争优势与劣势，借用企业外部的力量，将可利用的企业外部资源与内部资源整合在一起，以提高企业竞争力的一种管理方法或管理模式。

虚拟管理具有以下几个特点：① 虚拟管理的目的是增强企业竞争优势，提高企业竞争力；② 虚拟管理本身是一个目标明确的完整的过程；③ 虚拟管理是动态的、知识联网式的协作；④ 虚拟管理中的虚拟资源与企业内部资源是相互影响、相互作用和相互促进的。

虚拟管理的类型：① 人员虚拟管理。人员虚拟管理指的是企业借助于外部的智力资源与自身的智力资源相结合，以弥补自身智力资源不足的一种管理方法。最大特点：在人事上，打破传统的组织界限。人力资源多是企业外部的管理专家或其他方面的专家。② 功能虚拟管理。功能虚拟管理指的是企业借助于外部的具有优势的某一方面功能资源与自身资源相结合，以弥补自身某一方面功能不足的一种管理方法。其必要性在于：企业需要借助外部虚拟资源的优势功能来弥补和改善自己的劣势功能。其主要形式有：虚拟生产、虚拟营销、虚拟储运和虚拟广告设计等。③ 企业虚拟管理。企业虚拟管理指的是信息时代彼此实施合作竞争战略的有共同目标的多个企业间结成战略联盟，为共同创造产品或服务、共同开创市场而实施全方位的合作的一种虚拟运作模式。企业虚拟的直接表现形式是虚拟企业，虚拟企业是指具有不同资源优势的企业，为了在市场竞争中取胜，而组织的建立在信息网络基础之上的共享技术与信息、分担费用、联合开发、互助互利的企业联盟体。

企业虚拟经营是不进行实物化生产的经营，是依靠品牌、商标、信誉、技术、网络等为特征的经营模式。企业虚拟经营管理，主要是将制造产品的负担转移给更专业化的企业，自己则集中力量从事技术与市场公关；通过代理销售与特许经营，不断扩大企业与品牌的市场空间；将企业的未来前瞻性技术委托给专门的科技部门研制，保持企业在市场竞争中高技术高地位等。通过企业虚拟经营管理，建立广泛的生产、技术、经营联盟，实现共同开发市场，分享市场利益。实施虚拟管理时，企业必须以自身的核心优势为依托，从而使自己有限的资源发挥最大效率，虚拟方向一般是企业劣势所在，虚拟对象应是与本企业优势的平衡与匹配。虚拟运作方式无好坏之分，但要注意：① 与客观环境和条件、虚拟对象的要求以及虚拟管理方式的目的相结合；② 虚拟管理的各方要相互依赖、实现信息交流与共享；③ 虚拟管理参与方必须努力减少不同企业间的文化冲突；④ 虚拟管理并非对每个企业在任何时候都适用。

5. 再造管理

企业再造也译为“公司再造”“再造工程”（Reengineering）。它是1993年开始在美国出现的关于企业经营管理方式的一种新的理论和方法。所谓“再造工程”，简单地说就是以工作流程为中心，重新设计企业的经营、管理及运作方式。按照该理论的创始人原美国麻省理工学院教授迈克·海默（Hammer）与詹姆斯·钱皮（Champy）的定义，是指“为了飞越性地改善成本、质量、服务、速度等重大的现代企业的运营基准，对工作流程（Busines Sprocess）进行根本性重新思考并彻底改革”，也就是说，“从头改变，重新设计”。有些管理专家用3C理论阐述了这种全新的挑战：

（1）顾客（Customer）——买卖双方关系中的主导权转到了顾客一方。竞争使顾客对商品有了更大的选择余地；随着生活水平的不断提高，顾客对各种产品和服务也有了更高的要求。

（2）竞争（Competition）——技术进步使竞争的方式和手段不断发展，发生了根本性的变化。越来越多的跨国公司越出国界，在逐渐走向一体化的全球市场上展开各种形式的竞争，美国企业面临日本、欧洲企业的竞争威胁。

（3）变化（Change）——市场需求日趋多变，产品寿命周期的单位已由“年”趋于“月”，技术进步使企业的生产、服务系统经常变化，这种变化已经成为持续不断的事情。因此，在大量生产、大量消费的环境下发展起来的企业经营管理模式已无法适应快速变化的市场。面对这些挑战，企业只有在更高水平上进行一场根本性的改革与创新，才能在低速增长时代增强自身的竞争力。

企业“再造”就是重新设计和安排企业的整个生产、服务和经营过程，使之合理化。通过对企业原来生产经营过程的各个方面、每个环节进行全面的调查研究和细致分析，对其中不合理、不必要的环节进行彻底的变革。在具体实施过程中，可以按以下程序进行。

（1）对原有流程进行全面的功能和效率分析，发现其存在的问题。根据企业现行的作业程序，绘制细致、明了的作业流程图。一般地说，原来的作业程序是与过去的市场需求、技术条件相适应并由一定的组织结构、作业规范作为其保证的。当市场需求、技术条件发生的变化使现有作业程序难以适应时，作业效率或组织结构的效能就会降低。因此，必须从以下方面分析现行作业流程的问题：① 功能障碍。随着技术的发展，技术上具有不可分性的团队工作（TNE），个人可完成的工作额度就会发生变化，这就会使原来的作业流程或者支离破碎增加管理成本、或者核算单位太大造成权责利脱节，并会造成组织机构设计得不合理，形成企业发展的瓶颈。② 重要性。不同的作业流程环节对企业的影响是不同的。随着市场的发展，顾客对产品、服务需求的变化，作业流程中的关键环节以及各环节的重要性也在变化。③ 可行性。根据市场、技术变化的特点及企业的现实情况，分清问题的轻重缓急，找出流程再造的切入点。为了对上述问题的认识更具有针对性，还必须深入现场，具体观测、分析现存作业流程的功能、制约因素以及表现的关键问题。

（2）设计新的流程改进方案，并进行评估。为了设计更加科学、合理的作业流程，必须群策群力、集思广益、鼓励创新。在设计新的流程改进方案时，可以考虑：① 将现在的数项业务或工作组合，合并为一；② 工作流程的各个步骤按其自然顺序进行；③ 给予职工参与决策的权力；④ 为同一种工作流程设置若干种进行方式；⑤ 工作应当超越组织的界限，在最适当的场所进行；⑥ 尽量减少检查、控制、调整等管理工作；⑦ 设置项目负责人（Case Manager）。对于提出的多个流程改进方案，还要从成本、效益、技术条件和风险程度等方面进行评估，选取可行性强的方案。

（3）制定与流程改进方案相配套的组织结构、人力资源配置和业务规范等方面的改进规划，形成系统的企业再造方案。企业业务流程的实施，是以相应组织结构、人力资源配置方式、业务规范、沟通渠道甚至企业文化作为保证的，所以，只有以流程改进为核心形成系统的企业再造方案，才能达到预期的目的。

（4）组织实施与持续改善。实施企业再造方案，必然会触及原有的利益格局。因此，必须精心组织，谨慎推进。既要态度坚定，克服阻力，又要积极宣传，形成共识，以保证企业再造的顺利进行。企业再造方案的实施并不意味着企业再造的终结。在社会发展日益加快的时代，企业总是不断面临新的挑战，这就需要对企业再造方案不断地进行改进，以适应新形势的需要。

企业再造理论顺应了通过变革创造企业新活力的需要，这使越来越多的学者加入到流程再造的研究中来。有些管理学者通过大量研究流程重建的实例，针对再造工程的理论缺陷，发展出一种被称为“MTP”（Manage Through Process）即流程管理的新方法。其内容是以流程为基本的控制单元，按照企业经营战略的要求，对流程的规划、设计、构造、运转及调控等所有环节实行系统管理，“MTP”是再造工程的扩展和深化，它使企业经营活动的所有流程实行统一指挥，综合协调。作为一个新的管理理论和方法，企业再造仍在继续发展。

复习思考题

1．谈谈中国古代的管理实践和管理思想。

2．谈谈威尼斯兵工厂的管理实践。

3．泰罗科学管理理论的主要内容有哪些？

4．法约尔提出了哪些管理职能和哪14条管理法则？

5．试比较法约尔管理原则与泰罗管理原则的异同。

6．阐述霍桑试验及其对管理实践的贡献。

7．人际关系学说的主要观点有哪些？

8．列表说明现当代管理理论的主要观点。

9．你认为古典管理理论在现代社会中还具有实践价值吗？

10．论述西方现代理论的主要特征及内容。

11．王东同学在学完本章内容后认为：泰罗和法约尔给了我们一些明确的管理原则，而权变理论却说一切取决于当时的情境，我们一下倒退了七、八十年，从一套明确的原则又回到一套不明确的和模糊的指导方针上去了。你是否同意这种说法，为什么？

12．除了课本上的理论外，你还接触过其他的当代管理理论吗？如果有，请告诉你的老师和同学。

实践训练

查阅有关管理思想文献资料

[实训项目]

去图书馆、资料室查阅有关管理思想与实践方法的文献资料。

[实训目的]

通过有关管理思想文献资料的查阅，掌握某种管理思想的主要观点及其发展趋向，初步培养学生分析管理思想与实践方法的能力。

[实训内容]

1．上好文献检索课程，学习查阅文献资料的方法与步骤。

2．要求学生了解有关管理思想的主要观点。

3．分析有关管理思想的贡献和局限性，以及其对现今的指导意义。

[实训组织]

1．将全班同学分成若干组，由教师带队，前往图书馆或资料室学习查阅文献资料。

2．查明某种管理思想的主要观点，了解它的主要贡献及局限性。

3．每组查阅一种管理思想，并掌握查阅资料的方法与步骤。

4．每位同学写一份查阅资料小结，每组派一位代表在全班交流。

[实训考核]

要求每一位同学写一份小结，每组进行初评，最后由教师批阅。

素质拓展

管理思想分析

[实训目标]

增强对现代管理思想的感性认识；培养对组织的管理思想的分析能力。

[实训形式]

1．在实际企业或网上、报纸杂志中，搜集一个或几个我国改革开放后的有关管理的案例或资料（最好是一事一议性的简短事例）。

2．应用所学理论，分析其管理思想。

3．在班级组织一次关于管理理论与管理思想的沙龙。每个成员都可以作介绍，谈体会，放开思路，自由畅想。

4．可以小组为单位，每组 6～10 人，由学生推荐的组长主持，或者按照模拟公司的分组进行活动策划。

[实训要求]

1．应通过调研，占有较为充分的材料。

2．每组准备一份发言提纲。

3．各小组事先准备好管理沙龙活动的组织准备。

4．发言要围绕管理思想主题，并结合理论进行分析。

5．能结合中国传统文化来阐述和分析中国式管理的内容。

[成果与检测]

1．每个人都要拟写一份方案。

2．各组派代表发言；各组分别对其他各组评分，并指出成功与不足；各组对组员进行评分。

3．由教师与学生共同对每组在管理沙龙中的表现进行评估，确定成绩。

案例分析

案例一　威尼斯造船厂（即兵工厂）的管理经验

威尼斯为了保护它日益增长的海上贸易，在 1436 年建立了政府造船厂以改变私人造船厂的状况。到 16 世纪时，威尼斯的兵工厂成为当时最大的工厂，占有陆地和水面面积 60 英亩，雇用工人 2 000 名左右。兵工厂设有一位正厂长和两位副厂长。威尼斯元老院除了有时直接过问兵工厂的事以外，还派了一名特派员作为与兵工厂的联系者。兵工厂内部分成多个巨大的作业部门，由工长和技术人员领导。正副厂长和特派员主要从事财务管理、采购等职能，生产和技术问题则由各作业部门的工长和技术人员负责。在兵工厂的领导工作中，较好地体现了互相制约和平衡的原则。兵工厂的任务不只是造船，而且有着三重任务：制造军舰和武器装备；储存装备，以备急用；装备和整修储备中的船只。为了接到通知后立即可以安装舰船，兵工厂必须储备必需的船具和索具，如仓库中必须经常备有以下部件：500 块坐板，100 个舵，100 根桅杆，200 根圆枕，5 000 付足带，500～1 500 根桨，再加上相应的索具支架、沥青、铁制品等。把这些部件都编上号码，并储存在指定的地方，这样有助于实行装配线作业和精确计算存货。木料的储存，初期没有次序，以致一个工人需要一块木料时要在大堆木料中寻找，所花的费用达木料本身价值的3倍，所以后来就把木料加以分类并有次序地安放，因而提高了效率。兵工厂在安装舰船时采用了类似于现代装配线生产的制度，各种部件和备品仓库都安排在运河的两岸，并按舰船的安装顺序排列。当舰船在运河中被拖引着经过各个仓库时，各种部件和武器等从各个仓库窗口传送出来进行装配。兵工厂中的职员也是按部件和装备的种类安排在各个部门的。一个工长负责木器，另一个工长负责桅杆，第三个工长负责捻船缝，第四个工长则负责船桨等。为了既能提高生产效率，又降低成本，兵工厂计划委员会发布的政策规定：所有的弓都应制造得使所有的箭都能适用；所有的船尾柱应按同一设计建造，以便每一个舵无需特别改装即可适于船尾柱；所有的索具和甲板用具应该统一，不允许每个工人师傅按自己的设计生产，以免在制造中造成浪费并使舰只不统一。西班牙的一位旅行者曾参观过兵工厂，并对其装配线生产作了如下描述："人们一走进大门就会看到一条运河。运河的两边都是从兵工厂的房子里开出的窗口。当舰只由一只船拖着经过这些窗口时，从一个窗口传出索具，另一个窗口传出武器，再一个窗口传出空炮和臼炮。这样，以各个窗口中传出所需的各种东西，当舰只到达运河的另一端时，所有的水手连同木柴都已在舰上了，整个舰只便装备完毕。这样，在数个小时内，就安装好了10条全副武装的舰船。"当法国的亨利三世于1574年参观兵工厂时，在一个小时内就安装并下水了一条全副武装的舰船。1570年1月得知土耳其人准备进攻塞浦路斯岛时，威尼斯元老院命令在3月中旬左右安装好100只舰船，结果在3月初就完成了。

（资料来源：杨东龙. 经理人便携法宝[M]. 北京：中国经济出版社.）

[思考与讨论]

1. 这个案例反映了哪些管理思想和经验？

2. 本案例所反映的管理思想和经验对现今企业有何指导意义？

案例二　祖父的公司

1905年詹姆斯·R.威尔先生（James R.Vail，Sr.）创立了制造工业工具的J.R.V.公司，现在小詹姆斯·R.威尔先生（James R.Vail，Jr.）任公司总裁，他的儿子理查德任执行副总裁。小詹姆斯先生以跟他父亲非常相似的方式经营了此公司30年。

公司自成立起，老詹姆斯先生就是科学管理方法的坚定支持者。他非常科学地运用时间研究和动作研究的成果来组织生产，以便确定完成每项工作的最有效的方法。结果，J.R.V.公司的几乎大多数工作都被进行了高度专业化分工。此外，公司总是强调通过足够的训练能把人分配到适合他们的最佳岗位上。对多数工人实行计件工资激励制度，而计件工资的标准是根据时间和动作研究制定的。小詹姆斯先生接管公司以后，继续强调科学管理方法。全体员工现在都得到了两周的带薪假期和公司给上的保险，而且员工是被按该行业的平均工资支付报酬的。现在的J.R.V.公司大楼建于1920年，曾进行了一些小的改进，如增加了荧光照明和餐厅。小詹姆斯先生打算过几年就退休。最近，他和他物色的接班人理查德（Richard）在管理公司方面出现了一些分歧。理查德的主要看法是，时代已经不同了，时间和动作研究，专业化、详细的分工，以及公司的一些其他做法都已经过时了。小詹姆斯先生则争辩说，公司这么多年的成功取决于科学管理哲学的指导，现在进行变革将是"愚蠢的"。

（资料来源：李翠霞，赵元凤，等. 管理学原理[M]. 北京：中国农业出版社，2012.）

[思考与讨论]

1. 你同意理查德的观点吗?为什么?

2. 科学管理原理适用于当今的组织吗？为什么?

管理游戏

猎人与兔子

阅读下列资料，设想你就是猎人，你想怎样对待猎狗？

（1）一条猎狗将兔子赶出了窝，一直追赶他，追了很久仍没有捉到。牧羊人看到此种情景，讥笑猎狗说："你们两个之间小的反而跑得快得多。"猎狗回答说："你不知道我们两个的跑是完全不同的！我仅仅为了一顿饭而跑，他却是为了性命而跑呀！"

（2）这话被猎人听到了，猎人想：猎狗说的对啊，那我要想得到更多的猎物，得想个好法子：

如果猎人这样：猎人又买来几条猎狗，凡是能够在打猎中捉到兔子的，就可以得到几根骨头，捉不到的就没有饭吃。这一招果然有用，猎狗们纷纷去努力追兔子，因为谁都不愿意看着别人有骨头吃，自己没得吃。就这样过了一段时间，问题又出现了，大兔子非常难捉到，小兔子好捉，但捉到大兔子得到的奖赏和捉到小兔子得到的骨头差不多，猎狗们善于观察发现了这个窍门，专门去捉小兔子。慢慢地，大家都发现了这个窍门。猎人对猎狗说：最近你们捉的兔子越来越小了，为什么！猎狗们说：反正没有什么大的区别，为什么费那么大的劲去捉那些大的呢？

接下来你怎么办？

（3）猎人经过思考后，决定不将分得骨头的数量与是否捉到兔子挂钩，而是采用每过一段时间，就统计一次猎狗捉到兔子的总重量。按照重量来评价猎狗，决定一段时间内的待遇。于是猎狗们捉到兔子的数量和重量都增加了，猎人很开心，但是过了一段时间，猎人发现，猎狗们捉兔子的数量又少了，而且越有经验的猎狗，捉兔子的数量下降得就越厉害。于是猎人又去问猎狗。猎狗说"我们把最好的时间都奉献给了您，主人，但是我们随着时间的推移会老，当我们捉不到兔子的时候，您还会给我们骨头吃吗？"

接下来你还要怎么办？

（4）猎人做了论功行赏的决定，分析与汇总了所有猎狗捉到兔子的数量与重量，规定如果捉到的兔子超过了一定的数量后，即使捉不到兔子，每顿饭也可以得到一定数量的骨头。猎狗们都很高兴，大家都努力去达到猎人规定的数量，一段时间过后，终于有一些猎狗达到了猎人规定的数量。这时，其中有一只猎狗说："我们这么努力，只得到几根骨头，而我们捉的猎物远远超过了这几根骨头。我们为什么不能给自己捉兔子呢？"于是，有些猎狗离开了猎人，自己捉兔子去了。

你该怎么办？

管理故事

有位秀才第三次进京赶考，住在一个经常住的店里。考试前两天他做了三个梦，第一个梦是梦到自己在墙上种白菜，第二个梦是下雨天，他戴了斗笠还打伞，第三个梦是梦到跟心爱的表妹脱光了衣服躺在一起，但是背靠着背。

这三个梦似乎有些深意，秀才第二天就赶紧去找算命的解梦。算命的一听，连拍大腿说："你还是回家吧。你想想，高墙上种菜不是白费劲吗？戴斗笠打雨伞不是多此一举吗？跟表妹都脱光了躺在一张床上了，却背靠背，不是没戏吗？"

秀才一听，心灰意冷，回店收拾包袱准备回家。店老板非常奇怪，问："不是明天才考试吗，今天你怎么就回乡了？"

秀才如此这般说了一番，店老板乐了："哟，我也会解梦的。我倒觉得，你这次一定要留下来。你想想，墙上种菜不是高种吗？戴斗笠打伞不是说明你这次有备无患吗？跟你表妹脱光了背靠躺在床上，不是说明你翻身的时候就要到了吗？"

秀才一听，更有道理，于是精神振奋地参加考试，居然中了个探花。

积极的人，像太阳，照到哪里哪里亮，消极的人，像月亮，初一十五不一样。想法决定我们的生活，有什么样的想法，就有什么样的未来。

第十章　管理中的热点问题

章前导读

管理的艺术性

成为卓越管理者或优秀管理者需要天赋，就像音乐家对完美的音调需要天赋一样。这种说法不完全正确，但是管理在很大程度上是一门艺术。值得庆幸的是，管理的艺术是可以培养的。

某位管理先驱曾说过：“管理是引导人们完成任务的艺术。”

管理要引导人们完成任务，因此管理者是任务导向的、成就导向的、面向人的。管理是在组织中进行的，组织是指为实现特定目标而一起工作的人们。

管理更正式地定义为：通过对组织资源进行计划、组织、领导、协调和控制，整合人们的工作，有效率地、有效果地追求和实现组织目标的过程。

注意两个关键术语：有效率和有效果，这两个术语的基本含义是指正确地做事。

（1）效率——手段：效率是指实现组织目标的手段。有效率指的是明智地、低成本地使用资源——人力资源、货币资源和原材料等。

（2）效果——结果：效果是指组织目标和结果。有效果指的是获得结果、做出正确决策并成功地实现这些决策以便实现组织目标。

资料来源：[美]A · 克尼基，B · 威廉姆斯. 管理学基础[M]. 北京：中国财政经济出版社，2004，5.

不拉马的士兵

在管理界，“不拉马的士兵”这一案例流传久远：一位年轻有为的炮兵军官上任伊始，到下属部队参观炮团演习，他发现有一个班的 11 个人把大炮安装好，每个人各就各位，但其中有一个人站在旁边一动不动，直到整个演练结束，这个人也没有做任何事。军官感到奇怪：“这个人没做任何动作，也没什么事情，他是干什么的？”大家一愣，说：“原来在作训教材里就是讲这样编队的，一个炮班 11 个人，其中一个人站在这个地方。我们也不知道为什么。”军官回去后，经查阅资料才知道这一个人的由来：原来，早期的大炮是用马拉的，炮车到了战场上，大炮一响，马就要跳就要跑，一个士兵就负责拉马。到了现代战争，大炮实现了机械化运输，不再用马拉，而那个士兵却没有被减掉，仍旧站在那里。从管理学的角度讲，这位军官发现并减掉了“不拉马的士兵”，其实大大提高了管理效率，减少了资源浪费。

企业存在“不拉马的士兵”是因循守旧的表现，是管理不到位的表现，是不能有效沟通的表现，企业管理层只有善于管理、善于变革，才能提高管理效率，释放管理效应。

第一节　经济全球化与跨文化管理

跨文化管理研究的是在跨文化条件下如何克服异质文化的冲突，进行卓有成效的管理，其目的在于如何在不同形态的文化氛围中设计出切实可行的组织结构和管理机制，最合理地配置企业资源，特别是最大限度地挖掘和利用企业人力资源的潜力和价值，从而最大化地提高企业的综合效益。

一、管理与文化的关系

1．什么是文化

文化是一个与人类社会紧密相连的概念，没有人类、没有社会，也就无所谓文化。在西方，文化一词来源于拉丁文，原意是指耕种和植物培育，后来，古代欧洲人将文化的内涵从物质生产领域扩展到精神领域。具有现代意义的文化概念产生于 19 世纪中叶以后，“人类学之父”泰勒（E.B.Tylor）在《原始文化》（1871）一书中提出，文化是一个复杂的总体，包括知识、信仰、艺术、道德、法律、风俗及人类在社会里所有的一切能力与习惯。赫斯科维茨（Herskovits）在《文化人类学》（1955）一书中进一步提出，文化是一切人工创造的环境，除了自然原生态之外，所有由人添加上去的东西都可称为文化。其后在 1980 年和 1991 年，赫夫斯特（Hofstede）将文化比喻为人的“心理程序”，并指出文化会影响人们关注什么、如何行动以及如何判断人和事物。与之相似，文化也被其他学者定义为：“人为创造的、被他人认可的观念，它给人们提供聚合、思考自身和面对外部世界的有意义的环境，并由上一代传递给下一代。”在中国，对文化现象的考察和思考由来已久，文化的概念在古籍中早有显现。当代权威《辞海》对文化做出广义文化和狭义文化的阐释，指出，从广义上讲，文化是指人类社会历史实践过程中所创造的物质财富和精神财富的总和，从狭义上看，文化是指社会的意识形态以及与之相适应的制度和组织机构。

2．文化对管理的影响

管理活动是人类有意识的社会活动之一，而人类社会活动本身既是文化创造过程，同时也是在一定的文化背景下展开的，所以，文化是管理的土壤，管理不可避免地受到一定的价值观念、伦理道德、行为规范、社会习俗等因素的影响，也就是说，管理与文化密切相关。各国的管理，因其植根于迥然不同的民族文化沃土之中，从而被深深地打上特有的民族文化的烙印。管理活动与不同的文化相结合，形成了不同的管理哲学和管理风格。任何管理模式的产生与发展，都有其深远的社会文化渊源。当代管理专家普遍认为，不同国家在管理观念、管理方法等方面的差异主要源自文化基础的差异。因此，管理实践模式的比较研究应当在各种实践所处的文化背景下展开，不能离开文化谈管理。文化对管理的一般性影响主要体现在以下几个方面。

（1）文化影响企业经营战略的选择

企业战略中是否涵盖文化的内容，与文化对企业经营成效的影响程度有密切关系。当一个企业的经营领域限于本土或其他与本土文化相近的区域时；其经营战略中一般不会考虑文化差异问题，但当其开始决定走出国门、开展国际化经营时，则不得不在战略制定中引人文化因素，因为是否尊重当地文化、是否与当地文化融合，并引进当地文化元素进行产品设计、生产和推销产品及实施员工管理，成为直接影响企业国际化经营战略成败的重要因素。

（2）文化影响组织结构设计

一个组织的结构设计，在深层次上受到文化的影响。西方文化强调自主和尊重人的个性，这种理念具体通过组织结构扁平化体现出来。当今社会，西方企业组织结构越来越扁平，意味着普通管理者甚至员工有越来越宽松的环境和更多的决策权，以团队形式替代传统的层级结构，更反映了西方文化对管理理念和组织设计的影响。受传统的东方文化中等级观念的影响，该文化圈的企业组织结构具有明显的高耸化特征，而高耸就意味着权力的集中。当然，随着经济社会的发展和开放，东方、国家的企业也在适应环境的变化和员工的要求，建立扁平化组织，并广泛推行民主管理。

（3）文化影响企业制度的建立及其执行

西方文化强调理性思维和规范，所以较早地建立了企业制度并不断完善，企业中职务分析、绩效考评、体系完备，并配有严格的监督体系，为相关制度得到有效执行提供了重要保障。传统的东方传统文化习惯模糊思维，导致企业管理中常常感性大于理性，缺乏完善的制度建设和秩序规范，组织运作主要依靠等级制度、权力体系及人际关系来维系。

（4）文化影响组织中的所有人员及其工作

文化对组织申的行为主体——管理者和员工具有多方面的影响。从管理者的角度看，文化影响他对管理者定义以及管理者应当扮演的角色的理解，决定他对管理者与被管理者的关系的看法，甚至决定他的管理风格。例如，西方企业的管理者必须考虑员工对自己的个性、自我价值、效率与奖酬的强调及其创造性的发挥，在处理上下级关系上注意平等，允许下级越级汇报；从员工的角度看，文化决定他们怎样看待自己的企业，喜欢哪一种管理风格，怎样理解管理者角色及其责任，自己应当与管理者保持怎样的关系等。例如，在传统的东方文化影响下，员工对企业和管理者有较强的依附性，等级观念较强，一般会注意不越级请示汇报，尽力与上级保持密切的关系，喜欢关系导向型领导。

二、跨文化管理内涵

跨文化管理又称为“交叉文化管理（cross cultural management）”，即在全球化经营中，对子公司所在国的文化采取包容的管理方法，在跨文化条件下克服任何异质文化的冲突，并据以创造出企业独特的文化，从而形成卓有成效的管理过程。

随着企业全球化浪潮的推进，跨文化管理逐步得到企业的日益重视。跨文化管理是指通过克服不同异质文化之间的差异，在此基础之上重新塑造企业的独特文化，最终打造卓有绩效的管理行为。跨文化管理包括跨越国界和跨越民族界限的文化管理。消除文化的差异是跨文化管理着力解决的核心问题。文化差异可能来自于沟通与语言的理解不同、宗教信仰与风俗习惯迥异、刚性的企业文化隔阂等诸多因素。

跨文化管理在全球化经营中，对子公司所在国的文化采取包容的管理方法，在跨文化条件下克服任何异质文化的冲突，并据以创造出企业独特的文化，从而形成卓有成效的管理过程。其目的在于在不同形态的文化氛围中设计出切实可行的组织结构和管理机制，在管理过程中寻找超越文化冲突的企业目标，以维系具有不同文化背景的员工共同的行为准则，从而最大限度地控制和利用企业的潜力与价值。全球化经营企业只有进行了成功的跨文化管理，才能使企业的经营得以顺利运转，竞争力得以增强，市场占有率得以扩大。

三、经济全球化下的跨文化管理

在经济全球化的大背景下，出现了全球化的企业竞争和市场竞争，人们开始重点关注世界上同行业的一流企业。例如，制造业的美国通用电器公司、奔驰汽车公司，信息产业的美国微软公司、IBM公司等，零售行业的美国沃尔玛公司、法国家乐福公司和德国麦德龙公司，娱乐业的迪士尼乐园，以及世界上著名的银行、会计事务所和咨询机构。同样，各行各业也有许多快速发展的中小型企业。人们同样关注当前经济中率先发展的产业，如先进制造业中的装备工业、生物医药工业、微电子工业和航天工业等，如现代服务业中的文化娱乐业、旅游业、物流业、现代流通业、创意产业、生产性服务业、中介咨询业等。

全球化经营企业在进行跨文化管理时，应在充分了解本企业文化和国外文化的基础上，选择自己的跨文化管理模式，使不同的文化得以最佳结合，从而形成自己的核心竞争力。

1．企业进行跨文化管理要树立正确的观念

首先，开展全球化经营的企业必须承认并理解各国之间文化差异的客观存在，要重视对他国语言、文化等的学习和了解。这是增强跨文化管理能力的必要条件。理解文化差异有两层含义：一是理解东道国文化如何影响当地员工的行为；二是理解母国文化如何影响企业派去当地的管理人员的行为。对于不同类型的文化差异需要采用不同的措施去克服。其次，要辩证地对待文化差异，在看到其不利一面的同时还应看到其有利的一面，并恰当、充分地利用不同文化所表现的差异，为企业的经营发展创造契机。只要能正确对待不同文化的矛盾和冲突，不仅不会使其成为企业经营的障碍，反而会使之成为企业发展的动力和创新的源泉。

此外，要充分认识到跨文化管理的关键是对人的管理，要实行全员的跨文化管理。一方面，跨文化管理的目的就是要使不同的文化进行融合，形成一种新型的文化，而这种新型的文化只有根植于企业所有成员之中，通过企业成员的思想、价值观、行为才能体现出来，才能真正实现跨文化管理的目的，否则跨文化管理将会流于形式。另一方面，在全球化经营企业中，母公司的企业文化可通过企业的产品、经营模式等转移到国外分公司，但更多的是通过熟悉企业文化的经营管理人员转移到国外分公司，因此全球化经营企业在跨文化管理中必须要强调对人的管理，既要让经营管理人员深刻理解母公司的企业文化，又要选择具有文化整合能力的经营管理人员到国外分公司担任跨文化管理的重要职责，同时还要加强对企业所有成员的文化管理，让新型文化真正在管理中发挥其重要作用，从而使全球化经营企业在与国外企业的竞争中处于优势地位。

2．企业跨文化管理的策略

（1）本土化策略。即根据“思维全球化和行动当地化”的原则来进行跨文化的管理。全球化经营企业在国外需要雇用相当一部分当地员工，因为当地员工熟悉当地的风俗习惯、市场动态及其政府的各项法规，并且与当地的消费者容易达成共识。雇用当地员工不仅可节省部分开支更可有利于其在当地拓展市场、站稳脚跟。

（2）文化相容策略。根据不同文化相容的程度可分为以下两种策略：① 文化的平行相容策略。这是文化相容的最高形式，习惯上称之为“文化互补”。即在国外的子公司中不以母国的文化作为主体文化。这样母国文化和东道国文化之间虽然存在着巨大的文化差异，但却并不互相排斥，反而互为补充，同时运行于公司的操作中，可以充分发挥跨文化的优势。② 隐去两者主体文化的和平相容策略。即管理者在经营活动中刻意模糊文化差异，隐去两者文化中最容易导致冲突的主体文化，保存两者文化中比较平淡和微不足道的部分。使得不同文化背景的人均可在同一企业中和睦共处，即使发生意见分歧，也容易通过双方的努力得到妥协和协调。

（3）文化创新策略。即将母公司的企业文化与国外分公司当地的文化进行有效的整合，通过各种渠道促进不同的文化相互了解、适应、融合，从而在母公司文化和当地文化的基础之上构建一种新型的企业文化，以这种新型文化作为国外分公司的管理基础。这种新型文化既保留着母公司企业文化的特点，又与当地的文化环境相适应，既不同于母公司的企业文化，又不同于当地的文化，而是两种文化的有机结合。这样不仅使全球化经营企业能适应不同国家的文化环境，而且还能大大增强竞争优势。

（4）文化规避策略。当母国的文化与东道国的文化之间存在着巨大的不同，母国的文化虽然在整个公司的运作中占主体地位，可无法忽视或冷落东道国文化的存在的时候，由母公司派到子公司的管理人员，就应特别注意在双方文化的重大不同之处进行规避，不要在这些“敏感地带”造成彼此文化的冲突。特别在宗教势力强大的国家更要特别注意尊重当地的信仰。

（5）文化渗透策略。文化渗透是个需要长时间观察和培育的过程。跨国公司派往东道国工作的管理人员，基于其母国文化和东道国文化的巨大不同，并不试图在短时间内迫使当地员工服从母国的人力资源管理模式，而是凭借母国强大的经济实力所形成的文化优势，对于公司的当地员工进行逐步的文化渗透，使母国文化在不知不觉中深入人心，使东道国员工逐渐适应了这种母国文化并慢慢地成为该文化的执行者和维护者。

（6）借助第三方文化策略。跨国公司在其他的国家和地区进行全球化经营时，由于母国文化和东道国文化之间存在着巨大的不同，而跨国公司又无法在短时间内完全适应由这种巨大的“文化差异”而形成的完全不同于母国的东道国的经营环境。这时跨国公司所采用的管理策略通常是借助比较中性的，与母国的文化已达成一定程度共识的第三方文化对设在东道国的子公司进行控制管理。用这种策略可以避免母国文化与东道国文化发生直接的冲突，如欧洲的跨国公司想要在加拿大等美洲地区设立子公司，就可以先把子公司的海外总部设在思想和管理比较国际化的美国，然后通过在美国的总部对在美洲的所有子公司实行统一的管理，而美国的跨国公司想在南美洲设立子公司，就可以先把子公司的海外总部设在与国际思想和经济模式较为接近的巴西，然后通过巴西的子公司总部对南美洲其他的子公司实行统一的管理。这种借助第三国文化对母国管理人员所不了解的东道国子公司进行管理可以避免资金和时间的无谓浪费，使子公司在东道国的经营活动可以迅速有效地取得成果。

（7）占领式策略。这是一种比较偏激的跨文化管理策略，是全球营销企业在进行国外直接投资时，直接将母公司的企业文化强行注入国外的分公司，对国外分公司的当地文化进行消灭，国外分公司只保留母公司的企业文化。这种方式一般适用于强弱文化对比悬殊，并且当地消费者能对母公司的文化完全接受的情况下采用，但从实际情况来看，这种模式采用得非常少。

总之，全球化经营企业在进行跨文化管理时，应在充分了解本企业文化和国外文化的基础上，选择自己的跨文化管理模式，使不同的文化得以最佳结合，从而形成自己的核心竞争力。

第二节　学习型组织与知识管理

随着科学技术的飞速发展，科学与经济之间的相互渗透、相互作用越来越强劲，知识经济的兴起为企业发展带来了不可多得的机遇和更为严峻的挑战。企业只有尽快深入了解和掌握新时期企业管理新的趋势、新的特点、新的观念和新的方法，才能在新时期快速多变的经营与管理环境中求得更好的生存和发展。

一、“学习型组织”理论

1.“学习型组织”理论由来

“学习型组织”理论是美国麻省理工学院教授彼得·圣吉在其著作《第五项修炼》中提出来的。彼得·圣吉认为，传统的组织设计是用来管理以机器为基础的技术，而新型的组织却是以知识为基础的，即组织设计是用来处理思想和信息的。这一理论的提出，受到了世界管理学界的高度重视。

彼得·圣吉在其著作《第五项修炼》中明确指出：“20世纪90年代最成功的企业将会是‘学习型组织’，因为未来持久的唯一优势，是有能力比你的竞争对手学习得更快。”他认为“未来真正出色的企业，将是能够设法使各阶层人员全心投入，并有不断学习的组织。”学习型组织正是人们从工作中获得生命意义、实现共同愿景和获取竞争优势的组织。这种组织由一些学习团队组成，有崇高而正确的核心价值观念，具有强韧的生命力与实现共同目标的动力，不断创新，不断提高，从而保持持久的竞争优势。

彼得·圣吉提出，“学习型组织”的形成必须建立组织成员五项修炼的基础上。这五项修炼是：第一，强调组织成员应能不断认识自己，认识外界的变化，不断给予自己新的奋斗目标，超越自我；第二，要求组织成员改变传统的认识问题的方式和方法，要用新的眼光看世界；第三，建立共同愿景目标，共同愿景是指一个组织所形成的共有目标、共同价值观和使命感；第四，倡导其成员要经常运用“尝试汇淡”和“讨论”两种不同的团体交流方式进行团队学习；第五，锻炼系统思考能力。

2．学习型组织的特点

（1）共同的愿景。组织的共同愿景，来源于员工个人的愿景而又高于个人的愿景。它是组织中所有员工愿景的景象，是他们的共同理想。它能使不同个性的人凝聚在一起，朝着组织共同的目标前进。

（2）创造性的个体。企业的工作有两类，一类是反映性的，一类是创造性的。反映就是上级来检查了下级反映一下，出了事故反映一下，反映有什么作用？最多能维持现状，绝大多数人、绝大部分精力都用于反映，而没有用于创造。企业的发展是创造性的工作。没有创造企业就会被淘汰。例如：长虹靠不断地创造，新产品一个个推出来，占据了上海市场，令当初小瞧长虹的彩电企业一个个不行了，如今长虹已研制出液晶彩电。金星艰难奋起，能动用的资金只有长虹的一个零头，金星靠的是平均一个月推出三个新产品获得一席之地。海尔来到上海，平均一个星期推出两个新产品。

（3）不断学习。这是学习型组织的特征。所谓“善于不断学习”，主要有四点含义：一是强调“终身学习”。即组织中的成员均应养成终身学习的习惯，这样才能形成组织良好的学习气氛，促使其成员在工作中不断学习。二是强调“全员学习”。即企业组织的决策层、管理层、操作层都要全心投入学习，尤其是经营管理决策层，他们是决定企业发展方向和命运的重要阶层，因而更需要学习。三是强调“全过程学习”。即学习必须贯彻于组织系统运行的整个过程之中。四是强调“团队学习”。即不但重视个人学习和个人智力的开发，更强调组织成员的合作学习和群体智力（组织智力）的开发。在学习型组织中，团队是最基本的学习单位，团队本身应理解为彼此需要他人配合的一群人。组织的所有目标都是直接或间接地通过团队的努力来达到的。学习型组织通过保持学习的能力，及时铲除发展道路上的障碍，不断突破组织成长的极限，从而保持持续发展的态度。

（4）兼学别样。组织中的成员不仅要掌握本岗位上的工作技能，而且要学习了解其他岗位工作能力。只有这样，工作才能顾全大局、相互协作、高效，做到组织精简。

（5）扁平式结构。学习型组织结构是扁平的，即从最上面的决策层到最下面的操作层，中间相隔层次极少。它尽最大可能将决策权向组织结构的下层移动，让最下层单位拥有充分的自主权，并对产生的结果负责。例如：美国通用电器公司目前的管理层次已由9层减少为4层，只有这样的体制，才能保证上下级的不断沟通，下层才能直接体会到上层的决策思想和智慧光辉，上层也能亲自了解到下层的动态，吸取第一线的营养。只有这样，企业内部才能形成互相理解、互相学习、整体互动思考、协调合作的群体，才能产生巨大的、持久的创造力。

（6）无边界行为。无边界行为是企业组织结构的创新。无边界原理认为，企业组织就像生物有机体一样，存在各种隔膜使之具有外形或界定。虽然生物体的这些隔膜有足够的结构强度，但是并不妨碍食物、血液、氧气、化学物质畅通无阻地穿过。得益于这一现象的启发，企业各部门、上下级之间虽然存在边界“隔膜”，但信息、资源，构想及能量也应该能够快捷便利地穿过企业的“隔膜”，像似没有边界一样。虽然企业各部分的职能和界定仍旧存在，仍旧有权高任重的领导，有特殊职能技术的员工，有承上启下的中层管理者，但组织作为一个整体的功能，却可能已远远超过各个组成部分的功能。可以看出，无边界原理其实是以有边界为基础，并非对所有边界的否定，其目标在于讨论让各种边界更易于渗透扩散，更利于各项工作在组织中顺利开展和完成。

（7）自主管理。按照学习型组织理论，现在的企业管理方式有两类，一类是权力型的，一类是学习型的。自主管理是使组织成员能边工作边学习使工作和学习紧密结合的方法。通过自主管理，可由组织成员自己发现工作中的问题，自己选择伙伴组成团队，自己选定改革进取的目标，自己进行现状调查，自己分析原因，自己制定对策，自己组织实施。自己检查效果，自己评定总结。团队成员在“自主管理”的过程中，能形成共同愿景，能以开放求实的心态互相切磋，不断学习新知识，不断进行创新，从而增加组织快速应变、创造未来的能量。实行自主管理，必须拥有高素质的员工，这就需要学习。

（8）员工家庭与事业平衡。学习型组织努力使员工丰富的家庭生活与充实的工作生活相得益彰。学习型组织对员工承诺支持每位员工充分的自我发展，而员工也以承诺对组织的发展尽心作为回报。这样，个人与组织的界限将变得模糊，工作与家庭之间的界限也将逐渐消失，两者之间的冲突也必将大为减少，从而提高员工家庭生活的质量（满意的家庭关系、良好的子女教育和健全的天伦之乐），达到家庭与事业之间的平衡。

（9）领导者的新角色。在学习型组织中，领导者是设计师，仆人和教师。领导者的设计工作是一个对组织要素进行整合的过程，他不只是设计组织的结构和组织政策、策略，更重要的是设计组织发展的基本理念；领导者的仆人角色表现在他对实现愿景的使命感，他自觉地接受愿景的召唤；领导者作为教师的首要任务是界定真实情况，协助人们对真实情况进行正确、深刻的把握，提高他们对组织系统的了解能力，促进每个人的学习。

学习型组织有着它不同凡响的作用和意义。它的真谛在于：学习一方面是为了保证企业的生存，使企业组织具备不断改进的能力，提高企业组织的竞争力；另一方面学习更是为了实现个人与工作的真正融合，使人们在工作中活出生命的意义。

二、知识管理

（一）知识型企业与知识资源

1．知识型企业的崛起

对知识型企业范围的不同界定形成两种不同类型的知识型企业。狭义的知识型企业是指以知识为对象，对知识进行直接生产、加工和分配的企业，其主要代表是信息产业。广义的知识型企业是指以科学技术为基础对信息和知识进行生产、存储、使用和传播的企业。知识型企业具有以下特征：知识是企业创造财富的最主要资本，这是知识型企业最根本的特征；企业经营管理和组织结构软化；创新是企业的生命，也是企业发展的动力；拥有高素质的人才群体。传统工业企业与知识型企业有很大差别，如表 10-1 所示。

表 10-1 传统工业企业和知识企业的特征比较

类　型	传统工业企业	知识型企业
发展时期	18 世纪末—20 世纪中期	20 世纪中叶以后
主要资本	资金、机器	智力、知识
主要产业代表	能源、化工、汽车	信息产业、智能产业、服务业
生产方式	大规模制造	敏捷制造
R&B 比重	低	高
组织结构	阶层等级结构	扁平化结构
管理方式	科学管理	人本管理
人才资源	蓝领与白领	知识工作者

2．企业的知识资源

企业的知识资源指的是企业拥有和可以反复利用的、建立在知识基础之上的、可能给企业带来财富增长的一类资源的总称。知识资源的表现形式为：① 无形资产。包括市场资产、知识产权资产和组织管理资产。② 信息资源。信息资源指企业通过信息网络所能收集到的与企业生产经营活动相关的各种信息。③ 智力资源。智力资源指企业所能利用的存在于企业内部员工和企业外部人力资源中的各类知识和创造性地运用这些知识研究和解决问题的能力。

企业知识资源的特征是：无形的、可以反复利用的、不会枯竭的；是企业内部可以共享的资源；不会出现边际报酬递减，即知识资源的增加会导致物质资源的更加充分和有效利用而不会出现递减。

3．知识管理的客观必然性

知识管理的出现和兴起，标志着企业由知识经济而引发的经营环境进入新的阶段。它的出现是企业适应资源环境由经济资源变为知识资源的必然结果，也是科学技术发展的结果。科技的发展促进了知识与经济的一体化，使企业的竞争优势建立在知识基础上，所以也是企业参与市场竞争的结果。企业在激烈的市场竞争中只有依靠不断的企业创新和企业的知识资源去赢得市场，知识管理的自身优势促使企业开始重视知识管理。知识管理强调企业拥有和可利用的知识资源，加强知识资源的开发和利用，将给企业带来巨大的潜力。

（二）知识管理的核心概念

20 世纪 90 年代以来，学者们从理论上对知识管理展开了深入的研究。他们从知识管理的对象、过程及组织目标等方面对知识管理进行了不同的定义。知识管理是对能创造新的能力的经验、知识和技能加以正式化并予以利用，使之能产生更好的业绩，鼓励创新，增加客户价值等活动。虽然，对知识管理的定义至今尚未统一，但不可否认的是，知识管理不是一个静止的概念，它是基于知识自身的特性，随着时间的推移在一定的组织环境下为实现组织目标而采取的科学、规范、灵活的动态管理。

日本学者野中郁次郎指出，在企业创新活动的过程中隐性知识和显性知识之间互相作用、互相转化，知识转化的过程实际上就是知识创造的过程。知识转化有四种基本模式：潜移默化（socialization）、外部明示（externalization）、汇总组合（combination）和内部升华（internalization），即著名的SECI模型（图10-1）。

第一种模式——"潜移默化"，指的是隐性知识向隐性知识的转化。它是一个通过共享经历建立隐性知识的过程，而获取隐性知识的关键是通过观察、模仿和实践，而不是语言。在具体的经营环境中进行的所谓"在职培训"基本上应用的就是这种原理。

第二种模式——"外部明示"，指的是隐性知识向显性知识的转化。它是一个将隐性知识用显性化的概念和语言清晰表达的过程，其转化手法有隐喻、类比、概念和模型等。这是知识创造过程中至关重要的环节。

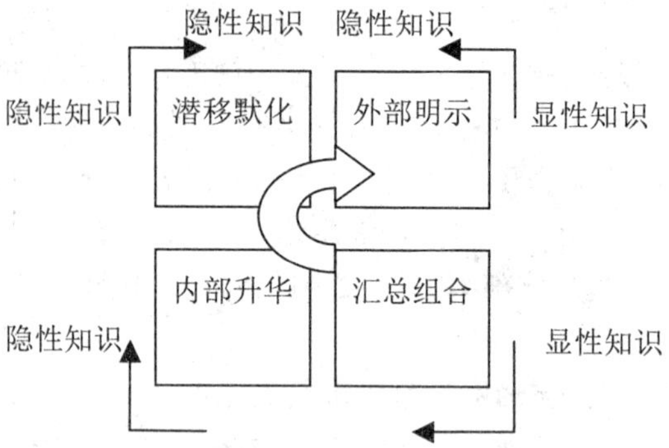

图10-1　知识转化的SECI模型

第三种模式——"汇总组合"，指的是显性知识和显性知识的组合。它是一个通过各种媒体产生的语言或数字符号，将各种显性概念组合化和系统化的过程。

最后一种模式——"内部升华"，即显性知识到隐性知识的转化。它是一个将显性知识形象化和具体化的过程，通过"汇总组合"产生新的显性知识被组织内部员工吸收、消化，并升华成他们自己的隐性知识。

以上四种不同的知识转化模式是一个有机的整体，它们都是组织知识创造过程中不可或缺的组成部分。总体上说，知识创造的动态过程可以被概括为：高度个人化的隐性知识通过共享化、概念化和系统化，并在整个组织内部进行传播，才能被组织内部所有员工吸收和升华。

（三）知识管理——企业管理的新重心

1．智力资本的管理

知识要素正从其他生产要素中分离出来，独立成为一种重要的要素，在经济运行过程中发挥着主导作用，是知识经济时代形成的重要标志，而知识向资本的转化，则直接导致智力资本作为一种新型的资本形态成为社会经济运行的重要组成部分。

智力资本概念的提出，全面刷新和极大地拓展了传统的资本内涵。智力资本（intellectual capital）是相对于传统的物质资本而言的，是知识型企业最为重要的资源，是一种潜在的、无形的、动态的、能够带来价值增值的价值，是企业真正的市场价值与账面价值的差距，是物质资本与非物质资本的合成。智力资本的价值体现在人力资本（human capital）、结构性资本（structural capital）和顾客资本（customer capital）三者之中。人力资本指企业员工的各种知识和技能；结构性资本指企业的组织结构、制度规范、组织文化等；顾客资本则指市场营销渠道、顾客关系、企业信誉等经营性资产。智力资本的这种三元结构相互作用，共同实现企业智力资本的增值。

2．组织学习与知识管理之间的关系

在今天的商业社会里，知识被视为组织运行最为重要的资源。从知识的角度看，组织的学习实质上是一个集体学习和创造知识的过程，它要求组织中每一个层次上的成员积极地学习新知识、提出新想法，并尽其所能地推行这些想法。知识成了组织学习的“食粮”，它滋养着组织的成长。因此，建立有效的知识管理机制对于推动组织学习意义重大。

我们需要从事以下一些知识管理的活动来促成组织学习：① 鼓励成员承担收集和转移知识的责任；② 建立系统地捕获组织外部知识的途径和方法；③ 组织内部的学习活动，加强内部交流，促进知识在组织中的流转；④ 鼓励成员创造性地思考和学习，鼓励和奖励创新；⑤ 对成员进行知识存取和使用的培训；⑥ 设计知识在不同边界间的最有效的转移方法；⑦ 围绕组织的价值和学习需要建立知识库；⑧ 建立收集和储存知识的机制；⑨ 采取必要步骤，促进知识的实际应用。组织内部知识管理的活动帮助组织积累了充足而高质量的知识，增强了知识的传播和流动，使组织成员能够更加容易地捕获知识，从而推动了组织学习，使组织显现出勃勃生机。

3．知识管理的实施要点

（1）建立知识主管。知识主管的主要职责是根据企业发展规划和战略对企业知识资源进行统一管理，以保证企业的持续发展。

（2）建立起知识型的企业组织结构。知识管理要求企业打破原有传统金字塔式企业组织结构，建立起柔性、灵捷的知识型企业组织结构。

（3）营造一种有利于企业知识资源开发和利用的环境。管理者营造一种使企业员工自愿地交流与共享知识，开发与利用企业的知识资源去创造新的环境。

（4）真正重视知识的价值。在知识管理中，要真正做到这一点。要让知识或知识资源为企业员工得到切实利益。

第三节 管理新范式与未来管理

一、管理新范式

面对种种变革，管理的任务就是处理变革所引起的动荡和不安，并为整个系统提供协调。由于技术基础所发生的革命性变化，现代企业的知识、技能、文化、领导方式、组织结构、管理体制、管理思想等都发生了变革。新的组织、新的任务、新的管理风格、新的组织文化等因素的出现给各种现代组织的管理体系注入了新的内涵。

1. 信息时代的制造范式

始于20世纪70年代的信息革命给世界带来了两大变化趋势：一是数字化，二是网络化。世界已经开始进入了一个网络时代，计算机网络技术的迅速发展，大大提高了企业的运作效率。网络时代给企业组织和管理提出了新的要求。这些要求也在客观上推动了新的制造范式的产生。

（1）生产方式的变革

作为影响组织及其管理的最重要力量之一，科学技术的迅速发展对社会生产方式的变革起着至关重要的作用。这方面国外学者已作了较多的论述，诸如“改变世界的机器”“新制造范式”“智能化生产的新技术范式”“赢得竞争优势的新生产率范式”“研究与发展的新范式”等都描述了以信息技术为先导的新技术革命所引起生产方式的变革。

（2）制造范式的变革

从20世纪50年代苏联最早提出成组技术（GT）以后，世界各国针对大量生产模式的不足，对生产管理模式进行了众多创新。随着计算机信息管理系统（CIMS）、计算机辅助设计/制造系统（CAD/CAM）、柔性加工系统（FMS）等的广泛应用，信息技术的发展正使现代企业从大批量生产方式向小批量的按需生产方式跃迁，其态势犹如当初大批量生产方式替代手工生产方式一样不可阻挡。准时制（JIT）、制造资源计划（MRPII）、最优生产技术（OPT）、精益生产（LP）、敏捷制造（AM）等一系列新的制造范式应运而生。

新的制造范式的主要特点如下：柔性制造系统使多变的、按需生产的产品多样化成为现实；设计和制造的同时进行使产品在投入批量制造前即可达到设计和制造成本的最优；社会与经济的网络化使虚拟制造成为有效利用别人资源，乃至实现全球化制造的有效模式；传统的学习模式发生了革命性的变化（见图10-2），作为竞争能力的主要源泉，大规模生产的规模经济性已在很大程度上为多样化的柔性制造所替代，尤其是在最终产品制造业中。高效的制造系统使产品生命周期大大缩短（见图10-3）。

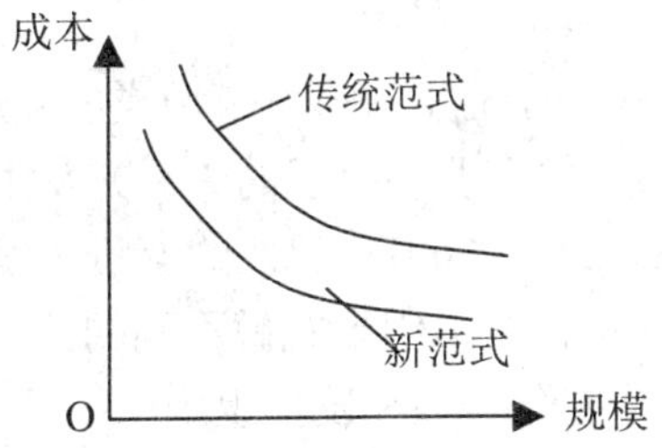

图 10-2　两种学习模式对于成本的影响

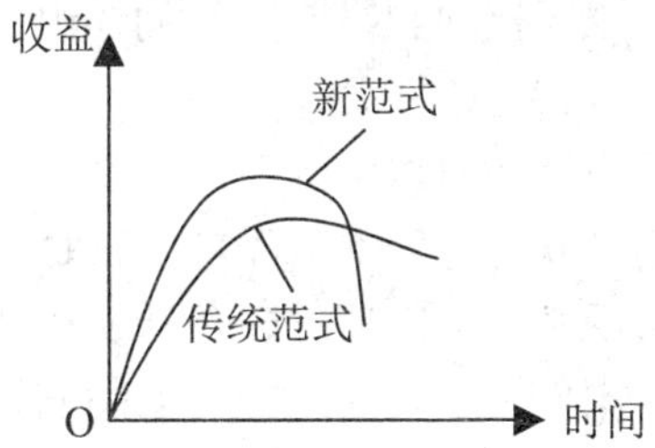

图 10-3　新范式下的产品生命周期

在 21 世纪，全球信息化与社会信息化已成不可逆转的趋势，企业对 IT 的依赖也会越来越强烈。在制造范式转变之际，企业要成功地应用 IT，使 IT 应用促进企业的业务发展，必须实现经营管理范式的转变。企业要从工业时代封闭性的管理观念向信息时代开放式的管理理念转变；在新的制造模式下，要主动对企业组织结构、权力配置进行相应调整，实现企业业务流程的重组。

（3）研究与发展范式的变革

过去 20 年中，信息技术的飞速发展使企业研究与发展的能力和效率得到了极大的提高。它主要表现在：由于 CAD（计算机辅助设计）工作站、并行数据处理等计算机技术的广泛应用，企业研究与发展人员的模拟、优化设计和分析处理的能力大为提高，研究与发展的周期大大缩短了；由于 CAD、专家系统等支持软件的积极开发和广泛应用，使研究与发展人员解决疑难问题的综合能力空前提高；计算机信息网络的建立，使企业研究与发展人员的信息共享，尤其是能够及时了解市场信息，从而使企业的研究与发展活动具有更强的市场导向。由于信息处理能力的提高，产品设计能够及时根据市场用户的需要对产品功能进行最优调整和修改，并同时完成其零部件和工艺的最优设计。

2．以知识为核心的资源观

随着知识经济时代的来临，知识产业正成为世界经济持续增长的推动器。知识已不是经济增长的“外生变量”，而是经济增长的内在核心因素。当知识成为主要经济要素后，经济的增长方式会发生根本的变化，长期高速增长将成为可能。将知识作为核心资源的特殊作用提升到了空前高度。知识不仅是物质财富生产过程中的加速器，而且正日益取代有形物质的地位，成为物质生产中最重要的因素。在未来的发展中，知识越来越重要，谁掌握了知识，谁就掌握了支配力。知识经济时代下的现代企业必须建立起以知识为基础的资源观，学会驾驭和利用知识，去培育企业持续的竞争优势，才能在竞争中立于不败之地。

3．无边界企业

传统的企业组织形式，是为了适应大工业生产体制即小品种、大批量流水线作业而设计的，其代表性的组织形态是等级制结构、职能制结构以及对这两种结构进行改良的事业部结构等。这类组织形态实现了劳动量划分（工作横向分担）和权力链划分（决策纵向分担），它追求企业组织的规模精干、职责分明、专业化分工和有效控制，但同时也在企业内部形成了横向和纵向交织的“组织边界”。

从现代“竞争优势”理论来看，企业的竞争优势不仅源于企业外部（市场或产业结构）和企业内部（内部资源），更来自于企业边界（企业与其他企业和组织的关系）及由此所产生的“联合竞争优势”（Joint Competitive Advantage，Jap，2001）。新的竞争环境要求企业组织必须突出速度、灵活、整体协同和创新，而这是传统组织形式做不到的。为此，管理专家提出了新的“7S”组织设计思路，其核心思想是充分信任和发挥组织中人的能力，权力下移，消除内部边界。当前，越来越多的企业已不满足于企业内部效率的提升，而将更多的注意力转移到寻求企业外部效率的提升和挖掘，从而为无边界企业通过企业外部资源整合而提升企业效率的一种新的组织和管理模式的出现创造了契机。

无边界企业指的是一种边界灵活，没有局限性，能够使信息、资源、观念和思维自由而快速流动穿行的组织形态，它使企业、员工、客户、供应商和合作伙伴犹如一个整体，实现更为紧密的合作。罗恩·阿什克纳斯（Ron Ashkenas）在《无边界组织：打破组织结构的锁链》中指出，无边界企业需要破除四种硬性的企业边界：垂直界限——各层级人员之间的边界，水平界限——各职能间与制度间的边界，外部界限——公司与其供应商、顾客及监控者之间的边界和地理界限——不同地点、文化与市场间的边界。

无边界企业是一种具有适应性、创新性、学习性及敏锐性的柔性组织，它属于一个和社会紧密联系的开放系统，能将组织内各要素有机地结合起来，既能根据企业环境变化，适时地进行战略调整，做出灵活、快速的市场反应，又能充分利用各种外部资源，实现运营的高效性。

二、未来的管理

以信息技术为代表的新技术革命引发了一场人类社会前所未有的社会、组织、文化、环境等诸方面的深刻变革。它强力推动了个性化高涨的高速创新时代的到来，使许多被认为行之有效的“真理”迅速地失去了往日的光泽，有的甚至已完全退出了迅速变革的社会现实。如果说传统技术使人的体力得到了极大的延伸，那么这场新技术革命所带来的就是人脑力的极大延伸，生产方式的深刻变革使管理学面临前所未有的巨大挑战。

（一）传统管理理论面临的挑战

当今时代，在多种复杂因素的综合作用下，组织的外部环境和内部运行条件都在时刻发生着难以预见的变化。与此相应，管理体系的内涵和外延亦在不断地发生着重要的变化。随着十倍速时代的时空观、个性的发扬、专业化与柔性化的统一、企业核心资源的重新定义、可持续发展等新概念和新思潮的涌现，基于规模经济性、标准化、专业化等传统观念的管理理论面临着巨大的挑战。

1. 十倍速时代的时空观

我们今天生活在一个“十倍速”的时代，是一个无形胜有形的时代。随着信息与知识的骤增，以智慧为基础的无形物，如软件、专利、艺术创作等以数字移动的方式迅速复制与传播。传统的行为准则与思维模式与现代社会越来越不相吻合，人们只能以鲜活思维迎接 21 世纪的挑战。

Intel 公司的创始人和前任总裁安迪·格鲁夫（Andrew Grove）说，所有的企业都在根据一套不成文的规则来经营，但这些规则有时却会变化，而变化有时甚至是翻天覆地的。这种变化被格鲁夫称为“十倍速因素”，意为该因素在短期内的能量将增至原来的十倍。面临十倍速变化的时代，以前的管理手段不再奏效，管理者需要不断变革来应对挑战。

著名管理学大师盖瑞·汉默在他的畅销书《领导革命》中总结道：“21 世纪是一个革命的、不连续的世纪。”十倍速的变化将打破世界的连续性，使整个竞争规则发生改变，谁能够掌握竞争规则，把握住战略转折点，谁就会在革命性的变化当中赢得竞争力。在杰斐逊时代（1801—1809），信息从密西西比河传到华盛顿特区要六星期。60 年后，亚伯拉罕·林肯在白宫就职时，同样的信息用电报瞬间即可到达。而在当今时代，任何一个网络用户当他拥有一台终端时，地理因素的作用对信息沟通活动的限制更是大为缩小，这就是时空压缩。比尔·盖茨在《未来时速：数字神经系统与商务新思维》里指出：“80 年代是质量的时代，90 年代是设计的时代，2000 年以后是速度的时代。”20 世纪，爱因斯坦的相对论打破了牛顿以来根深蒂固的绝对时空观；信息技术形成了网络化的信息高速公路，从而打破了传统的时空观，把距离缩短到了“零”，网络连接全球用户，覆盖的范围特别广泛。“十倍速时代”对于企业经济模式和管理思想的主要影响因素，概括起来主要有以下四个方面。

（1）交易费用大大降低。在传统市场经济中生产者和消费者所处时间和空间都是不对称的，商品在这样的自然空间中要借助各种中介组织经过多次流通才能完成交易过程。由于流通过程的无序以及大量的中介层次的存在，导致原始网络中的交易费用很高。经济学家张五常估计，中国香港的国民生产总值中，交易费用达到 70%左右。而互联网的时空压缩效应将大大减少流通的无序和中介层次，使经济活动中由于空间和时间隔离所造成的成本大幅度降低，从而促使交易费用的降低和经济活动效率的提高。

（2）“每周 7 天，一天 24 小时”的市场。1 周工作 5 天，每天工作 8 小时，这是世界上大多数国家通行的劳动制度。但在亚马逊网上书店，它是不分白天黑夜的。在全球的资本市场上，虽然各地市场有开市和闭市时间，但是如果纽约、东京、中国香港、伦敦等市场连接在一起，将是 24 小时不断运行。因此在互联网环境下，市场是“每周 7 天，一天 24 小时制”。这种“全天候”市场给当代管理者提出了全新的课题。

（3）光速经济。信息在互联网上的传播速度迅速，这种信息的快速传播将带动整体经济运行速度加快。如果某种经济活动只依赖原始网络，其经济活动的速度就慢得多。如果经济活动同时依赖于原始网络和互联网，其速度也将介于二者之间。如果某种经济活动的平台是互联网，其经济活动的运行速度将极速加快，其极限点就是光速。

（4）赢者通吃。社会学家在研究大众传媒时发现如下现象：即使在很偏僻的地方，观众依然喜欢观看 NBA 中乔丹参加的比赛，即处于金字塔顶端的少数明星吸引了大部分的观众资源，这种现象被称为“赢者通吃”。互联网的“时空压缩”效应，可以使消费者很容易接近名牌、名店，少数名牌厂商将拥有大部分的顾客资源，所以互联网将带来“赢者通吃”。“赢者通吃”在网络经济中的重要含义是优势厂商可以跨行业经营，即亚马逊书店也可以经营百货。投资者之所以购买亚马逊股票，正是基于“赢者通吃”的考虑。在全球高度竞争的格局下，游戏规则很容易被打破和重新创立。正如安迪·格鲁夫所说：“你只有两个选择：或者适应，或者死亡。这个新环境要求两个规则：（1）所有的事情都将发展得更快；（2）任何不太可能做的事情都将被实现，如果不是由你来实现，那么就是由别人在别的地方实现。”

2．个性的张扬

网络时代是一个英雄陨落和个性凸显的时代，是一个个性张扬和魅力抒发的时代。旧文明形态下突兀的英雄是以多数人的畸形和脆弱为代价的，互联网技术造就的网络文明是以整个社会个体能力的提高为本质特征的。传统管理思想中的个性压抑和同质化管理，已经渐渐不适应于这个崇尚个性张扬、拒绝同质化的时代。企业或组织将面临来自于内、外部两方面的压力。一方面是生产的高度发展，使供给相对过剩，再加上信息无边界的高速流动，给人们寻求多样化和个性化的产品提供了可能，这使企业的产品和竞争策略必须符合个性化时代的特性。另一方面，在企业内部，新时期的员工不再是守在旧式生产线边重复着简单劳动的工具，而是具有独立思维能力和创造性的人。他们不再简单地满足于得到劳动报酬，更要追求个性和才能的“张扬”和自身价值的实现。“内忧外患”使企业不得不开始寻求应对“个性张扬”的管理。

（1）“个性张扬”员工的管理

对待个性的发扬，庄子曾说过“任其性命之情”。他肯定个体的价值，反对扭曲人的个性。但率性任情并非是随心所欲、恣意妄为，“无为也而后安其性命之情”。它在现代企业管理中的诠释就是在与企业根本利益不冲突、与基本的企业价值观不违背前提下的个性与才能的发挥。个性化管理成为企业所关注的焦点，个性化管理就是基于管理对象不同的生理、心理特征和各自拥有的优势，采取从工作内容、工作手段、工作方法及激励措施等诸多方面，给予被管理对象提供独到的管理服务。个性化管理就是一种因人、因时、因地、因材、因过程和因结果而进行的独特的管理方式。个性化管理的目的就是立足于使管理者和被管理者能有效地协调起来，以达到人的自我价值的最大实现，从而保证组织目标和效能的有效实现。

（2）“个性张扬”的领导者

作为企业的管理者，在这样的时代中应该具备怎样的特征呢？传统的理论已经从成功者共性的视角描述了成功领导者应具有的素质和行为方式，然而一种全新的领导艺术破译方式已经出现，即自我透视（lens of the ego）。它的出现破坏了专家们原有的默契，引发了新一轮争议，而引发这场争议的直接导火线是华盛顿麦柯比集团主席迈克尔·麦柯比博士（Michael Maccoby）的文章《自恋型领导者：不得不信，又难免怀疑》。他指出，在风云巨变的时代，最有力的领导者应该是那些具有自恋倾向的领导者，他们随心所欲地阐释他们所看到的一切。他还认为，创造性的自恋主义者认为公司就是自我的延伸，他们以超乎常人的精力、远见和个人魅力将领导者的个性张扬发挥到了极致。

（3）“个性张扬”的企业组织

面对激烈的市场竞争，企业是追求“经营的有效性”还是追求“战略的差异性”是现代企业面临的一个共同问题。目前大多数企业都希望能从中寻求差异、发扬个性，运用自身“异质性”来获得持续的竞争优势。企业组织的个性张扬，不仅仅是简单地选择差异化的战略，而更讲究的是企业经营行为上的个性张扬。从选择广告宣传，到公司个性化的形象树立，在差异中建立竞争优势，在竞争博弈中获取胜利。

3．专业化与柔性化的统一

二次世界大战以后，“福特主义”的生产方式在西方国家占据了主导地位。这种“福特主义”模式以“泰勒制”为基础，它强调劳动标准化和强化的技术分工，以高度专门化的机器大批量地生产标准化的产品。这种强化的分工能够把人脑和人手的劳动分离开来，从而可以在生产过程中投入大量的未经培训和初步培训的劳动力。实际上，“福特主义”逐渐演变成后来的“专业化”或“标准化”生产。这种专业化的分工协作一方面使劳动生产者越来越将其生产活动集中于较少的操作上，从而提高了生产的熟练程度，节约或减少因经常变换工作或变换生产活动中的不同操作而损失的时间，节约了生产的人力资源及生产时所使用的物质生产资料；另一方面它降低企业管理工作的复杂程度，从而提高企业的管理效率。

（二）未来的管理

1．未来的企业

1988 年，彼得·德鲁克在《新组织的到来》中就曾预言：“20 年之后典型的大企业的管理层数目将会不到现在的一半，管理人员不会超过现在的 1/3。”它的结构、管理问题和关心的主题都与大约 20 世纪 50 年代我们教科书上的标准的典型制造企业没有多少相似性。相反，它更可能向那些务实的经理们和管理学家们今天都没有特别注意到的组织：医院、大学、交响乐团等。如果是那样的话，典型的企业将会是以知识为基础的、主要由专家组成的组织。

随着现代企业经营环境和技术基础的巨大变化，新型的公司正在管理思想、管理体制、组织结构乃至经营战略上发生剧变。“创新”——以最快的速度最大限度将各种显在的、潜在的资源转变为适应人们不断增长和变化的新需求的经营优势，已成为企业乃至各种非营利性组织的灵魂。“创新”不仅仅在技术上，而且将更多地在组织的战略经营目标、组织结构的变革、组织文化的重构、组织资源的开发以及现场管理的柔性化过程中，成为一个组织的活灵魂。

作为未来公司发展的一个方向——虚拟公司，目前已在高技术企业，乃至运用新技术的传统行业中出现了。这类公司以少数核心人物为中心，以提供创意、开发核心技术为中心，其新产品或服务的具体实现则由其他企业承担。它是建立在现代信息技术基础之上的一种网络，它没有传统的公司所常见的复杂的组织结构、等级制度以及辅助人员等。但是，它能以极高的效率在最短的时间里集中起巨大的能量，抓商业机会，实现“快速创新”。

信息技术的高速发展，把社会带入“十倍速”的时代，打破传统的时空界限，“每周7天，一天24小时的市场”的出现，“永不休息”企业的出现，所有这些都使时间这种宝贵的资源被利用到了极致。同样是IT技术的应用，激发了新的制造模式的变更，使未来的企业能够实现专业化生产和柔性化生产的统一。信息技术打破了企业的边界，让其成为生态系统中的一个节点，“无边界企业”及“企业群落”的出现，在基于更加开放性的平台上进行企业的运作，内外部资源的有效整合，企业间类生物的竞合共生，所有这些都带来了新的管理学研究课题。

2．未来的员工

传统的组织靠员工“手”上的技能来使用设备和工具进行创造活动，以获得成功。而未来的组织将更多地依靠员工的头脑和软件来赢得优势。有人预计，在21世纪初将有70%的工作不是用体力，而是用脑力来完成，组织的无形资产价值将越来越多地超出其有形资产价值。由于高技术的广泛使用，蓝领与白领的界线正在消失。未来的员工将越来越多地是那些受教育程度较高、流动性较大的员工，他们将具有更强的创新能力、知识应用能力、应变能力和整合能力。他们是富有强烈的学习欲望的人，能够通过快速的学习获取知识和技能，迅速适应环境的变化。他们将是智力因素和非智力因素的复合体，高的智商（IQ）、情商（EQ）及逆商（AQ），使得未来的员工变得更加复杂。他们将更加具有独立性和自我决断能力。

对他们而言，传统的激励方式将失去作用。企业需要坚持“以人为本”的观念，营造尊重知识、尊重人才的氛围，完善人才选拔机制、培养机制、激励机制，形成一种知识工作者愿意来企业工作的吸引力和向心力。美国的维娜·艾丽指出：“企业价值链其实是一条知识链……新的管理理念把人作为具有特定竞争力的知识节点。”在更加人性化的管理体系中，强调情感管理、民主管理、自主管理、人才管理及文化管理的人本管理将成为新型企业的核心管理模式和管理哲学。行为科学将进一步受到重视并加快发展。未来的员工将成为企业的主体，他们的知识、经验和技能将成为整个企业最宝贵的核心资源，管理者则转变成为服务者的角色。

3．未来的管理者

未来的管理者将面临更为复杂的任务。未来的管理者所面临的挑战将主要集中在以下几方面：① 管理者将同时面对智力、情感以及职业上的挑战；② 由于出现了具有更全面的知识体系、技术专长和自我控制等方面的要求，管理将更加职业化，管理者不仅需要经济和技术的综合技能，而且还需要良好的社会和政治才能；③ 管理者对社会和环境因素将给予更多的了解和关注；④ 管理者将容忍、承认，甚至鼓励管理系统内部在价值观、文化习俗等方面的多样性；⑤ 管理者更加关注民主和人性，普遍承认员工的自身能力和权利；⑥ 管理者将更注意营造一种主动接受变革的学习氛围，在组织内部将更多地鼓励正式或非正式的交流和积极的人际关系，在解决问题时将更多地强调协作和团队精神；⑦ 管理者将更多地注意主动式的计划变革和组织创新，更多地注意解决问题的过程；⑧ 管理者将更多地把注意力放在对时间的管理和效率的控制上；⑨ 管理者在决策时将不仅仅根据静态的目的或目标，而是更多地要对特定环境中产生的各种方案进行比较和调整，同时，由于现实情况的多变性，管理者的决策将更多的是“模糊决策”。

未来管理者所要面对的将是一个更加混沌的世界：竞争日益激烈，信息高速传递和穿梭，高知识型员工的桀骜不驯以及组织边界的模糊化。因此，彼得•德鲁克认为：“他们要学会如何在没有权力与权威、无法控制也没有具体指导的情境中进行有效的管理。”

三、发展具有中国特色的管理学

中国作为一个文明古国，自古就有自己的管理文化和思想。中国古代有许多成功的管理经验，也形成了丰富的、独具特色的管理思想。新中国成立以来，我国借鉴了不少苏联的成功管理经验，形成了一些有中国特色的管理理念，如“合理化建议”“两参一改三结合”等。改革开放以后，我国又开始重视从西方发达国家引进管理制度和管理方法，重视进行管理理念、管理哲学、管理制度和管理技术的比较研究。这些都是发展有中国特色的管理学的有用来源。

1．中国特色的管理学

具有中国特色的管理学，无论是它的概念和基本内容，目前尚无定论。但是构成中国式管理学，下述几点是应当加以认真考虑的。

（1）社会主义的特点

任何社会管理都是在一定社会形态（奴隶社会、封建社会、资本主义和社会主义社会）下的社会管理。目前我国正处于社会主义建设时期，因此，社会主义特点应当是当前我国管理学研究的出发点和归宿。从社会主义经济管理而言，无产阶级革命导师们提出了一系列重要指导思想。他们为社会主义经济管理提供了极为丰富的思想理论宝库，不但是我们长期以来开展社会主义经济管理工作的指导思想，也是我们建设具有社会主义特点的中国管理理论和艺术的指导思想。这是我们应当认真学习和研究的。

（2）民族文化的特点

一个国家管理学的形成、发展受到本国民族文化传统的影响。我国是一个文明古国，各种管理思想、管理哲学源远流长。它们对建设我国现代管理学也都有极大的影响，但是也应当清醒地认识到，对待民族文化传统要谨慎，它是财富，也是包袱。这里姑且不论儒家思想“博而寡要、劳而少功”，就是道家哲学，人称其为我国古代管理哲学之佼佼者，它同时也宣扬“不敢为天下先”，主张“持愚守拙”，对后人影响甚大。显然，我们既非唯古，崇古，复古，也不是彻底决裂，义无反顾，而是实事求是对它进行分析以决定弃取。

（3）反映现代管理的特点

马克思曾经说过："历史不外是各个世代的依次交替，每一代都利用以前各代遗留下来的材料、资金和生产力；由于这个缘故，每一代一方面在完全改变了的条件下继续从事先辈的活动，另一方面又通过完全改变了的活动来改变旧的条件。"这就是说，同研究其他科学一样，在建设具有中国特色的管理科学中，我们不拒绝历史遗产，但也不必像类人猿一样，都从打制石器开始，应当充分反映现代管理的特点。事实表明，企业管理是当今世界上最为成功、最受欢迎的一种社会管理。这是因为，一方面，正是由于成功的企业管理为社会提供了各种物质资源，另一方面，企业管理又有较为明确的衡量尺度。还有，现代管理充分反映出现代人的社会价值观，诸如人们对生活、工作、社会乃至世界的价值观念等，所以它成为现代管理研究对象的主体。

（4）注重学习、借鉴国外经验

关于这一点，无产阶级的革命导师们有许多论述。例如马克思在谈到资本主义管理的两重性时曾经说："一方面是制造产品的社会劳动过程，另一方面是资本的价值增殖过程。"并告诫人们，不能"把从共同的劳动过程的性质产生的管理职能，同这一过程的资本主义性质因而从对抗性质产生的管理职能混为一谈"。列宁在谈到对待资本主义企业管理组织形式的托拉斯时讲得更加明确："只有那些懂得不向托拉斯的组织者学习就不能创造或实行社会主义的人，才配做共产主义者。因为社会主义并不是一种空想，而是要已经夺取政权的无产阶级先锋队去掌握和采用托拉斯所造成的东西。我们无产阶级政党，如果不去向资本主义的第一流专家学习组织托拉斯大生产的本领，那么这种本领便无从获得了。"毛泽东同志也十分明确指出："外国资产阶级的一切腐败制度和思想作风，我们要坚决抵制和批判。但是，这并不妨碍我们去学习资本主义国家先进的科学技术和企业管理方法中合乎科学的方面。工业发达国家的企业，用人少，效率高，会做生意，这些都应当有原则地好好学过来，以利于改进我们的工作。无产阶级革命导师们的上述论述，是我们正确对待西方国家管理学应有的正确态度，也是我们建设具有中国特色的管理学的指导思想。

（5）注重国际化管理

当今世界的联系已日益紧密：从事跨国经营的企业越来越多。而我国在加入世界贸易组织（WTO）后，与其他国家的联系进一步加强。这给我国的企业带来了许多的权利和机遇，同时也给各行各业带来了新的挑战，要求我们的企业承担相应的义务。所以有中国特色的管理学从一开始就要注意与国际之间的联系，必须要具有全球观。我国的管理必须随时随地地开展同其他国家和地区之间的不同程度、不同方式的比较，开拓思路，扩展视野，不断完善有中国特色的管理学，使自己在国际竞争中站稳脚跟。

要建设具有中国特色的管理科学和艺术，绝非一朝一夕能完成的，只有经过许多人的辛勤劳动才能得以实现。

2. 企业经营基本规律与模式

如何加强企业管理以应对国内外日益加剧的竞争局面，是企业求生存、发展的重要问题。过去，就加强管理而言，往往就事论事，缺乏从理论和经营管理的基本规律上探求搞好搞活企业的根本性问题。总结国内外企业的成功经验，通过大量实证研究和比较分析，企业经营管理的基本规律，即“战略制胜、全面创新、人企合一、自我积累”。

（1）优势战略制胜规律

战略制胜规律即以需求为导向，以核心能力为基础的经营规律。有计划的发展规律一直是我国国有企业经营管理活动中的一条基本规律，而在当前转型时期运用这一规律也遵循以下几个具体运作原则：① 需求导向与遵循国家战略意图相结合；② 战略先导，长短期计划相结合；③ 战略全球化；④ 能力培植优先，能力与任务需求相匹配；⑤ 企业家超前战略决策与全员参与管理相结合。

（2）全面创新规律

全面创新规律即以战略为导向，以技术创新为中心的经营规律。在运用这一规律时，特别是在转型期必须遵循和把握以下具体的运作原则：① 战略导向：技术创新要以企业战略目标为导向；② 组合创新原则：创新要积极利用组合创新的新范式；③ 能力优先积累原则；④ 完善技术创新机制和技术创新系统。

（3）人企合一规律

人企合一规律即凝聚以知识工作者为主体的全体员工，运用多种激励手段，充分发挥他们的创造性与积极性，融育人与用人为一体的经营规律。这一规律的运作原则有：① 凝聚原则：从思想上、感情上和愿景上将员工融于企业生命体中；② 激励原则：建立有效的激励分配制度，发挥多种激励的组合效应，充分调动人的积极性；③ 向组织资本转化的原则：以核心能力为重点，根据企业经营战略的需要加强人力资本投资，促进个体资本向组织资本的转换；④ 集权与分权相结合，增强集中领导为先，责权利相统一的原则；⑤ 员工与企业共同发展原则。

（4）自我积累规律

自我积累规律即节约劳动为基础，重视资本增值的经营规律。这一普遍性规律可以从下面几个方面来理解：① 劳动生产率增长率大于职工平均收入增长率的原则；② 节约劳动原则：加强成本管理，寻求降低成本的新途径；③ 资本增值原则：加大资本运营力度，积极拓宽融资渠道，合理运用社会资本；④ 约束监督原则：加强企业财务监督，杜绝贪污浪费。

复习思考题

1. 简述跨文化管理内涵。
2. 企业跨文化管理的策略有哪些？
3. 简述经济全球化下的跨文化管理。
4. 谈谈“学习型组织”的概念及特点。
5. 谈谈“学习型组织”理论由来。

6. 简述知识管理的概念。

7. 简述知识转化有四种基本模式。

8. 为什么说知识管理是企业管理的新重心？

9. 图示说明管理新范式。

10. 简述传统管理理论面临的挑战。

11. 如何发展具有中国特色的管理学？

12. 论述企业经营基本规律与模式。

实践训练

调查企业管理创新

[实训项目]

访问、调查一个创新企业或企业管理创新的某一领域、内容。

[实训目的]

通过了解企业管理创新某一方面的内容、特征，进一步加深理解管理创新的含义、要求等；在此基础上，探索管理创新的步骤、策略与技巧；初步培养及锻炼学生的创新思维能力以及运作技术与方法。

[实训内容]

在调查访问设计提纲中，可以围绕如下问题：

1. 该企业管理创新涉及哪几个方面？

2. 管理创新的特点、模式、方式是什么？

3. 该企业管理创新的策略与具体方法有哪些？

4. 该企业管理创新性思维方法有什么优缺点，在实际运用时应如何取长补短。

5. 通过对该企业管理创新的访问、调查，你得到了哪些启示等。

[实训组织]

1. 组织全班或分成若干小组，以座谈会或深度面访形式，调查某一企业管理创新活动。

2. 要求学生认真记录，有条件的还应录音、录像。

3. 访谈的记录、录音、录像及获取的资料供全班学生使用。

[实训考核]

1. 每位学生应完成调查、访问报告及心得体会，优良者可在全班交流。教师对每一份报告予以批阅评分。

2. 每位学生需填写实训报告。其内容包括：实训项目；实训目的；本人承担任务及完成情况；实训过程；实训小结；实训评语（由教师填写）。

素质拓展

情景剧——如果我是经理

[实训目标]

培养了解人的心理需求，分析解决复杂管理问题的能力；培养运用激励与沟通理论，调动人的积极性的能力。

[实训形式]

1．课堂演讲。

2．网上搜集资料进行分析。

3．由模拟公司组织小组讨论。

4．每人写出发言提纲。

5．以班级为单位组织讨论。

[实训要求]

1．本次实训的主要内容是管理冲突的处理与人的激励，采用情景剧表演与分析的方式。

2．根据本次实训目标，由学生在课下搜集、选择、编写和讨论预习剧本，并进行必要的排练。

3．由“演员”按照选择的方案与剧本进行表演。

4．由同学们对各成员的表演，特别是管理行为的合理性进行分析与评价。

[成果检验]

1．每组提交一份总结，对如何与陌生人沟通进行深入分析。

2．组长对每个同学的表现进行评议，并分析成功与不足，或者小组内部互评综合得分。

3．各组派代表发言，分别对其他各组评分，并指出成功与不足。

案例分析

阿里巴巴集团成功之路

阿里巴巴集团是一家由中国人创建的国际化互联网公司；经营多元化的互联网业务，致力为全球所有人创造便捷的交易渠道；自成立以来，集团建立了领先的消费者电子商务、网上支付、B2B 网上交易市场及云计算业务，近几年更积极开拓无线应用、手机操作系统和互联网电视等领域。集团以促进一个开放、协同、繁荣的电子商务生态系统为目标，旨在对消费者、商家以及经济发展做出贡献。

阿里巴巴集团由本为英语教师的马云于 1999 年带领其他 17 人所创立，集团由私人持股，服务来自超过 240 个国家和地区的互联网用户；集团及其关联公司在大中华地区、印度、日本、韩国、英国及美国 70 多个城市共有 20 400 多名员工。

一、阿里巴巴集团发展历程

1999 年，马云带领下的 18 位创始人在杭州的公寓中正式成立了阿里巴巴集团；1999—2000 年，阿里巴巴从软银、高盛、美国富达投资等机构融资 2 500 万美元；2002 年，阿里巴巴 B2B 公司开始盈利；2003 年，在马云位于杭州的公寓中，个人电子商务网站淘宝成立；2003 年，发布在线支付系统——支付宝；2005 年，阿里巴巴集团与雅虎美国建立战略合作伙伴关系。同时，执掌雅虎中国；2006 年，阿里巴巴集团战略投资口碑网；2007 年 1 月，以互联网为平台的商务管理软件公司阿里软件成立；2007 年 11 月，阿里巴巴网络有限公司在香港联交所挂牌上市；2007 年 11 月，阿里巴巴集团成立网络广告平台阿里妈妈；2008 年 6 月，口碑网与中国雅虎合并，成立雅虎口碑；2008 年 9 月，阿里巴巴与淘宝合并；2008 年 9 月，阿里巴巴集团研发院成立；2009 年 7 月，阿里软件与阿里巴巴集团研发院合并。

2009 年 8 月，阿里软件的业务管理软件分部注入阿里巴巴 B2B 公司；2009 年 8 月，作为“大淘宝”战略的一部分，口碑网注入淘宝，使淘宝成为一站式电子商务服务提供商，为更多的电子商务用户提供服务。

2009年9月，阿里巴巴集团庆祝创立十周年，同时成立阿里云计算；2010年3月，阿里巴巴集团宣布成立大淘宝战略执行委员会，其成员来自淘宝、支付宝、阿里云计算和中国雅虎的高管，以确保“大淘宝”战略的成功执行；2010年5月，阿里巴巴集团宣布，从2010年起将年度收入的0.3%拨作环保基金，以促进全社会对环境问题的认识；2010年11月，淘宝商城启动独立域名Tmall.com；2011年1月，阿里巴巴集团宣布将在中国打造一个仓储网络体系，并与伙伴携手大力投资中国物流业；2011年6月，阿里巴巴集团将淘宝网分拆为三个独立的公司：淘宝网（taobao.com），淘宝商城（tmall.com）和一淘（etao.com），以更精准和有效的服务客户；2012年1月，淘宝商城宣布更改中文名为天猫，加强其平台的定位；2012年6月，阿里巴巴网络有限公司正式从香港联交所退市；2012年7月，阿里巴巴集团宣布将现有子公司的业务升级为阿里国际业务、阿里小企业业务、淘宝网、天猫、聚划算、一淘和阿里云七个事业群；2012年9月，阿里巴巴集团完成对雅虎初步的股份回购并重组与雅虎的关系；2012年11月，淘宝网和天猫平台本年度的交易额突破人民币10 000亿元。

2013年1月，阿里云计算与万网合并为新的阿里云计算公司；2013年1月，阿里巴巴集团重组为25个事业部，以更好地迎接中国增长迅速的电子商务市场所带来的机会和挑战；2013年9月，阿里巴巴集团正式对外发布移动社交产品“来往”，确定无线优先的集团发展战略；2014年2月，作为天猫平台延伸方案的天猫国际正式推出，让国际品牌直接向中国消费者销售产品；2014年5月6日，阿里向美国证券交易委员会提交了首次公开募股申请。阿里巴巴计划出售12%的股份，按其估值推算，这次公开募股融资额将为200亿美元左右，超过2008年信用卡巨头维萨公司196.5亿美元的融资额；2014年6月，阿里巴巴集团完成收购移动浏览器公司UC优视并整合双方业务。阿里巴巴集团开始以阿里电信品牌在中国提供移动虚拟网络运营商服务；2014年7月，阿里巴巴集团与银泰成立合资企业，以在中国发展O2O业务。阿里巴巴集团完成对数字地图公司高德的收购。

2014年9月19日，阿里巴巴集团于纽约证券交易所上市；2014年10月，阿里巴巴集团关联公司蚂蚁金融服务集团（前称“小微金融服务集团”）正式成立。淘宝旅行成为独立平台并更名为“去啊”；2014年10月13日，阿里巴巴在首届浙江县域电子商务峰会表示，计划在未来3~5年内投入100亿元发展千县万村计划，即建立1000个县级运营中心和10万个村级服务站，带动农村创业机会，让“淘宝村”模式在全国范围推广；2014年10月23日，知情人士透露阿里巴巴集团董事局主席马云正在加大公司与好莱坞的合作力度，将率领一支高管团队与美国电影公司谈判，收购在线内容。业界认为娱乐和电影是阿里生态系统非常重要的组成部分，电影行业它将成为阿里重要增长驱动力；2014年11月11日，阿里巴巴执行副董事长蔡崇信表示，阿里巴巴与苹果公司正在商讨支付领域的潜在合作事宜；2014年12月16日百度、阿里巴巴集团在全球净数字广告营收市场的份额将超越多数美国同行，直追谷歌与Facebook；2015年1月13日，易传媒集团宣布，阿里巴巴集团将战略投资并控股易传媒。易传媒仍保持独立运营，与阿里巴巴集团旗下营销推广平台阿里妈妈一起，推动数字营销程序化在中国的发展，并逐步实现大数据营销能力的普及化。

2014年10月30日，阿里取得了“双十一”的注册商标，并且授权天猫独家使用该商标，任何其他公司机构不得使用。通告函显示：阿里集团已经于中国取得了“双十一”注册商标，经阿里巴巴集团授权，天猫就“双十一”商标享有专用权、受法律保护，其他任何人的使用行为都是商标侵权行为。

二、阿里巴巴集团上市历程

2014年9月9日，阿里巴巴集团正式开始上市前的路演，与投资者沟通并推介股票。超过700位投资者参加了路演，马云在路演当中做了演讲并回答了投资者的问题。2014年9月19日晚，阿里巴巴登陆纽交所，证券代码为“BABA”，价格确定为每股68美元。这项交易成为全球范围内规模最大的IPO交易之一。此次阿里巴巴上市受热捧，招股价区间由最初的60~66美元提高到66~68美元，并最终在68美元的上限定价，融资218亿美元。其股票当天开盘价为92.7美元，较发行价大涨36.32%。2014年10月29日，开盘的阿里巴巴股价盘中首次突破100美元，创上市以来历史新高，最终该股收报99.68美元，较上个交易日上涨约2%。按收盘价计算，阿里市值为2457亿美元，直逼全球零售业霸主沃尔玛的2 468亿美元。2014年11月4日晚，阿里巴巴集团公布的上市以来首份季度财报显示，2014年第三季度，阿里巴巴收入达到168.29亿元人民币，同比增长53.7%；核心业务运营利润达84.93亿元人民币；调整后的净利润为68.08亿元人民币。经调整摊薄后每股盈利为2.79元人民币。2015年3月13日，上海汽车集团股份有限公司与阿里巴巴集团合作，首款互联网汽车是将Yun OS系统集成，在MG品牌的，属于中型甚至大型车。

三、阿里巴巴集团旗下业务

（1）阿里巴巴国际交易市场

阿里巴巴国际交易市场创立于1999年，为全球领先的小企业电子商务平台，旨在打造以英语为基础、任何两国之间的跨界贸易平台，并帮助全球小企业拓展海外市场。阿里巴巴国际交易市场服务全球240多个国家和地区数以百万计买家和供应商，展示超过40个行业类目的产品。

（2）1688

1688前称阿里巴巴中国交易市场）创立于1999年，现为中国领先的小企业国内贸易电子商务平台。1688早年定位为B2B电子商务平台，逐步发展成为网上批发及采购市场，其业务重点之一是满足淘宝系平台卖家的采购需求。

（3）全球速卖通

全球速卖通创立于2010年4月，是全球领先的消费者电子商务平台之一，集结不同的小企业卖家提供多种价格实惠的消费类产品。全球速卖通服务数百万名来自220多个国家和地区的注册买家，覆盖20多个主要产品类目，其目标是向全球消费者提供具有特色的产品。

（4）淘宝网

淘宝网成立于2003年5月，是中国最受欢迎的C2C购物网站，致力向消费者提供多元化且价格实惠的产品选择，截至2013年3月，约有7.6亿条产品信息。根据Alexa的统计，淘宝网是全球浏览量最高的20个网站之一。在截至2013年3月31日的年度，淘宝网和天猫平台的交易额合计突破人民币10 000亿元。

（5）天猫

天猫是中国领先的平台式B2C购物网站，致力提供优质的网购体验。天猫由淘宝网于2008年4月创立，于2011年6月独立于淘宝网的C2C交易市场，自行运营。自推出以来，天猫已发展成为日益成熟的中国消费者选购优质品牌产品的目的地。根据Alexa的统计，天猫是中国浏览量最高的B2C零售网站。截至2013年3月，超过70000个国际和本地品牌已在天猫上开设官方旗舰店，当中包括优衣库、欧莱雅、adidas、宝洁、联合利华、Gap、Ray-Ban、Nike、Levi's等。天猫设有多个专注不同行业的垂直商城，包括“电器城”“书城”“家装馆”“名鞋馆”“美容馆”等，针对个别行业的特性提供合适的客户服务。于2012年11月11日的特别推广期间，天猫和淘宝网创下了单日交易额人民币191亿元的新高。

（6）聚划算

聚划算是中国全面的品质团购网站，由淘宝网于2010年3月推出，于2011年10月成为独立业务，其使命是结合消费者力量，以优惠的价格提供全面的优质商品及本地生活服务选择。

（7）一淘

一淘是中国全面覆盖商品、商家及购物优惠信息的网上购物搜索引擎，由淘宝网于2010年10月推出，于2011年6月成为独立业务。一淘旨在为网上消费者打造“一站式的购物引擎”，协助他们做购买决策，并更快找到物美价廉的商品。一淘的功能和服务包括商品搜索、优惠及优惠券搜索、酒店搜索、返利、淘吧社区等。一淘的搜索结果涵盖多个B2C购物网站和品牌商家的商品和信息，包括淘宝网、天猫以及亚马逊中国、当当网、国美、一号店、Nike中国及凡客诚品等。

（8）阿里云计算

阿里云计算于2009年9月创立，现为云计算与数据管理平台开发商，其目标是打造互联网数据分享第一服务平台，并提供以数据为中心的云计算服务。阿里云计算致力向淘宝系平台卖家以及第三方用户提供完整的互联网计算服务，包括数据采集、数据处理，和数据存储，以助推动阿里巴巴集团及整个电子商务生态系统的成长。

（9）支付宝

支付宝成立于2004年12月，是中国最多人选用的第三方网上支付平台，致力为上亿计的个人及企业用户提供安全可靠、方便快捷的网上支付和收款服务。在2012年11月11日，支付宝完成了超过1亿笔交易，创下了单日交易量的新高。支付宝是中国互联网商家首选的网上支付方案，它提供的第三方信用担保服务，让买家可在确认所购商品满意后才将款项支付给商家，降低了消费者网上购物的交易风险。支付宝与多个金融机构包括全国性银行、各大地区性银行及Visa和MasterCard合作，为国内外商家提供支付方案。除淘宝网和天猫外，支持使用支付宝交易服务的商家已经涵盖了网上零售、虚拟游戏、数码通信、商业服务、机票、公用事业等行业。支付宝同时提供有助全球卖家直销到中国消费者的支付方案，支持14种主要外币的支付服务。

（10）汽车事业部

2015年4月8日，阿里巴巴集团对外宣布整合旗下汽车相关业务，成立阿里汽车事业部。原聚划算总经理王立成担任阿里汽车事业部总经理。阿里汽车事业部将整合阿里集团大数据营销、汽车金融业务以及6 000万车主汇聚的平台优势，协同汽车生态产业链各合作方，通过无线业务场景，向车主提供“看、选、买、用、卖”的全链路汽车电商O2O一站式服务。阿里汽车事业部后续将进一步整合集团内各方资源。而2015年上海车展期间，阿里巴巴将通过论坛方式与各领域合作伙伴共同发布汽车业务的全新战略。

四、阿里巴巴集团关联企业

2013年9月23日，阿里巴巴集团正式发布新一代好友互动平台“来往”，除了语音、文字等基本的通信功能之外，来往的定位是建立一个熟人之间沟通、交流、分享的社交平台。支持单人、多人参与，通过手机网络发送语音，图片，文字等，并可以使用来往随时随地联系身边的朋友，分享心情。来往增加了阅后即焚、咻一咻加好友等用于私密社交的功能，并扩充了群聊人数至500人、推出免费贴图表情等，同时通过特色功能扎堆，以兴趣导向引导用户结交新朋友。来往是网络通信事业部的业务之一。

中国智能物流骨干网物流信息平台运营商中国智能物流骨干网（或称“浙江菜鸟供应链管理有限公司”）是阿里巴巴集团的一家关联公司的全资子公司，致力于满足中国网上和移动商务业在物流方面的需求。中国智能物流骨干网经营的物流信息平台，一方面为买家及卖家提供实时信息，另一方面向物流服务供应商提供有助其改善服务效率和效益的信息。

附录：马云语录：

- 如果我马云能够创业成功，那么我相信中国80%的年轻人都能创业成功。
- 一个企业为什么而生存？使命！这一点我很自信。

- 互联网是影响人类未来生活 30 年的 3 000 米长跑，你必须跑得像兔子一样快，又要像乌龟一样耐跑。
- 我告诉新员工，如果认为我们是疯子请离开，如果你专等上市请你离开，我们要用 80 年做企业。
- 我们必须在别人改变之前先改变自己。
- 电子商务和电视机的区别还是很大，因为电子商务是一个手段，怎么把它用好是一个技能，不是说用遥控器就可以了。
- 听说过捕龙虾富的，没听说过捕鲸富的。
- 我自己也喜欢免费的东西，但免费的东西往往是最贵的。如果一个女孩跟你好，她又不想嫁给你，麻烦就大了。与其花这点时间去浪费，不如花一点时间去真正成长。
- 我当年学英语，我没有想到后来英文帮了我的大忙。所以，做任何事情只要你喜欢，只要你认为对的，就可以去做。如果你思考问题功利性很强的话，肯定会遇到麻烦的。
- 我们一起创建的是团队的文化，而不是抱怨的文化。
- 我们必须学会尊重和理解别人。很多时候发现我们缺的不是钙，而是爱！！
- 每个人都应学会认真做事，大度做人。

（资料来源：阿里巴巴网）

【思考与讨论题】

1. 分析阿里巴巴旗下的公司及其业务和盈利模式。
2. 阿里巴巴的“11.11”狂欢购物，谈谈阿里巴巴的营销策略及马云的经营理念。

管理游戏

激发创造力的自由讨论

[游戏目的]

给与会人员一个机会参与创造性解决问题的讨论。

[所需材料]

在每张桌子上放一个回形针。

[游戏步骤]

研究表明，一些简单实用的练习可以激发创造力。然而，创造的火花经常被具有杀伤力的话熄灭，如“我们去年就这样试过了”“我们已经那样做过了”，以及其他一系列诸如此类的评论。

要使与会人员养成为自己的创造力开绿灯的习惯，可以使用下面这种自由讨论的方法。自由讨论的基本规则如下。

1. 不允许使用批评性的评语。
2. 欢迎海阔天空式的自由讨论（即思路越开阔越好）。
3. 要的是数量，而不是质量。
4. 寻求观点的结合与深化。

按照这四条基本原则，把与会人员分成 4～6 人的小组进行讨论。给他们 20 秒的时间，请他们想出使用回形针的尽可能多的方法。每组指定一人负责统计，只需统计想出的方法数目，不一定要把方法本身也记录下来。1 分钟以后，请各组长首先报告想出的方法数目，再请他们说出一些看起来极其“疯狂”、极其“不着边际”的想法。向与会人员指出，有时候这些貌似“愚蠢”的想法其实是行之有效的。

替代游戏：布置与会人员的任务还可以是想出改进普通铅笔（非自动铅笔）的办法。

[思考与讨论]

1．你对于自由讨论的方法有无保留意见？

2．自由讨论对哪类问题最适用？

3．你认为自由讨论这一方法还有哪些有待开发的应用方式？

管理故事

有一个博士分到一家研究所，成为学历最高的一个人。

有一天他到单位后面的小池塘去钓鱼，正好正副所长在他的一左一右，也在钓鱼。

他只是微微点了点头，这两个本科生，有啥好聊的呢？

不一会儿，正所长放下钓竿，伸伸懒腰，噌噌噌从水面上如飞地走到对面上厕所。

博士眼睛睁得都快掉下来了。水上漂？不会吧？这可是一个池塘啊。

正所长上完厕所回来的时候，同样也是噌噌噌地从水上漂回来了。

怎么回事？博士生又不好去问，自己是博士生哪！

过一阵，副所长也站起来，走几步，噌噌噌地漂过水面上厕所。这下子博士更是差点昏倒：不会吧，到了一个江湖高手集中的地方？

博士生也内急了。这个池塘两边有围墙，要到对面厕所非得绕十分钟的路，而回单位上又太远，怎么办？

博士生也不愿意去问两位所长，憋了半天后，也起身往水里跨：我就不信本科生能过的水面，我博士生不能过。

只听咚的一声，博士生栽到了水里。

两位所长将他拉了出来，问他为什么要下水，他问：“为什么你们可以走过去呢？”

两所长相视一笑：“这池塘里有两排木桩子，由于这两天下雨涨水正好在水面下。我们都知道这木桩的位置，所以可以踩着桩子过去。你怎么不问一声呢？”

学历代表过去，只有学习力才能代表将来。尊重经验的人，才能少走弯路。一个好的团队，也应该是学习型的团队。

参 考 文 献

[1] 邢以群．管理学[M]．北京：高等教育出版社，2007.

[2] [美]加雷思・琼斯，珍妮弗・乔治．当代管理学（第3版）[M]．郑风田，赵淑芳，译．北京：人民邮电出版社，2005.

[3] 孙元欣．管理学——原理・方法・案例[M]．北京：科学出版社，2006.

[4] [美]斯蒂芬・P. 罗宾斯．管理学（第四版）[M]．黄卫伟，等，译．北京：中国人民大学出版社，1997.

[5] [美]加里・戴斯勒著．管理学精要（第二版）[M]．吕延杰，赵欣艳，译．北京：中国人民大学出版社，2004.

[6] [美]R. W 格里芬．管理学（第8版）[M]．刘伟，译．北京：中国市场出版社，2006.

[7] 周三多，等．管理学——原理与方法（第四版）[M]．上海：复旦大学出版社，2004.

[8] 芮明杰．管理学：现代的观点[M]．上海：上海人民出版社，2002.

[9] [美]彼得・德鲁克．管理：使命、责任、事务[M]．王永贵，译．北京：机械工业出版社，2006.

[10] 姬定中，孙亚辉．管理学[M]．北京：科学出版社，2007.

[11] [美]德鲁克. 21世纪的管理挑战[M]．朱雁斌，译．北京：机械工业出版社，2006.

[12] 于千千，卢启程．管理学基础[M]．北京：北京大学出版社，中国林业出版社，2007.

[13] 单凤儒．管理学基础实训教程[M]．北京：高等教育出版社，2005.

[14] [美]彼得・德鲁克．卓有成效的管理者[M]．许是祥，译．北京：机械工业出版社，2005

[15] [美]彼得・德鲁克．管理的实践[M]．齐若兰，译．北京：机械工业出版社，2006.

[16] [美]理查德・L. 达夫特．组织理论与设计精要[M]．李维安，等，译．北京：机械工业出版社，2003.

[17] 许庆瑞．管理学（第二版）[M]．北京：高等教育出版社，2005.

[18] 肖祥伟．企业管理理论与实务[M]．广州：中山大学出版社，2007.

[19] [美]丹尼尔・A. 雷思．管理思想的演变（第四版）[M]．孔令济，译．北京：中国社会科学出版社，2002.

[20] 王维．管理学[M]．北京：经济科学出版社，2005.

[21] 苗雨君，赖胜才．管理学—原理・方法・实践・案例（第2版）[M]．北京：清华大学出版社，2012.

[22] 杨文士，等．管理学原理（第二版）[M]．北京：中国人民大学出版社，2004.

[23] 黄国庆，巢莹莹．管理学概论[M]．北京：清华大学出版社，2010.